徐广联英语 XUGUANGLIAN ENGLISH

 附赠音频

U0103980

IELTS Vocabulary

雅思词汇大全

乱序版

主编 徐广联

华东理工大学出版社
EAST CHINA UNIVERSITY OF SCIENCE AND TECHNOLOGY PRESS
·上海·

图书在版编目（CIP）数据

雅思词汇大全：乱序版：附赠音频 / 徐广联主编
. —上海：华东理工大学出版社，2021.6
ISBN 978-7-5628-6369-4

Ⅰ.①雅…　Ⅱ.①徐…　Ⅲ.① IELTS—词汇—自学参
考资料　Ⅳ.① H313

中国版本图书馆 CIP 数据核字（2021）第 055280 号

· ·

项目统筹 / 刘侠娣

责任编辑 / 刘侠娣

装帧设计 / 徐　蓉

出版发行 / 华东理工大学出版社有限公司

　　　　　地　　址：上海市梅陇路130号，200237

　　　　　电　　话：021-64250306

　　　　　网　　址：www.ecustpress.cn

　　　　　邮　　箱：zongbianban@ecustpress.cn

印　　刷 / 上海新华印刷有限公司

开　　本 / 787 mm × 1092 mm　1/16

印　　张 / 28.75

字　　数 / 683千字

版　　次 / 2021 年 6 月第 1 版

印　　次 / 2021 年 6 月第 1 次

定　　价 / 78.00元

· ·

版权所有　侵权必究

前　言

    本书在深入研究历次雅思考试的基础上，精心挑选出约 4 600 个重点词、核心词，这些词均为雅思考试必备单词。

    本书有如下特色：

    一、词分两组。书中将所收录的单词分为"高频必背词"和"重点提分词"两组。高频必背词为雅思考试中的关键词，出现频率高，考生应记熟、记牢。重点提分词出现的频率不如高频必背词高，但也是雅思考试中的重点词，考生应知晓这些词的基本词义，以清除雅思考试中的答题障碍。

    二、例句典型。雅思考试中的句子，尤其是阅读文章中的句子，大都较长，信息量较大。针对这一特点，本书直接从雅思考试真题中选取了一些例句，其他例句也大多与雅思考试内容相关或长度、难度相当，以便让考生在备考过程中熟悉雅思考试试题，了解真实考试场景，为考试做好充分准备。

    三、短语丰富。书中有相当多的单词都给出了一个或数个短语，具有典型性，目的是通过单词的反复出现，强化考生对单词的记忆。

    另外，本书对一些词进行了词根、词缀分析，还提供了一些同义词、反义词和派生词，以便让考生能更好地理解词义，并举一反三，扩大词汇量。

    本书收词涵盖面广，释义精准，例句及短语丰富，为考生攻克雅思词汇难关精心设计。我们相信，本书的学习能帮助考生高效掌握雅思核心词、重点词，为考生顺利通过雅思考试打下坚实的基础。

编者

CONTENTS
目　录

高频必背词

重点提分词

高频必背词

Unit 1

学前自测

1. The poem employs as its first lines a verse _____ from a billboard. (decoupled, sledged, liaised, plagiarized, elucidated)

2. His greatest concern is the _____ availability of cheap alcohol. (inspiring, bouncing, hallowed, transparent, widespread)

----------0001

□ **absent** ['æbsənt] *a.* ①缺席的，不在的，不在场的 ②心不在焉的
例 The dull, absent look on his face implied boredom. 他脸上呆滞、茫然的神情说明他无聊极了。
联 absentee *n.* 缺席者；absent-minded *a.* 心不在焉的

----------0002

□ **inspiring** [ɪn'spaɪərɪŋ] *a.* 鼓舞人心的，启发灵感的
搭 an inspiring leader 有感召力的领袖
例 It is an inspiring true story of one family's struggle to overcome poverty. 这是关于一家人努力奋斗以战胜贫穷的励志故事。

----------0003

□ **plagiarize** ['pleɪdʒəraɪz] *v.* 剽窃，抄袭
构 plagi（斜的）+ ar + ize →做事歪斜 →剽窃
例 He plagiarized an article he read on the Internet. 他剽窃了从互联网上读到的一篇文章。

----------0004

□ **understandable** [ʌndə'stændəbl] *a.* ①正常的，合情合理的，可以理解的 ②易懂的
搭 an understandable article 一篇易懂的文章
例 He just can't face anyone, which is perfectly understandable. 他就是无法面对任何人，这完全可以理解。

----------0005

□ **zone** [zəʊn] *n.* ①地区，地带，区域 ②区段，分布带 ③（岩石的）带，层，区 *v.* 指定……为区域，将……分成区
搭 a special economic zone 经济特区；a disaster zone 灾区
例 It's not advisable to build nuclear reactors in an earthquake zone. 在地震带建核反应堆不是明智之举。

----------0006

□ **decorator** ['dekəreɪtə(r)] *n.* 装潢师，装饰者，裱糊匠
例 The decorator advised her against hanging the picture over the fireplace. 装潢师劝她不要把那幅画挂在壁炉上方。

----------0007

□ **hybrid** ['haɪbrɪd] *n.* ①杂种，杂交体 ②混合物，合成物 ③混合动力汽车
例 This car is a hybrid vehicle that uses both electricity and gasoline. 这种汽车是一种混合动力车，既用电又用汽油。

----------0008

□ **decouple** [diː'kʌpl] *v.* 分离，拆散
例 This issue threatened to decouple Europe from the United States. 这一问题有导致欧洲和美国分裂的危险。

----------0009

□ **widespread** ['waɪdspred] *a.* 分布广的，广泛的，流行的，普遍的
例 There is widespread public interest in the election. 这次选举吸引了公众的广泛注意。

----------0010

□ **sledge** [sledʒ] *n.* (=sled) 雪橇 *v.* 乘雪橇
例 We went sledging on the hill. 我们在山坡上乘雪橇。

----------0011

□ **tackle** ['tækl] *v.* ①（果断）处理，对付 ②阻截（球），抢断 ③抓获，扭抱擒获 ④与……交流，与……商谈 *n.* ①用具，装备，钓具 ②（足球等）抢断球，拦截，阻截球员 ③（船的）索具，滑轮组
搭 fishing tackle 渔具
例 The first reason to tackle these problems is to save children's lives. 果断处理这些问题的首要理

由是挽救孩子们的生命。

---0012

☐ **bouncing** ['baʊnsɪŋ] *a.* 健康有活力的，健壮的 [同] healthy
搭 be bouncing with health 非常健康
例 Derek is now the proud father of a bouncing baby boy. 德里克现在是个自豪的父亲，有个健康活泼的男婴。

---0013

☐ **spoilage** ['spɔɪlɪdʒ] *n.* 损坏，变质，腐败
例 The milk should be refrigerated to prevent spoilage. 牛奶应冷藏以防变质。

---0014

☐ **liaise** [li'eɪz] *v.* 联络，联系
例 The personnel department needs to liaise between the administrators and the employees. 人事部门需要在管理人员和员工之间建立联系。

---0015

☐ **binocular** [bɪ'nɒkjələ(r)] *a.* 同时用双目的，双目共用的 *n.* (*pl.*) 双目镜，双筒镜，双目望远镜
构 bin（双，两）+ ocul（眼睛）+ ar →两只眼睛→双筒望远镜
例 From here we can see a bird in the tree through binoculars. 我们从这里通过双筒望远镜能看到树上的一只小鸟。

---0016

☐ **carousel** [ˌkærə'sel] *n.* ①行李传送带 ②旋转木马
例 She put her luggage on the airport carousal. 她把行李放到机场的行李传送带上。

---0017

☐ **annoy** [ə'nɔɪ] *v.* 使恼怒，使生气
例 It really annoys me when I see people dropping litter. 看到别人乱丢垃圾，我非常气愤。
联 annoyance *n.* 烦恼，气恼；annoyed *a.* 烦恼的，生气的；annoying *a.* 讨厌的，令人气恼的

---0018

☐ **resit** [ˌri'sɪt] *v.* 重新参加考试，补考
例 He had to resit the exam he failed. 这次考试不及格，他必须补考。

---0019

☐ **coffer** ['kɒfə(r)] *n.* ①资金 ②保险箱，保险柜
例 The money from the exhibition should swell the company's coffers a little. 展览收入能让公司的资金略有增加。

---0020

☐ **tense** [tens] *a.* ①紧张的，焦虑不安的 ②拉紧的，绷紧的 *n.* （动词的）时（态）
搭 tense situation 紧张的局势
例 For a moment a tense silence filled the air. 一瞬间，空气中充满了令人紧张的寂静。

---0021

☐ **fellowship** ['feləʃɪp] *n.* ①团体，协会 ②伙伴关系，友情，情谊 ③研究员职位，全体研究员
搭 offer sb. a research fellowship 提供给某人一个研究员职位
例 Regular outings contribute to a sense of fellowship among co-workers. 经常外出游玩可以增进同事之间的友情。

---0022

☐ **hallowed** ['hæləʊd] *a.* ①受崇敬的，受尊敬的 [同] respected ②神圣化的，神圣的
搭 hallowed ground/tradition 神圣的土地 / 传统
例 They protested that there was no place for a school of commerce in their hallowed halls of learning. 他们抗议称，在他们神圣的学术殿堂里没有商学院的位置。

---0023

☐ **starchy** ['stɑːtʃi] *a.* ①含大量淀粉的 ②古板的，拘谨的，生硬的
搭 starchy food 含大量淀粉的食物
例 She spoke in a rather starchy manner. 她说话时态度很生硬。

---0024

☐ **elucidate** [ɪ'luːsɪdeɪt] *v.* 阐明，解释
例 The spokesman was asked to elucidate the government's new policy. 人们要求发言人解释政府的新政策。
联 elucidation *n.* 阐明，解释

---0025

☐ **suitably** ['suːtəbli] *ad.* ①适当地，得体地，适应地 ②正如所料地，情理之中地
例 We were all relieved that Gordan had arrived at the wedding suitably dressed. 看到戈登穿着得体的衣服来参加婚礼，我们都松了一口气。

---0026

☐ **compulsively** [kəm'pʌlsɪvli] *ad.* ①强迫性地 ②禁不住地
例 John is compulsively neat and clean. He's terrified of germs. 约翰有洁癖，他很害怕细菌。

----0027

□ **insert** [ɪn'sɜːt] *v.* ①插入，嵌入 ②插话，添加 ③镶，补 ['ɪnsɜːt] *n.* ①插口，插页 ②镶嵌物，插块 ③活页广告
搭 advertising inserts in the Sunday paper 夹在周日报纸中的广告插页
例 He tried inserting a couple of jokes in his speech to keep the audience's attention. 他试着在演讲中插进几个笑话以保持听众的注意力。

----0028

□ **booth** [buːð] *n.* ①小房间 ②售货棚，摊位 ③公用电话亭，岗亭
搭 an information booth 问询台；a voting booth 投票间；a craft booth 手工艺品摊位
例 We bought some hot dogs at a food booth. 我们在一个食品摊位上买了些热狗。

----0029

□ **superstition** [ˌsuːpə'stɪʃn] *n.* 迷信
例 It is a common superstition that a black cat crossing your path is bad luck. 人们通常迷信地认为，一只黑猫从你面前穿过代表了坏运气。

----0030

□ **transparent** [træns'pærənt] *a.* ①透明的 ②清楚易懂的 ③易看穿的，易识破的 ④坦率的，公开的
搭 transparent glass 透明的玻璃；a transparent lie 明显的谎言
例 The way the system works will be transparent to the user. 这个系统的运行方式对用户来说会清楚易懂。

----0031

□ **vice versa** [ˌvaɪs 'vɜːsə] *ad.* 反过来也一样，反之亦然
例 She ended up having a lot of influence on his career, and vice versa. 结果，她对他的职业生涯产生了极大影响，反过来，他也对她的职业生涯产生了极大影响。

----0032

□ **metaphorical** [ˌmetə'fɒrɪkl] *a.* 隐喻的，比喻的，使用隐喻的
例 The word has a metaphorical as well as a literal meaning. 这个单词除了字面意思之外，还有一层比喻意思。

----0033

□ **emotional** [ɪ'məʊʃənl] *a.* ①情绪的，情感的 ②动感情的，情绪激动的，诉诸感情的 ③感情用事的，凭感情的

搭 an emotional issue 敏感的话题
例 She provided emotional support at a very distressing time for me. 在我非常痛苦的时候，她是我的感情支柱。

----0034

□ **fantastic** [fæn'tæstɪk] *a.* ①奇异的，怪异的 ②想象的，幻觉的 [同] illusory ③荒诞的，荒谬的 ④极大的，巨大的 ⑤极好的，出色的 ⑥不现实的，异想天开的 [同] unrealistic
搭 fantastic sums of money 巨款；a fantastic plan 异想天开的计划
例 Unlikely and fantastic legends grew up around a great many figures, both real and fictitious. 不可思议的奇异传说围绕着许多人物展开，这些人物或为真实或为虚构。

----0035

□ **aridity** [ə'rɪdəti] *n.* ①干旱，少雨 ②无聊，枯燥 [同] boredom
构 arid（干旱的）+ ity →干旱
例 The aridity of the land curbs the growth of the crops. 土地的干旱妨碍了庄稼的生长。

----0036

□ **weed** [wiːd] *n.* ①野草，杂草 ②海藻，水草 ③懦弱的人，孱弱的人 *v.* ①除去杂草 ②(out) 除去，淘汰
搭 grow like a weed 迅速生长；weed out the less qualified candidates 淘汰不合格的申请者
例 We need to weed the garden. 我们得给花园除草了。

----0037

□ **arthritis** [ɑː'θraɪtɪs] *n.* 关节炎
构 arthr（连接，关节）+ itis（炎，发炎）→关节炎
例 I have a touch of arthritis in the wrist. 我的腕关节有点关节炎。

----0038

□ **worm** [wɜːm] *n.* ①蠕虫，幼虫，寄生虫 ②可鄙的人，可怜虫 ③蠕虫病毒 *v.* ①缓慢进入 / 穿过 ②刺探，套问 ③挤出，排挤 ④驱肠虫
搭 worm the truth out of sb. 从某人嘴里套出真相；worm one's way out of doing the dishes 想办法躲掉洗碗的差事
例 Worms enter the body when one eats food that is not clean. 在吃不洁的食物的时候，寄生虫就会侵入人体。

----0039

□ **albeit** [ˌɔːl'biːɪt] *conj.* 虽然，尽管 [同] although

例 He accepted the job, albeit with some hesitation. 尽管有些犹豫，他还是接受了那份工作。

----0040

□ **torrent** ['tɒrənt] **n.** ①湍流，急流 ②迸发，滔滔不绝

搭 a torrent of abuse/criticism 破口大骂 / 激烈批评；torrents of e-mail 海量电子邮件

例 After six days of heavy rain the river behind the village was a raging torrent. 下了六天的大雨之后，村后的河急流汹涌。

----0041

□ **undisguised** [ˌʌndɪs'gaɪzd] **a.** 不掩饰的，不隐藏的，坦率的

例 There was undisguised contempt in his voice. 他的语气中带着不加掩饰的轻蔑。

----0042

□ **fruitful** ['fruːtfl] **a.** ①有成效的，有成果的 ②果实累累的 ③促进的，多产的

搭 a landscape that is fruitful and lush 果实累累、草木繁茂的景观

例 We had a fruitful discussion about the problem with the schedule. 对于议程上的问题，我们进行了富有成效的讨论。

----0043

□ **witness** ['wɪtnəs] **n.** ①目击者，见证人 ②证人，连署人 ③证据，证言 **v.** ①目击，亲眼看见 ②是发生……的时间 / 地点，见证 ③签名，签署

搭 bear witness to 为……作证明，见证

例 There must be two witnesses present when she signs the document. 她签署文件时须有两位见证人在场。

----0044

□ **terminology** [ˌtɜːmɪ'nɒlədʒi] **n.** ①术语，专门用语 ②术语学

构 termin（界限）+ o + logy →限定的学科→术语学

例 The dictionary covers the terminologies of several scientific fields. 这本词典涵盖几个科学领域的专业术语。

----0045

□ **fabrication** [ˌfæbrɪ'keɪʃn] **n.** ①生产，制造 ②虚构，捏造，不实之事

搭 the fabrication of evidence 编造证据

例 She described the interview with her in the newspaper as a 'complete fabrication'. 她称那份报纸对她的采访报道是"子虚乌有的事"。

----0046

□ **homestay** ['həʊmsteɪ] **n.** 家庭寄宿

搭 a homestay family 寄宿家庭

例 Homestay is the best choice for the girl students. 家庭寄宿对于这些女学生来说是最佳选择。

----0047

□ **personalize** ['pɜːsənəlaɪz] **v.** ①使个性化，使针对个人，使个人化 ②使符合某人的特定要求 ③标明物主姓名

例 The computer program can be personalized to fit your needs. 电脑程序可以进行个性化设计以满足你的需求。

----0048

□ **external** [ɪk'stɜːnl] **a.** ①外部的，外面的 ②外来的，外界的 ③与外面有关的，对外的

搭 external affairs 外交事务；external features 外部特征

例 This medication is intended only for external use. 这种药品只能外用。

----0049

□ **currently** ['kʌrəntli] **ad.** 现时，当前

例 Currently, the police have no suspects in the case. 目前警方还没有发现本案的犯罪嫌疑人。

----0050

□ **amphibious** [æm'fɪbiəs] **a.** 两栖的，水陆两用的

搭 amphibious creatures 两栖生物；amphibious vehicle 水陆两用车；amphibious force 两栖部队

----0051

□ **sucker** ['sʌkə(r)] **n.** ①吸盘，吸根 ②容易受骗的人，傻瓜，笨蛋 ③对……入迷的人，对……极喜欢的人 ④乳儿，吮吸者

搭 a sucker for mystery novels 非常喜欢悬疑小说的人

例 There's a sucker born every minute. 每时每刻都有人受骗。

----0052

□ **postcode** ['pəʊstkəʊd] **n.** 邮政编码

例 Please use the postcode 210094. 请使用邮政编码 210094。

----0053

□ **meditate** ['medɪteɪt] **v.** ①沉思，冥想，深思 ②默想，默念 ③策划，考虑

例 He trudged along, meditating upon the uncertainties of his future. 他一边艰难跋涉着，一边冥想着未来的种种不确定因素。

联 meditation *a.* 沉思，冥想，默想，默念
....0054

□ **troposphere** ['trɒpəsfɪə(r)] *n.* 对流层
联 tropospheric *a.* 对流层的
....0055

□ **expiry** [ɪk'spaɪəri] *n.* ①到期，届满 ②到期日，失效日期
例 Eggs must be marked with an expiry date, that is, ten days from the date of packing. 鸡蛋应标明到期日，即自包装日起 10 天。
....0056

□ **restriction** [rɪ'strɪkʃn] *n.* ①限制（措施），规定，约束 ②约束因素
搭 lift/remove restrictions 撤销 / 解除限制
例 The government placed restrictions on sales of weapons. 政府对武器销售采取了限制措施。
....0057

□ **vest** [vest] 背心，汗衫，马甲 *v.* 授予，赋予，给予
搭 a bulletproof vest 防弹背心
例 Congress is vested with the power to declare war. 国会被授予宣战的权力。
....0058

□ **refresher** [rɪ'freʃə] *n.* 提神物，提醒者，帮助回忆的东西
例 Some people need a refresher on how to be polite. 有些人需要别人提醒如何注意礼貌。
....0059

□ **independence** [ˌɪndɪ'pendəns] *n.* ①（国家）独立 ②（个人）自主，独立
搭 financial independence 经济上的独立
....0060

□ **troupe** [truːp] *n.* 戏班，演出团，巡回剧团 *v.* 巡回演出
搭 a circus troupe 马戏团；a troupe of strolling actors 巡回剧团
....0061

□ **receptionist** [rɪ'sepʃənɪst] *n.* 接待员
例 The receptionist asked her to take the elevator to the tenth floor. 接待员要她乘电梯上 10 楼。
....0063

□ **savor** ['seɪvə(r)] *n.* ①味道，滋味，气味 [同] taste，smell ②风趣，风味 ③名声，名望 [同] reputation *v.* ①品味，品尝 ②体验，享受
搭 the savor of orange 橘子的气味；savor of 具有……的气味 / 味道；savor every moment 尽情享受每一刻
例 Savor the flavor of each mouthful, and chew your food well. 细细品尝每一口的味道，并将食物充分咀嚼。
....0064

□ **minimize/se** ['mɪnɪmaɪz] *v.* ①使减至最低限度，使最小化 ②轻视，贬低
搭 minimize the risks 把风险降到最低；minimize one's achievement 贬低某人的成就
例 Some have minimized the importance of ideological factor. 有些人轻视了意识形态因素的重要性。
....0065

□ **organize** ['ɔːgənaɪz] *v.* ①组织，安排，协调，布置 ②整理，使有条理
搭 organize a concert for Christmas 组织一场圣诞节音乐会；organize the scattered thoughts 整理纷乱的思绪；organized groups of art thieves 有组织的艺术品盗窃团伙
例 He was sent there to organize the search for survivors. 他被派往那里组织搜救幸存者的工作。
....0066

□ **mischief** ['mɪstʃɪf] *n.* ①调皮，淘气，捣蛋 ②伤害，危害，损害 ③麻烦的根源，祸根
搭 be up to mischief 捣蛋；get up to mischief 捣蛋，胡闹；cause political mischief 造成政治危害；do mischief 伤害，损害
例 Boys at that age should be able to explore and get into mischief. 那个年龄的男孩子应该可以出去闯闯，去调皮捣蛋。
联 mischief-maker *n.* 挑拨离间者，搬弄是非者；mischievous *a.* 调皮的，淘气的，伤害的

□ **bronchitis** [brɒŋ'kaɪtɪs] *n.* 支气管炎
构 bronch（气管）+ itis（炎，发炎）→气管炎
例 He suffered from acute/chronic bronchitis. 他患有急性 / 慢性支气管炎。

答案：
1. plagiarized 译文：这首诗开头的几行抄袭了一个广告牌上的一节诗。
2. widespread 译文：他最担心的问题是随处可见的廉价酒。

Unit 2

学前自测

1. The translation of the book was carried out with the _____ of a medical dictionary. (option, inversion, procession, assistance, helix)

2. It took her half a year to get _____ to her new surroundings. (conduced, calibrated, subsidized, enfranchised, acclimatized)

··········0067

□ **stale** [steɪl] *a.* ①不新鲜的，变味的 [反] fresh ②（空气，烟等）污浊的 ③不再有趣的，乏味的 ④疲沓的，腻烦的，厌倦的 ⑤失去有效期的，过期的 *v.* 失鲜，走味，变得无趣
构 stale cake 不新鲜的蛋糕
例 He was becoming stale and running out of ideas. 他逐渐变得疲沓，没有什么创意了。

··········0068

□ **airtight** ['eətaɪt] *a.* ①气密，密封的 ②万无一失的，无懈可击的
构 air（空气）+ tight（紧密的）→密封的
搭 an airtight argument 无懈可击的论证；an airtight alibi 无懈可击的不在犯罪现场的证明
例 She stored the food in an airtight container. 她把食物保存在一个密封容器里。

··········0069

□ **provided** [prə'vaɪdɪd] *conj.* 假如，倘若，只要
例 You can make the change if you want, provided the change makes sense. 只要你愿意，就可以做出改变，只要这种改变是有意义的。

··········0070

□ **marketplace** ['mɑ:kɪtpleɪs] *n.* 市场，集市
构 market（市场）+ place（地方）→市场
例 Some retailers worry that new regulations will hurt their ability to compete in the marketplace. 有些零售商担心新规定会削弱他们的市场竞争力。

··········0071

□ **option** ['ɒpʃn] *n.* ①选择，选择机会，选择权，可选择之物 ②购买权，出售权 ③附加配件，附加功能 ④选修课
搭 take an option in French 选修法语课
例 Teenage mothers often have no option but to live with their parents. 少女妈妈往往别无选择，只能与父母同住。

··········0072

□ **conduce** [kən'dju:s] *v.* 有助于，导致
例 Fame and wealth do not always conduce to happiness. 名利并不一定就能带来幸福。

··········0073

□ **sluttish** ['slʌtɪʃ] *a.* ①邋遢的，龌龊的 ②放纵的，放荡的
搭 sluttish behavior 放荡的行为

··········0074

□ **inversion** [ɪn'vɜːʃn] *n.* ①倒置，反向，颠倒 ②逆温，（气温）逆增
例 Inversion of the two words changes the meaning of the sentence. 两个单词位置的互换会改变句子的意思。

··········0075

□ **sore** [sɔː(r)] *a.* ①疼痛的，酸痛的 ②恼火的，气愤的 ③痛苦的，困扰的 ④极度的，非常的 *n.* 伤处，痛处，疼痛
搭 a sore loser 输不起的人；a sore point 令人生气 / 难堪的话题
例 They are sore about losing to England in the quarter-finals. 他们对在四分之一决赛中输给了英格兰队非常恼火。

··········0076

□ **rendition** [ren'dɪʃn] *n.* ①表演，演奏 ②翻译，译文 ③引渡
搭 an English rendition of a Chinese poem 一首中国诗歌的英译
例 She gave a moving rendition of the old song. 她深情地演唱了那首老歌。

··········0077

□ **overhead** ['əʊvəhed] *a.* ①头顶上的，上面的，高架的，架空的 ②（费用等）经常的，间接的 ③包括一切的 [ˌəʊvə'hed] *ad.* ①在头顶，在上面，在楼上，在天空 ②深深地 ['əʊvəhed] *n.* ①（*pl.*）经常性开支，间接费用 ②天花板，顶板，顶上

的架子 ③（体）过顶扣球

搭 an overhead light/fan 吊灯 / 吊扇；an overhead price 一切包括在内的价格；the Jones' family overhead 住在上面的琼斯一家；sink overhead in debt 深陷于债务

例 Feet were pounding on the floor overhead. 头顶上的地板上传来沉重的脚步声。

----------0078

□ **microscope** ['maɪkrəskəʊp] *n.* 显微镜

构 micro（小的）+ scop（看）+ e →看很小的东西→显微镜

搭 under the microscope 被仔细检查

例 Each sample was examined through a microscope. 每个样本都用显微镜进行了检测。

----------0079

□ **incentive** [ɪn'sentɪv] *n.* ①动力，激励，鼓励 ②奖励 *a.* ①奖励的 ②激励的，鼓励的

搭 incentive scheme 奖励方案

例 The incentive must be sufficiently great to warrant the investment. 必须有足够大的回报激励才值得投资。

----------0080

□ **assistance** [ə'sɪstəns] *n.* 帮助，援助 [同] aid

搭 with the assistance of sb./with one's assistance 在某人的帮助下；come to one's assistance 帮助某人；turn to sb. for assistance 向某人求助；economic/financial assistance 经济 / 资金援助

例 Any assistance you can give the police will be greatly appreciated. 你给警察的任何帮助都会得到重视。

----------0081

□ **personality** [ˌpɜːsə'næləti] *n.* ①个性，性格，品质 ②名人 ③特色

例 The psychiatrist considered behavior as well as personality before prescribing a treatment. 这位精神病医生在仔细考虑过病人的行为和性格后进行治疗。

----------0082

□ **disappointing** [ˌdɪsə'pɔɪntɪŋ] *a.* 令人失望的，令人沮丧的

例 The wine was excellent, but the food was disappointing. 酒很好，但饭菜令人失望。

----------0083

□ **procession** [prə'seʃn] *n.* ①行列，队伍 ②连续，一排，一串，一列 ③涌出，发出 *v.* 列队行进

搭 an endless procession of visitors 络绎不绝的参观者

例 We stood aside to let a funeral procession pass. 我们站到了一旁，给出殡的队伍让路。

----------0084

□ **uncertainty** [ʌn'sɜːtnti] *n.* ①犹豫，迟疑，无把握 ②令人无把握的局面，不确知的事物

搭 life's uncertainties 人生的无常

例 There's a great deal of uncertainty about the company's future. 公司的未来有很多的未知因素。

----------0085

□ **eruption** [ɪ'rʌpʃn] *n.* 爆发，喷发

搭 the volcanic eruption 火山的爆发

例 His death caused an eruption of anger and violence. 他的死导致了愤怒情绪和暴力行为的爆发。

----------0086

□ **utterance** ['ʌtərəns] *n.* ①言论，言辞 ②说话，表达

搭 give utterance to an idea 表达想法

例 Politicians are judged by their public utterances. 人们根据政治家的公开言论来评判他们。

----------0087

□ **onwards** ['ɒnwədz] *ad.* ①从……起一直 ②往前，向前

搭 onwards and upwards 持续发展，不断进步；from the 1990s onwards 从 20 世纪 90 年代起

例 He walked onwards to the head of the river. 他一直向前，走到河流的源头。

----------0088

□ **dreadful** ['dredfl] *a.* ①极糟的，令人讨厌的 ②极坏的，可怕的 ③生病的，不舒服的

搭 dreadful weather 糟糕的天气；a dreadful headache 头痛得厉害

例 Her performance was absolutely dreadful. 她的表演糟透了。

----------0089

□ **surgery** ['sɜːdʒəri] *n.* ①外科手术 ②手术室，诊所 ③门诊时间

例 Mr. Clark underwent five hours of emergency surgery. 克拉克先生接受了 5 个小时的急救外科手术。

----------0090

□ **empire** ['empaɪə(r)] *n.* ①帝国 ②大企业，大集团

搭 a business empire 大型企业集团

例 He built a tiny business into a worldwide empire. 他把一个小公司建成了一个全球化的大企业。

联 emperor *n.* 皇帝，君主；empress *n.* 女皇，皇后，皇太后

·······0091

☐ **calibrate** ['kælɪbreɪt] *v.* ①校准……的刻度，标定……的刻度 ②精确测量 [同] measure

例 Pesticide levels in food are simply too difficult to calibrate. 食物中的杀虫剂含量根本难以准确测定。

联 calibration *n.* 标定，精确测量

·······0092

☐ **exhaustible** [ɪɡ'zɔːstəbl] *a.* 可被用尽的，会枯竭的，会用完的

例 Cement and metal are derived from exhaustible mineral sources. 水泥和金属都是从可耗尽的矿产资源中提取的。

·······0093

☐ **moderately** ['mɒdərətli] *ad.* ①普通地，一般地，有限地 ②适度地，有节制地

例 We'll try to find a more moderately priced hotel. 我们将尽量找一家价位更适中的酒店。

·······0094

☐ **identification** [aɪ,dentɪfɪ'keɪʃn] *n.* ①身份证明（略作 ID）②确认，识别，鉴定 ③情感相通，认同，支持

搭 the identification of customer needs 对顾客需求的确认

例 They felt a strong sense of identification with their neighbors. 他们同邻居有很强的认同感。

·······0095

☐ **acclimatize/se** [ə'klaɪmətaɪz] *v.* 适应于，习惯于 [同] acclimate, accustom

搭 acclimatize (oneself) to sth. 使（自己）适应于

例 The mountain climbers spent a few days acclimatizing to the high altitude. 登山者们花了几天时间来适应高海拔的环境。

联 acclimatization *n.* 适应，习惯

·······0096

☐ **recapture** [,riː'kæptʃə(r)] *v.* ①重新抓获，重新夺回 ②使重温，使再次经历 *n.* ①夺回，收复 ②重新抓捕，重新捕获

搭 recapture the happy times together 重温在一起的快乐时光；recapture the city 重新夺回城市

例 The documentary recaptures the social tensions of the 1960s. 这部纪录片重现了 20 世纪 60 年代

紧张的社会局势。

·······0097

☐ **lime** [laɪm] *n.* ①酸橙，酸橙汁 ②石灰 *v.* 撒石灰于，用石灰涂抹 / 粉刷 *a.* 石灰的

例 She spread lime over the garden to make the soil less acidic. 她在花园里撒石灰以减弱土壤的酸性。

·······0098

☐ **helix** ['hiːlɪks] *n.* ①螺旋，螺线 ②螺旋形 ③耳轮

例 The shape of the music hall is a beautiful inverted helix. 这个音乐厅的外形是个优美的倒螺旋形。

·······0099

☐ **subsidize** ['sʌbsɪdaɪz] *v.* 给津贴 / 补贴，补助，资助

搭 subsidized farming/housing 受补贴的农业 / 住房

例 The company subsidizes health insurance for its employees. 公司为员工提供医疗保险补贴。

·······0100

☐ **enfranchise** [ɪn'fræntʃaɪz] *v.* ①给予……选举权 ②解放，使恢复自由

例 The foreign residents in the city have been enfranchised and will be able to vote. 该市的外国居民已经获得了选举权，将能参与投票了。

联 enfranchisement *n.* 选举权的给予，解放

·······0101

☐ **loyalty** ['lɔɪəlti] *n.* ①忠诚，忠贞 ②忠实

搭 loyalty to the cause 对事业的忠诚

例 He has sworn an oath of loyalty to the monarchy. 他已发誓效忠皇室。

·······0102

☐ **extrovert** ['ekstrəvɜːt] *n.* 性格外向的人，活泼自信的人 *n.* 性格外向者

例 He was a showman, an extrovert who reveled in controversy. 他是个爱出风头、性格外向而且喜欢争议的人。

·······0103

☐ **storyline** ['stɔːrilaɪn] *n.* 故事情节，情节主线

例 The play has a strong storyline. 这出戏的故事情节很棒。

·······0104

☐ **download** [,daʊn'ləʊd] *v.* ①下载 ②播放，推送 ['daʊnləʊd] *n.* 下载的文件，下载（过程）

例 Music lovers turned to the Internet for free downloads of their favorite songs. 乐迷们转而借助互联网免费下载喜欢的歌曲。

---0105

□ **hypnotic** [hɪp'nɒtɪk] *a.* ①催眠（术）的 ②催人入眠的，使人昏昏入睡的 *n.* ①催眠者 ②安眠药
搭 put sb. into a hypnotic state 使某人进入催眠状态；the hypnotic beat of the drum 让人昏昏欲睡的击鼓声
例 Riding in a car often has a hypnotic effect on babies. 坐车常对婴儿有催眠效果。
联 hypnosis *n.* 催眠，催眠状态

---0106

□ **dissemination** [dɪˌsemɪ'neɪʃn] *n.* 传播，散布
搭 the dissemination of information 信息的传播
例 He promoted the dissemination of scientific ideas. 他促进了科学思想的传播。

---0107

□ **campfire** ['kæmpfaɪə(r)] *n.* 营火，篝火
例 That night we sat round the campfire telling stories. 那天晚上我们围坐在篝火旁讲故事。

---0108

□ **moderation** [ˌmɒdə'reɪʃn] *n.* ①节制，克制，适度 ②缓和，减轻
例 Some people think drinking in moderation can prevent heart disease. 有些人认为适量饮酒可以预防心脏病。

---0109

□ **sentient** ['senʃnt] *a.* 有感知力的，有知觉力的，有感觉的
构 sent（感觉）+ ient →有感觉的
例 Animals are sentient beings and should be protected and respected. 动物是有知觉的生命，应该受到保护和尊重。

---0110

□ **arithmetic** [ə'rɪθmətɪk] *n.* 算术 *a.* 算术的
构 arithm（数字）+ etic（学问，学科）→算术
例 For the next half hour I did arithmetic problems. 之后半小时我做了算术题。

---0111

□ **workaholic** [ˌwɜːkə'hɒlɪk] *n.* 工作狂，醉心于工作的人 *a.* 痴迷于工作的
构 work（工作）+ aholic（着迷）→工作狂
搭 his workaholic father 他那位工作狂父亲

---0112

□ **insane** [ɪn'seɪn] *a.* ①精神错乱的，精神失常的，疯癫的 ②愚蠢的，疯狂的 ③狂野的，狂暴的
搭 drive/make sb. insane 逼得某人发疯

例 She went insane and started thinking that everyone was trying to kill her. 她疯了，开始以为每个人都想杀她。

---0113

□ **emperor** ['empərə(r)] *n.* 皇帝，君主
搭 the last emperor of China 中国的末代皇帝；Roman emperor 古罗马皇帝

---0114

□ **barbaric** [bɑː'bærɪk] *a.* ①野蛮的，残暴的 ②未开化的，野蛮人的 ③原始的，放纵的，粗野的
构 barbar（外来的）+ ic →外来者的 →野蛮的
例 It is a barbaric regime where the punishment of theft is death. 这是个残暴的政权，偷窃会被处死刑。
联 barbarian *n.* 野蛮人，无教养的人；barbarity *n.* 残暴，暴行；barbarism *n.* 未开化状态，野蛮状态，不规范化，鄙俗

---0115

□ **apparently** [ə'pærəntli] *ad.* ①显然，显而易见 ②看起来，貌似，好像
例 She turned to face him, her anger apparently gone. 她转过身来正对着他，好像怒气已经消退了。

---0116

□ **sporadic** [spə'rædɪk] *a.* ①不时发生的，断断续续的，零星的 ②个别的，偶发的
例 The sound of sporadic shooting could still be heard. 仍然能够听到零星的枪声。

---0117

□ **linen** ['lɪnɪn] *n.* ①亚麻织的家庭织品 ②亚麻布
搭 a linen tablecloth 亚麻桌布

---0118

□ **tenant** ['tenənt] *n.* 房客，租户，承租人 *v.* 租赁，租住
例 Regulations placed clear obligations on the landlord for the benefit of the tenant. 条例明确规定了房东应承担的各项义务以维护房客的利益。

---0119

□ **silver** ['sɪlvə(r)] *n.* ①银 ②银餐具 ③银（白）色 ④银牌 *a.* ①银制的，银质的 ②银（白）色的 *v.* ①镀银 ②发出银色光泽，使呈银色
搭 an old man with silver hair 一位银发老人
例 The farmhouse appeared, silvered by the moon. 农舍出现了，在月光下泛着银色。

----------0120

□ **corridor** ['kɒrɪdɔː(r)] *n.* ①走廊，通道 ②狭长地带

搭 a corridor of land between the two mountain ranges 两道山脉之间的一条狭长地带；a transport corridor 运输通道

例 We had to wait outside in the corridor until our names were called. 我们只好在外面的走廊上等候叫我们的名字。

----------0121

□ **frustrating** [frʌ'streɪtɪŋ] *n.* 令人懊丧的，令人沮丧的

例 That is an immensely frustrating experience for a young man. 对于一个年轻人来说，那是非常令人沮丧的经历。

----------0122

□ **calibrator** ['kælɪbreɪtə(r)] *n.* 校准仪，校准器

----------0123

□ **sulphuric** [sʌl'fjʊərɪk] *a.* 含硫的，含硫酸的

搭 sulphuric acid 硫酸

----------0124

□ **cameral** ['kæmərəl] *a.* ①法官私室的，在法官私室审讯的 ②财政金融的，财政岁入的 ③司法/立法机构的

----------0125

□ **hook** [hʊk] *n.* ①挂钩，吊钩 ②鱼钩 ③吸引人的东西 *v.* ①钓（鱼）②固定，吊，挂 ③引起兴趣，吸引 ④接通（电器），连通（电器）⑤打曲线球，踢弧线球

搭 by hook or by crook 千方百计地，不择手段地

例 She hung her coat on the hook behind the door. 她把外套挂在门后的衣钩上。

----------0126

□ **feminist** ['femənɪst] *n.* 女权主义者 *a.* 女权主义的

例 She's been an outspoken feminist for over twenty years. 20 多年来，她一直是个直言不讳的女权主义者。

----------0127

□ **variability** [ˌveərɪə'bɪləti] *n.* ①可变性，变化性 ②变异性

例 There is a great deal of variability between individuals. 人与人大不相同。

----------0128

□ **roast** [rəʊst] *v.* ①烤，炙，烘 ②感到极热，热得发烫 ③严厉批评，责骂 *a.* 烤过的，烘过的

搭 roast oneself on the beach 在海滩上接受太阳的炙烤；roast chicken 烤鸡；roast lamp 烤小羊肉

例 The potatoes need to be roasted for 45 minutes. 土豆需要烤 45 分钟。

----------0129

□ **stabilize/se** ['steɪbəlaɪz] *v.* （使）稳定，（使）稳固，（使）巩固

搭 stabilize prices 稳定物价

例 After 24 hours the patient's condition began to stabilize. 24 小时后，病人的情况趋向稳定。

----------0130

□ **beneath** [bɪ'niːθ] *prep.* ①在……之下，在……下面 ②在……外表下 ③配不上，低于，与……不相称 *ad.* 在下面，在下方，在底下

搭 sit beneath the trees 坐在树下；marry beneath yourself 和一个配不上自己的人结婚

例 The sunken ship lay beneath the surface of the water. 沉船就在该水域的水面之下。

----------0131

□ **intrigue** ['ɪntriːg] *n.* ①阴谋，密谋，诡计 ②私通 ③吸引力 [ɪn'triːg] *v.* ①激起兴趣，引起好奇心 ②耍阴谋，施诡计

搭 political intrigue 政治阴谋；the plots and intrigues in the novel 小说的情节和吸引力

例 The idea seemed to intrigue him. 这个主意似乎吸引了他。

----------0132

□ **endeavor/our** [ɪn'devə(r)] *n.* ①努力，尝试，勤奋 ②事业 *v.* 努力，尽力

搭 in an endeavor to do sth. 为了做某事；make every/best endeavor to do sth. 竭尽全力做某事；a field of endeavor 奋斗的领域；human endeavor 人类的拼搏进取

例 He endeavored to adopt a positive attitude. 他努力采取积极态度。

答案：

1. assistance　译文：这本书的翻译是借用了一本医学词典完成的。

2. acclimatized　译文：她过了半年才开始适应新环境。

Unit 3

学前自测

1. We believe that they can preserve the values they _____ in their own culture. (repatriate, trivialize, libel, strap, cherish)

2. It is an absolutely _____ reaction. If a child falls, you pick him up. (explosive, suicidal, feeble, instinctual, acrobatic)

----0133

□ **vet** [vet] ***n.*** ①（英）兽医 ②老兵 (=veteran) ***v.*** ①审查，检查，调查 ②诊疗，治疗
搭 vet a book 审阅一本书
例 The author vets every script for the new TV series. 这部新电视连续剧的每一个剧本，作者都要仔细过目。

----0134

□ **centennial** [sen'teniəl] ***n.*** 百年纪念 ***a.*** 一百年的
构 cent（百）+ enn（年）+ ial（的）→百年的
例 We are celebrating the centennial of the town's founding next year. 明年我们将庆祝建城一百周年。

----0135

□ **repatriate** [ˌriːˈpætrieɪt] ***v.*** ①遣送回国，遣返 ②把……汇回国内
搭 repatriated refugees 被遣返的难民
例 Countries are required to repatriate prisoners of war when conflict was ended. 冲突结束后，各国必须将战俘遣返回国。

----0136

□ **eco-friendly** [ˌiːkəʊ 'frendli] ***a.*** 生态友好的，环保的
例 We use only eco-friendly products. 我们只用环保产品。

----0137

□ **commercialize** [kəˈmɜːʃəlaɪz] ***v.*** ①利用……追求利润 ②使商业化
例 It seems such a pity that a distinguished and honored name should be commercialized in such a way. 一个著名的、令人尊敬的名字就这样被商业化了，似乎太让人遗憾了。

----0138

□ **instinctual** [ɪnˈstɪŋktʃuəl] ***a.*** (=instinctive) 本能的，直觉的，天性的
例 Karl had an instinctual distrust of bureaucrats and bureaucracy. 卡尔本能地不信任官僚主义者和官僚作风。

----0139

□ **badminton** ['bædmɪntən] ***n.*** 羽毛球
搭 play badminton 打羽毛球；a badminton bat 羽毛球拍

----0140

□ **inheritance** [ɪnˈherɪtəns] ***n.*** ①遗产，继承物 ②遗传，遗传特征 ③沿袭物，遗留物
搭 cultural inheritance 文化遗产；the inheritance of a genetic trait 基因特征的遗传
例 He began his own business with the inheritance he got from his grandfather. 他用从祖父那里得来的遗产创办了自己的企业。

----0141

□ **libel** ['laɪbl] ***n.*** ①诽谤（罪），中伤 ②诽谤性文字/声明/图画 ③索赔函 ④起诉状 ***v.*** 诽谤，中伤
构 lib（文字）+ el →以文字损害 →诽谤
例 The newspaper which libeled him had already offered compensation. 对他进行过诽谤的报纸已经提出赔偿。

----0142

□ **explosive** [ɪkˈspləʊsɪv] ***a.*** ①会爆炸的，爆炸式的，爆发的，轰响的 ②危险的，千钧一发的 ③暴躁的，火暴的 ④激增的 ⑤有争论的，有争议的
搭 an explosive temper 暴躁的脾气；an explosive situation 一触即发的局面
例 Highly explosive gas is naturally found in coal mines. 煤矿中天然存在高爆气体。

----------0143

□ **mentor** ['mentɔː(r)] **n.** 导师，指导者 **v.** 当导师 / 指导者

搭 spiritual mentor 精神导师

例 Now she mentors undergraduates who are training to be teachers. 现在她对正在接受教师培训的大学生提供指导。

----------0144

□ **trivialize** ['trɪvɪəlaɪz] **v.** 贬低，轻视，对……轻描淡写

例 The business world continues to trivialize the world's environmental problems. 商界继续对世界环境问题轻描淡写。

----------0145

□ **outsell** [ˌaʊt'sel] **v.** 卖得比……多，销量超过

构 out（超过……界限）+ sell（卖）→销量超过

例 We've been outselling our competitors in wines in the past five years. 在过去 5 年里，我们的葡萄酒销量超过了竞争对手。

----------0146

□ **womb** [wuːm] **n.** ①子宫 ②内部，封闭空间 ③发源地，孕育处 **v.**（如子宫般）包含，容纳

搭 from the womb to the tomb/grave 从生到死；the womb of western civilization 西方文明的发源地

例 A moan issued from the womb of the cave. 从那洞穴深处传出一声呜咽。

----------0147

□ **bounce** [baʊns] **n.** ①跳跃，弹回 ②活力，朝气 ③弹性，弹力 **v.** ①弹起，反弹 ②蹦跳，上下晃动 ③反射 ④（支票）被拒付，被退回 ⑤退回（电子邮件）

搭 bounce into the room 蹦蹦跳跳地进了房间；bounce up and down on the sofa 在沙发上蹦来跳去

例 She bounced the baby on her knees. 她把宝宝放在膝盖上颠动。

----------0148

□ **astrology** [ə'strɒlədʒi] **n.** 占星学，占星术

构 astro（星）+ logy（学）→占星学

联 astrological **a.** 占星的，占星术的

----------0149

□ **vegetarian** [ˌvedʒə'teəriən] **n.** 素食者，吃素的人

搭 dishes suitable for vegetarians 适合素食者的菜肴

例 My father is a vegetarian. 我父亲是个素食主义者。

----------0150

□ **aluminium** [ˌæljə'mɪniəm] **n.** 铝

搭 aluminium cans 铝罐；aluminium foil 铝箔

----------0151

□ **suicidal** [ˌsuːɪ'saɪdl] **a.** ①想自杀的，有自杀倾向的 ②可能导致死亡的，可能造成重大破坏的

搭 a suicidal rescue attempt 有生命危险的救援尝试

例 For many years before treatment, she had suicidal tendencies. 在治疗前的许多年里，她有自杀倾向。

----------0152

□ **loop** [luːp] **n.** ①圈，环 ②节育环 ③环绕 **v.** ①成环，绕成圈 ②成环形运动，做环状飞行

搭 be in the loop 属于圈内人

例 Colin was up there, thoughtfully looping a cable round his hand. 柯林在上面，小心地把电缆盘在手上。

----------0153

□ **cherish** ['tʃerɪʃ] **v.** ①疼爱，钟爱，珍爱 ②珍藏，珍视

搭 cherish a hope/the values in one's own culture 怀着一片希望 / 珍视自己文化中的价值观

例 It was a wonderful occasion which we will cherish for many years to come. 那是一个美好的时刻，再过许多年我们也将好好珍惜。

----------0154

□ **helicopter** ['helɪkɒptə(r)] **n.** 直升机 **v.** 用直升机空运，乘直升机

例 Supplies were helicoptered to the stricken villages. 补给用直升机运往了受灾村庄。

----------0155

□ **stitch** [stɪtʃ] **n.** ①缝纫，一针 ②缝法，针法 ③剧痛 ④脊，垄 **v.** ①缝，缝合，缝补，绣上 ②拼凑起，组织起

搭 trousers stitched at the knee 膝盖处缝过的裤子

例 Fold over untidy edges, then stitch them down to make it neat. 把不平的边缘折起来，然后将其缝平整。

----------0156

□ **caress** [kə'res] **v.** ①抚摸，爱抚 ②轻触，轻拍 **n.** 抚摸，拥抱，爱抚

例 Margaret took me to one side, holding my arm in a gentle caress. 玛格丽特把我拉到一边，轻轻地抚摸着我的手臂。

----------0157

□ **reinforce** [ˌriːɪn'fɔːs] **v.** ①加强，强调，加固 ②增援，增强

构 re（再，又）+ in（向内）+ force（力量）→ 再给力量 →加强

例 The delegation hopes to reinforce the idea that human rights are not purely internal matters. 代表团想要强调这样一个观念，即人权问题不仅仅是内部的事情。

························0158

□ **feeble** ['fi:bl] *a.* ①虚弱的，脆弱的，无力的 ②不充分的，站不住脚的 ③不坚定的，优柔寡断的 ④微弱的

搭 a feeble excuse 牵强的借口；a feeble argument 站不住脚的论点；the feeble light of a lamp 灯的微弱光线

例 Her voice sounded feeble and far away. 她的声音听上去既无力又遥远。

························0159

□ **mainstream** ['meɪnstri:m] *n.* 主流 *a.* 主流的，主要的 *v.* 使进入主流，使成为主流

例 His ideas are well outside the political mainstream. 他的观点严重偏离了主流政治观念。

························0160

□ **axis** ['æksɪs] *n.* ①轴，轴线 ②对称中心线

例 The earth rotates on an axis between the north and south pole. 地球绕着南北两极之间的地轴自转。

························0161

□ **refinement** [rɪ'faɪnmənt] *n.* ①提纯，净化 ②极致，完美 ③改进，改善 ④文雅，优雅

搭 a person of great refinement 举止优雅的人

例 Several engine refinements have resulted in increased efficiency. 对发动机的数次改进提高了效率。

························0162

□ **acrobatic** [ˌækrə'bætɪk] *a.* 杂技的

搭 an acrobatic troupe 杂技团

例 He performed a sensational acrobatic feat. 他表演了一个精彩的杂技节目。

························0163

□ **undetected** [ˌʌndɪ'tektɪd] *a.* 未被觉察的，未被发现的，未探测到的

例 The thieves escaped undetected through a basement window. 那些盗贼从地下室的窗户神不知鬼不觉地逃走了。

························0164

□ **addiction** [ə'dɪkʃn] *n.* ①瘾 ②嗜好，痴迷

搭 an addiction to housework 迷上了家务活；drug/

heroin/alcohol addiction 毒瘾 / 海洛因瘾 / 酒瘾

例 He has an addiction to mystery novels. 他对悬疑小说很痴迷。

联 addicted *a.* 有瘾的；addictive *a.* 使人成瘾的，使人入迷的

························0165

□ **prospectus** [prə'spektəs] *n.* ①（大学、学院等的）简介，简章 ②计划书，说明书，发起书

例 Details of all courses can be found in the prospectus. 所有课程的详情可在学校的简介中查询。

························0166

□ **strap** [stræp] *n.* ①带子，肩带，吊带 ②条带，拉带 ③拉手吊环 / 吊带 *v.* ①用带子系 / 捆 / 扎 / 绑 ②鞭打，抽打

搭 strap up the wounded leg 把伤腿包扎好

例 You can strap the baby to your front or back and carry him with you. 你可以将婴儿绑在胸前或背后带着走。

························0167

□ **ethical** ['eθɪkl] *a.* ①伦理的 ②合乎道德的，道德规范的

搭 high ethical standards 高道德水准

例 The use of animals in scientific tests raises difficult ethical questions. 用动物做科学实验引发了棘手的伦理问题。

························0168

□ **marker** ['mɑːkə(r)] *n.* ①记录，标记 ②标志

搭 the marker of social class 社会阶层的标志

例 He buried the bodies in a single grave with a wooden cross as a marker. 他把尸体都埋在一个坟墓里，用一个木制十字架作为标记。

························0169

□ **tunnel** ['tʌnl] *n.* 隧道，地道 *v.* 开凿隧道，挖地道

搭 tunnel through a mountain 开凿穿山隧道

例 The prisoners tunnelled out of a maximum security jail. 犯人们挖地道逃离了戒备森严的监狱。

························0170

□ **standpoint** ['stændpɔɪnt] *n.* 立场，观点，立足点

例 We should look at the questions from an economic standpoint. 我们应该从经济的角度来看这些问题。

························0171

□ **tramp** [træmp] *v.* ①拖着沉重的脚步走 / 踩 /

踏 ②长途跋涉，长途步行 *n.* ①流浪者 ②沉重的脚步声 ③长途步行 ④荡妇，淫妇

搭 a tramp through the woods 徒步穿过树林

例 I could hear the tramp of heavy boots on the path ahead. 我能听见前面小路上有靴子踏地的沉重脚步声。

·······0172

□ **stringent** ['strɪndʒənt] *a.* ①（法律、规则等）严格的，严厉的 ②（金融）银根紧的，紧缩的

构 string（捆绑）+ ent（具有……性质的）→捆绑在一起的 →紧缩的

搭 the stringent credit policy 紧缩信贷政策；stringent regulation on security 严格的安保规定

例 Its drug-testing process is the most stringent in the world. 其药物检查程序是世界上最严格的。

·······0173

□ **collate** [kə'leɪt] *v.* ①校对，校勘，核对 ②整理（印张等），检点（印张等）

构 col（共同）+ lat（搬运）+ e →一起搬运 →核对

例 He spent years collating the data on which the study was based. 他花了数年时间校勘此项研究所依托的数据。

·······0174

□ **tedious** ['tiːdɪəs] *a.* 枯燥乏味的，冗长的 [同] monotonous

例 She was bored with tedious household chores. 她厌倦了乏味的家务。

·······0175

□ **homesick** ['həʊmsɪk] *a.* ①想家的 ②思念的，怀念的

搭 homesick for one's hometown 怀念故乡

例 She felt a little homesick when she was alone. 她一人独处时有点想家。

·······0176

□ **bay** [beɪ] *n.* ①海湾 ②（轮船、飞机等）舱 ③分隔间，隔断 *v.* ①狂吠，长嗥 ②强烈要求

搭 a storage bay 储藏室；a loading bay 装货区；a cargo bay 货舱；dogs baying at the moon 对着月亮狂吠的狗

例 He lived in a house with a view across the bay. 他住在一幢能看到海湾全景的房子里。

·······0177

□ **flimsy** ['flɪmzi] *a.* ①轻而薄的，不结实的，易损坏的 ②不足为信的，站不住脚的 ③脆弱的，不牢靠的

搭 a flimsy building 不牢固的建筑

例 The evidence against her is extremely flimsy. 指控她的证据根本站不住脚。

·······0178

□ **unregistered** [ʌn'redʒɪstəd] *a.* 未登记的，未注册的

例 She was charged with driving an unregistered vehicle. 她被控驾驶未注册车辆。

·······0179

□ **absenteeism** [ˌæbsən'tiːɪzəm] *n.* 经常无故的缺席 / 缺课 / 旷工

例 Her office has a high rate of absenteeism. 她所在的办公室员工旷工率很高。

·······0180

□ **spit** [spɪt] *v.* ①吐口水，吐唾沫 ②吐，唾 ③下小雨 [同] drizzle ④怒斥 ⑤迸溅（火花等）⑥（猫愤怒时）发出咕噜咕噜声 *n.* ①唾液，口水 ②岬，沙嘴 ③烤肉钎子，炙钎子

搭 spit out curses at sb. 大声咒骂某人；spit on the sidewalk 在人行道上吐痰；spit in one's face 啐某人的脸

例 A log was crackling and spitting in the fireplace. 圆木在壁炉里噼啪作响，火星四溅。

·······0181

□ **registration** [ˌredʒɪ'streɪʃn] *n.* ①登记，注册 ②注册人，登记者 ③注册证，登记证

搭 registration fee 注册费

例 Registration of the birth must take place within six weeks. 必须在出生后六周内进行出生登记。

·······0182

□ **naturally** ['nætʃərəli] *ad.* ①当然，自然 ②天生地，天性地 ③表现自然地，不做作地 ④自然地，天然地

例 A number of important vitamins are found naturally in dark green vegetables like spinach. 许多重要的维生素天然存在于诸如菠菜这样的深绿色蔬菜中。

·······0183

□ **microprocessor** [ˌmaɪkrəʊ'prəʊsesə(r)] *n.* 微处理器

例 Microprocessors are widely used in making household appliances. 微处理器在家用电器制造中被广泛使用。

·······0184

□ **sundial** ['sʌndaɪəl] *n.* 日晷

例 An old sundial threw a long shadow on the

meadow. 一个旧日晷在草地上投出一道长长的影子。

··········0185

□ **meditative** ['medɪtətɪv] *a.* 沉思的，冥想的
搭 moments of meditative silence 沉思中的宁静时刻；the meditative calm of churches 教堂冥想时的安静
例 Music can induce a meditative state in the listener. 音乐能引导听众进入沉思的状态。

··········0186

□ **belt** [belt] *n.* ①腰带，皮带 ②（细长的）地带，带状区域 *v.* ①重击，狠揍，抽打 ②疾驰，飞奔，快跑 ③系牢 [同] fasten
搭 below the belt 不公道的，刻薄伤人的；belt down the motorway at 95 miles per hour 以每小时 95 公里的速度在高速公路上疾驶；fasten/unfasten the belt 扣上 / 解开腰带
例 Behind me was a belt of trees. 我身后是一片狭长的树林。

··········0187

□ **megacity** ['megəsɪti] *n.*（人口超过 100 万的）大城市，特大城市
构 mega（大）+ city（城市）→大城市
例 Healthy environment is of vital importance for a megacity to sustain social and economic development. 对于一个大城市来说，要保持社会和经济的发展，良好的环境是非常重要的。

··········0188

□ **upper** ['ʌpə(r)] *a.* ①上面的，上层的，顶部的，上部的 ②北部的，偏北的 ③（职位，级别）高级的，高等的，上层的 *n.* ①鞋帮，靴面 ②兴奋剂 ③地位较高的人，上层的事物
搭 upper limbs 上肢；have/gain the upper hand 占上风，处于有利地位
例 She wrote her name on the upper left-hand corner

of the paper. 她把名字写在页面的左上角。

··········0189

□ **vicious** ['vɪʃəs] *a.* ①凶险的，残酷的 ②恶毒的，狠毒的，恶意的 ③剧烈的，猛烈的
搭 vicious circle 恶性循环
例 She has a nasty temperament and a vicious tongue. 她脾气差，说话恶毒。

··········0190

□ **loath** [ləʊθ] *a.* 不愿意的，不情愿的
搭 nothing loath 情愿的，乐意的
例 The new finance minister seems loath to cut down income tax. 这位新财政部部长似乎不愿意削减所得税。

··········0191

□ **wrinkle** ['rɪŋkl] *n.* ①皱纹 ②褶皱 ③令人吃惊的情节，出乎意料的事 *v.* ①起皱纹，皱起 ②（布料等）起皱，起褶
搭 wrinkle-free pants 不起皱的裤子；a wrinkled face 满是皱纹的脸
例 Moisture caused the wallpaper to wrinkle and peel. 潮气使墙纸起皱并剥落。

··········0192

□ **boot** [bu:t] *n.* ①靴子 ②（汽车后部的）行李厢 ③(pl.) 解雇 *v.* ①猛踢 ②逐出，解雇 [同] dismiss
搭 give sb. the boot 解雇某人
例 He was wearing a woollen hat and heavy boots. 他戴着羊毛帽子，穿着厚重的靴子。

··········0193

□ **plush** [plʌʃ] *a.* 豪华的，奢侈的，优裕的 *n.* 长毛绒
搭 plush toys 长毛绒玩具；a plush, four-storey house 四层豪宅
例 He was lucky to have such a plush diplomatic post. 他很幸运能拥有待遇优厚的外交职位。

答案：
1. cherish 译文：我们相信，他们会继续坚守他们所珍视的自己文化中的那些价值观。
2. instinctual 译文：这完全是本能的反应。如果孩子摔倒了，你会把他扶起来。

Unit 4

学前自测

1. The goal of the experiment was to _____ the people with the new law. (ration, spark, purify, scrape, familiarize)

2. Her childhood passion for collecting has not dimmed, but now she is more _____. (unblemished, altruistic, discerning, begrimed, thorny)

0194

□ **uphill** [ˌʌp'hɪl] *a.* ①上山的，上坡的 ②不易的，艰难的 *ad.* ①往上坡方向，靠近山顶 ②艰难地

搭 a long, uphill journey 一段长长的上坡路

例 It had been an uphill struggle to achieve what he had wanted. 他历尽坎坷才得偿所愿。

0195

□ **melatonin** [ˌmelə'təʊnɪn] *n.* 褪黑素

例 Melatonin is said to play an important part in the seasonal behavior of certain animals. 据说，褪黑素对某些动物的季节性行为起着重要作用。

0196

□ **unblemished** [ʌn'blemɪʃt] *a.* ①无瑕疵的，无污点的，洁白的 ②无瘢痕的，完好无损的

搭 unblemished skin/snow 无瑕的皮肤／洁白的雪

例 John has an unblemished reputation as a man of honor and principle. 约翰品德高尚，讲原则，声名是无可指摘的。

0197

□ **familiarize** [fə'mɪliəraɪz] *v.* 使了解，使熟悉，使通晓

例 The visit was meant to familiarize the students with the neighborhood. 那次参观是为了让学生们熟悉这个街区。

联 familiarity *n.* 熟悉，随意，友好

0198

□ **magma** ['mægmə] *n.* 岩浆，熔岩

例 The volcano threw new showers of magma and ash into the air. 火山又向空中喷出了岩浆和火山灰。

0199

□ **ration** ['ræʃn] *n.* ①配给量，定量 ②足量 *v.* 配给，定量供应，限定……数量

例 The meat ration was down to one pound per person per week. 肉类配给量减少到每人每周一磅。

0200

□ **assistantship** [ə'sɪstəntʃɪp] *n.*（大学）研究生助教奖学金，（给研究生的）半工半读助学金

例 The company has contributed a lot to education such as assistantship. 这家公司为教育做了很多贡献，比如给学生提供助教奖学金。

0201

□ **earthwork** ['ɜːθwɜːk] *n.* ①土方（工程）②土墙，土坝

例 They visited the prehistoric earthworks and villages. 他们参观了史前时期的土垒和村庄。

0202

□ **jaw** [dʒɔː] *n.* ①颌（骨）②下巴，下颌 ③闲谈，聊天 [同] chat ④ (pl.) 狭窄入口 ⑤ (pl.) 险境 *v.* ①闲谈，聊天 ②责备，数落

搭 a strong square jaw 结实的方下颌；the jaws of a gorge 峡谷口；the jaws of death 鬼门关

例 He thought for a moment, stroking his well-defined jaw. 他摸着自己棱角分明的下巴沉思了片刻。

0203

□ **spark** [spɑːk] *n.* ①火星，火花 ②电火花 ③起因，导火索 ④生气，活力 ⑤愤怒，激烈争吵 ⑥一星，丝毫，一丁点 *v.* 引起，导致，触发

搭 a spark of hope 一线希望；a spark of insight 智慧火花

例 His fifth-grade teacher sparked his interest in history. 他五年级的老师激发了他对历史的兴趣。

0204

□ **hamlet** ['hæmlət] *n.* 小村庄

例 It was a tiny hamlet on the edge of the Yorkshire moors. 那是一个位于约克郡高地边缘的小村庄。

0205

□ **ambulance** ['æmbjələns] *n.* ①救护车 ②野战医院

构 ambul（行走）+ ance（表状态）→行走在路上（治病救人）→救护车

搭 call an ambulance 叫救护车

例 She was rushed to hospital by an ambulance. 她被救护车急送到医院。

----0206

□ **scrape** [skreɪp] v. ①刮除，削去 ②摩擦，擦伤，刮坏 ③发出刺耳的刮擦声 ④艰难取得，勉强获得 n. ①擦伤，擦痕 ②困境，险境

搭 scrape the mud off the shoes 把鞋子上的泥刮掉；scrape through 勉强通过，应付

例 She survived the accident with a few minor bumps and scrapes. 她在这次事故中幸存下来，只受了一些轻微的碰伤和擦伤。

----0207

□ **merely** ['mɪəli] ad. 仅仅，只不过

例 It's important to write these goals down, rather than merely think about them. 把这些目标写下来很重要，不要只是在脑中想。

----0208

□ **altruistic** [ˌæltru'ɪstɪk] a. 无私的，奉行利他主义的

搭 motives that are not entirely altruistic 并非完全无私的动机；altruistic acts 无私的行为

例 He has a very altruistic attitude. 他有一种大公无私的态度。

联 altruism n. 无私，利他

----0209

□ **subsoil** ['sʌbsɔɪl] n. 下层土，底土 a. 底土的 v. 深耕

构 sub（在下）+ soil（土）→下层土

搭 the ability of subsoil to support vegetation 下层土滋养植物的能力

----0210

□ **harridan** ['hærɪdən] n. 泼妇，恶婆，母夜叉

搭 a mean old harridan 一个刻薄的老泼妇

----0211

□ **convey** [kən'veɪ] v. ①运送，传达，传递 ②传送，输送 ③（法律）转让（财产）

搭 convey the estate to one's son 把财产转让给儿子

----0212

□ **interdependent** [ˌɪntədɪ'pendənt] a. 互相依存的，互相需要的

构 inter（相互）+ dependent（依赖的）→互相依存的

例 The two countries are politically independent but economically interdependent. 这两个国家政治上相

互独立，但经济上相互依存。

----0213

□ **trapeze** [trə'piːz] n. 高空秋千，空中吊杠

例 He performed tricks on the trapeze. 他在高空秋千上表演特技。

----0214

□ **unsatisfactory** [ˌʌnˌsætɪs'fæktəri] a. 不够好的，不令人满意的，不能接受的

例 He asked a few more questions, to which he received unsatisfactory answers. 他又问了几个问题，得到的答案都不令人满意。

----0215

□ **bistro** ['biːstrəʊ] n. 小餐馆，小酒吧

例 The bistro serves veal chops and hearty stews. 那家小餐馆卖小牛排和丰盛炖菜。

----0216

□ **morbid** ['mɔːbɪd] a. ①病态的，不健康的 ②疾病的，由疾病引起的

搭 morbid obesity 病态肥胖

例 Some people have a morbid fascination with crime. 一些人对犯罪有种病态的迷恋。

----0217

□ **discerning** [dɪ'sɜːnɪŋ] a. 有眼光的，有鉴赏力的，鉴别力强的

搭 texts selected for the more discerning readers 为更具鉴赏力的读者挑选出的文本

例 She has a discerning eye for both classic and contemporary drama. 她对古典和现代戏剧皆具有鉴赏力。

----0218

□ **queue** [kjuː] n. 队列，排队，一队人 v. 排队

搭 jump the queue 插队，加塞儿；queue up at the snack bar 在快餐店排队

例 Hundreds of people queued for a chance to meet her. 数百人排队等候，希望有机会见到她。

----0219

□ **itinerary** [aɪ'tɪnərəri] n. ①旅行计划，预定行程，旅程 ②旅行日记，游记 ③旅行指南，旅行手册

例 The explorer's itinerary contained details of the region. 这位探险者的旅行日记中有对这个地区的详细介绍。

----0220

□ **modish** ['məʊdɪʃ] a. 新潮的，时髦的，流行的

例 He met some modish young women from big cities. 他遇见了一些来自大城市的时髦年轻女子。

symbolize ['sɪmbəlaɪz] **v.** ①象征，代表 ②用符号表示

例 Growing discontent has been symbolized by the protests. 与日俱增的不满通过一次又一次的抗议表现出来。

联 symbolic **a.** 象征性的

----0222

purify ['pjʊərɪfaɪ] **v.** ①使纯净，净化 ②（宗）使净化，涤罪

搭 purify the water/the air 净化水 / 空气

例 She believed that she could purify herself through constant prayer. 她相信，只要不断地祈祷，她的心灵就能得到净化。

----0223

violence ['vaɪələns] **n.** ①暴力，暴行 ②极大的力量 ③狂热，激烈 ④狂暴，猛烈，强烈

搭 resort to/use violence 诉诸 / 使用暴力

例 Passion can drive otherwise gentle individuals to extreme acts of violence. 盛怒会使原本温和的人产生极端暴力行为。

----0224

objectivity [ˌɒbdʒek'tɪvəti] **n.** ①客观，无偏见 ②客观性，真实性 ③（语法）宾格

例 The psychiatrist must learn to maintain an unusual degree of objectivity. 精神科医生务必要学会保持超乎寻常的客观态度。

----0225

aggravation [ˌæɡrə'veɪʃn] **n.** ①加重，加剧，恶化 ②激怒，烦恼，激怒 / 困扰因素

搭 a source of aggravation 烦恼的原因；leave in aggravation 愤怒地离开

例 Many talented people now feel that a career in politics isn't worth all the aggravation. 许多有才干的人现在觉得从事政治烦心事太多，不值得考虑。

----0226

retailing ['riːteɪlɪŋ] **n.** 零售业

例 He spent ten years on retailing. 他在零售业干了 10 年。

----0227

anatomy [ə'nætəmi] **n.** ①解剖学，解剖结构 ②体系，方法

构 ana（分开）+ tomy（切）→切开 →解剖学

例 Knowledge of human anatomy is essential to figure drawing. 人体解剖学知识对于人体素描是极其必要的。

联 anatomical **a.** 解剖的

----0228

centigrade ['sentɪɡreɪd] **a.** 百分度的，摄氏度的 [同] celsius **n.** 摄氏

构 centi（一百）+ grade（等级）→百分度的

例 The highest temperature today is 11 degrees centigrade, that is, 52 degrees Fahrenheit. 今天最高温度是 11 摄氏度，即 52 华氏度。

----0229

axle ['æksl] **n.** 轮轴，车轴

例 We mounted the wheels on to the truck axles. 我们将车轮安装到卡车轴上。

----0230

truce [truːs] **n.** 停战协定，休战

例 The fighting has given way to a truce between the two sides. 双方已经结束交战，达成了休战协议。

----0231

chink [tʃɪŋk] **n.** ①裂缝，裂口，缝隙 ②弱点，漏洞，空子 ③叮当声，撞击声 **v.** ①（使）叮当响 ②堵塞

搭 the chink of coins 硬币的叮当声；chink the glasses 碰杯；the chink of cutlery 餐具的叮当声

例 The sun came through the chink in the curtains. 阳光从窗帘的缝隙中照了进来。

----0232

begrimed [bɪ'ɡraɪmd] **a.** 肮脏的，污秽的 [同] dirty

例 Many begrimed articles and videos have been spread by means of Internet and mobile phones. 许多污秽的文章和视频通过互联网和手机进行传播。

----0233

requisition [ˌrekwɪ'zɪʃn] **v.** ①正式请求，要求 ②征用

例 The school was requisitioned as a military hospital for the duration of the war. 那所学校在战争期间被征用为军用医院。

----0234

collide [kə'laɪd] **v.** ①碰撞，撞上 ②冲突，不一致

搭 collide head-on 迎头相撞；collide with a truck/tree 撞上一辆卡车 / 一棵树

例 I ran around the corner, and almost collided with Mrs. Laurence. 我奔过转弯处，差点和劳伦斯太太撞了个满怀。

----0235

modernism ['mɒdənɪzəm] **n.** 现代主义，现代化，现代潮流，现代思想

搭 the rise of modernism in the West 现代主义在西方的兴起
联 modernist *n.* 现代主义者，现代派
··········0236

□ **unexpected** [ˌʌnɪk'spektɪd] *a.* 想不到的，意外的，突然的
搭 unexpected guests 不速之客
例 Drivers must always be prepared to deal with the unexpected. 司机必须时刻准备应对意外情况。
··········0237

□ **bureau** ['bjʊərəʊ] *n.* ①办事处，机构 ②司，局，处，署 ③（英）写字台，书桌
搭 a travel bureau 旅行社；an employment bureau 职业介绍所；Federal Bureau of Investigation 联邦调查局
例 She worked in the newspaper's Washington bureau. 她在该报驻华盛顿的办事处工作。
··········0238

□ **reinforcement** [ˌriːɪn'fɔːsmənt] *n.* ① 加强，加固，增强，增援，强化 ②加固物，补强剂 ③ (*pl.*) 援军，增援部队
搭 the safe arrival of reinforcements and supplies 援军和补给品的安全抵达
例 The teacher introduced the new vocabulary words and then used a game as a reinforcement. 老师介绍了这些新单词，然后通过游戏进一步巩固它们。
··········0239

□ **disillusionment** [ˌdɪsɪ'luːʒnmənt] *n.* 幻灭，不抱幻想，醒悟
联 disillusioned *a.* 幻灭的，不抱幻想的
··········0240

□ **thorny** ['θɔːni] *n.* ①有刺的，多刺的 ②棘手的，难办的
例 Immigration policy is a thorny question. 移民政策是个棘手的问题。
··········0241

□ **slumber** ['slʌmbə(r)] *v.* 睡，睡眠 *n.* 睡眠
例 She fell into deep slumber. 她沉沉入睡了。
··········0242

□ **clockwise** ['klɒkwaɪz] *ad.* 顺时针方向地
例 Screw down the lid on clockwise. 按顺时针方向拧紧盖子。
··········0243

□ **pearl** [pɜːl] *n.* ① 珍珠 ② (*pl.*) 珍珠项链 ③珠状物 ④极其优秀的人，珍爱的东西

搭 a pearl necklace 珍珠项链；cast/throw pearls before swine 对牛弹琴；pearls of dew 露珠
例 She's a pearl among women. 她是女性中的佼佼者。
··········0244

□ **slat** [slæt] *n.* 板条，百叶板 *v.* 装板条，装百叶板
例 The fence has two broken slats. 栅栏上有两块板条断了。
··········0245

□ **kung fu** [ˌkʌŋ 'fuː] *n.* 中国功夫
搭 a kung fu expert/master 功夫专家 / 大师
··········0246

□ **porous** ['pɔːrəs] *a.* ①能渗透的，透水 / 气的 ②多漏洞的，松懈的
搭 porous material 渗透性材料
例 He's deploying more soldiers along the country's porous border. 他正在国家防守不严的边境线上部署更多兵力。
··········0247

□ **repaint** [riː'peɪnt] *v.* 重上油漆，重涂颜料
例 The first floor of the gallery was repainted gold. 艺术馆的一楼被重新漆上了金色。
··········0248

□ **liaison** [li'eɪzn] *n.* ①联络，联系沟通 ②联络员，联系人 ③私通
例 I have a professor on my staff as liaison with our higher education institutions. 我的职员中有一名教授充当我们和高等教育机构的联络人。
··········0249

□ **emeritus** [ɪ'merɪtəs] *a.* 荣誉退职的，退休后保留头衔的
搭 an emeritus professor of history 荣誉退休的历史学教授
例 He will continue as chairman emeritus. 他将继续担任荣誉主席。
··········0250

□ **dangle** ['dæŋgl] *n.* 悬垂（物），悬荡（物）*v.* ①悬垂，悬荡 ②用……诱惑
搭 dangle rich rewards before sb. 用丰厚的酬金诱惑某人
例 We sat on the edge and dangled our legs in the pond. 我们靠边坐了下来，把腿荡悠在池塘里。
··········0251

□ **excreta** [ɪk'skriːtə] *n.* 排泄物
搭 the excreta of animals 动物的排泄物

----0252

□ **advance** [əd'vɑːns] *v.* ①前进，推进 ②（使）进展 ③预先，提前 ④提拔，晋升 *n.* ①预先，提前 ②前进，前行 ③培养，提高 ④预付（款等）⑤ (*pl.*) 求爱，勾引 *a.* 预先的，先行的

搭 in advance of 提前；advance one's career/cause 促进职业 / 事业发展；advance party 先遣队；advance sb. to assistant manager 提拔某人为副经理

例 Our understanding of the disease has advanced rapidly in recent years. 近年来我们对于这种疾病的认识不断深化。

----0253

□ **malevolent** [mə'levələnt] *a.* 有恶意的，恶毒的 [同] malicious

构 male（恶）+ vol（意愿）+ ent（具有……性质的）→有恶意的

例 Her reputation has been hurt by malevolent gossip. 恶毒的流言蜚语损害了她的名声。

----0254

□ **physician** [fɪ'zɪʃn] *n.* 内科医生

例 The hospital enrolls five physicians every year. 这家医院每年招聘五名内科医生。

联 surgeon *n.* 外科医生；dentist *n.* 牙科医生；doctor *n.* 医生；pharmacist *n.* 药剂师

----0255

□ **doom** [duːm] *v.* 注定，命定 *n.* 厄运，劫数 [同] fate, destiny

搭 meet one's doom 毁灭，灭亡；be doomed to extinction 注定灭绝；send sb. to his doom 处死某人；go to/fall to/meet one's doom 死，死亡；a sense of doom 不祥的预感；a plan doomed to failure from the beginning 从一开始就注定失败的计划

例 His plan to walk through the desert single-handed was doomed to failure. 他独自一人穿越沙漠的计划是注定要失败的。

----0256

□ **substance** ['sʌbstəns] *n.* ①物质 [同] material ②实质，本质 [同] essence, core ③要旨，主要部分 ④牢固，坚实 [同] solidity

构 sub（在……下面）+ stance（场地）→在下面的场地 →实质

搭 in substance 大体上，本质上；have no substance

in one's speech 言之无物

例 There appears to be little substance to the new plans. 这个新计划似乎没有实质内容。

----0257

□ **modification** [ˌmɒdɪfɪ'keɪʃn] *n.* ①修改，更正，改造 ②（语）修饰，限定 ③（语气等的）缓和，减弱，制约

搭 make substantial modification 进行实质性的修改；a few simple modifications to the plan 对这项计划的少量简单修改

例 A couple of modifications and the article will be perfect. 只需稍作修改，这篇文章就完美了。

----0258

□ **pesticide** ['pestɪsaɪd] *n.* 杀虫剂，农药

构 pest（害虫）+ cid（杀）+ e →杀虫剂

例 The pesticides that farmers spray on their crops kill pests but they can also damage people's health. 农民在作物上喷洒的农药可以杀死害虫，但也会损害人体健康。

----0259

□ **cosmic** ['kɒzmɪk] *a.* ①宇宙的 ②无比巨大的，无限的

搭 cosmic time and space 宇宙时空；a matter of cosmic importance 大事；cosmic loneliness 无限寂寞

例 Planets were formed out of cosmic dust. 行星是由宇宙尘埃形成的。

----0260

□ **speculation** [ˌspekju'leɪʃn] *n.* ①推测，假想，臆断 ②思考，思索，沉思，冥想 ③投机买卖，投机生意

搭 lead to intense speculation 引起纷纷猜测；lose a lot of money on the speculations 做投机生意亏了很多钱

例 She has dismissed the rumor of her resignation as pure speculation. 她辟谣说，有关她辞职的传闻纯属猜测。

----0261

□ **knob** [nɒb] *n.* ①（门、抽屉的）球形把手，球形柄 ②（收音机等的）旋钮 ③小块

搭 a knob of butter 一小块黄油

例 She tried to open the door, but the knob came off in her hands. 她想开门，可门把手在她手里脱落。

答案：
1. familiarize 译文：这个试验的目的是使民众熟悉新法律。
2. discerning 译文：她孩提时对收藏的痴迷丝毫未减，现在她只是变得更有眼光了。

Unit 5

学前自测

1. Many people use personal assets as _____ for small business loans. (prowess, relay, embankment, delinquent, collateral)

2. If you disobey these rules you may be _____ from the examination. (slouched, cosseted, ventilated, intermixed, disqualified)

----------0262

□ **disharmony** [dɪsˈhɑːməni] *n.* 不和谐，分歧
例 Money problems are often a source of marital disharmony. 金钱问题往往是夫妻不和谐的起因。

----------0263

□ **prowess** [ˈprauəs] *n.* ①非凡的技能，高超的本领 ②英勇，无畏，勇猛
构 prow（英勇的）+ ess（存在）→英勇
例 He's known for his prowess on the football field. 他以高超的足球球技闻名。

----------0264

□ **slouch** [slautʃ] *v.* 低头垂肩地站 / 坐 / 走，无精打采地站 / 坐 / 走 *n.* 低头垂肩的姿态
例 The boy was slouching over his school books. 那个男孩正懒洋洋地趴在自己的课本上。

----------0265

□ **regional** [ˈriːdʒənl] *a.* 地区的，区域的
搭 regional variations in farming 农耕方式的地域性差异
例 He spoke with a slight regional accent. 他说话有轻微的地方口音。

----------0266

□ **disqualify** [dɪsˈkwɒlɪfaɪ] *v.* ①取消……的资格，剥夺……的资格 / 权利 ②使不合适，使不合格
搭 disqualified from driving 被取消驾驶资格
例 He was convicted of bribing government officials, and will be disqualified from office for seven years. 他被判犯有贿赂政府官员罪，在今后 7 年里没有资格获得公职。

----------0267

□ **pepper** [ˈpepə(r)] *n.* 胡椒粉 *v.* ①大量撒，使布满 ②连续射击 ③加胡椒粉 ④连珠炮地提问
搭 pepper sb. with questions 连珠炮似的向某人提问

例 The surface of the moon is peppered with craters. 月球表面布满陨石坑。

----------0268

□ **relay** [ˈriːleɪ] *n.* ①轮班，轮换，替换，班次 ②接力赛 ③中继设备，转播设备 *v.* ①接力传送，传递 ②转述，转达 ③中继转发，转播
搭 relays of undergraduates 一班接一班的大学本科生；listen to the relay of the concert 听音乐会的中继转播；in/by relays 以轮班方式，轮流地
例 Communications satellites relay messages and signals from country to country. 通信卫星在国与国之间转发消息和信号。

----------0269

□ **crowded** [ˈkraudɪd] *a.* 挤满（人）的，拥挤的
搭 a crowded waiting room/street 拥挤的候车室 / 街道
例 The narrow roads were crowded with holiday traffic. 狭窄的道路上挤满了度假的车辆。

----------0270

□ **tillable** [ˈtɪləbl] *a.* 可耕种的，可种植的
例 Tillable lands have declined sharply in recent years due to global warming. 由于全球气候变暖，近年来可耕种土地骤减。

----------0271

□ **pedigree** [ˈpedɪgriː] *n.* ①血统，宗室，门第 ②起源，历史 *a.* 良种的，纯种的
搭 noble/aristocratic pedigree 血统高贵
例 Democracy is an idea with a pedigree stretching back to ancient Greece. 民主思想的渊源可以追溯到古希腊。

----------0272

□ **unquote** [ˌʌnˈkwəut] *v.* 引文止，原话止
例 She said that she didn't feel prepared to deal with, quote, "the real world," unquote. 她说她觉得自己没有准备好应对"真实的世界"（她的原话）。

----0273

□ **cosset** ['kɒsɪt] *v.* 宠爱，溺爱，悉心照料

搭 a safe, cosseted childhood 健康平安、爱意浓浓的童年

例 The hotel cossets its guests with friendly service. 酒店以友善的服务悉心照料客人。

----0274

□ **tender** ['tendə(r)] *a.* ①嫩的，软的，柔和的 ②疼痛的，一触即痛的 ③温柔的，慈爱的 ④娇嫩的，易损坏的 *v.* ①呈交 ②投标 *n.* ①投标（书）②驳运舰，补给船，交通艇 ③提出，提议，提供

搭 tender age 幼小的年龄；a tender piece of meat 一块嫩肉；tender parents 慈爱的双亲；a tender glance 含情脉脉的一瞥；call for/invite tenders 招标

例 The contract for building the new library will be put out to tender. 建造新图书馆的合同将对外招标。

----0275

□ **embankment** [ɪm'bæŋkmənt] *n.* 路堤，堤岸，路基

构 em（使）+ bank（岸）+ ment（具体物）→堤岸

搭 noise embankments on main roads 主干道上的防噪声路基

----0276

□ **refundable** [rɪ'fʌndəbl] *a.* 可退的，可退款的，可归还的

例 The security deposit is not refundable. 这笔保证金不能退还。

----0277

□ **collateral** [kə'lætərəl] *n.* 担保品，抵押品 *a.* ①附带的，间接的，伴随的 ②旁系的，非直系的

搭 collateral interest 附带的利益

例 We put up our house as collateral in order to raise money to invest in the scheme. 我们把房子抵押出去，以筹款投资这个计划。

----0278

□ **newsletter** ['njuːzletə(r)] *n.* 简报，时事通信

构 news（消息）+ letter（文字）→时事通信

例 The society publishes a newsletter twice a year. 这个协会一年出版两次简报。

----0279

□ **delinquent** [dɪ'lɪŋkwənt] *n.* ①罪犯（尤指未成年犯罪者）②违法者，有过失者 *a.* ①失职的，懈怠的 ②有过失的，犯法的，犯罪的，不道德的 ③到期未付的，拖欠的，（票据）过期的

搭 delinquent borrowers 未按时还款的借款者；delinquent taxes 逾期未付的税款；delinquent children 犯罪儿童

例 His delinquent behavior could lead to more serious problems. 他的不良行为有可能导致更严重的问题。

----0280

□ **ventilate** ['ventɪleɪt] *v.* ①使通风 ②给……装置通风设备 ③把……公开，发表（意见），表达（感情）

搭 a well-ventilated room 通风良好的房间

例 The important thing is to ventilate your anger. 重要的是把你的愤怒表达出来。

----0281

□ **trunk** [trʌŋk] *n.* ①树干 ②（人体）躯干，主体 ③行李箱，后备厢，旅行箱 ④象鼻

搭 a trunk full of clothes 装满衣服的行李箱

例 He keeps a jack and spare tire in the trunk. 他在后备厢里放了一台千斤顶和一个备用轮胎。

----0282

□ **semester** [sɪ'mestə(r)] *n.* 一学期，半学年

例 In this semester, I'll have to take five subjects. 这学期我要修五门课。

----0283

□ **opulence** ['ɒpjələns] *n.* 豪华，奢华，巨富

例 Visitors are often surprised by the opulence of the bank's offices. 来访者常常惊讶于这家银行办公室的豪华。

----0284

□ **verdict** ['vɜːdɪkt] *n.* ①裁定，裁决 ②判断，定论

例 The jury reached a guilty verdict. 陪审团做出了有罪判决。

----0285

□ **disapprove** [ˌdɪsə'pruːv] ①不赞成，反对 [反] approve ②不批准，不同意

例 I disapproved of their decision, but I said nothing against it. 我不赞成他们的决定，但我没有表示反对。

----0286

□ **pulley** ['pʊli] *n.* ①滑轮，滑车 ②皮带轮 *a.* 滑轮装置的

例 The Pyramid blocks were hauled into position without the benefit of wheels or pulleys. 金字塔的石块是在没有借助任何车辆或滑轮的情况下被拉到所在位置的。

---0287

□ **lens** [lenz] *n.* ①（照相机的）镜头 ②透镜，镜片 ③（眼睛的）晶状体
搭 a standard 50mm lens 50 毫米标准镜头
例 I packed my sunglasses with the green lenses. 我在太阳镜上装上了绿色镜片。

---0288

□ **subtropical** [ˌsʌb'trɒpɪkl] *a.* 亚热带的，副热带的
搭 subtropical weather 亚热带气候；subtropical plants 亚热带植物

---0289

□ **gender** ['dʒendə(r)] *n.* ①性别，性 ②男性，女性 ③（语法）性（如阴性，中性，阳性）
搭 the different abilities and skills of the two genders 男性和女性具有的不同能力和技巧
例 There may be gender differences in attitudes to paid work. 对待有偿劳动的态度可能存在着性别差异。

---0290

□ **exploitative** [ɪk'splɔɪtətɪv] *a.* 剥削的，压榨的

---0291

□ **till** [tɪl] *v.* 耕（地），犁（地）*n.* 现金出纳机，钱箱，钱柜 *conj.* 直到
例 The farmers were singing as they tilled the fields. 农夫们一边耕着地一边哼着歌。

---0292

□ **average** ['ævərɪdʒ] *a.* ①平均的 ②中等的，适中的 ③平常的，普通的 [同] common *n.* ①平均数 ②平均水平 *v.* 平均为，算出……的平均数
搭 on average 平均；above/below average 高于/低于平均水平；of average height/intelligence 中等个头/中等智商
例 The murder rate in the city has risen to four times the national average. 这座城市的凶杀案发生率已升至全国平均水平的四倍。

---0293

□ **commodious** [kə'məʊdiəs] *a.* ①宽大的，宽敞的 ②方便的，适宜的
搭 commodious apartment/house 宽敞的公寓/房子

---0294

□ **stint** [stɪnt] *n.* ①规定的工作，工作期限 ②限度，限制 *v.* 节省，吝啬
搭 one's stint in New York 某人在纽约期间
例 They didn't stint on food and drink at their wedding. 他们在婚礼上毫不吝惜食物和饮料。

---0295

□ **backbone** ['bækbəʊn] *n.* ①脊骨，脊柱 ②主力，中坚 ③骨气，毅力
构 back（背部）+ bone（骨）→脊骨
搭 the backbone of the family 家里的顶梁柱；the backbone of the community 团体的中坚力量
例 He showed some backbone by refusing to compromise his values. 他有点骨气，不肯放弃自己的价值观。

---0296

□ **delivery** [dɪ'lɪvəri] *n.* ①递交，运送，交付，交割 ②分娩，生产 ③讲话，演讲，表演，扮演 ④交出，引渡 ⑤投掷，投球
搭 delivery room 产房
例 The company offers free delivery with orders over $200. 凡超过 200 美元的订单，这家公司提供免费送货服务。

---0297

□ **continually** [kən'tɪnjuəli] *ad.* ①连续地，不停地 ②频繁地，反复地
例 The earth's oceans are continually heated by the sun. 地球上的海洋受到太阳持续的加温。

---0298

□ **shore** [ʃɔː(r)] *n.* ①岸，滨 ②沿海国家 *v.* 支撑
搭 off shore 离岸；shore up the wall/the economy 支撑起墙壁/扶持经济
例 We could see a boat about a mile from the shore. 我们能看见离岸边大约一英里的地方有一艘船。

---0299

□ **coordinator** [kəʊ'ɔːdɪneɪtə(r)] *n.* 协调人，统筹者
例 Mr. Peter Mandelson is the project coordinator. 彼得·曼德尔森先生是这个项目的协调人。

---0300

□ **refusal** [rɪ'fjuːzl] *n.* 拒绝，回绝
例 My request for some money met with a flat refusal. 我要求给些钱，却遭到了断然拒绝。

---0301

□ **alluvial** [ə'luːviəl] *a.* 冲积的，淤积的 *n.* 冲积层，冲积砂床
搭 an alluvial plain 冲积平原；alluvial soil 冲积土
例 They stumbled upon one of the richest shallow alluvial gold deposits ever found. 他们意外发现了迄今储量最丰富的浅层冲积金矿床之一。

....0302

□ **curative** ['kjʊərətɪv] **a.** 有疗效的，用于治疗的

例 Ancient civilizations believed in the curative powers of fresh air and sunlight. 古老文明相信新鲜空气和阳光有治疗的功效。

....0303

□ **extendable** [ɪk'stendəbl] **a.** ①可延长的，可伸长的 ②可延期的

例 It is a two-year contract, extendable to five years. 这是一份可延期到五年的两年期合同。

....0304

□ **camper** ['kæmpə(r)] **n.** ①露营者 ②野营车，旅行拖车

例 A careless camper accidentally started a fire in the woods. 粗心的野营者意外地引起了一场森林大火。

....0305

□ **arousal** [ə'raʊzl] **n.** 唤起，激起

例 Thinking angry thoughts can provoke strong physical arousal. 想着生气的事情能激起强烈的生理反应。

联 arouse **v.** ①唤醒，唤起 ②激励

....0306

□ **conditioner** [kən'dɪʃənə(r)] **n.** 护发素，衣物柔顺剂

例 Use a lot of conditioner, more to the ends and none to the roots. 护发素用量要大，多涂发梢，不涂发根。

....0307

□ **roller** ['rəʊlə(r)] **n.** ①碾子，滚筒，滚柱，滚轮，滚子 ②轧钢工 ③压路机，碾压机 ④巨浪

例 They transported the heavier objects on rollers. 他们把重物放在滚轮上运送。

....0308

□ **tensile** ['tensaɪl] **a.** ①可伸展的，可延展的 ②拉力的，张力的

搭 test the tensile strength of steel cables 检测钢索的拉伸强度

....0309

□ **neutral** ['nju:trəl] **a.** ①中立的，不偏不倚的 ②中性的，不带感情色彩的 ③淡雅的，素净的 ④不带电的 **n.** ①中立国，中立者 ②（汽车或机器的）空挡位置

搭 put the car in neutral 将汽车的排挡位置置于空挡位

例 Those who had decided to remain neutral in the struggle now found themselves required to take sides. 那些本来决定在斗争中保持中立的人现在发现必须要选择一个立场。

....0310

□ **intermix** [ˌɪntə'mɪks] **v.** （使）混合，（使）混杂

例 When they talk, they often intermix English with French. 他们经常把英语和法语混杂着说。

....0311

□ **kit** [kɪt] **n.** ①成套工具，成套设备，成套装备 ②组合部件，套件 **v.** 提供必需的装备

搭 be kitted out with camera equipments 配备了摄像器材；a shaving kit 一套剃须用具；football kits 成套足球装备

例 The soldiers have been trained to jump from the planes with full kit on. 士兵们受过背负全套装备从飞机上跳下的训练。

....0312

□ **barrage** ['bærɑːʒ] **n.** ①弹幕，火力网 ②一连串，铺天盖地 ③阻拦，阻塞 ④堰，水坝，拦河坝 ['bɑːrɪdʒ] **v.** 开火，以密集火力进攻/阻击

搭 a barrage of anti-aircraft fire 一阵密集的防空炮火；a barrage of questions 连珠炮似的问题

例 His comments provoked a barrage of criticism. 他的评论招致了一连串的批评。

....0313

□ **pollinate** ['pɒləneɪt] **v.** 给……传粉/授粉

构 pollin（看作 pollen 花粉）+ ate（表动词）→ 给……传粉

例 Many insects are needed to pollinate the local plants. 给当地植物授粉需要许多昆虫。

....0314

□ **demographic** [ˌdemə'græfɪk] **n.** ①人口统计数据，人口统计资料 ②群体，人群 **a.** 人口学的，人口统计的

搭 the demographics of readers 读者统计数据；the 21-40 demographic 21 岁至 40 岁的人群

例 The demographic information shows that the population increased but the average income went down. 人口统计信息显示，人口增长了，人均收入却下降了。

....0315

□ **slum** [slʌm] **n.** ①贫民窟，贫民区 **v.** （短期）去贫穷地方

搭 a slum area 贫民区

········0316

□ **dump** [dʌmp] *v.* ①丢，扔，抛 ②分手，甩掉（对方）③倾销，抛售 ④转储，转存 *n.* ①垃圾堆，废品堆 ②脏乱的地方

搭 a dump site 垃圾堆；dump one's girlfriend 抛弃女朋友

例 They dumped tons of salt on icy road surfaces to make driving safer. 他们把成吨的盐撒到结冰的路上，使行车更安全。

········0317

□ **skeptical/sceptical** ['skeptɪkl] *a.* ① 惯于 / 倾向于怀疑的，表示怀疑的 [同] doubtful ②怀疑宗教的，怀疑论者的

例 Environmental groups are skeptical of the government's promise. 环保组织对政府的许诺持怀疑态度。

········0318

□ **Nordic** ['nɔːdɪk] *a.* 北欧的，北欧国家的，北欧人的，有北欧民族特征的

例 She looks very Nordic. 她看上去很像北欧人。

········0319

□ **immigration** [ˌɪmɪ'ɡreɪʃn] *n.* ①移民 ②（机场、港口等的）移民局检查处

例 Immigration officials at the airport confirmed that she entered the country yesterday. 机场的移民局检查处官员确认她是在昨天入境的。

联 immigrate *v.* 移民，移入

········0320

□ **affliction** [ə'flɪkʃn] *n.* 痛苦，折磨

构 af（向）+ flict（攻击）+ ion（表状态）→向某人攻击→苦恼，折磨

搭 the afflictions of modern society 现代社会的种种烦恼；the afflictions of old age 老年的各种痛苦

例 He visited the fatherless children and widows in their affliction. 他看望了处于痛苦中的失去父亲的孩子和寡妇。

········0321

□ **unprejudiced** [ʌn'predʒədɪst] *a.* ①没有偏见的，没有成见的 ②无歧视的

搭 an unprejudiced analysis of the problem 对问题的客观分析

例 I would love to see an unprejudiced society where all the children could flourish. 我希望看到一个所有的孩子都能茁壮成长的无歧视社会。

········0322

□ **caliber/re** ['kælɪbə(r)] *n.* ①能力，才干 ②人品，人格 ③口径，内径

搭 a .22 caliber rifle 口径为 0.22 英寸的步枪；a small-caliber pistol 小口径步枪

例 I was impressed by the high caliber of the researchers and analysts. 研究人员和分析人员的高素质给我留下了深刻印象。

········0323

□ **leather** ['leðə(r)] *n.* 皮革 [同] skin *a.* 皮革制的 *v.* 用皮革覆盖，加上皮革面

搭 a black leather jacket 黑色皮夹克

········0324

□ **poison** ['pɔɪzn] *n.* ①毒素，毒药，毒物 ②毒害，弊病 *v.* ①使中毒，毒杀，毒害 ②使产生厌恶，使心怀仇恨

搭 the poison of fascism 法西斯主义的毒害；poison gas 毒气

例 She hired an assassin to poison him and his parents. 她雇了一名杀手去把他和他的父母毒死。

········0325

□ **droplet** ['drɒplət] *n.* 小滴

构 drop（滴）+ let（小）→小滴

搭 water droplets 小水滴

例 Droplets of sweat were welling up on his forehead. 他额头上冒出细密的汗珠。

········0326

□ **sizeable** ['saɪzəbl] *a.* 相当大的，足够的

搭 a sizeable man 大个子；a sizeable sum 一笔相当大的金额

········0327

□ **earthquake** ['ɜːθkweɪk] *n.* ①地震 ②剧变，动乱 *a.* 地震的

搭 an earthquake in one's family 某人家庭生活中的一次剧变；earthquake zone 地震灾区；earthquake victims 地震灾民

例 The abbey was destroyed in an earthquake. 那个修道院在一次地震中被摧毁了。

答案：

1. collateral 译文：很多人把个人财产用作小额商业贷款的抵押品。

2. disqualified 译文：如果你不遵守这些规则，你可能会被取消考试资格。

Unit 6

学前自测

1. Don't allow a minor _____ in the workplace to mar your ambition. (formulation, porch, reel, irritation, scamper)

2. If you want them to follow you, you need to _____ confidence. (intrude, churn, summarise, wander, instil)

----------0328

□ **doctorate** ['dɒktərət] *n.* 博士学位
例 She got a job teaching at the university after obtaining her doctorate in social psychology. 她获得社会心理学博士学位后，在大学里获得了一份教书的工作。

----------0329

□ **meteorology** [ˌmiːtiəˈrɒlədʒi] *n.* 气象学
构 meteor（陨石，天气）+ ology（学）→气象学
例 The Bureau of Meteorology has just announced up-to-the-minute information on the weather. 气象局刚刚发布了最新天气信息。

----------0330

□ **overdraft** ['əʊvədrɑːft] *n.* 透支（额）
例 The bank warned him that, unless he repaid the overdraft, he could face legal action. 银行警告他如果不能偿还透支钱款，他将面临诉讼。
联 overdrawn *a.* 透支的

----------0331

□ **security** [sɪˈkjʊərəti] *n.* ①保安措施，安全工作 ②保护，保障 ③保安 ④抵押品，保证金
搭 go through security at the airport 在机场通过安检；under tight security 在戒备森严的情况下
例 The prison was ordered to tighten security after a prisoner escaped yesterday. 昨天一名囚犯越狱后，该监狱被勒令加强安全措施。

----------0332

□ **formulation** [ˌfɔːmjuˈleɪʃn] *n.* ①公式化，公式化的讲述 ②规划，构想 ③配制品，制剂
例 There have been problems with the formulation of the vaccine. 疫苗制剂存在着一些问题。

----------0333

□ **malleable** ['mæliəbl] *a.* ①可锻造的，有韧性的 ②顺从的，温顺的，易受外界影响的
搭 malleable material 韧性材料
例 The malleable mayor of the city was once under his control. 该市容易受人摆布的市长曾经受制于他。

----------0334

□ **digital** ['dɪdʒɪtl] *a.* ①数字的，数码的 ②数字显示的，使用电脑技术的 ③指头的，手指的
搭 digital TV 数字电视；digital camera 数码照相机；digital dexterity 指头的灵活性
例 You can transfer digital images from your camera to your computer. 你可以把相机上的数码图像传到电脑上。

----------0335

□ **nightmare** ['naɪtmeə(r)] *n.* ①噩梦，梦魇 ②棘手的事，可怕的经历，恐怖之事
搭 a nightmare journey 糟糕的旅程
例 She had a recurring nightmare about losing her job. 她每次都做同样的噩梦，梦见自己丢了工作。

----------0336

□ **anxious** ['æŋkʃəs] *a.* ①焦虑的，不安的 [同] worried ②渴望的，急切的 [同] eager
例 We had an anxious couple of weeks waiting for the test results. 我们惴惴不安地过了几个星期，等待着考试结果出来。
联 anxiety *n.* 焦虑，不安，担心

----------0337

□ **porch** [pɔːtʃ] *a.* ①门廊，门厅 ②走廊，阳台，游廊
搭 eat on the porch 在门廊里用餐
例 They waited under the church porch for the bride and groom to appear. 他们在教堂的门廊上等新娘和新郎到来。

----------0338

□ **intrude** [ɪnˈtruːd] *v.* ①打扰，干涉 ②闯入，侵扰
搭 intrude on 侵扰，干涉；intrude on this peaceful place 侵扰这一宁静祥和之地
例 The magazine carries pictures which intrude into people's privacy. 这份杂志登载侵扰人们私生活的照片。

□ **reel** [ri:l] *v.* ①迷惑，震惊 ②跟跄，蹒跚 ③卷，绕 ④晕眩，天旋地转 *n.* ①卷轴，卷筒，线轴 ②一盘，一卷 ③里尔舞
搭 a fishing rod and reel 钓竿和钓线轴; a reel of film 一卷胶卷
例 He was reeling drunkenly down the street. 他醉醺醺地在街上跟跄着。

──────0340

□ **cloakroom** ['kləʊkru:m] *n.* ①衣帽间 ②厕所，洗手间 [同] bathroom, toilet
例 The Ladies' cloakroom is down the hall. 女卫生间在大厅的那一头。

──────0341

□ **straw** [strɔ:] ①麦秆，稻草 ②（喝饮料的）吸管 *a.* 麦秆的，稻草的
搭 the last/final straw 最后一根稻草，最终使人无法承受的事; a straw in the wind 迹象，征兆，苗头
例 She sipped her lemonade through a straw. 她用吸管吸柠檬水。

──────0342

□ **irritation** [ˌɪrɪ'teɪʃn] *n.* ①恼怒，生气 ②烦心事，恼人事 ③疼痛
搭 skin irritation 皮肤刺激
例 The heavy traffic is a constant source of irritation. 拥挤的交通一向是令人头痛的事。

──────0343

□ **herbal** ['hɜ:bl] 香草的，草药的
搭 herbal remedies for colds 治感冒的草药; herbal medicine 草药治疗法，草药医学
联 herbalist *a.* 草药商，草药医生

──────0344

□ **iris** ['aɪrɪs] *n.* ①鸢尾属植物 ②可变光圈，虹彩光圈 ③（瞳孔周围的）虹膜
例 The camcorder's iris opens and closes just like the iris in the human eye. 摄像机的虹彩光圈就像人眼的虹膜一样开合。

──────0345

□ **spasmodic** [spæz'mɒdɪk] *a.* ①间歇的，一阵一阵的，断断续续的 ②痉挛性的，抽搐的
搭 spasmodic cough 痉挛性咳嗽
例 He made only spasmodic attempts to lose weight. 他减肥只是三天打鱼两天晒网。

──────0346

□ **modernize** ['mɒdənaɪz] *v.*（使）现代化
例 The country recently announced plans to begin modernizing its army. 这个国家最近宣布启动军队现代化的计划。
联 modernity *n.* 现代性

──────0347

□ **summarise/ze** ['sʌməraɪz] *v.* 总结，概括，概述
搭 to summarise 总的来说，概括起来
例 The author summarises his main arguments in the introduction. 作者在序言中概述了他的主要观点。

──────0348

□ **churn** [tʃɜ:n] *v.* ①搅拌，搅动 ②（机器、转子等）转动，运转 ③（水等）剧烈翻腾 ④心烦意乱，心神不安 ⑤反胃 *n.* ①搅乳器 ②奶桶 ③客户流失量
搭 the churning ocean 波浪翻滚的大海; churn out 大量制作; churn up 搅动
例 Just thinking about the test made my stomach churn. 一想到这次考试，我的胃就直翻腾。

──────0349

□ **scamper** ['skæmpə(r)] *v.* 顽皮地到处跑，蹦蹦跳跳 *n.* 蹦蹦跳跳，奔跑
例 The children were scampering on the grass in the yard. 孩子们在院子里的草地上蹦蹦跳跳地玩耍。

──────0350

□ **bacterial** [bæk'tɪəriəl] *a.* 细菌的，细菌引起的
例 The inspectors are equipped to check imported beef for bacterial contamination. 检查员配有设备检查进口的牛肉是否有细菌污染。
联 bacteriology *n.* 细菌学

──────0351

□ **encase** [ɪn'keɪs] *v.* 包住，围住，装入
搭 a leg encased in plaster 打着石膏的腿
例 The original plan was to encase radioactive substances in a protective steel container. 最初的计划是要将放射性物质封存在一个防护钢罐里。

──────0352

□ **wage** [weɪdʒ] *n.* 工资，薪金 *v.* 发动，进行
搭 wage a campaign/struggle/war 开展运动/开展斗争/发动战争
例 The company gave the workers a five percent wage increase this year. 今年公司给员工涨了百分之五的工资。

──────0353

□ **slut** [slʌt] *n.* ①荡妇，淫妇 ②懒婆娘
例 They called her a slut. 他们称她是淫妇。

chase [tʃeɪs] **v.** ①追赶，追踪，追捕 ②寻觅，寻求 ③争夺，抢夺 ④驱赶，驱逐 ⑤追求（异性）⑥镂刻，镂雕 ⑦开沟，挖槽 **n.** ①追赶，追踪，追捕 ②沟槽 ③铁框，板框 ④（对异性的）追逐，追求

搭 chase after benefits 追求利润；the thrill of the chase 追求过程中的刺激

例 Police said he was arrested without a struggle after a car chase through the streets. 警方称在大街上进行了一场汽车追逐之后，他没有抵抗就被逮捕了。

·····0355

awful ['ɔːfl] **adj.** ①糟糕的，恶劣的，讨厌的，极坏的 ②非常的，极好的 ③难看的 [同] ugly

搭 awful weather 糟糕的天气；an awful lot of people 很多人；awful smell 难闻的气味；look/feel awful 看上去 / 感觉像生病了

例 I heard the most awful sounds. 我听到了最令人讨厌的声音。

·····0356

liver ['lɪvə(r)] **n.** 肝，肝脏

搭 liver trouble/complaint 肝病

·····0357

demolition [ˌdeməˈlɪʃn] **n.** ①拆除，拆毁，废除，爆破 ②惨败 **a.** 爆破的，拆毁的

搭 a demolition expert 爆破专家；a demolition squad 爆破小组

例 The old factory is scheduled for demolition next month. 旧工厂计划在下个月拆除。

·····0358

wander ['wɒndə(r)] **v.** ①徘徊，闲逛，漫步于 ②离开，偏离 ③走神，（精力）不集中 ④（河流）蜿蜒曲折 **n.** 漫步，闲逛

搭 go for a wander 出去转悠；wander down the street 在街上溜达

例 At noon we wandered to a boulevard cafe for lunch. 中午时分，我们漫步到林荫大道旁的一家小餐馆吃午饭。

·····0359

allocation [ˌæləˈkeɪʃn] **n.** ①分配，拨给 ②配给物，份额

搭 the allocation of funds 资金分配；asset allocation 资产分配

例 The allocation of time and resources must be done well in advance. 必须提前分配好时间和资源。

·····0360

instil [ɪnˈstɪl] **v.** 逐渐灌输，逐渐培养

搭 instil into sb. a feeling of confidence 使某人逐渐建立自信

例 They have instilled a love of music in their children. 他们逐步培养起子女对音乐的热爱。

·····0361

absolute ['æbsəluːt] **a.** ①完全的，彻底的 [同] thorough ②绝对的，不受任何限制的 ③确定的，无疑的

搭 absolute secrecy 绝对保密；absolute nonsense 胡说八道；absolute proof 确凿的证据

例 You can't predict the future with absolute certainty. 你不可能有十足的把握预测未来。

联 absolution **n.** 赦免，宽恕；absolutism **n.** 专制主义，独裁政治

·····0362

mantle ['mæntl] **n.** ①披风，斗篷 ②象征，衣钵 ③覆盖物，罩，幕 **v.** ①覆盖，罩住，笼罩 ②（使）发红，涨红

搭 take on/assume/wear the mantle of 承担……的责任，继承……的衣钵；a mantle of snow 一层雪；the mantle of night 夜幕

例 The earth bears a thick green mantle of vegetation. 地球上覆盖着一层厚厚的绿色植被。

·····0363

redevelopment [ˌriːdɪˈveləpmənt] **n.** ①改建，重新开发 ②二次显影，重新冲印

搭 redevelopment of the city's downtown area 中心城区的改造

·····0364

invisible [ɪnˈvɪzəbl] **a.** ①看不见的 ②未意识到的，无形的

搭 invisible ink/problems 隐形墨水 / 隐性问题

例 She felt as if her success was being blocked by an invisible barrier. 她感觉好像有一个无形障碍挡住了她通往成功的路。

·····0365

aquarium [əˈkweəriəm] **n.** ①养鱼缸，水族箱 ②水族馆

构 aqua（水）+ rium（场所）→水族馆

例 He visited an aquarium and some museums during his stay in the city. 他在那座城市逗留期间，参观了一个水族馆和一些博物馆。

·····0366

popularize ['pɒpjələraɪz] **n.** ①宣传，推广，普及 ②使通俗化，使大众化

例 Scientific notions soon become inaccurate when they are popularized. 科学概念在得到普及时很快就变得不准确了。

·······0367

□ **consolidation** [kənˌsɒlɪ'deɪʃn] **n.** ①加强，巩固 ②合并，整合

搭 the consolidation of power 权力的巩固

例 Further consolidation in light and heavy industry should follow. 轻工业和重工业随后可能进一步整合。

·······0368

□ **superstitious** [ˌsuːpə'stɪʃəs] **a.** ①迷信的 ②非理性的，盲目的

例 A wave of superstitious fear spread among the townspeople. 一阵盲目的恐慌在市民中蔓延。

·······0369

□ **booming** ['buːmɪŋ] **a.** ①迅速发展的，激增的 ②低沉有回响的，轰隆作响的 ③强有力的 [同] forceful

例 They're not benefiting from the country's booming economy. 他们并没有从国家迅猛的经济发展中受益。

·······0370

□ **county** ['kaʊnti] **n.** 县，郡

例 Over 30 events are planned throughout the county. 计划在全县开展三十多项活动。

·······0371

□ **populace** ['pɒpjələs] **n.** 百姓，大众，全体居民

构 popul（人民）+ ace（表名词）→百姓，大众

例 The populace suffered greatly during the war. 在战争期间，老百姓损失惨重。

·······0372

□ **enthusiasm** [ɪn'θjuːziæzəm] **n.** ①热情，热忱 ②热衷的活动，热爱的事物

例 A delay of two hours did not dampen their enthusiasm. 两个小时的耽误没有减弱他们的热情。

联 enthusiast **n.** 热衷者，爱好者

·······0373

□ **gill** [dʒɪl] **n.** ①及耳（液量单位，1 及耳 =1/4 品脱）②鱼鳃 **v.** 取出（鱼的）内脏，洗（鱼）

例 Unlike human beings, most fish breathe with gills. 与人类不同，大多数鱼类是靠鳃呼吸的。

·······0374

□ **overgraze** [ˌəʊvə'greɪz] **v.** 过度放牧

构 over（过度）+ graze（放牧）→过度放牧

例 If the grassland is overgrazed, the vegetation will be damaged and the ground will become liable to erosion. 如果草原过度放牧，植被就会遭到破坏，土壤就会易于流失。

·······0375

□ **substitution** [ˌsʌbstɪ'tjuːʃn] **n.** ①代替，替换 ②替代品，替代人

例 Substitution of apple sauce for oil is one way of reducing the fat in the recipes. 用苹果酱替代食用油是减少食谱中脂肪用量的一种做法。

·······0376

□ **intrusion** [ɪn'truːʒn] **n.** ①干扰，侵扰 ②闯入，侵入

例 The animals are sensitive to human intrusion into their habitat. 动物对人类入侵它们的栖息地很敏感。

·······0377

□ **studio** ['stjuːdiəʊ] **n.** ①录音室，播音室，演播室 ②电影公司，电影制片厂 ③（画家或摄影师的）工作室 ④（舞蹈）排练室 ⑤单室公寓房

例 John is making a film with one of the big Hollywood studios. 约翰正在和好莱坞的一家大制片公司拍摄一部电影。

·······0378

□ **wealthy** ['welθi] **n.** 富有的，有钱的，富裕的

例 He left as a poor boy and returned as a wealthy man. 他走时是个穷小子，回来时已是一个腰缠万贯的富翁了。

·······0379

□ **robotic** [rəʊ'bɒtɪk] **a.** ①机器人的 ②似机器人的，呆板机械的 ③自动的

例 A robotic arm is used to mix the chemicals. 一条机器臂被用来搅拌这些化学品。

·······0380

□ **assimilation** [əˌsɪmə'leɪʃn] **n.** ①吸收 ②同化，融入

搭 the rapid assimilation of new technique in industry 工业对新技术的迅速消化；eat slowly to allow for better assimilation 吃慢些以便更好地消化

例 They are promoting assimilation of minority ethnic groups into the culture. 他们在推动少数民族融入这里的文化。

·······0381

□ **scout** [skaʊt] **n.** ①男童子军 ②侦察兵，侦察机，侦查艇，哨兵 ③人才发掘者 **v.** ①侦查，寻找，搜寻 ②发现，觅得 ③发掘（人才）

搭 scout for players 访求选手 / 演员；scout for business opportunities 寻找商机

例 She scouts young musicians for one of the country's top orchestras. 她为国内一家顶级的管弦乐团物色年轻的音乐家。

□ **demonstration** [ˌdemən'streɪʃn] **n.** ①示威，游行 ②示范，演示 ③表示，表露

搭 stage a demonstration 举行示威游行；a cookery demonstration 烹饪示范

例 The high level of calls is a clear demonstration of the need for the new product. 大量来电明确地表示了对这种新产品的需求。

联 demonstrative **a.** 感情外露的，指示的；demonstrator **n.** 示威者，示范者

························0383

□ **stylish** ['staɪlɪʃ] **a.** 有风格的，时髦的，新潮的

例 We had our dinner in a stylish restaurant in downtown. 我们在市中心的一家很有格调的饭店吃了晚饭。

························0384

□ **refectory** [rɪ'fektəri] **n.** （学校的）食堂，餐厅

例 I usually have my breakfast and lunch in the refectory. 我通常在食堂里吃早饭和午饭。

························0385

□ **strategist** ['strætədʒɪst] **n.** 战略家，军师，善于谋划的人

搭 political/military strategist 政治／军事战略家

························0386

□ **overweight** [ˌəʊvə'weɪt] **a.** ①超重的，过重的 ②（投资）权重过高的

例 Being moderately overweight increases your risk of developing high blood pressure. 即使是轻度超重也会增加患高血压的风险。

························0387

□ **swamp** [swɒmp] **n.** 沼泽（地）**v.** ①使陷入，使面临，使应接不暇 ②蜂拥 ③淹没，沉没

搭 a town swamped with/by tourists 挤满游客的小镇

例 We've been swamped with phone calls since the advert appeared. 自从广告登出后，电话多得使我们应接不暇。

························0388

□ **interrelationship** [ˌɪntərɪ'leɪʃnʃɪp] **n.** 相互关系，相互联系

搭 the interrelationships between unemployment, crime and imprisonment 失业、犯罪和监禁之间的相互联系

························0389

□ **exist** [ɪg'zɪst] **v.** ①存在，存有，有 ②生存，谋生，生活，活命 ③存世，在世

搭 exist on one's wage 靠工资生活；exist only on milk 只靠喝牛奶活着

例 He thought that, if he couldn't see something, it didn't exist. 他认为他看不到的东西就是不存在的。

························0390

□ **pour** [pɔː(r)] **v.** ①灌，倒，注，斟 ②倾泻，流出，喷发 [同] flow ③（雨）倾盆而下

搭 pour sb. a cup of coffee 给某人倒一杯咖啡；blood pouring from the wound 从伤口流出的血；drive all the way through pouring rain 冒着倾盆大雨一路驶来；pour cold water on 泼冷水；pour your heart out 倾诉衷肠

例 She poured water out of a teapot painted with roses. 她从绘有玫瑰花图案的茶壶里倒水。

························0391

□ **decimeter/re** ['desɪmiːtə(r)] **n.** 分米（等于十分之一米）

构 deci（十分之一）+ meter（米）→分米

搭 decimetric **a.** 分米的

························0392

□ **storey/story** ['stɔːri] **n.** 楼层

搭 on the first/second/third storey 在第一层／第二层／第三层；a beautiful three-storey building 一幢漂亮的三层楼房

························0393

□ **decimal** ['desɪml] **a.** 十进位的，十进制的 **n.** 小数

搭 the decimal system of metric system of weights and measures 十进制的公制度量衡体系；simple concepts such as decimals and fractions 小数、分数之类的简单概念

························0394

□ **occasionally** [ə'keɪʒnəli] **ad.** 偶尔，不时，有时

例 Friends visit him occasionally. 朋友有时会去拜访他。

答案：

1. irritation 译文：不要让工作单位上小小的烦心事毁了你的雄心壮志。

2. instil 译文：如果你希望他们追随你，那么你得逐渐向他们灌输信心。

Unit 7

学前自测

1. The explosion led to the widespread _____ of a poisonous chemical into the atmosphere. (equation, accommodation, biodiversity, deviance, dispersal)

2. The president said that the government would not _____ the pace of economic reform. (photocopy, revegetate, scent, inscribe, slacken)

··········0395

□ **stuffy** ['stʌfi] *a.* ①通风不好的，憋闷的 ②一本正经的，古板的，保守的 ③（被鼻涕）塞住的
例 Some grown-ups are so stuffy and slow to recognize good ideas. 有些成年人总是那么一本正经，对好主意反应那么迟钝。

··········0396

□ **gullible** ['gʌləbl] *a.* 易上当的，易受骗的，轻信的
例 They sold overpriced souvenirs to gullible tourists. 他们向易上当的游客出售高价纪念品。

··········0397

□ **revegetate** [riː'vedʒɪteɪt] *v.* ①再生，再种 ②恢复植被
例 They had to revegetate the soil of disturbed land after the flood. 洪水过后，他们不得不在被破坏的土地上重新种植物。

··········0398

□ **accommodation** [əˌkɒmə'deɪʃn] *n.* ①住宿，住处，工作场所 ②协议，和解 ③迎合，迁就
搭 travel and hotel accommodation 旅行及酒店住宿；reach an accommodation between the two parties 双方达成和解；office accommodation 办公场所
例 The price for the holiday includes flights and accommodation. 度假的价格包括航班和住宿。

··········0399

□ **slacken** ['slækən] *v.* ①放慢，减缓，减弱 ②放松，松弛，变松
搭 slacken your pace/speed 放慢你的脚步 / 速度
例 He did not let her go, but his grip on her slackened. 他不让她走，但抓着她的手却放松了。

··········0400

□ **unconquerable** [ʌn'kɒŋkərəbl] *a.* ①不可征

服的，不可战胜的 ②不可克服的，不可解决的
搭 seemingly unconquerable problems 看似无法解决的问题
例 He has an unconquerable spirit. 他有一种不屈不挠的精神。

··········0401

□ **doctoral** ['dɒktərəl] *a.* 博士的，博士学位的
例 He wrote his doctoral dissertation on Shakespeare's sonnets. 他的博士论文是关于莎士比亚的十四行诗。

··········0402

□ **unemployment** [ˌʌnɪm'plɔɪmənt] *n.* ①失业，失业人数 ②失业救济金
例 Closure of the plant means 500 workers are facing unemployment. 这家工厂的关闭意味着 500 名工人面临失业。

··········0403

□ **dispersal** [dɪ'spɜːsl] *n.* ①散发，散布，扩散，传播 ②驱散，赶走
例 Laws have been established to limit the dispersal of pollutants. （政府）已经立法限制污染物的扩散。

··········0404

□ **marsupial** [mɑː'suːpiəl] *n.* 有袋动物（如袋鼠）
例 Most marsupials are confined to Australia. 大部分有袋动物都分布于澳大利亚。

··········0405

□ **assignment** [ə'saɪnmənt] *n.* ①任务 [同] task ②（学生的）作业 ③分配，指派
搭 on assignment 被分配，被指派；heavy reading assignments 繁重的阅读作业；the assignment of different tasks to different people 把不同的任务分配给不同的人
例 He's gone to France on a special assignment. 他已经去法国执行一项特殊任务。

----------0406

□ **biodiversity** [ˌbaɪəʊdaɪ'vɜːsəti] **n.** 生物多样性
例 If we don't protect biodiversity, we threaten the survival of the planet. 如果我们不保护生物多样性，就会对地球的生存造成威胁。

----------0407

□ **cassette** [kə'set] **n.** 磁带盒，盒式磁带
例 Her two albums released on cassette have sold more than one million copies. 她的两张以磁带发布的专辑销量已超过一百万份。

----------0408

□ **almond** ['ɑːmənd] **n.** 杏仁，杏树
例 On the left was a plantation of almond trees. 左边是杏树种植园。

----------0409

□ **beehive** ['biːhaɪv] **n.** ①蜂窝，蜂箱 ②繁忙的场所
构 bee（蜜蜂）+ hive（蜂房，蜂箱）→蜂窝
搭 a beehive hairdo 蜂窝式发型
例 The office was a beehive of activity. 办公室里一派繁忙。

----------0410

□ **exhaustive** [ɪg'zɔːstɪv] **a.** ①全面的，彻底的，详尽的 ②令人疲惫的
搭 an exhaustive investigation/survey 详尽的调查
例 The police made an exhaustive search of the crime scene. 警方对犯罪现场进行了彻底搜查。

----------0411

□ **herdsman** ['hɜːdzmən] **n.** 牧人
构 herds（畜群）+ man（人）→牧人
例 The old herdsman spent all his life on the grassland. 这位老牧人一生都在草原上度过。

----------0412

□ **disapproving** [ˌdɪsə'pruːvɪŋ] **a.** 不赞同的，表示反对的，不以为然的
例 Janet gave him a disapproving look. 珍妮特对他露出不以为然的表情。

----------0413

□ **scent** [sent] **n.** ①香味，芳香 ②臭气，气味 ③香水 **v.** ①带有某种香味 ②预感，察觉 ③嗅出……的气味
搭 on the scent of 追踪；the sweet scent of ripe fruits 成熟水果甜甜的香味
例 We scented danger and decided to leave at once. 我们察觉到有危险，决定立即离开。
联 scented **a.** 芬芳的，有香气的

----------0414

□ **deviance** ['diːviəns] **n.** 反常，变态，偏常行为
构 de（偏离）+ vi（路）+ ance（表状态）→偏离正路 →偏常行为

----------0415

□ **secondary** ['sekəndri] **n.** ①（教育）中等的 ②第二的，第二位的，第二次的 ③次要的，从属的 ④第二手的，间接的 **n.** ①副手，次要的人，下属 ②代表，代理人
搭 secondary school 中等学校，中学；a matter of secondary importance 次要的事
例 Writing was always secondary to spending time with my family. 与和我的家人共度时光相比，写作总是排在第二位的。

----------0416

□ **inscribe** [ɪn'skraɪb] **v.** ①雕刻，刻上 ②题献，题赠
构 in（进入）+ scrib（写）+ e →写进去 →雕刻
搭 a silver wedding ring inscribed 'To My Darling' 一枚刻着 "献给我心爱的人" 的银质婚戒
例 The temple commemorates donors by inscribing their names on the wall. 这座寺庙把捐赠者的名字镌刻在墙上以示纪念。
联 inscription **n.** 铭文，碑文，题赠

----------0417

□ **overwork** [ˌəʊvə'wɜːk] **v.**（使）过度工作，（使）过度劳累 **n.** 过于繁重的工作，过分劳累
例 Ill health and overwork sometimes made him depressed. 他身体欠佳，工作过于繁重，因而有时情绪低落。

----------0418

□ **breakwater** ['breɪkwɔːtə(r)] **n.** 防波堤，防浪墙
构 break（折断）+ water（水）→折断水 →防波堤
例 They consolidated the harbor by building a breakwater. 他们修建防波堤来加固海港。

----------0419

□ **energetic** [ˌenə'dʒetɪk] **a.** ①精力充沛的，充满活力的 ②积极的，有力的
搭 an energetic man 精力旺盛的男子
例 The government has taken a more energetic approach to protecting the environment. 政府已经采取更加积极的方式来保护环境。

----------0420

□ **calendar** ['kælɪndə(r)] **n.** ①日历，挂历 ②记

事簿 ③历法

搭 a wall/desk calendar 挂历 / 台历

例 The university's academic calendar runs from February to December. 这所大学的校历是从二月至十二月。

----0421

□ **spine** [spaɪn] *n.* ①脊柱，脊椎 ②勇气，骨气，决心 ③（动植物的）刺，刺毛 ④中流砥柱，中坚力量 ⑤书脊

搭 send a chill/shiver up/down your spine 令人毛骨悚然的，激动人心的

例 A book's spine often has the title and the author's name printed on it. 书脊上通常印着书名和作者的姓名。

----0422

□ **wheelchair** ['wiːltʃeə(r)] *n.* 轮椅

例 He was in a wheelchair for several months after the accident. 遭遇那场事故后，他坐了几个月的轮椅。

----0423

□ **equation** [ɪ'kweɪʒn] *n.* ①等式，方程式 ②影响因素，综合形势，关系状态 ③相等，等同，平衡，均衡

搭 the equation of demand and supply 供求关系的平衡；military equation 军事上的平衡

例 The diplomats are trying to work out the delicate equations of power. 外交家们正设法获得微妙的势力均衡。

----0424

□ **bark** [bɑːk] *v.* ①（狗）吠叫 ②大声嚷，吼叫 ③擦破……的皮 *n.* ①吠声，叫声 ②（人、枪、炮的）咆哮声 ③树皮

搭 bark orders/commands at 向……下达指令；bark up the wrong tree 认错目标，打错主意；bark a finger on the metal edge 在金属边缘划破了手指

例 He was barking into the phone, giving orders to one of the employees. 他在电话里咆哮着向一名员工发号施令。

----0425

□ **overexploit** [ˌəʊvər ɪk'splɔɪt] *v.* 过度开采，滥采

例 Our valuable natural resources, like oil and coal, are on the verge of extinction due to overexploiting. 由于过度开采，诸如石油和煤这样宝贵的自然资源正濒临枯竭。

----0426

□ **photocopy** ['fəʊtəʊkɒpi] *v.* 影印，复印 *n.* 打印件，复印件

构 photo（照片，图片）+ copy（复制）→影印

例 He asked his assistant to photocopy the letter and send it to all of his clients. 他让助手复印这封信并分发给所有的客户。

----0427

□ **overview** ['əʊvəvjuː] *n.* 概述，概要，概观

例 The central section of the book provides a broad overview of drug use. 该书的核心部分对毒品的使用做了一个总体概述。

----0428

□ **crushing** ['krʌʃɪŋ] *a.* ①毁灭性的，压倒性的 ②惨重的，极其沉重的，很糟糕的

搭 suffer a crushing loss 惨败；achieve a crushing victory 取得压倒性的胜利；a crushing burden of debt 沉重的债务负担

例 The news came as a crushing blow. 这消息的到来犹如晴天霹雳。

----0429

□ **bamboo** [ˌbæm'buː] *n.* 竹，竹子 *a.* 竹制的，竹的

搭 bamboo shoots 竹笋；a bamboo fence 竹栅栏

例 Bamboos are growing well in the grove near the house. 竹子在屋旁的树丛中长势很好。

----0430

□ **siesta** [si'estə] *n.* 午休，午睡

例 The stores in the street all close after lunch when everyone takes a siesta. 午饭后，大家都睡午觉时，这条街上所有商店都会关门。

----0431

□ **congenital** [kən'dʒenɪtl] *a.* ①先天的 ②天生的，生性的

搭 a congenital defect 先天缺陷；a congenital liar 生性好说谎的人

例 The irregularity of her backbone is probably congenital. 她的脊椎畸形很有可能是先天的。

----0432

□ **seminar** ['semɪnɑː(r)] *n.* ①研讨班 ②研讨会，培训会，讲座

搭 a seminar on career planning 关于职业规划的讲座

例 Publishers and writers from 25 countries attended the seminar. 来自 25 个国家的出版商和作家参加了这次研讨会。

----0433

□ **dissatisfied** [dɪs'sætɪsfaɪd] *a.* 不满意的，不满足的

例 If you are dissatisfied with this product, please return it. 如果您对此产品不满意，敬请退货。

----0434

□ **welfare** ['welfeə(r)] *n.* ①幸福，健康，福祉 ②福利 ③救济金

搭 welfare benefits 福利津贴

例 Most of the people in this neighborhood are on welfare. 这一街区的大多数人都领取救济金。

----0435

□ **ecliptic** [ɪ'klɪptɪk] *n.*（天文）黄道 *a.* ①黄道的 ②（日，月）食的

构 ec（没有）+ lip（离开）+ tic（与……相关的）→离开没有了的→食的

搭 the ecliptic plane and the equatorial plane 黄道面和赤道面

----0436

□ **dystrophy** ['dɪstrəfi] *n.* 营养不良，营养障碍

构 dys（坏的，不利的）+ troph（营养）+ y（表情况）→营养不良

例 Researchers have identified the genetic defect underlying one type of muscular dystrophy. 研究人员已经确认了导致一种肌营养不良症的遗传缺陷。

----0437

□ **crossword** ['krɒswɜːd] *n.* 纵横字谜，填字游戏

例 I like to sit down and do the crossword. 我喜欢坐下来做纵横字谜游戏。

----0438

□ **ventilation** [ˌventɪ'leɪʃn] *n.* ①空气流通，通风 ②通风设备 ③公开讨论

例 They installed a new ventilation system in the building. 他们给这栋楼安装了新的通风系统。

----0439

□ **bulb** [bʌlb] *n.* ①灯泡 ②（植物的）球茎，球根

例 The staircase was lit by a single bulb. 楼梯里只亮着一只灯泡。

----0440

□ **shin** [ʃɪn] *n.*（外）胫，胫部 *v.* ①（手脚并用）攀，爬 ②快步走

搭 kick sb. in the shin 踢某人的胫部；shin down the hill 快步下山

例 He shinned up the ladder. 他迅速登上了梯子。

----0441

□ **high-tech** [ˌhaɪ 'tek] *a.* ①高科技的 ②现代风格的，摩登的

例 It can be very distressing to see your baby surrounded by high-tech equipment. 看到你的宝宝被高科技设备包围着，可能让你很痛苦。

----0442

□ **waist** [weɪst] *n.* ①腰，腰部 ②（衣服的）腰，腰部

搭 lie in the sun stripped to the waist 赤裸上身躺在阳光下

例 He has a narrow waist and broad shoulders. 他腰细肩宽。

----0443

□ **stainless** ['steɪnləs] *a.* ①不生锈的 ②无污点的，无瑕的，纯洁的

搭 stainless steel cutlery 不锈钢餐具

----0444

□ **inhumane** [ˌɪnhjuː'meɪn] *a.* 不人道的，残忍的，非人的

构 in（不，非）+ humane *a.*（仁慈的，人道的）→不人道的

搭 inhumane treatment of prisoners 对囚犯惨无人道的虐待

例 He got his first insight into how inhumane man could be. 他第一次深刻认识到了人能有多么残忍无情。

----0445

□ **aspect** ['æspekt] *n.* ①方面 ②外貌，外观 [同] appearance ③朝向，方位 ④特点，特征

搭 a south-facing aspect 朝南方向；a southeast aspect 朝东南向；have a good aspect of the village 村庄的景色尽收眼底

例 Their religion affects almost every aspect of their lives. 他们的宗教几乎影响着他们生活的方方面面。

----0446

□ **background** ['bækɡraʊnd] *n.* ①出身，个人背景 ②背景情况 ③（图片上的）后景，背景

搭 people from different backgrounds 不同背景的人；background information 背景材料；in the background 在背景中，在幕后；educational background 教育背景；social/cultural background 社会/文化背景

例 She had been lucky, growing up with such a loving family background. 她很幸运，在这样一个充满关爱的家庭背景下成长。

----0447
□ **reserved** [rɪˈzɜːvd] *a.* ①寡言的，含蓄的，内敛的 ②留作专用的，已预订的
例 She's a very reserved young woman. 她是个非常拘谨不爱说话的年轻女子。

----0448
□ **barely** [ˈbeəli] *ad.* ①勉强才能 ②几乎不 ③刚刚 ④只有，仅仅
搭 barely half 勉强够一半，刚到一半；barely old enough 刚好够年龄
例 It was too noisy in the pub and her voice was barely audible. 小酒馆里很嘈杂，她的声音勉强能听见。

----0449
□ **combustion** [kəmˈbʌstʃən] *n.* ①燃烧 ②氧化
构 combust（消耗，燃烧）+ ion（表状态）→燃烧
搭 combustion chamber 燃烧室
例 Combustion may occur at high temperatures. 高温可能引起物体燃烧。

----0450
□ **decoration** [ˌdekəˈreɪʃn] *n.* ①装饰，装潢，装饰品 ②勋章，奖章
搭 a unique style of decoration 风格独特的装饰；interior decoration 室内装饰
例 The handles are not just for decoration. They serve a practical purpose. 这些手柄不只是用于装饰，它们有实际的用途。
联 decorative *a.* 装饰性的，作装饰的

----0451
□ **briefcase** [ˈbriːfkeɪs] *n.* 公文包，公事包
例 He had some important documents inside his briefcase. 他的公文包里有一些重要文件。

----0452
□ **graphology** [græˈfɒlədʒi] *n.* ①笔迹学，笔相学 ②字系学
构 graph（书写）+ ology（学）→笔迹学
例 Graphology is often used as a predictor of one's future life. 笔迹学常被用来预测一个人的未来生活。

----0453
□ **breakthrough** [ˈbreɪkθruː] *n.* 突破，重大进展
搭 make/achieve a major breakthrough 取得重大突破；a breakthrough performance 使人一举成名的表演
例 The police have announced a breakthrough in the murder case. 警方宣布谋杀案调查取得突破性进展。

----0454
□ **criticize/se** [ˈkrɪtɪsaɪz] *v.* ①批评，指责，责难 ②评价，评论
例 The minister criticized the police for failing to find any clues. 部长批评警方未能找到任何线索。

----0455
□ **humor/humour** [ˈhjuːmə(r)] *n.* ①滑稽，幽默，诙谐 ②心情，心态，情绪 ③性格，性情 ④狂想，突发的念头 *v.* 迎合，纵容，迁就 [同] indulge ②适应
搭 appreciate the humor of the remark 体会话中的幽默；good humor 好心情；a hearty humor 生性热情；out of humor 心情糟糕
例 His humor and determination were a source of inspiration to others. 他的幽默感和坚定决心对其他人来说是一种鼓励。

----0456
□ **migration** [maɪˈɡreɪʃn] *n.* ①迁移，迁徙，洄游 ②移居 ③移民群体，迁徙动物群，移栖候鸟群，洄游鱼群
搭 the migration of animals on the grassland 草原上动物的迁徙
例 He never lost interest in the birds' morning feeding activities, migrations and mating habits. 他对鸟类的早晨觅食活动、迁徙及交配习惯一直感兴趣。

----0457
□ **industrialize/se** [ɪnˈdʌstriəlaɪz] *v.* 使工业化，实现工业化
搭 industrialized area 工业化地区；industrialized country 工业化国家
例 Energy consumption rises as countries industrialize. 随着各国实现工业化，能源消耗增加了。

答案：
1. dispersal 译文：爆炸导致一种有毒化学物质在大气中大面积扩散。
2. slacken 译文：总统称，政府不会放慢经济改革的步伐。

Unit 8

学前自测

1. We did not have very clear _____ on how to assess environmental impacts. (crickets, receivers, defendants, narrators, guidelines)

2. Most often we _____ when faced with something we do not want to do. (vomit, bury, frame, lobby, procrastinate)

----------0458

□ **internationalist** [ˌɪntə'næʃnəlɪst] ***n.*** 国际主义者 ***a.*** 国际主义的
例 The discipline of social policy itself takes on a more internationalist perspective. 社会政策自身的原则更具国际主义视角。
联 internationalism ***n.*** 国际主义，国际性

----------0459

□ **rotate** [rəʊ'teɪt] ***v.*** ①旋转，转动 ②轮流做，轮换，轮换位置 ③轮种，轮作
例 Employers may rotate duties annually to give staff wider experience. 雇主会每年轮换工作岗位，以丰富员工的经验。

----------0460

□ **attention** [ə'tenʃn] ***n.*** ①注意，专心，留心 ②兴趣，关心 [同] interest, concern ③维修，保养 [同] repair, cleaning
搭 pay attention to 注意；attention to details 注意细节；media/press attention 媒体的关注；focus attention on 注意力集中于；a lot of care and attention 许多关心和照顾；stand to/at attention（士兵）立正；attention span 注意力持续时间
例 Peter sat down at his desk and turned his attention to the file he had in front of him. 彼得在办公桌前坐下，将注意力转向面前的文件。

----------0461

□ **enshroud** [ɪn'ʃraʊd] ***v.*** ①遮蔽，笼罩 ②隐藏，掩盖
搭 the mystery that enshrouds his disappearance 笼罩在他失踪事件上的谜团
例 Grey clouds enshrouded the land. 灰色的乌云笼罩着大地。

----------0462

□ **vomit** ['vɒmɪt] ***v.*** 呕吐，吐出 ***n.*** 呕吐物
搭 vomit blood 吐血

例 She vomited up all that she had eaten. 她把刚才吃下的所有东西都吐了出来。

----------0463

□ **immediately** [ɪ'miːdiətli] ***ad.*** 即刻，马上，立即
搭 immediately obvious/apparent 能轻易看见的，很容易理解的
例 Mix in the remaining ingredients and serve immediately. 拌入余下的食材，立即上桌。

----------0464

□ **afield** [ə'fiːld] ***ad.*** ①远离家乡，在远方 ②在战场上
搭 students from farther/further afield 远方来的学生；from far afield 从远处，从远方
例 People traveled as far afield as New York to see the show. 人们从纽约那么远的地方赶来看演出。

----------0465

□ **reputable** ['repjətəbl] ***a.*** 有声望的，有信誉的，声誉好的
例 If you have a burglar alarm fitted, make sure it is done by a reputable company. 如果你想要安装防盗报警器，一定要找一家声誉好的公司来做。

----------0466

□ **cricket** ['krɪkɪt] ***n.*** ①板球（运动）②蟋蟀
搭 play cricket 打板球

----------0467

□ **bent** [bent] ***a.*** ①弯曲的 ②弯腰的，驼背的 ③不诚实的，贪赃枉法的 [反] honest ***n.*** 天赋，特长，爱好
搭 bent on/upon sth. 决定做某事，一心做某事；musical/literary bent 音乐 / 文学天赋；his bent of history 他对历史的热爱；a bent policeman 贪赃枉法的警察
例 The trees along the road were all bent and twisted from the wind. 路边所有的树都被风吹弯折断了。

□ **extremely** [ɪk'striːmli] *ad.* 极度，极其
例 Earthquakes are extremely difficult to predict. 地震非常难以预测。

----------0468

□ **database** ['deɪtəbeɪs] *n.* 数据库，资料库
构 data（数据）+ base（基础）→数据库
例 All our customers' information was kept in/on a database. 我们所有的客户信息都储存在数据库里。

----------0469

□ **bury** ['beri] *v.* ①埋葬，安葬 ②埋藏，覆盖，掩藏
搭 a deeply buried memory 深埋的记忆；bury one's face/head in one's hands 双手掩面 / 抱头
例 He was buried with full military honors. 他以最隆重的军礼下葬。

----------0470

□ **unpretentious** [ˌʌnprɪ'tenʃəs] *a.* ①不炫耀的，谦逊的 ②简朴的，朴实无华的
搭 an unpretentious man 低调行事的人；an unpretentious hotel 简朴的酒店

----------0471

□ **vested** ['vestɪd] *a.* ①穿好衣服的，装束停当的 ②既定的，既得的 ③有权享受的
搭 vested interest 既得利益；vested right 既定权利
例 The proposal faces tough opposition from powerful vested interests. 那项建议面临着强大的既得利益集团的强烈反对。

----------0472

□ **alchemy** ['ælkəmi] *n.* ①炼金术，炼丹术 ②魔力，法术
例 The company hoped for some sort of economic alchemy that would improve business. 这家公司盼望着某种经济的魔力能改善其经营状况。
联 alchemical *a.* 炼金术的，炼丹术的

----------0473

□ **receiver** [rɪ'siːvə(r)] *n.* ①（电话）听筒 ②（破产企业或公司的）管理人，接管人 ③接收器
搭 a satellite receiver 卫星信号接收器
例 She picked up the receiver and dialled his number. 她拿起听筒，拨了他的电话号码。

----------0474

□ **insularity** [ˌɪnsju'lærəti] *n.* 保守，思想狭隘
例 They have started to break out of their old insularity. 他们开始摆脱旧有的狭隘思想的束缚。

----------0475

□ **procrastinate** [prə'kræstɪneɪt] *v.* 耽搁，拖延
构 pro（向前）+ crastin（明天）+ ate（表动作）→拖到明天 →拖延
例 People often procrastinate when it comes to paperwork. 遇到文书工作，人们常常会拖拖拉拉。

----------0476

□ **frame** [freɪm] *n.* ①框架，边框 ②构架，支架 ③体格，骨架 ④眼镜框 ⑤构想 ⑥画面，镜头 *v.* ①围住，框住 ②给（画，照片）装框 ③陷害，诬告 ④制定，拟定 ⑤表达
例 A clear explanation of the subject provides a frame on which a deeper understanding can be built. 对主题的明确阐述为更深入的理解提供了一个框架。

----------0477

□ **astrologer** [ə'strɒlədʒə(r)] *n.* 占星（术）家
例 The astrologer predicted a brilliant future for the child. 这位占星家预言这孩子前程似锦。

----------0478

□ **extrusion** [ɪk'struːʒn] *n.* ①喷出 ②挤压，压制品，压出
搭 granite extrusion 挤压后的花岗岩

----------0479

□ **asymmetry** [ˌeɪ'sɪmətri] *n.* 不对称
构 a（不）+ symmetry（对称）→不对称
例 Scientists have studied asymmetries in the brain. 科学家们研究了大脑的不对称。
联 asymmetrical *a.* 不对称的

----------0480

□ **defendant** [dɪ'fendənt] *n.* 被告
例 The jury believed that the defendant was guilty. 陪审团认为被告有罪。

----------0481

□ **overlapping** [ˌəʊvə'læpɪŋ] *a.* 重叠的，共通的
搭 two great men with overlapping interests 兴趣有共同之处的两位伟人

----------0482

□ **meaningful** ['miːnɪŋfl] *a.* ①有意义的，重要的，有用的 ②意味深长的
搭 meaningful look/glance/smile 意味深长的眼神 / 一瞥 / 微笑
例 The talks will be the start of a constructive and meaningful dialogue. 这些会谈将成为有建设性且有意义的对话的开端。

----------0483

·····0484

□ **decibel** ['desɪbel] *n.* 分贝（声音强度单位）

构 deci（十分之一）+ bel（贝尔，为 10 个分贝）→
分贝

例 Continuous exposure to sound above 80 decibels
could be harmful. 长时间待在 80 分贝以上的环境
中对身体有害。

·····0485

□ **self-esteem** [ˌself ɪˈstiːm] *n.* 自尊心

搭 high/low self-esteem 自尊心强/弱；build self-
esteem 树立自尊心

·····0486

□ **guideline** ['ɡaɪdlaɪn] *n.* 指导方针，纲领，准
则，标准

例 The government has issued new guidelines for
following a healthy and balanced diet. 政府颁布了
遵守健康均衡饮食的新的指导方针。

·····0487

□ **versatile** ['vɜːsətaɪl] *a.* ①多才多艺的，多面
手的 ②多用途的，多功能的，万用的

构 vers（转）+ atile →转向不同方向的 →多才多
艺的

搭 a versatile tool 多用途工具

例 She's a very versatile athlete who participates in
many different sports. 她是个多面发展的运动员，
参加了多种不同的体育项目。

·····0488

□ **teamwork** ['tiːmwɜːk] *n.* 合作，协作，配合

例 They credit good teamwork with their success.
他们把成功归功于良好的团队合作。

·····0489

□ **suppression** [səˈpreʃn] *n.* ①压制，镇压
②隐瞒，封锁 ③压抑，抑制

搭 the violent suppression of protests 对抗议的暴
力镇压；the suppression of her own feelings 她自
己情感的压抑

·····0490

□ **greatly** ['ɡreɪtli] *ad.* 非常，十分，大大地

例 All offers of help will be greatly appreciated. 如
获帮助，不胜感激。

·····0491

□ **studious** ['stjuːdiəs] *a.* ①好学的，勤奋的，
用功的 ②严肃认真的，小心翼翼的

搭 studious avoidance of trouble 小心翼翼地避免
麻烦

例 He was then a quiet, studious young man. 他那

时是个文静好学的青年。

·····0492

□ **lobby** ['lɒbi] *n.* ①前厅，大厅 ②游说团体，
集团活动 ③游说 ④议会休息室 ⑤投票厅 *v.* ①游
说 ②施加压力，使得以通过

搭 a mass lobby of Parliament 对议会的集体游说

例 Gun control advocates are lobbying hard for new
laws. 枪支管控支持者正在努力游说通过新法。

·····0493

□ **sincere** [sɪnˈsɪə(r)] *a.* ①由衷的，真诚的，真
心实意的 ②诚恳的

搭 sincere thanks 由衷的感谢；sincere desire 真切
愿望

例 There was a sincere expression of friendliness
on both their faces. 他们俩脸上都是真挚友好的
表情。

联 sincerely *ad.* 由衷地，真诚地，敬上，谨启

·····0494

□ **worldwide** [ˌwɜːldˈwaɪd] *a.* 世界各地的，世
界范围的 *ad.* 世界范围地

例 News of the attack attracted worldwide attention.
这次袭击的消息引起了全世界的广泛关注。

·····0495

□ **subliminal** [ˌsʌbˈlɪmɪnl] *a.* ①潜意识的，下意
识的，潜在的 ②暗中进行的，不被察觉的

构 sub（在下面）+ limin（限制）+ al（……的）
→限制在下面的 →潜意识的

例 The studio denied the existence of subliminal
messages in the movie. 制片方否认电影中存在潜
在的信息。

·····0496

□ **facade** [fəˈsɑːd] *n.* ①（建筑物的）正面 ②表
面，外观

搭 the facade of a happy marriage 美满婚姻的假象

例 I could sense the hostility lurking behind her
polite facade. 我能感觉到在她彬彬有礼的表象下
隐藏的敌意。

·····0497

□ **tough** [tʌf] *a.* ①艰难的，棘手的，难处理
的 ②强壮的，能吃苦耐劳的，顽强的 ③强韧的，
坚固的 ④严厉的，强硬的 ⑤粗暴的，粗鲁的，
不守秩序的 ⑥强硬的，顽固的，固执的 *ad.* 顽强
地，坚定地 *v.* 忍受，耐，坚持

搭 a very tough decision 非常艰难的决定；a tough
customer 难缠的顾客；have a tough time 苦熬；tough
the winter out 熬过冬天

例 Camels are tough and hardy creatures. 骆驼是能吃苦耐劳的动物。

----0498

□ **conversely** ['kɒnvɜːsli] *ad.* 相反地，另一方面
例 Large objects appear to be closer. Conversely, small objects seem farther away. 大的物体显得近一些，相反，小的物体似乎显得远一些。

----0499

□ **liquor** ['lɪkə(r)] *n.* ①酒 ②液，汁水
例 The room was filled with cases of liquor. 房间里堆满了成箱的酒。

----0500

□ **townscape** ['taʊnskeɪp] *n.* 城市风景，城镇景观，城镇风景画
搭 London's historic townscape 伦敦的历史风貌；industrial townscape 工业化的城市风貌

----0501

□ **longitudinal** [ˌlɒŋgɪ'tjuːdənl] *a.* ①长度的②纵向的，纵的 ③经度的 ④纵观的
搭 longitudinal study/survey 纵观研究
例 The insect's body is black with yellow longitudinal stripes. 这种昆虫的身体是黑色的，带有黄色的纵向条纹。

----0502

□ **tube** [tjuːb] *n.* ①管子，管状物，软管 ②管状器官 ③电视机 ④地铁 *v.* ①给……装管 ②乘地铁
搭 go down the tube/tubes 垮掉，崩溃
例 She is fed by a tube that enters her nose. 她靠鼻饲管进食。

----0503

□ **narrator** [nə'reɪtə(r)] *n.* ①叙述者，讲述者②解说员，旁白员
例 The story's narrator is a novelist in his late seventies. 讲这个故事的人是名年近80的小说家。

----0504

□ **voltage** ['vəʊltɪdʒ] *n.* 电压，伏特数
例 The National Grid carries electricity at high voltage over long distances. 国家电网采用高压远距离输电。

----0505

□ **elicit** [ɪ'lɪsɪt] *v.* ①获得，引起 ②诱得，套出③使透露，使泄露
构 e（出）+ lic（诱骗）+ it →套出
例 The rebels took care to elicit public support for their course. 反叛者小心翼翼地诱导公众支持他们的事业。

----0506

□ **consultant** [kən'sʌltənt] *n.* ①顾问 ②主任医师，会诊医生
搭 a management consultant 管理顾问
例 They've hired a computer consultant to assess how the company can upgrade its system. 他们聘请了一位计算机顾问评估如何升级公司的系统。

----0507

□ **retrenchment** [rɪ'trentʃmənt] *n.* 削减费用，紧缩开支
例 The company is going through a period of retrenchment. 公司正处在削减经费时期。

----0508

□ **setting** ['setɪŋ] *n.* ①背景，环境 ②（戏剧、电影等的）场景，背景 ③镶座 ④设定位置，调节点 ⑤（谱的）曲
搭 an old farmhouse in a beautiful setting 一个环境优美的老农舍
例 You'll have the opportunity to view the animals in their natural setting. 你将有机会看到动物们在自然环境中的状态。

----0509

□ **downpour** ['daʊnpɔː(r)] *n.* 倾盆大雨，暴雨
例 We were caught in a torrential downpour. 我们遇上了倾盆大雨。

----0510

□ **cervical** ['sɜːvɪkl] *a.* ①颈（部）的 ②子宫颈的
例 The number of women dying from cervical cancer is decreasing. 死于子宫颈癌的女性人数在减少。

----0511

□ **medication** [ˌmedɪ'keɪʃn] *n.* ①药物，药剂②药物治疗
例 He's on medication for high blood pressure. 他在服药控制高血压。

----0512

□ **clerk** [klɑːk] *n.* ①办事员，文员，职员 ②售货员，店员 ③（旅店的）接待员 *v.* 当职员
搭 work as a clerk in a store 在一家店里当店员
例 He had the court clerk filed your request with the judge. 他让法院的书记员把你的请求提交给了法官。

----0513

□ **morale** [mə'rɑːl] *n.* 士气，斗志，精神面貌
搭 boost/raise/build morale 提升士气
例 The failed coup caused a loss of morale within the army. 政变未遂挫伤了军队的士气。

□ **bubble** ['bʌbl] *n.* 气泡，泡沫 *v.* ①冒气泡，冒泡 ②发出噗噗声，发出汩汩声 ③激动，兴奋，涌动

搭 blow bubbles 吹肥皂泡；burst one's bubble 打破某人的幻想；a bubbling brook 汩汩流淌的小溪；the water bubbling away on the rocks 在石头上汩汩流动的水

例 He seemed calm, but I could feel the tension that was bubbling beneath the surface. 他看似平静，但我能感受到他外表下涌动着的紧张。

----0515

□ **treadmill** ['tredmɪl] *n.* ①跑步机 ②枯燥而单调的工作 / 生活，累人的活 ③踏车

构 tread（踩踏）+ mill（磨坊）→累人的活

搭 the office treadmill 办公室枯燥的工作；the treadmill of exhausting family schedules 耗费精力又枯燥乏味的家务事

----0516

□ **synthetic** [sɪn'θetɪk] *a.* ①合成的，人造的 ②虚假的，造作的

例 There's something very self-conscious and synthetic about it. 这给人一种很不自然、很造作的感觉。

----0517

□ **adjunct** ['ædʒʌŋkt] *n.* ①附属物，附件，辅助物 ②附加词，修饰词 *a.* ①附属的，附加的 ②兼职的

构 ad（加强）+ junct（连接，结合）→加上连接 →附属物

搭 an adjunct professor 兼职教授

例 Massage therapy can be used as an adjunct along with the medication. 按摩疗法可以辅助药物治疗。

----0518

□ **radiate** ['reɪdieɪt] *v.* ①散发，流露，焕发 ②发射，发散 ③呈辐射状散开

搭 radiate calm confidence 散发出沉稳自信

例 There were tiny lines radiating from the corners of her eyes. 细细的皱纹从她的眼角蔓延开来。

----0519

□ **surface** ['sɜːfɪs] *n.* ①表面，表层 ②外表，外观，表象 ③工作台，桌面，操作台 *v.* ①升到水面 ②公开化，暴露，显露 ③进行表面处理，使光滑

搭 on the surface 看来，表面上；come to the surface 露出水面，显露；bring sth. to the surface 使表现出来，使浮现；beneath/below the surface 外表下面，表象背后

例 The emotions will surface at some point in life. 各种情绪都会在生活中的某个时刻流露出来。

----0520

□ **industrious** [ɪn'dʌstriəs] *a.* 勤劳的，勤奋的 [同] diligent

搭 an industrious and willing worker 工作勤勉、积极肯干的人

例 You need to be patient, self-reliant, industrious and strong. 你需要耐心、自立、勤奋，并有强健的体魄。

----0521

□ **weaken** ['wiːkən] *v.* ①（使）变弱，削弱，减弱 [同] lessen, reduce ②使无力，使虚弱 ③破坏，损害 [同] undermine

搭 weaken family structures 使家庭结构分崩离析；weaken one's authority 削弱某人的权威

例 Malnutrition obviously weakened the patient. 营养不良明显地损害了这个病人的健康。

----0522

□ **relocate** [ˌriːləʊ'keɪt] *v.* ①重新安置，迁移 ②调动，迁移新址

搭 relocate the poverty-stricken people to the east of the country 把极度贫困的人搬迁到该国的东部去

例 Many companies are seriously considering relocating elsewhere in Asia. 许多公司正在认真考虑迁移到亚洲的其他地方去。

----0523

□ **grassy** ['grɑːsi] *a.* ①长满草的，覆盖着草的，有草的 ②草的，似草的，有草味的，草绿色的

搭 a grassy path 长满青草的小路；grassy perfume 草的清香；build a grassy nest 构筑草巢

例 The buildings are half-hidden behind grassy banks. 那些建筑物半遮半掩在长满草的河岸后面。

答案：
1. guidelines　译文：在如何评估环境影响这一方面，我们没有明确的指导方针。
2. procrastinate　译文：我们面对不想做的事，常常会拖延。

Unit 9

学前自测

1. They want to build a civilized society in which no one shall be _____ by poverty, ignorance or conformity. (weaned, aerated, curried, topsoiled, enslaved)

2. Anybody's backyard can be home to _____ plants. (unrealistic, homespun, autocratic, exuberant, manual)

--0524

☐ **flexitime** ['fleksitaim] ***n.*** 弹性工作时间（制）
构 flexi（弯曲，收缩）+ time（时间）→可弯曲的时间 →弹性工作时间
搭 be on flexitime 按弹性时间工作
例 Being in the family business meant I could work flexitime. 从事家族生意意味着我可以按弹性时间工作。

--0525

☐ **exuberant** [ɪg'zju:bərənt] ***a.*** ①兴高采烈的，精神焕发的 ②生动的，富有创造力的 ③丰富的，充溢的 ④繁茂的，茂盛的
搭 exuberant plants 生机勃勃的植物；an exuberant personality 充满活力的个性
例 There followed an exuberant and excessive display of sentimental affection from Judy. 接下来是朱迪感伤爱情的纵情流露。
联 exuberance ***n.*** 热情洋溢，生机勃勃；exuberate ***v.*** 显得生机勃勃、繁茂

--0526

☐ **unrealistic** [ˌʌnrɪə'lɪstɪk] ***a.*** ①不现实的 ②不切实际的，不恰当的 ③不真实的
搭 unrealistic expectations 不切实际的期望
例 Many people worried about the unrealistic targets being linked directly to pay. 许多人担心那些不切实际的目标会与报酬直接挂钩。

--0527

☐ **enslave** [ɪn'sleɪv] ***v.*** ①使成为奴隶，奴役 ②控制，束缚
例 She felt she was enslaved in a loveless marriage. 她感觉自己像是在一场没有爱情的婚姻里受奴役。

--0528

☐ **deception** [dɪ'sepʃn] ***n.*** ①欺骗，蒙蔽 ②诡计，骗术 [同] trick
搭 practise deception 进行欺骗；obtain money by deception 通过诈骗获取金钱
例 The article describes the government's use of deception to gain public support for the program. 文章讲述了政府为获得公众对这一计划的支持而采取的欺骗行为。
联 deceptive ***a.*** 欺骗的，欺诈的，造成假象的

--0529

☐ **contingency** [kən'tɪndʒənsi] ***n.*** ①偶发事件，不测事件 ②不确定性，不可预测性
搭 a contingency plan 应变计划；a contingency fund 意外开支准备金
例 In making our business plans, we tried to prepare for any contingency that might hurt sales. 在制订经营计划时，我们尽量为可能影响销售的任何偶发事件做好准备。

--0530

☐ **wean** [wi:n] ***v.*** 断奶
例 It's time to start weaning the baby. 是时候让婴儿断奶了。

--0531

☐ **fiber/fibre** ['faɪbə(r)] ***n.*** ①纤维 ②纤维织物，纤维制品 ③品质，本性 ④道德，素质
搭 high in fiber content 富含纤维；with every fiber of one's being 全身心地，极其地；moral fiber 道德品质
例 The fabric is made from a mixed synthetic fibers. 这种织物由几种人造纤维混合制作而成。

--0532

☐ **homespun** ['həʊmspʌn] ***a.*** ①简朴的，简单的 ②用家纺布做的 ***n.*** 家纺土布
例 The book is on simple homespun philosophy. 这本书阐述的是简单而朴实的哲学。

--0533

☐ **trial** ['traɪəl] ***n.*** ①审理，审判 ②测试，试验 ③考验，麻烦的人 / 事 ④（动物的）比赛，表演
搭 on trial 受审；clinical trial 临床试验

例 Early trials have shown that the treatment has some serious side effects. 早期试验表明这种疗法有一些严重的副作用。

⋯⋯⋯⋯⋯0534

□ **hostel** ['hɒstl] *n.* ①（廉价的）旅馆，招待所 ②青年旅社 ③宿舍
搭 a backpacker hostel 背包客旅行社；a student hostel 学生宿舍
联 hosteller *n.* 青年旅社投宿者

⋯⋯⋯⋯⋯0535

□ **penetration** [ˌpenə'treɪʃn] *n.* ①进入，穿透，渗进 ②（市场的）占有率 ③洞察力，敏锐
例 Cuts in the skin could permit the penetration of bacteria into the body. 皮肤的伤口会导致细菌侵入体内。
联 penetrating *a.* 有洞察力的，敏锐的；渗透的；（声音）响亮的

⋯⋯⋯⋯⋯0536

□ **autocratic** [ˌɔːtə'krætɪk] *a.* 独裁的，专制的
构 auto（自己）+ crat（统治）+ ic（⋯⋯的）→独裁的
搭 autocratic ruler 独裁统治者
例 The company's employees disliked the new chairman's autocratic style. 公司员工不喜欢这位新董事长的专横作风。
联 autocrat *n.* 独裁者，独断专行的人；autocracy *n.* 独裁统治，专制国家/组织

⋯⋯⋯⋯⋯0537

□ **baron** ['bærən] *n.* ①男爵 ②（工商业）巨头，大王
搭 drug barons 大毒枭；press barons 报业巨头
例 They made a lot of money from taxing fuel and oil barons. 通过对燃油和石油大亨征税，他们挣了很多钱。
联 baroness *n.* 男爵夫人，女男爵

⋯⋯⋯⋯⋯0538

□ **underneath** [ˌʌndə'niːθ] *prep.* ①在⋯⋯下方，在⋯⋯底下，在⋯⋯底部 ②在⋯⋯外表下 *ad.* ①在下面，在底下 ②在下层，在下部 *n.* 下面，底部
搭 from underneath 从下方，从下面
例 Underneath her calm exterior was a nervous woman with a hot temper. 她表面上显得心平气和，其实是一个急脾气的神经质女人。

⋯⋯⋯⋯⋯0539

□ **elicitation** [ɪˌlɪsɪ'teɪʃn] *n.* 引出，诱出，套出

例 The direct methods of elicitation include asking information to fill in the blanks. 直接的引导方法包括询问在空格处填上的信息。

⋯⋯⋯⋯⋯0540

□ **cork** [kɔːk] *n.* ①软木，木栓 ②软木塞，橡皮塞 ③（渔）软木浮子 *a.* 软木制的 *v.* ①用瓶塞塞住，封堵 ②(up) 克制，抑制
例 She opened the bottle of champagne by removing the cork. 她拔掉软木塞，打开了香槟酒瓶。

⋯⋯⋯⋯⋯0541

□ **prefabricate** [priː'fæbrɪkeɪt] *v.* 预先建造，预制
构 pre（先）+ fabricate（建造）→预制
搭 a prefabricated house 预制安装式房屋

⋯⋯⋯⋯⋯0542

□ **adobe** [ə'dəʊbi] *n.* 土坯，砖坯
搭 adobe bricks/walls 土坯砖/墙
例 The houses in the village were built of adobe. 村子里的房子都是土坯砌成的。

⋯⋯⋯⋯⋯0543

□ **holistic** [hə'lɪstɪk] *a.* 整体的，全面的
搭 holistic medicine/healing 整体医疗/疗法
例 We need to take a more holistic approach to improving our education. 我们需要采取一种更全面的方式来改善我们的教育。
联 holistically *ad.* 整体论地，采用整体疗法

⋯⋯⋯⋯⋯0544

□ **asthma** ['æsmə] *n.* 哮喘，气喘
例 Stress can trigger an attack of asthma. 压力有可能诱发哮喘。
联 asthmatic *a.* 气喘引起的，哮喘病的 *n.* 哮喘患者，气喘患者

⋯⋯⋯⋯⋯0545

□ **chaotic** [keɪ'ɒtɪk] *a.* 混乱的，毫无秩序的
搭 a chaotic political race 混乱的政党竞争；chaotic traffic 混乱的交通状况
例 Several games have ended in chaotic scenes. 好几场比赛在乱哄哄的场面中结束。

⋯⋯⋯⋯⋯0546

□ **racket** ['rækɪt] *n.* ①喧闹声，吵闹声，纷乱 ②欢宴，欢闹 ③非法买卖，诈骗，勒索 ④球拍 *v.* 用球拍打
搭 make a terrible/an awful racket 大吵大闹
例 Police believe he is involved in an international smuggling racket. 警方认为他参与了国际走私的勾当。

············0547

□ **aerate** ['eəreɪt] **v.** 使（土壤）透气，使（液体）充气

构 aer（空气）+ ate（使……）→使通空气 →使透气

例 You should aerate the soil before planting the seeds. 你在播种前应该先使土壤透气。

联 aeration **n.**（土壤）透气

············0548

□ **drunkard** ['drʌŋkəd] **n.** 酒鬼，醉汉

例 His father was a drunkard. 他父亲是个酒鬼。

············0549

□ **illustration** [ˌɪlə'streɪʃn] **n.** ①插图，图解②实例，例证 ③解释，证明

搭 by way of illustration 作为例证

例 For the purpose of illustration, some of the more important symptoms are listed below. 下面列出一些更重要的症状作为例证。

············0550

□ **checkup** ['tʃek ʌp] **n.** ①体检 ②检测，检查

搭 go for a checkup 去做体检；routine checkup 例行检查

例 He had a 30,000 mile checkup for his car. 他为自己的车做了一次 3 万英里的检查。

············0551

□ **mainly** ['meɪnli] **ad.** 主要地，大部分

例 Increased sales during the summer were mainly due to tourism. 夏季销售额增加主要是由旅游业带动的。

············0552

□ **anticipation** [ænˌtɪsɪ'peɪʃn] **n.** 预期，预料，期望

搭 in anticipation 期待地，期盼地；in anticipation of 预料，期待；await sth. with anticipation 对……翘首以待

例 Her eyes gleamed in anticipation. 她的眼睛闪耀着期盼的光芒。

············0553

□ **swivel** ['swɪvl] **v.** 旋转，转动，转向 **n.** 转体，旋轴，旋转接头

例 The chair can swivel, but it can't move up and down. 这把椅子可以旋转，但不能升降。

············0554

□ **topsoil** ['tɒpsɔɪl] **n.** 表层土，耕作土 **v.** 用土覆盖

构 top（在上面）+ soil（土）→表层土

搭 rich, well-fertilized topsoil 肥沃的表层土

············0555

□ **landfill** ['lændfɪl] **n.** ①废物填埋，垃圾填埋②废物填埋场，垃圾填埋地

构 land（土地）+ fill（充满）→填土地 →垃圾填埋

例 Part of the city was built on landfill. 这座城市的一部分是建在废物填埋场之上的。

············0556

□ **cookery** ['kʊkəri] **n.** 烹饪（术），烹调（术）**a.** 烹饪的

搭 the basics of fish cookery 烹饪鱼的基本方法

例 The school runs cookery courses throughout the year. 这所学校全年开设烹饪课程。

············0557

□ **revolution** [ˌrevə'luːʃn] **n.** ①彻底变革，革命②旋转

搭 social revolution 社会变革

例 The period of revolution of the earth around the sun is equal to one year. 地球绕太阳公转的周期等于一年。

联 revolutionary **a.** 革命性的，突破性的 **n.** 革命家；revolutionize **v.** 使彻底革命，带来革命

············0558

□ **manual** ['mænjuəl] **a.** ①手工的，体力的 ②用手做的，用手操作的

搭 low-paid manual workers/laborers 报酬低的手工劳动者 / 劳工

例 People in manual occupations have a lower life expectancy. 干体力活的人预期寿命较短。

············0559

□ **curry** ['kʌri] **n.** 咖喱食品，咖喱菜 **v.** 讨好，奉承，拍马屁

例 He is trying to curry favor with voters by promising a tax cut if he's elected. 他在尽力讨好选民，承诺如果当选将减少税收。

············0560

□ **facsimile** [fæk'sɪməli] **n.** ①摹本，精确的复制品 ②传真 **a.** 摹本的

构 fac（做）+ simil（相同）+ e →做的相同的东西 →摹本

搭 reasonable facsimile 高仿品

例 The facsimile of the world's first computer was exhibited in the museum. 世界上首台计算机的复制品在这家博物馆中展出。

□ **plagiarism** ['pleɪdʒərɪzəm] *n.* 剽窃（品），抄袭（物）

例 Most famous political quotes are plagiarisms and this was no exception. 大多数有名的政治语录都是剽窃品，这个也不例外。

---0562

□ **mechanical** [mə'kænɪkl] *a.* ①机械的，机械驱动的 ②（动作、回答等）机械的，不加思考的 ③力学的，机械学的

搭 mechanical problems 机械故障

例 He was asked the same question so many times that the answer became mechanical. 同样的问题被问得太多了，他的回答都变得机械起来。

---0563

□ **weight** [weɪt] *n.* ①重量，体重 ②重物 ③重压，负担，压力 ④重要性，价值 ⑤影响，力量，权势，优势 ⑥砝码，秤砣 *v.* ①加重量于，使变重 ②称……的重量，掂量……的重量

搭 a man of weight 举足轻重的人物；five kilos in weight 5 公斤重；be weighted down with cares 心事重重

例 The average weight of a baby at birth is just over seven pounds. 婴儿的平均出生体重是七磅多一点。

---0564

□ **ailment** ['eɪlmənt] *n.* 小病，不安

搭 a kidney/liver/skin ailment 肾病 / 肝病 / 皮肤病

例 She suffered from a chronic back ailment. 她患有慢性背部疼痛症。

---0565

□ **complicated** ['kɒmplɪkeɪtɪd] *a.* ①难懂的，难处理的 ②结构复杂的

搭 a complicated organ 复杂的器官；a complicated plan 复杂的计划

例 For young children, getting dressed is a complicated business. 对幼童来说，穿衣服是件复杂的事。

---0566

□ **twofold** ['tuːfəʊld] *a.* ①两倍的 ②有两个部分的，双重的 *ad.* 两倍

搭 a twofold increase in production 产量翻了一番；increase twofold 增至两倍

例 She repaid the money twofold. 她加倍偿还了那笔款项。

---0567

□ **credential** [krə'denʃl] *n.* ①资格，资历 ②证明信，推荐书

搭 teaching/press credentials 教师资格证 / 记者证

例 He spent the first part of the interview trying to establish his credentials as a financial expert. 他在面试的第一阶段设法证明自己具备金融专家的资格。

---0568

□ **pathway** ['pɑːθweɪ] *n.* ①小道，小径 [同] path ②途径，路径

搭 a pathway leading towards the nearby river 通往附近河流的小路

例 The course offers students a pathway to employment. 这门课程为学生们提供了一条就业之路。

---0569

□ **recipe** ['resəpi] *n.* ①食谱，烹饪法 ②诀窍，秘诀

搭 a recipe for tomato soup 番茄汤的做法

例 If there is any recipe for success, I would say it's hard work. 如果成功真有诀窍，照我说，那就是勤勉努力。

---0570

□ **disposable** [dɪ'spəʊzəbl] *a.* ①一次性的 ②可支配的，可自由使用的 *n.* 一次性用品

搭 disposable nappies 一次性尿布

例 I don't have enough disposable income to buy such luxuries. 我没有足够的可自由支配的收入来买这些奢侈品。

---0571

□ **grimy** ['graɪmi] *a.* 肮脏的，污秽的

搭 a grimy, polluted city 肮脏且被污染的城市

例 His hands were grimy and his clothes were spattered with oil. 他的手满是污垢，衣服上溅满了油渍。

---0572

□ **notoriety** [ˌnəʊtə'raɪəti] *n.* 臭名昭著，声名狼藉

例 She gained notoriety when photographs of her appeared in a magazine. 她因其照片被刊登在一本杂志上而声名狼藉。

---0573

□ **feminism** ['femənɪzəm] *n.* 女权主义，女权运动

构 femin（女）+ ism（主义）→女权主义

例 Feminism may have liberated feminists, but it has still to change the lives of the majority of women.

女权运动也许解放了女权主义者，但尚未改变大多数女性的生活。

联 feminist *n.* 女权主义者

――――――――0574

□ **disfigure** [dɪs'fɪɡə(r)] *v.* 毁坏……的外观，使变丑，毁容

例 The aim of the sulphuric acid attack was to disfigure the victim. 这起硫酸伤人事件的目的是使受害者毁容。

――――――――0575

□ **water-borne** ['wɔːtəbɔːn] *a.* 由水传播的，由水运送的

搭 water-borne commerce 水上贸易

例 UN officials are warning of an outbreak of cholera and other water-borne diseases. 联合国官员警告人们小心霍乱和其他水传播疾病的暴发。

――――――――0576

□ **departmental** [ˌdiːpɑːt'mentl] *a.* ① 系的，院的 ②部的，司的，局的 ③部门的

搭 a departmental meeting 部门会议

――――――――0577

□ **regurgitate** [rɪ'ɡɜːdʒɪteɪt] *v.* ①回吐，反刍 ②照搬，机械刻板地重复 ③流回，回涌，吐出

搭 regurgitate food to feed its young 回吐食物以喂哺幼崽

例 I want you to do more than simply regurgitate the facts and figures. 我要求你做的不仅仅是机械刻板地重复那些事实和数字。

――――――――0578

□ **pulverize** ['pʌlvəraɪz] *v.* ①研磨，粉碎 ②彻底击败，摧毁

例 These seeds can be pulverized into flour. 这些种子可以研磨成粉末。

――――――――0579

□ **execution** [ˌeksɪ'kjuːʃn] *n.* ①处死 ②实施，执行 ③创作（方式）

例 The troops are fully prepared for the execution of any action once the order is given. 军队做好了充分准备，一旦命令下达，可执行任何任务。

――――――――0580

□ **balance** ['bæləns] *n.* ①平衡 ②均衡，均势 ③账户，余额，结余，余款 *v.* ①（使）平稳，（使）保持平衡 ②均衡，相抵 ③权衡，斟酌

搭 lose one's balance 失去平衡；bank balance 银行账户余额；be/hang in the balance 悬而未决；mental/emotional balance 精神 / 心理健康

例 Job losses in manufacturing were balanced by job increases in the service sector. 制造业岗位减少了，而服务业的岗位却增加了，正好相抵。

――――――――0581

□ **practically** ['præktɪkli] *ad.* ①几乎，差不多 ②讲究实际地，实践上 ③在动手能力上

例 The British are not famed for their philosophy and tend to be more practically minded. 英国人不是以其哲学思想而闻名，而是往往更注重实际。

――――――――0582

□ **hall** [hɔːl] *n.* ①门厅 ②大厅，礼堂，会堂 ③ 宿舍楼，（大学的）学生宿舍

例 We picked up our conference materials and filed into the lecture hall. 我们领取会议材料后一个接一个进入学术报告厅。

――――――――0583

□ **elaboration** [ɪˌlæbə'reɪʃn] *n.* ①精心制作，详细计划 ②详细说明，详细阐述

例 He gave her the facts, without including any elaboration. 他把事实告诉了她，但没有涉及任何细节。

――――――――0584

□ **specialize/se** ['speʃəlaɪz] *v.* ①专攻，专门研究 ②专门提供，专门经营

搭 specialize in skiing equipment 专营滑雪装备

例 He's a university professor who specializes in the history of the Roman empire. 他是一名大学教授，专门研究罗马帝国的历史。

――――――――

答案：

1. enslaved 译文：他们想要建设一个没人被贫穷、无知和顺从束缚的文明社会。

2. exuberant 译文：任何人的后花园都可以成为生机勃勃的植物乐园。

Unit 10

学前自测

1. She completely _____ an important project purely through lack of attention. (encapsulated, downsized, recreated, guzzled, mishandled)

2. The government will take measures to reduce the tremendous _____ from inefficient energy use. (turret, chamber, microbiology, wastage, captivity)

----0585

□ **anatomist** [ə'nætəmɪst] **n.** ① 解剖学家 ②剖析者

搭 an anatomist of urban society 详细剖析城市社会的人

----0586

□ **conservation** [ˌkɒnsə'veɪʃn] **n.** ①保护 [同] preservation ②保存，节约

搭 wildlife conservation 野生生物保护；energy conservation 能源的节约；conservation area 保护区

例 They will hold a four-nation regional meeting on elephant conservation. 他们将要召开一次有关保护大象的四国区域化会议。

联 conservancy **n.** 保护，管理局；conservationist **n.** （环境）保护工作者

----0587

□ **ancient** ['eɪnʃənt] **a.** ①古代的，古老的，年代久远的 [同] antique [反] modern ②年老的 ③老式的，古旧的 **n.** ①老年人，年高德勋的人 ②古代人 ③古钱，古币

搭 life in ancient China 古代中国的生活；an ancient walled city 有城墙的古城；the ancient art of calligraphy 古老的书法艺术

例 People in the village still observe the ancient traditions of their ancestors. 村里的人们依然遵循着祖辈古老的传统。

----0588

□ **captivity** [kæp'tɪvəti] **n.** 关押，囚禁

搭 in captivity 被关押，被圈养

例 He was released yesterday after more than three months of captivity. 他在被关押三个多月后于昨日释放。

----0589

□ **turret** ['tʌrət] **n.** ①塔楼，角楼 ②（坦克、飞机、战舰上的）回转炮塔，旋转枪架 ③（机床）料台

例 From the castle turret, we can oversee the distant mountains. 从城堡的塔楼上，我们能看见远处的群山。

----0590

□ **wastage** ['weɪstɪdʒ] **n.** ①浪费，耗费（量），损耗（量）② 自然减员

例 The current system results in a large amount of wastage of valuable resources. 现行体制造成宝贵资源的大量浪费。

----0591

□ **discontinue** [ˌdɪskən'tɪnjuː] **v.** 中断，中止，停止

例 The company has announced that the current model will be discontinued next year. 公司已经宣布明年停止生产这种型号的产品。

----0592

□ **trinket** ['trɪŋkɪt] **n.** 廉价首饰，小饰物，小玩意

例 The middle-aged woman had some trinkets on her dress. 那名中年妇女的连衣裙上挂了一些小饰物。

----0593

□ **autoimmune** [ˌɔːtəʊɪ'mjuːn] **a.** 自身免疫的

构 auto（自身）+ immune（免疫的）→自身免疫的

例 The breakdown of immune tolerance will cause autoimmune diseases. 免疫耐受受到损害会引发自身免疫疾病。

----0594

□ **splint** [splɪnt] **n.** ①夹板 ②细木条，细木板 **v.** 用夹板固定

例 Her left arm is in a splint. 她的左臂固定着夹板。

----0595

□ **encapsulate** [ɪn'kæpsjuleɪt] **v.** ①概括，概述

②封装，密封

构 en（进入）+ capsul（胶囊）+ ate（表动词）→进入胶囊 →密封

例 The words of the song neatly encapsulate the mood of the country at that time. 这首歌的歌词言简意赅地表现出国家当时的氛围。

············0596

□ **mishandle** [ˌmɪs'hændl] **v.** ①处理不当，胡乱处置，错误处理，搞砸 ②胡乱摆弄，瞎弄

构 mis（错误）+ handle（处理）→处理不当

例 Some of the goods have been mishandled and damaged. 有些货物因搬运不当而受到损坏。

············0597

□ **downsize** ['daʊnsaɪz] **v.** ①裁（员），紧缩（编制）②使变小，使缩小

例 The airline has downsized its workforce by 20%. 这家航空公司裁员 20%。

············0598

□ **front-line** [frʌnt'laɪn] **a.** ①前线的，火线的，一线的 ②最重要的，最具影响力的 ③精通的，一流的 ④与敌对国 / 地区毗邻的

搭 front-line troops 前线部队；a front-line teacher 精通教学的教师；the challenges of working in the front-line public service 在一线服务部门工作面临的种种挑战

············0599

□ **bucket** ['bʌkɪt] **n.** ①桶，水桶 ②铲斗 ③大量

搭 buckets of cash 大量现金

例 When we went back home, the rain was still coming down in buckets. 我们回家时仍下着倾盆大雨。

············0600

□ **extinguisher** [ɪk'stɪŋgwɪʃə(r)] **n.** 灭火器

例 Attack the fire with an extinguisher but do not take any risks. 使用灭火器灭火，但不要冒险。

············0601

□ **corpus** ['kɔːpəs] **n.** ①总集，全集 ②语料库，语料汇编 ③（金融）本金

搭 a corpus of spoken English 英语口语语料库；the painter's corpus of works 这位画家的作品全集

············0602

□ **recreate** [ˌriːkri'eɪt] **v.** ①使再现，使再次经历 ②再创造

例 You can never recreate the feeling of winning for the first time. 你永远无法再次体会第一次获胜时的心情。

············0603

□ **chamber** ['tʃeɪmbə(r)] **n.** ①（人体或某些机器的）室，腔 ②（大型的）会议室，会议厅 ③寝室，私人房间 ④议院

搭 a torture chamber 刑讯室；a council chamber 议事厅

例 The princess retired to her chamber in one of the towers of the castle. 公主离开了，返回了她在城堡中一座塔楼内的闺房。

············0604

□ **attentive** [ə'tentɪv] **a.** ①注意听的，专心的 ②照顾周到的

搭 attentive readers 细心的读者；an attentive audience 一名聚精会神的听众

例 The hospital is proud of its attentive staff. 那家医院因其员工的周到服务而自豪。

············0605

□ **pathology** [pə'θɒlədʒi] **n.** ①病理学 ②病理，病症

构 path（痛苦；病）+ ology（学）→病理学

搭 the pathology of lung diseases 肺病的病理

············0606

□ **trim** [trɪm] **v.** ①切下，割掉，剪去，修剪 ②削减，缩减 ③装饰，点缀 ④调整（船帆）**a.** ①干净整洁的，齐整美观的 ②苗条的，修长的

搭 trim the hedges 修剪树篱；a pillow trimmed with lace 镶着花边的枕头

例 The company is looking for ways to trim the budget. 公司正在寻找削减预算的方法。

············0607

□ **booklet** ['bʊklət] **n.** 小册子

例 The speaker handed out booklets on AIDS awareness. 演讲者发放了宣传艾滋病知识的小册子。

············0608

□ **ultraclean** [ˌʌltrə'kliːn] **a.** 极其洁净的，极其纯净的

构 ultra（超）+ clean（干净的）→极其洁净的

搭 ultraclean water/coal 超净水 / 煤

············0609

□ **microbiology** [ˌmaɪkrəʊbaɪ'ɒlədʒi] **n.** 微生物学

构 micro（微小的）+ biology（生物学）→微生物学

例 The professor gives microbiology lectures twice a week. 那位教授每周上两次微生物学课。

----0610

□ **similarly** ['sɪmələli] *ad.* 相似地，类似地
例 The cost of food and clothing has come down in recent years. Similarly, house prices have fallen quite considerably. 吃穿的费用近年来下降了。同样地，房价也有大幅回落。

----0611

□ **handout** ['hændaʊt] *n.* ①救济品，施舍物 ②材料，讲义，印刷品
搭 a cash handout 救济款
例 The handouts had all the major points of his speech outlined in them. 散发的材料上有他发言的全部要点。

----0612

□ **sporadically** [spə'rædɪkli] *ad.* 不时发生地，时断时续地，偶发地
例 Occurrences of the disease were sporadically reported. 偶尔会有关于这种疾病的发病报道。

----0613

□ **guzzle** ['gʌzl] *v.* ①暴食，狂饮 ②大量消耗
例 He spends his days smoking and guzzling coffee. 他整天抽烟，狂饮咖啡。

----0614

□ **turbid** ['tɜːbɪd] *a.* ①浑浊的，污浊的 ②浓厚的，阴霾的 ③混乱的，一团糟的
搭 turbid political atmosphere 混乱的政治氛围；a turbid river 浑浊的河
例 A thick, turbid smokescreen is now billowing from the city's perimeter. 厚重、浑浊的烟幕正从城市边缘滚滚而来。

----0615

□ **surf** [sɜːf] *n.* 激浪，拍岸浪花 *v.* ①冲浪 ②上网，泡在网上
例 He spent hours surfing the net. 他花了好几个小时上网。

----0616

□ **cell** [sel] *n.* ①细胞 ②牢房，小囚室 [同] prison ③手机 ④秘密活动小组，分部 ⑤巢室，小房间 ⑥电池
搭 a car powered by fuel cells 以燃料电池为动力的汽车；the cells of a honeycomb 蜂巢的蜂房
例 Call me on my cell if you're running late. 如果你快要迟到的话，就打我的手机。

----0617

□ **guinea** ['gɪni] *n.* 几尼（旧时金币，现值 1.05 英镑）

例 A guinea equals 21 shillings. 1 几尼相当于 21 先令。

----0618

□ **nationality** [ˌnæʃə'næləti] *n.* ①国籍 ②民族
搭 people of French nationality 拥有法国国籍的人
例 The country is home to five nationalities and seven languages. 这个国家有 5 个民族，使用 7 种语言。

----0619

□ **statistic** [stə'tɪstɪk] *n.* ①统计数据 ②统计学
例 There are no reliable statistics for the number of deaths in the battle. 这场战斗的死亡人数没有可靠的统计数据。

----0620

□ **torrential** [tə'renʃl] *a.* ①急流的，洪流的 ②大量的，势不可挡的
搭 torrential rains 倾盆大雨
例 He stepped outside into a torrential downpour. 他出了门，走进瓢泼大雨里。

----0621

□ **ejection** [ɪ'dʒekʃn] *n.* 逐出，驱逐
例 The player protested against his ejection from the game. 球员抗议他在比赛中被罚下场。

----0622

□ **sophisticate** [sə'fɪstɪkeɪt] *v.* ①使更高级，复杂先进 ②使变得世故，使不再淳朴 ③曲解，歪曲 [sə'fɪstɪkət] *n.* 精于世故的人，见多识广的人
例 He isn't the urban sophisticate they imagine him to be. 他并不像他们想的那样是个精于世故的城里人。

----0623

□ **maltreat** [ˌmæl'triːt] *v.* 虐待，粗暴地对待
例 He claimed he was maltreated by the prison guards. 他声称自己受到了监狱看守的虐待。

----0624

□ **overfill** [ˌəʊvə'fɪl] *v.* 装得太满
例 He overfilled the pail and the water spilled out. 他把桶装得太满，水都溢了出来。

----0625

□ **suicide** ['suːɪsaɪd] *n.* ①自杀 ②自取灭亡，自毁 ③自杀者 *v.* 自杀 *a.* 自杀的，自杀性的
构 sui（自己）+ cid（杀）+ e → 自杀
搭 commit suicide 自杀；political/economic suicide 断送政治前程 / 经济发展之举；a suicide letter 绝命书；suicide attack 自杀性攻击
例 Authorities have officially ruled that the death was a suicide. 当局已正式裁定这起死亡是自杀。

联 suicidal *a.* 自杀的，想自杀的，自杀性的，灾难性的

----------0626

□ tab [tæb] *n.* ①制表键，跳格键 ②账款，账目 ③小垂片，小标签，小纸条 ④拉环，拉手 ⑤丸，片 *v.* ①贴标签，装饰小垫片 ②按制表键，按跳格键

搭 keep tabs on sb. 严密监视某人的一举一动

例 A stupid medical clerk slipped the wrong tab on his X-ray. 一个蠢笨的医护人员一不留神在他的 X 光片上贴错了标签。

----------0627

□ recession [rɪ'seʃn] *n.* ①衰退，萧条，不景气 ②退去 ③萎缩

搭 the recession of flood waters 洪水的退去

例 The president helped pull the country out of recession. 总统帮助国家走出了经济衰退。

----------0628

□ signature ['sɪɡnətʃə(r)] *n.* ①签字，签名，署名 ②明显特色，鲜明特色

构 sign（标记）+ ature（行为，状态）→签字

搭 put your signature on sth. 签名，签署

例 They handed in a petition containing 800 signatures. 他们提交了一份有 800 人签名的请愿书。

----------0629

□ windscreen ['wɪndskriːn] *n.* (=windshield) 挡风玻璃

例 The car had a damaged windscreen. 这辆车的挡风玻璃坏了。

----------0630

□ inferential [ˌɪnfə'renʃəl] *a.* 推论的，根据推论得出的

搭 inferential evidence 推论性证据

----------0631

□ externally [ɪk'stɜːnəli] *ad.* ①来自外部地，外来地，外在地 ②体外地，体表地

搭 externally imposed conditions 外部施加的条件

例 Vitamins can be applied externally to the skin. 维生素可以外用于皮肤。

----------0632

□ fitness ['fɪtnəs] *n.* ①健康，健壮 ②合适，胜任 *a.* 健康的，矫健的

搭 physical fitness 身体健康

例 Smith already faces doubts about his fitness to lead the party. 史密斯已经面临其是否能领导该党的质疑。

----------0633

□ automatically [ˌɔːtə'mætɪkli] *ad.* ①自动地 ②必然 ③不作思考地，无意识地

例 The fee will be automatically added to the bill. 费用将自动记在账单上。

联 automatic *a.* 自动的，必然发生的

----------0634

□ wretch [retʃ] *n.* ①可怜的人，不幸的人 ②淘气包，家伙，恶棍

例 He was a lonely, miserable wretch. 他是个孤独的可怜虫。

联 wretched *a.* 不幸的，可怜的，令人苦恼的

----------0635

□ bullet ['bʊlɪt] *n.* 子弹，枪弹

搭 a bullet wound in the arm 胳膊上的枪伤

例 Several bullet holes could be seen in the city wall. 在城墙上可以看到几个弹孔。

----------0636

□ porridge ['pɒrɪdʒ] *n.* ①粥，麦片粥 ②服刑期，监禁期

搭 a bowl of porridge 一碗粥

----------0637

□ tutor ['tjuːtə(r)] *n.* ①家庭教师，私人教师 ②导师 *v.* 当家庭教师，个别辅导

搭 tutor struggling students 辅导学习有困难的学生

例 These children were educated at home by a succession of tutors. 这些孩子在家里接受教育，连续请过几任家庭教师。

----------0638

□ universe ['juːnɪvɜːs] *n.* ①宇宙，天地万物，万象 ②领域，范围，体系

搭 in the universe 全天下，宇宙万物

例 Einstein's equations show the universe is expanding. 爱因斯坦的方程式表明宇宙正在膨胀。

----------0639

□ distraction [dɪ'strækʃn] *n.* ①使人分心的事物 ②消遣，娱乐

搭 work without distraction 心无旁骛地工作

例 A weekend at the beach was a good distraction from her troubles. 在海边度周末是让她摆脱烦恼的不错的消遣。

----------0640

□ triumphant [traɪ'ʌmfənt] *a.* ①得意扬扬的，耀武扬威的 ②胜利的，成功的 ③庆祝胜利的，庆祝成功的

搭 triumphant look/expression 得意扬扬的表情；triumphant shout 庆祝胜利的欢呼

例 The general and his triumphant soldiers celebrated their military victory. 将军和他的兴高采烈的士兵们庆祝他们作战胜利。

························0641

□ **dizziness** ['dɪzinəs] *n.* 晕眩，头晕
例 The medicine may cause dizziness and nausea. 这种药可能引起头晕和恶心。

························0642

□ **render** ['rendə(r)] *v.* ①使得，使成为 ②给予，提供 ③表现，表演，演示 ④翻译 [同] translate ⑤熬出油
搭 render some poems into English 将一些诗歌译成英文
例 The legal change rendered the president virtually powerless. 这一法律变动使得总统实际上丧失了权力。

························0643

□ **documentation** [ˌdɒkjumen'teɪʃn] *n.* ①文件资料，证明文件 ②记载，记录
例 Applicants must provide supporting documentation. 申请人必须提供证明文件。

························0644

□ **refresh** [rɪ'freʃ] *v.* ①使恢复精力，使提神，使清凉 ②使想起，唤起记忆 ③刷新，更新
搭 refresh oneself with a glass of iced tea 喝杯冰茶提神
例 I looked at the map to refresh my memory of the route. 我看着地图，来回忆一下这条路线。
联 refreshing *a.* 提神的，清凉的，耳目一新的；refreshment *n.* 茶点，饮食，清凉

························0645

□ **acoustic** [ə'kuːstɪk] *a.* ①声音的，听觉的 ②（乐器）原声的 *n.* （通常用单数形式）音响效果，传音性
例 Animals use a whole range of acoustic, visual and chemical signals in their systems of communication. 动物们使用听觉、视觉及化学等各种信号进行

交流。

························0646

□ **merchandise** ['mɜːtʃəndaɪs] *n.* 商品，货物 *v.* ①推销，买卖 ②宣传，推广
构 merc（贸易）+ hand（掌管）+ ise（使……）→ 掌管贸易 → 买卖
搭 merchandise the wares 推销商品；merchandise a new technology 推广一项新技术
例 Shoppers complained about poor quality merchandise and high prices. 购物者抱怨商品质量差，价格高。

························0647

□ **slash** [slæʃ] *v.* ①砍，划，割 ②大幅削减，大幅降低 [同] reduce ③鞭打 *n.* ①砍痕，划痕 ②劈砍，鞭打 ③斜线号
搭 slash prices 大幅降价；make deep slashes in the tree 在树上切出深深的口子
例 The government spending should be slashed. 应大幅度削减政府开支。

························0648

□ **mate** [meɪt] *n.* ①伙伴，同事 [同] fellow, partner ②配偶 [同] spouse *v.* （使）成配偶,（使）交配 [同] marry
例 Swans keep the same mate throughout their lives. 天鹅一生只有一个配偶。
联 classmate *n.* 同学；workmate *n.* 工友；roommate *n.* 室友

························0649

□ **urge** [ɜːdʒ] *v.* ①鼓励，激励 [同] encourage ②竭力主张，强烈要求 ③催促，力劝 *n.* 强烈的欲望，迫切的要求 [同] passion
例 The insane urge for greater and greater material wealth often leads to crime. 对更多的物质财富的疯狂追求往往导致犯罪。
联 urgent *a.* 紧急的，迫切的；urgency *n.* 紧急，紧急情况

答案：
1. mishandled　译文：她完全是因为疏忽而把一个重要项目搞砸了。
2. wastage　译文：政府将采取措施减少能源低效利用造成的巨大损耗。

Unit 11

学前自测

1. He knows he has considerable support for his plans to _____ his grip on the machinery of central government. (apportion, computerize, penetrate, enshrine, tighten)
2. Tonight's light show is the grand _____ of a month-long series of events. (flint, accreditation, manor, finale, vernacular)

········0650

□ **veterinarian** [ˌvetərɪ'neərɪən] *n.*（美）兽医
例 He grew up to be a veterinarian. 他长大后成了一名兽医。

········0651

□ **poisonous** ['pɔɪzənəs] *a.* ①有毒的，引起中毒的 ②充满敌意的，恶毒的，邪恶的
搭 poisonous substances 有毒物质；poisonous rumors 恶毒的谣言
例 All parts of the tree are poisonous, including its berries. 这种树的各个部位都有毒性，包括其浆果。

········0652

□ **steady** ['stedi] *a.* ①持续的，逐渐的 ②稳定的，牢固的 ③镇定的，沉着的 ④稳健的，靠得住的 *v.* ①拿稳，扶稳，使稳固 ②恢复平稳，稳定下来，（使）变平静 *interj.* 当心，稳一点
搭 steady stream of traffic 川流不息的车辆；a steady, well-paid job 收入高且稳定的工作
例 The dollar has steadied after early losses on the money markets. 美元在货币市场经历早前下跌后，现在已经回稳。

········0653

□ **flint** [flɪnt] *n.* ①燧石，（打）火石，电石 ②坚硬物，硬汉
搭 a heart of flint 铁石心肠
例 There is a lot of flint in the rock round here. 这一带岩石中有许多燧石。

········0654

□ **venue** ['venjuː] *n.* 举办地点，会场
构 ven（来）+ ue →都来的地方 →会场
例 The nightclub provided an intimate venue for her performance. 夜总会提供了一个供她表演的私密场所。

········0655

□ **finale** [fɪ'nɑːli] *n.* ①终场，最后一幕，（事件的）结尾 ②终曲，终乐章
搭 grand finale 盛大结局；a game with a dramatic finale 结局颇具戏剧化的比赛
例 It was a sad finale to an otherwise spectacular career. 本该辉煌的生涯却可悲地收场。

········0656

□ **post-mortem** [ˌpəʊst 'mɔːtəm] *a.* ①死后的 ②验尸的 *n.* ①检尸，尸体解剖 ②事后剖析，事后检讨 *v.* 验尸，做尸体解剖 *ad.* 死后
搭 the post-mortem on the election results 对选举结果的事后分析
例 A post-mortem on the body revealed that the victim had been strangled. 尸检表明被害人是被掐死的。

········0657

□ **apportion** [ə'pɔːʃn] *v.* 分配，分派，分摊
构 ap（加强）+ port（部分）+ ion（表动作）→分成部分 →分配，分派
例 He tried to apportion blame for this serious wastage of talent. 他试图将这种严重浪费人才的责任分摊到别人头上。
联 apportionable *a.* 可分摊的，可分派的；apportionment *n.* 分摊，分派

········0658

□ **brazen** ['breɪzn] *a.* ①恬不知耻的，肆无忌惮的 ②黄铜制的，黄铜色的
例 He exhibited a brazen disregard for other people's feelings. 他恬不知耻，无视他人的感受。

········0659

□ **tighten** ['taɪtn] *v.* ①变紧，绷紧，拉紧 ②变得僵硬，变得僵直 ③紧紧抓住，加强，强化 ④（比赛）变得激烈
搭 tighten one's belt 节衣缩食，勒紧腰带

---- 0660

☐ **accreditation** [əˌkredɪ'teɪʃn] *n.* ①委派，任命 [同] appointment ②证明合格，鉴定合格
例 The school has already reached the standards for the accreditation of colleges. 这所学校已经达到了学院资格认定的标准。

---- 0661

☐ **counterproductive** [ˌkaʊntəprə'dʌktɪv] *a.* 不起作用的，事与愿违的，适得其反的
例 Sending young offenders to prison can be counterproductive. 把未成年犯罪者送进监狱会产生适得其反的效果。

---- 0662

☐ **neoclassical** [ˌniːəʊ'klæsɪkl] *a.* 新古典主义的
例 We saw a number of buildings designed in a neoclassical style all along the street. 沿街我们看到许多新古典主义风格的建筑。

---- 0663

☐ **computerize** [kəm'pjuːtəraɪz] *v.* 用计算机做，使计算机化
搭 computerized information 计算机储存的信息
例 The hospital has begun computerizing patient records. 这家医院已经开始用计算机保存病历了。

---- 0664

☐ **penetrate** ['penətreɪt] *v.* ①进入，穿入，刺入 ②洞察，了解，看穿 ③（生意）打进（市场）
例 Scientists are trying to penetrate the secrets in our genes. 科学家们正力图了解人类基因的秘密。

---- 0665

☐ **enhancer** [ɪn'hɑːnsə(r)] *n.* 增强剂，强化剂
例 Onion, ginger and garlic are good immune system enhancers. 洋葱、姜和蒜都具有很好的增强免疫的功能。

---- 0666

☐ **crown** [kraʊn] *n.* ①王冠，冕 ②顶部，头顶 ③花冠，冠军称号 *v.* ①为……加冕，立……为君主 ②圆满结束，使达到顶峰
搭 be crowned king 被立为国王；and to crown it all 更有甚者，更糟的是
例 If he loses the match, he'll lose the heavyweight boxing crown. 如果他输掉这场比赛，他将失去重量级拳击冠军的称号。

---- 0667

☐ **enshrine** [ɪn'ʃraɪn] *v.* 视……为神圣，珍藏
例 The new law enshrines the concept of academic freedom. 新法律珍视学术自由的概念。

---- 0668

☐ **tranquility** [træŋ'kwɪləti] *n.* 宁静，安宁
搭 the tranquility of the quiet countryside 寂静乡村的安宁

---- 0669

☐ **manor** ['mænə(r)] *n.* ①庄园大宅 ②采邑，采地 ③地产，不动产 ④警察管辖区，管理区域
例 The manor was controlled by a lord and tilled by peasants and serfs. 这个领地由领主所控制，由农民和农奴耕种。

---- 0670

☐ **extrude** [ɪk'struːd] *v.* ①冲压，锻压，挤压成形 ②挤出，排出，赶出
构 ex（出）+ trud（刺）+ e →挤出
例 The machine extrudes enough molten glass to fill the mold. 机器挤压出足够的玻璃熔液填满模具。

---- 0671

☐ **fluency** ['fluːənsi] *n.* ①流利，流畅 ②娴熟
例 Students must demonstrate fluency in a foreign language to earn a degree. 学生要拿到学位，必须证明自己能流利地讲一门外语。

---- 0672

☐ **payable** ['peɪəbl] *a.* ①可支付的，应支付的 ②付给某人的
搭 payable in advance 预付
例 State pensions become payable to citizens at age 60. 公民年满 60 岁就可以拿到国家养老金。

---- 0673

☐ **gang** [gæŋ] *n.* ①一帮，一伙，一群 ②一队，一组 *v.* 聚集成群，结伙
搭 a gang of smugglers 走私团伙
例 Police were hunting a gang who had allegedly stolen 50 cars. 警察正在追捕一个被控盗窃了 50 辆汽车的团伙。

---- 0674

☐ **pronounceable** [prə'naʊnsəbl] *a.* 可发音的，读得出的
例 Her name is not easily pronounceable. 她的名字不容易读。

---- 0675

☐ **halve** [hɑːv] *v.* ①使减半 ②分成两半，半分
例 The store is halving the price of many summer items. 商店里许多夏季商品都在半价销售。

---- 0676

☐ **demerit** [diː'merɪt] *n.* ①缺点，短处，过失 ②记过

搭 merits and demerits 优缺点，利与弊
例 Students are given demerits if they are late for class. 学生如果上课迟到，将会被记过。
·······0677

□ **slurry** ['slʌri] *n.* 浆，泥浆，灰浆，煤泥 *v.* 使成浆
例 How it rained! The fields turned into slurry. 雨下得真大呀！田地成了一片泥塘。
·······0678

□ **vernacular** [vəˈnækjələ(r)] *n.* ①本国话，本地话，土话，方言 ②行话，术语 ③民间风格 *a.* ①方言的，白话的，本地语的 ②本国的，乡土的，本地的 ③民间风格的
搭 vernacular American speech 美国方言；vernacular culture 乡土文化；vernacular arts and crafts 民间工艺
例 They spoke to each other in the vernacular of the region. 他们用本地话相互交谈。
·······0679

□ **symbolism** ['sɪmbəlɪzəm] *n.* ①象征主义（运动）②象征手法，象征意义
例 The symbolism of every gesture is of vital importance during the short state visit. 在这次短暂的国事访问期间，一举一动都将有至关重要的象征意义。
·······0680

□ **optometrist** [ɒpˈtɒmətrɪst] *n.* 验光师，视力测定者
构 opto（光，视力）+ metr（测量）+ ist（人）→ 验光师
例 The optometrist examined his eyes and gave him some advice. 验光师检查了他的眼睛，给了他一些建议。
·······0681

□ **propellant** [prəˈpelənt] *n.* ①（火箭）推进剂，发射药 ②压缩气体
搭 rocket propellant 火箭推进剂；an enormous amount of propellant 大量压缩气体
·······0682

□ **repack** [riːˈpæk] *v.* 重新打包，重新装箱
例 The luggage was repacked after the security inspection. 安检后，行李被重新打包。
·······0683

□ **simplify** ['sɪmplɪfaɪ] *v.* 使简易，使简单，简化，精简
例 He reduced his needs to the minimum by simplifying his life. 他过上了一种简单的生活，将自己的需求降到最低。
·······0684

□ **globalize** ['gləʊbəlaɪz] *v.* 使全球化，使全世界化
搭 globalize democracy 使民主全球化；globalize a university 使大学面向世界
联 globalization *n.* 全球化；global *a.* 全球的，天体的，总的，球形的
·······0685

□ **enjoyable** [ɪnˈdʒɔɪəbl] *a.* 使人愉快的，令人快乐的，有趣的
搭 an enjoyable experience 令人愉快的经历
例 We saw a thoroughly enjoyable, well-crafted funny film. 我们看了一部非常有趣、精心制作的搞笑电影。
·······0686

□ **goggles** ['gɒglz] *n.* 护目镜，风镜，游泳镜
例 Racecar drivers will wear goggles when they are in a race. 赛车选手比赛时都会戴护目镜。
·······0687

□ **financial** [faɪˈnænʃl] *a.* 财政的，金融的，财务的
搭 financial aid/assistance 财务援助；financial institution 金融机构
例 The company is in financial difficulty. 该公司陷入了财政困难。
·······0688

□ **cherry** ['tʃeri] *n.* ①樱桃，樱桃树/木 ②绛红色，樱桃红
例 The kitchen cabinets are made of cherry. 这些橱柜是用樱桃木做的。
·······0689

□ **inactive** [ɪnˈæktɪv] *a.* ①不活动的，不工作的，懒散的 ②闲置的，失效的，废弃的 ③低活性的，惰性的 ④非现役的，预备役的，后备的
搭 inactive ingredients 惰性成分
例 Inactive people suffer higher rates of heart disease. 不活动的人患心脏病的概率更高。
·······0690

□ **veterinary** ['vetrənəri] *a.* 兽医的
搭 veterinary medicine 兽药
·······0691

□ **acrobat** ['ækrəbæt] *n.* ①杂技演员，技巧娴熟的体操运动员 ②善变者
构 acro（高）+ bat（打）→在高处打斗 →杂技演员
例 He's a political acrobat. 他是个政治上见风使舵的人。

联 acrobatics *n.* 杂技，杂技动作，杂技表演艺术；acrobatism *n.* 杂技，杂技技艺；acrobatic *a.* 杂技的，杂技演员的

---0692

□ **technician** [tek'nɪʃn] *n.* ①技师，技术员 ②巧手，技艺精湛者

搭 a laboratory technician 实验室技师；a lighting/sound technician 灯光 / 音响师

例 They hired a technician to help maintain the office's computers. 他们雇了一位技师帮助维护办公室的电脑。

---0693

□ **specify** ['spesɪfaɪ] *v.* ①明确规定，具体说明，详述 ②把……列为条件

例 The rules clearly specify that competitors must not accept payment. 规则清楚地说明参赛者不得接受报酬。

---0694

□ **pumice** ['pʌmɪs] *n.* 浮岩，浮石 *v.* 用浮石打磨

例 The entrance steps were burnished with pumice. 进门的台阶被浮石磨得闪闪发亮。

---0695

□ **cardiovascular** [ˌkɑːdɪəʊ'væskjələ(r)] *a.* 心血管的

搭 cardiovascular disease 心血管疾病

例 Smokers are unaware that they are constantly damaging their cardiovascular system. 吸烟者不知道自己在不断地损害自身的心血管系统。

---0696

□ **stain** [steɪn] *v.* ①污染，弄污 ②染色 ③玷污 *n.* ①污迹，污点 ②着色剂，染色剂

搭 stain one's reputation/honor 玷污某人的声誉

例 The accusation left a stain that followed him the rest of his life. 那次指控给他的余生留下了难以磨灭的污点。

---0697

□ **regent** ['riːdʒənt] *n.* ①摄政者，摄政王 ②执政者，统治者 *a.* ①摄政的 ②执政的

搭 a queen regent 摄政女王

---0698

□ **bookrest** ['bʊkrest] *n.* 阅读架，看书架

例 A bookrest can raise the material you are reading 45 degrees to the desk. 阅读架可以将阅读材料呈 45 度地摆放在桌子上。

---0699

□ **crusade** [kruː'seɪd] *n.* ①改革运动 ②十字军东征 *v.* 从事改革运动，为……奋斗，为……坚持不懈地努力

搭 a crusade for/against sth. 支持 / 反对……的运动

例 He has crusaded for equal rights for all people. 他一直为争取全民享有平等权利而奋斗。

联 crusader *n.* 斗士，积极分子；crusading *a.* 努力奋斗的，坚持不懈的

---0700

□ **perimeter** [pə'rɪmɪtə(r)] *n.* ①四周，周围，边缘 ②周长

构 peri（周围）+ meter（测量）→测量周围 →周长

例 They put up a fence around the perimeter of the yard. 他们在院子四周竖起围栏。

---0701

□ **disrespectful** [ˌdɪsrɪ'spektfl] *a.* 不敬的，无礼的，失礼的

例 He was accused of being disrespectful to the Queen. 他因对女王不敬而受到指责。

---0702

□ **heartless** ['hɑːtləs] *a.* 无情的，冷酷的，铁石心肠的

搭 a heartless person/act 无情的人 / 行为

---0703

□ **attack** [ə'tæk] *n.* ①攻击，进攻 ②抨击，责难 ③（疾病）突然发作 ④损害 *v.* ①攻击，进攻，破坏 ②抨击，责难 ③奋力处理，全力对付

搭 be/come under attack 受到攻击；attack the problem 全力对付问题；a cruel disease that attacks the brain and nervous system 一种破坏大脑和神经系统的严重疾病

例 The magazine recently published a vicious personal attack on the novelist. 那本杂志最近发表了一篇文章，对这名小说家进行了恶毒的人身攻击。

---0704

□ **ounce** [aʊns] *n.* ①盎司（=28.35 克）②少量，一点点

搭 an ounce of common sense/truth 一点常识 / 真实性

例 If you had an ounce of sense, you wouldn't believe him. 你要是有一丁点儿常识，你就不会相信他。

----0705

☐ **affect** [ə'fekt] *v.* ①影响 ②打动，使感动 ③（疾病）侵袭，感染 ④装作，假装

构 af（加强）+ fect（做）→促使人做→影响

搭 affect the central nervous system 影响中枢神经；affect a foreign accent 假装外国口音；the areas affected by the hurricane 受飓风影响的地区

例 The news could adversely affect his chances of becoming the next president. 这条消息会对他当选下届总统产生不利影响。

联 affectation *n.* 装模作样，矫揉造作；affected *a.* 做作的，不自然的；affecting *a.* 使人感动的；affection *n.* 喜爱，钟爱

----0706

☐ **lever** ['li:və(r)] *n.* ①控制杆，操纵杆 ②杠杆 ③方法，手段 *v.* ①（用杠杆）撬动，撑着 ②挤走（某人）

例 He used his money as a lever to gain political power. 他利用金钱作为攫取政治权力的手段。

----0707

☐ **exploratory** [ɪk'splɒrətri] *a.* ①讲解的，说明的 ②探查的，试探的，勘探的

例 They will begin exploratory talks on a new trade agreement. 他们将就新的贸易协议开始试探性会谈。

----0708

☐ **owl** [aʊl] *n.* 猫头鹰

例 Owls hunt rats, snakes and other small animals. 猫头鹰猎食鼠、蛇和其他小动物。

----0709

☐ **weakness** ['wi:knəs] *n.* ①弱点，缺点，不足 ②虚弱，无力，衰弱，懦弱 ③软弱，疲软 ④迷恋，无法抗拒

搭 weakness in the right arm 右臂无力；weakness in the economy 经济疲软

例 He couldn't explain his weakness in giving in to her demands. 他也无法解释自己为什么那么懦弱，屈从了她的要求。

----0710

☐ **excavation** [ˌekskə'veɪʃn] *n.* ①开凿，挖掘，发掘 ②洞，穴 ③出土文物

构 ex（出）+ cav（洞）+ a + tion（表名词）→挖洞→挖掘

搭 the excavation of an ancient tomb 古墓的发掘；archaeological excavations 考古发掘

例 The excavation of the buried town took them ten years. 挖掘埋在地下的小城花了他们 10 年时间。

----0711

☐ **cohesion** [kəʊ'hi:ʒn] *n.* ①黏合，聚合 ②内聚性，内聚力 ③团结，结合

搭 the lack of cohesion within the party 政党内部缺乏凝聚力

----0712

☐ **brief** [bri:f] *a.* ①短暂的，短时间的 ②简短的，简洁的 [同] concise *v.* 向……介绍基本情况，作……的提要 *n.* 摘要，概要

搭 a brief letter 简短的信；in brief 简言之，简单地说，以简洁的形式

例 It would take a long time to go into all the details, but I can give you the facts in brief. 详细描述所有细节要花很多时间，但我可以把情况简要地告诉你。

联 briefly *ad.* 简单地；brevity *n.* 简洁；abbreviate *v.* 简略，缩写

----0713

☐ **larval** ['lɑ:vl] *a.* 幼虫的，幼体的

搭 development from an egg through various larval stages 从卵到不同幼虫期的发育过程

联 larva *n.* 幼虫，幼体

----0714

☐ **kneel** [ni:l] （knelt 或 kneeled）*v.* 跪（下），跪着 *n.* 跪

例 She knelt by the bed and prayed. 她跪在床边祈祷。

答案：
1. tighten　译文：他清楚有相当多的人支持他对中央政府机构加强控制的计划。
2. finale　译文：为期一个月的系列活动在今晚的灯光表演中隆重谢幕。

Unit 12

学前自测

1. The president set up the institution in _____ of a promise of electoral reform. (disenchantment, incinerator, onslaught, fulfilment, intersection)

2. If bad posture becomes _____ you risk long-term effects. (clinical, inviolable, elastic, creative, habitual)

----0715
□ **excusable** [ɪk'skjuːzəbl] *a.* 可原谅的，可谅解的
例 He then realized that he had made a simple but excusable mistake. 然后他意识到自己犯了一个低级但可原谅的错误。

----0716
□ **clinical** ['klɪnɪkl] *a.* ①临床的 ②医院的，诊所的 ③冷漠的，没有人情味的 ④简陋的，朴素的，无装饰的 ⑤精确的，娴熟的
搭 clinical study 临床研究；clinical depression 临床抑郁症；clinical office 医务室
例 Both experimental and clinical evidence show that the treatment is effective. 实验和临床证据都表明这种疗法是有效的。

----0717
□ **inescapable** [ˌɪnɪ'skeɪpəbl] *a.* 不容忽视的，不可避免的，必然发生的
搭 an inescapable conclusion 必然得出的结论
例 She didn't want to confront the inescapable fact that she would have to sell the house. 她不想面对必须卖掉房子这一无法逃避的现实。

----0718
□ **nasty** ['nɑːsti] *a.* ①不好的，恶毒的，可恶的 ②讨厌的，令人不愉快的，糟糕的 ③难看的，难闻的，难吃的 ④严重的，危险的
搭 a nasty-tasting medicine 难吃的药；nasty weather/smell 坏天气 / 难闻的气味
例 Drivers often have a nasty habit of driving too close to cyclists. 司机常有一个坏习惯，就是车开得离骑自行车的人太近。

----0719
□ **courtship** ['kɔːtʃɪp] *n.* ①恋爱，求爱，求偶 ②奉承，讨好
搭 courtship rituals 求偶仪式
例 The male of the species often displays aggression during courtship. 这种动物的雄性在求偶期间经常表现出攻击行为。

----0720
□ **incinerator** [ɪn'sɪnəreɪtə(r)] *n.* ①焚化炉，火化炉 ②焚化者，焚尸者
搭 from birth to incinerator 从生到死
联 incinerate *v.* 焚烧，火化，火葬

----0721
□ **habitual** [hə'bɪtʃuəl] *a.* ①例行的，惯常的 ②习惯性的，经常性的，再三的 ③积习难改的
搭 habitual actions 习惯性动作
例 If bad posture becomes habitual, you risk long-term effects. 不良姿势一旦变成习惯，其影响可能是长期的。

----0722
□ **disenchantment** [ˌdɪsɪn'tʃɑːntmənt] *n.* 幻想破灭，失望
例 Voters expressed growing disenchantment with the government. 选民们对政府表达出越来越强烈的失望情绪。
联 disenchanted *a.* 失望的，不再抱有幻想的

----0723
□ **inviolable** [ɪn'vaɪələbl] *a.* 不可违背的，不可侵犯的
例 Yesterday's resolution said the present border was 'inviolable'. 昨天的决议称现有的边界"不容侵犯"。

----0724
□ **fulfilment** [fʊl'fɪlmənt] *n.* ①实现，完成 ②满足感，成就感 [同] satisfaction ③履行，执行
搭 a great sense of fulfilment 巨大的成就感
例 The real job of the priesthood is helping people find personal fulfilment. 神职工作的真正职责在于帮助人们寻求个人的满足感。

----0725
□ **incoming** ['ɪnkʌmɪŋ] *a.* ①正到达的，正来临

的，进来的 ②新来的，继任的 ③刚开始的 **n.** ①进来，进入，来临 ②(*pl.*) 收入，岁入

搭 the incoming president 新任总统

例 The footprints were soon covered by the incoming tide. 那些足迹很快就被上涨的潮水淹没了。

----------0726

☐ **elastic** [ɪ'læstɪk] **a.** ①可拉伸的 ②灵活的，能变通的 [同] flexible ③由弹性材料制成的 **n.** 弹性材料，松紧带

搭 pants with an elastic waist 有松紧腰带的裤子

例 Liberal policy was sufficiently elastic to accommodate both views. 自由党的政策有相当强的灵活性，能够适应双方的观点。

----------0727

☐ **punctual** ['pʌŋktʃuəl] **a.** ①准时的，如期的 ②正点的，按时的

例 They have acquired a reputation for excellent service and punctual delivery. 他们享有服务一流、送货准时的美誉。

----------0728

☐ **statistically** [stə'tɪstɪkli] **ad.** 在统计方面，根据统计数字

例 The results are not statistically significant. 这个结果不具备统计学意义。

----------0729

☐ **global** ['gləʊbl] **a.** ①全球的，全世界的 ②全面的，全体的，综合的 [同] overall

搭 global climate change 全球气候变化

例 On a global scale, AIDS may well become the leading cause of infant death. 在世界范围内，艾滋病可能是导致婴儿死亡的首要原因。

联 globalize **v.** (使) 全球化

----------0730

☐ **semantic** [sɪ'mæntɪk] **a.** 语义的，语义学的

搭 the process of semantic development/change 语义的发展 / 变化过程

----------0731

☐ **fieldwork** ['fi:ldwɜːk] **n.** 实地考察，野外考察

构 field (田野，场地) + work (工作) → 实地考察

例 The anthropologist has done fieldwork in the South Pacific. 这位人类学家在南太平洋做过实地考察。

----------0732

☐ **onslaught** ['ɒnslɔːt] **n.** ①攻击，猛攻，袭击 ②猛烈批评 ③大量，大批

构 on + slaught (打击) → 攻击

搭 launch a full-scale onslaught on the city 对城市发起了全面攻击

例 The article recommends several things you can do to prevent the onslaught of the disease. 这篇文章推荐了预防该疾病侵袭的几种方法。

----------0733

☐ **scuffle** ['skʌfl] **n.** ①扭打，混战 ②拖着脚走，拖脚行走的脚步声 **v.** ①扭打，混战 ②拖着脚走 ③慌乱地赶路，急匆匆地跑

例 Billy could hear his mother scuffling around in the corridor. 比利能听到母亲在走廊里拖着脚走路的声音。

----------0734

☐ **tram** [træm] **n.** ①有轨电车，轨道车 ②煤车，矿车 ③精调，微调 **v.** 精调，微调

例 We took the tram to the departure terminal. 我们乘坐轨道车到达航站楼。

----------0735

☐ **intersection** ['ɪntəsekʃn] **n.** ①交点，交叉口，十字路口 ②相交

搭 the intersection of line A and/with line B A 线与 B 线的交点

例 The town lies at the intersection of three motorways. 这座小城位于三条公路的交叉口。

----------0736

☐ **provenance** ['prɒvənəns] **n.** 起源 (地)，出处

例 The artifact is of unknown provenance. 这件手工艺品的出处不详。

----------0737

☐ **biometrics** [ˌbaɪəʊ'metrɪks] **n.** 生物测定学

构 bio (生物) + metric (测量学的) + s → 生物测定学

例 Biometrics is a fast-growing technology. 生物测定学是一门发展迅速的技术。

----------0738

☐ **outward** ['aʊtwəd] **a.** ①外表的，表面的 ②朝外的，向外的

搭 become more outward-looking in economy 经济上更为开放

例 His clenched fist was the only outward sign of his anger. 他那紧握的拳头是他内心愤怒的唯一表现。

联 outwardly **ad.** 在外面，外表上

----------0739

☐ **vision** ['vɪʒn] **n.** ①视力，视野 ②想象，构想，幻想，设想 ③幻觉，幻象，梦境 ④远见卓识

⑤美好的人 / 物 ⑥图像

搭 outline one's vision for the future 勾画对未来的设想

例 He had a vision of being surrounded by happy children. 他幻想过被快乐的孩子们围着的情景。

--------0740

□ **leukemia** [lu'ki:miə] *n.* 白血病

例 The average latency periods of leukemia is about five years. 白血病的潜伏期平均为 5 年。

--------0741

□ **estuary** ['estʃuəri] *n.* ①河口 ②海湾，港湾

例 They want to place the wind farm near the river's estuary. 他们想把风力发电场建在河口附近。

--------0742

□ **creative** [kri'eɪtɪv] *a.* 创造（性）的，有创意的，有创造力的

搭 creative talents 创造才能；the creative process 创作过程

例 Like so many creative people, he was never satisfied. 像许许多多有创造力的人一样，他从不满足。

--------0743

□ **landward** ['lændwəd] *a.& ad.* 朝岸（的），面向陆地（的），朝向陆地（的）

例 Rebels surrounded the city's landward sides. 叛军包围了该市的近陆地区。

--------0744

□ **volt** [vəult] *n.* 伏特，伏（电压单位）

搭 15 volts of electricity 15 伏的电流

--------0745

□ **large-scale** [ˌlɑːdʒ 'skeɪl] *a.* ①大规模的，大批的 ②大范围的

搭 a large-scale map 大比例尺地图

例 Their equipment isn't suitable for large-scale production. 他们的设备不适用于大批量生产。

--------0746

□ **balcony** ['bælkəni] *n.* ①阳台 ②（剧院的）楼座，楼厅

例 We asked for a hotel room with a balcony. 我们向酒店订了一间带阳台的房间。

--------0747

□ **perquisite** ['pɜːkwɪzɪt] *n.* ①补贴，津贴，额外待遇 ②利益，好处 [同] benefit ③工资外收入，外快

例 She can make cost-free long-distance calls—a perquisite of her employment. 她可以打免费长途电话，这是她工作的一项额外补贴。

--------0748

□ **goodwill** [ˌɡʊd'wɪl] *n.* ①好意，友善，善意 ②乐意，顺从 [同] willingness ③商誉，信誉

搭 a goodwill ambassador 亲善大使

例 A fund was set up as a goodwill gesture to survivors and their families. 一个基金会成立了，以向幸存者及其家属做出善意的表示。

--------0749

□ **escalator** ['eskəleɪtə(r)] *n.*（美）自动扶梯，电动扶梯

例 The escalator in the store carries customers from one floor to another. 商店里的自动扶梯将顾客从一个楼层送到另一个楼层。

--------0750

□ **disobey** [ˌdɪsə'beɪ] *v.* 不服从，不遵守 [反] obey

例 He disobeyed an order to fire on civilians. 他拒不服从向平民开火的命令。

--------0751

□ **trap** [træp] *n.* ①陷阱，夹子 ②圈套，埋伏，诡计 ③牢笼，困境 *v.* ①设陷阱捕捉 ②使堕入圈套，使陷入困境 ③阻止，抑制

搭 set a trap to catch mice 设捕鼠器捕鼠；view marriage as a trap 把婚姻看作牢笼；a fly trap 捕蝇器；a mouse trap 老鼠夹

例 Credit card companies were accused of laying traps for consumers. 信用卡公司被控设圈套欺骗消费者。

--------0752

□ **frustration** [frʌ'streɪʃn] *n.* ①懊恼，沮丧 ②受挫，受阻，挫败

搭 pent-up frustrations 压抑的沮丧情绪

例 These bureaucratic delays have been causing us a lot of frustration. 这些官僚主义的拖沓作风让我们懊恼不已。

--------0753

□ **tangible** ['tændʒəbl] *a.* ①可触摸的，可感知的 ②确实的，确凿的，实在的，非想象的 ③（资产等）有形的，价值易估计的

搭 tangible evidence 确凿的证据；tangible assets 有形资产

例 The new policy brings tangible benefits to low-income families. 这项新政策给低收入家庭带来了实实在在的好处。

──────0754

□ **microcosm** [ˈmaɪkrəʊkɒzəm] *n.* 微观世界，缩影

构 micro（微小的）+ cosm（世界）→微观世界

例 The town is a microcosm of the whole country. 这个小镇是整个国家的缩影。

──────0755

□ **misjudge** [ˌmɪsˈdʒʌdʒ] *v.* 错误判断，错误推测，错看

构 mis（错地）+ judge（判断）→错误判断

例 Perhaps I misjudged him, and he was not so predictable after all. 也许我错看了他，他到底不是能让人一眼看透的人。

──────0756

□ **fingerprint** [ˈfɪŋɡəprɪnt] *n.* 指纹，手印

构 finger（手指）+ print（印迹）→指纹

例 Everyone has a unique fingerprint. 每个人的指纹都是独一无二的。

──────0757

□ **tap** [tæp] *n.* ①龙头，阀门，旋塞 ②轻敲，轻叩，轻拍 ③踢踏舞 ④电话窃听装置 *v.* ①轻敲，轻叩，轻拍 ②打节拍 ③利用，开发，采用 ④窃听（电话）⑤乞讨钱财，索取钱财

搭 tap sb. on the shoulder 轻拍某人的肩膀；put a tap on one's telephone 在某人的电话线上安装窃听器；tap to the music 和着音乐轻打节拍；tap natural resources 开发自然资源

例 He tapped a stick against the window to let me know he'd arrived. 他用手杖轻轻叩窗，来让我知道他已经到达。

──────0758

□ **underdeveloped** [ˌʌndədɪˈveləpt] *a.* ①落伍的，不发达的 ②发育不全的

例 Underdeveloped countries should be assisted by allowing them access to modern technology. 应该通过提供现代技术帮助欠发达国家。

──────0759

□ **credibility** [ˌkredəˈbɪləti] *n.* 可信性，可靠性，信誉

搭 gain/lose credibility 获得 / 失去信任

例 The scandal has damaged his credibility as a leader. 这桩丑闻损害了他作为领袖的可信度。

──────0760

□ **van** [væn] *n.* ①厢式送货车 ②面包车 ③（铁路上运送货物的）车厢

搭 a delivery van 送货车

──────0761

□ **earthworm** [ˈɜːθwɜːm] *n.* ①蚯蚓 ②小人

构 earth（土，地上）+ worm（虫）→蚯蚓，小人物

例 Most birds in the forest feed on earthworms and insects. 森林里的大多数鸟都以蚯蚓和昆虫为食。

──────0762

□ **freefone/freephone** [ˈfriːfəʊn] *v.* 拨打免费服务电话 *n.* 免费服务电话

例 To find out more, freefone 84303879. 欲知更多信息，请拨打免费服务电话 84303879。

──────0763

□ **emboss** [ɪmˈbɒs] *v.* 浮雕，凸印（图案）

搭 an embossed pattern/image 凸印的图案 / 图像

例 The paper on the walls was pale gold, embossed with swirling leaf designs. 墙纸是淡金色的，上面压印有盘旋叶片图案。

──────0764

□ **dispiriting** [dɪˈspɪrɪtɪŋ] *a.* 令人气馁的，令人沮丧的

例 It is very dispiriting for anyone to be out of a job. 失业对任何人来说都是令人沮丧的。

──────0765

□ **sheer** [ʃɪə(r)] *a.* ①十足的，完全的，数量大的，程度深的 ②陡峭的，陡直的 ③极薄的，透明的 ④发亮的，明亮的 *ad.* 陡峭地，几乎垂直地 *v.* 突然转向

搭 by sheer luck 纯属偶然；sheer, see-through fabrics 极薄的透明织物

例 The sheer amount of work overwhelmed her. 工作量太大，把她压垮了。

──────0766

□ **organ** [ˈɔːɡən] *n.* ①器官，内脏 ②管风琴 ③机关，机构 ④机关报刊，宣传工具

搭 internal organs 内脏；decision-making organs 决策机构

例 Extra doses of the hormone caused the animals' reproductive organs to develop sooner than usual. 额外使用激素使得这些动物的生殖器官比正常情况下发育得更快。

──────0767

□ **trimester** [traɪˈmestə(r)] *n.* ①三个月时间 ②（三学期制学校中的）一学期

搭 the first trimester of pregnancy 妊娠的头三个月

──────0768

□ **unwrap** [ʌnˈræp] *v.* 拆开，打开，除去包装

搭 unwrap the pieces of candy 剥去糖果包纸；unwrap a package 打开包裹
·······0769

□ **broom** [bru:m] *n.* ①扫帚 ②金雀花 *v.* 用扫帚扫，清扫

例 He swept away the dry leaves on the path with a broom. 他用扫帚将小路上的枯叶扫去。
·······0770

□ **processor** ['prəʊsesə(r)] *n.* ①处理器 ②加工机，加工者，加工厂

例 They have been supplying pork, beef and fish to the processor in the past five years. 过去 5 年来，他们一直向这家加工厂提供猪肉、牛肉和鱼。
·······0771

□ **upset** [ʌp'set] *v.* ①使不快，使烦恼，使焦虑 ②使（肠胃）不适 ③打乱，扰乱，击败 ④碰倒，打翻 *n.* ①（比赛中）爆冷 ②肠胃不适 ③不痛快，苦恼 *a.* ①心烦意乱的，悲伤的 ②生气的，不悦的 ③弄翻的，倾覆的

搭 upset the milk 把牛奶打翻；upset the market 扰乱市场；be emotionally upset 心绪烦乱

例 House prices are easily upset by factors which have nothing to do with property. 房价很容易受到与房产毫不相干的因素的干扰。
·······0772

□ **arcade** [ɑ:'keɪd] *n.* ①拱廊，有拱廊的街道 ②游乐中心

搭 a shopping arcade 拱廊式购物街

例 The kids had a good time in the arcade. 孩子们在游乐中心玩得很快活。
·······0773

□ **up-to-date** [ˌʌp tə 'deɪt] *a.* ①最新的，现代化的 ②最近的，当前的 ③时尚的，新潮的

搭 up-to-date styles 现代风格

例 We have access to up-to-date information through a computer database. 我们可以通过计算机数据库获得最新消息。
·······0774

□ **entrepreneurial** [ˌɒntrəprə'nɜ:riəl] *a.* 具有企业家素质的，创业的

例 The entrepreneurial dreams and ambitions of the young can help them change their lives. 年轻人的创业梦想和雄心能够帮助他们改变人生。
·······0775

□ **hinterland** ['hɪntəlænd] *n.* ①内地，腹地 ②穷乡僻壤，偏远地区

构 hinter（后面的）+ land（土地）→内地

例 She had grown up in the city and knew nothing of the life in the hinterlands. 她在城市里长大，对偏远地区的生活一无所知。
·······0776

□ **sustainable** [sə'steɪnəbl] *a.* ①支撑得住的，能经受的 ②可持续的，能保持的

搭 the sustainable use of rainforest resources 雨林资源的可持续利用

例 The party is promising low inflation and sustainable economic growth. 该政党承诺保证低通胀，促进经济的可持续增长。
·······0777

□ **reproduce** [ˌri:prə'dju:s] *v.* ①生殖，繁殖 ②复印，铜印 ③再现，重演，重现

例 Another fairly common belief is that dreams reproduce the events of the day before. 另一个普遍的观念是，梦境再现了白天的生活场景。
·······0778

□ **seasonal** ['si:zənl] *a.* 季节的，季节性的

例 Seasonal variations need to be taken into account. 季节性变化需要被考虑在内。

联 seasonable *a.* 当令的，合时令的
·······0779

□ **overrate** [ˌəʊvə'reɪt] *v.* 对……作过高评价，高估

搭 be overrated as an actor 作为演员被人过分吹捧

例 Success in the eye of others is an overrated achievement. 在他人眼里，成功常常被夸大为了不起的成就。

答案：
1. fulfilment 译文：为了履行有关选举改革的诺言，总统创建了这个机构。
2. habitual 译文：不良姿势一旦定型，其影响可能是长期的。

Unit 13

学前自测

1. It is a _____ community where pupils are happy and industrious. (attainable, generative, curly, healing, harmonious)

2. Each man was tying to _____ the other in boasts of his wartime exploits. (stab, clot, alight, outdo, decapitate)

----0780

□ **weigh** [weɪ] *v.* ①称……重量，称 ②认真考虑，斟酌，权衡 ③具有重要性，有影响
例 We have to weigh the benefits of the scheme against the costs. 我们必须把这个方案的好处和费用放在一起进行权衡。

----0781

□ **harmonious** [hɑː'məʊnɪəs] *a.* ①和谐的，协调的 ②和睦的，融洽的，友好的 ③悦耳的
例 The harmonious relationship is partly because of their similar goals. 他们关系融洽的部分原因在于他们有着相似的目标。
联 harmonize *v.* 使一致，使和谐

----0782

□ **thorn** [θɔːn] *n.* ①刺，荆棘 ②使人苦恼/生气的人/事
搭 a long, low hedge of thorns 一排长长的、矮矮的荆棘树篱；a thorn in one's side/flesh 肉中刺，使人苦恼的事；be on thorns 焦虑不安，如坐针毡
例 Inflation has been a constant thorn for the president. 通货膨胀问题一直使总统很苦恼。

----0783

□ **alignment** [ə'laɪnmənt] *n.* ①排成直线，平行的排列 ②结盟，联盟，一致 [同] alliance
搭 in /out of alignment 排得平直 / 不平直
例 New alignments have been created within the political party. 新的联盟已经在这个政党内形成。

----0784

□ **foetus** ['fiːtəs] *n.* 胎儿，胚胎
例 The brain becomes a male brain only when the male foetus begins to secrete hormones. 只有当雄性胚胎开始分泌荷尔蒙时，大脑才开始变成雄性的大脑。

----0785

□ **outdo** [ˌaʊt'duː] *v.* 胜过，超过，优于，比……更成功

构 out（超过）+ do（做）→胜过
例 Smaller companies often outdo large ones in customer service. 在客户服务方面，小公司往往比大公司做得好。

----0786

□ **cinematography** [ˌsɪnəmə'tɒɡrəfi] *n.* 电影摄影术，电影制片艺术
例 The film's cinematography is breathtaking. 这部电影的摄影艺术十分惊人。

----0787

□ **irregularity** [ɪˌreɡjə'lærəti] *n.* ①不整齐，不规则 ②不均匀，无规律 ③不端行为，违规行为 ④便秘
搭 cardiac irregularities 心律不齐
例 Minor irregularities in the components might lead to machine failure. 零部件略有不规则便可能会导致机器故障。

----0788

□ **compatriot** [kəm'pætriət] *n.* ①同胞，同一国家的人 ②同事，同行
例 We watched our compatriots compete in the Olympics. 我们观看同胞们在奥运会上比赛。

----0789

□ **millennium** [mɪ'leniəm] *n.* ①一千年，千禧年 ②（未来的）太平盛世，黄金时期
构 mill（千）+ enn（年）+ ium →一千年
例 We had a party to celebrate the millennium. 我们举办了聚会庆祝千禧年。

----0790

□ **aerospace** ['eərəʊspeɪs] *n.* ①宇宙空间 ②航空航天工业，宇航工业 *a.* 航空航天的
构 aero（空气）+ space（空间）→宇宙空间
例 The plane was designed using the latest aerospace technology. 这架飞机的设计采用了最新的航空航天技术。

flexibility [ˌfleksə'bɪləti] **n.** ①灵活性，适应性 ②可变通性，柔韧性，弹性
例 The flexibility of distance learning would be practically suited to busy managers. 远程学习的灵活性尤其适合忙碌的管理人员。

0792

stab [stæb] **v.** ①刺，戳，捅 ②刺伤，划破，刺痛 **n.** ①刺，戳，捅 ②捅刺的伤口 ③突发的一阵 ④尝试，试用
搭 stab sb. in the chest 捅某人胸口；a stab of pain/disappointment 一阵痛苦 / 失望
例 She felt betrayed, as though her husband had stabbed her in the back. 她感觉受到了背叛，好像她丈夫在背后捅了她一刀。

0793

clot [klɒt] **n.** ①凝块 ②呆子，蠢人 **v.** 凝结，凝结成块
搭 medications that prevent blood from clotting 防止凝血的药物
例 She developed a blood clot on her brain and died. 她因脑部出现血凝块去世了。

0794

managerial [ˌmænə'dʒɪəriəl] **a.** 经理的，经营的，管理的
例 Younger employees are being appointed to managerial positions. 较年轻的职员们正被安排到管理职位上。

0795

tangibly ['tændʒəbli] **ad.** ①可触摸地，可感知地 ②确定地，明显地，非想象地
例 This tangibly demonstrated that the poor condition of the people could be improved. 这实实在在地表明人民的贫困生活状况可以得到改善。

0796

comparatively [kəm'pærətɪvli] **ad.** 相对地，比较地
搭 comparatively speaking 相对而言，比较而言
例 Comparatively few books have been written on the subject. 有关这方面的书相对较少。

0797

alight [ə'laɪt] **a.** ①燃烧的 ②神采飞扬的，眉开眼笑的 **v.** ①(昆虫或鸟类)降落，飞落 ②从(交通工具上)下来
搭 a face alight with excitement 神采奕奕；alight on/upon (突然) 看到 / 发现；the sky alight with stars 群星璀璨的天空
例 The car was set alight. 那辆汽车着火了。

0798

keystone ['kiːstəʊn] **n.** 基础，主旨，基石
例 The keystone of any personal injury case is medical evidence. 裁定人身伤害案的基础是医学证据。

0799

conceptual [kən'septʃuəl] **a.** 概念的，观念的
搭 a conceptual frame 概念框架
例 He failed to appreciate the conceptual nature of the figures generated by a risk model. 他未能意识到风险模型所得数据本质上只是概念而已。

0800

boulder ['bəʊldə(r)] **n.** 大圆石，巨石
例 The boulder is too big to lift onto the truck. 巨石过大，搬不上卡车。

0801

delinquency [dɪ'lɪŋkwənsi] **n.** ①(尤指青少年的)犯罪，不良行为 ②到期未付款，逾期债款
搭 juvenile delinquency 青少年犯罪；a high rate of delinquency 逾期债款的高发生率
例 They tried to steer him away from delinquency by giving him a job in the store. 他们在店里给他安排了一份工作，好让他远离青少年犯罪。

0802

membership ['membəʃɪp] **n.** ①会员身份，成员资格 ②全体会员 ③会员人数
例 I forgot to renew my membership in the sailing club. 我忘了续办航海俱乐部的会员。

0803

frock [frɒk] **n.** ①连衣裙，女装 ②僧袍，教士服
例 She put her only party frock on. 她把自己唯一的一件宴会礼服穿上了。

0804

alchemist ['ælkəmɪst] **n.** ①炼金术士，炼丹术士 ②神通广大、似有魔力的人
例 The alchemist said that his pills could treat all diseases. 那个炼丹术士说他的药丸能包治百病。

0805

attainable [ə'teɪnəbl] **a.** 可达到的，能实现的
例 It is unrealistic to believe perfection is an attainable goal. 相信一切皆可达到完美是不现实的。

──0806

□ **explorer** [ɪk'splɔːrə(r)] **n.** 探险者，勘探者
搭 Arctic explorers 北极探险家

──0807

□ **manufacturer** [ˌmænju'fæktʃərə(r)] **n.** 制造商，制造公司，制造厂
例 If it's faulty, it should be replaced by the manufacturer free of charge. 如果产品有缺陷，厂商应免费更换。

──0808

□ **banner** ['bænə(r)] **n.** ①横幅 ②旗，旗帜 ③幌子，名义，口号 **a.** ①显著的，醒目的 ②该赢得锦旗的，特别好的
搭 under the banner of 在……的旗帜下；the Star-Spangled Banner 星条旗，美国国歌；a banner student 成绩优秀的学生
例 A banner was hung over the street advertising the local theater production. 大街上悬挂了一条横幅，宣传当地的戏剧作品。

──0809

□ **healing** ['hiːlɪŋ] **n.** ①痊愈，康复 ②弥合，恢复 **a.** 康复的，有治疗作用的
搭 the healing process 康复过程
例 The tree sap is believed to have healing powers. 这种树液据说有治疗功效。

──0810

□ **distortion** [dɪ'stɔːʃn] **n.** ①扭曲，变形 ②歪曲，曲解 ③失真，畸变
搭 willful distortion 任意曲解
例 It would be a gross distortion to say that they were motivated by self-interest. 说他们受私心驱动是对事实的严重歪曲。

──0811

□ **stack** [stæk] **n.** ①一叠，一堆，一摞 ②大量 ③烟囱 ④一列列书架 **v.** ①整齐地堆起，摞起 ②洗牌时作弊
搭 a stack of papers 一叠文件
例 The assistants price the items and stack them on the shelves. 售货员给商品标价，然后把它们叠放到货架上。

──0812

□ **decapitate** [dɪ'kæpɪteɪt] **v.** 砍头，斩首
构 de（去掉）+ capit（头）+ ate（使……）→砍头
搭 a decapitated chicken 一只被砍掉脑袋的鸡

──0813

□ **sinew** ['sɪnjuː] **n.** ①腱，肌腱 ②力量源泉，支柱

搭 the sinew of a country 一个国家的命脉
例 The sinews on his neck stood out like knotted strings. 他颈部的肌腱像打结的绳般凸出。

──0814

□ **canoe** [kə'nuː] **n.** 独木舟，小划子 **v.** ①乘 / 划独木舟 ②用独木舟运送
搭 a canoe made from a tree trunk 用树干做成的独木舟
例 It took us nearly two days to canoe down the river. 我们乘独木舟顺流而下用了近两天的时间。

──0815

□ **gelatin(e)** ['dʒelətɪn] **n.** 明胶，骨胶，凝胶冻
搭 vegetarian gelatin 植物胶

──0816

□ **tropospheric** [ˌtrɒpəʊ'sferɪk] **a.** 对流层的
搭 tropospheric ozone 对流层臭氧

──0817

□ **confirmation** [ˌkɒnfə'meɪʃn] **n.** ①证实，证明，确认 ②确证物，证明物 ③确认函 ④（基督教中的）坚信礼，坚振礼
搭 subject to confirmation 有待确认；verbal confirmation 口头确认
例 This discovery was a well-timed confirmation of Darwin's theory. 这一发现是对达尔文理论时机恰好到处的证明。

──0818

□ **ash** [æʃ] **n.** ①灰，灰末 ②(pl.) 骨灰 ③废墟，灰烬（指完全被毁的东西）④淡灰色
搭 burnt to ashes 烧成灰烬；scatter ashes to the sea 把骨灰撒向大海；rise from the ashes 浴火重生；cigarette ash 烟灰
例 All her hopes and dreams turned to ashes. 她所有的希望和梦想都化成了灰烬。

──0819

□ **erupt** [ɪ'rʌpt] **v.** ①喷发，喷出 ②突然出现，冒出 ③出疹，发疹 ④爆发，突然发生
搭 erupt into laughter/shouting 突然大笑 / 叫喊起来
例 Violence erupted after police shot a student during the demonstration. 警方开枪打死了示威人群中的一名学生，暴乱随之发生。

──0820

□ **sincerity** [sɪn'serəti] **n.** 真诚，真挚，忠实
搭 a man of sincerity 诚实的人；in all sincerity 真心实意地，极其真诚地
例 The film was made with sincerity. 这部电影拍得很真诚。

---0821

☐ **generative** [ˈdʒenərətɪv] *a.* ①生殖的，繁殖的 ②有生产能力的，能生产的 ③（语言）生成的

搭 generative cells 生殖细胞；the generative power of the sun 太阳催生万物的能力

---0822

☐ **consolation** [ˌkɒnsəˈleɪʃn] *n.* ①安慰，慰藉 ②起安慰作用的人 / 物

搭 be little/no consolation 没有多少安慰；find/take consolation in 在……寻求 / 得到安慰；if it's any consolation 聊可安慰的是；a letter of consolation 慰问信

例 Conversations with the mourners are to be limited to memories, hope and consolation. 和追悼者的交谈无非是关于回忆、希望和安慰。

---0823

☐ **aggressiveness** [əˈgresɪvnəs] *n.* ①好斗，攻击性 ②进取心，积极进取

例 The team played with a high level of intensity and aggressiveness. 球队打得非常激烈，富有进攻性。

---0824

☐ **postgraduate** [ˌpəʊstˈgrædʒuət] *n.* 研究生 *a.* 研究生的

构 post（后）+ graduate（毕业生）→研究生

例 Dr. Hoffman did his postgraduate work at Harvard University. 霍夫曼博士是在哈佛大学读的研究生。

---0825

☐ **aeronautics** [ˌeərəˈnɔːtɪks] *n.* 航空学

构 aero（空气）+ naut（航行）+ ics（学）→航空学，飞行术

搭 the history of aeronautics 航空史

联 aeronautical *a.* 航空的

---0826

☐ **tome** [təʊm] *n.* ①大部头书 ②一卷，一册，分册

搭 a long tome on European history 关于欧洲历史的长篇巨著

---0827

☐ **steer** [stɪə(r)] *v.* ①驾驶 ②引导，指导，引领 ③掌管，带领……度过 *n.* 指导

搭 steer the company through the recession 带领公司度过经济衰退期

例 He tried to steer the conversation away from his recent problems. 他尽量把话题从他近期的问题引开。

---0828

☐ **whale** [weɪl] *n.* ①鲸 ②巨大的东西 *v.* 猛击，攻击，连续打击

搭 have a whale of a time 玩得很开心

例 The candidates whaled away at each other. 两位候选人不断相互攻击。

---0829

☐ **unsanitary** [ʌnˈsænətri] *a.* 不卫生的，不清洁的，不健康的

搭 unsanitary conditions 不卫生的环境

例 Discharge of raw sewage into the sea is unsanitary and unsafe. 把未经处理的污水直接排放到海里既不卫生也不安全。

---0830

☐ **constitution** [ˌkɒnstɪˈtjuːʃn] *n.* ①宪法，章程 ②体质，体格 ③结构，成分 ④气质，性情 [同] temperament

搭 a strong/weak constitution 体质强壮 / 虚弱；the constitution of coal 煤的构造

例 Only animals with strong constitution are able to survive the island's harsh winters. 只有体质强壮的动物才能挨过岛上的严冬。

---0831

☐ **incinerate** [ɪnˈsɪnəreɪt] *v.* 烧成灰烬，焚毁，焚化

构 in（进入）+ ciner（灰）+ ate（使）→使成灰 →焚化

例 The government is trying to stop hospitals incinerating their own waste. 政府正在试图阻止医院自行焚毁垃圾。

联 incineration *n.* 焚毁，焚化

---0832

☐ **dispenser** [dɪˈspensə(r)] *n.* ①自动售货机 ②施予者，供给者 ③药剂师

搭 a drink dispenser 饮料机

例 A teacher should be more than a dispenser of knowledge. 教师不应只是知识的传授者。

---0833

☐ **niggle** [ˈnɪgl] *v.* ①使担心，使烦恼 ②吹毛求疵，挑剔 *n.* ①轻微的感觉，轻微疼痛 ②轻微的批评，小牢骚

搭 a niggle of doubt 一丝疑虑

例 There's just this slight suspicion niggling at the back of your mind. 只有这个小小的疑问在一直困

扰着你的内心。

····0834

□ **devalue** [ˌdiːˈvæljuː] **v.** ①降低……的价值，贬低 ②使贬值

构 de（去掉）+ value（价值）→使贬值

搭 devalue the currency 使货币贬值

例 Economic theory suggests that the devalued pound will boost the economy. 经济学理论指出，英镑贬值会促进经济增长。

····0835

□ **dean** [diːn] **n.** ①（大学的）学院院长，系主任 ②训导主任 ③权威，泰斗

搭 the dean of liberal arts 文学院院长；the dean of business school 商学院院长

例 He's considered the dean of American architecture. 他被尊为美国建筑界的泰斗。

····0836

□ **consumer** [kənˈsjuːmə(r)] **n.** ①消费者，用户 ②消耗者，消耗物 ③饮用者，使用者

搭 consumer spending 消费支出；consumer rights 消费者权益

例 Consumer demand led to higher import of manufactured goods. 消费者需求促使制造商品的进口量增加了。

····0837

□ **curly** [ˈkɜːli] **a.** ①卷曲的 ②弯的，弯曲的

例 She has curly hair and blue eyes. 她有一头卷发和一双蓝眼睛。

····0838

□ **vivid** [ˈvɪvɪd] **a.** ①生动的，逼真的，清晰的 ②形象的，鲜活的 ③有活力的，活泼的 ④鲜艳的，浓重的，色彩艳丽的

搭 vivid dream/imagination 非常逼真的梦境 / 丰富的想象力；have a very vivid memory of excursion with my grandmother 清楚地记得我和外婆一起远足的情景

例 The walls were painted with vivid flowers, dark green trees and a silver blue lake. 墙上画着色彩艳丽的花朵、深绿色树木和灰蓝色湖泊。

····0839

□ **typhoon** [taɪˈfuːn] **n.** 台风

例 The typhoon was approaching and all the fishing boats sailed into the port. 台风来袭，所有的渔船都回了港。

····0840

□ **cable** [ˈkeɪbl] **n.** ①电缆，钢缆，钢索 ②有线电视 **v.** 发电报

搭 cables and switches for a computer 电脑的缆线和开关；a fiber-optic cable 光缆；cable networks 有线电视网；the suspension cables of the bridge 桥的悬索

例 I'll wait for the movie to come out on cable. 我将等着有线电视播出这部影片。

····0841

□ **excrete** [ɪkˈskriːt] **v.** 排泄，分泌

例 Your open pores excrete sweat and dirt. 你身上张开的毛孔排出汗水和污垢。

····0842

□ **license/ce** [ˈlaɪsns] **n.** ①许可证，执照，证书 ②放纵，放肆，无视，漠视，无法无天 **v.** ①给……颁发许可证 ②授权，批准

搭 lose one's license 被吊销执照；under license 经许可，被授权；license number 执照号码；a licensed doctor 有执照的医生；be licensed to carry firearms 获准携带武器

例 The council licensed a US company to produce the drug. 委员会授权一家美国公司生产该药品。

····0843

□ **feather** [ˈfeðə(r)] **n.** ①羽（毛）②箭羽，箭翎 ③榫头，木榫 **v.** ①插上 / 覆盖羽毛 ②轻触，轻碰

搭 as light as a feather 极轻的，像羽毛一样轻的；birds of a feather 志趣相投的人；feather your nest 损人利己，中饱私囊

例 The long tail feathers are a dark rich blue. 长长的尾羽呈浓重的深蓝色。

答案：
1. harmonious　译文：这是个和睦的社区，学生们开心玩耍，用功读书。
2. outdo　译文：每个男人都试图把自己在战争期间的功劳吹嘘得比别人更大。

Unit 14

学前自测

1. What we need is not _____ intentions but real actions. (limited, consequential, divisional, manipulative, pious)

2. Many of the pilots were to achieve _____ in the aeronautical world. (clientele, venom, consortium, shortage, eminence)

----0844

□ **drawback** ['drɔːbæk] ***n.*** 缺点，不利因素，毛病
构 draw（拉）+ back（后面）→向后拉 →拖后腿 →不利因素
例 The main drawback to these products is that they tend to be too salty. 这些产品的主要不足之处在于它们总是偏咸。

----0845

□ **pad** [pæd] ***n.*** ①垫，衬垫，护垫 ②便笺，记事簿 ③公寓 ④（动物的）内掌，爪垫 ⑤小型停机坪 ***v.*** ①轻轻地走 ②装衬垫，覆盖 ③（以多余、不重要或错误的内容）拉长（文章等），扩充（篇幅）
搭 a telephone pad 电话记事簿
例 She padded barefoot down the stairs. 她光着脚轻轻地下了楼。

----0846

□ **clientele** [ˌkliːɒn'tel] ***n.*** ①（总称）顾客，主顾 ②委托人 ③扈从，门徒
例 She has built up a loyal satisfied clientele for Chinese clothes. 她已经发展了一批对中国服装很满意的忠实客户。

----0847

□ **wildlife** ['waɪldlaɪf] ***n.*** 野生动物，野生动植物
搭 a wildlife preserve 野生动物保护区；wildlife habitats 野生动植物生存环境
例 It is an area with abundant wildlife. 那是一个有大量野生动物的区域。

----0848

□ **tag** [tæg] ***n.*** ①标签，标牌，标记，标识符 ②（儿童玩的）捉人游戏 ③电子跟踪器 ④称呼，诨名 ⑤小垂片 ⑥涂写 ⑦ 附加疑问句 ***v.*** ①贴标签，挂标牌 ②把……称为，起诨名 ③加标记 ④涂写
例 The oldest trees and buildings in the temple were tagged to identify them. 寺院中最古老的树木和建筑都贴了标签以便识别。

----0849

□ **foreseeable** [fɔː'siːəbl] ***a.*** 可预见的，可预知的，可预判的
例 The situation is likely to continue in the foreseeable future. 这种事情在可预见的将来可能还会继续下去。

----0850

□ **venom** ['venəm] ***n.*** ①毒液 ②恶毒，恶意，憎恨
例 The snake injected it's prey with venom. 这种蛇向猎物注入毒液。

----0851

□ **pious** ['paɪəs] ***a.*** ①虔诚的，笃信的，敬神的 ②无法实现的，不切实际的 ③伪善的，虚伪的
搭 pious intentions 不切实际的打算
例 His attitude is compassionate, without being pious. 他怀着同情的态度，无半点虚假。

----0852

□ **architecture** ['ɑːkɪtektʃə(r)] ***n.*** ①建筑，建筑学，建筑风格，建筑设计 ②结构，设计
搭 the architecture of the city's buildings 这座城市的建筑风格；Gothic architecture 哥特式建筑；remains of antique architecture 古建筑遗迹；intellectual architecture 知识结构
例 He studied classical architecture and design at university. 他在大学学习古典建筑及设计。

----0853

□ **eminence** ['emɪnəns] ***n.*** ①卓越，杰出，显赫 ②高地，山丘 ③ (Eminence) 阁下，大人
例 Despite his intellectual eminence, he was quite unpretentious. 尽管在知识界声名显赫，他为人却相当低调。

----0854

□ **constantly** ['kɒnstəntli] ***ad.*** ①不断地，经常地 ②始终，总是
搭 be constantly under threat 始终处在危险之中

例 We are constantly being reminded to cut down our fat intake. 我们不断地被提醒要减少脂肪的摄入量。

----------0855

□ **historian** [hɪˈstɔːriən] **n.** 历史学家，史学工作者
搭 military/literary historian 军事 / 文学历史学家

----------0856

□ **whaling** [ˈweɪlɪŋ] **n.** 捕鲸（业）
搭 a ban on commercial whaling 对商业捕鲸的禁令

----------0857

□ **limited** [ˈlɪmɪtɪd] **a.** ①有限的 ②（企业等）有限责任的 ③受限制的 **n.** 股份有限公司
搭 limited resources 有限的资源；a painter of limited abilities 才能有限的画家
例 People with limited incomes are hit particularly hard by inflation. 收入有限的人受通货膨胀的冲击尤为严重。

----------0858

□ **consortium** [kənˈsɔːtiəm] **n.**(*pl.* consortia 或 consortiums) ①财团 ②合伙，联合，会，社 ③联营企业
构 consort（陪伴，结交）+ ium（地点）→联合组成社团→财团
搭 a consortium of five manufacturers 五家制造厂组成的联合企业
例 A Japanese consortium invested millions of dollars in the technology. 一个日本财团在这项技术上投资了数百万美元。

----------0859

□ **feedback** [ˈfiːdbæk] **n.** ①反馈，反馈意见，反馈信息 ②（信号返回电子音响系统导致的）噪声 **a.** 反馈的
构 feed（提供，喂养）+ back（反）→反馈
例 The company uses customer feedback to improve its products. 公司利用客户的反馈意见提高产品质量。

----------0860

□ **epitomize** [ɪˈpɪtəmaɪz] **v.** 成为……的典范，是……的缩影
例 The building epitomizes the spirit of the eighteenth century. 这栋建筑体现了 18 世纪的精神。

----------0861

□ **shortage** [ˈʃɔːtɪdʒ] **n.** 短缺，缺乏，不足
例 There's no shortage of ideas when it comes to improving the education of children. 说起改善儿童

教育，从来都不缺乏想法。

----------0862

□ **consequential** [ˌkɒnsɪˈkwenʃl] **a.** ①随之发生的，作为直接结果的 ②重要的，意义重大的 [同] significant
搭 a consequential decision 意义重大的决定
例 The company is considering layoffs but hopes to avoid a consequential loss in productivity. 公司正在考虑裁员，但希望避免由此导致的生产力下降。

----------0863

□ **greasy** [ˈgriːsi] **a.** ①多脂的，油腻的，油污的 ②滑的 [同] slippery ③虚情假意的，阿谀奉承的
搭 greasy food 油腻食物；a greasy and insincere man 阿谀奉承、虚情假意的人
例 He propped his elbows upon a greasy counter. 他把双肘支在满是油污的柜台上。

----------0864

□ **modem** [ˈməʊdem] **n.** 调制解调器
例 The modem is connected with the computer. 调制解调器与计算机相连接。

----------0865

□ **truant** [ˈtruːənt] **n.** ①旷课生，逃学者 ②逃避者，逃避责任者，懒散的人 **v.** 旷课，逃学 **a.** ①旷课的，逃学的 ②逃避责任的，懒散的
搭 play truant 逃学，逃避责任
例 Jack was truant from school once when he went fishing. 杰克有一次逃学去钓鱼。

----------0866

□ **pretension** [prɪˈtenʃn] **n.** ①自命不凡，狂妄 ②声称，标榜
例 The city has unrealistic pretensions to world-class status. 这座城市不切实际，标榜自己已达到世界级别。

----------0867

□ **darkroom** [ˈdɑːkruːm] **n.**（冲洗胶卷的）暗室，暗房
例 A darkroom is required for loading and processing the plates. 需要一间暗室装载和处理感光板。

----------0868

□ **stereoscopic(al)** [ˌsteriəˈskɒpɪk(l)] **a.** ①有立体感的，有立体视觉的 ②体视镜的
搭 stereoscopic vision 立体视觉

----------0869

□ **treatment** [ˈtriːtmənt] **n.** ①对待，处理 ②治疗，诊治，疗法 ③讨论，论述 ④护理品，护理
搭 require immediate medical treatment 需要立即

接受药物治疗；go to a spa for a beauty treatment 去温泉疗养所做美容

例 Previous treatments of this topic have ignored some key issues. 以前关于这个话题的讨论忽略了一些关键问题。

......0870

□ **crockery** [ˈkrɒkəri] *n.* 陶器，瓦器
构 crock（坛子，瓦罐）+ ery →瓦器
例 There are on display crockery, old suitcases and old farm tools in the museum. 博物馆里展出了陶器、旧衣箱和旧农具。

......0871

□ **tremendous** [trəˈmendəs] *a.* ①巨大的，极大的 ②极好的，了不起的，精彩的
搭 have a tremendous time 度过一段极其美好的时光；a writer of tremendous talent 极有才华的作家
例 Suddenly there was a tremendous boom, and the whole building shook. 突然一声巨响，整个大楼都晃动了。

......0872

□ **motivational** [ˌməʊtɪˈveɪʃənl] *a.* ①鼓舞人心的 ②动机的
搭 motivational speeches 鼓舞人心的演讲

......0873

□ **pitch** [pɪtʃ] *n.* ①场地 ②激烈，强烈 ③音高 ④投球 ⑤沥青 ⑥颠簸 ⑦斜度，坡度 ⑧广告，宣传 *v.* ①用力投／抛 ②投（球）③（使）跌倒，（使）猛然移动 ④颠簸 ⑤针对，面向 ⑥竭力推销 ⑦向下倾斜 ⑧定……的音高
例 The controversy reached such a pitch that the paper devoted a whole page to it. 争议非常激烈，故而报纸用了整版来报道。

......0874

□ **convection** [kənˈvekʃn] *n.* ①（气体、液体的）对流 ②传送，传导，传递
例 This process forms convection cells about 30,000 kilometers across. 这一过程形成了跨度约为 3 万公里的对流单体。
联 convect *v.* 对流供／传热；convectional *a.* 对流的

......0875

□ **shilling** [ˈʃɪlɪŋ] *n.* 先令（英国旧币，20 先令 = 1 英镑）
例 An hour's activities in the club will cost you 15 shillings. 在俱乐部里活动 1 小时需要 15 先令。

......0876

□ **internist** [ɪnˈtɜːnɪst] *n.* （美）内科医生

例 Her father is a well-known internist. 她父亲是一位知名的内科医生。

......0877

□ **rental** [ˈrentl] *n.* ①租金，租用费 ②出租，租赁
搭 rental contract 租赁协议
例 Car rental is included in the price. 租车费包含在价格里面。

......0878

□ **foreland** [ˈfɔːlənd] *n.* ①岬，陆岬 ② 前沿地，堤岸
构 fore（前面）+ land（土地）→前沿地
例 The foreland of the national boundary is not open to tourists. 国境线的前沿地不向游客开放。

......0879

□ **divisional** [dɪˈvɪʒənl] *a.* ①部门的，（军队）师的 ②分区的，赛区的
搭 the divisional champion 分区冠军
例 An alarm links the police station and the divisional headquarters. 警察局和部门总部之间有警报器用来联系。

......0880

□ **reunite** [ˌriːjuˈnaɪt] *v.* 再联合，重新结合，重聚
例 The children were finally reunited with their parents after the war. 战后，孩子们终于同父母重聚了。

......0881

□ **hamster** [ˈhæmstə(r)] *n.* 仓鼠
例 A hamster looks like a mouse with no tail. 仓鼠像老鼠，但没有尾巴。

......0882

□ **intersect** [ˌɪntəˈsekt] *v.* ①相交，交叉，贯穿，横穿 ②分隔
例 The two roads intersect at the edge of town. 两条路在城边缘相交。

......0883

□ **exclusively** [ɪkˈskluːsɪvli] *ad.* 仅仅，唯独，专门地
搭 almost exclusively 几乎全部
例 Our fabrics are exclusively available from this store. 我们的织品只在这家商店出售。

......0884

□ **splash** [splæʃ] *v.* ①稀里哗啦地溅泼，飞溅，溅落 ②泼洒，使……溅湿 ③拍水，戏水 ④使有色块，使有光斑 ⑤以大篇幅报道 *n.* ①落水声，

泼水声，溅泼声 ②污渍，斑点 ③色块，光斑
④少量液体

搭 a splash of color 一抹亮色，一抹色彩；fall into the river with a splash 扑通一声掉进河里

例 Tiny frogs hopped away at my approach, splashing into the mossy pond. 我一靠近，小青蛙们就跳进了长满苔藓的池塘里，溅起水花。

..........0885

□ **pedal** ['pedl] *n.* ①（自行车的）踏板，脚蹬 ②（钢琴的）踏板，脚踏键 *v.* ①骑（自行车）②踩动脚踏板

搭 brake pedal 刹车踏板

例 My father sometimes pedalled a bicycle as far as 30 miles a day. 我父亲有时骑自行车，一天骑 30 英里之远。

..........0886

□ **outlook** ['aʊtlʊk] *n.* ①看法，观点，心态 ②前景，远景 ③景色，风光

搭 economic outlook 经济前景；a pleasing outlook from the window 从窗口看出去的怡人景色

例 The book totally changed my outlook on politics. 这本书彻底改变了我对政治的看法。

..........0887

□ **whisper** ['wɪspə(r)] *v.* ①悄声说，低语，耳语 ②私下说，传说 ③发出沙沙声，发出飒飒声 *n.* ①低语，耳语 ②传闻，谣言 ③沙沙声，飒飒声 ④少量，些许

搭 the whisper of the wind 风声习习；a whisper of smoke 一缕青烟

例 I couldn't hear what they were saying because they were whispering. 我听不到他们在说什么，因为他们在说悄悄话。

..........0888

□ **convention** [kən'venʃn] *n.* ①大会，会议 ②习俗，公约，协定 ③惯例，常规

构 con（共同）+ vent（来）+ ion（表名词）→共同来到→大会，会议

搭 a convention on human rights 人权公约

例 Playing together teaches children social conventions such as sharing. 一起玩耍可教会儿童与人分享等社会习俗。

..........0889

□ **reinvigorate** [ˌriːɪn'vɪgəreɪt] *v.* 使再次充满活力，使重新振作

例 To reinvigorate the economy in remote areas, the government proposes to build more highways there. 为了振兴偏远地区的经济，政府决定在那里修建更多的公路。

..........0890

□ **manipulative** [mə'nɪpjələtɪv] *a.* ①操纵的，控制的 ②操作的

搭 necessary manipulative skills 必需的操作技能

例 He described Mr. Brown as a cold, calculating and manipulative man. 他将布朗先生描述为一个冷漠、精于算计和爱摆布他人的人。

..........0891

□ **impoverished** [ɪm'pɒvərɪʃt] *a.* ①贫困的，赤贫的 ②贫瘠的，枯竭的

搭 impoverished students 贫困的学生；impoverished soil 贫瘠的土地

..........0892

□ **amphibian** [æm'fɪbiən] *n.* ①两栖动物，水旱两生植物 ②水陆（两用）飞机 ③具有双重性格的人 *a.* ①两栖的 ②水陆两用的

构 amphi（两类）+ bi（两）+ an（人）→具有双重性格的人

搭 an amphibian personal carrier 水陆两用运兵车

..........0893

□ **fetching** ['fetʃɪŋ] *a.* 动人的，吸引人的，迷人的

搭 a fetching smile 迷人的微笑

例 In the town, the price of lodging is as fetching as the landscape itself. 那座小城不但景色迷人，住宿费也很吸引人。

..........0894

□ **eruptive** [ɪ'rʌptɪv] *a.* ①喷发的，爆发出来的 ②疹的，发疹性的，长出的 *n.* 火成岩，喷发岩

搭 an eruptive hot spring 喷发的温泉

..........0895

□ **colony** ['kɒləni] *n.* ①殖民地 ②（侨民等）聚居地，聚居区 ③（动植物的）群体，集群

例 Australia and New Zealand are former British colonies. 澳大利亚和新西兰以前是英国的殖民地。

联 colonial *a.* 殖民地的；colonize *v.* 开拓殖民地，移民于殖民地，移植

..........0896

□ **resent** [rɪ'zent] *v.* 愤恨，憎恶，怨恨 [同] hate, disgust

例 He resents having to explain his work to other people. 他不得不向其他人解释其工作，他感到很厌恶。

..........0897

□ **comprehension** [ˌkɒmprɪ'henʃn] *n.* ①理解

（力），领悟 ②包含，含义 ③（逻）内涵

搭 beyond/above/past comprehension 难以理解; be dull of comprehension 悟性不佳; have no comprehension of 对……不了解

例 The course also features creative writing exercises and listening comprehension. 这门课程的特色还包括创意写作和听力理解。

联 comprehend v. 理解，领会; comprehensive a. 广泛的，综合的，全面的

---0898

□ **attract** [ə'trækt] v. ①吸引 ②引起（注意、兴趣、赞赏等），诱惑 [同] lure, charm [反] repel

构 at（加强）+ tract（拉）→拉过来 →吸引

例 Her ideas have attracted a lot of attention in the scientific community. 她的见解在科学界引起了广泛的注意。

联 attraction n. 吸引，诱惑; attractive a. 诱人的，有吸引力的; attractant n. 引诱物

---0899

□ **fleet** [fliːt] n. 舰队，船队，车队，机群 a. 快速的，敏捷的 v. ①掠过，一闪而过 ②消逝，过去

搭 fishing fleets 捕鱼船队; be fleet of foot 跑得快; a fleet of small craft 很多小船

例 A peace-keeping fleet has been sent to the area. 一支维和舰队已经被派往那个地区。

---0900

□ **pragmatic** [præg'mætɪk] a. 讲究实际的，重实效的，实用主义的

搭 take a pragmatic approach 采取务实的态度; pragmatic philosophy 实用主义哲学

例 People who are pragmatic can respond quickly to changing situations. 讲究实际的人能够对变化的形势很快做出反应。

---0901

□ **depart** [dɪ'pɑːt] v. ①离开，出发 [同] leave, exit, start off ② (from) 背离，违反

搭 depart from 离开，违背，不服从; depart for 出发去

例 I'd like to depart from the topic for a few minutes. 我想撇开正题几分钟。

联 the departed 过去的（事），故去的（人）; departure n. 离开，出发

---0902

□ **expose** [ɪk'spəʊz] v. ①暴露，显露 ② (to) 使处于……作用或影响之下，曝光 ③揭露，袒露 [同] unmask [反] conceal

构 ex（出）+ pos（放）+ e →放出来 →暴露

搭 be exposed to 暴露于，受……影响; expose oneself to 使自己暴露于; expose goods for sale 将商品陈列出来销售

例 As far as possible, the teacher should expose the art students to real life situation. 教师应该尽可能地让学美术的学生接触实际生活场景。

---0903

□ **fairly** ['feəli] ad. ①合理地，公平地，公正地 [同] properly ②相当，颇，很 ③完全，简直

搭 a fairly good concert 颇为精彩的音乐会; fairly clear 显而易见

例 They make sure that complaints are dealt with quickly and fairly. 他们确保迅速而公平地处理投诉。

辨 fairly: 修饰表示褒义的形容词或副词，如 nice, good, well, lucky 等，但不与 too 或比较级连用。pretty: 和 quite 含义相近，用于正式文体。rather: 含义稍重，既可修饰表示"好"和"坏"的形容词或副词，也可同 too 和比较级连用。

答案:

1. pious　译文：我们需要的不是不切实际的打算，而是实际的行动。

2. eminence　译文：这些飞行员中的许多人后来在航空界赫赫有名。

Unit 15

学前自测

1. The official promise to _____ people for the price rise clearly hasn't been worked out properly. (beam, deflect, coordinate, compensate, abandon)

2. I asked my traveling _____ what he thought of the question. (texture, duration, excursion, companion, heritage)

---0904

□ **abandon** [ə'bændən] **v.** ①丢弃，离弃 [同] desert, forsake ②放弃 [同] give up, quit **n.** 放纵，纵情

搭 abandon oneself to 沉湎于，陷入；with abandon 放纵地，纵情地

例 The search was abandoned when night came. 天色已晚，搜寻便被放弃了。

---0905

□ **compensate** ['kɒmpenseɪt] **v.** ①赔偿，补偿 [同] repay, make up ② (for) 弥补，抵消

搭 compensate the victims 补偿受害者；compensate by doing more for the children 为孩子们做更多的事来弥补

例 The animal's good sense of smell compensates for its poor eyesight. 这种动物嗅觉灵敏，弥补了视力的不足。

---0906

□ **instrumental** [ˌɪnstrə'mentl] **a.** ① (in) 起作用的，有帮助的 ②用乐器演奏的

例 Your advice has been instrumental in settling the question. 你的建议对解决这个问题是有帮助的。

---0907

□ **excursion** [ɪk'skɜːʃn] **n.** 远足，短途旅行 [同] trip, tour

构 ex（出，外）+ curs（跑）+ ion（表动作）→跑出去 →远足

搭 go out for an excursion 外出游览；make an excursion into the country 去乡下远足

例 An excursion has been organized for every day of your holiday to a nearby place of interest. 你们假期的每一天都安排了去附近某个景点远足。

---0908

□ **reliable** [rɪ'laɪəbl] **a.** 可靠的，确实的 [同] dependable

例 My car is eight years old but it's still fairly reliable. 我的汽车已经开了 8 年，但仍然很靠谱。

联 reliability **n.** 可靠性

---0909

□ **embryo** ['embriəʊ] **n.** 胚胎，胎儿

构 em（使……）+ bryo（发芽）→使种子发芽 → 胚胎

例 A human embryo up to the age of 14 days is sometimes called a pre-embryo. 14 天之前的幼儿胚胎有时候称作前胎儿。

联 embryonic **a.** 胚胎的，萌芽期的

---0910

□ **actual** ['æktʃuəl] **a.** ①真实的，实际的 ②事实上的，真正的

例 She had pages of notes, but had not started the actual writing. 她记了大量的笔记，但是还没有真正开始写作。

辨 actual: 强调实际存在的，而不是想象的 (the actual cost)。true: 强调真实性，而不是假的 (a true story)。

---0911

□ **texture** ['tekstʃə(r)] **n.** ①结构，质地 ②实质，特征 ③神韵，韵味

构 text（编织）+ ure（状态）→编织出的状态 → 结构，质地

搭 a smooth texture 光滑的质地；a rough/coarse texture 粗糙的质地；the texture of upper class 上层社会的特征；a rich and complex dramatic texture 丰富而复杂生动的韵味

例 This artificial fibre has the texture of silk. 这种人造纤维有丝一样的质感。

联 textural **a.** 组织的，构造的；texturally **ad.** 组织上，结构上；textureless **a.** 无定型的，无质感的

---0912

□ **duration** [dju'reɪʃn] **n.** 持续（期），持续时间，持久 [同] persistence

搭 of 5 weeks'/months'/years' duration 为期 5 周 /5 个月 /5 年

例 He protected her during the duration of the trial. 他在案件审理期间保护了她。

··········0913

□ **bibliography** [ˌbɪbliˈɒgrəfi] *n.* ①（有关某一专题的）书目 ②参考书目，文献目录

构 biblio（书）+ graph（写）+ y（表名词）→书目

例 Other sources of information are found in the bibliography at the end of this article. 其他的资料来源可在文末的文献目录上找到。

··········0914

□ **furniture** [ˈfɜːnɪtʃə(r)] *n.* ①家具 ②设备，装置 ③帆具，缆

搭 a set of furniture 一套家具；a piece of furniture 一件家具

例 Each piece of furniture in her house suited the style of the house. 她房间里每一件家具都很契合房子的风格。

··········0915

□ **course** [kɔːs] *n.* ①课程，教程 [同] lecture ② 过程，进程 [同] progress, advance ③航线，航向，路线 ④行为方式，做法 ⑤水道，河道 ⑥赛道，跑道 ⑦（一）道（菜）

搭 of course 当然；take a course in maths 上数学课；a course of lecture 讲座课程；the main course 主菜；a river's twisting course 蜿蜒的河道；the first course 第一道菜

例 Aircraft can avoid each other by going up and down, as well as by altering course to left or right. 飞机可以通过升降以及向左或向右改变航向来避免碰撞。

辨 in course of: 正在……；in the course of: 在……过程中，在……期间。

··········0916

□ **beam** [biːm] *n.* ①（光线等的）束，柱 [同] ray, show ②梁，桁，横梁 ③笑容，喜色 *v.* ①面露喜色 ②定向发出（无线电信号），播送

搭 a beam of light 一束光；beam with joy 笑逐颜开

例 The signal is beamed to a satellite. 这个信号被发送至卫星。

··········0917

□ **companion** [kəmˈpænjən] *n.* ①同事，同伴，伴侣 [同] fellow, mate ②成对物件之一 ③（用于书名）指南，手册 *a.* ①姊妹的，配套的 ②伴随的，陪伴的

例 The dog has been his close companion these past ten years. 在过去的 10 年里，这条狗一直是他亲密的伴侣。

联 accompany *v.* 陪伴；acquaintance *n.* 熟人，认识的人

··········0918

□ **material** [məˈtɪəriəl] *n.* ①物质，材料，原料 [同] matter, substance ②素材，资料 [同] fact, information *a.* 物质的，实体的 [同] physical [反] spiritual

搭 get together/assemble material 收 / 搜集资料；source material 原始材料

例 Stone is often used as a building material. 石料常用作建筑材料。

辨 material: 制成某物的原料，强调物质的现状。matter: 有重量、体积且可转换生成能量的客观存在的物质。substance: 组成某物且其理化性质为人所知的物质。

··········0919

□ **philosophy** [fəˈlɒsəfi] *n.* ①哲学 ②哲学体系 ③人生哲学

构 philo（爱）+ soph（智慧）+ y（表名词）→爱智慧 →哲学

搭 Doctor of Philosophy 哲学博士

例 Live now, pay later—that's my philosophy on life. 现在享受，以后还钱，这是我的人生观。

联 philosophical *a.* 富有哲理的

··········0920

□ **ambition** [æmˈbɪʃn] *n.* ①雄心，野心 [同] aspiration, longing ②抱负，志向，夙愿，梦想

搭 have the ambition to do 渴望做；have presidential ambition 有当总统的雄心

例 He is a mixture of ambition and ruthlessness. 他既雄心勃勃又冷酷无情。

··········0921

□ **deflect** [dɪˈflekt] *v.* （使）转向，（使）倾斜，（使）偏离

构 de（向下）+ flect（弯曲）→向下弯曲 →偏离

例 The president deflected the mounting criticism by announcing tax cuts. 总统通过宣布减税引开了日渐增多的批评。

··········0922

□ **participant** [pɑːˈtɪsɪpənt] *n.* 参与者，参加者

构 part（部分）+ i + cip（拿）+ ant（人）→拿部分的人 →参与者

例 All participants finishing the race will receive a medal. 每名跑完全程的参与者都将获得一枚奖牌。

---0923

□ **heritage** ['herɪtɪdʒ] *n.* 遗产，传统 [同] legacy, tradition ②继承物，遗迹

构 herit（继承）+ age（表集合名词）→继承的东西 →遗产

搭 world cultural heritage 世界文化遗产

例 The old man died in his nineties, leaving a small heritage. 老人 90 多岁去世，留下了一小笔遗产。

---0924

□ **transcript** ['trænskrɪpt] *n.* ①抄本，副本，复本，文字记录 ②（大学的）成绩单 ③（经历等的）艺术再现

构 tran（到……的另一边）+ script（写）→写到另一边 →抄本，副本

例 Mysteriously, the transcript of what was said at the trial went missing. 不可思议的是，审判时说话内容的文字记录不见了。

联 transcription *n.*（录音资料的）文字记录

---0925

□ **professional** [prə'feʃnl] *a.* 职业的，专业的，专门的 [同] vocational [反] amateur *n.* ①专业人士 ②内行，专家

搭 professional knowledge 专业知识；professional proficiency 业务能力；a professional woman 职业女性

例 This sort of ad is intended to appeal to teachers, lawyers, doctors and other professionals. 这种广告是想吸引教师、律师、医生及其他专业人士的注意力。

---0926

□ **hum** [hʌm] *v.* ①（蜜蜂等）发出嗡嗡声 ②（人）发出哼声，哼曲子 ③(with) 忙碌，活跃 *n.* ①嘈杂声，嗡嗡声 ②（电）交流声，蜂音

搭 hum with life/activity 一片忙碌；insects humming in the hot summer air 在夏日炎热空气中嘤嘤嗡嗡的虫子；the hum of bees 蜜蜂的嗡嗡声；the hum of human voices 嘈杂的人声；the hum of electric drier 电吹风的嗡嗡声

例 He often hums to himself while he is listening to music. 他经常听音乐时哼曲子。

联 hummable *a.*（乐曲）易于哼出的；hummer *n.* 发出嗡嗡声之物

---0927

□ **sympathize** ['sɪmpəθaɪz] *v.* ① (with) 同情，怜悯 ②体谅，体恤 ③支持，赞同，赞许

搭 sympathize with the anti-colonial cause 支持反殖民主义事业

例 We understand and sympathize with your feelings. 我们能够理解并体谅你的感情。

---0928

□ **antidote** ['æntidəʊt] *n.* ①解毒药，解毒剂 ②矫正方法，对抗手段 *v.* 消解，中和，给……解毒药

构 anti（反）+ dote（药剂）→解毒剂

搭 an antidote for/against/to snakebite 解蛇毒药；antidote for ignorance 消除无知

例 Regular exercise is the best antidote to tiredness and depression. 经常运动是防止疲劳和萎靡的最好办法。

---0929

□ **coordinate** [kəʊ'ɔːdɪneɪt] *v.* 协调，调节 [同] match, harmonize *n.* ①坐标 ②同等的人 / 东西 *a.* ①同样重要的，同一等级 / 类别的 ②并列的，协调的 ③（大学）实行男女分院 / 分班制的

搭 coordinate the functions of government agencies 协调政府各机构的职能；have coordinate power with sb. 与某人有同等权力

例 The sound has to be coordinated with the words on the screen. 声音必须与屏幕上的字协调一致。

---0930

□ **sticky** ['stɪki] *a.* ①黏的，黏性的 ②（天气）湿热的 ③困难的，棘手的 ④抱不合作态度的，持异议的 ⑤易卡住的，不灵活的 ⑥不肯变化的，僵化的

搭 sticky sweets 粘牙的糖果；a sticky climate 湿热的气候；sticky prices 一成不变的价格；sticky windows 开关不灵活的窗户

例 We've got a very sticky problem to deal with. 我们有一个很棘手的问题要处理。

---0931

□ **heir** [eə(r)] *n.* ①继承人，后嗣 ②（传统、性格等）继承者，承袭者，后继者

搭 be heir to the throne 王位继承人；be heir to a large fortune 大笔财产继承人；be heir of/to one's father's character 继承父亲的性格

例 It is clear that he is the only heir to the corporation. 显然，他是这家公司的唯一继承人。

联 heritage *n.* 遗产；inherit *v.* 继承；heiress *n.* 女

继承人；heirdom *n.* 继承人的地位，继承权；inherence *n.* 固有（性），内在（性）

--0932

□ **domination** [ˌdɒmɪˈneɪʃn] *n.* ①支配，统治，控制 ②宗主权，宗主地位
搭 under one's domination 受某人的控制
例 The film was about a group of robots set on world domination. 这部电影描述了一群机器人意图统治整个世界的故事。

--0933

□ **adapt** [əˈdæpt] *v.* ①（使）适应，（使）适合 [同] suit, fit [反] unfit ②修改，改编 [同] adjust
搭 adapt to the new lifestyle 适应新的生活方式；adapt a novel for the screen 把小说改编成电影
例 Some birds are well adapted to life on water. 有些鸟很能适应水上生活。

--0934

□ **quartz** [kwɔːts] *n.* 石英
例 Although it is colorless, quartz is often tinted by impurities. 尽管石英本身是无色的，但它常常被杂质染上颜色。

--0935

□ **transmit** [trænzˈmɪt] *v.* ①播送，发射 ②传送，传递，输送 [同] send
构 trans（横过）+ mit（送）→传送
例 Water transmits sound better than air. 水比空气传播声音的效果好。

--0936

□ **incongruous** [ɪnˈkɒŋgruəs] *a.* ①不合适的，不相配的 ②不协调的，不一致的
搭 incongruous colors 不协调的颜色
例 His gestures seemed incongruous to what he was. 他的举手投足似乎跟他的职业身份格格不入。

--0937

□ **embed** [ɪmˈbed] *v.* ①把……嵌入/埋入/插入 ②使深留脑中
搭 a clock embedded in the wall 嵌在墙里的钟；be embedded in one's mind 深深印在某人的心中
例 That terrible day will forever be embedded in her memory. 那个可怕的日子将永远铭刻在她的记忆中。

--0938

□ **saline** [ˈseɪlaɪn] *a.* 盐的，咸的，含盐的 *n.* ①盐井，盐田，盐湖 ②生理盐水
搭 saline solution 盐溶液；a saline taste 咸味；saline particles 盐粒；saline water 盐水，海水

例 In hospital they put her on a saline drip to restore her body fluids. 在医院里，他们给她滴注生理盐水以补充体液。

--0939

□ **detour** [ˈdiːtʊə(r)] *n.* 弯路，迂回路，兜圈子，离题 *v.* 绕过，兜过，使离题
搭 make a detour 绕道；the detours of a river 河流的迂回曲折；detour storms 绕过风暴
例 We had to detour around the town center so it took us a little longer to get here. 我们不得不绕过市中心，所以到这里花了稍许长一些的时间。

--0940

□ **sedentary** [ˈsedntri] *a.* ①坐着的，久坐的 ②（鸟类）不迁徙的，定栖的
构 sed（坐）+ ent（具有……性质的）+ ary（……的）→久坐的
搭 a sedentary position 坐姿；a sedentary statue 坐姿雕像；be bored with sedentary work 厌倦坐班
例 Many people in sedentary occupation do not take enough exercise. 许多工作时久坐的人缺少足够的锻炼。

--0941

□ **paramount** [ˈpærəmaʊnt] *a.* 最高的，至上的，首要的 *n.* 最高统治者
搭 the paramount concern 最需关注的事；of paramount importance 至关重要
例 The interests of the consumers should be paramount. 消费者的利益应该是至高无上的。

--0942

□ **certificate** [səˈtɪfɪkət] *n.* ①证书，执照，文凭 [同] diploma, license ②证明 [səˈtɪfɪkeɪt] *v.* 发给证书，用证书证明
构 cert（确认）+ (i)fic（做）+ ate（表总称）→做出能确认的东西 →证书
搭 a birth certificate 出生证；a marriage certificate 结婚证；a certificate in education 教师资格证
例 She could surely take the mood as a certificate that all was well. 她肯定会把这种情绪看作一切顺利的证明。

--0943

□ **jostle** [ˈdʒɒsl] *v.* ①推，挤，撞 ②紧贴，贴近 ③(for) 竞争，争夺 ④搅乱，煽动 *n.* 推挤，撞
搭 jostle one's way through the crowd 从人群中挤过去；a mind jostled into uncertainty 被搅得七上八下的心绪；jostle each other to win the election 相互竞争以赢得选举

例 Fishing vessels lay jostling each other at the riverside. 渔船相互紧靠着停泊在河边。

----------0944

□ **sphere** [sfɪə(r)] *n.* ①球（体），球形，球面 [同] globe, ball ②范围，领域 [同] field, domain ③地位，阶层，身份

搭 the sphere of the aristocracy 贵族地位；the ideological sphere 意识形态领域

例 Apart from photography he had several other spheres of interest. 除了摄影之外，他还有其他多种兴趣爱好。

----------0945

□ **dimension** [daɪ'menʃn] *n.* ①方面，特点，特性 ②尺寸，长 / 宽 / 厚 / 深度 ③（数）维 ④ (*pl.*) 面积，大小，规模，程度 [同] size, extent *v.* 切削成 / 刨成规格的尺寸 *a.*（木料、石料等）切成特定规格的

构 di（分开）+ mens（测量）+ ion（表名词）→尺寸

搭 3-D cartoon 三维动画；a house of generous dimensions 宽敞的房屋；a film of three dimensions 立体电影；the dimensions of the room 房间的长、宽、高

例 There is another dimension to this problem which you haven't mentioned. 这个问题还有一个方面你没有提到。

----------0946

□ **prevalence** ['prevələns] *n.* 流行，盛行，普遍

搭 the prevalence of rumors 谣言的盛传；the prevalence of cars 汽车的广泛使用

例 The prevalence of drugs in the city is alarming. 这座城市里的毒品泛滥非常令人担忧。

联 prevalent *a.* 流行的，盛行的，普遍的；prevailing *a.* 占优势的，主要的，流行的，盛行的

----------0947

□ **dizzy** ['dɪzi] *a.* ①（指人）眩晕的，混乱的 ②（指地点、情况）使人眩晕的

搭 be dizzy with hunger 饿得头昏眼花；be dizzy from the height 因过高而觉得头晕目眩

例 The plane climbed to a dizzy height. 飞机上升到令人眩晕的高度。

联 dizziness *n.* 眩晕；dizzily *ad.* 头晕眼花地；dazzle *v.* 使炫目

----------0948

□ **inflict** [ɪn'flɪkt] *v.* ①把……强加给 ②使遭受（损伤、痛苦等）③使承担（负担等）[同] impose

构 in（使）+ flict（打，击）→使遭受

例 Don't inflict your ideas on others. 不要把你的想法强加给别人。

----------0949

□ **appraisal** [ə'preɪzl] *n.* ①估计，估量 ②评价，评估，鉴定 [同] evaluation, comment

搭 make an appraisal of 评估，评价；pass national appraisal 通过国家评估；an objective appraisal of the facts 对事实的客观评估；appraisal of quality 质量鉴定

例 The newspaper gave an editorial appraisal of the government's achievement of the past year. 该报对政府去年的政绩刊发了一篇评价性的社论。

----------0950

□ **theoretical** [ˌθɪə'retɪkl] *a.* ①理论（上）的 [反] practical ②仅在理论上存在的，假设的

搭 a brilliant theoretical physicist 杰出的理论物理学家；give as an example a theoretical situation 举一个假设的情况作例子

例 You can get a theoretical knowledge about sports from books. 你可以从书本上获得有关体育运动的理论知识。

----------0951

□ **particularly** [pə'tɪkjələli] *ad.* 特别，尤其

例 The new tax law will affect everyone, but particularly those on a low income. 新的税法将影响到每个人，尤其是那些低收入者。

答案：

1. compensate　译文：官方就物价上涨对民众进行补偿的承诺显然没有落实好。

2. companion　译文：我问旅伴对这一问题有什么看法。

Unit 16

学前自测

1. Police statistics show that violent crime is on the _____. (statement, dazzle, receipt, subscription, decrease)

2. They are keen to _____ their reputation abroad. (trigger, concur, afflict, quiver, enhance)

----------0952

□ **grasp** [grɑːsp] **v./n.** ①抓紧，抓牢 [同] grip, seize ②理解，领会 [同] understand, comprehend
搭 grasp at 向……抓去，想抓；grasp sb. by the wrist 抓住某人的手腕；grasp the meaning of 理解……的含义；within one's grasp 某人能抓得到的，某人能理解的
例 He failed to grasp the main points of the lecture. 他没能抓住演讲的要点。

----------0953

□ **aggressive** [ə'gresɪv] **a.** ①（贬）侵犯的，侵略的，挑衅的 [同] hostile, offensive [反] friendly ②（褒）敢作敢为的，有进取心的 [同] vigorous
例 If you want to succeed in business you must be aggressive. 如果你想在事业上成功，就必须有闯劲。
联 progressive **a.** 进步的；impressive **a.** 印象深刻的；aggression **n.** 侵略；aggressor **n.** 侵略者；aggressively **ad.** 具有攻击性地；invasion **n.** 入侵；invade **v.** 入侵

----------0954

□ **beneficial** [ˌbenɪ'fɪʃl] **a.** 有益的，有利的 [同] favorable, advantageous
搭 be beneficial to 对……有利的；beneficial birds 益鸟
例 The new economic policies are beneficial to those who have a low income. 新的经济政策对于那些低收入者有好处。

----------0955

□ **limp** [lɪmp] **v.** 一瘸一拐地走，蹒跚 [同] stagger, cripple **n.** 跛行
例 The old lady stumbled on a stone and began limping back home. 老太太在石头上绊了一下，然后一瘸一拐地回家去。

----------0956

□ **statement** ['steɪtmənt] **n.** ①声明，陈述，陈词，表达 ②财务报表，申报表，结算单
搭 an official statement 官方声明；make a statement 发表声明；statement of claim 起诉状

例 The latest statement shows our operations are still over-budget. 最新的财务报表显示，我们的运营费用仍然超支。

----------0957

□ **decrease** [dɪ'kriːs] **v.** 减少，减小 [同] abate, decline ['diːkriːs] **n.** 减小，减少（量）
构 de（反）+ creas（增长）+ e →反增长→减少
搭 on the decrease 在减少，在下降 [反] on the increase
例 The company decreased a large number of workers because of the economic depression. 由于经济不景气，公司裁减了大批员工。

----------0958

□ **labor** ['leɪbə(r)] ①劳动，体力劳动 ②工人，劳工 ③工作，活计，苦工，辛苦努力 ④分娩（期），生产 **v.** ①劳动，工作，努力 ②费力地前进 ③分娩，生产 ④过分详尽地阐述
搭 skilled labor 有技能的工人；in labor 临产的，分娩的；a young man laboring under all kinds of difficulties 承受着各种困难的年轻人；labor under the illusion/delusion that 错误地认为，误以为；labor the point 过分多说
例 Every man should receive a fair price for the product of his labor. 每个人的劳动都应该获得合理的回报。

----------0959

□ **dazzle** ['dæzl] **v.** ①使惊奇，使赞叹不已 ②使炫目，耀眼 [同] blind **n.** ①耀眼的光 ②令人赞叹的东西
搭 a dazzling display of skill 令人眼花缭乱的技艺表演；be dazzled by the sudden success 被突然的成功弄得眼花缭乱
例 The theater was a dazzle of bright lights. 剧院里一片灯火通明。
联 dazzling **a.** 令人目眩的；dazzlement **n.** 炫目，

耀眼；dazzlingly *ad.* 令人目眩地，令人惊叹地

....0960

☐ **ceremony** ['serəməni] *n.* ①典礼，仪式 [同] rite, celebration ②礼节，礼仪

搭 perform an opening ceremony 举行开幕式；graduation ceremony 毕业典礼

例 The wedding ceremony is to be performed at 10 in Hilton Hotel. 婚礼将于 10 点钟在希尔顿酒店举行。

联 ceremonial *a.* 仪式的；ceremonious *a.* 郑重其事的

....0961

☐ **afflict** [ə'flɪkt] *v.* 使苦恼，折磨，困扰 [同] distress [反] console

搭 afflicted with a disease 受病痛折磨；afflicted by political corruption 饱受政治腐败之苦

例 It is a disease which mainly afflicts individuals between 30 to 50 years of age. 这是一种主要影响 30—50 岁的人的疾病。

....0962

☐ **canteen** [kæn'ti:n] *n.* ①食堂 ②饮食摊 ③餐具，餐具盒 ④水壶

搭 an old-fashioned canteen of cutlery 一套旧式餐具；a full canteen of water 满满一壶水

例 I usually have my lunch in the staff canteen. 我通常在员工食堂吃午饭。

....0963

☐ **quiver** ['kwɪvə(r)] *v.* 颤抖，发抖，抖动 [同] shake, tremble, shiver *n.* 颤抖，抖动，颤声

例 Holding the prize cup, his hands quivered with excitement. 他拿着奖杯，手因激动而颤抖起来。

辨 quiver: 迅速但轻微的振动。shake: 摇动，颤抖，一般用语，范围广。tremble: 因愤怒、寒冷而发抖，比 quiver 剧烈。shiver: 因寒冷或恐惧而厉害地发抖。

....0964

☐ **therapy** ['θerəpi] *n.* 治疗，理疗，心理治疗 [同] treatment, cure

搭 be in therapy 正在接受心理治疗

例 Joining a club can be a therapy for loneliness. 加入俱乐部是克服孤独的一种方法。

联 therapist *n.* 治疗师，治疗专家

....0965

☐ **receipt** [rɪ'si:t] *n.* ①收据，收条，发票 ②收到，接到 *v.* 开收据，签收

搭 on/under receipt of 一收到就……，在收到……后；in receipt of 已收到

例 Obtain and keep all receipts for taxi fares. 收取并保存好所有的出租车费用发票。

....0966

☐ **stock** [stɒk] *n.* ①备料，库存，现货 [同] store, supply ②股票，公债 [同] share, bond ③世系，血统 ④（总称）家畜，牲畜 *v.* 储备 *a.* 常用的，常备的

搭 in stock 有现货的，有库存的；out of stock 无现货的，脱销的

例 The shop carries a large stock of gift-wrapping paper around Christmas. 那家商店在圣诞节期间备有大量的礼品包装纸。

....0967

☐ **enhance** [ɪn'hɑ:ns] *v.* 提高，增加，增强 [同] elevate, strengthen [反] decrease

构 en（使）+ hance（提高）→提高

例 All these companies must enhance the qualities and varieties of their products to survive in the intense global trade competition. 所有这些公司都必须提高产品质量，增加产品种类，才能在激烈的国际贸易竞争中生存下来。

联 enhancement *n.* 增进，增加

....0968

☐ **subscription** [səb'skrɪpʃn] *n.* ①捐助，捐赠，捐款 ②认购（额），承购（额）③（俱乐部等的）会费，会员费 ④订阅（费），订购（款）⑤签名，签字，署名 ⑥支持，赞同，同意

搭 take out/enter a subscription to a gardening magazine 订一本园艺杂志；renew one's subscription to the charity 继续向慈善机构捐款；voluntary subscription 自愿捐助；be erected by public subscription 由公众捐助建成

例 I pay a subscription of 10 dollars a month. 我每月交 10 美元的会费。

....0969

☐ **trigger** ['trɪgə(r)] *n.* ①（枪等的）扳机 ②引起反应的行动 *v.* 触发，引起 [同] incur

例 The tragic chain of events was triggered off. 一连串悲惨事件被触发。

....0970

☐ **maturity** [mə'tʃʊərəti] *n.* ①成熟，完善 ②到期，截止 ③偿还期，到期日

搭 the maturity of grain 谷物的成熟；reach maturity 长大成熟

例 At times he seems to have maturity beyond his years. 有时他表现出超越其年龄的成熟。

----------0971

□ **exorbitant** [ɪɡ'zɔːbɪtənt] *a.* ①过高的，过分的，过度的 ②不在法律范围之内的
构 ex（超出）+ orbit（常规，轨道）+ ant（……的）→超出常规的→过分的
搭 exorbitant rent 过高的租金；exorbitant demand 过高的要求；an exorbitant case 不在法律范围内的案件
例 The bill for the dinner was exorbitant. 晚餐的价格过高。

----------0972

□ **remuneration** [rɪˌmjuːnə'reɪʃn] *n.* 报酬，酬劳，酬金
搭 a small remuneration 一小笔酬劳；receive a generous remuneration 获得丰厚的酬金

----------0973

□ **gleam** [gliːm] *v.* ①闪亮，闪烁 [同] beam, flash ② (with) 闪现，流露 *n.* ①闪光，闪亮 ②闪现，流露 [同] flash ③微光，一丝光线
搭 a gleam of intelligence 智慧的灵光；the gleam of a candle 蜡烛的微光
例 A gleam of interest came into his eyes. 他眼里流露出一丝感兴趣的光芒。

----------0974

□ **renaissance** [rɪ'neɪsns] *n.* ①新生，复活，再生，复兴 ②复兴运动，复兴运动时期 ③ (R-)（欧洲 14—16 世纪的）文艺复兴，文艺复兴时期，文艺复兴精神 *a.* ①复兴的，复兴运动的 ② (R-) 文艺复兴的，文艺复兴时期的
构 re（又，再）+ naiss=nasc（出生）+ ance（表情况）→再生
搭 a moral renaissance 道德重振；a renaissance of interest in archaeology 考古兴趣的重新萌生；Renaissance architecture 文艺复兴时期的建筑；Renaissance painting 文艺复兴时期的绘画
例 The opera in the country is enjoying a long-awaited renaissance. 该国的歌剧正迎来一次盼望已久的复兴。

----------0975

□ **concur** [kən'kɜː(r)] *v.* ①同时发生 ②同意，赞成，达成一致
构 con（共同）+ cur（跑）→同时发生
例 Within minutes, the jury had concurred that he was guilty. 陪审团在几分钟内就达成一致，认定他有罪。

联 concurrence *n.* 一致，赞同，同时发生；concurrent *a.* 并有的，同时发生的

----------0976

□ **proximity** [prɒk'sɪməti] *n.* 接近，邻近，临近 [同] vicinity, neighborhood
例 Marriage in proximity of blood is bad for the coming generations. 近亲结婚对子孙后代不利。
联 proximal *a.* 最近的，接近的，靠中心的；proximate 最近的，紧挨的，将临的

----------0977

□ **censure** ['senʃə(r)] *n.* 指责，谴责 *v.* 指责，非议，谴责
例 His dishonest behavior came under severe censure. 他的不诚实行为受到了严厉的指责。

----------0978

□ **primary** ['praɪməri] *a.* ①基本的，初级的 [同] elementary ②首要的，主要的 [同] basic, chief ③最初的，原始的
构 prim（第一）+ ary（……的）→首要的
搭 primary education 初级教育；a primary school 小学
例 The primary responsibility lies with those who break the law. 主要责任应当由那些犯法的人承担。
联 primarily *ad.* 初期，主要地

----------0979

□ **moss** [mɒs] *n.* 苔藓，地衣
搭 rocks covered with moss 长满青苔的岩石

----------0980

□ **accuracy** ['ækjərəsi] *n.* 准确（性），精确（性）[同] precision, exactness [反] inaccuracy
例 Mathematical problems must be solved with great accuracy. 数学题必须做得十分准确。

----------0981

□ **indispensable** [ˌɪndɪ'spensəbl] *a.* (to, for) 必不可少的，必需的 [同] essential
构 in（不）+ dispens（分配）+ able（可……的）→必不可少的
搭 be indispensable for/to 对……是必需的 / 不可缺少的
例 His help is indispensable for the success of the project. 他的帮助对于这项工程的成功是必不可少的。
辨 indispensable: 指达到某一目的所"绝对需要和依赖的"。necessary: 指"必要的"，但并非一定不可缺少的。essential: 指某事物存在不可缺少的必要的部分。

079

···0982

□ **deliver** [dɪ'lɪvə(r)] **v.** ① 投递，送交 [同] convey ②发表，宣布，讲 [同] utter ③给（产妇）接生，帮助产下（婴儿）④给予（打击等）⑤解救，拯救

构 de（离开）+ liver=liber（自由）→使得到自由→解救

搭 deliver goods 送货；deliver a baby 接生婴儿；deliver a speech 发表演讲；deliver sb. from... 把某人从……中解脱出来

例 Only education can deliver people from ignorance. 只有教育才能使人们摆脱愚昧。

联 delivery **n.** 送交，投递

···0983

□ **shrink** [ʃrɪŋk] **v.** (shrank, shrunk) ①起皱，收缩 [同] contract ②退缩，畏缩

搭 shrink from (doing) sth. 回避做某事

例 We must not shrink from our responsibilities. 我们不能在责任前退缩。

联 shrinkage **n.** 收缩

···0984

□ **disruptive** [dɪs'rʌptɪv] **a.** 破裂的，分裂的，破坏性的

搭 the disruptive effects of war 战争的破坏作用；disruptive behavior 捣乱行为

···0985

□ **continental** [ˌkɒntɪ'nentl] **a.** ① 洲的，大陆的，大陆性的 ②欧洲大陆的 ③有洲际射程的 **n.** ①（欧洲）大陆人 ②一丁点

搭 a continental missile 洲际导弹；continental drift 大陆漂移；not care a continental 一点不在乎；not worth a continental 一钱不值

例 She preferred the continental way of life——the food was better, the cafes stayed open longer and the weather was sublime. 她更喜欢欧洲大陆的生活方式——食物更美味，咖啡馆开到更晚，天气又十分宜人。

···0986

□ **longitude** ['lɒŋgɪtjuːd] **n.** 经度（简称 Long.）

例 We are at longitude 40° E and latitude 60° N. 我们处在东经 40 度、北纬 60 度这一地区。

联 latitude **n.** 纬度（简称 Lat.）；multitude **n.** 众多，大众，大群；magnitude **n.** 数量，大小，重大；altitude **n.** 海拔高度

···0987

□ **suitcase** ['suːtkeɪs] **n.**（旅行用）小提箱，衣箱

构 suit（一套衣服）+ case（箱子）→衣箱

例 She packed her clothes into the suitcase. 她把衣服装进手提箱中。

···0988

□ **belief** [bɪ'liːf] **n.** ① 相信 [同] trust [反]disbelief, distrust ②信念，信仰 [同] faith, creed

搭 have belief in 相信；one's belief in God 信仰上帝；beyond belief 难以置信

例 It is our belief that improvements in health care will lead to a stronger economy. 我们相信卫生保健的改善能促进经济的发展。

···0989

□ **imaginative** [ɪ'mædʒɪnətɪv] **a.** ①富于想象力的，想象力丰富的 ②新颖的，有创见的

搭 an imaginative new approach 有独创性的新方法

例 The novel is an imaginative reconstruction of historical events. 这部小说是对历史事件颇具想象力的重构。

···0990

□ **verify** ['verɪfaɪ] **v.** ①证明，证实 [同] check up, prove ②核实，查清

例 These figures are surprisingly high and they'll have to be verified. 这些数值之高令人惊讶，须加以核实。

···0991

□ **litter** ['lɪtə(r)] **n.** ①废弃物，被胡乱扔掉的东西 [同] bits and ends ②一窝（仔崽）③（一堆）杂乱的东西 **v.** ①乱扔东西，乱扔废弃物 ②使饱含，使遍布

例 Students are told to pick up all the litter on the floor before a visiting scholar comes to take the class. 一位访问学者来上课之前，学生们被要求把扔在地板上的碎纸杂物捡起来。

辨 litter: 乱弃的烟头、纸片、果皮、杂物。bits and ends: 零碎的小东西，包括无用的烟头、纸片，但不一定强调乱弃。rubbish: 垃圾，废物。garbage: 垃圾（常指食物之类的有机垃圾）。waste: 废物，废料。exhaust: 废气，废液。fume:（汽车等的发动机排出的）废气。

···0992

□ **routine** [ruː'tiːn] **n.** 例行公事，惯例，惯常的程序 **a.** 例行的，常规的 [同] conventional

搭 daily routines 日常事务；break the routine 打破常规

例 My former friend's sudden arrival upset my established routine. 我的老朋友突然光临，打乱了我原有的生活惯例。

......0993

□ **device** [dɪ'vaɪs] *n.* ①装置，设备，器械 [同] instrument, apparatus ②手段，策略

搭 leave to one's own devices 听任……自便，让……自行发展

例 A trademark creates an image for a product and can be a powerful marketing device. 商标为产品创造形象，可以作为强有力的行销手段。

......0994

□ **intelligence** [ɪn'telɪdʒəns] *n.* ①智力，才智，智慧，悟性 [同] brain power, brightness ②情报，情报工作，情报机构，情报人员 [同] information

搭 a man of average intelligence 中等才智的人；gather intelligence about the enemy 搜集敌方情报

例 He worked for military intelligence during the war. 战争期间他为军事情报部门工作。

......0995

□ **adventure** [əd'ventʃə(r)] *n.* ①冒险，冒险活动 [同] venture, risk ②异乎寻常的经历，奇遇

搭 a life of adventure 冒险生涯；adventure stories 惊险故事

例 She wrote a book about her exciting adventures in no man's land. 她写了一本关于她在无人地带的惊心动魄的历险的书。

联 adventurer *n.* 冒险家；adventurous *a.* 喜欢冒险的

辨 venture: 冒生命或经济风险。adventure: 寻找刺激、惊喜的冒险。

......0996

□ **ecology** [i'kɒlədʒi] *n.* ①生态 ②生态学

搭 disturb the ecology 破坏生态

例 If the ecology of a region is disturbed, all the living things will suffer from it. 如果一个地方的生态遭到破坏，所有的生物都会受害。

联 ecological *a.* 生态的，生态学的

......0997

□ **scarce** [skeəs] *a.* ①缺乏的，不足的 [同] adequate ②稀少的，罕见的 [同] rare

搭 make oneself scarce 溜走，躲开

例 Snow was scarce last winter and insects are multiplying. 去年冬天雪少，现在昆虫大量繁衍。

联 scarcity *n.* 不足，缺乏；scarcely *ad.* 几乎不

辨 scarce: 量不足或缺乏。rare: 少而珍贵，罕见。

......0998

□ **influential** [ˌɪnflu'enʃl] *a.* 有影响力的，有权势的，有分量的 [同] significant, powerful

搭 be influential in shaping economic policy 在制定经济政策方面很有影响力

例 He wanted to work for a bigger and more influential newspaper. 他希望为一家更大、更有影响力的报纸工作。

......0999

□ **bankrupt** ['bæŋkrʌpt] *a.* ①破产的，无力还债的 [同] broke ②缺乏的，丧失的 *n.* 破产者 *v.* ①使破产，使经济贫困 [同] wreck ②使缺乏，使丧失，使枯竭

搭 morally bankrupt 道德沦丧；bankrupt of new ideas 缺乏新意；a spiritually bankrupt man 精神空虚的人；be bankrupt in good manners 举止谈吐粗俗不堪；bankrupt sb. of courage 使某人丧失勇气

例 He went bankrupt after only a year in business. 他做了一年生意就破产了。

......1000

□ **spring** [sprɪŋ] *n.* ①弹簧，发条 ②跳跃 [同] jump ③（源）泉 ④春天 *v.* (sprang, sprung) ①跳，跳跃 [同] jump, leap ②突然来到，突然陷入，涌出，涌现 ③发源，起源 [同] start, rise

搭 spring at/on 朝……扑去；spring up 涌现；spring rain 春雨；spring clean 迎春大扫除；bubbling spring 冒泡的温泉；spring out of bed 从床上一跃而下

例 A vision of beach and blue sea sprang to his mind. 他的脑海中闪现出海滩和蔚蓝大海的景象。

答案：
1. decrease 译文：警方的统计数据显示，暴力犯罪在减少。
2. enhance 译文：他们非常渴望提高他们在国外的声誉。

Unit 17

学前自测

1. The incident _____ how difficult to design a safety system is. (deteriorates, cautions, elbows, illustrates, extends)
2. This gives trainees meaningful teaching practice during their _____. (likelihood, morality, frequency, mechanic, probation)

--1001

☐ **series** ['sɪəriːz] *n.* ①一系列，连续 [同] succession ②丛书，一套读物 ③电视 / 广播系列节目

搭 a series of natural disasters 接连的灾害；a documentary series 系列纪录片；do a series on architecture 出一套有关建筑的丛书

例 A series of scandals over the past years has not helped public confidence in the government. 多年连续的丑闻未能帮助建立公众对政府的信任。

辨 in series: 串联，成串联的；in paralle: 并联，成并联的。

--1002

☐ **glossy** ['glɒsi] *a.* ①光滑的，光洁的 ②虚有其表的，浮华的 ③用高光纸印刷的

搭 glossy paper 高光纸；a glossy advertisement 浮夸的广告

例 The cat has glossy black fur. 这只猫长有光滑的黑毛。

--1003

☐ **motion** ['məʊʃn] *n.* ①（物体的）运动 [同] moving, movement ②手势，眼色，动作 [同] sign, gesture ③提议，建议 [同] proposal, suggestion *v.*（向……打）手势，示意 [同] signal, gesture

搭 in motion 运动中；put/set sth. in motion 使某物运动 / 启动

例 The waiter motioned to us that we should take another table. 服务员打手势让我们用另外一张餐桌。

辨 motion: 与静止相对，表运动，科学用语。movement: 具体动作或与政治活动相关的"运动"。move: 具体的、有目的的行动。

--1004

☐ **probation** [prəˈbeɪʃn] *n.* ①试用（期），见习（期）②试验，检验，验证 ③（律）缓刑（期）

搭 be put on probation for two years 缓刑两年；a probation report 鉴定报告；two years on probation 两年试用期；a student on probation 试读生

例 You'll be on probation for the first two months. 头两个月是你的试用期。

--1005

☐ **frequency** ['friːkwənsi] *n.* ①次数，重复发生率 ②频繁 ③频率

搭 increase in frequency 次数增加；word frequency 词的频现率

例 The human ear cannot hear very high-frequency sounds. 人耳听不到极高频率的声音。

--1006

☐ **exclusive** [ɪkˈskluːsɪv] *a.* ①奢华的，高级的 ②独有的，独享的，专用的 [同] unshared ③排斥的，排他的 ④不包括……的，不把……计算在内的 *n.* 独家新闻

搭 exclusive of 除外，不计在内；exclusive to 为……所独有；an exclusive shop 专售高档商品的商店

例 Inventors have an exclusive right for a certain number of years for what they have made. 发明者对其所发明的东西拥有若干年的专利权。

--1007

☐ **untrustworthy** [ʌnˈtrʌstwɜːði] *a.* 不可信赖的，靠不住的

例 The watch is untrustworthy. 这块手表走得不准。

联 untrusty *a.* 不可靠的

--1008

☐ **illustrate** ['ɪləstreɪt] *v.* ①（用实物、图片等）解释，说明，表明 ②给……画插图，配上插图 [同] sketch

搭 a well-illustrated magazine 有精美插图的杂志

例 Nothing illustrates his courage and wisdom more clearly than his action at the critical moment. 没有

什么比他在危急关头的行为更能说明他的勇敢和智慧了。

------1009

□ **mechanic** [mə'kænɪk] *n.* ①技工，机修工，机械工人 ②(*pl.*) 机械学，力学 ③(*pl.*) 结构，构成 ④(*pl.*) 例行方法，例行手续

构 mechan（机械）+ ic（人）→机械工人

例 The car is always breaking down, but I don't know enough about mechanics to be able to fix it myself. 这部汽车经常出故障，可惜我不太懂机械，无法自己修理。

联 mechanical *a.* 机械的，机动的；technic *n.* 工艺，技术，技巧；technical *a.* 工艺的，专门性的

------1010

□ **introvert** ['ɪntrəvɜːt] *n.* 性格内向的人，不爱交际的人

构 intro（向内）+ vert（转）→向内转 →性格内向的人

例 He used to be very sociable, but he's been an introvert since his wife's death. 他原来很爱交际，但自从妻子去世以后就变得一直很内向了。

联 introverted *a.* 内向的，不爱交际的；introversion *n.* 内向

------1011

□ **vigorous** ['vɪɡərəs] *a.* ①有力的，用力的，强劲的 [同] powerful ②精力充沛的，充满活力的 [同] energetic ③强壮的

搭 keep oneself vigorous by taking exercise 通过锻炼保持体力旺盛；take the most vigorous action 采取最有力的行动；a vigorous increase 激增

例 He is a vigorous man in his thirties. 他是个三十多岁的精力旺盛的男子。

------1012

□ **likelihood** ['laɪklihʊd] *n.* 可能（性）[同] possibility

搭 in all likelihood 十有八九，极可能

例 There is little likelihood now that interest rates will come down further. 现在利率将不可能进一步下降。

------1013

□ **aisle** [aɪl] *n.* ①（教堂、戏院等的）过道，通道 ②（教堂的）侧廊，耳堂 ③（洞穴、仓库、商店等处的）狭长通道 ④林中小径

搭 the aisle seat 靠通道的座位；an aisle-sitter 坐在靠过道座位的人；down the aisle（口）沿教堂过道走向圣坛，举行婚礼

例 I'd like a seat by the aisle. 我想要一个通道旁边的位置。

------1014

□ **deteriorate** [dɪ'tɪərɪəreɪt] *v.* ①（使）恶化，（使）变坏 [同] worsen, make worse ②败坏（风俗），使变坏（品质等）③退化，堕落

例 The whole family were worried about her deteriorating health. 全家人都为她不断恶化的健康状况而忧心忡忡。

联 deterioration *n.* 恶化，变坏；deteriorative *a.* 恶化的，变质的

------1015

□ **caution** ['kɔːʃn] *n.* ①谨慎，小心 [同] prudence, carefulness ②警告，告诫 *v.* 警告，告诫，提醒 [同] warn

搭 open the box with caution 小心地打开盒子；cast/fling/throw caution to the winds 毫无顾忌；give a caution to a friend 告诫朋友；be cautioned for drunken driving 因酒后开车受到警告；caution sb. to speak as little as possible 警告某人尽量少说话；take caution against 提防

例 She cautioned the children against talking to strangers. 她告诫孩子们不要同陌生人说话。

------1016

□ **livelihood** ['laɪvlihʊd] *n.* 生活，生计

搭 get/make/obtain a livelihood 谋生；earn one's livelihood from farming 靠种田谋生

例 He earned his livelihood by painting. 他靠绘画谋生。

------1017

□ **worthwhile** [ˌwɜːθ'waɪl] *a.* ①值得（做）的 ②有真实价值的

搭 a worthwhile book 值得一读的书；live a more worthwhile life 生活得更有意义；achieve a very worthwhile result 取得非常有价值的成果

例 This alone made my eight-day trip worthwhile. 光这一件事使我八天的旅行非常值得。

------1018

□ **elbow** ['elbəʊ] *n.* ①肘 ②（衣服的）肘部 ③肘状物，肘状弯，急弯 *v.* ①用肘推，挤进 [同] push, shoulder ②转弯 ③漠视，不尊重

搭 give sb. the elbow 排挤某人；elbow one's way through the crowd 挤过人群；at one's elbow 在手边，在近旁

例 With elbows bent he sat, chin in his hands, fixedly staring into the distance. 他弯着胳膊肘坐

着，双手托着下巴，一动不动地凝视着远方。

---------------------------------1019

□ **defeat** [dɪ'fiːt] **v.** ①击败，战胜 [同] beat ②阻挠，挫败 **n.** 击败，战胜

例 The accident has defeated all his hopes of winning. 这次意外让他获胜的希望化为泡影。

辨 defeat: 击败、战胜某人。win: 赢得胜利、比赛。

---------------------------------1020

□ **reception** [rɪ'sepʃn] **n.** ①招待会，欢迎会 ②接受，接纳，迎接 ③接待处 ④（无线电、电视等的）接收效果

搭 reception room 接待室；give/hold a reception 举行招待会；meet with a warm reception 受到热情接待

例 At the reception guests and hosts sang and danced until midnight. 在招待会上，宾主双方歌舞不休直到深夜。

---------------------------------1021

□ **issue** ['ɪʃuː] **n.** ①分发，发放 ②期，号，版次 ③流露，流出 ④议题，话题 **v.** ①发表，颁布 ②分发，发放，提供 ③流出，发出

搭 issue an order 发布命令；a stream issuing from the cave 从山洞里汩汩流出的溪流；issue smoke and fire 喷出烟与火；at issue 是讨论焦点，待决定；the latest issue 最新一期（书、刊等）

例 Staff will be issued with new uniforms. 员工会配发新制服。

---------------------------------1022

□ **extend** [ɪk'stend] **v.** ①延伸，延长，延续，伸展 [同] stretch, spread ②扩大，扩展 [同] enlarge, amplify ③给予，提供 [同] confer, offer

搭 extend a visa 延期签证；extend a house 扩建房子；extend credit 提供信贷

例 The pub recently extended its opening hours. 这家酒吧最近延长了营业时间。

---------------------------------1023

□ **morality** [mə'ræləti] **n.** ①道德（性）②德行，品行，美德 ③道德观，道德规范 ④伦理学

搭 a decline in morality 道德水准下降；public morality 公共道德；lofty morality 高尚的品行；a man of morality 品行端正的人

例 We need their morality and wisdom as our students' example. 我们需要他们的德行与智慧作为我们学生的榜样。

联 moral **n.** 品行，寓意 **a.** 道德上的；morale **n.** 士气，斗志；mortal **n.** 凡人 **a.** 致命的

---------------------------------1024

□ **curb** [kɜːb] **v.** 控制，抑制，阻止 [同] restrain **n.** ①控制，约束 [同] restraint ②（街道、人行道的）路沿

搭 curb one's anger 抑制愤怒；curb tax evasion 限制逃税现象；put/keep a curb on one's bad temper 控制坏脾气

例 A child's development can be curbed by poor nutrition. 孩子的成长会因营养不良而受到抑制。

---------------------------------1025

□ **distill** [dɪ'stɪl] **v.** ①蒸馏（液体）②从（书、题材等中）提取精华，提炼

例 Sea water can be distilled to produce drinking water. 海水可以蒸馏制成饮用水。

联 distiller **n.** 制酒商，酿酒厂；distillery **n.** 酿酒厂

---------------------------------1026

□ **reject** [rɪ'dʒekt] **v.** ①拒绝 [同] refuse, decline ②拒纳，退回，摒弃 [同] discard, desert **n.** 被拒货品，不合格产品

构 re（反）+ ject（扔）→被扔回来 →拒绝

例 The President rejected the prisoner's plea for mercy. 总统驳回了囚犯要求宽恕的请求。

联 reject → rejection 拒绝；eject → ejection 排出，射出，逐出；inject → injection 注射；object → objection 反对；object 对象；subject 使隶属，使服从；subjection 征服，隶属

---------------------------------1027

□ **parallel** ['pærəlel] **n.** ①可相比拟的物／人，相似处 [同] counterpart, match, rival ②平行线，平行面 ③纬线 **a.** ①平行的 ②类似的，相对应的 [同] corresponding, similar ③并列的，并联的，并行的 **v.** 与……相似，与……相当，比得上

构 par（并列）+ allel（线）→平行线

搭 in parallel 并联；be parallel to 与……平行；without (a) parallel 无与伦比；be parallel to/with 与……平行，与……相似

例 In theoretical fields there's no parallel to Einstein at present. 目前，在理论科学领域没有人可以与爱因斯坦相比。

联 in parallel 并联；in series 串联；unparalleled **a.** 空前的

---------------------------------1028

□ **unanimous** [ju'nænɪməs] **a.** 全体一致的，一致同意的

例 He was elected by a unanimous vote. 他全票当选。

---------------------------------1029

□ **input** ['ɪnpʊt] **n.** ①输入（物）②投入，投入

的资金 / 物资 [反] output ③信息，情况 ④ 影响，作用 ⑤观点，看法，意见 *v.* 把（数据等）输入计算机

搭 the input of labor 劳动力的投入；the input of money into education 向教育投资；the input of data to the system 系统的数据输入；provide an independent academic input into policy-making 对政策决策提供独立的学术见解；input data into a computer 将数据输入计算机

..........1030

□ **ethereal** [ɪ'θɪərɪəl] *a.* ①轻飘的，缥缈的 ②精妙的，幽雅的 ③太空的，苍天的，天上的 [同] heavenly

搭 ethereal beauty 飘逸的美

例 She composed music which had a spiritual, ethereal quality. 她创作的音乐有一种超凡脱俗、空灵缥缈的气质。

联 the ether 太空，苍天

..........1031

□ **revise** [rɪ'vaɪz] *v.* ①修改，修正 ②复习，温习 [同] review ③修订，订正

搭 revise a book 修订一本书；revised edition 修订版

例 The manager had the article revised three times by his secretary before he took it for the conference. 经理让秘书把文章修改三次后才带着去开会。

..........1032

□ **suffice** [sə'faɪs] *v.* 足够，足以，满足……的需要

搭 suffice it to say that 只要说……就够了；enough food to suffice a family 足够一家人吃的食品

例 Her income suffices for her needs. 她的收入足够满足她的个人开销。

联 sufficiency *n.* 足量，充足

..........1033

□ **assure** [ə'ʃʊə(r)] *v.* ①使确信，使放心 [同] convince, ensure ②确保，保证 [同] guarantee

搭 be assured of 确信

例 I can assure you of his good intentions. 我向你保证，他的用意是好的。

..........1034

□ **sediment** ['sedɪmənt] *n.* 沉淀（物），沉积（物），沉渣

构 sed（坐）+ i + ment（表名词）→长久坐下来的东西 →沉淀物

例 He devised an efficient method for the removal of sediment from the water. 他设计了一种有效的方法将水中的沉淀物去除。

联 sedimentary *a.* 沉淀物的；sedimentation *n.* 沉淀

..........1035

□ **cruise** [kruːz] *n.* 巡游，巡航 [同] voyage *v.* ①巡游，巡航 ②（出租车、船等）缓慢巡行

构 cru（十字形，交叉）+ ise（使成为……）→呈十字形走 →巡游

搭 go cruising/go for a cruise 去乘船游玩；a cruise missile 巡航导弹；cruise around the world 环球航行；take a cruise around the world 环游世界；cruise on the Pacific 在太平洋上巡游；cruise along the coast 沿海岸巡航；go on/take a cruise in the Mediterranean 在地中海巡游

例 Although the plane was cruising at 5,000 feet, the ground was clearly visible. 虽然飞机在 5 000 英尺的高度飞行，但地面上的一切仍清晰可见。

联 patrol *v./n.* 巡逻

..........1036

□ **facial** ['feɪʃl] *a.* ①面部的，面部用的 ②表面的 *n.* 面部按摩，美容

搭 facial expression 面部表情；a facial ointment 擦脸用油膏；have a facial 做美容

..........1037

□ **hang** [hæŋ] *v.* ①(hung) 悬挂，吊 [同] suspend ②(hanged) 吊死，绞死 [同] execute ③悬浮，漂浮

搭 hang about 闲荡，闲待着 [同] wander about；hang back 犹豫，畏缩；hang on（电话）别挂，坚持，抓紧，不放弃 [同] hold on；hang up 挂断（电话）；hang on to 保持住，保住

例 His coat was hanging on a peg on the back of the door. 他的外套挂在门后的衣帽钩上。

..........1038

□ **conception** [kən'sepʃn] *n.* ①构思，构想 ②概念，思想 [同] notion, concept ③妊娠，怀孕

构 con（表强调）+ cept（拿）+ ion（表名词）→紧紧拿住的东西 →妊娠

搭 the conception of a book 一本书的构思；great powers of conception 巨大的构想力；have a low conception of sb. 对某人有不屑的看法；new methods of preventing conception 避孕新方法

例 People from different cultures have different conceptions of the world. 不同文化背景的人对世界持有不同的看法。

辨 conception: 强调"概念"形成的过程。concept:

强调"概念"的总体。

----------1039

☐ **refund** ['ri:fʌnd] *v.* ①退款，偿还 ②再提供基金 *n.* 退款（额），偿还（额）

构 re（回复，往后）+ fund（资金）→退款

搭 refund tickets 退票；get a refund 得到退款

例 She took the faulty radio back to the shop and demanded a refund. 她把有毛病的收音机退还给商店，并要求退款。

联 refundable *a.* 可退还的，可退款的

----------1040

☐ **bet** [bet] *v.* ①打赌 [同] gamble ②敢说，确信，断定 *n.* ①打赌 ②赌金，赌注

搭 bet on sth. 对某事打赌；bet against sth. 打赌某事不会发生；place/put/make a bet on 对……下赌注

例 She bet £50,000 on the horse which came out in second. 她下注 50 000 英镑的那匹马跑了第二名。

----------1041

☐ **mass** [mæs] *n.* ①众多，大量 [同] much, a great deal ②（大的）团，块，堆 [同] heap, lump, pile ③（*pl.*）群众，民众 *a.* 大量的，大规模的 *v.* 集中，聚集

搭 a mass of/masses of 大量，众多；masses of sand 大量的沙子

例 Dark clouds massed and we expected rain. 乌云密布，可能要下雨了。

联 massive *a.* 大块的，宽大的，大量的

----------1042

☐ **survive** [sə'vaɪv] *v.* ①从……中逃出，从（困境）中挺过来 ②幸存，活下来，比……活得长 [同] outlive

搭 survive the air crash 在飞机失事中幸存；survive her husband 比她丈夫活得长

例 Animals that have been reared in captivity can find it difficult to survive in the wild. 人工圈养的动物回到野生环境很难活下来。

----------1043

☐ **victim** ['vɪktɪm] *n.* 牺牲品，受害者 [同] sacrifice

搭 fall (a) victim to 成了……的牺牲品；make a victim of sb. 使某人成为受害者 / 牺牲品

例 Some of the victims of the air crash are missing. 空难中有些受害者失踪了。

联 victimize *v.* 迫害，使受苦

----------1044

☐ **domestic** [də'mestɪk] *a.* ①本国的，国内的 [同] home, native ②家庭的，家用的，爱家的，顾家的 [同] household ③驯养的 [同] tame, trained

构 dom（家）+ estic（……的）→家庭的

搭 a domestic dog 家犬；a domestic animal 家禽；a domestic airline 国内航线；domestic problems 家庭问题

例 She loves going out, but he's very domestic. 她喜欢出门，而他则很恋家。

联 GDP (Gross Domestic Product) 国内生产总值；GNP (Gross National Product) 国民生产总值；domesticate *v.* 驯养，驯化；domestically *ad.* 国内地

----------1045

☐ **surgeon** ['sɜːdʒən] *n.* 外科医生

例 The surgeon who carried on the operation said that it had been a success. 主刀外科医生说手术很成功。

联 surgery *n.* 外科（学），手术

----------1046

☐ **transcend** [træn'send] *v.* ①超出，超越（经验、理性、信息等）的范围 [同] exceed ②胜过，优于 [同] surpass

例 Can the use of a clone transcend traditional morality? 克隆的使用可以不受传统道德的制约吗？

联 transcendent *a.* 超凡的，卓越的，玄奥的；transcendence *n.* 超出，超越

答案：

1. illustrates 译文：这个事件说明，设计一个安全系统是多么困难。

2. probation 译文：这为在试用期的实习生提供了有意义的教学实践。

Unit 18

学前自测

1. The president said that he had no intention of _____ ground troops. (hovering, impressing, deploying, dwelling, compelling)
2. He predicted correctly that there was going to be a stockmarket _____. (density, recruit, complexity, crash, verbal)

....1047

□ **bureaucracy** [bjʊəˈrɒkrəsi] *n.* ①官僚，官僚制度，官僚政治 ②官僚主义（作风），官僚机构

构 bureau（局）+ cracy（统治）→官僚机构

搭 the company bureaucracy 公司官僚式的繁文缛节；the university bureaucracy 大学里的官僚机构

例 It is difficult for outsiders to understand the bureaucracy of the country. 局外人很难理解这个国家的官僚机构。

....1048

□ **retire** [rɪˈtaɪə(r)] *v.* ①退休，退职 [同] resign ②退出，退下 [同] depart, leave ③隐居，隐退 ④就寝

例 Since she retired from the company, she has begun to work as a volunteer for a charity. 她从公司退休之后，就成为一家慈善机构的志愿工作者。

联 retirement *n.* 退休；retiree *n.* 退休人员

辨 retire: 因年龄关系而退休。resign: 辞职，引退；depose: 剥夺官职或王位，下台。

....1049

□ **stick** [stɪk] *n.* 棍，棒，手杖 [同] rod, staff *v.* (stuck, stuck) ①刺，戳，插 [同] stab, thrust ②粘贴，粘住，钉住 [同] cling ③留下，长久保留

搭 stick around 等在旁边，留下等待；stick at 继续努力做，坚持干；stick out for 坚持要求；stick up for 支持，为……辩护

例 The nurse stuck him on the arm with a needle and squeezed the injection into his body. 护士在他手臂上扎了一针，把注射液注入体内。

联 sticker *n.* 贴纸，不干胶标签；sticky *a.* 有黏性的，粘手的

....1050

□ **density** [ˈdensəti] *n.* ①密集 ②密度

搭 high density of buildings in town 城市建设的高度密集；population density 人口密度；low-density housing 低密度的住房

例 The country has a very low population density. 这个国家的人口密度很小。

....1051

□ **form** [fɔːm] *n.* ① 形状，形态 [同] shape, manner ②类型，种类，体裁 ③ 格式，表格 ④（人的）形体，体型 ⑤身体状况，精神状态 ⑥过往成绩，成绩表 ⑦方法，方式 *v.* ①形成，成立，使产生 [同] compose, develop ②制成，做成，组成 ③养成，形成，染上

搭 application forms 申请表；form a part of 组成……的一部分；fill in the form 填表；take the form of 呈……形状；in good form 精神状态极佳；on form 竞技状态良好；off form 竞技状态不佳

例 He formed the habit of taking long solitary walks. 他养成了长时间独自散步的习惯。

....1052

□ **amplify** [ˈæmplɪfaɪ] *v.* ①放大（声音等），增强 [同] expand, enlarge ②详述，进一步阐述

例 He amplified what he had mentioned above. 他详细说明了上面提到过的内容。

....1053

□ **deploy** [dɪˈplɔɪ] *v.* ①部署，调遣 ②调动，利用

搭 deploy ground troops 部署地面部队；deploy one's talents 发挥才能

例 They will deploy 500 new workers, many in sales and marketing. 他们将会动用 500 名新员工，大部分将被分配到销售和市场部门。

....1054

□ **mysterious** [mɪˈstɪəriəs] *a.* ①神秘的，难以理解的 [同] puzzling ②诡秘的，奇怪的，未知的

搭 mysterious disappearance 神秘失踪; in mysterious circumstances 在可疑情境下

例 The two strangers' mysterious contact with my trouble-making neighbor has aroused much suspicion in me. 两名陌生人与我那惹是生非的邻居的神秘接触已引起我的怀疑。

························1055

□ **crash** [kræʃ] *v.* ①碰撞，倒下，坠落 [同] collide, collapse ②发出撞击或爆裂声 ③垮台，破产，崩溃 ④暴跌，崩盘 *n.* ①碰撞，坠落，坠毁 [同] collision, wreck ②破裂声，哗啦声

搭 come crashing down 轰然倒下; the snow crashing down the mountainside 沿着山坡隆隆倾泻而下的雪; stockmarket crash 股市暴跌; fall to the floor with a crash 哗啦一声掉在地板上

例 I could hear waves crashing on/against the shore. 我能听见海浪哗哗地拍打着海岸。

························1056

□ **recruit** [rɪ'kruːt] *v.* ①招募，征召 ②招聘，吸收 ③充实，补充 *n.* ①新兵 ②新成员，新人

搭 recruit new teachers 招聘新教师; a new police recruit 一名新警察

例 The recruits are being drilled on a school play-ground. 新兵正在一所学校的操场上接受训练。

························1057

□ **portion** ['pɔːʃn] *n.* ①部分，份 [同] share, part, section ②一份，一客 ③命运，境遇 *v.* (out) 分配，分成多份

搭 portion out the food 把食物分成份

例 A large portion of the company's profit goes straight back into new projects. 公司利润的大部分直接投回了新项目。

辨 portion: 物所占比例、份额。part: 物的组成部分。share: 分享、分担的部分，与人际关系有关。section: 文章、书、城镇的某一部分、组成部分。

························1058

□ **remark** [rɪ'mɑːk] *n.* 话语，谈论，评论 [同] comment, view *v.* 说，评论 [同] say, comment

搭 remark on/upon 就……发表意见/评论

例 Her remarks on the employment question led to a heated discussion. 她关于就业问题的讲话引起了一场激烈的争论。

························1059

□ **distribute** [dɪ'strɪbjuːt] *v.* ①分发，分送，分配 [同] give out, deliver ②使分布，散布 [同] spread

构 dis（分开）+ tribut（给予）+ e →分开给 →分发

例 I saw a girl distributing ad leaflets at the street corner. 我看见一个女孩在街道拐角处散发广告传单。

························1060

□ **contrary** ['kɒntrəri] *a.* (to) 对立的，相反的 [同] opposed *n.* 相反，反面 [同] opposite, converse

搭 contrary to 违反; on the contrary 正相反，相反地

例 Liz put forward the contrary point of view at the meeting and a lively discussion followed. 利兹在会上提出了相反的观点，引起了热烈的讨论。

························1061

□ **hover** ['hɒvə(r)] *v.* ①（鸟等）翱翔，盘旋 [同] fly, circle ②逗留，守候，徘徊 [同] linger ③摇摆不定，彷徨，犹豫 [同] hesitate

搭 a helicopter hovering overhead 在头顶上盘旋的直升机; hover in the doorway 在门口徘徊不定; hover between two suitors 在两个追求者之间犹豫不决

例 From the mountain top he could see some eagles hovering in the valley. 从山顶上，他能够看见几只鹰在山谷中盘旋。

························1062

□ **complexity** [kəm'pleksəti] *n.* 复杂，复杂的事物

构 com（共同）+ plex=plic（折叠）+ ity（表性质）→都折叠在一起 →复杂

搭 a problem of great complexity 非常复杂的问题; the complexity of the road map 错综复杂的公路图

例 These are a lot of complexities surrounding this issue. 这个问题牵涉到许多错综复杂的情况。

························1063

□ **horizon** [hə'raɪzn] *n.* ①地平线 ②(*pl.*) 眼界，见识

构 ho + riz（看作 rise，升起）+ on →太阳升起的地方 →地平线

搭 beyond the horizon 天边外; on the horizon 在地平线上，即将发生的

例 A series of lectures by the famous scholar opened up new horizons for the students. 那位著名学者的系列讲座开拓了学生们的新视野。

························1064

□ **impress** [ɪm'pres] *v.* ①给……留下深刻印象，使铭记/注意到 ②盖印，压印 [同] stamp, mark ③强调 **n.** ①印象 ②压印，印记，压痕

搭 impress the manager with diligence 以勤奋给经理留下深刻的印象；bear the impress of a distinct individuality 带有鲜明个性的印记；impress...on/upon 把……铭记（心上），把……印在

例 Parents have always tried to impress on kids the dangers of driving. 家长们一直试图让孩子们牢记开车的危险。

·····1065

□ **climate** ['klaɪmət] **n.** ①气候，气候区 ②风气，气氛

例 When I retire, I'm going to move to a warmer climate. 我退休后要搬到气候较暖和的地方去。

·····1066

□ **freight** [freɪt] **n.** ①货运（费）②（运输中的）货物 [同] cargo, load **v.** 运送（货物），装货于（船等）

例 Grapes from this region are freighted all over the world. 这个地区产的葡萄被运往世界各地。

联 freighter **n.** 货船，货运飞机

·····1067

□ **verbal** ['vɜːbl] **a.** ①用文字的，文字上的 ②口头的，非书面的 ③一字不差的，逐字的 ④动词的 **n.** ①动词性单词 / 短语 ②歌词，（影视的）对白

构 verb（字，词）+ al（……的）→文字上的

搭 verbal instructions 文字说明；a verbal translation 逐字翻译

例 We have a verbal agreement with her. 我们和她有一个口头协议。

·····1068

□ **memorable** ['memərəbl] **a.** 值得纪念的，难以忘怀的

搭 the most memorable day of one's life 一生中最值得怀念的日子；a lady of memorable beauty 绝代佳人

例 I haven't seen them since that memorable evening when the ship sank. 自从那个令人难忘的沉船之夜以后，我再也没有见过他们。

联 memorably **ad.** 值得纪念地；memorableness **n.** 难忘

·····1069

□ **counsellor** ['kaʊnsələ(r)] **n.** ①顾问，辅导员 ②律师 ③（使馆等的）参赞

搭 a counsellor to the president 总统顾问；a commercial counsellor 商务参赞

例 Pat has just become a marriage-guidance counsellor. 帕特刚成为一名婚姻指导顾问。

·····1070

□ **fiction** ['fɪkʃn] **n.** ①小说[反] nonfiction ②虚构

例 Truth is sometimes stranger than fiction. 真事有时比小说还离奇。

联 fictional **a.** 小说的，虚构的；fictionist **n.** 小说家（尤指长篇小说作家）；fictioneer **n.**（尤指作品粗制滥造的）小说作家；friction **n.** 摩擦（力）；frictional **a.** 摩擦的

·····1071

□ **mammal** ['mæml] **n.** 哺乳动物

例 Humans, dogs and dolphins are mammals but birds, fish and crocodiles are not. 人、狗和海豚都是哺乳动物，但鸟、鱼和鳄鱼不是。

联 mammalian **a.** 哺乳动物的，哺乳纲的；mammalogy **n.** 哺乳动物学

·····1072

□ **signal** ['sɪgnəl] **n.** ①信号，暗号 ②标志，表示 ③导因，导火线 **v.** ①发信号，用信号示意 ②表示，标志，表明

搭 a traffic signal 交通信号灯；stop at the red signal 遇红灯而停下；as a signal of respect 作为尊敬的表示

例 Flashing lights on a parked car usually signal a warning to other motorists. 停着的车上闪烁的车灯通常是对其他驾车者发出的警告信号。

·····1073

□ **ignore** [ɪg'nɔː(r)] **v.** ①不顾，不理，忽视 [同] neglect, overlook ②不考虑，不关注

搭 ignore the warnings of the police 无视警方的劝告；ignore the consequences 不顾后果

例 The government can't ignore the wishes of the majority. 政府不能忽视多数人的意愿。

·····1074

□ **telescope** ['telɪskəʊp] **n.** 望远镜 **v.** ①使叠缩，折叠 ②缩短，缩小，精简，**a.** 可折叠的，伸缩（式）的

构 tele（远）+ scope（眼界）→远看的工具 →望远镜

搭 an astronomical telescope 天文望远镜；a binocular telescope 双目望远镜

例 He is looking at the ship through his telescope. 他正用望远镜观察那艘轮船。

联 telescopic **a.** 望远镜的，能望见远处的

□ **diverse** [daɪ'vɜ:s] *a.* ① (from) 不同的, 相异的 [同] different [反] identical ②多种多样的 [同] various

例 This candidate has a diverse range of interests and experiences. 这名候选人有各种各样的兴趣爱好和丰富经历。

---------1076

□ **gear** [ɡɪə(r)] *n.* ①齿轮, 传动装置, （排）档 ②（从事某项活动所需的）用具, 设备 ③衣着, 服装 *v.* ①使适应, 使适合 [同] adjust, adapt ②开动, 连接

搭 protective gear 防护衣; steering gear 转向装置; fishing gear 钓鱼用具; change gears down 换低速挡; change gears up 换高速挡

例 We must gear our output to current demand. 我们必须调整产量, 适应当前的需求 。

---------1077

□ **prosperous** ['prɒspərəs] *a.* 繁荣的, 兴旺的 [同] thriving

例 We are experiencing a prosperous period of economic growth. 我们正经历着一段经济繁荣发展的时期。

---------1078

□ **limb** [lɪm] *n.* ①肢, 臂, 腿 ②树枝 [同] branch

例 She lay down to rest her tired and aching limbs. 她躺下来, 让疲劳酸痛的四肢休息一下。

---------1079

□ **curiosity** [ˌkjʊəri'ɒsəti] *n.* ①好奇（心）②奇物, 奇事, 古玩

搭 out of curiosity 出于好奇; in/with curiosity 好奇地

例 Curiosity is part of a child's nature. 好奇是儿童的天性。

---------1080

□ **definite** ['defɪnət] *a.* ①明确的, 确切的 [同] specific, explicit [反] vague ②一定的, 肯定的 [同] certain

例 There's been a definite improvement in your English since your arrival. 自从你来这里后, 英语确实有进步。

---------1081

□ **cosy** ['kəʊzi] *a.* ①温暖舒适的, 安逸的 ② 过于密切的, 相互勾结的

搭 have a cosy relationship with 同……关系密切

例 The pub has a very cosy atmosphere. 这家酒店的氛围愉快舒适。

---------1082

□ **artificial** [ˌɑːtɪ'fɪʃl] *a.* ①人工的, 人造的 [同] manufactured, man-made ②假的, 假装的 ③虚伪的, 不真诚的, 矫揉造作的, 模拟的 [同] false, unnatural [反] genuine

搭 natural and artificial lakes 天然湖和人工湖; artificial limbs 假肢; artificial smile 假笑

例 The drink contains no artificial colors. 这种饮料不含任何人造色素。

---------1083

□ **principle** ['prɪnsəpl] *n.* ①原则, 原理 [同] rule, regulation ②基本信念, 信条, 道义 [同] belief

搭 by principle 据 / 按原则; in principle 原则上, 大致上; on principle 按原则办事

例 The basic principle behind the new legislation is that the rights of the child come first. 新法规的基本原则是优先考虑儿童权利。

联 principal *a.* 首要的, 主要的 *n.* 负责人, 校长

---------1084

□ **introduce** [ˌɪntrə'dju:s] *v.* ①介绍, 引见 [同] acquaint, familiarize ②引进, 引入, 传入 [同] bring in, initiate ③提出, 提交

搭 introduce new technology into the region 把新技术引进该地区; introduce oneself to sb. 向某人做自我介绍

例 The government acted quickly to introduce legislation to protect wild animals. 政府迅速行动, 提交了保护野生动物的立法议案。

辨 introduce: 介绍某人相识。recommend: 把某人 / 物推荐给某人。

---------1085

□ **compel** [kəm'pel] *v.* 强迫, 迫使 [同] force, oblige

例 He didn't want to visit her but conscience compelled him to. 他不想去看她, 但他的良心迫使他这么做。

---------1086

□ **iron** ['aɪən] *n.* ①铁 ②烙铁, 熨斗 ③ (pl.) 镣 *a.* ①铁制的 ②钢铁般的, 刚强的, 强健的 ③无情的, 强硬的 *v.* 熨, 烫

搭 iron determination 钢铁般的决心; an iron constitution 强健的体格; a man of iron will 意志如钢的人; iron out 熨平, 消除

例 The huge iron gate was locked. 巨大的铁门被锁住了。

....1087

□ **array** [ə'reɪ] *n.* ①混合，多样，大群 ②展示，陈列，一系列 [同] arrangement, display ③排列，队形 ④衣服，盛装 ⑤配置，装备 *v.* ①排列，部署（兵力）②打扮，装饰

搭 an array of people 一大群人；in battle array 列成战阵；in full array 盛装

例 The soldiers were arrayed on the opposite hill. 士兵们在对面的小山上摆好阵势。

....1088

□ **redundant** [rɪ'dʌndənt] *a.* ①（因人员过剩而）被解雇的 ②多余的，过剩的

例 To keep the company alive, half of the workforce was made redundant. 为了让公司生存下去，一半员工被解雇了。

....1089

□ **fair** [feə(r)] *a.* ①公平的，公正的 [同] just [反] unjust ②相当大的，尚可的 ③金发的，白皙的 ④（天气）晴朗的，晴好的 [同] fine [反] cloudy *n.* ①定期集市 [同] market ②交易会，博览会 [同] show, exhibition

搭 a spell of fair weather 一段晴好天气；a fair-haired girl 金发女郎；commodities fair 商品交易会；to be fair/let's be fair 说句公道话，平心而论

例 Independent observers say the election's been much fairer than expected. 独立观察员说，选举比预期要公平得多。

辨 fair: 指做事公平合理，不因私利而有不正当行为。impartial: 指无偏袒而公平地对事对人。just: 指合乎道义的，正义的。

....1090

□ **dwell** [dwel] *v.* (dwelt, dwelt) ①居住 [同] abide, reside ②(on) 凝思，细想 [同] consider ③评述，强调

搭 dwell in/at 居住在；dwell on/upon 总是想着，详述；dwell among the mountains 居住在山里；dwell right out of Paris 就住在巴黎郊外

例 Please don't dwell too much on the past grief. 请不要太沉湎于伤心的往事。

....1091

□ **approve** [ə'pruːv] *v.* ①赞成，同意 [同] confirm, consent to [反] disapprove ②批准，核准，对……表示认可 [同] permit

例 I thoroughly approve of the measures the government is taking. 我完全赞同政府目前所采取的措施。

联 approval *n.* 赞成，批准；disapproval *n.* 不赞成

....1092

□ **conductive** [kən'dʌktɪv] *a.* 导致……的，有助于……的

例 The friendly tone of the meeting seemed conductive to finding a solution to the problem. 会议良好的气氛似乎有助于找到解决问题的方法。

....1093

□ **virtue** ['vɜːtʃuː] *n.* ①美德，德行 [反] vice ②优点，长处 [同] merit

搭 by virtue of 借助，由于

例 Virtue is a jewel of great price. 美德是无价之宝。

联 moral *n.* 道德；ethics *n.* 伦理学，道德准则

....1094

□ **abide** [ə'baɪd] *v.* (abode/abided) ①（常用于否定句、疑问句）忍受，忍耐，容忍 ②居住，逗留，停留 ③持续存在

搭 abide by 遵守（规则、协议等），接受；abide the court's decision 服从法庭的判决；abide by the rules of the game 遵守比赛规则

例 I abided in the wildness for five days. 我在荒野里度过了五天。

联 abiding *a.* 永久的，持续不变的；abider *n.* 忍受者，容忍者；abidance *n.* 遵守，持续，逗留

....1095

□ **premium** ['priːmiəm] *n.* ①奖品，奖金 [同] prize, award ②额外补贴，附加款 ③（投保人在保险公司支付的）保险金，手续费

搭 at a premium of 5% over the original price 比原价高 5%；at a premium 以超过一般的价格，以高价；put a premium on 重视，珍视

例 The company is willing to pay a premium in order to get the right person for the job. 为了找到这份工作的合适人选，公司愿付额外的补贴。

答案：
1. deploying 译文：总统称他无意部署地面部队。
2. crash 译文：他准确地预测到了股票市场即将暴跌。

Unit 19

学前自测

1. The new American film was a _____ of the film festival. (channel, drainage, brag, emission, sensation)

2. He did not feel obliged to _____ to the rules that applied to ordinary people. (diffuse, brag, hassle, conform, intervene)

--1096

□ **conform** [kən'fɔːm] **v.** ①(to) 遵守，遵照 ②相吻合，符合，一致 ③相似

搭 conform to directions 遵照指令；conform to the usages of society 遵从社会习俗；conform oneself to the social orders 使自己遵守社会秩序；conform with the custom 合乎风俗

辨 conform to: 适合，遵从（主观意志所为）。conform with: 适合（客观情况上的适合）

--1097

□ **drainage** ['dreɪnɪdʒ] **n.** ①排水系统，下水道 ②排水，放水 ③排泄，排出，消耗

例 The soils here are rather sticky, with poor drainage when wet. 这里的土壤很黏，潮湿的时候很难疏水。

--1098

□ **channel** ['tʃænl] **n.** ①海峡，水道 [同] canal, watercourse ②渠道，通道，管道 [同] way ③频道 [同] band

搭 irrigation channel 灌溉渠；a satellite channel 卫星频道；a green channel 绿色通道

例 She switched to another channel to watch the football. 她换了个频道看足球赛。

联 canal **n.** 运河；tunnel **n.** 隧道，地道；strait **n.**（窄的）海峡；channel **n.**（宽的）海峡；gulf **n.**（大）海湾；bay **n.**（小）海湾

--1099

□ **affluent** ['æfluənt] **n.** 富裕的，丰富的

例 They have a relatively affluent way of life. 他们过着一种相对富裕的生活。

联 affluence **n.** 富裕，丰富

--1100

□ **damage** ['dæmɪdʒ] **v.** 毁坏，损坏，破坏 [同] harm, spoil **n.** ①毁坏，损坏 ②损失，损害，负面影响 ③(*pl.*) 损害赔偿金

搭 do damage to 对……损害；extensive damage 大面积的损害；damage to property 财产损害；pay damages to 付损害赔偿金

例 He hit the car several times, causing quite a bit of damage. 他多次撞击那辆车，造成了相当大的损坏。

辨 damage:（部分地）损害某物。destroy:（彻底地）毁坏某物。injure:（人在意外事故中）受伤。wound:（人被子弹、利器造成的）伤害。

--1101

□ **sensation** [sen'seɪʃn] **n.** ①感觉，知觉 ②激动，轰动 ③引起轰动的人/事 [同] hit

构 sens（感觉）+ a + tion（表行为）→感觉

搭 cause a great sensation 引起很大轰动；the sensation of sight/seeing 视觉；the sensation of hearing 听觉；a burning sensation on the skin 皮肤上灼热的感觉；the sensation of feeling 触觉

例 I hold the strange sensation of being completely isolated from the events going on around us. 我有一种异样的感觉，觉得与我们周围发生的事完全隔绝了。

--1102

□ **diffuse** [dɪ'fjuːz] **v.** ①扩散，漫射，（使）弥漫 ②传播，散布 [同] spread [dɪ'fjuːs] **a.** ①（文章等）冗长的，漫无边际的 ②四散的，分散的，弥漫的 ③含糊不清的

构 dif（分开）+ fus（流）+ e →分流 →扩散

搭 diffuse new ideas 传播新思想；a faint and diffuse glow 一道微弱的漫射光

例 The audience got bored by his diffuse speech. 听众对他冗长的讲话感到厌倦。

联 diffusion **n.** 传播，扩散；diffusely **ad.** 广泛地

--1103

□ **mention** ['menʃn] **v.** 提到，说起 [同] speak of, refer to **n.** 提到，提及

搭 Don't mention it. 别客气。/不用谢。as mentioned above 如上所述；make mention of 提到/及；not to mention 更不用说；worth mentioning 值得一提

例 I have time only to mention some of the week's most important events. 我时间不够，只能提一下本周最重要的事件。

·········1104

☐ **brag** [bræg] **v.** 吹嘘，夸口，吹牛 **n.** 夸耀之词，吹嘘之词，大话

例 He bragged that he had never been beaten. 他吹嘘说他从未被打败过。

联 bragger/braggart **n.** 自夸者，吹牛者

·········1105

☐ **response** [rɪ'spɒns] **n.** ①回答，答复 [同] answer, reply ②反应，响应 [同] reaction

例 His idea received an enthusiastic response. 他的意见得到了热烈的响应。

联 responsive **a.** 响应的；responsible **a.** 负责的

·········1106

☐ **submit** [səb'mɪt] **v.** ①(to) 服从，顺从，屈服，听从 [同] yield ②呈送，提交 [同] present ③主张，建议 ④使经受

搭 submit to torture 遭受拷打；submit to one's demands 答应某人的要求

例 The developers submitted building plans to the council for approval. 开发商向市政会提交了建筑计划等待批准。

·········1107

☐ **mundane** [mʌn'deɪn] **a.** ①尘世的，世俗的，平凡的 ②宇宙的，世界的

构 mund (世界) + ane (……的) →世界的

搭 nothing but a mundane businessman 不过是个俗气的商人；a mundane life 平凡的生活

例 The thinker usually stands apart from the mundane world. 思想家通常与俗世格格不入。

·········1108

☐ **hassle** ['hæsl] **n.** ①激烈的争吵，争辩 [同] quarrel ②搏斗，斗争 ③困难，难题，麻烦，混乱 **v.** ①激烈地争论 ②扭打，斗争 ③打扰，使烦恼，欺凌

搭 a hassle between two men 两人之间的一场激烈争吵；the hassle of moving house 搬家的麻烦；get into a hassle with sb. 与某人发生争吵

例 Weddings are so much hassle that you need a break afterwards to recover. 办婚礼太麻烦了，之后得好好休息才能缓过来。

·········1109

☐ **intervene** [ˌɪntə'viːn] **v.** ①介于（中间）

② 干扰，阻挠 ③介入，干预 [同] interfere ④插话 [同] interrupt, break in

搭 intervene in the crisis 干预危机

例 The situation calmed down when police intervened. 警方介入后，局势恢复了平静。

·········1110

☐ **concentration** [ˌkɒnsn'treɪʃn] **n.** ①专注，专心 [同] attention ②集中，集结 [同] gathering ③浓缩，浓度 [同] density

搭 a concentration of wealth in a small number of hands 财富集中在少数人手里；concentration span 注意力集中时间；concentration camp 集中营

例 There is a concentration of heavy industry in the northeast of the country. 这个国家的东北部是重工业集中的地区。

·········1111

☐ **impetus** ['ɪmpɪtəs] **n.** ①推动，促进，刺激 [同] boost ②推动力

搭 im (在内) + pet (追求) + us (表名词) →内心的追求 →刺激

例 The government's new policy gave fresh impetus to commerce and trade. 政府的新政策给商业和贸易提供了新的动力。

·········1112

☐ **sanitary** ['sænətri] **a.** ①关于环境卫生的，公共卫生的 ②卫生的，清洁的，除菌（尘）的

构 sanit (健康) + ary (表形容词) →有利于健康的 →卫生的

搭 sanitary facilities 卫生设施；sanitary protection 卫生保护

例 Diseases thrive in poor sanitary conditions. 卫生条件差的地方疾病就猖獗。

联 sanitarian **a.** 保健的 **n.** 保健专家

·········1113

☐ **compassionate** [kəm'pæʃənət] **a.** 有同情心的，表示同情的

例 The public's response to the crisis appeal was generous and compassionate. 公众对这一危机的呼吁表现出宽容和同情。

·········1114

☐ **telegraph** ['telɪɡrɑːf] **n.** 电报，电报机 **v.** 打电报，发电报

构 tele (远距离) + graph (写 / 记录的器具) →电报

例 The news came by telegraph. 消息由电报送来。

-- 1115

□ **restore** [rɪ'stɔː(r)] *v.* ①恢复，使回复 [同] recover, renew ②修复，整修 ③归还，交还 [同] return

搭 restore sb. to one's former post 使某人恢复原职；restore sb. to health 使某人康复；restore sb. to power 使某人重新掌权

例 This generous act restored my faith in human nature. 这一慷慨行为使我重新建立起对人性的信心。

-- 1116

□ **emission** [ɪ'mɪʃn] *n.* ①排放物 ②散发，排放，发射 ③排泄物，梦遗 *a.* 排放的

构 e（出，外）+ miss（放）+ ion（表名词）→放出去的东西 →散发

搭 carbon dioxide emissions 二氧化碳排放；adopt stricter new emission standards for cars 对于汽车执行更为严格的新排放标准

例 They've received a powerful radio emission from a distant star system. 他们接收到从一个遥远星系发射出的强大的无线电波。

-- 1117

□ **barbecue** ['bɑːbɪkjuː] *n.* ①烧烤，野餐 ②烧烤架 *v.* 烧烤

例 We had a barbecue on the beach. 我们在海滩上举行了户外烧烤。

-- 1118

□ **extent** [ɪk'stent] *n.* ①范围，广度，宽度，面积 [同] length, breadth ②程度，限度 [同] range

搭 the full extent of the problem 问题涉及的整个范围；to a large extent 在很大程度上；to some extent 在一定程度上

例 To a certain extent he is himself to blame for his misfortune. 在某种程度上，他的不幸要怪他自己。

-- 1119

□ **currency** ['kʌrənsi] *n.* ①通货，货币 [同] money ②流通，流行

构 curr（跑）+ ency（表行为）→跑开 →流通

搭 paper currency 纸币；change English pounds into Chinese currency 把英镑换成中国货币

例 His ideas enjoyed wide currency during the last century. 他的思想在上个世纪广为流传。

-- 1120

□ **horrify** ['hɒrɪfaɪ] *v.* 使震惊，使感到恐怖，使毛骨悚然

例 We were horrified to hear that she had been

murdered. 听到她被谋杀的消息，我们都很震惊。

-- 1121

□ **effect** [ɪ'fekt] *n.* ①结果 [同] result ② 效果，作用，影响 [同] influence *v.* ①使产生，招致 ②实现，完成 [同] cause

搭 effect the repairs 完成修复工作；effect a cure 治愈；take effect 生效，起作用；come/go into effect 生效，实施；in effect 实际上，事实上；to that effect 大意如此

例 Head injuries can cause long-lasting psychological effects. 头部损伤会对心理产生长期影响。

-- 1122

□ **encode** [ɪn'kəʊd] *v.* ①加密，译成密码 ②编码

构 en（内）+ code（代码）→编入代码 →编码

搭 encode confidential data 将机密数据加密；encode satellite broadcasts 加密卫星广播

例 The ability to read encoded military messages was of inestimable help to the Allies in winning the war. 破译加密军事情报的能力对同盟国赢得战争的胜利帮助巨大。

-- 1123

□ **premier** ['premiə(r)] *n.* 首相，总理 [同]（英）prime minister *a.* 最先的，首位的，首次的

搭 the premier destination for short breaks 短期度假的首选目的地；a premier product 一项主要产品；the premier occurrence of a disease 一种疾病的最早病例

联 premiere *n./v.* 首演，首映

-- 1124

□ **necessarily** [ˌnesə'serəli] *ad.* ①必然地，必定地 [同] certainly, unavoidably ② 当然 [同] naturally

搭 not necessarily 未必，不一定

例 Tourism is an industry that has a necessarily close connection with governments. 旅游业是与政府有着必然的密切联系的产业。

-- 1125

□ **wonder** ['wʌndə(r)] *v.* ①(at) 惊讶，诧异 [同] marvel ②对……感到疑惑，想知道 *n.* ①惊奇，惊异 [同] surprise ②奇迹，奇事 [同] miracle

搭 do/perform/work/create wonders 创造奇迹；wonder at 对……感到惊奇；wonder about 想知道；no wonder, small wonder 难怪

例 He is starting to wonder whether he did the right thing in accepting this job. 他开始怀疑接受这份工作是否正确。

----1126

□ **slope** [sləʊp] **n.** ①斜坡，斜面 ②倾斜，斜度 [同] slant **v.**（使）倾斜 [同] tilt

例 They are walking along the slope of a hill. 他们正沿着山的斜坡步行。

----1127

□ **deprive** [dɪ'praɪv] **v.** ① (of) 剥夺，夺去，使丧失 [同] strip, bereave ②撤职，免去……的职务 ③使不能有，使不能享受

搭 deprive sb. of liberty 剥夺某人的自由；be deprived of fuel for several weeks 好几周没有燃料

例 The trees outside the windows deprive the house of light. 窗外的树木把房子挡得黯然无光。

----1128

□ **unobtrusive** [ˌʌnəb'truːsɪv] **a.** ①不唐突的，不莽撞的，谦逊的 ②不引人注目的，不容易看到的

构 un（不）+ obtrusive（突出的）→不引人注目的

搭 an efficient, unobtrusive waiter 能干、不莽撞的侍者；unobtrusive make-up 不显眼的化妆

----1129

□ **critic** ['krɪtɪk] **n.** 批评家，评论家 [同] reviewer

例 The play has been well received by the critics. 这出戏赢得了评论家们的好评。

----1130

□ **subjective** [səb'dʒektɪv] **a.** ①主观（上）的，主体的 ②内在的，本质的 ③主格的，主语的 **n.** ①主观 ②主格，主语

例 The judgment is rather subjective. 这种论断未免过于主观。

----1131

□ **calcium** ['kælsiəm] **n.** 钙

例 Taking more calcium can build up the bones. 多补钙能使骨骼健壮。

----1132

□ **unveil** [ˌʌn'veɪl] **v.** ①揭去……的面罩，除去……的遮盖物 ②揭露，揭示，披露

搭 unveil a new policy 出台一项新政策；unveil the latest car models 展示最新型汽车

例 The memorial to those who had died in the war was unveiled in 1948. 为战争中的牺牲者竖起的纪念碑是在 1948 年揭幕的。

----1133

□ **notable** ['nəʊtəbl] **a.** 值得注意的，显著的，著名的 [同] remarkable, outstanding **n.** 名人，要

人 [同] VIP, celebrity

例 Many notables appeared at the President's reception. 许多知名人士在总统招待会上露了面。

联 notability **n.** 显著，著名

----1134

□ **sift** [sɪft] **v.** ①筛（非液体的物体）②细查，详查 ③精选，细选

例 She lay on the beach, sifting the sand through her fingers. 她躺在海滩上，用手指筛沙子玩。

----1135

□ **waterproof** ['wɔːtəpruːf] **a.** 不透水的，防水的 [同] watertight

构 water（水）+ proof（防……的）→防水的

搭 a waterproof jacket 防水上衣；a waterproof watch 防水手表

----1136

□ **arboreal** [ɑː'bɔːriəl] **a.** ①树木的 ②栖于树木的

构 arbor（树）+ eal（……的）→树木的

例 A squirrel is an arboreal animal. 松鼠是一种树栖动物。

联 arboreous **a.** 树木茂盛的，多树的

----1137

□ **questionnaire** [ˌkwestʃə'neə(r)] **n.** 问卷，调查表

搭 a questionnaire on 关于……的问卷

例 Visitors to the country have been asked to fill in a detailed questionnaire. 去该国的访问者被要求填写一份详细的问卷。

----1138

□ **fatal** ['feɪtl] **a.** ①致命的，灾难性的，毁灭性的 [同] destructive, dead ②重大的，决定性的

搭 a fatal accident 一场致命的事故；make a fatal mistake 犯了一个致命的错误；deal a fatal blow to the enemy 给敌人以致命一击；fatal destiny 注定的命运

例 Hundreds of people died in the fatal volcanic eruption fifty years ago. 数百人死于 50 年前的那场毁灭性的火山爆发中。

----1139

□ **blast** [blɑːst] **n.** ①爆炸 [同] bang ②一阵（疾风等），一股（强烈的气流）[同] bluster **v.** 炸，炸掉 [同] explode

搭 a blast of wind 一阵风；blast off 发射；(at) full blast 大力地，全速地；the icy blast of the north wind 凛冽的北风

例 The strong blast of wind broke the window glass. 一阵强风打破了窗玻璃。

辨 blast: 人用炸药炸毁楼房等。explode: 炸弹等爆炸，使……爆炸。blow up: 炸毁某物或自爆。

·····1140

☐ **influence** ['ɪnfluəns] **n.** ① 影响，作用 [同] pull ② 势力，权势，影响力 [同] power, authority ③ 有影响力的人 **v.** 影响，左右，支配 [同] affect

例 I decided not to try to influence her about which university to choose. 在选择哪所大学的问题上，我决定不再试图影响她的决定。

辨 influence: 间接地影响人的性格、观点等。affect: 尤指产生不良影响。

·····1141

☐ **alert** [ə'lɜːt] **a.** ①警觉的，警惕的，留神的，注意的 [同] watchful, cautious ②敏捷的，活泼的 **n.** ①警戒（状态），戒备（状态）②警报 **v.** ①向……报警，使警惕 [同] alarm ②使认识到，使意识到

搭 alert to the dangers 注意到危险；a security alert 安全警报；on alert 处于戒备状态；on the alert 保持警惕；on red alert 处于最高戒备状态

例 A detector was able to alert the family of the danger. 探测器能够向家人发出危险警报。

·····1142

☐ **dubious** ['djuːbiəs] **a.** ①有问题的，靠不住的 ②怀疑的，疑惑的，犹豫不决的 [同] doubtful ③值得怀疑的

构 dub（二，双）+ bious（……的）→前后两种态度的 →靠不住的

例 He has been associated with a dubious character. 他与一个可疑人物有联系。

·····1143

☐ **invoke** [ɪn'vəʊk] **v.** ①援引，援用，行使（权利等）②祈求（神等），恳求，乞求 ③ 唤起，引起

搭 invoke an international law 援引国际法；a vain attempt to invoke the aid of gods 乞求神助的徒劳

例 The song invoked memories of that wonderful summer. 这首歌唤起了那个美好的夏天的回忆。

·····1144

☐ **condense** [kən'dens] **v.** ①（使）冷凝，（使）凝结 [反] evaporate ②浓缩，压缩，简缩

例 The long report may be condensed into a few sentences. 这则长篇报告可以浓缩成几句话。

·····1145

☐ **gesture** ['dʒestʃə(r)] **n.** ①姿势，手势 [同] sign, signal ②（人际交往时做出的）姿态，表示 **v.** 做手势（表示）

搭 gesture language 手势语

例 It is violence when we use a sharp word and when we make a gesture to brush away a person. 当我们用尖酸刻薄的话伤人的时候，当我们用手势打发别人走开的时候，这就是暴力。

·····1146

☐ **dissertation** [ˌdɪsə'teɪʃn] **n.**（长篇专题）论文，（博士）论文

搭 a doctoral dissertation 博士论文；write a dissertation for a degree 撰写学位论文

例 Ann did her dissertation on modern American poetry. 安的博士论文有关美国现代诗。

·····1147

☐ **frustrate** [frʌ'streɪt] **v.** ①使沮丧，使灰心 [同] discourage, baffle ②挫败，使受挫折 [同] foil, defeat

搭 feel frustrated and angry 觉得既沮丧又生气

例 The continuous rain frustrated all our hopes of going out. 连绵的阴雨使我们外出的希望落空了。

·····1148

☐ **hypothetical** [ˌhaɪpə'θetɪkl] **a.** ①假设的，假定的 ②假言的，假说的

构 hypo（在……下面）+ thet（放）+ ical（……的）→放在下面的 →假设的

例 It is only a hypothetical case. 这只是一个假设的例子。

联 hypothesis **n.** 假设，前提

答案：
1. sensation 译文：这部美国电影新作在电影节上引起了轰动。
2. conform 译文：他觉得没有必要遵循那些适用于普通人的规则。

Unit 20

学前自测

1. The national park _____ in wildlife and scenic beauty. (ascends, abounds, hosts, emulates, swallows)
2. Public worries about accidents are threatening the very _____ of the nuclear-power industry. (intention, installment, community, patent, existence)

----------1149

☐ **transit** ['trænzɪt] *n.* ①运输，运载 [同] carry, transport ②通过，经过 *a.* 中转的，过境的
搭 in transit 在运输中，在途中
例 Transit across the little icy bridge is dangerous. 通过结冰的小桥运货是危险的。

----------1150

☐ **superb** [su:'pɜːb] *a.* ①杰出的，极好的，上乘的 [同] perfect, wonderful ②庄重的，壮丽的 ③豪华的，精美的
搭 a superb performance 绝佳的表演；a hotel with a superb view of the mountains 能欣赏山峦壮丽景色的旅馆

----------1151

☐ **poverty** ['pɒvəti] *n.* ①贫穷，贫困 [同] neediness ②缺少，贫乏
搭 in poverty 贫苦；poverty of food 食物缺乏

----------1152

☐ **ascend** [ə'send] *v.* ①渐渐上升，升高 [同] rise, go up ②攀登，登上 [同] climb, mount, scale ③升迁，升职
搭 ascend in a graceful curve 以优美的曲线上升
例 The prince ascended the throne at the age of 20 and had reigned for over fifty years. 王子 20 岁登上了皇帝的宝座，在位达 50 余年。
联 ascendant *a.* 上升的，优势的；descend *v.* 下降，下来；ascent *n.* 上升，攀登；descent *n.* 下降
辨 ascend：指逐渐升高，可用于抽象意义。climb：费力地向高处攀登。mount：可表示步步攀登，也可表示一跃而上。

----------1153

☐ **intention** [ɪn'tenʃn] *n.* 意图，目的，目标，蓄意 [同] purpose, goal
搭 good intentions 好意，良好愿望；with the best of intentions/with the best intentions 出于好意，出于一片好心；have no intention of resigning 无意辞职

例 Our intention is to make our brand the market leader. 我们的目标是使我们的品牌领先市场。

----------1154

☐ **existence** [ɪg'zɪstəns] *n.* ①存在 [同] being ②生存，生活 [同] life
搭 in existence 存在的；bring...into existence 产生，使……出现；come into existence 出现，产生

----------1155

☐ **installment** [ɪn'stɔːlmənt] *n.* ①（分期付款的）一期付款 ②（连载故事的）一节，（电视连续剧的）一集
搭 the first installment of the sixty-part series 60 集电视连续剧的第一集
例 She has just paid the last installment of a $ 90,000 loan. 她刚付清了 9 万美元贷款的最后一笔分期贷款。

----------1156

☐ **abound** [ə'baʊnd] *v.* ①大量存在 ② (in, with) 富于，充满，盛产
搭 abound in/with 富于，盛产；a mountain abounding with streams and waterfalls 遍布小溪和瀑布的山
例 Theories abound about how the earth began. 有大量关于地球起源的理论。

----------1157

☐ **representative** [ˌreprɪ'zentətɪv] *n.* 代表，代理人 [同] delegate *a.* (of)有代表性的，典型的 [同] typical
搭 sales representative 销售代表；be representative of 是……的典型，有……的特点
例 My opinions are representative of all the students here. 我的意见是这里所有学生的代表性意见。

----------1158

☐ **vessel** ['vesl] *n.* ①船，舰 [同] ship ②容器，器具 [同] container ③管，血管，导管 [同] tube, vein
例 At the height of his shipping career, he owned about 50 oceangoing vessels. 在他航运事业的高峰

期，他拥有约 50 艘远洋船。

........................1159

□ **restrict** [rɪ'strɪkt] *v.* 限制，约束，限定 [同] confine, limit

搭 restrict sb. to one meal a day 限制某人每天只吃一顿饭；restricted airspace 空中禁区；a heavily restricted diet 高度受限的饮食

例 The fence would restrict public access to the hills. 篱笆将会限制人们进山。

........................1160

□ **community** [kə'mjuːnəti] *n.* ①社区（居民），社团，社会 [同] society ②团体，界 ③（动植物的）群落 ④共同参与，共性，一致性

搭 academic community 学界；for the good of the community 为了公众的利益；a sense of community 社区归属感

例 A representative of the Residents' Association said that the community was getting impatient. 居委会的一名代表说，社区居民们开始不耐烦了。

........................1161

□ **feature** ['fiːtʃə(r)] *n.* ①特征，特色，特点 [同] characteristic ②（*pl.*）面貌，相貌 [同] face ③（报纸等的）特写，特稿 ④特殊部件 *v.* 以……为主题/特色，由……主演，担任主角

搭 feature in the most thrilling episode 在最惊险的一集中担任主角

例 The spacious gardens are a special feature of this property. 宽敞的花园是这处房产的一大特色。

辨 feature: 特征，多指面貌特征显著且给人以深刻印象的部分；指眼、鼻、嘴等容貌的个别部位时用单数，指整个相貌时用复数。characteristic: 特征，指有别于其他物体的特征。

........................1162

□ **crisis** ['kraɪsɪs] （*pl.* crises）*n.* ①危机，危急时刻 [同] emergency ②紧要关头，转折点

搭 in crisis 在危机中；tide over the crisis 渡过难关；refugee crisis 难民危机；in times/moments of crisis 在危机时期，在危急关头

例 Natural disasters have obviously contributed to the country's economic crisis. 自然灾害显然是导致该国爆发经济危机的原因之一。

辨 crisis: 危急的事件、情况，关系到生死存亡。emergency: 突如其来的紧急情况。urgency: 急迫（的状态）。

........................1163

□ **prescription** [prɪ'skrɪpʃn] *n.* ①处方，药方 ②开处方，开药方 ③计划，建议，秘诀

构 pre（在……前面）+ script（写）+ ion（表名词）→ 提前写 →处方

搭 write out a prescription for 为……开处方；have the prescription filled/make up the prescription 抓药，配方；a prescription for 解决……的秘诀，针对……的药方

例 This new drug is only available on prescription. 这种新药只能凭处方购买。

........................1164

□ **host** [həʊst] *n.* ①主人，东道主 [同] master ②节目主持人 [同] presenter ③大堆，许多 *v.* 主持，主办，举办

搭 host the annual film festival 主办每年一度的电影节；a whole host of problems 众多的问题

例 China is playing host to the next international conference. It's the host nation. 中国将举办下届国际会议，它是东道国。

........................1165

□ **emergency** [ɪ'mɜːdʒənsi] *n.* 紧急情况，不测事件，非常时刻 [同] crisis

搭 in an emergency 紧急情况下；an emergency door/exit 紧急疏散门/出口

例 Ring the bell in an emergency and the security personnel will come straight away. 紧急情况时按铃，保安会立即前来。

联 emergence *n.* 出现

........................1166

□ **swallow**① ['swɒləʊ] *v.* ①吞，咽 [同] take, devour ②轻信 ③抑制 *n.* 吞，咽

搭 have a couple of swallows of coffee 喝几口咖啡；swallow one's anger 抑制怒火

例 If you don't chew your food properly, it's difficult to swallow it. 如果你不把食物嚼碎，会很难下咽。

........................1167

□ **swallow**② ['swɒləʊ] *n.* 燕子

例 Swallows fly south from the north in winter. 燕子冬天从北方飞往南方。

........................1168

□ **circumstance** ['sɜːkəmstəns] *n.* （常 *pl.*）①环境，条件，形势 [同] condition ②情况，经济状况

构 circum（周围）+ st（站立）+ ance（表情况）→ 站立在周围的状况 →环境

搭 in/under the circumstances 在此情况下，既然如此

例 Under no circumstances must a soldier leave his post. 一个战士在任何情况下都不应该离开岗位。

□ **succession** [sək'seʃn] *n.* ①一连串，一系列 ②连续，接续 [同] chain ③继任，继承（权）

搭 a succession of 一连串，一阵；in succession 连接地，连续地；succession to the throne 王位的继承

例 He took a succession of jobs which have stood him in good stead. 他做过几份让他颇为受益的工作。

---1170

□ **additional** [ə'dɪʃənl] *a.* 添加的，额外的，更多的，附加的 [同] extra, supplementary

例 An additional charge is made for this service. 此项服务额外收费。

联 additionally *ad.* 额外地

---1171

□ **expressly** [ɪk'spresli] *ad.* ①明显地，明确地 ②特意地

例 This is an English dictionary expressly compiled for foreign students. 这是一部特地为外国学生编写的词典。

---1172

□ **sustain** [sə'steɪn] *v.* ①保持，使持续，使继续 ②供养，维持（生命等）[同] maintain ③支持，支撑 [同] support ④经受，遭受 [同] undergo

搭 sustain a comfortable position 保持舒服的姿势；sustain injuries 受伤；sustain sb. through the hard times 帮助某人度过艰难岁月

例 Our financial base is stable enough to sustain the extra expense. 我们的经济基础相当稳定，足以支撑这些额外支出。

---1173

□ **emulate** ['emjuleɪt] *v.* ①仿效，模仿 ②努力赶上，同……竞争

例 People often try to emulate their favorite pop singers or movie stars. 人们经常试图模仿他们喜爱的流行歌手或电影明星。

---1174

□ **swap/swop** [swɒp] *v.* 交换，替换 [同] exchange *n.* 交换，交易

搭 swap a series of products 交换一系列产品；swap the life in the city for one in the country 放弃城市生活住到乡下；swap ideas 交流思想；do a swap 做交换

例 We swapped addresses with the friends we met on holiday. 我们与度假时认识的朋友交换了

---1169

地址。

---1175

□ **refreshment** [rɪ'freʃmənt] *n.* ①（*pl.*）茶点，点心 [同] dessert ②（精力的）恢复，精神爽快

例 The refreshment of his memory enabled him to work faster. 记忆的恢复使他加快了工作速度。

联 refreshing *a.* 使人精神振作的

---1176

□ **purpose** ['pɜːpəs] *n.* ①目的，意图 [同] aim, intention ②目标，决心 ③用途，实效，效果，好处 [同] use, result, effect

搭 on purpose 故意地；for the purpose of 为了……的目的；for military purpose 为军事目的；a sense of purpose 目标感；for all practical purposes 实际上，事实上；to no purpose/to little purpose/for no purpose 徒劳无益地，毫无结果地

例 They might well be prepared to do you harm in order to achieve their purpose. 为了实现目标，他们说不定已经做好了伤害你的准备。

---1177

□ **settle** ['setl] *v.* ①解决，调停 [同] solve, decide ②支付，结算 [同] pay ③安排，安放 [同] arrange ④（使）安定，安家 ⑤（鸟等）飞落，停留

搭 settle on/upon 选定，决定；settle up 付清（欠账等），结清（账目）；settle down 定居，过安定的生活，平静下来，定下心来；settle in/into 适应（新环境/新工作）

例 Our accounts are settled to the satisfaction of both. 我们双方满意地结了账。

---1178

□ **patent** ['pætnt] *a.* 专利的，特许的 *n.* ①专利，专利品，专利权 ②专利证书 *v.* 批准专利，获得专利

搭 apply for a patent on a new kind of sugar 为一种新型糖申请专利；patent the invention 为这项发明申请专利

例 He took out a patent for his new invention. 他申请了一项新发明专利。

---1179

□ **machinery** [mə'ʃiːnəri] *n.* ①（总称）机器，机械，机械装置 ②机构，系统 [同] organization ③工具，方法

搭 farm machinery 农用机械

例 Machinery is being introduced to save labor. 机器正在被引入以节省劳动力。

and sand. 我们搭帐篷的地方只有灌木和沙子。

---------- 1180

□ **retailer** ['riːteɪlə(r)] *n.* 零售商
例 Retailers must be sensitive to the needs of their customers. 零售商必须对顾客的需求保持敏感。

---------- 1181

□ **credible** ['kredəbl] *a.* 可信的，可靠的 [同] trustworthy, believable
例 The police concluded that her story was credible. 警方断定她的说法是可信的。
联 credibility *n.* 信任，信誉；credulity *n.* 轻信，易信；creditable *a.* 值得称赞的，可归（功）于……的；credulous *a.* 轻信的，易信的

---------- 1182

□ **mansion** ['mænʃn] *n.* 大厦，（豪华的）宅邸 [同] building, residence
例 This street is lined with enormous mansion where the rich and famous live. 这条街上尽是富人和名人的豪宅。

---------- 1183

□ **tanker** ['tæŋkə(r)] *n.* 油轮，罐车，运油飞机
例 The ferry sank after colliding with an oil tanker. 那艘渡船和一艘油轮相撞后沉了。

---------- 1184

□ **screw** [skruː] *n.* ①螺丝，螺钉 ②狱卒，监狱看守 ③薪水，工资 *v.* ①用螺丝固定 ②拧紧，旋紧 ③揉成一团 ④欺骗
例 The bank's brass plate was screwed to the wall. 银行的铜牌被螺丝固定在墙上。

---------- 1185

□ **pliable** ['plaɪəbl] *a.* ①易变的，柔韧的 ②易受影响的，顺从的，圆滑的 ③易适应的
搭 a pliable wife 顺从的妻子；pliable willow twigs 依依垂柳
例 Some kinds of plastic become pliable when they're heated. 有些塑料遇热变得柔韧。

---------- 1186

□ **scrub**① [skrʌb] *v.* ①擦洗，擦净 ②对……不予考虑，取消，剔除 *n.* 擦洗，刷洗
搭 scrub the kitchen floor 擦厨房地板；scrub the plan to go abroad 取消出国计划
例 She scrubbed (at) the marks on the wall for a long time, but they wouldn't come off. 她花了很长时间擦洗墙上的印迹，但还是擦不掉。

---------- 1187

□ **scrub**② [skrʌb] *n.* 灌木（丛）
例 The area where we set up camp was just scrub

---------- 1188

□ **explore** [ɪk'splɔː(r)] *v.* ①探险，勘探 [同] inspect, search for ②探索，探究，仔细查阅 [同] investigate
搭 go exploring in the woods 去林中探险；explore a question 探究一个问题
例 They will meet again to explore the possibilities of reaching an agreement. 他们将再次会面，探讨达成协议的可能性。
联 exploration *n.* 探索；explorer *n.* 探险家；exploratory *a.* 探险的，探测的

---------- 1189

□ **approximately** [ə'prɒksɪmətli] *ad.* 近似，大约 [同] nearly [反] precisely
辨 about: 大约（大致接近）。approximately: 大约（误差极小，可以不计）。

---------- 1190

□ **fitting** ['fɪtɪŋ] *a.* 适当的，恰当的 [同] proper, appropriate *n.* ①试衣，试穿 ②装配，装置，设备，器材，配件 ③尺寸，尺码
搭 come to a fitting conclusion 得出恰当的结论；go to the tailor's for a fitting 去服装店试衣；a fitting room 试衣室；gas fitting 燃气装置；office fittings 办公室的设备
例 It was a fitting end to a bitter campaign. 那是一场严酷战役的适当结局。

---------- 1191

□ **acknowledge** [ək'nɒlɪdʒ] *v.* ①承认，承认……的权威/主张 [同] admit [反] deny ②向……打招呼，理会 [同] greet ③告知收到，确认 ④对……表示谢忱，报答 ⑤公证
搭 acknowledge defeat/oneself beaten 承认失败；acknowledge a debt 确认债务；acknowledge...as/to be 认为……是；acknowledge doing sth./having done sth. 承认做某事（不用：acknowledge to do sth.）
例 He walked right past me without even acknowledging me. 他从我身边走过，连个招呼都没有跟我打。
联 acknowledgement *n.* 承认，感谢；acknowledgeable *a.* 值得认可的；acknowledger *n.* 认可方
辨 acknowledge: 公开地承认事实；admit: 常暗示因受外界压力或受良心的驱使而承认；confess: 承认，坦白，侧重于对某人不利或有损的事。

---1192

☐ **temporary** ['temprəri] ***a.*** 暂时的，临时的 [同] momentary [反] permanent ***n.*** 临时雇员，临时工，临时建筑物

搭 temporary buildings 临时建筑物；a temporary bridge 便桥

例 She found a temporary job in a coffee shop. 她在一家咖啡馆找到了一份临时工作。

联 temporarily ***ad.*** 暂时地，临时地

---1193

☐ **legitimate** [lɪ'dʒɪtɪmət] ***a.*** ① 合情合理的 [同] reasonable, sound ②合法的，法律认可的 [同] lawful, legal [反] illegal ***v.*** 使合法

构 leg（法律）+ i +tim（害怕）+ ate（……的）→合法的

例 The army must give power back to the legitimate government. 军队必须把权力归还给合法政府。

---1194

☐ **attempt** [ə'tempt] ***v.*** 企图，试图，努力 [同] try, endeavor, strive ***n.*** (at) 企图，试图，努力 [同] effort, trial

搭 give up after several attempts 几次尝试后放弃了；at the first attempt 第一次尝试；attempted murder 谋杀未遂；attempted theft/suicide 盗窃 / 自杀未遂

例 The prisoners were shot to death when they made an attempt to escape from the prison. 囚犯试图从监狱逃跑时因枪击身亡。

---1195

☐ **dock** [dɒk] ***v.*** 削减（薪金、供应、津贴等），剥夺，扣去……的应得工资、津贴等

例 Father docked my pocket money until the debt was paid off. 父亲减少了我的零花钱，直到还清那笔欠款为止。

---1196

☐ **ambassador** [æm'bæsədə(r)] ***n.*** ①大使，（派驻国际组织的）代表，特使，使节 [同] diplomat, minister ②（喻）使者，代表

搭 the Chinese Ambassador to the U.S. 中国驻美大使；an ambassador at/in Beijing 驻北京代表（城市用 at 或 in）；a goodwill ambassador 友好使者

联 embassy ***n.*** 大使馆；ambassadress ***n.*** 女大使；ambassadorial ***a.*** 大使的，大使一级的；ambassadorship ***n.*** 大使身份

---1197

☐ **obsession** [əb'seʃn] ***n.*** ①着迷，痴迷 ②困扰人的情绪，强迫症，强迫观念

例 The idea of sailing became an obsession. 航海的念头成了一种强迫观念。

联 obsess ***v.*** 使迷恋，烦扰；obsessed ***a.*** 迷恋的，心神不宁的

---1198

☐ **hurl** [hɜ:l] ***n.*** 投掷 ***v.*** ①猛投，用力掷 [同] throw violently ②大声叫骂

例 The terrorist hurled a bomb at the police station from his car. 恐怖分子从汽车里向警察局扔了一枚炸弹。

---1199

☐ **output** ['aʊtpʊt] ***n.*** ①产量 [同] yield, production ②输出，输出功率 ***v.*** 输出（信息、数据等）

例 Automation makes it possible to give more output with less labor input. 自动化实现了以较少劳力输入获得更大产品输出。

联 input ***n.*** 输入

辨 output: 生产出的量；yield: 农副产品或矿产的量；produce: 农产品的具体产物；harvest: 收成，庄稼果蔬之类的产量；production: 工业生产过程或量；productivity: 生产率，生产效率。

---1200

☐ **stir** [stɜ:(r)] ***v.*** ①搅拌，搅动 [同] mix, blend ②（使）微动，拂动 ③激动，打动 ④唤起，唤醒，行动起来 ***n.*** ①搅拌，搅动 ②轰动，震动，激动 ③轻微移动，小的动作

搭 cause a stir 引起轰动；stir in a little milk 拌进去一点牛奶；stir the honey into the peanut butter 把蜂蜜搅进花生酱

例 A fresh breeze stirred the curtains. 清新的微风拂动着窗帘。

答案：
1. abounds　译文：这个国家公园到处都是野生动物和美丽的景色。
2. existence　译文：公众对事故的担心正威胁着核工业的生存。

Unit 21

学前自测

1. The river burst its banks, _____ an entire village. (equipping, corresponding, flashing, submerging, wedging)

2. This drug has one important _____. Its effects only last six hours. (deterioration, detergent, squash, outpost, limitation)

----------1201

□ **ideal** [aɪ'diːəl] **a.** ①理想的，完美的 ②想象中的，空想的 **n.** ① 理想 ② 理想的人或物
例 No doubt it's an ideal place, with a lake in front and a hill at the back. 这无疑是一个理想的地方，前面临湖，背靠一座小山。
联 idealism **n.** 理想主义，唯心主义; idealize **v.** 把……理想化

----------1202

□ **bizarre** [bɪ'zɑː(r)] **a.** 奇形怪状的，奇怪的，怪诞的 [同] odd
例 He had a bizarre appearance and manner. 他外貌古怪，行为异常。

----------1203

□ **orchestra** ['ɔːkɪstrə] **n.** 管弦乐队 [同] band
搭 symphony orchestra 交响乐团
例 The school orchestra is/are practising in the hall at the moment. 校管弦乐队现在正在大厅里练习。
联 orchestral **a.** 管弦乐的

----------1204

□ **deterioration** [dɪˌtɪəriə'reɪʃn] **n.** 恶化，变坏，衰退
例 There has been a continuing deterioration in the relations between the two countries. 两国的关系继续恶化。

----------1205

□ **impossible** [ɪm'pɒsəbl] **a.** ①不可能的，办不到的 [同] impractical ②难以对付的 [同] difficult
搭 an impossible task 不可能完成的任务; impossible demands 不可能接受的要求
例 These feelings are impossible to ignore. 不可能忽视这些感情。

----------1206

□ **equip** [ɪ'kwɪp] **v.** (equipped, equipping) ① (with) 装备，配备 [同] furnish, provide ②使有能力，使具备知识 ③使穿着，打扮

搭 be equipped with 装备
例 Owners of restaurants would have to equip them to admit disabled people. 餐厅老板将必须在餐厅里配备能够接纳残疾人的设施。

----------1207

□ **limitation** [ˌlɪmɪ'teɪʃn] **n.** ①限制，控制 [同] limit ②缺陷，局限性，限制因素 [同] deficiency
例 A wise man knows his limitations. 智者有自知之明。
辨 limitation: 能力等的局限性。limit: 具体事物的限制、界限。

----------1208

□ **bloom** [bluːm] **n.** ① 花 [同] flower, blossom ②开花（期）③青春焕发（时期）**v.** ①开花 [同] flower [反] wither ②繁荣，兴旺 [同] flourish
搭 in (full) bloom 开花（花盛开）; come into bloom（花）盛开; in the bloom of youth/beauty 正当豆蔻年华 / 美丽时
例 She is in the early bloom of womanhood. 她正值妙龄花季。
联 blooming **a.** 开花的，容光焕发的

----------1209

□ **correspond** [ˌkɒrə'spɒnd] **v.** ① (with) 相符合，相一致 [同] conform ② (to) 相当，类似 ③通信
搭 correspond to 相当于; correspond with 相符合，相一致，与……通信
例 Her red hat and shoes correspond with her red dress. 她的红帽、红鞋和她的红色连衣裙十分协调。

----------1210

□ **flash** [flæʃ] **v.** ①闪光，闪烁，使闪亮 ②飞驰，掠过 ③闪耀，闪现 **n.** ①闪光，闪烁，闪现 ②闪光灯
搭 in/like a flash 瞬间，即刻; a flash in the pan 昙

花一现；a flash of wit 灵机一动；a flash of anger 怒上心头；flash your headlights 使车前灯一闪一灭，闪灯

例 All of a sudden the idea flashed through my mind. 这个念头突然闪过我的脑海。

·············1211

□ **detergent** [dɪ'tɜːdʒnet] *n.* 洗涤剂，去垢粉

例 The release of industrial detergents into the river has caused the death of thousands of fish. 工业洗涤剂排入河中造成了数千条鱼的死亡。

·············1212

□ **squash** [skwɑːʃ] *v.* ①压扁，压坏，压榨 ②推进，挤进，塞进 ③压制，镇压，粉碎 ④发出泼溅声，发出咯吱声 *n.* ①压扁，压坏，压榨，挤 ②噗声，咯吱声 ③果汁汽水 *ad.* 挤压地，发着噗声

搭 squash another person in 再挤进一个人；squash into the back of the car 挤进车后座；a bit of squash 有点挤；squash dissent 压制不同意见

例 She squashed the cans before putting them in the recycling bin. 在把罐子放入回收箱之前，她先把它们压扁了。

·············1213

□ **Mediterranean** [ˌmedɪtə'reɪniən] *n.* 地中海 *a.* ①地中海的 ②远离海岸的，内陆地的

搭 swim in the warm waters of the Mediterranean 在地中海温暖的海水中游泳；enjoy the Mediterranean sun 享受地中海的太阳

·············1214

□ **submerge** [səb'mɜːdʒ] *v.* ①浸没，淹没 [同] immerse ②沉浸在，使陷入

构 sub（在……下面）+ merg（浸没）+ e →淹没

例 Some of the flooded areas are still submerged in water. 有些洪涝区还浸在水中。

·············1215

□ **obtain** [əb'teɪn] *v.* ①获得，得到 [同] acquire, gain ②通用，流行

构 ob（加强）+ tain（拿住）→用力拿住 →获得

搭 obtain knowledge through study 通过学习获得知识；the usage that obtains in England 在英国通行的用法

例 After she obtained a bachelor's degree, she went on with her study for a master's degree. 获学士学位后，她继续攻读硕士学位。

联 attain *v.* 达到，获得；abstain *v.* 戒除，放弃

·············1216

□ **entertainment** [ˌentə'teɪnmənt] *n.* ①娱乐，文娱节目，表演会 ②招待，款待，请客

搭 devote oneself to the entertainment of the guests 尽心地款待客人；a place of entertainment 娱乐场所；much to my entertainment 我感到最有趣（的是）

例 Books are a guide for youth and entertainment for age. 书籍是青年时期的指南，老年时期的娱乐。

·············1217

□ **authority** [ɔː'θɒrəti] *n.* ①权力，管辖权 ②（*pl.*）官方，当局 [同] government, administration ③当权者，行政管理机构 ④权威，专家 [同] power, rule

搭 an authority on biology 生物学权威；have authority over 凌驾于……之上；have the authority to do sth. 有权做某事；the authorities concerned 有关当局

例 The authorities at the town hall are slow to deal with complaints. 市政当局对群众意见处理得很慢。

·············1218

□ **outpost** ['aʊtpəʊst] *n.* ①边远居民点 ②前哨（基地），边远分部/位置 ③界限，国境，边境

例 The office is one of the several outposts recently established by the company. 这个办事处是这家公司最近建立的几个驻外基地之一。

·············1219

□ **wedge** [wedʒ] *n.* ①楔子，三角木 ②楔状物 *v.* ①楔入，楔牢 ②挤入，插入，塞入

搭 wedge in the stone 楔入石头；wedge between two old men 挤在两个老人之间；wedge the door open/shut 把门卡住让它开着/关着；wedge oneself into a crowd 挤入人群之中；be wedged tightly together（车辆）挤得水泄不通

例 Push a wedge under the door to keep it open while we're carrying the boxes in. 找一块楔子塞到门下，以使我们搬箱子进来时门开着。

联 wedgelike *a.* 楔形的

·············1220

□ **lavatory** ['lævətri] *n.* 厕所，盥洗室 [同] toilet, bathroom

搭 the ladies' lavatory 女盥洗室；a public lavatory 公厕

·············1221

□ **well-being** ['wel biːɪŋ] *n.* 康乐，安康，幸福

例 The warm sunny weather always gives me a

sense of well-being. 阳光明媚的暖和天气常使我产生一种健康、幸福的感觉。

联 well-born *a.* 出身高贵的；well-bred *a.* 有修养的；well-chosen *a.* 精心挑选的；well-done *a.* 煮透的

------1222

□ **nourish** ['nʌrɪʃ] *v.* ①养育，喂养，滋养 [同] feed ②怀抱(希望、仇恨等)[同] cherish ③培育，供给，助长，鼓励

构 nour(滋养)+ish(做……，使……)→喂养

搭 nourish the hope of 怀抱……希望；nourish feelings of hatred 怀恨在心；nourish a dream 怀着一个梦想

例 A good variety of animals nourish themselves on vegetable foods. 有许多种类的动物靠素食生存。

------1223

□ **formal** ['fɔ:ml] *a.* ①正式的，正规的，合乎礼仪的 [同] normal, official ②形式上的，表面的

例 Business letters are usually formal, but we write in an informal way to friends. 商业信件通常都是非常讲究格式的，但我们给朋友写信就很随意。

联 formally *ad.* 正式地；formality *n.* 形式，仪式；formalize *v.* 使正式；formalism *n.* 形式主义；informal *a.* 非正式的

------1224

□ **arrangement** [ə'reɪndʒmənt] *n.* ①(常 *pl.*)安排，准备工作 [同] preparation ②整理，排列，布置 [同] layout, display ③协议，约定 [同] contract

搭 cancel arrangements 取消安排；visit by prior arrangement 预约参观；make arrangements for/make an arrangement for 为……做出安排

例 I'm sure you and I can come to a sensible arrangement. 我相信能和你达成合情合理的协议。

------1225

□ **multiple** ['mʌltɪpl] *a.* 复合的，多元的，多种的，多样的 [同] many, varied, manifold *n.* 倍数

例 Multiple improvements on the machine won our customers' high praise. 这部机器的多方面改进赢得了我们用户的高度赞扬。

------1226

□ **lax** [læks] *n.* ①懒散的 ②马虎的，不严格的 ③不检点的，放纵的 ④松(弛)的

搭 a lax rope 松的绳子；lax security 不严格的保安措施；be lax about one's appearance 不修边幅；in a lax way of speaking 说话不严谨

例 The police were lax in enforcing the law. 警察执法不严。

------1227

□ **terrace** ['terəs] *n.* ①平台，阳台，露台 ②(足球)看台 ③(屋旁)地坪，草坪 *v.* 使成阶地／梯田

例 The hillsides have been terraced and planted with orange trees. 山坡上修了梯田，种上了橘子树。

------1228

□ **skull** [skʌl] *n.* 颅骨，头盖骨

例 The soldiers discovered piles of human skulls and bones. 士兵们发现了成堆的人的头盖骨和尸骨。

------1229

□ **parliament** ['pɑ:ləmənt] *n.* (英)议会，国会 [同] congress(美)

例 The country's parliament voted to establish its own army. 该国的议会投票表决建立自己的军队。

联 the House of Lords 上议院；the House of Commons 下议院；the Senate 参议院；the House of Representatives 众议院；the Capitol 美国国会大厦；parliamentary *a.* 国会的，议会的

------1230

□ **appetite** ['æpɪtaɪt] *n.* ①食欲，胃口 [同] taste, stomach ②爱好，嗜好，欲望 [同] desire, longing

构 ap(向，往)+pet(寻找)+ite(表物)→到处寻找→爱好

搭 have an appetite for 对……喜好；have no appetite for 不喜好；to one's appetite 投某人所好

例 I have no appetite at all and haven't been able to sleep well the last two nights. 我根本没有食欲，这两夜都没睡好。

辨 appetite: 食欲，胃口。desire: 一般的欲望。

------1231

□ **brochure** ['brəʊʃə(r)] *n.* 小册子 [同] pamphlet, booklet

例 He brought home heaps of travel brochures. 他将成堆的旅行小册子带回了家。

------1232

□ **irrevocable** [ɪ'revəkəbl] *a.* ①不可撤回的，不可取消的 ②不可改变的，不可挽回的

构 ir(不)+re(向后)+voc(叫喊)+able(可……的)→不能向后叫喊的→不能撤回的

搭 an irrevocable promise 不可收回的诺言；an irrevocable decision 不可改变的决定

例 It caused irrevocable brain damage. 它造成了不可逆转的大脑损伤。

----1233

□ **resolve** [rɪ'zɒlv] *v.* ①解决，解答 [同] solve, settle ②（使）下决心，决定，决意 [同] decide ③（into）分解 [同] break down *n.* 决心 [同] determination, resolution

构 re（重新）+ solv（解开）+ e →重新解开 →解决

搭 resolve to do/on doing 决意/决心做；resolve a contradiction 解决矛盾；resolve a question 解决问题

例 The new discovery resolved the policemen what next step to take. 这个新发现使警察对下一步该怎么办拿定了主意。

联 resolved *a.* 坚定的，下定决心的

----1234

□ **breakdown** ['breɪkdaʊn] *n.* ①垮台，破裂 ②（健康、精神等）衰竭，衰弱 ③（机器等的）破坏，故障 ④分类

搭 ask for a breakdown of the figures 要求把数字分到明细表

例 Both sides blamed each other for the breakdown of talks. 谈判双方都指责对方导致了谈判破裂。

----1235

□ **responsibility** [rɪˌspɒnsə'bɪləti] *n.* ①责任，责任心 ②职责，义务 [同] duty, obligation ③自主能力，自主权

搭 take full responsibility for 对……负全部责任；admit responsibility for the accident 承认对事故负有责任；take responsibility for our own health 对我们自己的健康负责

例 As parents we have a responsibility to give our children a sense of security. 作为父母，我们有责任让孩子有安全感。

----1236

□ **asset** ['æset] *n.* ①有价值的人或物，优点，长处 [同] advantage, benefit ②(*pl.*) 资产，财产 [反] liabilities（债务）

例 He estimated her assets at about eight million dollars. 他估计她的财产大约有 800 万美元。

----1237

□ **reliance** [rɪ'laɪəns] *n.* ① (upon, on) 依靠，依赖 [同] dependence ②信任，信赖

搭 reliance on/upon military power 对军事实力的依赖

例 Our reliance on technicians and skilled workers is key to success. 我们对技术人员和熟练工人的依赖是成功的关键。

----1238

□ **clarify** ['klærəfaɪ] *v.* 澄清，阐明 [同] explain, make clear

例 The report managed to clarify the government's position. 报告设法阐明了政府的立场。

----1239

□ **acquire** [ə'kwaɪə(r)] *v.* ①取得，获得，学到，开始具有 [同] achieve, gain [反] forfeit, lose ②捕捉（目标）

搭 acquire/gain knowledge 获得知识；acquire a reputation for 获得……的声誉；acquire a taste for wine 养成了饮酒的嗜好

例 She acquired a good knowledge of English by careful study. 她通过用心学习获得了很多英语知识。

----1240

□ **imagine** [ɪ'mædʒɪn] *v.* ①想象，设想 [同] visualize ②料想，猜想，幻想，臆想 [同] guess, suppose ③（错误或无根据地）以为

搭 imagine lying on a beach 设想躺在沙滩上；imagine life without a television 想象一下没有电视的生活

例 Imagine my surprise when I saw the newspaper article. 你想象一下我看到报纸上那篇文章时有多么吃惊。

----1241

□ **hose** [həʊz] *n.* ①软管，水龙带 ② (*pl.*) 长筒袜，短筒袜，护腿，绑腿 *v.* ①用软管淋浇/冲洗 ②给……安上软管

搭 fire hose 救火水管；a vacuum cleaner hose 真空吸尘器软管；a pair of hoses 一双袜子；hose down the driveway 用水冲洗车道

例 After he'd fallen into the mud they had to hose him down. 他跌入泥中后，他们只得用水管将他冲洗干净。

----1242

□ **originate** [ə'rɪdʒɪneɪt] *v.* ① (from, in, with) 发源，产生，起源 ②首创，创始 [同] initiate

搭 originate in 由……引起；originate from/with 起源于；originate in the 1840s 起源于 19 世纪 40 年代；originate from practice 来源于实践；originate in a misunderstanding 由误解而引起

例 Although the technology originated in the UK, it

has been developed on a large scale in the US. 虽然这项技术起源于英国，但它在美国得到了大规模发展。

联 origination ***n.*** 发源；originative ***a.*** 有创造力的；originator ***n.*** 创作者，发明人

····················1243

☐ **predator** ['predətə(r)] ***n.*** ①食肉动物，捕食者 ②掠夺者，损人利己者

例 The antelopes are on their guard against lions and other predators. 羚羊警惕着，以防狮子和其他猛兽的袭击。

····················1244

☐ **dispense** [dɪ'spens] ***v.*** ①分发，发放，提供，给予（施舍物等）[同] distribute, allot ②执行，施行（法律等）[同] carry out ③免除，豁免（义务等）[同] free ④施与（恩惠等）⑤配（药），发（药）

搭 dispense advice 提供建议；dispense medicine 配药；dispense with 无需，没有……也行

例 She dispensed new clothes to the children in the orphanage. 她把新衣服分发给孤儿院里的孩子们。

····················1245

☐ **configuration** [kən.fɪɡə'reɪʃn] ***n.*** ①结构，构架，构造 ②外形，构形，轮廓 [同] shape ③（系统的）设置，配置

搭 configuration of mountains 群山的轮廓；an arrowhead configuration 箭头状的构造

例 She wrote an article on the configuration of the stars in the sky. 她就天空中星星的分布图写了一篇文章。

联 configure ***v.*** 使成形，安装

····················1246

☐ **practical** ['præktɪkl] ***a.*** ①实际的，实践的 ②实用的，可实施的 [同] workable ③注重实效的，讲究实际的，有见识的

搭 practical experience 实际经验；a practical application of a rule 规则的实际运用；a practical housewife 善于理家的主妇

例 As a man with a practical mind, he can't understand his son's desire to be a poet. 他讲究实际，不能理解儿子想当诗人的愿望。

····················1247

☐ **beverage** ['bevərɪdʒ] ***n.*** 饮料

例 We do not sell any alcoholic beverages. 我们不出售含酒精的饮料。

····················1248

☐ **snobbish** ['snɒbɪʃ] ***a.*** ①势利的，谄上欺下的 ②自命不凡的，自以为懂行的 ***n.*** 打鼾（声）

例 She is too snobbish to mix with her neighbors. 她太势利，不与邻居交往。

····················1249

☐ **nutritional** [nju'trɪʃənl] ***a.*** 有营养的，滋养的 [同] nutritious

搭 the good nutritional value of milk 牛奶丰富的营养价值；the nutritional content of foods 食物的营养成分

例 Cooking vegetables reduces their nutritional value. 烹饪蔬菜会降低其营养价值。

联 nutrient ***n.*** 养分，养料 ***a.*** 营养的；nutritious ***a.*** 有营养的，营养丰富的；nutritionist ***n.*** 营养学家

····················1250

☐ **entrust** [ɪn'trʌst] ***v.*** 委托，交托，委托管理/照看

构 en（使）+ trust（相信）→给予信任 →委托

搭 entrust one's jewelry to sb. 托某人照管珠宝；entrust a child to a babysitter 把孩子托付给临时保姆照顾

例 He didn't look like the sort of man you should entrust your luggage to. 他看上去不是那种你能托付行李的人。

····················1251

☐ **constrain** [kən'streɪn] ***v.*** ①限制，约束 [同] restrict ②克制，抑制 [同] confine, prevent

例 Nowadays some artists don't consider themselves constrained by the same rules of social conduct as other people. 当今，一些艺术家认为他们不必像一般人那样受社会行为准则的束缚。

答案：
1. submerging 译文：河水决堤，淹没了整个村庄。
2. limitation 译文：这种药有一个严重缺陷。它的药效仅仅能维持 6 个小时。

Unit 22

学前自测

1. The president said the change would not _____ national security. (exchange, predominate, outlaw, compromise, insist)
2. Charities appealed for _____ of food and clothing for victims of the hurricane. (novice, fluctuation, assault, insurance, donation)

---1252

□ **profit** ['prɒfɪt] **n.** ①利润，盈利 [同] benefit ② 利益，益处 **v.** ①营利，获取利润，赚钱 ②获益，得利 **a.** 盈利的，利润的

搭 make profits 获利；profit by/from 从……中得利；sell the share at a profit 卖股份赚了一笔；profit margins 利润空间；profit from one's advice 受益于某人的忠告

例 The company made a pre-tax profit of $ 8.5 million. 这家公司的税前利润为 850 万美元。

---1253

□ **relative** ['relətɪv] **a.** ①相对的，比较的 [同] comparative ②有关的，相关的，涉及的 **n.** 亲人，亲戚 [同] relation

搭 live in relative comfort 生活得相对舒适；a distant relative 远亲

例 The amount of petrol a car uses is relative to its speed. 汽车耗油量跟车速有关。

---1254

□ **donation** [dəʊ'neɪʃn] **n.** ①捐赠，赠送 ②捐赠物，捐款

搭 make a donation of 1.5 million dollars to charity 向慈善机构捐赠 150 万美元

例 The university has received a donation of large sums of money. 这所大学收到了大笔资金捐赠。

---1255

□ **insurance** [ɪn'ʃʊərəns] **n.** 保险，保险金，保险费

搭 car insurance 汽车保险；life insurance（美）/ life assurance（英）人寿保险；health insurance 健康保险；insurance company 保险公司

例 We're claiming for the lost luggage on our insurance. 我们正要求根据保险赔偿丢失的行李。

---1256

□ **grim** [grɪm] **a.** ①非常严肃的 ②阴森的，令人害怕的 ③倔强的，不屈的 ④不愉快的，讨厌的，糟糕的

搭 a grim face 板着的脸；grim reality 严酷的现实；a grim picture of growing crime 犯罪率上升的恐怖图景

例 It has taken ten years of grim determination to achieve this success. 10 年不屈不挠的决心才取得了这次成功。

---1257

□ **toxic** ['tɒksɪk] **a.** ①有毒的 [同] poisonous ②中毒的 [同] poisoned

例 The factory has been sending out toxic waste. 这家工厂一直在排放有毒的废料。

联 toxin **n.** 毒素；toxicity **n.** 毒性；toxicology **n.** 毒理学；toxicologist **n.** 毒理学家

---1258

□ **grin** [grɪn] **v.** ①咧嘴笑（表示），露齿笑（表示）②（因发怒、痛苦等而）龇牙咧嘴 **n.** 咧着嘴的笑，露齿的笑

搭 grin and bear it 苦笑着忍受；grin one's assent 咧嘴笑着表示同意；come out of the office with a big grin on one's face 笑容满面地从办公室出来

例 The children grinned with pleasure when I gave them the sweets. 我给孩子们糖果时，他们高兴地咧着嘴笑。

---1259

□ **novice** ['nɒvɪs] **n.** 初学者，新手，生手

搭 a novice at swimming 初学游泳者；a humble novice in the world of letters 文坛上的无名小卒

例 This is quite a difficult plant for novice gardeners to grow. 让一个园艺新手来培植这种植物是相当困难的。

---1260

□ **compromise** ['kɒmprəmaɪz] *n.* ①妥协，折中，和解 [同] concession ②折中办法，妥协方案 ③连累，危及，侵害 *v.* ①(with) 妥协，和解 [同] concede ②危及，损害，减弱

例 We cannot compromise with those whose principles are directly opposed to our own. 我们不能与那些在原则上和我们截然相反的人妥协。

---1261

□ **fault** [fɔːlt] *n.* ①缺点，错误，过失，毛病 [同] mistake, defect ②故障 [同] breakdown *v.* 找……缺点，挑剔，指责

搭 at fault 有责任，出毛病；find fault with 抱怨，找茬，挑剔；without fault 无误，准确；a fault on the right side 因祸得福

例 The driver who did not stop at the red light was at fault in the car crash. 闯红灯的司机对这起撞车事故负有责任。

联 faulty *a.* 错误的，出错的；faultless *a.* 完美无瑕的，无可挑剔的

辨 fault: 多指行为上的过失以及过失的责任。mistake: 多指认识上的缺点或粗心大意犯下的错误。error: 多指违反某一标准而造成的误差或错误。defect: 多指影响质量的缺陷。

---1262

□ **chip** [tʃɪp] *n.* ①炸土豆条/片 ②集成电路片，集成块 ③屑片，碎片 [同] flake *v.* 削，凿（成屑片或碎片）[同] cut, cleave

例 The ground was covered with wood chips where he'd been chopping logs. 在他劈过柴的地上满是木屑。

---1263

□ **fasten** ['fɑːsn] *v.* ①扎牢，固定 ②集中目光/思考/注意力

搭 fasten the door 把门锁上；fasten one's mind on the book 专心读书

例 The fisherman fastened the boat to a tree by a rope. 渔夫用绳子把小船系在树上。

---1264

□ **appear** [ə'pɪə(r)] *v.* ①出现，显现，显露 [同] emerge, show up, come into view/sight ②出版，发行 ③演出，表演 ④出庭，到案 ⑤看起来好像，似乎 [同] seem

搭 appear in a play/a film 参演戏剧/出演电影；appear in court 出庭；appear on TV 在电视上露面

例 Slogans have appeared on walls around the city.

各种标语出现在城市各处的墙上。

---1265

□ **insist** [ɪn'sɪst] *v.* (on, upon) 坚持，强调，坚决要求，坚决认为

搭 insist on the importance of being honest 强调诚实的重要性；insist on going to war 坚决主战

例 He insisted that they were common criminals. 他坚持认为他们是普通刑事犯。

---1266

□ **batch** [bætʃ] *n.* ①一批，一组，一群 [同] group, lot ②一批生产量

搭 in batches 成批地，分批地；batches of 分批的，成批的；a batch of letters 一批信件；batch production 批量生产；come out in batches 一批批出来；of the same batch 一丘之貉，同样货色；batches of three or four 三四个一批

例 Every year, batches of birds fly to the lake to survive the winter. 每年，一群群的鸟飞到这个湖上来过冬。

---1267

□ **fluctuation** [ˌflʌktʃu'eɪʃn] *n.* 波动，起伏

例 Oil prices in the international market are in a period of fluctuation. 国际市场上的石油价格处于波动期。

---1268

□ **assault** [ə'sɔːlt] *n./v.* ①攻击，袭击 [同] attack, charge [反] defence ②猛烈的言辞攻击 ③人身侵犯

搭 violence and assaults in schoolyards 校园里的暴力和袭击事件；a fierce personal assault on 对……进行猛烈的人身攻击

例 He made a vigorous assault on the foreign policy of the government. 他对政府的对外政策进行了猛烈的抨击。

---1269

□ **exchange** [ɪks'tʃeɪndʒ] *n.* ①(for) 交换，互换，调换 ②汇兑，兑现，兑换率 *v.* ①(for) 调换，交换，互换 ②交流

例 She gave me some tomatoes in exchange for a lift into town. 她给了我几只番茄，作为让她搭车进城的交换。

---1270

□ **unique** [ju'niːk] *a.* ①唯一的，独一无二的 [同] sole, single ②独有的，特有的 ③无与伦比的，无可匹敌的 ④极不寻常的，极好的

构 uni（单一）+ que →唯一的

搭 a woman of unique talent 才智超群的女子；unique to humans 人类独有的

例 Speech is a unique human ability. 语言是人类独特的能力。

··········1271

□ **otherwise** ['ʌðəwaɪz] *ad.* ① 否则，不然 ② 以其他方式，用别的方法，不同地 [同] in a different way ③ 除此之外，在其他方面 *conj.* 否则，不然

例 Patients are advised to turn up for appointments on Monday unless they are told otherwise. 病人最好按周一的预约时间前来就诊，除非另有通知。

··········1272

□ **regardless** [rɪ'gɑːdləs] *ad.* 不顾后果地，不管怎样，无论如何 [同] anyhow, in any case *a.* 不注意的，不留心的

搭 regardless of 不顾，不管

例 The plan for a new office building went ahead regardless of local opposition. 尽管当地人反对，新建办公大楼的计划仍在进行中。

联 disregard *v.* 忽视，无视

··········1273

□ **discourteous** [dɪs'kɜːtiəs] *a.* 失礼的，粗鲁的

搭 discourteous attitude 粗鲁的态度

例 The customers said that the employees there were unhelpful and discourteous. 顾客说，那里的雇员非但不乐于助人，且粗鲁无礼。

··········1274

□ **ultimately** ['ʌltɪmətli] *ad.* 最后，最终

例 Everything will ultimately depend on what is said at the meeting with the directors next week. 一切最终都将取决于下周在会上和董事的讨论。

··········1275

□ **interval** ['ɪntəvl] *n.* ① 间隔，间距 [同] space ② 幕间 / 工间休息 [同] break, pause

构 inter（在……之间）+ val →间隔

搭 at intervals 不时

例 There's often a long interval between an author completing a book and it appearing in the shops. 从作者完成一本书到它出现在书店常有很长一段时间的间隔。

··········1276

□ **prior** ['praɪə(r)] *a.* ① 在先的，居先的 ② 优先的，更重要的

构 pri（第一，首先）+ or（表状态）→在先的，优先的

搭 prior to 在……之前，先于

例 He had to refuse the dinner invitation because of a prior engagement. 因为事先另有约会，他只好拒绝了吃饭的邀请。

··········1277

□ **dynamic** [daɪ'næmɪk] *a.* ① 有活力的，强有力的 [同] vigorous, active ② 动力的，动态的 *n.* ①（原）动力 ②（*pl.*）动力学

例 He's young and dynamic and will be a great head of the department. 他年轻且精力充沛，会成为部门出色的领导人。

··········1278

□ **predominate** [prɪ'dɒmɪneɪt] *v.* ① 占主导地位，占支配地位 ②（数量上）占优势，占绝大多数

例 Sunny days predominate rainy days in desert regions. 在沙漠地区，绝大多数日子是艳阳天，雨天极少。

联 predominant *a.* 占主导地位的，支配的；predominance *n.* 主导，支配

··········1279

□ **romance** [rəʊ'mæns] *n.* ① 恋爱，恋爱关系 ② 浪漫气氛，传奇色彩 ③ 爱情小说，传奇（故事），历险故事

搭 the romance of travel 旅行的浪漫；historical romance 历史传奇

例 They like to travel in the world in search of romance. 他们喜欢到世界各地游历猎奇。

··········1280

□ **outlaw** ['aʊtlɔː] *n.* ① 歹徒，罪犯，亡命之徒 ② 被剥夺法律保护者，被放逐者 ③ 反叛者，不遵守习俗的人 ④ 未驯服的动物 *v.* ① 宣布……不合法 ② 剥夺……的法律保护，禁止，限制 ③ 放逐

构 out（出）+ law（法律）→超越法律范围 → 歹徒

搭 outlaw slavery 宣布奴隶制非法；outlaw guns 取缔枪支

例 An outlawed political group has no choice but to go underground. 一个宣布为不合法的政治团体别无选择，只能在地下活动。

··········1281

□ **monitor** ['mɒnɪtə(r)] *n.* ① 班长 ② 监视器，检测器，监护仪 *v.* ① 监听，监控 ② 检测 [同] check, detect

例 The room contained a lot of equipment including

several TV monitors. 这个房间装备了包括几台电视监视器在内的许多设备。

························1282

□ **flexible** ['fleksəbl] ***a.*** ①柔韧的，易弯曲的 ②柔顺的，温顺的 ③可变通的，灵活的

搭 a flexible substance 有弹性的物质；a flexible schedule 可变通的日程表；flexible working hours 弹性工作时间

例 Dancers need to be flexible. 舞蹈演员需要身体柔韧。

························1283

□ **bar** [bɑ:(r)] (barred, barring) ***n.*** ① 酒吧 [同] inn, pub ②条，棒，带 [同] rod, stick ③ 售卖柜台，专柜，专卖店 ④栅栏，障碍 [同] fence, barrier ⑤（气压单位）巴 ⑥ 律师界，法律界 ***v.*** 禁止，阻拦 [同] ban, obstruct [反] admit

搭 a bar of chocolate 一块巧克力；a burger bar 汉堡店；go to the bar 当律师；a bar to success 成功的障碍

例 They went to the bar for a drink. 他们去酒吧喝酒了。

联 barrier ***n.*** 障碍；barricade ***n.*** 障碍物

························1284

□ **observe** [əb'zɜ:v] ***v.*** ① 观察，注意到 [同] notice, perceive ②遵守，奉行 [同] obey, follow ③庆祝，纪念 [同] celebrate ④评论 [同] comment, remark

构 ob（表加强）+ serv（维持）+ e →遵守

搭 observe on/upon 评论；observe the Spring Festival 过年

例 It is difficult to observe any change in his expression. 很难看出他的表情有什么变化。

联 reserve ***v.*** 储存，预订；preserve ***v.*** 保存，保护

辨 observe sth. 注意某事；observe on sth. 评论某事

························1285

□ **clumsy** ['klʌmzi] ***a.*** ①笨拙的，不灵活的 [同] awkward, unskillful [反] graceful ②拙劣的，冒犯人的，无策略的 ③形状难看的，难用的

搭 a clumsy translation of the book 该书的拙劣译本

例 The cold made my fingers clumsy. 我的手指被冻得不灵活了。

························1286

□ **furnace** ['fɜ:nɪs] ***n.*** 熔炉，火炉 [同] heater, stove

例 It's cold in the room, so he turned on the furnace.

房间里很冷，他就打开了火炉。

························1287

□ **furnish** ['fɜ:nɪʃ] ***v.*** ①供应，提供，装备 [同] supply, provide ②布置，为……配备家具 [同] equip

搭 a furnished flat 备有家具的公寓

例 The room was furnished with carpets and chairs, but no table. 房间里配备有地毯和椅子，但没有桌子。

························1288

□ **transmute** [trænz'mju:t] ***v.*** ①（使）变形，（使）变质，（使）变化 ②（使）蜕变

构 trans（贯通，横穿）+ mute（改变）→完全改变 →变形，变质

搭 transmute water power into electric power 把水力变成电力；transmute materials into finished products 把原料变成成品

例 A shaft of sunlight had suddenly transmuted the room into a bright and welcoming place. 一束阳光使这个房间陡然变成了一个明亮舒适的地方。

联 transmutable ***a.*** 能变形的；transmutation ***n.*** 变形，变质

························1289

□ **subtract** [səb'trækt] ***v.*** 减（去），扣掉 [同] deduct

例 You have to subtract 25% tax from the sum you receive. 你得从所得款中扣除 25% 的税款。

························1290

□ **disturbance** [dɪ'stɜ:bəns] ***n.*** ①骚动，动乱 [同] agitation, confusion [反] peace ②扰乱，打扰 [同] bother, interruption ③烦恼，心神不安，（身心）失调 [同] annoyance

构 dis（分开）+ turb（搅）+ ance（表状态）→搅开 →扰乱

搭 long-run disturbance 长期失调；without disturbance 不受干扰地；cause/make/raise a disturbance 闹事，作乱

例 The noise of traffic in the street is a continual disturbance day and night. 不论白天还是黑夜，大街上的交通噪声都是一种无休止的干扰。

························1291

□ **flask** [flɑ:sk] ***n.*** ①（实验室用的）烧瓶，长颈瓶 ②保温瓶 ③一瓶的量

例 He drank a whole flask of whisky. 他喝了整整一瓶威士忌。

□ **equipment** [ɪ'kwɪpmənt] *n.* 装备，设备，器材 [同] apparatus, outfit

搭 skiing equipment 滑雪装备；electronic equipment 电子设备

............1293

□ **slump** [slʌmp] *v.* ①突然倒下，跌落 ②（物价等）暴跌，萧条，骤然低落 [同] decrease, drop *n.* ①暴跌，萧条 ②消沉，萎靡

搭 in a slump 不景气；economic slump 经济萧条；a slump in price 价格的暴跌

例 There has been a slump in demand for beef ever since the recent health scare. 最近的健康问题恐慌使牛肉的需求量大减。

............1294

□ **gravity** ['grævəti] *n.* ①重力，地心引力 ②庄重，严肃 ③严重 [同] seriousness

例 I don't think you understand the gravity of the situation. 我认为你不了解局势的严重性。

............1295

□ **distinguish** [dɪ'stɪŋgwɪʃ] *v.* ①区别，分清，辨别 [同] identify, discriminate ②使有特点，使有殊荣 ③使杰出，使著名

搭 distinguish one thing from another 将一物与另一物区分开；distinguish oneself as an athlete 作为运动员享有盛名

例 He is color-blind and can't distinguish the difference between red and green easily. 他是色盲，不能轻易分辨红和绿。

............1296

□ **monotonous** [mə'nɒtənəs] *a.* 单调的，枯燥的，乏味的

构 mono（单个）+ ton（声音）+ ous（……的）→单个声音的→单调的

搭 a monotonous piece of music 一首旋律单调的曲子；a monotonous voice which sent me to sleep 使我昏昏欲睡的单调声音；the dull, monotonous roar of the sea 大海沉闷单调的咆哮；monotonous work 单调的工作

例 My job at the assembly line of the car factory is rather monotonous. 我在汽车厂装配线上的工作颇为单调。

联 monotonize *v.* 使单调；monotonousness *n.* 单调，无变化

............1297

□ **recreation** [ˌriːkri'eɪʃn] *n.* ①娱乐，消遣 [同] pastime, entertainment ②（学校的）课间休息 ③再创作，再创造，再现

例 Children are encouraged to have regular recreations. 鼓励儿童定期参加娱乐活动。

联 recreate *v.* 得到娱乐；recreational *a.* 娱乐的，消遣的

............1298

□ **subsequent** ['sʌbsɪkwənt] *a.* 随后的，后来的 [同] following

例 His subsequent fate depends on how he will conduct his business. 他以后的命运取决于他将如何做自己的业务。

............1299

□ **uneasy** [ʌn'iːzi] *a.* ①不安的，担心的，焦虑的，不自在的 ②不稳定的，靠不住的，不确定的

例 She had an uneasy feeling that they were still following her. 她有一种不安的感觉，觉得他们还在跟踪她。

............1300

□ **gloss** [glɒs] *n.* ①光泽，色彩 ②虚饰，假象 ③注释，评注 *v.* ①（使）有光泽，发光，发亮 ②注释 ③曲解 [同] distort

搭 the gloss of the furniture 家具的色泽；gloss over 粉饰

例 The hot sun glossed the surface of the snow. 暖烘烘的太阳照得雪地闪闪发光。

............1301

□ **announce** [ə'naʊns] *v.* ①宣布，宣告 [同] declare, proclaim ②声称，叙说 ③预告，预示

构 an（加强）+ nounc（讲话，说出）+ e →讲出来→宣布

例 The government announced that the price of petrol would be increased by 3%. 政府宣布汽油的价格将提高3%。

............1292

为单调。

答案：
1. compromise　译文：总统说这个变化不会危及国家安全。
2. donation　译文：慈善机构呼吁向飓风受灾者捐赠食品和衣物。

Unit 23

学前自测

1. The authorities have failed so far to _____ a law allowing unrestricted emigration. (proportion, overlap, sacrifice, enact, fluctuate)
2. The government will do that which is necessary to meet its _____ to its citizens. (destinations, abodes, fractures, obligations, enigmas)

----------1302

□ **commentary** ['kɒməntri] **n.** ①（广播员对球赛等的）实况报道，（电影的）解说词 ②评论，评论文章

例 He enjoys listening to the sports commentary on the radio. 他喜欢听体育实况广播报道。

----------1303

□ **sacrifice** ['sækrɪfaɪs] **v.** ①牺牲，献出 ②献祭 **n.** ①牺牲，舍身 ②献祭，供奉 ③祭品

构 sacri（神圣的）+ fic（做）+ e →为了神圣的事情去做 →牺牲

搭 make sacrifices/a sacrifice for 为……做出牺牲

例 He sacrificed his entire leisure time, tutoring a student who had missed classes for a month for illness. 他利用全部业余时间，给一名因病缺课一个月的学生辅导。

----------1304

□ **obligation** [ˌɒblɪ'geɪʃn] **n.** ①义务，职责，责任 [同] duty, responsibility ②契约，合同，债券 ③债务

构 ob（完全）+ lig（绑住）+ a + tion（表状态）→完全绑住 →责任

搭 under an obligation to do sth. 有做……的义务；lay/put ... under (an) obligation 使……负义务；undertake an obligation 承担义务

例 The manufacturer has not fulfilled the terms of his obligation. 生产商还没有履行合同的条款。

联 obligate **v.** 使负有义务；obligatory **a.** 有义务的，必须履行的

辨 obligation：协定或法律规定的责任。commitment：承诺（有时是口头的），承认承担的义务。duty：从道德、伦理出发要承担的责任。responsibility：比 duty 正式，语义强，伦理上非履行不可的责任。

----------1305

□ **execute** ['eksɪkjuːt] **v.** ①处死，处决 [同] kill ②实施，执行，完成 [同] carry out, achieve ③创作

例 Now that he has approved we may execute the scheme as previously agreed. 他既已同意，我们就可以实行既定方案了。

----------1306

□ **register** ['redʒɪstə(r)] **n.** ①登记，注册 [同] record ②登记册，花名册，登记本 **v.** ①登记，注册，申报 [同] record, list ②（仪表等）指示，显示，自动记下 ③表示，表达 ④注意到，记住 [同] indicate, mark down ⑤把（邮件）挂号

搭 sign the register at the hotel 在宾馆登记簿上签字；registered post/mail 挂号邮寄；register at the reception desk 在前台登记入住

例 The conference had a register of 200 participants. 大会有 200 名参加者注册登记。

----------1307

□ **enact** [ɪ'nækt] **v.** ①制定，通过，使成为法律 ②颁布，发布 ③扮演（角色），演出 ④出现，实现

构 en（使）+ act（法令）→使成为法令 →使成为法律

例 A package of economic sanctions have been enacted against the country. 对该国的一揽子经济制裁已被通过。

联 enactment **n.** 制定法律

----------1308

□ **advisable** [əd'vaɪzəbl] **a.** 可取的，适当的，明智的 [同] wise, clever

例 It is advisable to wear a safety belt when you're driving. 开车时系上安全带是明智的。

联 advisability **n.** 适当，明智

----------1309

□ **encourage** [ɪn'kʌrɪdʒ] **v.** 鼓励，鼓舞，支持

[同] urge, inspire

构 en（使）+ courage（勇气）→使有勇气 → 鼓励

例 He's always encouraged me in everything I've wanted to do. 他总是鼓励我去做我想做的任何事。

··········1310

□ **orientation** [ˌɔːriən'teɪʃn] *n.* ①定位，定向 ②目标，方向 ③适应，熟悉 [同] adaptation

搭 a new orientation in life 生活中的新方向；lose one's orientation 迷失方向；political orientation 政治倾向

例 The building has an east-west orientation. 这幢大楼是东西向的。

联 orientate *v.* 确定方位，使熟悉；orientated *a.* 以……为目标的，对……感兴趣的；orientational *a.* 定位的，方向的，倾向性的

··········1311

□ **literature** ['lɪtrətʃə(r)] *n.* ①文学，文学作品 ②文献，著述，图书资料 ③广告宣传资料

构 liter（文字）+ ature（与行为有关之物）→文学

搭 a classic of English literature 英国文学经典；literature in the field 这一领域的文献；scientific literature 科学文献；an extensive literature on 许多关于……的资料

例 She specialized in nineteenth-century American literature at university. 她在大学里专门研究 19 世纪美国文学。

··········1312

□ **fluctuate** ['flʌktʃueɪt] *v.* 波动，涨落，起伏 [同] ebb and flow, rise and fall

搭 fluctuate in price 物价波动；fluctuate with the seasons 随季节而变化

例 Her feelings fluctuate between excitement and fear. 她的情绪时而激动，时而恐惧。

··········1313

□ **overlap** [ˌəʊvə'læp] *v.* ①（部分）重叠 ②（部分）相同 *n.* 重叠，重叠的部分

构 over（在……上）+ lap（大腿部）→把一条腿放在另一条腿上 →重叠

例 One feather overlaps another on a bird's wings. 鸟的羽毛一根根互相重叠。

··········1314

□ **proportion** [prə'pɔːʃn] *n.* ①比例 [同] ratio ②部分，份儿 [同] part, share ③均衡，相称 [同] balance *v.* 使成比例，使均衡

搭 in proportion to 与……成比例；out of propor-

tion 失去比例，不按比例地；in proportion with 与……成比例，与……相称

例 The proper proportion in economic development is obtained through the regulation of the market rather than through human subjective interference. 经济发展合适的比例要靠市场调节达到，而不是靠人的主观干预。

··········1315

□ **object** ['ɒbdʒɪkt] *n.* ①物体，实体 ②对象 ③目标，目的，宗旨 [同] objective *v.*（反对，不赞成 [同] oppose

搭 object in life 人生目标；an object of ridicule 笑柄；no object 不成问题，不在话下

例 As the alterations would spoil the Victorian character of the house, we strongly objected. 由于改造会破坏这座房子的维多利亚风格，我们强烈反对。

··········1316

□ **stationery** ['steɪʃənri] *n.* ①文具 ②信纸

搭 stationery and office equipment 文具和办公室设备；a stationery department 文具部；a letter on hotel stationery 用旅馆信纸写的信

例 They deal in a large variety of stationery. 他们经营品种多样的文具。

联 stationer *n.* 文具商

··········1317

□ **discharge** [dɪs'tʃɑːdʒ] *v.* ①允许……离开，释放，解雇 [同] release ②排出，放出，发射 ③卸（货），下（客）[同] unload *n.* ①获准离开，释放 ②排出，放出，放电

构 dis（分离）+ charge（电荷）→放电

例 Firmer action will be taken against factories discharging smoke into the air. 将采取更坚决的行动来惩处那些不断把浓烟排放到空气里的工厂。

··········1318

□ **maritime** ['mærɪtaɪm] *a.* ①海上的，海事的，航海的，有关船员的 ②近海的，靠海的

构 mari（海）+ time（时间）→海上的时间 →海上的

搭 maritime trade 海上贸易；a maritime museum 海洋博物馆；in maritime areas 在沿海地区

例 The country was a great maritime power in the 18th century. 那个国家在 18 世纪是海上强国。

··········1319

□ **epidemic** [ˌepɪ'demɪk] *n.* ①流行病 ②盛行，泛滥，猖獗 *a.* 流行性的，流传极广的

搭 a flu epidemic 流感；reach epidemic proportions

成为流行病，流行开来

例 A catastrophic epidemic of cholera broke out in the country in 1950. 这个国家在 1950 年暴发了灾难性的霍乱流行病。

..............1320

□ **accessible** [əkˈsesəbl] *a.* ①可接近的，易接近的 ②可使用的，易得到的 ③ (to) 易受影响的，易感染的 ④易懂的，受欣赏的

构 ac + cess（走）+ ible（可……的）→可走近的→可接近的

搭 an accessible and genial man 和蔼可亲的人；be accessible to flattery 易受恭维话左右；a very accessible writer 作品通俗易懂的作家；in generally accessible terms 用通俗易懂的语气

例 The island is only accessible at low tide. 这个岛只有在落潮时才能上。

联 accessibility *n.* 易接近，易懂；inaccessible *a.* 不易接近的，不易懂的

..............1321

□ **buffalo** [ˈbʌfələʊ] *n.* (*pl.* buffaloes 或 buffalo) 水牛，野牛

例 Great herds of buffalo migrated across the plains. 大群野牛迁徙过平原。

..............1322

□ **enigma** [ɪˈnɪgmə] *n.* ①费解的事物，神秘现象，神秘的人 ②谜语，用意隐晦的文章 / 话语

搭 a bit of an enigma 令人费解；speak in enigmas 说别人听不懂的话

例 It's rather an enigma why she left him. 她为什么离开他令人费解。

..............1323

□ **lack** [læk] *v./n.* 缺乏，不足，没有 [同] want, need

搭 be lacking in 缺乏 / 少；for/by/from lack of 因缺少 / 没有；lack (for) nothing 什么都不缺；lack of confidence 缺乏信心

例 Lack of sleep made her irritable. 缺少睡眠使她的心情烦躁。

..............1324

□ **successive** [səkˈsesɪv] *a.* ①接连的，连续的 ②继承的

构 suc（在……之下）+ cess（走）+ ive（……的）→跟在后面走→连续的

搭 two successive weeks 连续两个星期；successive victories 接连不断的胜利

例 He won three successive matches. 他一连赢了三场比赛。

..............1325

□ **initiative** [ɪˈnɪʃətɪv] *n.* ①首创精神，主动性 ②创始，发端，率先 ③主动的行动，倡议，主动权 *a.* 起始的，初步的，创始的

例 When he began the job he showed initiative and was promoted to manager after a year. 他开始工作后显示出主动性，一年后被提升为经理。

联 have much initiative 很有首创精神；the peace initiative 和平倡议；take/seize the initiative 掌握主动权；stress personal initiative learning 强调学习中的个人主动性；initiative steps 初步措施；have the initiative（尤指在军事方面）掌握主动权；on one's own initiative 主动地，自觉地；take the initiative in/by doing 采取主动，主动地做某事

..............1326

□ **activate** [ˈæktɪveɪt] *v.* 使活动起来，使开始起作用

例 A good teacher knows how to activate his or her class. 一位好教师知道如何使课堂活跃起来。

联 activation *n.* 激活；activator *n.* 活化剂

..............1327

□ **irresistible** [ˌɪrɪˈzɪstəbl] *a.* ①不可抵抗的，不可抗拒的 ②富有诱惑力的

构 ir（不）+ resist（抵抗）+ ible（可……的，能……的）→不可抵抗的

搭 an irresistible force 不可抵抗的力量；an irresistible urge 不可抑制的冲动；an irresistible woman 富有魅力的女子

例 On this hot day, the sea was irresistible. 在这样的炎热天气下，大海具有强烈的诱惑力。

..............1328

□ **avail** [əˈveɪl] *n.*（一般用于否定句 / 疑问句中）效用，利益，帮助 [同] profit, benefit *v.* ①有助于，有利于 [同] benefit ②利用 [同] use

搭 avail (oneself) of 利用；to/of no/little avail 没有用，不起作用

例 Freshmen should first learn how to avail themselves of the books in the library. 新生首先要学会如何利用图书馆的图书资源。

联 availability *n.* 可用性，可得到的东西 / 人员

..............1329

□ **private** [ˈpraɪvət] *a.* ① 私人的，个人的，私用的 [同] personal ②秘密的，私下的，不公开的 [同] secret, concealed ③私立的，私营的 ④僻静的，幽静的

搭 in private 个人的，私下的 / 地；hold private talks 举行秘密会谈；private life 私生活；a private bathroom 专用卫生间；an envelope marked "Strictly Private" 注有"绝密"二字的信封

例 He returned to his ex-wife's house to pick up a few private belongings. 他回到前妻家里拿了一些私人物品。

··1330

□ **illuminate** [ɪ'luːmɪneɪt] *v.* ①照明，照亮 [同] light ②阐明，启发 [同] explain, enlighten

构 il（向内）+ lumin（光）+ ate（表动词）→光线照进来 →阐明

例 The whole city is illuminated on such occasions. 每逢这样的日子全城都灯火通明。

联 illumination *n.* 照明，阐明，启发；illuminating/ illuminative *a.* 照明的，照亮的

··1331

□ **abode** [ə'bəʊd] *n.* 住宿，寓所

搭 a person of no fixed abode 居无定所的人

例 Those hospital beds are occupied by people of no fixed abode. 那些医院病床都被无家可归者占据。

··1332

□ **destination** [ˌdestɪ'neɪʃn] *n.* ①目的地，终点 ②目标，目的 [同] goal, objective

构 destin (e)（预定）+ a + tion（表状态）→预定的地方 →目标

例 Her letter never reached its final destination. 她的信根本没有到达最终目的地。

··1333

□ **exotic** [ɪg'zɒtɪk] *a.* ①外国来的，非本地的 ②有异国情调的，有异域风情的，奇异的 [同] odd, foreign ③脱衣舞的 *n.* ①外来事物 ②脱衣舞表演者

搭 exotic flowers 异国花卉；an exotic location 有异国风情的地方

例 Many exotic words enriched the English vocabulary. 许多外来词丰富了英语词汇。

··1334

□ **bind** [baɪnd] *v.* (bound, bound) ① 捆绑，捆扎 [同] tie, fasten ② 使结合，使黏合 ③约束 [同] restrain ④装订 ④变硬，凝固

例 He is going to bind up these three books into one volume. 他要把这三本书装订成一册。

辨 bind: 缠绕周围捆扎。tie: 用绳子捆扎。fasten: 拴牢，捆紧。

··1335

□ **fraud** [frɔːd] *n.* ①欺诈，诈骗 [同] cheat, deceiving ②骗子 [同] cheat

例 She later realized that the fortune teller was a

fraud. 她后来意识到，那个算命先生是个骗子。

··1336

□ **mall** [mɔːl] *n.* 购物中心，商场

例 There are plans to build a new mall in the middle of town. 计划在市中心建一个新购物中心。

··1337

□ **opportunity** [ˌɒpə'tjuːnəti] *n.* 机会，时机 [同] occasion, chance

搭 opportunity for ……的机会；seize the opportunity 把握机会/机遇；at/upon the first opportunity 抓住第一机遇

例 At school, we should do our best to make full use of the opportunity to gain knowledge. 在学校，我们要尽量充分利用获取知识的机会。

··1338

□ **pump** [pʌmp] *n.* 泵，抽水机，打气筒 *v.* ①（用泵）抽水 ②打气 ③汲取，灌输，注入

例 The oil and gas are pumped (up) from under the seabed. 石油和天然气用泵从海底抽上来了。

··1339

□ **adhere** [əd'hɪə(r)] *v.* ① (to) 黏附，附着 [同] stick to, cling to ② (to) 遵守，遵循 [同] abide by ③ (to) 坚持，坚守

构 ad（加强）+ her（黏附）+ e →黏附

搭 adhere to 坚持；adhere to the opening policy 坚持开放政策

例 It had rained all day and the mud adhered to their shoes. 下了一整天雨，他们的鞋子都沾满了泥。

联 adherence *n.* 黏附，坚守；adhesion *n.* 黏附，黏附力

辨 adhere: 正式场合使用，侧重坚持、遵守。stick: 强调坚持、保持。cling: 强调抓紧、缠绕。

··1340

□ **fracture** ['fræktʃə(r)] *n.* ①裂缝，裂痕 [同] break, crack ②折断，骨折 *v.*（使）断裂，（使）破裂 [同] break, split [反] join

构 fract（碎裂）+ ure（表行为）→裂缝，裂痕

例 The pipes will fracture if the temperature drops too low. 假如温度降得太低，管道会破裂的。

··1341

□ **demand** [dɪ'mɑːnd] *v.* ① 要求 [同] request ② 需要，需求 [同] require ③ 询问，查问 [同] inquire *n.* ① 要求 [同] claim ②需要，需求（量）[反] supply

例 The hijackers are demanding to speak to representatives of both governments. 劫持者要求与双方政府的代表对话。

辨 demand:（断然地、强烈地）要求。claim:（正当的权利）要求。beg: 请求，乞求。

----------1342

□ **vulgar** ['vʌlgə(r)] *a.* ①庸俗的，低级的，粗俗的 ②极其粗鲁的，粗野的

例 Only someone with no sense of taste would own a car as vulgar as that. 只有那种毫无品位的人才会拥有那么庸俗的汽车。

----------1343

□ **dash** [dæʃ] *v.* ①猛冲，飞奔 [同] rush, charge ②猛掷，使猛撞 [同] throw *n.* ①猛冲，飞奔 ②破折号

例 She dashed off a note and went out in a hurry. 她急急忙忙写了张字条，就匆匆出去了。

----------1344

□ **ornamental** [ˌɔːnə'mentl] *a.* 装饰的，装饰性的，装饰 / 观赏用的

搭 an ornamental bush 观赏性灌木；an ornamental clock 装饰性挂钟

例 The handles on each side of the box are purely ornamental. 这个箱子两边的把手纯粹是装饰性的。

联 ornamentally *ad.* 装饰性地，用作装饰地；ornamentalist *n.* 装饰家，设计家；ornamentalize *v.* 装饰

----------1345

□ **exposure** [ɪk'spəʊʒə(r)] *n.* ①暴露，显露 ②揭露，揭发 [同] disclosure ③曝光

构 ex（出）+ pos（放）+ ure（表状态）→放出来→暴露

例 Exposure to the scorching sun left him feeling dizzy. 暴露在烈日下使他感到头晕目眩。

----------1346

□ **snap** [snæp] *v.* ①咔嚓折断，啪地绷断 [同] break ②吧嗒一声（关上或打开）③ (at) 猛咬 ④给……拍快照 *n.* ①吧嗒声 ②快照 *a.* 仓促的，突然的 [同] abrupt

搭 snap out of 迅速从……中恢复过来；snap up 抢购，抢先弄到手；snap out 厉声说话

例 Cameramen snapped celebrities while TV men

interviewed them. 电视台记者采访名流时，摄影师给他们拍快照。

----------1347

□ **particular** [pə'tɪkjələ(r)] *a.* ①特定的，某一的 ②特殊的，特别的，特有的 [同] special ③（过分）讲究的，挑剔的 [同] critical ④详细的，详尽的 *n.*（常 *pl.*）详情，细目 [同] details

搭 in particular 特别，尤其；be particular about sth. 对某物讲究 / 挑剔

例 We can go over the particulars in the project sometime later this week. 我们可以在下半周某个时间就这个项目的细节一起商洽。

----------1348

□ **advocate** ['ædvəkət] *v.* 拥护，提倡，主张 [同] favor, support *n.* ①拥护者，提倡者 [同] champion ②辩护人，律师 [同] lawyer, attorney

例 They advocated building more parks and planting more trees in the city. 他们建议在城市里多建公园多植树。

----------1349

□ **maintenance** ['meɪntənəns] *n.* ①维持，保持 [同] preservation ②维修，保养 [同] repair ③坚持，主张 [同] insistence

例 His maintenance of the house cost him a month's income. 他维修房子花了一个月的收入。

----------1350

□ **credit** ['kredɪt] *n.* ①信贷，赊欠 ②信用，信誉 [同] fame, prestige ③赞扬，荣誉 ④学分 [同] mark *v.* ① (to) 把（钱款）记入，存入（账户中），把……记入贷方 ②相信，信任 [同] trust [反] disbelieve ③认为……有（某种优点 / 成就）

搭 on credit 赊账，挂账；give credit to 相信，信赖；do credit to 为……争光；a credit card 信用卡；buy the car on credit 用赊账的方式买车

例 The bank refused further credits to the company. 银行拒绝再贷款给那家公司。

联 accredit *v.* 授权；credibility *n.* 可信性；credence *n.* 相信，信任

答案：
1. enact 译文：当局至今未能通过允许自由移民的法律。
2. obligations 译文：政府将采取必要手段对自己的公民尽其应尽的义务。

Unit 24

学前自测

1. The authorities have been asked to set up a _____ to investigate the murders. (destiny, imitation, bonus, transcription, commission)

2. Even remarks that were quite innocent could be _____ to produce an unintended effect. (authenticated, authorized, ascribed, twisted, demolished)

----------1351

□ **irrational** [ɪˈræʃənl] *a.* 无理性的，失去理性的，不合理的
例 After taking the drug she became quite irrational. 她在吸毒后变得相当没有理性。

----------1352

□ **solve** [sɒlv] *v.* 解决，解开，解答 [同] resolve
例 Their domestic reforms did nothing to solve the problem of unemployment. 他们的国内改革并没有解决失业问题。
联 resolve *v.* 解决；dissolve *v.* 溶解

----------1353

□ **destiny** [ˈdestəni] *n.* ①命运，天数，天命 [同] fate, doom ②（常作 -D）命运之神，主宰事物进程的力量
搭 determine one's destiny 决定自己的命运；escape one's destiny 摆脱命运的安排；fight against Destiny 与命运之神抗争；accept one's destiny 听天由命；control one's destiny 掌握自己的命运
例 People want to be able to take charge of their own destinies. 人人希望能掌握自己的命运。
辨 destiny: 强调预先注定的命运。fate: 强调迷信的"天命"、厄运。doom: 灾难性的命运。

----------1354

□ **theory** [ˈθɪəri] *n.* ①理论，原理 ②学说 ③意见，看法 [同] idea
搭 in theory 在理论上
例 In theory, the journey ought to take three hours, but in practice it took four because of the heavy rain. 按理说旅程只需要花三个小时，但由于大雨实际上花了四个小时。
联 theoretical *a.* 理论的，理论上的；theorize *v.* 理论化，形成理论

----------1355

□ **modify** [ˈmɒdɪfaɪ] *v.* ①修改，更改 [同] alter, vary ②缓和，减轻 [同] lighten, ease up ③（语法上）修饰
搭 modify the existing laws 修改现行法律
例 When the kid cried, Mother's heart softened and decided to modify penalty on it. 小家伙一哭，母亲心就软了下来，决定减轻惩罚。

----------1356

□ **twist** [twɪst] *v.* ①使缠绕，使盘绕 ②转动，旋动 ③捻，搓，编织 ④歪曲，曲解 ⑤扭歪，扭伤 ⑥曲折前进 *n.* ①弯曲，曲折 ②拧，旋转，扭转 ③转折，转变
搭 twist a rope out of threads 用线搓了一条绳子；twist through the crowd 在人群中曲折穿行
例 Some facts are twisted in the book. 这本书中有些事实被歪曲了。

----------1357

□ **virtuous** [ˈvɜːtʃuəs] *a.* ①品德高尚的，有美德的 ②自命清高的，自以为高尚的
例 He described them as a virtuous and hard-working people. 他把他们描绘成一个道德高尚、勤劳的民族。

----------1358

□ **trustworthy** [ˈtrʌstwɜːði] *a.* 值得信任的，可信的，可靠的 [同] reliable, dependable
搭 a trustworthy colleague 可信赖的同事
例 Television should be a trustworthy source of information from which the public can find out what's going on. 电视应该是可靠的消息来源，公众从中可以知道正在发生的事。

----------1359

□ **load** [ləud] *v.* ①装，装载 [同] ship [反] unload ②大量给予，使负担 *n.* ①负荷，负担 ②装载，装载量 [同] cargo, weight ③负荷量，工作量
搭 load cargoes 装货；a loaded bus 满载乘客的公共汽车；be loaded with 装上；a load of 大量的，

117

许多，一大堆

例 The truck dropped two packs of goods on the way because it was not properly loaded. 卡车装货不当，有两包货物途中掉下了车。

辨 load: 车、船、人、动物所担载的重物。burden: 人、动物的负担。

............1360

☐ **immigrant** ['ɪmɪɡrənt] *n.*（外来）移民，侨民 [同] newcomer *a.*（从外国）移来的，移民的

构 im（向内）+ migr（移动）+ ant（人）→向内迁移的人 →移民

例 The city has a large number of immigrants. 这座城市有许多外来移民。

辨 immigrant:（从境外移入的）移民。emigrant:（从本国移居他国的）移民。

............1361

☐ **lead** [liːd]（led, led）*v.* ① 带路，指引 [同] guide, show the way ②领导，引导 [同] direct, instruct ③使，致使，使得 ④过（某种生活）*n.* ①领先，领导，榜样 ②主角，主要演员

搭 take the lead 带头；lead a quiet/full life 过宁静/充实的生活；lead in the race 赛跑中领先

例 Subsequent events led him to reconsider his position. 后来发生的一些事件使他重新考虑自己的立场。

............1362

☐ **authenticate** [ɔːˈθentɪkeɪt] *v.* ① 证明……是正确的，证明……是真实的 ②使法律上具有效力

搭 authenticate a story 证明报道属实

例 The painting has been authenticated as an original. 这幅画已被证明是真迹。

............1363

☐ **transcription** [trænˈskrɪpʃn] *n.* ①抄写，誊写，抄本，副本 ②录制，录音 ③（乐曲的）改编

搭 musical transcription 乐曲改编；the transcription of a program 节目的录制

............1364

☐ **authorize/se** [ˈɔːθəraɪz] *v.* 授权，批准，准许 [同] empower, approve, entitle [反] ban

搭 authorized personnel only 非请勿入；be authorized by usage 得到惯用法认可

例 I authorized Mr. Jones to act for me while I was away. 我授权琼斯先生在我外出期间代理我的工作。

联 authorization *n.* 授权，委托；unauthorized *a.* 未

经授权的

............1365

☐ **colossal** [kəˈlɒsl] *a.* ①巨大的，庞大的 ②严重的 [同] serious ③奇异的，绝妙的，极好的

例 In the center of the hall stood a colossal wooden statue, decorated in ivory and gold. 在大厅中央竖立着一座巨大的用象牙和金子装饰起来的木质雕像。

............1366

☐ **however** [haʊˈevə(r)] *ad.* ① 然而，可是 [同] nevertheless ②另一方面，仍然 ③无论如何，不管多么 [同] no matter how ④（用于疑问句）究竟，怎样 *conj.* 不管用什么方法

例 Higher sales have not helped profits, however. 然而，高销售量并没有带来更多的利润。

............1367

☐ **ascribe** [əˈskraɪb] *v.* ① (to) 把……归因于 ② (to) 把……归属于 [同] attribute

例 They ascribed the outbreak of food poisoning to unhygienic conditions in the butchers' shops. 他们把食物中毒归咎于肉铺不卫生的环境。

............1368

☐ **commission** [kəˈmɪʃn] *n.* ①委任状，任职令 [同] appointment ②授权，委托 ③佣金，回扣，手续费 [同] fee, allowance ④委员会 [同] board *v.* ① 委任，委托 ②任命，授衔 ③订购，委托制作

搭 get a commission of 10 percent 获得 10% 的回扣

例 If you help to sell the goods, you can get considerable commission. 如果你帮忙销售产品的话，你会获得可观的佣金。

............1369

☐ **reunion** [ˌriːˈjuːniən] *n.* ①重聚，团聚 ②（久别后的）聚会，联谊活动

构 re（重新）+ union（结合）→团聚

例 Housewives are particularly busy preparing for Christmas family reunion. 家庭主妇们在准备圣诞节家庭团聚，尤为忙碌。

............1370

☐ **potential** [pəˈtenʃl] *a.* 潜在的，可能的 [同] hidden, latent *n.* 潜力，潜能

例 You have the potential to reach the top of your profession if you want to. 如果你想的话，你有达到事业巅峰的潜力。

............1371

☐ **bonus** [ˈbəʊnəs] *n.* ①奖金，补贴 [同] reward ②额外给予，意外之外的东西 ③红利，余利

搭 an added bonus 意外收获；an extra bonus 额外的收获

例 The employees in the company receive a substantial part of their pay in the form of bonus and overtime. 公司的雇员有相当一部分酬金来自奖金和加班费。

辨 bonus: *n.* 奖金。benefit: *n.* 利益。
························1372

□ **pamphlet** ['pæmflət] *n.* 小册子 [同] booklet, leaflet

例 He's written a pamphlet denouncing the government's education bill. 他写了一本小册子，痛斥政府的教育议案。
························1373

□ **continent** ['kɒntɪnənt] *n.* ①大陆，洲 ②陆地 ③(C-) 欧洲大陆 *a.* 节制的，自制的

例 Asia and Africa are the two biggest continents. 亚洲和非洲是世界上最大的两个洲。

联 continental *a.* 大陆的，大陆性的 *n.* 欧洲大陆人
························1374

□ **dairy** ['deəri] *n.* ①牛奶场，乳品店 ②乳制品 *a.* 乳制品的

搭 dairy cattle 乳牛；the dairy industry 制奶业；dairy products/goods 奶制品

例 The single supplier of milk for the region is a giant dairy in the suburbs. 这个地区供应牛奶的唯一厂商是城郊的一家大型牛奶场。
························1375

□ **assess** [ə'ses] *v.* ①对……进行估价，确定……的数额 [同] estimate, evaluate ②评价，评论

例 It is difficult to assess exactly how much damage was caused. 很难精确评估造成了多大损失。
························1376

□ **demolish** [dɪ'mɒlɪʃ] *v.* ①摧残，拆毁，推翻 ②吃光

例 It's very sad that those old houses have had to be demolished so that a supermarket can be built. 为了建一家超市而不得不拆毁那些老房子是令人伤心的。
························1377

□ **invest** [ɪn'vest] *v.* ①投资，投入 ②使就职/授衔，使被册封 ③授权，赋予，使拥有

搭 invest money in 投资于；be invested as Prince of Wales 被册封为威尔士亲王；invest all the profits in gold shares 把所有的收益都投入到黄金股上

例 The constitution invests us with certain powers. 宪法赋予我们某些权力。
························1378

□ **enormous** [ɪ'nɔːməs] *a.* 巨大的，极大的，艰巨的 [同] huge, gigantic [反] tiny

搭 have an enormous impact on 对……产生巨大影响；take enormous pleasure in reading 在阅读中获得巨大乐趣；an enormous amount of money 一笔巨款

例 Rebuilding the shattered country will be an enormous task. 重建这个支离破碎的国家将会是一项艰巨的任务。
························1379

□ **convenient** [kən'viːniənt] *a.* ①适宜的，恰当的，方便的 [同] handy ②附近的，近便的 ③为图省事的，方便行事的

搭 convenient for the airport 离机场很近；a convenient parking space 方便泊车的地方

例 It is a flexible and convenient way of paying for business expenses. 这种营业费用的支付方法既灵活又方便。

用 convenient 常用 it 作主语，不用人作主语，要说：it is convenient for him/it is convenient to do sth.。
························1380

□ **occasional** [ə'keɪʒənl] *a.* ①偶尔的，间或发生的 [同] infrequent, accidental ②临时的 [同] temporary, transient ③特殊场合的，应景的

搭 pay an occasional visit 偶尔拜访一下

例 Can I know your cellular phone number? I may need your occasional help sometime. 能不能把你的手机号码告诉我？我可能什么时候需要你临时帮忙。
························1381

□ **imitation** [ˌɪmɪ'teɪʃn] *n.* ①模仿，仿效 ②仿制品，赝品 [同] fake ③(生) 拟态 *a.* ①人造的，仿制的 [同] artificial ②假冒的

搭 imitation jewelry 人造珠宝；a brilliant imitation of the Queen 逼真地模仿女王；imitation antique vases 仿古花瓶；cheaper imitation of fashionable dress 廉价的冒牌时装；imitation leather/silk 人造皮革/丝

例 He can do a wonderful imitation of a cuckoo's song. 他能惟妙惟肖地模仿布谷鸟的叫声。
························1382

□ **summit** ['sʌmɪt] *n.* ①最高级会议，峰会 ②(山等的) 最高点，峰顶 [同] top ③极点

例 The leaders of the main industrial countries will meet in Shanghai for their annual economic summit. 世界主要工业国领导人将在上海会面召开年度经济峰会。

............1383

□ **homogeneous** [ˌhɒməˈdʒiːnɪəs] *a.* ① 同种类的，同性质的，有相同特征的 [同] identical ②均匀的，均一的 ③（数）齐次的，齐性的
构 homo（相同）+ gene=gener（产生）+ ous（……的）→产生出相同的 →同种类的
搭 five homogeneous schools 五所同类的学校；a homogeneous distribution 均匀分布；a homogeneous equation 齐次方程式
例 It was a homogeneous crowd of teenage boys, all wearing jeans and white shirts. 这群十几岁的男孩子打扮相同，都穿着白衬衫、牛仔裤。
联 homogeneity *n.* 同种类，同性质；homogeneously *ad.* 同种类地，同性质地；homogeneousness *n.* 同种类，同性质

............1384

□ **cruel** [ˈkruːəl] *a.* ①残忍的，冷酷的，残暴的 [同] savage, brutal [反] merciful ②恶意的，刻意伤人的
搭 play a cruel joke on sb. 对某人开刻薄的玩笑；a cruel irony 意外的不幸，无情的打击；deal sb. a cruel blow 给某人以沉重打击
例 He was forced to apologize for his cruel remarks. 他被迫为他的残酷话语道歉。

............1385

□ **proposal** [prəˈpəʊzl] *n.* ①建议，提议 [同] suggestion, motion ②求婚
搭 offer proposals 提出建议
例 The quiet man put forward a surprising proposal at the meeting. 那个沉默寡言的人在会上提出了一个令人吃惊的提议。

............1386

□ **resort** [rɪˈzɔːt] *v.* (to) 求助，凭借，诉诸 [同] turn to *n.* ①求助，凭借，诉诸 ②求助或凭借的对象，采用的手段或办法 ③常去之地，度假胜地
搭 a seaside resort 海滨度假胜地；a mountain resort 山间度假胜地；as a last resort 作为最后的手段／办法；resort to violence 诉诸暴力
例 The aggressive army resorted to different tactics with heavy loss of lives but still they could not enter the city. 侵略军采取各种策略，伤亡惨重，可就是攻不进城。

............1387

□ **fantasy** [ˈfæntəsi] *n.* ①想象，幻想 ②想象的产物
例 We should face the reality instead of living in a world of fantasy. 我们应该面对现实，不应该活在幻想的世界里。
联 fantastic *a.* 极好的

............1388

□ **reduce** [rɪˈdjuːs] *v.* ①削减，减少，降低 [同] decrease, shrink ②使……陷入，使……沦为 ③征服，制服 ④归纳，概况 ⑤（数学）约化，简化 ⑥减肥
搭 reduce the risks of heart disease 降低患心脏病的风险；be reduced to despair 陷入绝望
例 The reduced consumer demand is affecting company profits. 消费者需求的减少正影响着公司的盈利。
辨 be reduced to 5%：减少到（只有原来的）5%。be reduced by 5%：减少了（原来的）5%（剩下95%）。

............1389

□ **efficient** [ɪˈfɪʃnt] *a.* ①效率高的，有效的 [同] competent, proficient ②有能力的，能胜任的
构 ef（出）+ fici（做）+ ent（具有……性质的）→能做出事的 →有能力的
例 We need someone really efficient who can organize the office and make it run smoothly. 我们需要一个真正有能力的人来组织好这个办事处，并使其顺利运转。
联 inefficient *a.* 效率低的；effective *a.* 有效的

............1390

□ **molten** [ˈməʊltən] *a.* ①熔化的，铸造的，浇铸的 ②灼热的，炽烈的
搭 molten lava 熔岩；a molten image 铸像；a molten passion 炽热的激情
例 The molten metal is poured into the mould. 把融化的金属倒进铸模。

............1391

□ **physical** [ˈfɪzɪkl] *a.* ①物质的，有形的 [同] material ②身体的，体格上的 [同] bodily ③物理的 ④自然的，自然科学的 [同] natural
构 physi（自然）+ cal（……的）→自然的
搭 physical education 体育；physical science 自然科学；physical exam 体格检查；in a weak physical condition 身体不好
例 They gave us moral and physical support. 他们给了我们精神和物质上的支持。

□ **combat** ['kɒmbæt] **n.** 战斗，斗争，格斗 [同] battle, struggle **v.** 与……战斗，与……斗争 [同] fight with, battle with

构 com（共同）+ bat（打击）→共同打 →战斗

例 The film explores the combat between good and evil. 这部电影探讨了善与恶之间的斗争问题。

....1393

□ **imitate** ['ɪmɪteɪt] **v.** ①模仿，仿效 [同] copy ②仿制，仿造，复制 [同] forge ③使相像，模拟

例 An original writer is not one who imitates nobody, but one whom nobody can imitate. 有独创性的作家不是不模仿别人的人，而是谁也模仿不了的人。

....1394

□ **tolerate** ['tɒləreɪt] **v.** ①容忍，忍受 [同] bear, endure ②容许，承认

例 The school can not tolerate cheating on exams. 学校不能容许考试作弊。

....1395

□ **addition** [ə'dɪʃn] **n.** ①加，加法 ②增加的人或物

构 add（加）+ ition（由行为产生的事物）→加法

例 In addition to giving a general introduction to computers, the course also provides practical experience. 课程除了介绍一般电脑知识外，还提供实际操作的机会。

联 addition **n.** 加法；subtraction **n.** 减法；multiplication **n.** 乘法；division **n.** 除法；additional **a.** 附加的，额外的；additive **a.** 添加的 **n.** 添加剂

辨 in addition: 另外，加之（为副词，相当于 as well）。in addition to doing sth.: 加上，除……之外（为介词，相当于 as well as）。in addition to: 除……外（还有）（=besides, aside from）。with exception of: 除……外（没有）（=except, except for）

....1396

□ **perception** [pə'sepʃn] **n.** ①感知，知觉，知觉力 [同] feeling ②理解，认识，看法 ③ 直觉，洞察力

搭 a person of extraordinary perception 洞察力非凡的人；customers' perception of a product 顾客对产品的看法

例 Drugs can alter your perception of reality. 毒品会改变你对现实的感知。

....1397

□ **esteem** [ɪ'stiːm] **n./v.** 尊敬，敬重 [同] revere

例 Because of his achievements, he was held in high esteem. 由于成就卓著，他很受尊敬。

....1398

□ **manipulate** [mə'nɪpjuleɪt] **v.** ①操纵，控制，影响 [同] control, handle ②（熟练地）操作，使用，应付，处理，利用 [同] deal with, tackle ③伪造，篡改（票据、账目等）④对（身体损伤部位）进行推拿治疗，推拿矫正（骨骼）

构 mani=manu（手）+ pul + ate（使）→使用手 →操纵

搭 manipulate the steering wheel 操作方向盘；manipulate the plot 安排情节；drive and manipulate the media 驱使并左右媒体；manipulate accounts 篡改账目；manipulate payroll 伪造工资单；groups that manipulate the prices 操纵市场价格的集团

例 Ours is an independent country and we allow nobody to manipulate our internal affairs. 我国是主权国家，不允许任何人操控我国的内部事务。

联 manipulable **a.** 可操作的；manipulation **n.** 操作，处理；manipulator **n.** 操作者；manipulatory **a.** 操作的，控制的

....1399

□ **astray** [ə'streɪ] **ad./a.** ①迷路，偏离正道 ②走上邪路，堕落

搭 go astray 走失，迷路，走上邪路

例 The attraction of the big city soon led him astray. 大城市的诱惑很快使他误入歧途了。

答案：

1. commission 译文：当局被要求成立一个委员会对这些谋杀事件展开调查。

2. twisted 译文：即使完全没有恶意的话都会被歪曲，产生并非说话人本意的效果。

Unit 25

学前自测

1. Pupils with poor memories were at a _____. (cuisine, sculpture, correspondence, velocity, disadvantage)
2. The identity cards looked as though they had been _____. (commuted, commiserated, complicated, faked, burrowed)

----------1400

□ **mattress** ['mætrəs] **n.** 褥垫，床垫
例 There is no bed in her room and she sleeps on the mattress on the floor. 房间里没有床，她就把褥垫放在地板上睡。

----------1401

□ **intelligent** [ɪn'telɪdʒənt] **a.** ①有头脑的，聪明的 [同] clever ②智能的
构 intel（在……之间）+ lig（选择）+ ent（……的）→能做出选择的 →聪明的
例 She had a few intelligent things to say on the subject. 对于这个主题，她有一些睿智的话要说。
联 intelligence **n.** 智力
辨 intelligent: 聪明的，有才智的，强调推理能力或理解力强。clever: 聪明的，伶俐的，强调机灵。wise: 英明的，强调有智慧。

----------1402

□ **fake** [feɪk] **n.** ①假货，赝品 [同] sham ②骗子，冒充者 **v.** ①伪造 [同] fabricate ②伪装，假装 [同] pretend, disguise **a.** ①假的，伪造的 [同] false ②人造的，人工的
搭 fake certificates 伪造的凭证；fake fur 人造皮革；fake flowers 人造花；fake injury 假装受伤
例 He admitted to faking famous paintings and selling them around the world. 他承认伪造名画，并在世界各地出售。

----------1403

□ **bewilder** [bɪ'wɪldə(r)] **v.** 使迷惑，使难住 [同] confuse, puzzle
例 They moved with a speed which bewildered the enemy. 他们移动神速，使敌人不知所措。
联 bewilderment **n.** 迷惑；bewildering **a.** 令人困惑的

----------1404

□ **cuisine** [kwɪ'ziːn] **n.** ①烹饪（法）②菜肴，饭菜

搭 French cuisine 法国菜；Chinese cuisine 中国菜
例 The cuisine in our restaurant is excellent. 我们饭馆的菜肴是一流的。

----------1405

□ **suspend** [sə'spend] **v.** ①悬挂起，吊 [同] hang ②暂停，中止 [同] halt, postpone
例 The criminal was given an 18-month jail sentence suspended for two years. 罪犯被判处一年半徒刑，缓期两年执行。

----------1406

□ **claim** [kleɪm] **v.** ①声称，断言 [同] allege, assert ②要求，索求，申领 [同] demand ③（灾难等）使失踪或死亡 ④需要，值得，赢得 **n.** ①要求，认领，索求 [同] demand ②声称，断言 [同] assertion ③权利，所有权，要求权 ④索赔，赔付 / 补偿金额
搭 put in a claim for pay rise 提出加薪要求；claim to fame 成名之举；claim millions of lives 夺取几百万人的生命；claim unemployment benefit 申请失业救济
例 After the crash, the airliner faced millions of dollars in claims. 飞机失事后，该航空公司面临着数百万美元的索赔。
联 acclaim **v.** 欢呼；exclaim **v.** 呼喊，惊叫；proclaim **v.** 宣告；reclaim **v.** 要回，收回，开垦

----------1407

□ **budget** ['bʌdʒɪt] **n.** ①预算，预算案，预算拨款 ②经费，生活费 **v.** (for) 编预算，做安排 **a.** 便宜的，廉价的，收费公道的
搭 a budget price 廉价；budget deficit 预算赤字
例 The hospital obviously needs to balance the budget each year. 这家医院显然每年都要平衡预算。

----------1408

□ **commiserate** [kə'mɪzəreɪt] **v.** 同情，怜悯 **a.** 表示同情 / 怜悯的

构 com（加强）+ miser（可怜）+ ate（表动词）→ 同情

搭 commiserate with sb. about the missing fingers 对某人失去手指表示同情

例 I was just commiserating with Dan over the loss of his pet dog. 我对丹失去了他的宠物狗表示同情。

联 commiseration *n.* 怜悯，同情

—————————1409

□ **sculpture** ['skʌlptʃə(r)] *n.* ①雕刻作品，雕塑品 ②雕刻（术），雕塑（术）[同] carving

搭 offer lessons in sculptures 开设雕塑艺术课；cast a sculpture in bronze 用青铜塑雕像

例 The museum houses several life-size sculptures of people and animals. 博物馆里陈列着一些如实物大小的人和动物雕像。

联 sculptured *a.* 雕塑的；sculptural *a.*（似）雕塑的；sculptor *n.* 雕塑家

—————————1410

□ **complicate** ['kɒmplɪkeɪt] *v.*（使）复杂化，使混乱，使难懂 [反] simplify

构 com（全部）+ plic（折叠）+ ate（表动词）→ 全部折叠起来 →使复杂化

例 The rescue operation has been complicated by bad weather. 恶劣天气使得救援工作变得复杂。

—————————1411

□ **sociable** ['səʊʃəbl] *a.* ①好交际的，合群的 ②社交的，交际的 ③群居的 *n.* 社交聚会，交谊会

搭 a sociable disposition 合群的习性；a sociable party 社交聚会；sociable plants 群聚植物

例 Man is said to be a sociable animal. 人据说是一种社会性动物。

—————————1412

□ **velocity** [və'lɒsəti] *n.* ①速度，速率 [同] speed, rate ②迅速

构 veloc（快的）+ ity（表名词）→速度

搭 at a velocity of 以……的速度

例 Electromagnetic waves travel at the velocity of light. 电磁波的速度和光的速度一样。

—————————1413

□ **disadvantage** [ˌdɪsəd'vɑːntɪdʒ] *n.* ①不利，不利地位，不利条件 ②（名誉、信用等）损失，损害 *v.* 给……造成不利，损害，妨碍

搭 put sb. under a serious disadvantage 使某人处于极为不利的地位；at a disadvantage 处于不利

地位；be taken at a disadvantage 被人利用；to the disadvantage of sb./to one's disadvantage 对某人不利

例 She argued that social disadvantage was a major cause of crime. 她争辩说不利的社会地位是犯罪的主要原因。

—————————1414

□ **converse** [kən'vɜːs] *v.* ①(with) 谈话，交谈 ②（人机）对话 *a.*（方向等）逆的，相反的，（次序等）颠倒的 *n.* ①相反的事物，反面的事实/言辞 ②（逻辑上的）逆命题，反题

构 con（共同）+ vers（转）+ e →一同转向 →谈话

搭 a converse impression 相反的印象；converse about the weather 谈论天气；a converse wind 逆风；hold the converse opinion 持截然相反的观点

例 Conducting business with her is fine but I find that conversing with her is quite difficult. 和她做生意很愉快，但我发觉和她交谈实在很难。

—————————1415

□ **invade** [ɪn'veɪd] *v.* ①入侵，侵略 [同] intrude ②侵入，大批进入

搭 invade one's privacy 侵犯某人的隐私；invade one's rights 侵犯某人的权利

例 Famous people often find their privacy is invaded by the press. 名人常常发现个人隐私受到新闻界侵犯。

—————————1416

□ **correspondence** [ˌkɒrə'spɒndəns] *n.* ①通信 [同] mail, post ②信件，函件 [同] letter ③符合，一致，相似 [同] coincidence

搭 correspondence school 函授学校；take a correspondence course 参加函授班；in correspondence with 与……相符，与……通信；a one-to-one correspondence 一对一的对应关系；enter into correspondence with 开始与……通信；keep up/drop correspondence with sb. 与某人保持/中止通信联系；break off correspondence 终止通信联系

例 I have never met the writer though I have been in correspondence with him for several years. 尽管和这位作家通信几年了，我还从未见过他。

联 correspondent *n.* 记者，通讯员

—————————1417

□ **irrigation** [ˌɪrɪ'geɪʃn] *n.* ①灌溉 ②（医）冲洗

例 The main purpose of the dam was to provide

irrigation. 这个水坝的主要目的是提供灌溉。
..............1418

□ **cord** [kɔːd] **n.** ①细绳，带子，软线 [同] string ②脐带，声带，脊髓 ③灯芯绒 ④制约因素 **a.** 灯芯绒的 **v.** 用绳绑住，系上绳

搭 a dressing-gown cord 睡袍带; the vocal cord 声带; a pair of cord trousers 一条灯芯绒裤子

例 The door has been tied shut with a length of nylon cord. 门用一段尼龙绳拴上了。

联 rope **n.** （粗）绳; thread **n.** 线; wire **n.** 金属丝
..............1419

□ **deceive** [dɪˈsiːv] **v.** 欺骗，蒙蔽

搭 deceive sb. into doing 欺骗某人做; be deceived in sb. 看错某人/受某人骗

例 He that once deceives is ever suspected. 骗人一次，受疑一世。

联 deceiver **n.** 欺骗者; deceivable **a.** 易受欺骗的，可欺诈的; deceptive **a.** 欺骗性的

辨 deceive: 为隐瞒真相而欺骗，使人上当。cheat: 为获取个人利益而用不诚实手段欺骗。trick: 以小计谋狡猾地、不光彩地捉弄。
..............1420

□ **consist** [kənˈsɪst] **v.** ① (of) 组成，构成 [同] be composed of ② (in) 在于，存在于 [同] lie in, exist in ③并存，一致 [同] accord with

搭 consist in 在于; consist with（与……）一致，并存; consist of 由……组成

例 The difference between success and failure consists in perseverance. 成败的关键在于能否坚持到底。
..............1421

□ **geology** [dʒiˈɒlədʒi] **n.** ①地质学 ②地质情况

构 geo（地，地球）+ logy（学）→地质学

例 Geology deals with the earth's crust, the layers of which it is composed, and their history. 地质学研究的是地壳、地表的组成及其历史。

联 geologist **n.** 地质学家; geological **a.** 地质的，地质学上的
..............1422

□ **frontier** [ˈfrʌntɪə(r)] **n.** ①边疆，边境，边界，边区 [同] border, boundary ②界限 ③尖端，最前沿，新领域 **a.** 边疆的，边境的

搭 an outpost on the frontier 边境前哨; a frontier post 边境哨所; frontier dispute 边境争端; technological frontiers 技术前沿

例 This is an easy way of crossing different social

frontiers. 这能轻松跨越不同的社会界限。

联 frontiersman **n.** 边疆居民，拓荒者

辨 frontier: 指设防的"边界"，用复数形式也指"领域"。border: 指国与国之间的"边界"。boundary: 指山脉、河流形成的自然"边界"。
..............1423

□ **gallop** [ˈɡæləp] **n.** ①（马的）飞奔，疾驰 ②骑马奔驰 ③高速度，飞跃 **v.** ①（使）飞奔，疾驰 ②飞速发展，迅速增加

搭 have a good gallop on the shore 在沙滩上痛快地飞奔; gallop through the woods 策马穿过树林; gallop across the field 策马穿过田野; gallop through one's work 快速干完工作; at a gallop 飞快地，急速地; gallop down the hill 骑马飞奔下山

例 At the sound of the bugle the horse suddenly broke into a gallop. 军号声一响，那匹马突然飞奔起来。
..............1424

□ **realistic** [ˌriːəˈlɪstɪk] **a.** ①现实的 ②实际可行的 ③现实主义的，逼真的

例 The novel presents a realistic picture of the 19th century China. 这部小说对 19 世纪的中国做了现实主义的描写。

联 unrealistic **a.** 不现实的，不实在的
..............1425

□ **brutal** [ˈbruːtl] **a.** ①野兽般的，残忍的 [同] cruel, bestial ②无情的，冷酷的，难以忍受的 [同] harsh

例 He had been a brutal dictator and had many enemies. 他是个残忍的独裁者，树敌众多。
..............1426

□ **scorching** [ˈskɔːtʃɪŋ] **a.** ①灼热的 [同] burning, baking ②尖刻的，热烈的，激烈的 ③奇快的，极快的 **ad.** 灼热地

搭 scorching weather 大热天; scorching heat 灼热; a scorching summer day 炎炎夏日; a scorching speech 激烈尖刻的讲话

例 A dozen women carrying buckets of water walked slowly under the scorching sun. 十几名妇女担着水缓慢地走在火辣辣的太阳底下。
..............1427

□ **commute** [kəˈmjuːt] **v.** ①（乘公共汽车）上下班，经常乘车或船等往返于两地 ②减轻（刑罚等）③折合，折偿 **n.** 上下班交通

搭 commute comfort for hardship 以逸待劳

例 He lives in the suburbs, and has to commute by

bus between his home and his office in the down-town every day. 他住在郊区，办公室在市中心，每天都得乘公共汽车上下班。

联 commuter *n.* 经常往返者，通勤者

....1428

□ **burglar** ['bɜːɡlə(r)] *n.* 入室窃贼，小偷

例 Two burglars were caught in town last night. 城里昨天夜里有两名窃贼被抓。

联 burglarious *a.* 被盗的，窃盗的

....1429

□ **spin** [spɪn] *v.* ①（使）旋转 [同] whirl ②眩晕 ③纺（纱），织（网）④绞干，（用洗衣机等）甩干 *n.* 旋转，自转 [同] rotation

例 She heard footsteps behind her, and spun around to see who was there. 她听见后面有脚步声，急忙转过身去看是谁。

....1430

□ **burrow** ['bʌrəʊ] *v.* ①掘洞，钻洞 ②（使）钻进，（使）依偎于 ③寻找，翻找

例 I burrowed through the clothes in the drawer looking for a clean pair of socks. 我在抽屉的衣服里翻找一双干净袜子。

....1431

□ **tropical** ['trɒpɪkl] *a.* ①热带的，位于热带的，有热带特性的 ②炎热的，酷热的

搭 tropical disease 热带病；tropical rain forests 热带雨林；tropical countries 热带国家；tropical fruits 热带水果；the steaming tropical heat 热浪滚滚；tropical fish 热带鱼

例 Tropical forests contain around half of all the world's species of animals and plants. 热带森林有世界上大约半数的动植物种类。

联 tropically *ad.* 位于热带，具有热带特性

....1432

□ **predominant** [prɪ'dɒmɪnənt] *a.* 主导地位的，显著的 [同] leading

例 Dancers have a predominant role in this performance. 在这个表演中，舞蹈演员占主导地位。

联 predominantly *ad.* 占主导地位地，显著地

....1433

□ **inventory** ['ɪnvəntri] *n.* 详细目录，存货清单 *v.* 开清单，清点存货

例 Their shop is inventoried in December every year. 他们的商店每年12月份都要进行盘点。

....1434

□ **declaration** [ˌdeklə'reɪʃn] *n.* ①宣布，宣告 [同] proclamation ②宣言，公告，声明 [同]

announcement ③陈述，讼词 ④申报

构 de（向下）+ clar=claim（大叫）+ ation（表行为）→向着……大叫 →宣布

搭 a declaration of war 宣战；a declaration of love 爱的表白；a declaration of the poll 宣告选举结果；*The Declaration of Independence*《独立宣言》

例 Please make a written declaration of all the goods you bought abroad. 请书面申报你在国外购买的全部物品。

....1435

□ **militant** ['mɪlɪtənt] *a.* 激进的，好战的 [同] radical, aggressive *n.* 激进分子

构 milit（打仗）+ ant（……的）→好战的

例 The combat hero was full of militant spirits. 这位战斗英雄充满了战斗激情。

....1436

□ **audio** ['ɔːdiəʊ] *n./a.* ①听觉（的），声音（的）②音频（的），音响（的）

构 aud（听）+ io →听觉的

例 The hardware store sells audio-visual equipment. 这家五金店销售视听设备。

联 audible *a.* 听得见的

....1437

□ **chorus** ['kɔːrəs] *n.* ①合唱曲，合唱（队）②齐声，同声，一起说的话 / 发出的喊叫声 ③歌舞队 *v.* ①合唱 ②同声地说

搭 in chorus 齐声地，同声地；join in the chorus 加入合唱队；chorus the praises of 齐声赞扬；a mixed chorus 男女混合唱；a chorus of frogs on a spring evening 春夜的一片蛙鸣声；a chorus of yeses/noes 一片赞成 / 反对声；a female chorus 女子合唱队；chorus of male/female 男生 / 女生合唱

例 They burst into a chorus of "Happy Birthday". 他们齐声唱《祝你生日快乐》。

联 solo *n.* 独唱，独唱曲

....1438

□ **sufficient** [sə'fɪʃnt] *a.* 足够的，充分的 [同] adequate

搭 be sufficient for 足够

例 The food will be sufficient for five people. 食物足够五个人吃。

联 sufficiency *n.* 充足

....1439

□ **eternal** [ɪ'tɜːnl] *a.* ①永久的，永世的，永恒的 [同] everlasting, immortal [反] temporary ②无休止的，没完没了的 [同] endless

搭 the eternal truths of religion 永恒的宗教真理；

125

eternal hum 没完没了的嗡嗡声

例 Honesty and diligence should be your eternal mates. 诚实和勤勉应该成为你永久的伴侣。

·······1440

□ **hazardous** ['hæzədəs] *a.* 有危险的，有害的 [同] perilous, risky

搭 a hazardous occupation 危险的职业；a hazardous journey 危险的旅行

例 They have no way to dispose of the hazardous waste they produce. 他们无法处理掉自己制造出来的有害废物。

·······1441

□ **conceal** [kən'siːl] *v.* ①隐藏，藏匿 [同] hide, disguise ②掩盖，遮住 ③隐瞒，掩饰

搭 conceal oneself behind the door 藏在门后；conceal evidence 隐藏证据；make no attempt to conceal my dislike of her 毫不掩饰我对她的厌恶

例 She was very unhappy, but nobody knew, because she concealed her feelings. 她很不快乐，但没有人知道，因为她隐藏着自己的感受。

·······1442

□ **dismantle** [dɪs'mæntl] *v.* ①拆开，拆卸（机器等）②取消（制度、安排等）

搭 dismantle a washing machine 拆开洗衣机；dismantle the old education system 废除旧的教育体制

例 The good thing about the bike is that it dismantles if you want to put it in the back of the car. 这辆自行车的好处是，你要是想把它放在汽车后部，它可以拆卸。

·······1443

□ **prominence** ['prɒmɪnəns] *n.* ①突起，凸出 ②显著，杰出，声望

搭 a lawyer of prominence 著名律师；come to/rise to/gain prominence 成名；give prominence to the key points 突出重点

例 Most of the papers gave prominence to the same story this morning. 大多数报纸今天早上都在显著位置刊登了同一条新闻。

·······1444

□ **heighten** ['haɪtn] *v.* ①增强，增长，变强，提高 [同] enhance, intensify ②（颜色等）变浓，使更鲜明，使更显著，使更突出

构 height（高）+ en（使）→使高→提高

搭 heighten the effect of the exhibition 增强展览的效果；a heightening awareness of the problem 对问题更深的认识；use lemon to heighten the flavor 用柠檬增味；heighten the tension between the two countries 使得两国关系更加紧张；heighten one's irritation 使某人怒上加怒

例 As the feeling of panic heightened, people started to flee towards the exits. 恐惧感不断增加，人们开始跑向门口。

·······1445

□ **incongruity** [ˌɪnkən'gruːəti] *n.* ①不适宜，不相称 ②不和谐，不一致 [同] disharmony ③不协调 / 合适的东西

构 in（不）+ congruity（一致，和谐）→不和谐

搭 the incongruity of one's age and rank 某人年龄和级别的不相称；the incongruity of one's clothes 某人衣着的不和谐

例 What incongruities these are! 这些是多么不协调的东西啊！

·······1446

□ **ritual** ['rɪtʃuəl] *n.* ①（宗教的）仪式 [同] ceremony ②例行公事，老规矩 [同] routine ③风俗，习惯 *a.* ①仪式的 ②例行的，老规矩的 [同] routine

搭 the ritual of inauguration 就职典礼；ritual dances 仪式舞蹈

例 British gentlemen hate to make household tasks a ritual. 英国的绅士们讨厌把家务活当作老规矩。

·······1447

□ **hiccup** ['hɪkʌp] *n.* ①打嗝，呃逆 ②暂时的下降 / 停顿 *v.* ①打嗝 ②暂时下降 / 停顿

搭 the hiccup in the stock market 股市的暂时跌落

答案：
1. disadvantage 译文：记忆力不好的学生处于劣势。
2. faked 译文：这些身份证件看起来像是伪造的。

Unit 26

学前自测

1. Here she was also able to _____ in another of her favorite pastimes, dancing. (renew, degenerate, augment, indulge, grieve)

2. He came up with no _____ alternative to the system. (nutritious, mutual, intrinsic, mental, feasible)

————1448

□ **comment** ['kɒment] **n.** ①评论，意见 [同] criticism ②闲话，议论 **v.** (on, upon) 评论 [同] remark

构 com（共同）+ ment（想法，思考）→共同进行思考 →评论

搭 no comment 无可奉告；make comments on = comment on 对……加以评论

例 He refused to comment on the current economic situation. 他拒绝评论当前的经济形势。

————1449

□ **expedition** [ˌekspə'dɪʃn] **n.** ①（为特定目的而组织的）旅行，出行，远征 ②远征队，探险队，考察队 ③迅速，动作敏捷

构 ex（出）+ ped（脚）+ ition（行为）→迈出脚 →出行

搭 with expedition 赶紧，迅速地；go on an expedition 去远征／考察／探险；an Antarctic/Arctic expedition 南／北极探险；an expedition into the Brazilian jungle 去巴西丛林中考察

例 He joined an expedition to photograph wild animals in Africa. 他参加了一支探险队，去非洲拍摄野生动物。

————1450

□ **renew** [rɪ'njuː] **v.** ①重新开始，继续 [同] resume ②（使）更新，恢复 [同] refresh ③延长……的有效期

搭 renew a dictionary 续借一本词典；renew friendship with sb. 与某人言归于好

例 I'll have the novel renewed or I'll be fined for being overdue. 我要续借这部小说，要不然会因过期被罚款。

联 renewal **n.** 更新，复兴；renewable **a.** 可再生的，可更新的，可续订的

————1451

□ **sensational** [sen'seɪʃənl] **a.** ①了不起的，极令人兴奋的 ②引起轰动的、耸人听闻的

搭 a sensational sports car 极佳的跑车；look sensational in a new dress 穿上新裙子漂亮极了；a sensational murder trial 轰动一时的谋杀案审判；sensational headlines 耸人听闻的头条新闻

例 It was a sensational piece of reporting that did considerable damage to his reputation. 一篇耸人听闻的报道使他的名誉受到了极大的损害。

————1452

□ **feasible** ['fiːzəbl] **a.** ①可行的，行得通的 ②合理的，可信的 ③可用的，适当的

构 feas（做）+ ible（可……的）→可做的 →可行的

搭 the feasible sources of power 可用的能源；land feasible for cultivation 适宜耕种的土地

例 He questioned whether it was feasible to stimulate investment in these regions. 他质疑在这些地区刺激投资的可行性。

————1453

□ **auditorium** [ˌɔːdɪ'tɔːriəm] **n.** (pl. auditoriums 或 auditoria) 礼堂，会堂，听众席

构 audit（听）+ orium（地点，场所）→听的场所 →会堂

例 No smoking in the auditorium. 礼堂内禁止吸烟。

————1454

□ **nutritious** [njuː'trɪʃəs] **a.** 有营养的，滋养的

例 Oranges and apples are especially nutritious. 橘子和苹果格外有营养。

联 nutrition **n.** 营养；nutritionist **n.** 营养学家

————1455

□ **hawk** [hɔːk] **n.** ①鹰 ②鹰派（主战分子） **v.** ①以鹰猎鸟 ②沿街叫卖，散播

搭 hawk-eyed 目光锐利的；hawk one's wares 兜售商品

例 The hawks are pressing for a vigorous response to the challenge. 主战分子竭力主张对挑战采取强有力的回击。

......1456

□ **minority** [maɪ'nɒrəti] **n.** ①少数 ②少数派，少数民族，少数群体 [反] majority ③未成年时期

搭 in the/a minority 少数人 / 派；the minority vote 少数票

例 At that time only the minority were highly-educated technicians. 在那时候，只有少数人是受过高等教育的技术人员。

联 minor **a.** 较少的

......1457

□ **seek** [siːk] **v.** (sought, sought) ①寻觅，寻找，物色 [同] look for ②请求，征求 ③试图，企图 [同] try

搭 seek further funding 筹集更多的资金；seek asylum in another country 在其他国家寻求避难；seek after/for/out business opportunities 寻找商机

例 Always seek professional legal advice before entering into any agreement. 在缔结任何协议之前，务必征求专业的法律意见。

......1458

□ **connect** [kə'nekt] **v.** ①连接，联结 [同] link, associate ②联系，接通（电话），开通 ③换乘，联运

搭 connect the TV to your PC 把电视机连到你的个人电脑上；travelers wanting to connect to long-distance flight 想换乘长途航班的旅客

例 We'll have to connect these wires to make the machine work. 我们得把这些电线连接起来使机器工作。

......1459

□ **indulge** [ɪn'dʌldʒ] **v.** ①沉溺于，肆意从事，尽情享受，满足（自己的欲望等）②放任，纵容，迁就 [同] spoil

例 He always indulges in vain hopes. 他总是沉湎于幻想之中。

......1460

□ **cheat** [tʃiːt] **v.** ①欺骗，诈取 [同] deceive ②作弊 ③对伴侣不忠 / 不贞 **n.** ①欺骗，欺诈行为 ②骗子，作弊者，舞弊者

搭 cheat sb. (out) of his/her money 骗取某人的钱；a tax cheat 偷税漏税的人

例 Students may be tempted to cheat in order to get into top universities. 为了进入名牌大学，学生们

可能会作弊。

辨 cheat: 用不诚实手段骗取钱财或作弊。deceive: 以假象、错误说法蒙骗他人，使人上当。

......1461

□ **mutual** ['mjuːtʃuəl] **a.** ①相互的 ②共同的，共有的 [同] common, shared

例 Our friendship develops as our mutual help and mutual support increase. 随着互相帮助和互相支持的增多，我们之间的友谊也加深了。

......1462

□ **coverage** ['kʌvərɪdʒ] **n.** ①覆盖面，范围 ②保险额，保证金 ③新闻报道（范围）

搭 a dictionary with poor coverage of Americanisms 美国英语用法收录很少的辞典；get full/complete/extensive/wide coverage from all the radio and television stations 得到所有电台和电视台的充分报道；have fire and theft coverage on the store 给商店投火灾险和盗窃险

例 The conference got massive media coverage. 这场会议得到了大众传媒的广泛报道。

......1463

□ **appearance** [ə'pɪərəns] **n.** ①出现，露面 [同] emergence, appearing ②外观，外貌，样子 [同] look ③形成，产生，发生

搭 judge by appearance 从外表上判断；save/keep up appearances 保全面子；to all appearances 就外表看来，根据观察推断；the first appearance on TV 首次在电视上亮相

例 The prompt appearance of the police prevented trouble. 警察的迅速出现防止了骚乱的发生。

......1464

□ **clinic** ['klɪnɪk] **n.** 医务室，门诊部 [同] dispensary

例 I've got an appointment at the ear, nose and throat clinic next week. 我已经约好下星期耳鼻喉科门诊。

......1465

□ **grieve** [griːv] **v.** (for, over, at) 悲痛，（使）伤心

搭 grieve for the dead 为死去的人悲痛；grieve over the dead wife 为亡妻而伤心

例 It grieved me to see the family in such distress. 看到这家人如此困苦，我很伤心。

......1466

□ **vacation** [veɪ'keɪʃn] **n.** 休假，假期 [同] holiday **v.**（美）度假

构 vac（空的）+ ation（表状态）→休假

搭 save some money for vacation 存些钱用于度假；on vacation 度假

例 He is vacationing abroad. 他正在国外度假。

联 vocation *n.* 职业；vocational *a.* 职业的

......1467

□ **intrinsic** [ɪn'trɪnzɪk] *a.* 固有的，本质的，内在的 [同] inherent

搭 intrinsic factors 内在因素；an intrinsic meaning 内在含义

例 It is immoral to treat animals as if they had no intrinsic value. 虐待动物，好像它们没有本身的价值，这是不道德的。

......1468

□ **degenerate** [dɪ'dʒenəreɪt] *v.* 退步，堕落，颓废 [dɪ'dʒenərət] *a.* 堕落的，腐化的，颓废的，变质的，变性的 [dɪ'dʒenərət] *n.* 堕落者，颓废者，退化的动物，蜕化（分子），变质的东西

例 Unlimited freedom often degenerates into anarchism. 没有约束的自由往往会蜕变为无政府主义。

联 degeneration *n.* 蜕化，退步，堕落

......1469

□ **crater** ['kreɪtə(r)] *n.* ①火山口 ②陨石坑，弹坑 ③（月球等的）环形山 *v.* 在……表面形成坑

搭 blast a two-meter crater in the ground 在地上炸出一个两米的坑

例 With a good telescope you can see craters on the moon's surface. 用好的望远镜能看见月亮上的环形山。

......1470

□ **clip**① [klɪp] *n.* ①（弹簧）夹子，回形针，别针 ②弹夹，弹仓 *v.* （用夹子、回形针等）夹住，扣住

联 The envelopes were fastened together with a plastic clip. 信封是用一个塑料夹子扣在一起的。

......1471

□ **clip**② [klɪp] *v.* ①剪，修剪 [同] cut ②缩减，剪短 *n.* 剪报，电影（或电视）片段

搭 at a clip 一次；clip and keep 剪贴（为了保存）；clip sth. out of 从……剪取某物

例 The guard on the train clipped our tickets to show we've used them. 列车员把我们的票剪了个口，表示已用过。

联 clipper *n.* 剪刀，剪子；clipping *n.* （常 *pl.*）剪下的东西

......1472

□ **augment** [ɔːg'ment] *v.* （使）增大,（使）增长

（使）增值

例 With the birth of his third son, he found it necessary to do something to augment his income. 随着第三个儿子的出生，他感到有必要想办法增加收入。

......1473

□ **infer** [ɪn'fɜː(r)] *v.* 推论，推断 [同] deduce, derive

例 The judge inferred from the answer of the witness that he was trying to conceal something. 法官从证人的回答中推断出他想掩盖一些东西。

......1474

□ **bungalow** ['bʌŋɡələʊ] *n.* 平房，独座房屋

例 It was a seaside town filled with small white bungalows. 这个海边小镇里到处都是白色小平房。

......1475

□ **landscape** ['lændskeɪp] *n.* ①风景，景色 [同] scenery, scene ②山水画，风景画 [同] painting, picture ③全景 *v.* 美化（……的景观）

构 land（陆地）+ scape（景色）→风景

例 The town was tastefully landscaped. 这座小城的景观打造得很有情趣。

......1476

□ **shuttle** ['ʃʌtl] *n.* ①（织机的）梭子 ②航天飞机 ③短程穿梭运行的飞机、火车、汽车 *v.* 穿梭般来回，短程穿梭运送

例 Passengers are shuttled by bus from the bus stop to the airport. 乘客被公共汽车从汽车站送到机场。

......1477

□ **discriminate** [dɪs'krɪmɪneɪt] *v.* ①(between) 区别，辨别，识别，区分出 [同] distinguish, differentiate ②(against) 区别对待，歧视 [dɪ'skrɪmɪnət] *a.* 能识别的

搭 discriminate between a good idea and a bad one 区分出好主意和坏主意；discriminate against foreigners 歧视外国人

例 It is the power of speech which mostly discriminates men from the animals. 正是语言能力最能说明人兽之别。

......1478

□ **luxury** ['lʌkʃəri] *n.* ①豪华，华贵 ②奢侈品

例 President Jefferson didn't like the idea of living in luxury but wished to live in a modest cottage. 杰弗逊总统不喜欢奢华的生活，而是希望住在一个普通的农舍里。

联 luxurious *a.* 奢侈的

129

----------1479

□ **anticipate** [æn'tɪsɪpeɪt] **v.** ①预期，预料，期望 [同] expect, predict ②先于……行动，提前使用

构 anti（前）+ cip（取，拿）+ ate（使……）→在前面就拿 →预期

例 We had anticipated that the enemy would try to cross the river and had destroyed the bridge. 我们料到敌人可能设法过河，所以把桥毁了。

----------1480

□ **commit** [kə'mɪt] **v.** ①犯（错误、罪行等），干（蠢事、坏事等）②(oneself) 使承担义务，使承诺 ③(to) 把……托付给，把……置于 ④投入，拨款，拨出

搭 commit a crime 犯罪；commit suicide 自杀；commit millions of dollars for a program 为一个项目拨款数百万美元；commit the letter to the fire 把信扔进火里烧了；commit sth. to memory 记住某事

例 The government has committed itself to improving the health service in the countryside. 政府已做出承诺要改善农村的医疗条件。

----------1481

□ **displace** [dɪs'pleɪs] **v.** ①取代，替代 [同] replace ②移置，置换 ③迫使……离开家园

构 dis（分离）+ place（位置）→使从位置上离开 →取代

例 The building of a new dam will displace thousands of people who live in this area. 造一个新水库将迁移这个地区成千上万的原住民。

联 displacement **n.** 取代，置换，停职

----------1482

□ **orbit** ['ɔːbɪt] **n.** 轨道 [同] path, track **v.**（绕……）作轨道运行 [同] circle, revolve

构 orb（轨道）+ it →轨道

搭 go into orbit 上 / 进入轨道；bring sth. within the orbit of 把某物纳入……的轨道

例 The earth revolves round the sun along its orbit. 地球绕着太阳沿轨道运行。

联 orbital **a.** 轨道的

----------1483

□ **mental** ['mentl] **a.** ①智力的，脑力的 [同] intellectual [反] physical, manual ②精神的，思想上的，心理的 [同] spiritual ③头脑里活动的，存在于脑中的

搭 mental health 心理健康；mental age 心理年龄

例 Many people suffer from some forms of mental illness during their lives. 许多人在他们的一生中总有这样或那样的心理疾病。

----------1484

□ **enable** [ɪ'neɪbl] **v.** 使能够，使可能，允许，许可 [同] make possible

例 The new test enables doctors to detect the disease early. 新的检测手段使医生们能及早查出这种疾病。

----------1485

□ **fountain** ['faʊntn] **n.** ①喷泉，泉水 ②喷水池，人工喷水装置 ③喷泉状物 ④源头

搭 fountain pen 钢笔；a fountain of ideas 点子大王

例 In that period of my life, I regarded Mira very much as a fountain of calm. 在我生活的那个时期，我把米拉当成宁静的源泉。

----------1486

□ **derelict** ['derəlɪkt] **a.** ①被抛弃的，破败的 ②玩忽职守的，不负责任的 **n.** ①漂流海上的弃船 ②弃儿，废弃物

构 de + re（向后）+ lict=linqu（留下）→留在后的 →被抛弃的

搭 a derelict building 被弃置的建筑；stand/lie derelict 被弃置，闲置；a derelict ship 弃船；a derelict behavior 不负责任的行为

例 There are plans to redevelop the large amounts of derelict land near the railway station. 有计划重新开发火车站附近的大片荒地。

联 dereliction **n.** 失职，弃置状态

----------1487

□ **guidance** ['gaɪdns] **n.** ①帮助，指导 [同] direction ②控制，遥控 ③导航

搭 under the guidance of 在……的领导下

例 The leaflet gives guidance on preparing for an interview. 这个小册子提供了如何准备面试的指导。

----------1488

□ **desperate** ['despərət] **a.** ①不顾一切的，孤注一掷的 [同] reckless [反] cautious ②极向往的，极需要的 ③绝望的，危急的 [同] hopeless

构 de（去掉）+ sper（希望）+ ate（具有……的）→去掉希望的 →绝望的

例 They are involved in a desperate struggle for freedom and democracy. 他们卷入了争取自由和民主的背水之战。

联 desperation **n.** 不顾一切，绝望；desperately **ad.** 绝望地，不顾一切地

辨 desperate: 因绝望而铤而走险。hopeless: 不抱希望，没有希望。

---1489

□ **curtain** ['kɜːtn] *n.* ①（常 *pl.*）窗帘，门帘，帷幔 ②幕状物，屏障 ③（舞台的）幕，帷幕 *v.* 装上窗帘，拉上帷幕

搭 draw/pull up the curtains 拉上窗帘；a curtain of smoke 烟幕；curtain call 谢幕

例 We could see nothing through the curtain of rain. 透过密密的雨帘，我们什么也看不见。

---1490

□ **segregate** ['segrɪgeɪt] *v.* 分隔，分开，隔离开 [同] separate

例 Girls and boys were segregated into different dining rooms for meals. 吃饭时男孩和女孩被分进了不同的餐厅。

---1491

□ **convince** [kən'vɪns] *v.* 使确信，使信服，说服 [同] assure, confirm

例 It took me several hours to convince her of his guilt. 我花了几个小时才使她相信他有罪。

---1492

□ **fade** [feɪd] *v.* ①褪色，褪去 [同] dim [反] brighten ②逐渐消失，变微弱，变黯淡 [同] weaken ③凋谢，枯萎

搭 the fading light 转暗的光线；fade into obscurity 变得默默无闻，被人遗忘；fade from sight 从视线中慢慢消失

例 As evening came the mountains faded into darkness. 夜幕降临时，群山渐渐消失在黑暗中。

---1493

□ **avenge** [ə'vendʒ] *v.* 报仇，复仇，报复

搭 avenge one's father's murder 报杀父之仇；avenge oneself on/upon the enemy 向敌人进行报复；avenge last year's defeat 为去年的失败雪耻

例 He swears that he will avenge himself on her sooner or later. 他发誓说他迟早要向她进行报复。

联 avenger *n.* 报复者

---1494

□ **positive** ['pɒzətɪv] *a.* ①确实的，明确的 [同]

certain, definite ②积极的，肯定的 [同] certain, sure ③正的，阳性的 [反] negative

例 I promise to give you a positive answer tonight after I have looked into the matter. 我答应你，等我查明此事，今晚一定给你一个肯定的说法。

---1495

□ **beforehand** [bɪ'fɔːhænd] *ad.* 事先，预先 [同] in advance

例 I knew they were coming, so I bought some food beforehand. 我知道他们要来，所以预先买了些食品。

辨 beforehand: 强调在事前 (tell sb./sth. beforehand)。in advance: 强调超前 (spend one's income in advance)。

---1496

□ **organic** [ɔː'gænɪk] *a.* ①生物体的，有机体的，有机物的 ②有机的，绿色的，无公害的 ③基础的，根本的，不可分割的

搭 organic fruit and vegetables 有机水果和蔬菜；organic chemistry 有机化学；an organic whole 有机整体

例 The rocks were carefully searched for organic remains. 为寻找有机残余，岩石被仔细搜索。

---1497

□ **interest** ['ɪntrəst] *n.* ①兴趣，关注，趣味 [同] concern, curiosity ②引起兴趣的事物 ③（常 *pl.*）利益 [同] profit ④利息，利率 *v.* 使感兴趣，引起……关注 [同] attract

搭 in the interest(s) of 为了……的利益；interest rates 利率

例 I got a loan from the bank at 10% interest per year. 我从银行获得了一笔年利率为 10% 的贷款。

---1498

□ **marshal** ['mɑːʃl] *n.* ①元帅，最高指挥官 ②（某些群众活动的）总指挥，司仪 ③（美国的）执法官，警察局局长，消防队长 *v.* 整理，排列，集结

例 The book fails to marshal facts into a coherent argument. 这本书没能将事实整理成连贯的论据。

答案：

1. indulge　译文：在这里，她还可以尽情享受另一项自己最喜爱的娱乐活动——跳舞。

2. feasible　译文：他没有拿出替代该系统的可行方案。

Unit 27

学前自测

1. Therapies like acupuncture do work and many people have been _____ by them. (soaked, appointed, fused, interviewed, healed)

2. People are naturally _____ to know what has become of their former school friends in later life. (insignificant, lethal, inventive, curious, crescent)

------1499

□ **detail** ['di:teɪl] *n.* ①细节，详情 ②枝节，琐事 *v.* 详述，详细说明 [同] recount
搭 in (great) detail 详细地；go into details 详细叙述；a minor detail 微小的细节；see below for details 详见下文
例 The details of the plan are still being worked out. 计划的细节仍在制订。

------1500

□ **curious** ['kjʊərɪəs] *a.* ①好奇的，好求知的 [同] interested ②奇特的，离奇古怪的，不寻常的
搭 a crowd of curious onlookers 一群好奇的旁观者；a curious mixture of reality and fiction 现实与虚构的离奇混合
例 Not long after our arrival, a curious thing happened. 我们刚到达不久，就发生了一件怪事。

------1501

□ **interview** ['ɪntəvju:] *n.* ①接见，会见 [同] meeting ②面谈，面试 *v.* 接见，会见，（记者）采访 [同] meet
例 I had an interview for a job on a newspaper. 我参加了一家报社的求职面试。
联 preview *v.* 预查，预习；review *v.* 回顾，复习；interviewer *n.* 接见者；interviewee *n.* 被接见者

------1502

□ **heal** [hi:l] *v.* ①（使）愈合，治愈，（使）康复 [同] treat, cure ②调停（争吵等），消除（分歧等），弥合
搭 heal the wound 治愈伤口；healed by time 由时间来治愈
例 His leg needs support while the bone is healing. 在骨头愈合的过程中，他的腿需要护架。
辨 heal: 指治愈外伤。treat: 指治疗，不一定能够"治愈"。

------1503

□ **milestone** ['maɪlstoʊn] *n.* 里程碑，重大事件，转折点
例 The invention of the wheel was a milestone in human history. 轮子的发明是人类历史上的一个重要事件。

------1504

□ **portable** ['pɔ:təbl] *a.* 便携式的，手提的，轻便的 [同] handy, convenient
构 port（拿，运）+ able（能……的）→能拿的→轻便的
例 The policeman found a portable computer in the bag. 警察在包里发现一部手提电脑。
联 portability *n.* 轻便

------1505

□ **insignificant** [ˌɪnsɪg'nɪfɪkənt] *a.* ①不重要的，微不足道的 ②微小的 ③无意义的 ④猥琐的
搭 insignificant people 小人物；insignificant talk 无意义的话；an insignificant face 猥琐的容貌
例 It seems to me a fairly insignificant sum of money to be arguing about. 在我看来，这是一笔相当微不足道的钱，不值得为此争论。

------1506

□ **sensitive** ['sensətɪv] *a.* ①(to) 敏感的，灵敏的 [同] keen, acute ②神经过敏的，容易生气的 [同] irritable ③易受伤害的
构 sens（感觉）+ itive（有……倾向的）→敏感的
例 Her reply showed that she was very sensitive to criticism. 她的回答表明她对批评很敏感。

------1507

□ **resource** [rɪ'sɔ:s] *n.* ①(*pl.*) 资源 ②(*pl.*) 资产，财力 [同] means, finance ③应付办法，谋略
构 re（再，又）+ source（源泉）→可再次使用的源泉 →资源
搭 valuable resource 有价值的资源；a man of great

resource 非常有智谋的人；natural resources 自然资源

例 He was at the end of his resources and admitted to failure. 他束手无策，只好认输了。

联 resourceful *a.* 足智多谋的；sauce *n.* 酱油；saucer *n.* 茶托

----1508

□ **stockpile** ['stɒkpaɪl] *n.* 大量储备 / 囤积的东西 *v.* 大量储备，囤积

例 They have a stockpile of wheat and beans that will last several months. 他们有能支撑好几个月的小麦和大豆储备。

----1509

□ **rescue** ['reskjuː] *v./n.* 营救，援救

搭 rescue some passengers from the sinking aircraft 从快要沉没的飞机中救出一些乘客；come/go to one's rescue 来 / 去救某人

例 A fireman rescued a middle-aged man, who attempted to kill himself by falling down the building. 一名消防队员营救了一个企图跳楼自杀的中年人。

----1510

□ **transport** [træns'pɔːt] *v.* 运 输，运 送 ['trænspɔːt] *n.* 运输，运输系统，运输工具

构 trans（穿过）+ port（搬运）→两地间搬运 → 运输

搭 means of transport 运输工具；invest in public transport 投资公共交通

例 The transport of wild animals should be forbidden. 应该禁止运输野生动物。

----1511

□ **lethal** ['liːθl] *a.* ①致死的，足以致命的 ②行刑的，屠宰的 ③危害极大的，危险的，毁灭性的

搭 lethal weapons 杀伤性武器；lethal chamber 屠宰场，行刑室

例 Nationalism and terrorism are a lethal combination. 民族主义和恐怖主义结合起来危害极大。

联 lethally *ad.* 致命地

----1512

□ **soak** [səʊk] *v.* ①浸，泡 [同] immerse ②湿透，浸湿，浸透 ③泡澡

例 The downpour soaked everybody outside through. 倾盆大雨把外面的每个人淋得湿透了。

----1513

□ **kindergarten** ['kɪndəgɑːtn] *n.* 幼儿园 *a.* ①幼儿园的 ②初级的，启蒙阶段的

例 There are two or three kindergartens in the area to choose from. 本地区有两三个幼儿园可供选择。

----1514

□ **data** ['deɪtə] (sing. datum) *n.* 数据，资料

例 Sufficient data have/has been collected. 已经收集了足够的数据。

----1515

□ **boast** [bəʊst] *v.* ① (of, about) 自夸，夸耀，吹嘘 [同] brag, talk big [反] belittle ②以拥有……而自豪 *n.* ① 自吹自擂，自夸的话 [同] pride ②引以为自豪的东西，值得夸耀的原因

搭 boast of owning the most expensive car in town 吹嘘拥有城里最昂贵的汽车；boast a beautiful lake 以拥有一个美丽的湖而自豪

例 I don't want this to appear a boast. 我不想让这句话听上去像是自夸。

----1516

□ **appoint** [ə'pɔɪnt] *v.* ①任命，委派 [同] assign [反] discharge, dismiss ②约定，确定，指定(时间、地点)[同] fix, arrange

例 The council appointed him as vice mayor of the city. 委员会任命他为该市的副市长。

----1517

□ **inventive** [ɪn'ventɪv] *a.* 发明的，创造的，有发明创造能力的

搭 an inventive device 有新意的装置；inventive powers 发明创造能力；an inventive mind 有发明创造力的头脑；an inventive writer 有创作才能的作家

例 He was regarded as the most inventive poet of his generation. 他被认为是他那一代最有创作才能的诗人。

联 invention *n.* 发明，创造

----1518

□ **charity** ['tʃærəti] *n.* ①救济金，施舍物 [同] donation ②(常 *pl.*) 慈善团体，慈善事业 ③宽大，宽容 [同] pity, mercy

搭 out of charity 出于慈悲；an act of charity 慈善行为；charity concert 慈善音乐会；leave money to charities 捐钱给慈善事业；plead for charity 乞求施舍；dispense/distribute/give charity to the poor 赈济穷人；perform charity 做善事

例 She makes regular donations to charity. 她定期

进行慈善捐款。

·····1519

□ **meanwhile** ['miːnwaɪl] *n.* 其间 *ad.* 同时，与此同时 [同] meantime, at the same time

搭 in the meantime 在此期间；for the meantime 目前，暂时

例 Reduce the heat and simmer for 30 minutes. In the meantime fry the sausage. 把火关小后炖 30 分钟，在炖的同时把香肠煎一下。

·····1520

□ **property** ['prɒpəti] *n.* ①财产，资产，所有物 [同] possessions ②房产，地产，物业 ③ (*pl.*) 性质，特性，性能 [同] characteristics, features

构 proper（自己的）+ ty（物）→自己的财物 →财产

搭 personal property 个人财产；intellectual property 知识产权；invest in property 投资房地产

例 It is important that we should take good care of public property. 爱护公物很重要。

·····1521

□ **challenge** ['tʃælɪndʒ] *n.* ①挑战，邀请比赛 ②艰巨的任务，需尽心竭力的工作 ③质疑，非难 ④查问口令，查问身份 *v.* ①向······挑战，公然反抗，对······质疑 ②鞭策，促使 ③查问口令，查问身份 ④引起，需要，要求

搭 challenge the authority 挑战权威；challenge one's interest 引起某人的兴趣；an event that challenges explanation 需要解释的事

例 The result of the vote poses a serious challenge to the government's credibility. 投票的结果使人们对政府的可信度提出了严重的质疑。

·····1522

□ **pursuit** [pə'sjuːt] *n.* ①追求，寻求 [同] search for ②从事，职业 [同] occupation, engagement ③追赶，追逐 [同] chase ④娱乐，消遣 [同] pastime, entertainment

搭 in pursuit of 追踪，追求；in hot pursuit 穷追不舍

例 Human rights include the preservation of life, liberty and the pursuit of happiness. 人权包括保护生命、自由和追求幸福。

·····1523

□ **chain** [tʃeɪn] *n.* ①链，链条 [同] string ②一连串，一系列 [同] train, succession ③ (*pl.*) 镣铐 [同] irons *v.* 用链条拴住 [同] fasten, bind [反] release

搭 chain store 连锁店；prisoners in chains 戴镣铐的囚犯；chain reaction 连锁反应；a mountain chain 一条山脉

例 The hostages were kept in chains for 24 hours a day. 人质一天 24 小时上着镣铐。

·····1524

□ **renewal** [rɪ'njuːəl] *n.* ①更新 ②复兴，振兴 ③延期

搭 the renewal of negotiations 重新谈判；a renewal of interest in World War Ⅱ history 对第二次世界大战史的兴趣的复苏

例 Renewal of a passport can be done at the post office in the country. 在该国的邮局可以办理护照的换领手续。

·····1525

□ **bump** [bʌmp] *v.* ① (against, into) 碰撞 [同] knock ②颠簸着前进 *n.* ①碰撞，猛撞，撞击声 ②肿块 [同] swelling ③隆起物

搭 bump against a rock 撞上一块岩石；bump into a tree 撞上一棵树；bump over the mountainside 颠簸行驶在山坡上

例 When she was parking her car she bumped into the car in front of her. 她停车时撞上了前面的车。

·····1526

□ **fuse** [fjuːz] *v.* ①（使）熔化，（使）熔合，（使）熔接 ②融合 ③给（电路、插座等）安保险丝 ④（保险丝）熔断，（因保险丝熔断而）中断工作 *n.* ①保险丝，熔线 ②导火线，引信

例 The lights fused because they were all on at the same time. 因为所有的电灯同时开启，电灯因保险丝烧断而全部熄灭。

·····1527

□ **discredit** [dɪs'kredɪt] *n.* ①丧失信誉，丧失名誉 ②（常 sing.）败坏名声的人 / 事，耻辱 *v.* ①不相信，怀疑，不信任 ②败坏······的名声，使丧失信誉

构 dis（不）+ cred（相信）+ it →不相信，怀疑

例 One should discredit a good deal of what is printed in newspapers. 对报纸上刊登的不少东西都不应相信。

·····1528

□ **insulate** ['ɪnsəleɪt] *v.* ①使绝缘，使隔热，使隔音 ②隔离，使隔绝 [同] isolate, separate

构 insul（岛屿）+ ate（使）→使成为孤岛 →使隔绝

例 It is neither possible nor desirable to insulate

young children from the dangers of adventurous play. 完全不让小孩子参加惊险游戏，既不可能，也不可取。

联 insulation *n.* 绝缘，隔绝；insulator *n.* 绝缘体

--------1529

□ **overshadow** [ˌəʊvəˈʃædəʊ] *v.* ①使显得不重要，使相形见绌 ②遮暗，使阴暗 ③使阴郁，使不快，给……蒙上阴影

构 over（在……上）+ shadow（阴影）→给……蒙上阴影

搭 be overshadowed by one's achievement 因某人的成就而黯然失色；a valley overshadowed by mountains 笼罩着群山阴影的山谷；be overshadowed by the tragedy 被悲剧蒙上一层阴影

例 Overshadowing all these problems was the shortage of fund. 资金的短缺使所有这些问题显得无足轻重。

--------1530

□ **distribution** [ˌdɪstrɪˈbjuːʃn] *n.* ①分发，分配 ②分布，散布 ③运送，销售

构 dis（分离）+ tribut（给予）+ ion（表名词）→给出 →分发

搭 rice distribution 大米的配给；the uneven distribution of wealth 财富的分配不均；the distribution of a species of an animal 某种动物的分布情况

例 The company has an extensive international distribution network. 这家公司有广阔的国际性销售网络。

--------1531

□ **crescent** [ˈkresnt] *n.* 新月（形），月牙形 *a.* 新月形的

构 cr（增长）+ escent（开始出现……的）→开始慢慢变大的 →新月（怡人）

例 The moon tonight is a bright crescent. 今晚的月亮是一弯闪闪发亮的新月。

--------1532

□ **identity** [aɪˈdentɪti] *n.* ①身份，本体，特性 [同] status, characteristic ②相同，一致，同一（性）③恒等式

搭 identity of interests 利益的一致；identity card 身份证（ID）

例 The man's identity was being kept secret while he was helping the police with information about the murder. 当这个人为警方提供谋杀案的信息时，他的身份是被保密的。

--------1533

□ **barrier** [ˈbæriə(r)] *n.* ①栅栏，关卡，检单口 [同] bar, fence ②障碍，隔阂 [同] obstacle, handicap ③屏障

构 barr（栅栏）+ ier（表物）→障碍

例 Lack of confidence is the biggest barrier to investment in this industry. 缺乏信心是投资这一行业的最大障碍。

--------1534

□ **notify** [ˈnəʊtɪfaɪ] *v.* ①（of）通知，告知，报告 [同] inform ②公布，宣布 [同] announce

例 I have notified everybody else of my putting off the lectures until next week. 我已经通知其他所有人，我推迟到下星期讲课。

联 notification *n.* 通知，报告；notifier *n.* 通知者，通报者

--------1535

□ **primarily** [praɪˈmerəli] *ad.* ①首先，起初 [同] first of all ②主要地，首要地 [同] chiefly, mainly

例 Public order is primarily an urban problem. 社会治安主要是城市的问题。

--------1536

□ **anecdote** [ˈænɪkdəʊt] *n.* 轶事，趣闻，奇事

例 He told one or two amusing anecdotes about his years as a policeman. 他讲了一两桩他当警察时的轶事。

--------1537

□ **contemplate** [ˈkɒntəmpleɪt] *v.* ①盘算，打算，思量，沉思 [同] think over ②注视，凝视 [同] stare, gaze

搭 contemplate the high, blue sky 凝望着高远蔚蓝的天空；contemplate a career as an army doctor 考虑去部队当一名军医

例 As he lay on the hospital bed that night, he cried as he contemplated his future. 那晚他躺在医院的病床上，想着未来，便哭了起来。

--------1538

□ **barrel** [ˈbærəl] *n.* ①桶 [同] bucket ②筒，枪管，炮管 ③躯体，躯干，羽根 *v.* ①装桶 ②快速移动

搭 a barrel of beer 一桶啤酒；the barrel of a washing machine 洗衣机的滚筒；lock, stock, and barrel 一切，全部

例 In 2020, the country was exporting 1.5 million barrels of oil a day. 2020 年，这个国家每日出口石油 150 万桶。

············1539

□ **crude** [kru:d] *a.* ①简陋的，粗糙的，粗略的 [同] coarse ②天然的，未加工的，生的 [同] raw, unrefined ③粗鲁的，粗暴的，粗俗的 [同] vulgar

搭 a crude sketch 粗略的草图；a crude remark 粗鲁的话

例 It is crude interference in another country's internal affairs. 这是对别国内政的粗暴干涉。

············1540

□ **fraction** ['frækʃn] *n.* ①小部分，片段 [同] fragment ②分数 [反] integer（整数）

构 fract（碎裂）+ ion（表名词）→片段

搭 a fraction of 一小部分

例 She's careful with her money, and spends only a fraction of her earnings. 她用钱很谨慎，只花自己收入的一小部分。

············1541

□ **biography** [baɪˈɒɡrəfi] *n.* ①传记 ②传记文学

构 bio（生活）+ graph（写）+ y（表人）→写人的生活 →传记

例 Famous people often have very different biographies written about them. 名人通常有几种内容大相径庭的传记。

联 biographer *n.* 传记作者；biographical *a.* 传记的，传记材料的；autobiography *n.* 自传

············1542

□ **resist** [rɪˈzɪst] *v.* ①抵抗，反抗，抵制 [同] combat, oppose ②抗（病等），耐（热等）③忍住，拒受……的影响 [同] bear, put up with

构 re（反）+ sist（站立）→反着站立 →抵抗

搭 can't resist laughing 忍不住笑；resist the temptation 抵制诱惑

例 Regular exercise can improve our power to resist disease. 经常锻炼能提高抗病的能力。

············1543

□ **convenience** [kənˈviːniəns] *n.* ①方便，合宜 [同] fitness ②(*pl.*) 便利设备，方便的用具

构 con（共同）+ ven（来）+ ience（表状态）→一起都来 →方便

搭 convenience food 方便食品；at one's convenience 在某人方便时；for the convenience of 为……的便利；offer convenience to 为……提供方便；as a matter of convenience 为了方便；for the sake of convenience 为了方便起见

例 The new hotel is full of conveniences of every sort. 这座新的宾馆有各种各样的便利设施。

联 inconvenience *n.* 麻烦，不方便之处

············1544

□ **oxygen** [ˈɒksɪdʒən] *n.* 氧气

构 oxy（氧，酸）+ gen（产生）→氧气

例 The air has less oxygen in it at high altitudes than it does at low altitudes. 地势高的地方比地势低的地方空气里的氧气少。

联 hydrogen *n.* 氢

············1545

□ **conventional** [kənˈvenʃənl] *a.* ①普通的，习惯的，常规的 [同] normal, regular ②符合习俗的，因循守旧的

例 She was a respectable married woman with conventional opinions. 她是位品行端正、观念传统的已婚女子。

联 conventionalist *n.* 拘泥习俗、因循守旧的人；conventionalism *n.* 因袭主义，习惯做法；conventionality *n.* 传统性，因袭性

············1546

□ **pasture** [ˈpɑːstʃə(r)] *n.* 牧草地，牧场 [同] grassland, prairie *v.* 放牧

构 past（喂养）+ ure（表状态）→喂养牛羊的地方 →牧场

例 Sheep are grazing in the pasture. 羊在牧场上吃草。

············1547

□ **blade** [bleɪd] *n.* ①刀刃，刀片 ②叶片 ③翼，桨叶

搭 a blade of grass 草叶；a sharp blade 锋利的刀口

例 The blade needs sharpening. 这个刀片需要磨一下。

答案：

1. healed 译文：针灸这类疗法确实有效，已经治愈了很多人。

2. curious 译文：人们自然会想知道旧时的同窗好友后来的生活境遇。

Unit 28

学前自测

1. The warming of the earth and the _____ climatic changes affect us all. (obscene, edible, dominant, nuclear, consequent)

2. Doctors hope to _____ a human heart into the patient. (incapacitate, swell, cater, inhale, transplant)

----1548

□ **suppress** [sə'pres] **v.** ①压制，镇压，禁止 [同] quell, quench ②查禁，封锁 ③抑制，克制，忍住 [同] restrain

搭 suppress all religious activities 禁止所有宗教活动；suppress the appetite 抑制食欲；suppress one's feelings 压抑某人的感情

例 I suppressed the urge to say what I really thought. 我抑制了冲动，没把真实想法说出来。

----1549

□ **bachelor** ['bætʃələ(r)] **n.** ①单身男子，未婚男子 ②学士，学士学位

搭 bachelor of arts 文学学士（略为 B.A.）；bachelor of science 理学学士（略为 B.S./B.Sc）；bachelor's degree 学士学位；bachelor flats 单身公寓

例 Charles was still a bachelor in his late forties. 查尔斯四十八九岁时仍是个单身汉。

联 master **n.** 硕士；doctor **n.** 博士；post-doctor **n.** 博士后；bachelorship **n.** 学士学位，（男子）独身；bachelorism **n.** 独身，（男子）独身主义；bachelordom/bachelorhood **n.** 独身，独身身份

----1550

□ **audit** ['ɔːdɪt] **v.** 检查（账目），审计 [同] examine, check **n.** 查账，审计

例 The company has an audit at the end of each financial year. 这家公司每个财政年度进行一次审计。

----1551

□ **conference** ['kɒnfərəns] **n.** ①（正式）会议，协商会 [同] meeting ②会谈，商谈，讨论

搭 be in conference 在开会

例 The President summoned all the state governors to a conference on education. 总统召集各州州长对教育问题进行商谈。

----1552

□ **transplant** [træns'plænt] **v.** ①移栽，移种（植物等）②移植（器官）③使迁移，使移居 **n.**（器官）移植

构 trans（转移）+ plant（种植）→移栽

例 The first time for man to transplant a kidney successfully opened up a new road to medical development. 人类第一例成功的肾脏移植开拓了医学发展的新道路。

----1553

□ **conduct** [kən'dʌkt] **v.** ①指挥，指引 [同] guide, direct ②输送，传导（热、电等）③ (oneself) 举止，表现 ④组织，安排 ['kɒndʌkt] **n.** ①举止，行为 ②管理（方式），实施（方式）

构 con（加强）+ duct（拉）→用力拉 →传导

例 The way you choose to conduct your private life is your own business. 你如何选择安排个人生活是你自己的事。

----1554

□ **link** [lɪŋk] **v.** 连接，联系，关联 [同] join, associate **n.** ①环，节，圈 [同] knot, ring ②联系，纽带 ③链路，中继线

搭 the link between smoking and cancer 吸烟与癌症的关联；link up to other computers 与其他电脑相连；be closely linked to 与……紧密相连；link up with 与……连接起来，（水域）相连；establish a link between A and B 建立 A 与 B 之间的联系

例 The article has linked the crime to social circumstances. 这篇文章将犯罪与社会环境联系了起来。

----1555

□ **nuclear** ['njuːkliə(r)] **a.** ①原子核的，核武器的 ②核心的，中心的 [同] core

搭 nuclear capability 核能力；nuclear disarmament 核裁军；nuclear fuel 核燃料；nuclear fission 核裂变；nuclear power 核动力

----1556

□ **consequent** ['kɒnsɪkwənt] **a.** 作为结果的，随

之发生的，因……而引起的 [同] following, succe-
ssive

例 Our use of harmful chemicals and the consequent damage to the environment affect us all. 我们使用有害化学物品，并因此损害了环境，这影响着我们所有人。

---1557

□ **intent** [ɪn'tent] **n.** 意图，意向，目的 [同] aim, intention **a.** ① (on) 专心的，专注 [同] absorbed ②急切的 [同] eager, keen

搭 with good intent 好意地；of intent 有意地，蓄意地

例 I could see that my wife was intent on buying the hat, whether I approved of it or not. 我看得出，不论我同意与否，我妻子都一定要买那顶帽子了。

---1558

□ **dominant** ['dɒmɪnənt] **a.** ①占优势的，支配的，统治的 [同] commanding, prevailing [反] subordinate ②居高临下的，高耸的

例 The castle was built in a dominant position on a hill. 城堡筑在小山上，可以俯视四周。

联 dominative **a.** 支配的；dominance **n.** 支配，统治；dominator **n.** 支配

---1559

□ **incapacitate** [ˌɪnkə'pæsɪteɪt] **v.** ①使无能力 ②使无资格，使不适合 ③使伤残

例 The player's injury incapacitated him for playing football. 这名球员的伤使他不能再踢足球了。

联 incapacitation **n.** 无能，不胜任

---1560

□ **edible** ['edɪbl] **a.** 可以吃的，可食用的

构 ed（吃）+ ible（能……的）→可以吃的

例 Some types of fungi are edible; others are poisonous. 有些菌类可供食用，有些是有毒的。

联 inedible **a.** 不能吃的

---1561

□ **assemble** [ə'sembl] **v.** ①集合，聚集，汇集，召集 [同] gather, accumulate [反] scatter ②装配，组装 [同] equip, furnish [反] take apart

构 as（接近）+ semble（一样，相等）→使接近一样 →集合

搭 an assembling shop 装配车间；assemble cars 装配汽车

例 The students assembled in the hall to listen to the principal. 学生们集合在礼堂听校长讲话。

联 assembly **n.** 集合，集会；resemble **v.** 相像，相似

---1562

□ **ignorance** ['ɪɡnərəns] **n.** ① 无 知，愚 昧 ② (of, about) 不知情，不了解

搭 in my ignorance 因我无知；ignorance is a bliss 无知是福，不知道心不烦；be in ignorance of/ about 不知道

例 Thousands of people are failing to make most of their pension investments, largely through ignorance. 主要是由于不知情，成千上万的人都没有充分利用他们的养老金进行投资。

---1563

□ **swell** [swel] **v.** ①肿胀，膨胀，鼓起 [同] expand ②增强，增多，扩大 [同] increase **n.** ①波浪起伏 ②鼓起，隆起 ③增强，增加

搭 a swollen face 肿胀的脸；the swelling sea 波涛汹涌的大海

例 The company swelled in the past three years and I was worried that it might get inefficient. 公司三年来快速膨胀，我担心它的效率会降低。

---1564

□ **assurance** [ə'ʃʊərəns] **n.** ①保证，表示保证 / 鼓励 / 安慰的话 [同] pledge, guarantee ②把握，信心 [同] conviction, confidence ③（人寿）保险

搭 with assurance 充满信心地；lack assurance 缺乏自信；life assurance（英）/ insurance（美）人寿保险

例 Let me give you my assurance that the work will be finished by the agreed date. 我向你保证，这项工作一定会在商定的日期内完成。

---1565

□ **inspect** [ɪn'spekt] **v.** 检查，视察 [同] check, examine

构 in（向内）+ spect（看）→向内看 →检查

例 The boss inspected the work done so far and seemed quite pleased. 老板检查了已完成的工作，看起来很满意。

联 inspection **n.** 检查，视察，检阅；inspector **n.** 检查员，监督员；aspect **n.** 方面；prospect **n.** 前景，展望

---1566

□ **cater** ['keɪtə(r)] **v.** (for, to) ①满足需要或欲望，迎合 [同] fit, satisfy ②(for) 提供饮食及服务，承办

搭 cater for demand 迎合需求；cater parties 承办宴会

例 TV programs must cater for/to many different tastes. 电视节目必须满足观众的不同口味。

□ **perspective** [pər'spektɪv] **n.** ①观点，想法，视角 [同] idea, view, opinion ②远景，前景 [同] prospects ③透视画法，透视图

构 per（穿过）+ spect（看）+ ive（……的）→远景

搭 in perspective 用透视法地，关系恰当地；out of perspective 不用透视地，关系失当地；get...into perspective 关系恰当地对待，摆正……的位置

例 From the top of the building you can have a perspective of the entire city. 从大楼顶部你可以眺望全城。

----1568

□ **smart** [smɑːt] **a.** ①干净整洁的，得体的 ②时尚的，时髦的，高级的 [同] handsome, graceful ③精明的，机智的 [同] bright, clever ④活泼的，诙谐的，俏皮的 ⑤轻快的 **v.** ①感到刺痛 ②感到难过，感到伤心

搭 a smart residential district 高级住宅区；a smart move 明智之举；a smart talker 油嘴滑舌的人；smart over criticism of his work 为对他工作的批评闷闷不乐

例 I saw Allen, looking very smart in a navy blue suit. 我看见了艾伦，他身穿深蓝色套装，非常帅气。

----1569

□ **federation** [ˌfedə'reɪʃn] **n.** ①联邦政府 ②联合，联盟，同盟 ③联合会

搭 form a federation 建立联盟

例 The United States is a federation of 50 individual states. 美国是一个由 50 个独立的州结成的联邦国家。

----1570

□ **enrolment** [ɪn'rəʊlmənt] **n.** 注册，注册人数

例 Student enrolments at the university have increased steadily in recent years. 这几年这所大学的入学人数稳定增长。

----1571

□ **obscene** [əb'siːn] **a.** ①淫秽的，下流的 [同] vulgar, indecent [反] decent ②可憎的，可恶的 [同] disgusting

构 ob（反，逆）+ scene（场面）→跟场面不符的→淫秽的

搭 obscene language 下流话；obscene books 淫秽的书，黄书

例 He was jailed for making obscene phone calls. 他因打淫秽电话而入狱。

辨 obscene: 指想法、言语、书籍等与性有关，淫秽的，下流的。vulgar: 粗俗的，低下的，令人生厌的。coarse: 粗鲁的，缺乏礼貌的。

----1572

□ **inhale** [ɪn'heɪl] **v.** 吸入，吸气 [反] exhale

例 She flung open the window and inhaled deeply. 她打开窗户，深深吸了口气。

----1573

□ **fate** [feɪt] **n.** ①命运，天意，定数 ②死亡，覆灭，毁灭，灾难 **v.** 命中注定

搭 a surprising turn/twist/quirk of fate 意想不到的时来运转 / 机缘巧合；a kingdom fated to collapse 注定要覆亡的王国

例 They thought they would never see each other again, but fate brought them back together. 他们原以为永远不会再相见，但命运使他们再次相聚。

----1574

□ **radius** ['reɪdiəs] *(pl.* radii 或 radiuses) **n.** ①半径，方圆 ②辐条，轮辐 ③（船、飞机等的）有效航程，活动半径

搭 within a radium of about thirty miles 在方圆 30 英里的范围内

例 The shopping center and the school lie within a one-mile radius of the house. 购物中心和学校位于这所房子一英里的半径范围之内。

----1575

□ **tablet** ['tæblət] **n.** ①药片 [同] pill ②碑，牌，（木、竹）简 ③一块

搭 sleeping tablets 安眠药；ancient stone tablets 古老石碑

例 I've taken two tablets but my headache still hasn't gone. 我已经服用了两片药，可我的头痛还没好。

----1576

□ **rectangular** [rek'tæŋɡjələ(r)] **a.** ①长方形的，矩形的 ②有直角的，成直角的

搭 a rectangular courtyard 一个长方形的院落

例 The painting consists of four rectangular blocks of color. 这幅画由 4 个长方形色块构成。

联 rectangularity **n.** 长方形，矩形；rectangularly **ad.** 长方形地，矩形地

----1577

□ **conclusion** [kən'kluːʒn] **n.** ①结论，论断 [同] inference ②结尾，结尾语 [同] ending ③缔结，签订

搭 bring... to a conclusion 使……结束；draw a conclusion 下结论；come to a conclusion 得出结论；

the conclusion of free-trade agreement 自由贸易协定的签订；in conclusion 最后，总之

例 The court attempted to reach a conclusion in the face of contradictory evidence. 面对矛盾的证据，法庭试图得出一个结论。

······1578

□ **population** [ˌpɒpjuˈleɪʃn] **n.** ①（总称）人口，全体居民 ②（特定种族或阶层的）人

搭 the local population 当地人；the male population 男性人口；the annual rate of population growth 人口年增长率；population density 人口密度

例 The country is unable to feed its large population. 这个国家无法养活其庞大的人口。

联 populace **n.** 平民，老百姓；popularity **n.** 普及（性），流行；popularize **v.** 普及，使通俗化，推广；populate **v.** 居住于；populous **a.** 人口稠密的

用 说人口多或少要用 large 或 small，不用 many 或 few。

······1579

□ **captive** [ˈkæptɪv] **n.** 俘虏 [同] prisoner **a.** 被俘虏的，被捕获的 [同] enslaved [反] free

构 capt（抓）+ ive（表人）→ 俘虏

搭 take/hold captive 活捉，俘虏；be taken captive 被俘；captive audience 被动听众，被动观众；be held captive for two months 被监禁两个月

例 Fifty enemy soldiers were taken captive in the fight. 在那场战斗中有 50 名敌军士兵被俘。

联 captivity **n.** 监禁，羁绊，束缚

······1580

□ **adopt** [əˈdɒpt] **v.** ①收养 ②采取，采纳，采用 [同] accept [反] reject ③正式通过，批准 [同] pass

例 He was adopted as a baby. 他还在襁褓中时就被人收养了。

联 adoptive **a.** 收养（某人）的，采用的

辨 adopted 作前置定语表示"收养的"，作后置定语表示"采用的"：the adopted son 收养的儿子，the methods adopted 采用的方法。

······1581

□ **confusion** [kənˈfjuːʒn] **n.** ①混淆 [同] mess ②混乱，骚乱 [同] disorder, disturbance ③困惑，糊涂 [同] puzzle

搭 in confusion 在混乱中，乱七八糟；throw... into confusion 使……陷入混乱状态

例 In the confusion, he lost his shoes and wasn't able to stop and pick them up. 混乱中他丢了鞋子，

而且无法停下来捡起它们。

······1582

□ **opposite** [ˈɒpəzɪt] **a.** (to) ① 对面的 [同] facing ②对立的，相反的 [同] contrary **n.** 对立面，对立物，相反 **prep.** 在……的对面 **ad.** 在对面

搭 be opposite to 在……对面，同……相反；sit opposite each other 面对面坐着

例 She turned out to be the exact opposite of what everyone expected. 她原来是一个和大家所认为的恰恰相反的人。

辨 前后置含义不同，比较：the opposite direction 相反的方向，the man opposite 对面的人。

······1583

□ **contain** [kənˈteɪn] **v.** ① 包含，容纳 [同] include, hold ②控制，抑制 [同] hinder

构 con（共同）+ tain（拿住）→ 全部拿住 → 容纳

例 He could not contain his excitement over winning the race. 他抑制不住赛跑获胜的激动心情。

联 container **n.** 容器，集装箱；containment **n.** 控制，遏制

······1584

□ **ensue** [ɪnˈsuː] **v.** 接着发生，接踵而来，因而产生 [同] follow

例 Hundreds of people were killed in the ensuing battle. 在随后的战斗中，数以百计的人丧生。

······1585

□ **committee** [kəˈmɪtɪ] **n.** 委员会

搭 be/sit on a committee 任委员会委员；set up a special committee 成立一个专门委员会

例 The bill is about to enter its committee stage. 该法案即将进入委员会审议阶段。

辨 committee：广义的委员会；commission：执行某种职能的机构（economic commission 经济委员会）；board：董事会，理事会；jury：陪审团。

······1586

□ **grope** [grəʊp] **v.** ① (for, around) 用手摸，摸索 [同] feel (for) ② (for) 探索，搜寻 [同] search, probe

搭 grope for the right words 搜寻恰当的字眼；grope your way through the darkness 在黑暗中摸索着前进

例 He was sent there to grope for military information. 他被派往那里搜集军事情报。

······1587

□ **elevate** [ˈelɪveɪt] **v.** ①提升……的职位，提

高，改善 [同] upgrade, promote ②举起，使上升 [同] raise, lift [反] lower ③使情绪高昂，使兴高采烈

构 e（出）+ lev（举起）+ ate（使）→举起

例 Reading good books can elevate your mind. 阅读好书可以提升人的心灵修养。

························1588

□ **counsel** ['kaʊnsl] **n.** ① 忠 告， 劝 告 [同] advice ②律师，法律顾问 [同] lawyer, solicitor **v.** 劝告，提议 [同] advise

搭 counsel sb. against smoking 劝告某人不吸烟；keep one's own counsel 将意见 / 计划保密，不相信别人；counsel for the defence 被告律师；counsel sb. to avoid rash actions 劝告某人不要采取鲁莽行动；take counsel (with)（与……）交换意见，商量

例 I should have listened to my father's wise counsel and saved some money instead of spending it all. 我本该听从父亲明智的建议，把钱省下来而不是挥霍光。

辨 counsel: **n.** 劝告，建议（正式，权威）。advice: **n.** 建议（一般用语）。council: **n.** 委员会，理事会。

························1589

□ **exhaustion** [ɪg'zɔːstʃən] **n.** ①疲惫不堪，筋疲力尽 ② 枯竭，耗尽

搭 nervous exhaustion 神 经 衰 弱；suffer from exhaustion 因体力透支而病倒

例 He ran and ran until he dropped from exhaustion. 他跑啊跑，直到累得跌倒在地上为止。

联 exhaustible **a.** 可 被 用 尽 的， 会 枯 竭 的；exhaustive **a.** 彻底的，全面的，详尽的，令人疲惫的

························1590

□ **block** [blɒk] **n.** ①一排房子，大楼 ②街区 ③大块（木料、石料、金属、冰等）[同] piece ④障碍（物），阻塞（物）[同] barrier, hindrance **v.** ①堵塞，阻塞 [同] obstruct ②阻碍，妨碍

搭 block off 封锁，封闭；block one's way 挡住……去路；block up 堵塞，挡住；a block of marble 一

块大理石

例 They are cleaning up the snowdrifts that block up the railroads. 他们在清理阻碍铁路交通的雪堆。

························1591

□ **territory** ['terətri] **n.** ①领土，版图 ②领域，范围 [同] realm, domain

构 terr（地）+ it + ory（地点）→领土

例 The plane was shot down in enemy territories. 飞机在敌人的领土上被击落。

························1592

□ **intestine** [ɪn'testɪn] **n.** 肠 **a.** 内部的，国内的

搭 the small intestine 小肠；the large intestine 大肠；intestine quarrels 内讧

························1593

□ **recourse** [rɪ'kɔːs] **n.** ①依靠，求助 ②（赖以得救的）办法，手段 ③追索权，求偿权

搭 have recourse to 求助于，诉诸

例 He handled his own difficulties without recourse to outside help. 他未依靠外援，独立应付了自己的困难。

························1594

□ **elaborate** [ɪ'læbərət] **a.** ① 复 杂 的 [同] complex [反] simple ②精心计划的，详尽的 [ɪ'læbəreɪt] **v.** ①详述 ②详细制定 [同] dwell on

构 e（出）+ labor（劳动）+ at →劳动得出的 →精心计划的

搭 an elaborate plan 详 尽 的 计 划；elaborate on 对……做详细说明；an elaborate pattern 精美的图案

例 Just tell me the facts in brief; you don't need to elaborate on them. 只要把事实简单地告诉我就行了，不必做详细说明。

联 elaboration **n.** 精心策划，详细阐述；elaborative **a.** 精心策划的，详细阐述的

························1595

□ **clarity** ['klærəti] **n.** 清楚，明晰

例 I'm greatly impressed by the clarity of his thinking. 他的清晰思路给我留下了很深的印象。

答案：

1. consequent 译文：地球变暖和随之而来的气候变化影响着我们所有人。

2. transplant 译文：医生们希望能给该病人移植人类心脏。

Unit 29

学前自测

1. Being blamed unfairly _____ feelings of humiliation, anger and resentment. (mocks, shades, presupposes, evokes, exceeds)

2. He was both willing and able to _____ all else to this aim. (supersede, subordinate, instruct, undertake, filter)

......1596

□ **evoke** [ɪ'vəʊk] *v.* ①使回忆 / 回想起，使产生（联想、共鸣等）②引起，造成，激起（反响等）

搭 evoke feelings of resentment 引起怨愤；evoke no response 没有引起反应

例 The smell always evokes memories of my old school. 那味道总使我回想起以前的学校。

......1597

□ **hereditary** [hə'redɪteri] *a.* ①遗传的，遗传性的 ②可继承的，世袭的

构 heredit（继承）+ ary（……的）→继承的

搭 hereditary disease 遗传病；hereditary factor 遗传因素；hereditary defect 先天不足；hereditary power 世袭权力

例 The disease is hereditary. 这种病具有遗传性。

......1598

□ **immense** [ɪ'mens] *a.* ①广大的，巨大的 ②无限的，无边的 ③非常好的，绝好的

搭 an immense amount of time 大量时间；be of immense importance 非常重要；an immense ocean 浩渺的海洋；have immense faith in sb. 无限信任某人

例 The square is dominated by an immense statue of the president. 一尊巨大的总统塑像高耸于广场上。

......1599

□ **direction** [də'rekʃn] *n.* ①方向，方位 ②指导，管理，监督 ③方针，指示，命令 ④导演，指挥 ⑤（常 *pl.*）用法说明 [同] instructions

搭 in the opposite direction 相反方向；walk in the direction of 朝……的方向走；under one's direction 在某人的指导下；go in the right direction 方向 / 路线正确

例 These instruments will register every change in direction or height. 这些仪器将记录方向或高度上的任何变化。

......1600

□ **rural** ['rʊrəl] *a.* 农村的，乡村的 [反] urban

搭 rural areas 乡村；the old rural way of life 昔日的田园生活；a rural school 乡村学校

例 Rural life is usually more peaceful than city life. 乡村生活往往比城市生活宁静。

......1601

□ **couple** ['kʌpl] *n.* ①（一）对，（一）双 [同] pair ②夫妇，情侣 ③两（个），几（个），一些 *v.* ①连接，结合，使成对 ②联想，把……联系起来

搭 a lovely couple 一对可爱的夫妻 / 情侣；a couple of kilometers 好几公里；an elderly couple 一对老夫妻；be coupled together 连在一起；a couple of 一对，几个

例 The couple skated spectacularly throughout the competition. 这一对选手在比赛中的滑冰引人入胜。

......1602

□ **shade** [ʃeɪd] *n.* ①荫，阴凉处 [同] shadow ②（灯）罩 ③暗部，阴影部分 ④深浅浓淡 ⑤细微差别，细微变化 ⑥遮阳窗帘，百叶窗 *v.* ①遮蔽，遮光 [同] screen ②使阴暗，使变暗

搭 leave the shades down 关着百叶窗；subtle shades of meaning 意思的细微差别；shade in/into 逐渐变化；a shade of 少许

例 These big trees provide welcome shade. 在这些大树下可感受到令人舒爽的阴凉。

......1603

□ **trend** [trend] *n.* ①趋向，趋势，倾向 [同] tendency ②时新款式，时尚

例 I can't keep up with all the latest music trends—they come and go so rapidly. 我跟不上所有最新的音乐潮流——它们都如昙花一现，匆匆而过。

......1604

□ **shrub** [ʃrʌb] *n.* 灌木

例 She planted some roses and other flowering

shrubs. 她种了一些玫瑰和其他开花的灌木。

··········1605

□ **attach** [ə'tætʃ] *v.* ①系，贴，连接 [同] fasten, fix [反] unfasten ②赋予，寄予 ③使附属，联合，加入 [同] append ④使依恋，使喜爱
搭 attach importance to 重视
例 He attached a photograph to the application form. 他在申请表格上贴上了一张照片。

··········1606

□ **force** [fɔ:s] *v.* ①强迫，迫使 [同] compel, oblige ②撬开，砸开，撞开 ③强加，强制实施 *n.* ①暴力，武力 [同] violence ②力（量），力气 [同] strength, power ③势力，影响力 ④强烈，强烈程度 ⑤ (*pl.*) 部队，兵力，警力 [同] troop
搭 force a way in/out 冲入 / 出；join forces 合力，会师；by force 用武力，强行；put sth. into force 使……生效；in force 大批地，在实施中，有效地；force the door open 撞开门；force a smile 强作笑颜
例 The force of the explosion shattered the windows. 爆炸的冲击力震碎了窗玻璃。
联 forced *a.* 强迫的，被迫的；forceful *a.* 强有力的，坚强的

··········1607

□ **presuppose** [ˌpri:sə'pəuz] *v.* ①预先假定，预料 ②以……为先决条件
例 All this presupposes that he'll get the job he wants. 所有这一切都要以他找到他想做的工作为先决条件。

··········1608

□ **exceed** [ɪk'si:d] *v.* 超出，越出 [同] surpass, excel
构 ex（出）+ ceed（走）→走出去 →超出
搭 exceed in size 在面积上超过；exceed one's authority 越权；exceed Hangzhou in size and population 在面积和人口上超过杭州
例 The driver was charged with exceeding the limit in the urban area. 这个司机被指控在市区超速驾车。

··········1609

□ **flora** ['flɔ:rə] *n.* ①植物群，植物区系 ②植物志
例 He compared the stone-age flora with the flora of modern times. 他把石器时代的植物群同现代植物群做了比较。

··········1610

□ **supersede** [ˌsu:pə'si:d] *v.* ①代替，取代 [同]

replace ②占先于，紧接着到来 ③忍住，克制
构 super（在……上面）+ sede（坐）→坐在他人上面 →取代
搭 supersede sb. as chairman 接替某人出任主席
例 As truth prevails over error, goodness tends to supersede badness. 正如真理终将战胜谬误，善也终将取代恶。

··········1611

□ **majority** [mə'dʒɒrəti] *n.* 多数，大多数，多半 [反] minority
搭 in the/a majority 占多数；the majority vote 多数票
例 Surveys indicate that supporters of the treaty are still in the majority. 多个调查显示，支持该条约的人仍占多数。

··········1612

□ **subordinate** [sə'bɔ:rdɪnət] *n.* 部属，下级 *a.* ① (to) 次要的，从属的 ②下级的，级别低的 [sə'bɔ:rdɪneɪt] *v.* 使处于次要地位，使从属于
例 We should learn to subordinate passion to reason. 我们应当学会让感情服从理智。

··········1613

□ **mock** [mɒk] *v.* ①嘲笑，嘲弄 [同] tease, laugh at ②（为了取笑）模仿 *a.* ①仿制的 ②模拟的，演习的 ③假的，假装的
搭 mock leather 人造革；mock trial 模拟审讯；run through a mock interview 进行一次模拟面试
例 It is cruel to mock people in trouble. 嘲弄困境中的人是残忍的。

··········1614

□ **blunt** [blʌnt] *a.* ①钝的 ②率直的，直言不讳的 [同] frank, straightforward *v.* ①使迟钝，使减弱 [同] deaden [反] sharpen ②使变钝
例 Too much alcohol will make your senses blunt. 过量饮酒会使你的感觉迟钝。

··········1615

□ **whereas** [ˌweər'æz] *conj.* ①鉴于 ②然而，但是，尽管
例 He is weak whereas his brother is strong. 他很虚弱，而他弟弟很强壮。

··········1616

□ **bare** [beə(r)] *a.* ①赤裸的，光秃的，裸露的 [同] naked, bald ②极小的，仅有的 [同] mere, only ③不加掩饰的，明摆着的 ④空的 *v.* 露出，暴露 [同] expose
搭 bare head/feet 光着头 / 赤着脚；the bare truth

明摆的事实；a bare room 空荡荡的房间；bare your soul 祖露心声

例 Her arms were bare and covered with spots. 她裸露的手臂上布满了斑点。

·····1617

☐ **attitude** ['ætɪtjuːd] **n.** ① 态度，看法 [同] view, opinion ②姿势 [同] posture

搭 show an attitude of 表现出……的态度；one's attitude towards/to 对……的态度；with attitude 有个性的，个性鲜明的；kids with attitude 叛逆不羁的孩子；women with attitude 个性鲜明的女子

例 I really don't like your attitude. 我实在不喜欢你的态度。

·····1618

☐ **bead** [biːd] **n.** ①珠子，玻璃小珠 ②水珠，露珠，汗珠 **v.** 在……上形成小珠，结珠

搭 beads of sweat 汗珠；a face beaded with sweat 满脸汗珠；draw/take a dead on 瞄准，注意；tell/say/count one's beads 拨弄念珠祈祷

例 She was wearing a string of green beads round her neck. 她脖子上戴着一串绿色的珠子。

·····1619

☐ **jargon** ['dʒɑːgən] **n.**（难懂的）行话

例 The leaflet contains legal jargon. 这本小册子中含有法律界的行话。

·····1620

☐ **character** ['kærəktə(r)] **n.** ① 性格，品质 [同] nature, quality ② 特性，特征 [同] characteristic ③勇气，毅力 ④声名，声望 ⑤人，人物，角色 [同] role ⑥字母，书写符号，印刷符号

搭 blacken one's character 抹黑某人的名声；a person of good character 品性好的人；a shady character 可疑的人；in character 与性格相符的；out of character 与性格不符的

例 Individuality is a valued and inherent part of his character. 特立独行是他性格中固有的备受推崇的部分。

辨 character: **n.**（小说、戏剧中的）人物，特性。personality: **n.** 个性。

·····1621

☐ **sophisticated** [sə'fɪstɪkeɪtɪd] **a.** ① 老于世故的，老练的，精通的 [同] worldly, practiced ②精密的，尖端的，复杂的 [同] complex ③高雅的，有教养的

搭 sophisticated taste 高雅的品位；sophisticated hotels 高档宾馆；a sophisticated telescope 精密的望远镜

例 These sophisticated modern machines rid people not only physically but also mentally of heavy tasks. 这些复杂的现代机器设备不但解脱了人们体力上的繁重任务，而且解脱了人们精神上的沉重负担。

·····1622

☐ **instruct** [ɪn'strʌkt] **v.** ① 教育，指导 [同] educate, teach ②指示，命令，通知 [同] direct, order

搭 instruct sb. in English 教某人英语

例 The police have been instructed to patrol at night, guarding the city. 警察奉命在夜间巡逻，保卫城市。

·····1623

☐ **desire** [dɪ'zaɪə(r)] **v.** 向 往，渴 望，期 望 [同] wish, long for **n.** ①愿望，渴望，期望 [同] appetite ②性欲

搭 leave a lot/a great deal/much to be desired 尚有许多需要改进之处；achieve the desired result 达到预期的效果；lose one's desire for life 丧失对生活的热望

例 He passionately desired to continue his career. 他热切渴望继续自己的事业。

·····1624

☐ **inclination** [ˌɪnklɪ'neɪʃən] **n.** ①趋向，趋势 ② (for) 意向，爱好，癖好 ③屈身，点头 ④斜坡，斜面，倾斜度

构 in（向）+ clin（倾，斜）+ ation（表名词）→向着倾斜 →趋向

搭 an economic inclination 经济走向；create one's own inclinations towards sth. 培养自己对某事物的爱好；have no inclination for modern painting 不喜欢现代绘画；a steep inclination in the road 路上陡峭的斜坡

例 We should be basing our decision on solid facts rather than our inclinations. 我们应当将自己的决定基于可靠的事实，而不是个人爱好。

·····1625

☐ **undertake** [ˌʌndər'teɪk] **v.** ①承担，着手做，进行从事 [同] take on, take up ②同意，答应，保证 [同] promise, affirm

搭 undertake the arduous task of monitoring the elections 承担监督选举这一重任；undertake further research into this phenomenon 对这一现象做进一步研究

例 He volunteered to undertake the military mission

which might cost him his life. 他自告奋勇承担一项可能使他丧命的军事行动。

----1626

□ **stark** [stɑːk] *a.* ①（外表上）僵硬的，光秃秃的，粗陋的，严酷的，荒凉的 ②率直的，直言不讳的 ③完全的，全然的 *ad.* 完全，十足

搭 a stark choice 严峻的选择；in stark contrast to 与……形成鲜明对比；issue a stark warning 发出严正警告

例 The film vividly shows the stark realities of life for the poor and hungry. 这部电影生动地揭示了贫穷和饥饿的人们赤裸裸的生活现实。

----1627

□ **detrimental** [ˌdetrɪ'mentl] *a.* 有害的，不利的

例 These chemicals have a detrimental effect on the environment. 这些化学物质对环境有不利影响。

----1628

□ **mosquito** [mə'skiːtəʊ] (*pl.* mosquitos 或 mosquitoes)

例 Some types of mosquitoes transmit malaria to humans. 有几种蚊子向人类传播疟疾。

----1629

□ **infrastructure** ['ɪnfrəstrʌktʃə(r)] *n.* 基础结构，基础设施

构 infra（在……下）+ struct（建立）+ ure（与行为有关的事物）→建立在下面的事物→基础结构

例 The war has damaged the country's infrastructure, from electricity plants to roads and bridges. 战争破坏了该国从电厂到道路、桥梁的基础设施。

----1630

□ **academic** [ˌækə'demɪk] *a.* ①大学的，学院的，学校的 ②学术的 ③学究的，纯理论的，不切实际的 *n.* 大学教师

搭 academic subject 学术课题；academic standards 学术水平；academic qualifications 学历；purely academic arguments 纯理论的争论

例 Universities value the academic freedom highly and allow no interference. 各大学高度重视学术自由，不容许外来干涉。

----1631

□ **cooperation** [kəʊˌɒpə'reɪʃn] *n.* ①合作，协作，配合 ②合作社，合作性团体

构 co（共同）+ oper（工作）+ ation（表名词）→一起工作→合作

搭 in cooperation with 与……合作

例 The government sought the cooperation of the citizens in keeping the streets clean. 政府请求市民配合，保持街道整洁。

----1632

□ **filter** ['fɪltə(r)] *v.* ①过滤 ②渗透，渗过，缓慢移动，慢慢传开 *n.* 过滤器，滤波器

搭 sunlight filtering through the branches 透过树枝洒下的阳光；filter towards the exit 缓慢向出口走去

例 The best prevention for cholera is to boil or filter water. 预防霍乱的最佳方法使把水烧开或过滤。

----1633

□ **magnify** ['mægnɪfaɪ] *v.* ①放大，扩大 [同] enlarge ②夸大，夸张 [同] exaggerate

构 magn（大）+ ify（使）→使大→放大

例 Heroes are magnified average people but they are generally believed true to life. 英雄是经过夸张渲染的常人，但是英雄一般被认为是真实的。

联 magnification *n.* 放大，扩大

辨 magnify: 用放大镜、显微镜放大，原来的人或物大小实际无变化。 enlarge: 扩大（面积），增加（数量），原人／物实际增大了。amplify: 扩大音量。multiply: 大量增加、繁殖，数量增加。

----1634

□ **equator** [ɪ'kweɪtə(r)] *n.*（地球）赤道

例 North of the equator about 61 percent of the surface is covered by water. 地球赤道以北有61%的地表被水所覆盖。

----1635

□ **abstraction** [æb'strækʃn] *n.* ①摄取，抽取 ②抽象（化），抽象过程，抽象概念 ③空想，空想的事物 ④抽象的艺术作品 ⑤出神，心不在焉

搭 the abstraction of iron from ore 从矿石中提炼铁；a group of abstractions in oil and water color 一组抽象的油画和水粉画；in a fit of abstraction 正当出神时；wear a look of abstraction 脸上一副心不在焉的神情

例 He pretended to be listening to me but his abstraction was obvious. 他装作在听我讲，不过一眼就看出他走神了。

----1636

□ **correlation** [ˌkɒrə'leɪʃn] *n.* 相互关系，联系，关联

例 There's little correlation between wealth and happiness. 财富和幸福没有多大联系。

----1637

□ **aspiration** [ˌæspə'reɪʃn] *n.* ①(for) 志向，抱负 ②(for, after) 渴望，强烈的愿望

145

搭 aspiration for fame 求名之心；soaring aspiration 雄心壮志

例 He has a strong aspiration to be an inventer. 他非常渴望成为一名发明家。

....1638

□ **charcoal** ['tʃɑːkəʊl] *n.* ①炭，木炭 ②炭笔

构 char（烧焦）+ coal（煤）→木炭

搭 charcoal drawing 木炭画；a piece of charcoal 一块木炭

例 He preferred sketching in charcoal to pencil. 他更偏爱用炭笔素描而不是用铅笔。

....1639

□ **momentum** [məʊ'mentəm] *n.* (*pl.* momentums 或 momenta) ①动力，冲力，势头 [同] force, rush ②动量

构 moment（移动）+ um →动力

搭 gain/gather momentum 势头增强

例 The momentum toward victory is irreversible. 取胜的势头不可逆转。

联 momentous *a.* 重要的，重大的

....1640

□ **ingenuity** [ˌɪndʒə'njuːəti] *n.* ①心灵手巧，足智多谋 ②精巧装置，灵巧身手

搭 technical ingenuities 设计精巧的技术产品

例 It took some ingenuity to squeeze all the furniture into this small room. 要把家具全都塞进这个小房间是颇费一番心思的。

联 ingenious *a.* 巧妙的，设计精巧的，聪颖的；ingenuous *a.* 天真无邪的，无城府的，直率的

....1641

□ **mineral** ['mɪnərəl] *n.* 矿物，矿产，矿石 *a.* 矿物的，矿产的，含矿物的

例 The country is exceptionally rich in mineral resources. 这个国家的矿产资源极为丰富。

....1642

□ **percentage** [pə'sentɪdʒ] *n.* ①百分率，百分比 ②所占比例，部分 ③利益，好处

搭 paid on a percentage basis 按百分比获取报酬

例 A high percentage of women died of giving birth in the past. 过去有很大一部分女性在分娩时死亡。

联 proportion *n.* 比例；quota *n.* 定额，指标；ratio *n.* 比率；rate *n.* 比，比值

辨 percent：可以用数字修饰（20 percent）。percentage：可以用 high 或 low 修饰，不用数字修饰（high percentage of unemployment）。

....1643

□ **composition** [ˌkɒmpə'zɪʃn] *n.* ①混合，构成，组成，成分 [同] ingredient ②创作，作文，作品，乐曲，构图 ③写作，作业

搭 the chemical composition of the atmosphere 大气的化学成分

例 These plays are arranged in their order of composition. 这些剧目是按照创作顺序排列的。

辨 component：机械等的部件。composition：物体固有的不可分割的成分。

....1644

□ **exclude** [ɪks'kluːd] *v.* ①把……排斥在外，不准进入，不包括 [同] ban, expel ②逐出学校，开除 ③删除，排除

构 ex（外，出）+ clud（关闭）+ e →关出去→把……排除在外

搭 exclude electricity and heating 不包括电费和采暖费；exclude the possibility of a nuclear war 排除核战争的可能性

例 All those under 20 years of age are excluded from the club. 未满 20 岁的人不能加入该俱乐部。

联 exclusion *n.* 排除；include *v.* 包括

....1645

□ **compendium** [kəm'pendiəm] *n.* ①手册 ②概要，摘要 [同] digest, sketch

搭 a compendium of physics 物理学概要

例 It is a gardener's compendium. 这是一本园丁手册。

....1646

□ **pilot** ['paɪlət] *n.* ①飞行员 [同] airman ②领航员 [同] navigator ③引路人，引导者，向导 *v.* ①驾驶（飞机等）[同] fly ②为（船舶）引航 [同] guide ③试用，试行 *a.* ①试验性的，试行的 ②导向的，引导的 ③飞行员的，领航的

搭 a spiritual pilot 精神引路人；a pilot light 导航灯

例 The service is being expanded following the success of a pilot scheme. 在试验方案获得成功后，这项服务正在推广。

答案：

1. evokes　译文：受到不公平的指责会使人感觉屈辱、愤怒和怨恨。

2. subordinate　译文：为了这个目标，他愿意并且能够把其他一切都放在次要的位置。

Unit 30

学前自测

1. This task may _____ him in delicate and difficult situations. (involve, disrupt, foul, emit, deduce)
2. There are now stiffer _____ for drunken drivers. (domes, supervisors, initials, dwellers, penalties)

1647

□ **finite** ['faɪnaɪt] **a.** ①有限的，有限制的 [同] limited [反] infinite ②限定的

搭 finite resources 有限的资源

例 We must accept finite disappointment, but we must never lose infinite hope. 我们必须接受有限的失望，但是我们永远不能失去无限的希望。

1648

□ **penalty** ['penəlti] **n.** ①处罚，惩罚，判罚 ②罚款，财产／权利的丧失 [同] fine ③损失，苦难，不幸

构 pen（惩罚）+ al（……的）+ ty（表名词）→处罚

搭 a yellow card penalty 黄牌处罚；death penalty 死刑；penalty kick（足球）罚点球；penalty area 罚球区

1649

□ **exhilaration** [ɪgˌzɪlə'reɪʃn] **n.** 高兴，活跃，振奋

例 After the walk in the woods, I felt a certain feeling of exhilaration. 在林间散步之后，我有种心旷神怡之感。

1650

□ **acceptable** [ək'septbl] **a.** ①可接受的，适宜的 [同] suitable ②受欢迎的，令人满意的，合意的 [同] welcome [反] unwelcome ③尚可的，差强人意的

构 ac + cept（拿）+ able（可……的）→可拿的→可接受的

搭 acceptable food 尚可的食物；acceptable behavior 可接受的行为

例 They failed to negotiate a mutually acceptable contract. 他们未能商定出一份令双方满意的合同。

联 acceptability/acceptableness **n.** 可接受（性）；acceptably **ad.** 可以接受地

1651

□ **dome** [dəʊm] **n.** ①圆屋顶，穹顶 ②圆顶状物 **v.** 加圆顶于，成穹顶状

搭 the blue dome of the sky 蓝色的苍穹

例 The dome of St Paul's could be seen in the distance. 从很远的地方就能看到圣保罗大教堂的圆顶。

1652

□ **position** [pə'zɪʃn] **n.** ①位置，方位 ②地位，职位，职务 [同] occupation, post ③姿势，姿态 [同] pose, gesture ④见解，立场 [同] standpoint, viewpoint **v.** 安放，放置，安置

构 posit（放）+ ion（表名词）→位置

搭 in position 在合适的地方；out of position 位置不妥；position on this matter 这件事上的立场；lie in a comfortable position 舒舒服服躺着；be in a position to provide relief 能够提供救济；be in no position to help 爱莫能助；put oneself in sb.'s/sb. else's position 设身处地想一想

例 They think their conservative position safer in handling a complicated situation. 他们认为在处理复杂问题上持保守的立场更保险。

1653

□ **involve** [ɪn'vɒlv] **v.** ①使卷入，使陷入，使参与 [同] bring in ②牵涉，牵连 [同] concern ③包含，含有 [同] include, contain

构 in（进入）+ volv（卷）+ e →使卷入

搭 be/get involved in 被卷入；be/get involved with 牵连，涉及；the people involved 所涉及的人；the involved case 复杂的案件

例 One foolish mistake involved him in a good deal of trouble. 一个愚蠢的错误使他陷入了一大堆麻烦中。

1654

□ **residential** [ˌrezɪ'denʃl] **a.** ①居住的，住宅的 ②（学生）寄宿的

例 Gradually the surrounding farmland turned residential. 渐渐地，附近的农田变成了住宅区。

··········1655

☐ **cite** [saɪt] *v.* ①引用，引证 [同] quote ②传唤，传讯 [同] summon ③表彰，嘉奖 [同] praise
例 The minister cited the latest crime figures as proof of the need for more police. 部长引用最近的犯罪统计数字来证明需要增加警察。

··········1656

☐ **supervisor** ['suːpəvaɪzə(r)] *n.* ①监督人，管理人，指导者 ②镇长，区长 ③导师，视导员
搭 the supervisor of music 音乐视导员；a full-time job as a supervisor at a factory 在一家工厂担任监理的全职工作

··········1657

☐ **civilization** [ˌsɪvəlaɪˈzeɪʃn] *n.* ①文明，文明社会，文明世界 ②开化，教化 ③教养，修养
搭 their advanced state of civilization 他们较高的教养
例 The Romans brought civilization to many of the lands they conquered. 罗马人把文明带到了他们所征服的很多国家。

··········1658

☐ **initial** [ɪˈnɪʃl] *a.* 开始的，最初的，初步的 [同] first, beginning *n.* (常 pl.) (姓名、组织等的) 首字母
构 in (朝内) + it (走) + ial (……的) →朝内走的 →开始的
搭 initial investment 初始投资；the initial stages of privatization 私有化的最初阶段
例 The initial talks were the base of the later agreement. 最初的会谈是后来达成协议的基础。

··········1659

☐ **foul** [faul] *a.* ①难闻的，讨厌的，糟糕的，令人恶心的 ②污浊的，肮脏的 [同] dirty, filthy ③ (天气) 恶劣的，有暴风雨的 ④腐烂的，发臭的 ⑤下流的，粗俗的，邪恶的，辱骂性的 *n.* 犯规，不公平比赛 *v.* ①对……犯规 ②弄脏，污染 ③便溺 ④套住，缠住
搭 foul, hot air 闷热、污浊的空气；in a foul mood 情绪不好；foul meat 腐败发臭的肉；have a foul mouth 爱说脏话；foul a third time 第三次犯规；by fair means or foul 千方百计地，不择手段地
例 Anyone whose dog fouls the footpath will be fined. 任何人的狗弄脏了人行小道都要被罚款。

··········1660

☐ **disrupt** [dɪsˈrʌpt] *v.* 使混乱，扰乱，使中断
构 dis (分开) + rupt (断) →使中断
例 A heavy fall of snow disrupted the city's transport system. 一场大雪扰乱了城市的交通系统。
联 disruption *n.* 扰乱，中断；disruptive *a.* 扰乱的，引起混乱的

··········1661

☐ **manifest** ['mænɪfest] *a.* 明显的，显然的，明了的 [同] clear, apparent *v.* ①显示，表明，证明 [同] exhibit, display ②使显露，使显现
构 mani (手) + fest (打) →用手打开 →显示
例 It was manifest to experts that it was a sham but many laymen still believed it a priceless treasure. 对专家来说，这明显是赝品，可许多外行人还以为它是无价之宝呢。
联 manifestation *n.* 显示，表明

··········1662

☐ **courageous** [kəˈreɪdʒəs] *a.* 勇敢的，有胆量的
搭 a courageous action 勇敢的行为；a courageous speech against the dictator 反对独裁者的大胆演讲
例 He is courageous by nature. 他天性天不怕地不怕。
联 courageously *ad.* 勇敢地

··········1663

☐ **empirical** [ɪmˈpɪrɪkl] *a.* ①实验的，实证的 ②以经验 / 观察为依据的 ③经验的，经验主义的
搭 empirical evidence 实验证据；an empirical fact 可验证的事实
例 The theory of the origin of the universe is empirical and needs proving. 有关宇宙起源的理论是以观察为依据的，需要加以证明。
联 empiricism *n.* 经验主义；empirically *ad.* 以经验 / 观察为依据地

··········1664

☐ **dweller** ['dwelə(r)] *n.* 居住者，居民
搭 a slum dweller 贫民窟居民；city dwellers 城市居民
例 Two-thirds of the town dwellers have dual nationality. 这座小城有三分之二的人具有双重国籍。
联 dwelling *n.* 住处，寓所

··········1665

☐ **repertoire** ['repətwɑː(r)] *n.* (剧团、演员等的) 全部剧目

例 Your item has been added to tonight's repertoire. 你的节目已经加入今晚的剧目中了。

············1666

□ **exemplify** [ɪɡ'zemplɪfaɪ] **v.** ①示例，举例说明 ②作为……的范例
例 Her pictures nicely exemplify the sort of painting that was done at that period. 她的画很能说明那个时期的绘画类型。

············1667

□ **threaten** ['θretn] **v.** ① 威胁，恐吓 [同] menace, intimidate ②预示，（危险）快要来临，是……的征兆
例 They threatened to kill her unless she did as they asked. 他们威胁要杀她，除非她按他们说的做。

············1668

□ **instinct** ['ɪnstɪŋkt] **n.** ①本能，直觉 ②天生的本领，自然倾向
搭 act on instinct 凭直觉行动；by instinct 出于本能；do sth. on instinct 凭直觉做事；have an instinct for doing 天生会做
例 Babies drink from their mothers by instinct. 婴儿靠本能吮吸母乳。
联 distinct **a.** 清楚的；extinct **a.** 灭绝的

············1669

□ **thigh** [θaɪ] **n.** （人的）大腿，股
例 He limped from a thigh injury that might take some time to heal. 他大腿上的伤还需要一段时间才能痊愈，现在他走路一瘸一拐。

············1670

□ **emit** [i'mɪt] **v.** 发出（光、热、声音等），射出，排出 [同] release, send out
搭 emit infrared radiation 发出红外辐射；emit a sound of distress 发出一声悲鸣；emit a strange odor 散发出一种奇怪的气味
例 People in the neighborhood accused the factory of emitting black smoke into the air. 工厂附近的居民指控该厂把黑烟排放到空气中。

············1671

□ **individual** [ˌɪndɪ'vɪdʒuəl] **a.** ①个别的，单个的，单独的 ②个人的，个体的 ③独特的，不寻常的，有个性的 [同] characteristic **n.** 个人，个体，独立单位
构 in（不）+ divid (e)（分割）+ ual（……的）→ 不能分割的 → 个别的
搭 individual economy 个体经济；a very individual style 与众不同的风格；individual freedom 个人自由
例 Every individual has certain rights which must

never be taken away. 每个人都有一些不可剥夺的权利。
联 individually **ad.** 个别地；individualize **v.** 使个性化；individuality **n.** 个性

············1672

□ **deduce** [dɪ'duːs] **v.** 推论，推断，演绎 [同] reason
构 de（离开）+ duc（引导）+ e → 引导出来 → 推论，推断
例 I deduce from the large crowd that the speaker is very popular. 从听众很多这一点我可以推断，演讲者大受欢迎。
联 deduct: 扣除，减去；induce: 劝导，引诱。

············1673

□ **access** ['ækses] **n.** ①(to) 接近，获得（机会等）[同] admission, approach ②通道，入口 [同] entrance, gateway [反] exit
构 ac（向，往）+ cess（走）→ 走向 → 入口
搭 have/gain access to 有（机会、手段）可以获得 / 接近 / 进入；the only access to the tower 去那座塔的唯一途径
例 Students need easy access to books. 学生需要容易获得图书资料的途径。
辨 access: **n.** 通道，入口。excess: **n.** 过度，超过。assess: **v.** 评价，评估。possess: **v.** 拥有。

············1674

□ **bow** [bəʊ] **n.** ①弓，弓形物 ②蝴蝶结 ③欠身，鞠躬 ④船首，船头 **v.** ①鞠躬，低头，屈膝 ②弯曲，向下倾斜 ③顺从，屈从
搭 bow to sb. 向某人鞠了一躬；spray from the ship's bows 船头溅起的水花；take a bow 鞠躬致谢；bow to pressure 屈从于压力
例 His head now bowed slightly as he brooded over his disappointing family. 他细想着他那令人失望的家庭，头微微低了下来。
联 elbow **n.** 肘 **v.** 用肘推；rainbow **n.** 虹，彩虹

············1675

□ **noticeable** ['nəʊtɪsəbl] **a.** 显而易见的，显著的，值得注意的 [同] remarkable, noteworthy
例 Improvement is noticeable in all these tests. 这几次测试成绩的提高是明显的。

············1676

□ **supervise** ['suːpəvaɪz] **v.** 监督，管理，指导 [同] boss, direct
构 super（在……上面）+ vise（看）→ 在上面看 → 监督
例 From the watching tower the guard can supervise

all the passers-by. 警卫从观察塔上能监视所有过路人。

□ **enquiry/inquiry** [ɪn'kwaɪərɪ] **n.** ①打听，询问 ②调查

搭 enquiry desk 问询台；enquiry office 问询处，咨询处；make enquiries of sb. about sth. 询问某人某事

例 The Democratic Party has called for an independent enquiry into the incident. 民主党要求对这一事件进行独立调查。

□ **tragic** ['trædʒɪk] **a.** ①悲惨的，可悲的 [同] miserable ②悲剧（性）的 [反] comic

例 The most tragic victims of all was the injured elderly woman, the rest of whose family died in the same accident. 最悲惨的受害者是受了伤的老太太，她其余的家人都在同一事故中遇难。

□ **qualification** [ˌkwɒlɪfɪ'keɪʃn] **n.** ①资格证明，合格证书 [同] certificate, diploma ②限制，限定，限定性的条件 [同] conditions, restriction ③资格，技能

搭 the first qualification for a historian 作为历史学家的必要条件；have the qualifications to build the bridge 有建造桥梁的资格

例 Being a pilot one has to meet strict physical qualifications. 当飞行员要满足严格的体格条件。

联 qualify **v.** （使）有资格；qualified **a.** 合格的，有资格的

□ **possess** [pə'zes] **v.** ①占有，拥有 [同] have, own ②（感情）支配，控制

例 Terror possessed every moviegoer with terrible flashes of light and special sound effect. 在可怖的闪烁灯光和音响的特效作用下，每个看电影的人都笼罩在恐怖之中。

联 possessed **a.** 着魔的，疯狂的；possession **n.** 拥有，财产

辨 possess：占有，拥有财产、品质、才能等。hold：拥有，强调控制、掌握。own：强调合法性或天生拥有。contain：包括在内的拥有，占有。

□ **border** ['bɔːdə] **n.** ①边，边缘，界限 [同] edge, margin ②边界，国界，边境 [同] frontier, boundary ③饰边，镶边，包边 **v.** ①(on, upon) 与……接壤，毗连，毗邻 ②和……近似

搭 the border between China and Russia 中俄边境；cross the border 穿越边界；pillowcases trimmed with a hand-stitched border 饰有一道手工编织花边的枕套

例 India borders on Burma. 印度与缅甸接壤。

联 aboard **ad./prep.** 上船；board **n.** 木板，委员会

□ **envisage** [ɪn'vɪzɪdʒ] **v.** ①想象，设想 ②预计，展望

构 en（进入）+ vis（看）+ age（表行为）→进入看的状态 →想象

例 Can you envisage the harm of the farm chemical and antiseptic to people's health? 你能想象出农药和防腐剂对人体造成的损害吗？

□ **plus** [plʌs] **a.** ① 正的，在零以上的 [反] minus, negative ②附加的，另外的 ③略好一些的，略高一些的 ④有利的，有好处的 ⑤正电侧的，正方向的 **conj.** ①加，加上 ②额外，外加，和 **ad.** 另外，外加地 **n.** 加号，正号

搭 500-plus customers 500 多位顾客；at 13 plus 在 13 岁或 13 岁以上；receive a B plus for one's essay 文章得了 B

例 They will pay about $8.5 million plus interest. 他们将付约 850 万美元，外加利息。

□ **religion** [rɪ'lɪdʒən] **n.** ①宗教 ②宗教信仰，宗教教育 ③虔诚恪守的信仰，孜孜追求的目标，心之所好

例 The school placed strong emphasis on religion. 这所学校极其重视宗教教育。

联 Buddhism **n.** 佛教；Taoism **n.** 道教；Islam **n.** 伊斯兰教；Christianity **n.** 基督教

联 religious **a.** 宗教的，虔诚的

□ **legislation** [ˌledʒɪs'leɪʃn] **n.** ①立法，法律的制定 / 颁布 ②（总称）法规，法律

搭 tax legislation 税法；legislation on prices 价格法规；the power of legislation 立法权；pass the legislation 通过法律

例 The government will introduce legislation to restrict the sale of firearms. 政府将制定法规限制枪支出售。

联 legislate **v.** 立法；legislator **n.** 立法者，议员；legislature **n.** 立法机关

......1686

□ **exhibit** [ɪɡ'zɪbɪt] **v.** ①显示，显出 [同] disclose, express ②陈列，展览，展出 [同] display **n.** 展览品，陈列品 [同] show, display

构 ex（出）+ hibit（拿住，持有）→拿出→展览

例 In the summer the academy will exhibit several paintings which are rarely seen. 今年夏天学院将展出几幅罕见的画作。

辨 exhibit: 一件展品（an exhibit）。exhibition:（常用作总称）展览，展览会。

......1687

□ **attend** [ə'tend] **v.** ①出席，参加 [同] be present ②照顾，护理，侍奉，伴随 [同] nurse, take care of ③专心于，致力于 [同] be attentive to ④作为……的后果

搭 attend to 倾听，留意，照顾；attend on the guests 接待客人；attend to one's business 专心于事业；attend the concert 听音乐会

例 Throughout our visit he would have to leave to attend a patient. 在我们拜访的整个期间，他时常要离开去照顾一位病人。

辨 attend: 参加的目的是听和看（attend a lecture）。take part in: 参加并参与（活动）（take part in the activity）。

......1688

□ **requisite** ['rekwɪzɪt] **n.** 必需品，必要条件 **a.** 必需的，必不可少的

搭 a requisite for long journeys 长途旅行的必需品；requisite documents 必备文件

例 Self-esteem, self-judgment and self-will are said to be the three requisites of independence. 据说自我尊重、自我判断和自我意志是独立自主的三个必要条件。

联 requisitely **ad.** 必需地，必不可少地

......1689

□ **craft** [krɑːft] **n.** ①工艺，手艺 ②行业，职业 ③手腕，诡计 ④（单复同）船，航空器 **v.** 精心制造

搭 traditional crafts 传统工艺；political craft 政治手腕；the craft of boat building 造船工艺；a craft shop 手工艺品商店；a rescue craft 救生艇；patrol craft 巡逻艇

例 You can always tell by the quality of a hand-made piece of furniture if it was made by someone who knew his craft. 人们总能从手工制作的家具的质量上判断这是否出自巧匠之手。

......1690

□ **scandal** ['skændl] **n.** ①丑事，丑闻 ②流言蜚语 [同] rumor ③反感，愤慨

例 One of the newspapers exposed the scandal. 有一家报社披露了这一丑闻。

......1691

□ **gigantic** [dʒaɪ'ɡæntɪk] **a.** 巨人似的，巨大的，庞大的

搭 a gigantic debt 巨额债务；a gigantic wave 巨浪；a gigantic effort 巨大努力；a man of gigantic strength and stature 有巨人般力气和身材的人

例 The company has made gigantic losses this year, and will probably go out of business. 该公司今年亏损巨大，有可能倒闭。

......1692

□ **champion** ['tʃæmpiən] **n.** ①冠军 ②捍卫者，拥护者 [同] defender, advocate

搭 a world champion 世界冠军；a champion of reform 改革的倡导人；a champion of women's rights 女权运动的捍卫者

例 The winning team will be the national champion. 获胜队将是全国冠军。

联 runner-up **n.** 亚军

......1693

□ **structure** ['strʌktʃə(r)] **n.** ①结构，构造 [同] framework ②建筑物 [同] building **v.** 建造，组织，安排 [同] form, build

搭 interior structure 内部结构；the typical family structure 典型的家庭结构

例 The house was a handsome three-story brick structure. 这栋房子是一幢造型美观的三层砖砌建筑。

答案:
1. involve 译文：这项工作可能使他陷入如履薄冰的艰难境地。
2. penalties 译文：现在对酒后驾车者的处罚更加严厉了。

Unit 31

学前自测

1. Their first task was to find and _____ the graves described in the diary. (entice, adjust, avalanche, inhibit, excavate)

2. I accidentally stepped on a twig, causing the birds to take _____. (hurricane, autonomy, gospel, upgrade, flight)

----------1694

☐ **heap** [hi:p] **n.** ①（一）堆 [同] pile, stack ②大量，许多 ③破烂的地方 / 东西 **v.** ①使成堆，堆放 ②大量给予

搭 a heap of bricks 一堆砖；a whole heap of trouble 一大堆麻烦；heap the dead leaves in the corner of the garden 把枯叶堆在院子的角落；heap all the blame on sb. 把所有的责任都归在某人头上

例 She left her dirty clothes in a heap on the floor. 她把脏衣服堆成一堆放在地板上。

辨 heap：杂乱地堆放。pile：同种类的东西整齐地堆放。

----------1695

☐ **include** [ɪn'klu:d] **v.** ①包括，包含 [同] involve, comprise ②列入，附有，计算在内

搭 service not included 不含服务费；myself included 包括我自己

例 The latest edition includes eight pages of new material. 最新的版本包括 8 页新内容。

----------1696

☐ **flight** [flaɪt] **n.** ①空中旅行 [同] journey, trip ②航班，班机 [同] airliner ③飞行，飞翔 ④逃跑，逃亡，逃离 [同] escape, departure ⑤楼梯的一段

搭 in flight 在飞行，逃亡的；the flight of time 时光飞逝；book a flight to New York 预定飞往纽约的航班；a flight of stairs 一段楼梯；flight of fancy 想入非非；lose the power of flight 失去了飞行能力

例 They took elaborate precautions to prevent their flight from being discovered. 他们做了精心防范，以防逃跑时被人发现。

联 flee **v.** 逃跑

----------1697

☐ **excavate** ['ekskəveɪt] **v.** ①挖掘，开凿 ②挖出，发掘 [同] unearth

构 ex（出）+ cav（洞）+ ate（表动词）→挖出洞→挖掘

搭 excavate a tunnel 挖隧道；excavate ancient ruins 发掘古代遗址

例 They planned to excavate a large hole before laying the foundations. 他们计划在打地基前先挖个大洞。

联 excavation **n.** 挖掘，发掘

----------1698

☐ **hurricane** ['hʌrɪkən] **n.** 飓风

例 The hurricane caused great loss to the island. 那场飓风给这座岛造成了巨大损失。

联 typhoon **n.** 台风；cyclone **n.** 旋风

----------1699

☐ **bilateral** [ˌbaɪ'lætərəl] **a.** ①双边的，双方的 ②双方共同的，互相的 ③对称的

搭 bilateral talks between the two countries 两国间的双边会谈；discuss various bilateral issues 讨论各种双方共同的问题

例 The two countries have been negotiating a bilateral free-trade deal. 这两个国家一直在商谈一项双边自由贸易协定。

----------1700

☐ **laundry** ['lɔ:ndri] **n.** ①洗衣店，洗衣房 ②洗好的衣服，待洗的衣服

搭 lau（洗）+ nd + (o)ry（地点）→洗衣店

例 Whenever I stay at home I try to help mother do family laundry and the cooking. 我在家时都尽量帮妈妈洗衣烧饭。

----------1701

☐ **mediocre** [ˌmi:di'əʊkə(r)] **a.**（贬）普通的，平庸的，低劣的 [同] mean

搭 a person of mediocre abilities 能力平庸的人；mediocre school record 学习成绩平平；mediocre books 拙劣的书

----------1702

☐ **prospective** [prə'spektɪv] **a.** ①未来的，将来

的 ②预期的，料想中的

构 pro（向前）+ spect（看）+ ive（……的）→向前看的 →将来的

搭 prospective changes in the law 法律上可预期的改变；prospective damages 预见到的损伤

例 Always be polite to prospective buyers. 对潜在顾客永远要客气。

联 prospectively *ad.* 预期地

....1703

□ **headquarters** [ˌhedˈkwɔːtəz] *n.* ①（单复同）司令部，指挥部，总部，总公司 ②（竞选、搜查的）场地

搭 headquarters staff 司令部人员 / 参谋；a search headquarters 搜查处

例 The building is the headquarters of the family firm. 这座大楼是该家族企业的总部。

....1704

□ **autonomy** [ɔːˈtɒnəmi] *n.* ①自治，自治权 ②人身自由，自主权

例 Demonstrators demanded immediate autonomy for the region. 示威者们要求立即给予该地区自治权。

联 autonomous *a.* 自治的，自治区的

....1705

□ **complementary** [ˌkɒmplɪˈmentri] *a.* 补充的，互补的

搭 complementary products 辅助品；complementary service 辅助服务；complementary colors 互补色

例 My family and my job both play an important part in my life, fulfilling separate but complementary needs. 我的家庭和工作都是我生活中重要的组成部分，它们相互补充，满足我不同的需要。

....1706

□ **entice** [ɪnˈtaɪs] *v.* ①诱使，引诱 ②吸引

搭 entice a young girl away from home 引诱一个姑娘离家出走；entice sb. into joining the conspiracy 诱使某人加入阴谋集团

例 The beautiful weather enticed me into the garden. 晴朗宜人的天气将我吸引到花园里来。

....1707

□ **gospel** [ˈgɒspl] *n.* ①真理，绝对真理，绝对事实 ②福音音乐 ③ (G) 福音书

例 What I'm telling you is gospel/gospel truth. 我跟你说的都是绝对事实。

....1708

□ **terrestrial** [təˈrestriəl] *a.* ①地球的，陆地的 ②陆生的，陆栖的 ③人间的，尘世的 *n.* 地球人，陆地生物

构 terr（地）+ estr + ial（……的）→陆地的

搭 terrestrial gravity 地球引力；a terrestrial plant 陆生植物；a guide to terrestrial dilemma 人世困境指南；terrestrial interests 名利心

例 It is a terrestrial bird. 这是一只陆栖鸟。

....1709

□ **unfortunately** [ʌnˈfɔːtʃənətli] *ad.* 遗憾的是，可惜的是 [同] unluckily

例 She was vomiting and unfortunately, I did not bring any drug with me to help her overcome car sickness. 她在呕吐，可惜我没有随身带药帮她克服晕车。

....1710

□ **screen** [skriːn] *n.* ①屏 / 银幕 ②屏风，帘 [同] curtain *v.* ①掩藏，遮蔽 [同] cover up, hide ②筛选，审查，甄别 ③给……装帷 / 窗纱

搭 screen...from 遮蔽……以防；screen the newspapers and letters 审查报纸和信件

例 She raised her hand to screen her eyes from the bright sunlight. 她抬手遮眼挡住耀眼的阳光。

....1711

□ **Cantonese** [ˌkæntəˈniːz] *n.* ①广东话，粤语 ②广州人，广东人 *a.* ①广州的，广东的 ②广东话的，粤语的

搭 Cantonese traditional food 广州传统食品；speak Cantonese 说粤语

....1712

□ **adjust** [əˈdʒʌst] *v.* ①校准，校正，调整，调节 [同] modify ②适应 [同] adapt ③整理

构 ad（加强）+ just（正确）→使正确 →校准

搭 adjust the knob to make the image clearer 调旋钮让图像更清晰；adjust the height of the chair 调节椅子的高度；adjust/adapt oneself to a new life 使自己适应新的生活；adjust to motherhood 适应做母亲

例 He adjusted himself very quickly to the damp climate of the region. 他很快就适应了这个地区潮湿的气候。

联 adjustable *a.* 可调节的；adjuster *n.* 调整者，调停者；adjustment *n.* 调整，适应

....1713

□ **migrant** [ˈmaɪgrənt] *n.* ①候鸟 ②迁徙动物，

153

流动工人

构 migr（移动）+ ant（人，生物）→移动者 →流动工人

例 The cities are full of migrants looking for work. 这些城市到处是寻找工作的外来务工者。

联 migration *n.* 移居，迁徙

····················1714

□ **upgrade** [ˌʌp'ɡreɪd] *v.* 提高（质量、级别），提升，使升级，改善 *n.* 升级，上升，提高

搭 upgrade a software 升级软件；get one's job upgraded 提升职务；upgrade the facilities 改善设备

例 He's been upgraded to divisional manager. 他已经被提升为部门经理。

····················1715

□ **avalanche** ['ævəlɑːntʃ] *n./v.* ①雪崩，山崩 ②大量涌现

搭 an avalanche of letters 大量信件；an avalanche of complaints 大量投诉；an avalanche of claims 大量索赔要求

例 Skiers should avoid the area because of the high risk of avalanche. 滑雪者应避免进入这个地区，因为有雪崩危险。

····················1716

□ **sequence** ['siːkwəns] *n.* ①连续，持续，一连串 [同] succession ②次序，顺序 [同] order *v.* 按顺序排列

构 sequ（跟随）+ ence（表性质）→次序

搭 a sequence of 一系列；in sequence 顺次，按顺序

例 The writing is arranged in logical sequence. 这篇文章是按逻辑顺序安排的。

····················1717

□ **partial** ['pɑːʃl] *a.* ①部分的，不完全的 [同] incomplete ②偏好的，癖好的 ③偏颇的，偏心的，不公正的 [同] biased, prejudiced [反] impartial ④偏爱……的

搭 partial support/success 部分支持 / 成功；accuse the manager of being partial 指责经理偏心；partial to young women with blue eyes 对蓝眼睛的姑娘情有独钟

例 He's rather partial to a cup of coffee after dinner. 他有些偏爱饭后喝一杯咖啡。

联 partially *ad.* 部分地，不完全地；partiality *n.* 偏袒，酷爱；impartially *ad.* 公平地

····················1718

□ **inhibit** [ɪn'hɪbɪt] *v.* 防止，妨碍，抑制 [同] prohibit

搭 inhibit wrong desires 抑制邪念

例 The girl's natural fear of shame inhibited her from singing in public. 那女孩天性的羞怯使她不敢在公众场合唱歌。

····················1719

□ **superficial** [ˌsuːpə'fɪʃl] *a.* ①表面的，外部的 ②肤浅的，浅薄的 [同] shallow ③表皮的，皮肉的

构 super（上面）+ fic（做）+ ial（的）→做在上面的 →表面的

搭 a superficial and rather silly man 浅薄而愚蠢的人；a superficial knowledge of music 对音乐一知半解；superficial wounds 皮外伤

例 Still our knowledge about the workings of human brains is superficial. 我们有关人类大脑工作机制的知识仍然十分肤浅。

····················1720

□ **intake** ['ɪnteɪk] *n.* ①吸入，纳入，接受 ②纳入量，摄入量，接收人数 ③（气体、液体流入管中的）入口，（矿）进入巷道

搭 the intake of new employees 录用新雇员；a sudden intake of breath 突然吸一口气；an annual intake of $30,000 年收入 3 万美元；the average daily calorie intake 日均卡路里摄取量；moderate one's alcohol intake 节制自己的酒量

例 This teacher-training college has increased its intake of students by 20% this year. 这所师资培训学院今年的招生人数增加了 20%。

····················1721

□ **coherent** [kəu'hɪərənt] *a.* ①条理清楚的，连贯的 [同] organized ②一致的，协调的 [同] harmonious

例 Hearing the good news, he was too excited to be coherent on the phone. 听到这个好消息，他在电话里激动得有点语无伦次。

联 coherence *n.* 连贯性；cohesion *n.* 黏着，结合；cohere *v.* 黏着，连贯，协调一致

····················1722

□ **underlying** [ˌʌndə'laɪɪŋ] *a.* ①含蓄的，潜在的 [同] implicit, latent ②根本的，基本的，深层的 ③表面下的，下层的

构 under（在……下）+ lying（躺）→下层的

搭 underlying causes 根本原因；hard underlying rock 坚硬的下层岩石

例 You can get the underlying meaning by reading between the lines. 你可以通过仔细阅读字里行间，

捕捉到深层的意思。

---------1723

□ **improve** [ɪm'pruːv] *v.* 改善，改进，变得更好
[同] become better
搭 improve oneself 提高自己，自我完善；improve on/upon 改进，超过，进一步提高
例 Her health has improved dramatically since she started on this new diet. 改变饮食以后，她的健康明显改善了。

---------1724

□ **hasty** ['heɪsti] *a.* ①仓促完成的，匆忙的，急速的 ②草率的，轻率的
搭 a hasty conclusion 仓促的结论；make hasty decisions 做出仓促的决定
例 I think perhaps we were a little hasty in judging him. 我想或许我们对他的判断有点轻率。
联 hastily *ad.* 匆忙地
辨 hasty: 指行为、决定等过快的。speedy: 速度快的，迅速的。reckless: 鲁莽的，不顾后果的（极其粗心，对自己的行为、感情不负责任）。

---------1725

□ **compound** ['kɒmpaʊnd] *n.* ①化合物，复合物，混合物 [同] blend, mixture ②（有围墙或篱笆等的）建筑群，大院 *a.* 复合的，化合的，混合的 [同] composite [kəm'paʊnd] *v.* ①使恶化，加重 ②组成，构成，合成 ③支付复利
搭 an emotion oddly compounded of pleasure and bitterness 悲喜交加的奇怪情绪
例 Our difficulties were compounded by other people's mistakes. 别人的错误增加了我们的困难。

---------1726

□ **altitude** ['æltɪtjuːd] *n.* ①高度，海拔 [同]height, elevation ②(*pl.*) 高地，高处
构 alt（高的）+ itude（状态）→高度
搭 fly at a low altitude 低空飞行；at high altitude 在海拔高的地方；an altitude of 4,500 feet 在 4 500 英尺的高度
例 At that altitude most people have trouble breathing. 大多数人在那样的海拔都会呼吸困难。
联 latitude *n.* 纬度；longitude *n.* 经度；attitude *n.* 态度
辨 altitude: 海拔，高度。height: 广义的高度，身高。

---------1727

□ **supplementary** [ˌsʌplɪ'mentri] *a.* 增补的，补充的 [同] additional, extra

例 You can do some supplementary reading, which is distributed to you once a week. 你可以做一些补充阅读，材料每周一次发给你。
联 complementary *a.* 补足的，互补的；complimentary *a.* 赞美的，恭维的

---------1728

□ **inferior** [ɪn'fɪəriə(r)] *a.* ①下等的，下级的 ②劣等的，次的 [反] superior *n.* 下级，地位较低的人
搭 be inferior to 低 / 劣于；inferior by comparison 相形见绌
例 No one can make you feel inferior without your consent. 没有你的认可，谁也不能使你感到低人一等。

---------1729

□ **stroke** [strəʊk] *n.* ①卒中 ②一举，一次努力 ③划桨，划水 ④鸣，击，敲 ⑤报时的钟声 ⑥笔画，一笔 ⑦抚摸 *v.* ①轻抚，轻触，抚摸 ②阿谀奉承
搭 on the stroke of ten 在 10 点钟；paint with a bold, defiant stroke 用遒劲大胆的笔触作画；a stroke of genius 高明之举；at a stroke/in one stroke 一下子，一举；give the cat a stroke 抚摸一下猫
例 The worker skillfully drove in a nail with a stroke of the hammer. 那工人熟练地一锤就把钉子钉了进去。

---------1730

□ **dealer** ['diːlə(r)] *n.* ①商人 ②发牌者
搭 a petty dealer 小商贩；a dealer in fruit 水果商；a speculative dealer 投机商；a used-car dealer 旧汽车商
例 She recommended a reputable antiques dealer to me. 她向我推荐了一个名声好的古董商人。
联 dealership *n.* 经销特许权

---------1731

□ **innovative** ['ɪnəveɪtɪv] *a.* 革新的，创新的，富有革新精神的
例 He's an imaginative and innovative manager. 他是一名充满想象力和革新精神的经理。
联 innovate *v.* 革新，创新

---------1732

□ **deadline** ['dedlaɪn] *n.* ① (for) 最后期限，截止日期 ②极限 [同] extremity
构 dead（死亡，终止）+ line（线）→终止线 → 最后期限
搭 meet the deadline 在截止期限内做完某事；the

deadline for withdrawal 撤退的最后期限；miss the deadline 超过期限

例 I'm afraid you've missed the deadline, so your application cannot be considered. 恐怕你已过了截止日期，因此你的申请将不在考虑范围之内。
·······1733

□ **cumulative** ['kju:mjələtɪv] *a.* 积累的，渐增的
例 The cumulative impact of these small changes was considerable. 这些小变化积累下来造成的影响是可观的。
联 accumulate *v.* 积累
·······1734

□ **relief** [rɪ'li:f] *n.* ①轻松，宽慰 ②（痛苦等）缓解，减轻，解除 ③救济，救援物品
搭 on relief 接受救济；to one's relief 使人宽慰的是；relief for refugees 难民救济品
例 To me, even a telephone call is a great relief from anxiety and loneliness. 对我来说，哪怕是一个电话也可以大大缓解焦虑和孤寂的情绪。
·······1735

□ **inform** [ɪn'fɔ:rm] *v.* ①(of, about) 通知，报告 [同] notify, tell ②渗透，贯穿 ③(against, on) 告发，告密
搭 inform him of the new plan 告诉他这个新计划；a song informed by a certain sadness 透着某种哀伤的歌曲
例 The prisoner hoped to gain his own freedom by informing on his companions in the jewel robbery. 犯人希望通过揭发珠宝抢劫案的同伙来获得自由。
·······1736

□ **digestive** [daɪ'dʒestɪv] *a.* 消化的
例 The digestive process of food is slow. 食物的消化过程是缓慢的。
联 digestion *n.* 消化，消化能力
·······1737

□ **insufficient** [ˌɪnsə'fɪʃnt] *a.* ①不充分的，不足的 ②不适合的，缺乏能力的，不能胜任的
搭 insufficient evidence 证据不足；insufficient for the work 不胜任工作

例 There was insufficient money to fund the research. 没有足够的资金来资助这项研究。
联 insufficiently *ad.* 不充分地，不足地
·······1738

□ **probe** [prəʊb] *n.* ①探索，调查 ②探针，探测器 *v.* ①穿刺 ②(into) 探索，查究，调查，搜寻 [同] explore
搭 probe into one's background 调查某人的背景
例 The official inquiry will probe into alleged corruption within the Defence Ministry. 官方将深入调查国防部被指控的贪污问题。
·······1739

□ **occupy** ['ɒkjupaɪ] *v.* ①占用，占据 [同] fill up, seize ②使忙碌，使从事 [同] make busy ③居住在，被安置于 ④占领，侵占 ⑤担任，居于
搭 be fully occupied (in) driving 全神贯注地开车；be occupied with other things 忙于别的事；in the occupied territory 在被占领区
例 We believe that we're going to occupy a unique position in the marketplace. 我们相信我们会在市场上占据独特的地位。
联 occupant *n.* 居住者；occupancy *n.* 居住，占用
·······1740

□ **cereal** ['sɪəriəl] *n.* ①谷类植物，谷物 ②加工而成的谷类食物
例 Your diet should include dairy products, meats, fruits, vegetables and cereal products. 你的饮食应该包括乳制品、肉类、水果、蔬菜和谷类食物。
·······1741

□ **scenery** ['si:nəri] *n.* ①风景，景色 ②舞台布景
例 Sometimes they just drive slowly down the lane enjoying the scenery. 有时他们只是沿着小路慢慢地开车，欣赏两边的风景。
辨 scenery：（总称）风景，自然风光。view: 从远处或窗口看到的风景。sight: 风景，名胜，复数常指人文景观名胜。landscape: 山水景色，自然景象，又指山水画。scene: 景色，景象，具体某处的风光，若干 scene 构成 scenery。

答案：
1. excavate　译文：他们的首要任务就是找到日记中所描述的那些墓穴并进行挖掘。
2. flight　译文：我无意中踩到一根小树枝，把鸟惊飞了。

Unit 32

学前自测

1. He _____ a dream of becoming a world-famous diplomat. (donated, propagated, responded, solidified, nurtured)
2. Operations employing this new technique were _____ with danger. (decent, faulty, abstract, fraught, identical)

···········1742

□ **justify** ['dʒʌstɪfaɪ] **v.** 证明……正当或有理，为……辩护
例 The fact that he annoyed you does not justify your treating him in that way. 他使你生气并不能说明你那样对待他是有理的。

···········1743

□ **definition** [ˌdefɪ'nɪʃn] **n.** ①定义，释义 ②清晰（度），鲜明（度）
搭 by definition 按照定义；lack definition 不清晰；a standard definition of intelligence 智力的标准定义
例 In this dictionary, definitions have been written using words from a specially chosen list. 在这本词典里，释义中用的单词是经过特别挑选的。

···········1744

□ **faulty** ['fɔːlti] **a.** ①错误的，谬误的，有缺点的 ②出故障的，有瑕疵的，不完善的
搭 faulty brakes 刹车有毛病；faulty information 错误的信息
例 The money will be used to repair faulty equipment. 这笔钱将用来维修出故障的设备。
联 faultfinder **n.** 爱挑剔的人；faultless **a.** 没有缺点的

···········1745

□ **donate** ['dəʊneɪt] **v.** 捐赠，赠送 [同] contribute, endow
搭 donate second-hand clothes 捐赠一些旧衣服
例 The professor donated a large sum of money to build a bridge in his hometown. 这位教授捐了一大笔钱为家乡修建一座桥。

···········1746

□ **fraught** [frɔːt] **a.** (with) 充满（难题、危险等）
搭 fraught with risks 充满危险
例 The expedition through the jungle was fraught with difficulties and danger. 穿越丛林的探险充满着艰辛与危险。

···········1747

□ **stare** [steə(r)] **v./n.** (at) 盯，凝视，瞪眼 [同] gaze
搭 stare at 凝视；stare sb. in the face 盯着某人的脸看，显而易见；stare sb. up and down 上下仔细打量某人；give sb. a long, cold stare 冷冷地盯了某人很久
例 He stared at us in disbelief. 他用质疑的眼神盯着我们。

···········1748

□ **decent** ['diːsnt] **a.** ①像样的，过得去的，体面的 [同] passable ②宽厚的，大方的 ③正派的，合乎礼仪的，得体的 [同] proper, upright
例 Many young people consider white-collared positions as decent jobs. 许多年轻人认为白领职位是体面的工作。
联 descend **v.** 下降，下来，传下；descent **n.** 下降，血统，下坡路；decently **ad.** 高雅地，端正地，正派地

···········1749

□ **nurture** ['nɜːtʃə(r)] **v.** ①养育，培育 [同] bring up ②使发展，教养，训练 ③（长期以来一直）抱有 **n.** ①营养物，食品 ②养育，培养
搭 nurture the children 抚养孩子；nurture ambitions (for) 抱有雄心壮志
例 As a record company director, his job is to nurture young talents. 作为一家唱片公司的董事，他的职责在于培养年轻有为的新人。

···········1750

□ **inspiration** [ˌɪnspə'reɪʃn] **n.** ①灵感 ②鼓舞人心的人或事物 ③妙计，好办法
例 Artists often draw their inspiration from nature. 艺术家往往从自然中获得灵感。

----------1751

□ **scrutiny** ['skru:təni] **n.** 细看，细阅，检查，监视

构 scrut（检查）+ iny →检查

搭 (come) under scrutiny 受到仔细检查; open to public scrutiny 接受公众监督; on close scrutiny 经仔细查看

例 His work will not stand up to close scrutiny. 他的工作经不起仔细检查。

----------1752

□ **devastate** ['devəsteɪt] **v.** 彻底摧毁，严重破坏，蹂躏

例 The fire swept through the theater, devastating the entire building. 大火横扫剧院，彻底摧毁了整座建筑。

----------1753

□ **mere** [mɪə(r)] **a.** ①仅仅，只不过 [同] only ② 纯粹的 [同] utter

搭 the merest hint of criticism 一丁点儿批评的暗示

例 The mere mention of food made her feel sick. 单单提到食物就会让她感到恶心。

----------1754

□ **propagate** ['prɒpəgeɪt] **v.** ①繁殖，增殖 [同] proliferate ② 传播，宣传，使普及 [同] popularize

例 Scientific knowledge needs to be propagated. 科学知识需要宣传普及。

----------1755

□ **diagram** ['daɪəgræm] **n.** 图表，图解 **v.** 用图解表示，绘制……示意图

构 dia（二者之间）+ gram（写，图）→交叉对着画 →图表

搭 draw a diagram 绘制图表; a circuit diagram 线路图; diagram a sentence 用图解法分析句子

----------1756

□ **insecure** [ˌɪnsɪ'kjʊ(r)] **a.** ①不安全的，无保障的 ②不可靠的，不牢固的，无把握的 ③局促不安的

搭 an insecure investment 无保障的投资; an insecure marriage 根基不牢的婚姻; insecure about the future 无法把握前途

例 He always felt insecure in a group of strangers. 他在陌生人中间总感到局促不安。

----------1757

□ **departure** [dɪ'pɑ:tʃə(r)] **n.** ①起程，出发 ②背离，违背，违反 ③发射，飞出 ④辞职，离职，解职

搭 departure board 出发公告牌; departure gate 登机口; departure lounge 候机厅

例 Our departure has been delayed by fog. 因为大雾我们的出发时间推迟了。

辨 departure: 离开 [同] leaving。parting: 分别，分手。

----------1758

□ **abstract** ['æbstrækt] **a.** 抽象的 [反] concrete, actual **n.** ① 摘要 [同] brief, summary ② 抽象 [æb'strækt] **v.** 提取，抽取

例 Truth and beauty are abstract concepts. 真与美都是抽象的概念。

----------1759

□ **respond** [rɪ'spɒnd] **v.** ① (to) 回答，答复 [同] reply, answer ② (to) 响应，反应 [同] react

搭 respond to 回答，响应，（药物）有效

例 The crowd waved and the liner responded with a blast on its horn. 人们挥手相送，大客轮鸣响汽笛作答。

联 respondent **n.** 回答者，响应者 **a.** 回答的，应答的

----------1760

□ **consideration** [kənˌsɪdə'reɪʃn] **n.** ①考虑 ②要考虑的事 ③体贴，关心 [同] care

搭 take...into consideration 考虑到，顾及; under consideration 在考虑中，在研究中; require much consideration 需要很多考虑; have no consideration for others 不为别人考虑; in consideration of 考虑到; out of consideration for 出于对……的考虑 / 体谅

例 In your proposals you haven't taken into consideration the special interests of old people. 你的建议对老年人的特殊利益缺乏考虑。

----------1761

□ **exploit** [ɪk'splɔɪt] **v.** ①剥削 ②利用，开发，开采 [同] utilize, develop **n.** (pl.) 业绩，功绩，功勋

例 The man exploited his opponent's youth and inexperience for political purpose. 那人利用对手的年轻和缺乏经验来达到政治目的。

----------1762

□ **flap** [flæp] **n.** ①片状悬垂物（如信封的口盖、衣服的袋盖等）②飘动，摆动，（翅膀）振动 ③激动，慌乱状态 **v.** ①（使）拍动，（使）飘动 [同] swing, vibrate ②（鸟）振翅（飞行）

搭 get in/into a flap 激动，慌乱起来; in a flap 在

激动中，慌乱一团；flap away/off 拍着翅膀飞去

例 The large bird flapped its wings and flew away. 那只大鸟振翅飞走了。

·····················1763

□ **identical** [aɪ'dentɪkl] *a.* ①(to, with) 相同的，相等的 [同] the very same, similar ②同一的

搭 identical in 在……方面是相同的；identical to/with 和……完全相同

例 His opinions are not always identical with his father's. 他的意见并不总是和他父亲的意见相同。

·····················1764

□ **overall** [ˌəʊvər'ɔːl] *a.* 全部的，全面的，综合的 [同] comprehensive, whole *n.* (*pl.*) 工装裤，工作服 *ad.* 总的来说

构 over（从头到尾）+ all（所有的）→全部的

例 The overall situation is good, despite a few minor problems. 局势总的来说是好的，虽然有一些小问题。

联 uniform *n.* 制服；costume *n.* 戏装，女装；casual wear 便装；evening wear 晚礼服；swimming wear 泳装；plain clothes 便装，便衣

·····················1765

□ **chest** [tʃest] *n.* ①胸，胸腔 [同] breast ② 箱子，柜子，橱 [同] box, cabinet

搭 be shot in the chest 胸部中弹；a chest full of tea 装满茶叶的箱子

例 He was later hospitalized with crushing chest pain. 他后来因为胸口剧烈疼痛住进了医院。

·····················1766

□ **exterior** [ɪk'stɪəriə(r)] *a.* ①外部的，外在的 [同] outer, external [反] interior ②表面的 *n.* 外部，外表 [同] appearance, the outside

搭 the stone exterior of the building 建筑物的石头外墙；exterior decoration 外部装饰

例 Her calm exterior gave no clue to what was going through her mind. 从她平静的外表看不出她内心在想什么。

联 interior *a.* 内部的 *n.* 内部

·····················1767

□ **solidify** [sə'lɪdɪfaɪ] ①（使）固化，（使）凝固，（使）变硬 ②加强，（使）团结，使稳固，巩固 ③（使）结晶

构 solid（结实的）+ i + fy（使）→使结实 →使凝固

搭 solidify the foundation 使基础牢固；solidify support for the new program 使大家一致支持新计划

例 These measures are calculated to solidify and stabilize his rule. 这些措施旨在巩固和稳定他的统治。

联 solidification *n.* 凝固，团结

·····················1768

□ **construction** [kən'strʌkʃn] *n.* ①建造，构筑 ②建筑（物）③理解，解释

搭 construction industry 建筑行业；under construction 在建造中；a construction of wood 木结构的建筑

例 It is a building of solid and ingenious construction. 那是一幢结构紧实式样精巧的建筑。

·····················1769

□ **hamper** ['hæmpə(r)] *v.* 妨碍，束缚，限制 [同] hinder, handicap *n.*（有盖子的）大篮子

例 Fierce storms have been hampering rescue efforts and there is now little chance of finding more survivors. 猛烈的暴风雨一直在阻碍救援工作，现在找到更多生还者的希望很小了。

·····················1770

□ **fertile** ['fɜːtaɪl] *a.* ①肥沃的，富饶的 [反] sterile ②多产的，丰收的 ③（想象力或创造力）丰富的，有创意的，主意多的 ④能生育的，有生殖力的

搭 the rolling fertile countryside 起伏的乡间沃土；fertile imagination 丰富的想象力；a fertile mind 有创造力的头脑

例 The Nile's regular flooding meant that the surrounding land was very fertile. 尼罗河的周期性泛滥使其周围地区的土地变得肥沃。

·····················1771

□ **reciprocate** [rɪ'sɪprəkeɪt] *v.* ①回报，报答，酬谢 ②互给，互换，交换

构 re（相互，回报）+ cip（拿）+ roc + ate(使)→使相互拿 →互换

搭 reciprocate one's good wishes 答谢某人的良好祝愿

例 We invited them to dinner and a week later they reciprocated. 我们请他们吃饭，一星期后他们回请了我们。

联 reciprocation *n.* 回报，互给；reciprocator *n.* 回报者

·····················1772

□ **suggest** [sə'dʒest] *v.* ①建议，提议 [同] propose ②使人想起，暗示 [同] hint, imply ③表明，显示

例 Her expression suggested some pleasure at the

fact that I had come. 从她的表情能看出，她对我的到来感到挺高兴的。

···········1773

□ **reverse** [rɪ'vɜːs] *v.* ①撤销，推翻 ②使位置颠倒，使互换位置 ③扭转，（使）反向，（使）倒转 ④倒车 *n.* ①相反情况，对立面 ②反面，后面 ③挫折，逆境 *a.* 反向的，相反的，倒转的 [同] contrary, opposite

搭 on the reverse 在背面，相反；quite the reverse 正相反，完全相反；reverse the downward trend in the jobless rate 扭转失业率的下行趋势

例 You may think things are turning for the better, but on the reverse they are worsening. 你以为形势在好转，可是相反，形势还在恶化。

···········1774

□ **procedure** [prə'siːdʒə(r)] *n.* 程序，手续，步骤

搭 legal procedure 法律程序；trial procedure 审判程序

例 You can't just do it however you like—you must follow procedures. 你不能想怎么做就怎么做——你得按规矩办。

···········1775

□ **reluctant** [rɪ'lʌktənt] *a.* 很不情愿的，勉强的 [同] unwilling

搭 be reluctant to do sth. 不情愿做某事

例 They are reluctant to travel with their young children. 他们很不情愿带着小孩出去旅游。

···········1776

□ **haul** [hɔːl] *v.* ①（用力）拖，拉 [同] drag, tug ②（用车等）托运，运送 [同] convey *n.* ①拖，拉 ②一次获得或偷得的数量 ③旅行的距离，旅程

搭 haul in 拉进；a long haul 长途旅行或运输；a big/good haul 一大网鱼，一大笔收入；haul up the fishing nets 拉起渔网

例 The workmen spent a whole day hauling the logs out of the forest. 工人们花了整整一天时间把木材从森林中运出来。

辨 haul: 长距离地拖拉大的、笨重的东西。drag: 沿水平或倾斜方向费力地或慢慢地拉。draw: 平稳地拖着东西，不费很大力气 (draw the curtains)。jerk: 急拉，突然用力拉。tow: 用绳索或链子拉、拖。tug: 多次断断续续地或快速、使劲地拉、扯、拔。

···········1777

□ **launch** [lɔːntʃ] *v.* ①发动，发起（运动），推出（产品）[同] start, begin ②(into, in) 使开始从

事 ③使（船）下水 ④发射 [同] let fly, send off *n.* 发射，（船）下水，（新产品）投产

例 They plan to launch a new campaign to stop littering plastic wrappings. 他们计划发起一场新的运动来阻止乱丢塑料袋。

···········1778

□ **vile** [vaɪl] *a.* ①恶劣的，邪恶的，卑鄙的，可憎的 ②污秽的，令人反感的 ③坏透了的，糟糕的，讨厌的

搭 vile accusations 无耻的指控；vile weather 糟糕的天气；a vile temper 坏脾气

例 We had a terrible holiday—the hotel was vile, the food was vile and the weather was vile. 我们的假期糟透了——旅馆不舒服，食物不好吃，天气不尽心意。

···········1779

□ **memorandum** [ˌmeməˈrændəm] (*pl.* memoranda 或 memorandums) *n.* ①备忘录，备忘便条 ②协议书

例 A memorandum on the subject has been submitted to the Ministry of Foreign Affairs. 关于这一问题的备忘录已呈交外交部。

···········1780

□ **phenomenon** [fəˈnɒmɪnən] (*pl.* phenomena) *n.* ①现象，迹象 ②非凡的人，特殊的事物

构 phen（出现）+ omen（预兆）+ on（表名词）→迹象

例 Lightning is a natural phenomenon. 闪电是一种自然现象。

···········1781

□ **formality** [fɔːˈmæləti] *n.* ①拘泥形式，拘谨，遵守礼节 ②正式手续

例 There are a few formalities to go through before you enter a foreign country, such as showing your passport. 进入外国之前要履行一些正规的手续，如出示你的护照。

···········1782

□ **maternal** [məˈtɜːnl] *a.* ①母亲的，母系的 ②母亲般的

搭 maternal uncle 舅舅；maternal grandmother 外婆

例 His boyish nature appealed to her maternal instincts. 他的稚气激发了她的母性。

···········1783

□ **contest** ['kɒntest] *n.* ①竞争，比赛 [同] game ②争夺，竞争 [kənˈtest] *v.* ①争夺，与……竞争 ②对……提出质疑，辩驳

搭 enter the contest 参加比赛；a beauty contest 选美
例 He'll contest against the world's best runners in the Olympic Games. 他将在奥运会上同世界上最优秀的赛跑运动员比赛。
····1784

□ **ripe** [raɪp] *a.* ①（果实）熟的，成熟的 [同] mature ②（时机、计划等）成熟的，合适的 [同] timely ③芳醇的，陈年的 ④丰满的，红润的
搭 ripe corn 成熟的谷物；a ripe mind 成熟的头脑；a ripe figure 丰满的体形
例 The apples dropped ripe from the trees. 成熟的苹果从树上落下。
联 ripen *v.*（使）成熟
····1785

□ **futile** ['fjuːtaɪl] *a.* ①徒劳的，无益的，无效的 ②（人）没有出息的，无能的
例 All my attempts to cheer her up proved futile. 我的要使她振作起来的一切努力结果都是白费。
联 futility *n.* 无用，徒劳
····1786

□ **sleek** [sliːk] *a.* ①油光发亮的，整洁的 ②线条流畅的，时髦的 *v.* 使……光滑发亮
搭 a sleek little black dress 油光发亮的黑色短连衣裙；a sleek black car 铮亮的黑色轿车；a fat, sleek businessman 穿戴考究大腹便便的生意人
例 Before going to the party, he sleeked back his hair with hair cream. 在参加聚会前，他用发乳将头发梳得油光发亮。
····1787

□ **flame** [fleɪm] *n.* ①火焰，火舌 ②热情 ③光辉，光芒 *v.* ①燃烧 [同] burn ②闪耀 [同] shine
构 flam（燃烧）+ e →火焰
搭 be in flames 失火；burst into flame 烧了起来；go up in flames 被大火吞没；flame of passion 感情之火
例 The flames of the fire were comforting on such a cold day. 在这样寒冷的天气，炉火真让人感到舒坦。

□ **objective** [əb'dʒektɪv] *n.* 目标，目的 [同] object, goal, aim *a.* 客观的，不带偏见的 [同] fair, unbiased [反] prejudiced
搭 be objective about 对……是客观的；be as objective as possible 尽量客观（的）
例 Her present objective is to pass the entrance examination for higher education. 她现在的目标就是要通过高等教育的入学考试。
联 objectivity *n.* 客观性，客观现实
····1789

□ **reckon** ['rekən] *v.* ①认为，估计 [同] consider, estimate ②(on) 指望，盼望 [同] expect ③测算，测量
例 You can reckon me as one of your most reliable friends. 你可以把我当成你最可靠的朋友之一。
····1790

□ **stage** [steɪdʒ] *n.* ①阶段，时期 [同] period ②舞台 [同] platform ③活动 / 注意的中心 *v.* 把……搬上舞台，上演
搭 on the stage 在舞台上；go on the stage 上舞台，当演员；by stages 分阶段
例 The project is in its final stage and should be completed by August. 这个项目已进行到最后阶段，在 8 月份应能完成。
····1791

□ **ulterior** [ʌl'tɪəriə(r)] *a.* ①隐秘不明的，别有用心的 ②日后的，将来的，进一步的 [同] further ③较远的，在特定界线以外的
构 ult（高，远）+ erior（……的）→较远的
搭 an ulterior region 较远的地区
例 He assured us that there was no ulterior motive in his suggestion. 他向我们保证，他的建议没有不可告人的动机。
····1792

□ **steep** [stiːp] *a.* 陡峭的，险峻的 [同] sheer, abrupt *v.* 浸，泡
例 The castle is set on a steep hill. 这座城堡坐落在陡峭的山上。

答案：
1. nurtured 译文：他怀有一个梦想，希望成为世界著名的外交家。
2. fraught 译文：采用这种新技术的操作充满了危险。

Unit 33

学前自测

1. Doctors said surgery could _____ a heart attack. (cue, jumble, endure, focus, induce)
2. Some fans waited 24 hours outside the hotel to catch a _____ of their hero. (ambiguity, hypothesis, capsule, glimpse, headline)

----------------------------------1793

□ **circulation** [ˌsɜːkjəˈleɪʃn] **n.** ①（液体等的）循环 ②流传，传播，发行 [同] transmission ③发行量 ④（货币等的）流通
例 It is reported that there are many forged bank-notes in circulation. 据报道，有许多伪钞在流通。

----------------------------------1794

□ **former** [ˈfɔːmə(r)] **a.** 在前的，以前的 [同] preceding, foregoing **n.** 前者 [反] latter
搭 the former...the latter 前者……，后者……；the former president 前任总裁
例 The painting was restored to its former glory. 那幅画又恢复了原先的光彩。

----------------------------------1795

□ **induce** [ɪnˈduːs] **v.** ①引起，导致 [同] bring about, lead to ②引诱，劝 [同] persuade
构 in（进入）+ duc（拉）+ e →拉进去 →诱导
例 Lack of proper care and love in early childhood can induce criminal behavior in young people. 幼年时缺少必要的关心和爱会导致青年犯罪。

----------------------------------1796

□ **begrudge** [bɪˈɡrʌdʒ] **v.** ①吝惜，勉强做 ②嫉妒，羡慕，抱怨
构 be + grudge（吝啬）→吝惜
例 John never begrudged what his children really needed. 只要孩子们真有需要，约翰从不吝惜。

----------------------------------1797

□ **forthcoming** [ˌfɔːθˈkʌmɪŋ] **a.** ①即将到来的／出现的 ②现成的，可得到的 ③友善的，乐于助人的
搭 a forthcoming conference 即将举行的会议；a forthcoming old lady 乐于助人的老太太
例 I asked several villagers the way to the temple, but none of them was very forthcoming. 我向几名村民打听通往寺庙的路，但他们都不热心相助。

----------------------------------1798

□ **offspring** [ˈɔːfsprɪŋ] **n.** ①子女，子孙，后代 ②（动物的）崽 ③结果，产物 [同] result
搭 be anxious about one's offspring 为子女担心
例 Tom's sister came round on Saturday with her numerous offspring. 汤姆的姐姐星期六带着她的许多子孙来了。

----------------------------------1799

□ **glimpse** [ɡlɪmps] **n.** ①一瞥，一看 [同] glance ②端倪，迹象 ③微光，闪光 **v.** ①瞥见 ②发微光
搭 catch a glimpse of 瞥见；a glimpse into the future 对未来的一瞥；the first glimpse of the sea 第一次看见大海
例 We glimpsed the ruined castle from the window of the train. 我们透过火车的车窗瞥见了被毁的城堡。

----------------------------------1800

□ **inland** [ˈɪnlænd] **a.** ①内地的，内陆的 ②国内的 **ad.** 在内地，到内地，向内地
搭 inland trade 国内贸易；head inland 向内陆前进
例 Seabirds often come inland to find food. 海鸟经常来到内陆寻找食物。

----------------------------------1801

□ **behalf** [bɪˈhɑːf] **n.** 利益，方面 [同] profit, advantage
搭 in（美）/on（英）behalf of 为了，代表，以……的名义；in/on one's behalf 代表，为了；speak on one's behalf 代表某人说话
例 She made an emotional public appeal on her son's behalf. 她代表儿子动情地发出了公开呼吁。

----------------------------------1802

□ **scrupulous** [ˈskruːpjələs] **a.** ①有顾忌的，有道德原则的 ②细致的，一丝不苟的 [同] meticulous
搭 a man of scrupulous honesty 严谨正直的人；work with scrupulous care 一丝不苟地工作

例 The nurse told him to be scrupulous about keeping the wound clean. 护士告诉他要十分仔细地保持伤口干净。

--------1803

□ **irony** ['aɪrəni] *n.* ①反话，讽刺 ②具有讽刺意味，嘲弄

搭 the irony of fate 命运的嘲弄

例 The eighteenth-century writer has a gift for irony. 这位 18 世纪的作家具有讽刺天赋。

--------1804

□ **cue** [kju:] *n.* ①暗示，信号 [同] indication, sign, clue, hint ②提示 *v.* 提示，暗示 [同] indicate

搭 on cue 恰好在这时候；miss the cue 未能领会暗示

例 They started washing up, so that was our cue to leave the party. 他们开始洗刷碗碟，这就暗示我们该离开晚会了。

--------1805

□ **farewell** [ˌfeə'wel] *int.* 再见，再会 *n.* ①告别，离别 ②欢送会 *a.* 告别的

搭 make one's farewells 告别；wave one's farewell to guests 向客人们挥手告别

例 She bade me farewell at the gate. 她在门口向我告别。

--------1806

□ **ambiguity** [ˌæmbɪ'gjuːəti] *n.* 含糊不清，模棱两可，歧义

搭 speak with ambiguity 含糊其词；a statement of prepared ambiguity 故意含糊其词的声明

例 Her reply was full of ambiguities. 她的答复太含糊其词了。

--------1807

□ **bilingual** [ˌbaɪ'lɪŋgwəl] *a.* ①两种语言的 ②能说两种语言的，能用两种语言表达的 *n.* 能说两种语言的人

构 bi（两个）+ lingu（语言）+ al（……的）→两种语言的

例 They have just published a new edition of his Chinese-English bilingual dictionary. 他们刚刚出版了他的汉英双语词典的新版本。

--------1808

□ **jumble** ['dʒʌmbl] *v.* ①混杂，变得杂乱 ②蹒跚而行 *n.* ①杂乱的一堆，混乱 ②颠摇

搭 jumbled memories 纷乱的记忆；fall into a jumble 陷入混乱

例 His toys, books, shoes and clothes were all jumbled up together in the cupboard. 他的玩具、书籍、鞋子和衣服都乱堆在橱柜里。

--------1809

□ **alienation** [ˌeɪliə'neɪʃn] *a.* 疏远，离间，疏离感

构 alien（外国的，其他的）+ at(e)（使）+ ion（表名词）→使成外国的 / 他人的 →疏远

搭 alienation from 与……疏远

例 The boring and repetitive nature of manufacturing jobs has led to the alienation of many workers. 制造业的工作枯燥而又单调，使许多工人产生了一种疏离感。

联 alienate *v.* 使疏远；alienated *a.* 被冷落的，被疏远的

--------1810

□ **hypothesis** [haɪ'pɒθəsɪs] *n.* 假说，假设，前提 [同] assumption, premise

例 According to the hypothesis of some scientists, the sun will burn itself out some day. 按照一些科学家的假设，太阳终有一天会燃尽。

联 hypothetical *a.* 假设的，假言的；hypothesize *v.* 假设，假定

--------1811

□ **relevant** ['reləvənt] *a.* (to) 相关的，有关的，适合的

搭 relevant facts 相关事实；relevant chapters 有关章节

例 I'm afraid what you said doesn't seem relevant to our discussion. 对不起，你的话似乎与我们讨论的问题无关。

--------1812

□ **endure** [ɪn'djʊə(r)] *v.* ①忍受，忍耐，忍住 [同] stand, put up with ②持久，持续 [同] last, continue

例 Love endures only when lovers love many things together and not merely each other. 恋人不仅要彼此相爱，还要有许多共同爱好，这样爱才能持久。

--------1813

□ **capsule** ['kæpsjuːl] *n.* ①胶囊 ②小盒，密封小容器 ③航天舱，密封舱

例 The doctor told her to swallow two capsules and five pills at one time. 医生告诉她一次服下两粒胶囊和五粒药丸。

--------1814

□ **alternative** [ɔːl'tɜːnətɪv] *n.* ①取舍，供选择的东西 [同] option, selection ②选择的自由，选

择余地 *a.* ①两者择一的，供选择的，供替代的 ②另类的，选择性的

搭 have no alternative but to do 除了做……外别无选择

例 There are several alternatives to your plan. 除了你的计划外，另有几种选择方案。

............1815

☐ **splendid** ['splendɪd] *a.* ① 辉煌的，显赫的 ②壮丽的，壮观的，宏伟的 [同] grand, brilliant ③极好的，绝妙的 [同] excellent

搭 a splendid idea 绝妙的主意；have a splendid time 过得很开心；a splendid view of the valley 山谷的壮丽景色

例 It was a splendid opportunity for young people to meet. 这是一个年轻人相识的绝佳机会。

............1816

☐ **focus** ['fəʊkəs] *v.* (on)（使）聚集，（使）集中 [同] concentrate *n.*（*pl.* focuses 或 foci ['fəʊsaɪ]）①焦点，焦距，聚集 ②（注意、活动、兴趣等的）中心 [同] center

搭 focus on/upon 集中于(做)某事，集中(注意力)于；in/out of focus 对准 / 没对准焦点

例 All eyes were focused on the speaker. 所有人的目光都集中在演讲者的身上。

............1817

☐ **resistance** [rɪ'zɪstəns] *n.* ① (to) 抵抗，反抗，抵制 [同] opposition ②反对 ③ 电阻

搭 make resistance to 对……进行反抗；encounter/ meet resistance 遭遇 / 面对抵抗

例 There will be a fierce resistance to these proposals. 这些提案将遭到激烈反对。

............1818

☐ **contemporary** [kən'temprəri] *a.* ① 当代的，现代的 [同] current, present ②同时代的，同一时期的 *n.* ①同代人，同龄人 ②当代人，现代人

构 con（共同）+ tempor（时间）+ ary（……的）→同时代的

搭 contemporary building 当代建筑；contemporary art 当代艺术；a contemporary novelist 当代小说家

例 Although the article was written hundreds of years ago, it still has a contemporary feel to read it. 尽管这篇文章写于几百年前，但读起来仍有现代感。

辨 contemporary: 当代的，同时代的，同一时期的。modern: 现代的，近代的。

............1819

☐ **occur** [ə'kɜː(r)] *v.* ①发生 ②出现，存在 [同] take place, turn up ③ (to) 被想起，被想到

搭 it occurred to me that 我一下子想起来

例 Most accidents occur when the drivers get drunk or are speeding. 大多数事故发生在司机喝醉酒或超速驾驶之时。

............1820

☐ **flee** [fliː] *v.* (fled, fled) *v.* ①逃走，逃掉，避开，逃避 [同] escape ②消失，（时间）飞逝 [同] disappear

搭 time fleeing so soon 飞逝的时光；flee responsibilities 逃避责任；fleeing shadows 渐退的影子

例 They all fled from the burning building. 他们都从着火的建筑里逃了出来。

联 fleer *n.* 逃跑者

辨 flee: 强调"逃跑"这一动作，未必"逃脱"。escape: 成功地"逃脱"。

............1821

☐ **headline** ['hedlaɪn] *n.* ①大字标题 ②(*pl.*) 新闻提要

搭 go into headlines 用大字标题登出

............1822

☐ **optimism** ['ɒptɪmɪzəm] *n.* 乐观，乐观主义 [反] pessimism

例 We are looking forward to the future with optimism. 我们以乐观的态度展望未来。

............1823

☐ **leaflet** ['liːflət] *n.* 传单，小册子 *v.* 散发传单 / 小册子

构 leaf（页，树叶）+ let（小）→小树叶 →小册子

搭 leaflet passengers 向旅客散发传单；leaflet the city center 在市中心分发传单

例 I saw them handing out advertising leaflets outside the supermarkets. 我看见他们在超市外面散发广告传单。

............1824

☐ **humanistic** [ˌhjuːmə'nɪstɪk] *a.* 人文主义的，人道主义的，人本主义的

搭 a humanistic view of the world 人文主义的世界观

例 It is a humanistic approach to caring for people. 这是一种人道主义的关爱方式。

联 humanism *n.* 人文主义；humanitarian *n.* 人道主义者 *a.* 人道主义的

······1825

□ **foil** [fɔɪl] *v.* 挫败，使……受挫折 [同] frustrate *n.* ①箔，金属箔片 ②陪衬物，陪衬者

搭 aluminum foil 铝箔；tin foil 锡箔；chicken wrapped in foil 用箔纸包裹的鸡；foil one's attempt to escape 挫败某人逃跑的企图

例 The green dress was a foil for her red hair. 那件绿衣裙衬出她的一头红发。

······1826

□ **lull** [lʌl] *v.* ①抚慰，使平静，使……入睡 ②使缓和，减轻，哄骗 ③（嗓音、风暴等）平息，停止，减退 *n.* ①（嗓音、风暴等过后的）暂停，暂停平静 ②暂停 / 呆滞时期

搭 lull a baby to sleep 哄婴儿入睡；lull sb. into a false sense of security 使某人产生一种虚假的安全感；lull one's fears 消除某人的恐惧；a lull in the storm 风暴的间歇；a lull in the conversation 谈话的暂时中断；a lull in business 生意停滞时期

例 The swaying motion of the train lulled her to sleep. 火车的晃动使她入睡了。

······1827

□ **visa** ['viːzə] *n.* 签证 *v.*（护照等的）签发

搭 apply for a visa 申请签证；extend/renew a visa 签证延期；visa a passport 签发护照

例 I have to leave in May because my visa runs out at the end of May. 我五月必须走，因为我的签证五月底就到期了。

······1828

□ **blueprint** ['bluːprɪnt] *n.* 蓝图，设计图纸，行动计划 *v.* 制订蓝图，制订行动计划

例 It is unlikely that their blueprint for economic reform will be put into action. 他们的经济改革蓝图要付诸实践不太可能。

······1829

□ **preferable** ['prefrəbl] *a.*（to）更可取的，更好的，更合意的

例 Gradual change is preferable to sudden, large-scale change. 渐变比突然的大规模变化更可取。

······1830

□ **clamp** [klæmp] *n.* ①夹具，夹钳，夹子 ②车轮固定夹 *v.*（用夹钳等）夹住，夹紧

例 Fasten the two pieces of wood together with a clamp while the glue is drying. 在等胶水干时把两片木头用夹子夹紧。

联 wrench *n.* 扳手；pliers *n.* 钳子，老虎钳

······1831

□ **tan** [tæn] *n.* 黝黑 *a.* 棕黄色的，黄褐色的，晒黑的 *v.* ①晒黑 ②鞣，硝

例 I have very pale skin that never tans. 我的皮肤很白，怎么也晒不黑。

······1832

□ **conversion** [kən'vɜːʃn] *n.* ①转变，变换，改造 [同] transformation, alteration ②改变信仰，皈依

构 con（完全）+ vers（转）+ ion（表名词）→转变

搭 information conversion 信息转换；the conversion of water into ice 水变成冰；the conversion from war industry to peace industry 军品转为民品

例 The conversion of disused rail lines took two years. 废弃铁路线的改造花了两年时间。

······1833

□ **jeopardize/se** ['dʒepədaɪz] *v.* ①使陷于危险 / 险境，危及 ②损害，危害

例 The various changes have jeopardized the safety of the airport. 各种变化已经危害到机场的安全。

······1834

□ **equal** ['iːkwəl] *n.* ①（to）相等的，相同的 [同] equivalent ②平等的 ③胜任的，合适的 [同] qualified, competent *n.* ①地位相等的人，匹配者 [同] match, peer ②同辈 *v.* ①等于 ②比得上 [同] match

搭 equal numbers of men and women 男女人数相等；equal in size 大小相等；demand equal rights 要求平等的权利；equal to the task 胜任工作

例 He was bored with work not equal to his abilities. 他对于那些跟自己的能力不相称的工作感到厌倦。

······1835

□ **bereave** [bɪ'riːv] *v.*（bereaved, bereft）①（of）使丧失（亲人等）②使孤寂，使凄凉 ③失去（希望、生命等）

搭 be bereaved of one's wife 丧妻；the bereaved parents 死者的双亲；a man bereft of reason 丧失理智的人；a bereft girl 失去亲人的姑娘；feel bereft at 对……有一种失落感；be bereft of hope 丧失希望

例 Illness bereaved him of his father. 疾病夺去了他的父亲。

······1836

□ **magic** ['mædʒɪk] *n.* ①魔法，法术，巫术 ②魔术，戏法 ③魔力，魅力 *a.* ①魔术的，戏法的

②有魔力的，神奇的，迷人的 [同] magical

搭 as if by magic 魔法般地；do a bit of magic 变了个小魔术；a magic cure 奇效疗法；the magic word 咒语

例 There can be a magic about love that defies all explanation. 爱情的魔力也许根本无法解释。

----1837

□ **compensation** [ˌkɒmpenˈseɪʃn] *n.* ① 补 偿（物），赔偿（金）②工资，报酬

构 com（共）+ pens（支付）+ ation（表名词）→以某物支付 →补偿

搭 make compensation for one's losses 补偿某人的损失；demand/claim compensation for damage 要求赔偿损失

例 The company paid the driver $10,000 in compensation. 公司给那名司机赔了 10 000 美元。

----1838

□ **generate** [ˈdʒenəreɪt] *v.* ①使发生，产生（光、热、电等）[同] produce ②引起，导致 [同] lead to, result in

例 There has been a lot of controversy generated by this event. 这件事引起了很多争议。

----1839

□ **shipment** [ˈʃɪpmənt] *n.* ①装船，装货 ②装载的货物，装货量，（一批）船货

搭 a large shipment of grain 一 大 船 谷 物；the illegal shipment of arms 非法装运军火；be hired to escort a shipment of gold 受雇押运一船黄金；send a shipment of aid to a country 运送一批救援物资到某国

例 The goods were ready for shipment. 货物已准备好装运。

----1840

□ **fallow** [ˈfæləʊ] *n.* 休耕地 *a.* ①休耕的 ②未孕的 ③潜伏着的 *v.* 使（土地）休耕

搭 fallow land 休闲地；a fallow sow 未孕的母牛；lie fallow 休闲，潜伏着；a skill lying fallow 尚未发挥的技能

例 Fallow helps to increase the fertility of land. 休耕有利于增加土地的肥力。

----1841

□ **lawsuit** [ˈlɔːsuːt] *n.* 诉讼

搭 bring/file a lawsuit against 对……提出诉讼

例 The victims have started a lawsuit to get compensation for their injuries. 受害者已经开始起诉，要求得到损害赔偿。

----1842

□ **interior** [ɪnˈtɪəriə(r)] *v.* ①内部的，内的 [同] inner, internal ②内地的，国内的 [同] inland ③隐私的，内心的 *n.* ①内部 [同] inside ②内地

构 inter（在……之间）+ ior（……的）→内部的

搭 interior design 室内装饰；interior trade 国内贸易；interior market 国内市场；an interior city 内地城市

例 The interior decoration of the villa cost him eighty thousand dollars. 这座别墅的室内装潢花了他 8 万美元。

----1843

□ **ceramic** [səˈræmɪk] *a.* 陶瓷的，陶器的 *n.* (pl.) 制陶艺术，陶器

构 ceram（陶瓷）+ ic（……的）→陶瓷的

例 The kitchen floor is covered with ceramic tiles. 厨房的地上铺了瓷砖。

----1844

□ **drum** [drʌm] *n.* ① 鼓（声）②鼓状物 ③鼓膜 *v.* ① 打鼓 ② 有节奏地敲击 ③击鼓似的响

搭 beat the drum 打鼓（strike the gong 敲锣）

例 The rain drummed on the roof. 雨嗒嗒地打在屋顶上。

----1845

□ **contrast** [ˈkɒntrɑːst] *n.* ①对比，对照 ②悬殊差别，反差 [kənˈtrɑːst] *v.* ①对比，对照 [同] distinguish, compare ②(with) 形成对比，对比之下显出区别

搭 contrast with 形成对比，对比之下显出区别；in contrast with/to 与……成对比，与……对比起来；contrast sth. with 把……与……对比；by/in contrast 对比之下，相对照

例 The brilliant sunset contrasted with the gloomy woods. 灿烂的晚霞与黑黢黢的树林形成对照。

答案：

1. induce 译文：医生们说手术可能会引发心脏病。

2. glimpse 译文：一些粉丝为了能看一眼自己心目中的偶像，在宾馆外等了 24 个小时。

Unit 34

学前自测

1. They may be hoping to _____ the presumption that a defendant is innocent until proved guilty. (stammer, distract, privilege, foster, invert)

2. Her designs show a _____ for natural materials. (dividend, photography, preference, prototype, project)

······1846

□ **effective** [ɪ'fektɪv] **a.** ①有效的，生效的，起作用的 [同] efficient ②给人印象深刻的 ③实际的，事实上的

例 Although there is a parliament, the army is in effective control of the country. 虽然有国会存在，但军队实际控制着这个国家。

······1847

□ **invert** [ɪn'vɜːrt] **v.** ①使颠倒，推翻，颠覆 [同] reverse ②使倒置，倒扣

例 He caught the insect by inverting the glass over it. 他把玻璃杯倒过来困住了那只昆虫。

······1848

□ **parcel** ['pɑːsl] **n.** ① 小包，包裹 [同] package ②一群，一批，一块 **v.** 打包，捆扎

搭 a small parcel of land 一小块土地；part and parcel 主要部分，必要部分；parcel out 分享，瓜分

例 He had a large brown paper parcel under his arm. 他腋下夹着一个棕色的大纸包。

······1849

□ **lunar** ['luːnə(r)] **a.** 月的，月球的

搭 the solar/lunar calender 阳历／阴历；lunar eclipse 月食

例 The spaceship landed on the lunar surface and collected some rocks. 宇宙飞船落在了月球表面上，收集了一些石头。

联 solar **a.** 太阳的

······1850

□ **stammer** ['stæmə(r)] **v.** 结结巴巴地说，口吃 **n.** 结巴，口吃

例 He usually stammers when he meets someone for the first time because it makes him nervous. 他经常在第一次遇见陌生人时结结巴巴，因为这使他很紧张。

······1851

□ **lag** [læg] **v.** ①走得慢，落后，滞后 [同] fall/ get behind ②逮捕，送进监狱 ③装绝热层 **n.** ① 落后，滞后 ②罪犯 ③时间间隔，徒刑期限

搭 lag behind 落后 [同] fall behind

例 He set off briskly, Kate lagging behind. 他出发利落，而凯特落在了后面。

······1852

□ **distract** [dɪs'trækt] **v.** (from) 转移（注意力），分散（思想），使分心 [同] divert [反] attract, concentrate

构 dis（分开）+ tract（拉）→分散

搭 be distracted between different opinions 被不同意见弄得不知所措

例 She was distracted from her work by the noise outside. 外面的嘈杂声分散了她在工作中的注意力。

联 distracting **a.** 使人分心的；distraction **n.** 分心的事物，干扰；extract **v.** 提取；attract **v.** 吸收；contract **v.** 收缩

······1853

□ **contribute** [kən'trɪbjuːt] **v.** ①资助，捐款，贡献 [同] devote, bestow ② (to) 有助于，促成 ③投稿

构 con（完全）+ tribut（给予）+ e →完全给予 →贡献

搭 contribute to the family business 为家族企业出资；contribute to good health 对健康有益；contribute to a magazine 向一家杂志投稿；contribute to the tragedy 导致悲剧的发生

例 The late president contributed his collection of books to the library in his hometown. 已故总统把他的藏书捐给了家乡的图书馆。

联 distribute **v.** 分配；attribute **v.** 把……归因于；contributor **n.** 捐献者；contributive **a.** 有贡献的

······1854

□ **vertebrate** ['vɜːtɪbrət] **a.** ①有脊椎的，脊椎动物的 ②结构严实的 **n.** 脊椎动物

构 vertebra（脊椎）+ te →有脊椎的

搭 the first vertebrate inhabitants of the land 陆地上最早的脊椎动物；a vertebrate piece of composition 一部结构严谨的作品

----------1855

☐ **clue** [klu:] *n.* 线索，提示 [同] hint, cue

例 Have any clues been found that can help the police find the criminal? 有没有发现什么能帮助警察找到罪犯的线索？

辨 clue: 有助于发现真相的线索 (give a clue to)。hint: 隐蔽的、间接的暗示。implication: 未明确表明的隐含意义。

----------1856

☐ **project** ['prɒdʒekt] *n.* ①方案，计划，规划 ②工程，事业 ③科研项目，课题 [prə'dʒekt] *v.* ①投影，放映 ②投掷，发射 [同] send out ③设计，规划 ④突出，使凸出 [同] stick out

构 pro（向前）+ ject（投，掷）→向前投 →投掷

搭 project a missile 发射导弹；under project 在规划中；do a project on water pollution 做一项关于水污染的研究

例 More and more money is being put into scientific research projects. 越来越多的钱在被投入科研项目。

联 projection *n.* 规划，设计，投射，放映，预测；projector *n.* 放映机，探照灯，发射装置

----------1857

☐ **excellent** ['eksələnt] *a.* ①卓越的，优秀的，杰出的 [同] outstanding ②极好的，很棒的

例 excellent results 成绩优异；an excellent idea 好点子；do an excellent job 干得好

----------1858

☐ **preference** ['prefrəns] *n.* ①(for, to) 喜爱，偏爱，优先（权）[同] favor ②偏爱的事物或人

搭 have a preference for 偏爱；in preference to 而不要

例 People have personal preferences for certain types of entertainment. 人人皆有娱乐活动的个人偏好。

----------1859

☐ **internal** [ɪn'tɜ:nl] *a.* ①内部的，内心的 [同] inner, interior ②国内的，内政的 [同] domestic ③内服的

搭 internal trade 国内贸易；an internal damage/injury 内伤；internal medicine 内科学

例 External beauty can be pleasing only for a short period of time while internal beauty can last forever. 外表美只能取悦一时，内在美才能经久不衰。

----------1860

☐ **evaluation** [ɪˌvælju'eɪʃn] *n.* ①评估，评价 ②量化，计算

例 Evaluation of this new treatment cannot take place until all the data has been collected. 在收集到所有的数据之前，无法对这种新处理办法做出评估。

联 evaluative *a.* 评估性的，评论性的

----------1861

☐ **charge** [tʃɑ:dʒ] *n.* ①价钱，费用 [同] fee, cost ②管理，照管，掌管 ③控告，指控，指责 [同] accusation ④电荷，充电，负荷 *v.* ①索（价），收费 ②控告，指控，指责 [同] accuse ③使充电，使充满 [同] fill ④冲锋，向前冲

搭 free of charge 免费；charge her fifty dollars 向她要价 50 美元；in charge (of) 管理，负责；take charge (of) 负责（照看），接管；charge sb. with theft 指控某人犯盗窃罪

例 She took charge of the whole business after her predecessor retired from the post. 她的前任退位后，她开始接管整个业务。

辨 charge for: 为……索价。pay for: 为……付款。in charge of: 管理（主动意义）。in the charge of: 受……管理，受……照管（被动意义）。on the charge of: 以……罪。charge: 法院正式控告某人，非正式地谴责某人某事。accuse: 严厉地指责或谴责某人。

----------1862

☐ **inclusive** [ɪn'klu:sɪv] *a.* ①包括的，包括一切费用在内的 ②范围广的，内容丰富的

搭 inclusive of heating charges 包括煤气费在内；pages 10 to 20 inclusive 包括第 10 页到第 20 页

例 It is an all-inclusive price; there in nothing extra to pay. 这是包括全部费用的价格，不用另付什么钱。

联 exclusive *a.* 独有的，排外的，独家的

----------1863

☐ **privilege** ['prɪvəlɪdʒ] *n.* ①特权，优惠，荣幸 ②言行自由权，豁免权 *v.* 给予优惠，授予特权，偏爱

搭 special privileges for government officials 政府官员的特权；a life of privilege 享有特权的生活；a privileged elite 有特权的精英

例 Shops sometimes give customers some privileges,

such as free gifts and discounts. 商店有时给顾客优惠，比如免费馈赠和打折。
··········1864

□ **identify** [aɪ'dentɪfaɪ] *v.* ①认出，识别，鉴定，确定 [同] recognize ② (with) 认同，认为……等同于 ③成为一体，支持，同情
搭 identify handwriting 辨认笔迹；identify oneself with 与……打成一片，支持
例 Never identify opinions with facts. 切勿把看法同事实混为一谈。
··········1865

□ **occupation** [ˌɒkju'peɪʃn] *n.* ①工作，职业 [同] job, profession ②占领，占据 [同] seizure ③（人）从事的活动，消遣 [同] pastime
例 With little schooling he is not hopeful of an ideal occupation. 他受教育程度不高，不大有希望找到理想的职业。
··········1866

□ **classify** ['klæsɪfaɪ] *v.* ①分类，分级 ②归入保密级别
构 class（类别）+ ify（使）→分类
搭 classify into three categories 分成三类；classified information 机密情报
例 The regional newspaper group depends heavily on classified advertising. 地方报业集团对分类广告业务的依赖度很高。
联 classification *n.* 分类，级别
··········1867

□ **geometric** [ˌdʒiːə'metrɪk] *a.* 几何的，几何学的
例 The wallpaper has a geometric design of overlapping circles. 墙纸有重叠的圆圈几何图案。
联 geometry *n.* 几何（学）
··········1868

□ **promote** [prə'məʊt] *v.* ①促进，增进，助长 ②提升，提拔 ③宣传，推销，促销 [同] propagate
搭 promote the understanding 促进了解；be promoted to editor-in-chief 晋升为总编辑；promote sales 促销
例 We don't have to sacrifice environmental protection to promote economic growth. 我们不必为了促进经济增长而牺牲环境保护。
··········1869

□ **dusk** [dʌsk] *n.* ①薄暮，黄昏 [同] sundown [反] dawn ②昏暗，幽暗 *a.* 幽暗的，昏暗的

搭 at dusk 黄昏时分；disappear in the dusk 消失在暮色中；the gathering dusk 渐浓的暮色
例 The streets are deserted after dusk. 黄昏之后，街上空无一人。
联 at dawn 在黎明
··········1870

□ **materialistic** [məˌtɪəriə'lɪstɪk] *a.* 物质主义的，唯物主义者的
例 People seemed to become more materialistic during the 1990s. 人们在 20 世纪 90 年代似乎变得更注重物质了。
··········1871

□ **dividend** ['dɪvɪdend] *n.* ①利息，红利，股息 ②效益，好处 [同] profit ③被除数 ④额外津贴，奖金
搭 a dividend on shares 股票的红利
例 Dividends will be sent to shareholders on December 30th. 12 月 30 号，将向股民发放股息。
··········1872

□ **foster** ['fɒstə(r)] *v.* ①收养，养育 [同] nurse, bring up ②培养，促进 [同] improve *a.* 收养的，收养孩子的 [同] adopted, adoptive
搭 a foster father 养父；a foster son 养子；a foster parent 养父 / 母
例 The summit will help foster friendly relations and cooperation between our two countries. 这次峰会将有助于促进我们两国之间的友好关系和合作。
辨 foster:（被他人）收养的，收养（他人的）。adopted:（被他人）收养的。adoptive: 收养（他人的）。
··········1873

□ **brass** [brɑːs] *n.* ①黄铜 ②黄铜器 ③铜管乐器
搭 brass instruments 铜管乐器
例 The door handles were made of brass and needed cleaning and polishing regularly. 门把手是黄铜做的，需要定期清洗和擦拭。
联 copper *n.* 铜，铜制品；bronze *n.* 青铜，青铜制品
··········1874

□ **extravagant** [ɪk'strævəgənt] *a.* ①（花费等）奢侈的，铺张的 [同] lavish, wasteful [反] thrifty ②过度的，过分的 [同] extreme, excessive ③（言行等）放肆的
构 extra（超过的）+ vag（走）+ ant（……的）→走出正常的范围→过分的
搭 be extravagant in conduct 行为放肆；be extravagant in one's way of living 生活奢侈

例 He made the most extravagant claims for the damages. 他对损失赔偿金提出了极其过分的要求。

联 extravagance *n.* 奢侈，浪费过分；extravagantly *ad.* 挥霍无度地

....1875

□ **detect** [dɪ'tekt] *v.* ①察觉，发觉 [同] notice, discover ②查明，侦查出

例 High levels of lead have been detected in the atmosphere. 检测出大气中含铅量很高。

....1876

□ **photography** [fə'tɒgrəfɪ] *n.* 摄影（术），照相（术）

构 photo（光）+ graph（写）+ y →用光写 →摄影

例 The film won an award for its photography. 这部电影获得了一项摄影奖。

....1877

□ **firm** [fɜːrm] *n.*（合伙）商号，商行，公司 [同] corporation *a.* ①结实的，坚固的 [同] hard ②坚定的，坚实的，严格的 [同] steadfast ③确定的，明确的

搭 keep a firm hold of 牢牢抓住；have a firm grip on the company 牢牢控制住公司；firm evidence 确凿的证据；an accountancy firm 会计师事务所；state owned firms 国有企业

例 He is a firm believer in traditional family values. 他是个传统家庭观念的坚定信仰者。

....1878

□ **thrifty** ['θrɪftɪ] *a.* 节约的，节俭的

例 They have plenty of money now, but they still tend to be thrifty. 他们现在有很多钱，但仍很节俭。

....1879

□ **intend** [ɪn'tend] *v.* ①想要，打算，计划 [同] design, mean ②意指，意思是 ③设计，准备

搭 the money intended for medicine 用于购买药品的钱；the clothes intended for rich women 为有钱的女性设计的服装

例 Today's announcement was intended as a warning. 今天的通报意在发出警告。

....1880

□ **slight** [slaɪt] *a.* ①轻微的，不足道的，不重要的 [同] light, petty ②纤细的，瘦弱的 [同] slender, thin ③少量的，微小的 *v./n.* 轻视，蔑视，怠慢

搭 a slight old lady 瘦弱的老太太；speak with a slight German accent 说话略带德国口音；the slightest noise 轻微的噪声；not in the slightest 一点也不

例 A slight push can throw the slender girl down. 轻轻一推，那纤弱的女孩就可能摔倒。

....1881

□ **express** [ɪk'spres] *v.* ①表示，表达 [同] explain, show [反] imply ②体现，不言自明 ③榨，挤压 *n.* ①快车 ②快递（业务）*a.* ①明白表示的，明确的 ②专门的，特定的 ③特快的，快速的，快递的

搭 travel by express 乘快车旅行；express oneself easily in English 轻松地用英语表达自己；express the juice from the orange 榨出橘子汁；express orders 明确的指令；an express letter 快递信件；with the express purpose of 为特定目的，特意做

例 Tears express grief. 眼泪表达的是悲痛。

....1882

□ **approximate** [ə'prɒksɪmət] *a.* 大概的，大约的，近似的 [同] nearly, rough [反] exact [ə'prɒksɪmeɪt] *v.* ①近似，接近 [同] approach ②估计

例 The crowd approximates to eight hundred people. 这群人大约有 800 人。

....1883

□ **methane** ['miːθeɪn] *n.* 甲烷，沼气

例 Methane is an attractive fuel in the countryside. 沼气在乡下是一种受欢迎的燃料。

....1884

□ **suitable** ['suːtəbl] *a.* (for) 适当的，合适的，适宜的 [同] fit

搭 a suitable time 适当的时间；suitable clothes 合适的衣服；be suitable to/for 适宜于

例 She had no other dress suitable for the occasion. 她没有其他适合这种场合穿的套裙。

....1885

□ **erode** [ɪ'rəʊd] *v.* ①侵蚀，腐蚀 [同] corrode ②削减，降低，削弱，损坏

构 e（去掉）+ rod（咬）+ e →咬掉 →侵蚀

例 Wind and rain have eroded the statue into shapeless lumps of tone. 风雨将雕像腐蚀成了不规则的石块。

联 erosion *n.* 侵蚀，腐蚀

....1886

□ **owe** [əʊ] *v.* ①欠（债、情意，对……有义务 ②(to) 应归功于，应给予 ③(to) 感激

搭 owe a couple of million dollars 欠了几百万美元的债；owe everything to him 一切都要感谢他

例 He owed his survival to his strength as a swimmer.

他将自己的幸免于难归于游泳者的好体能。

---1887

□ **evaluate** [ɪ'væljuɪt] **v.** ①评估，估计，评价，评定 [同] assess, judge ②量化，计算 ③求……的值

构 e（出）+ valu（价值）+ ate（表动词）→给出价值→估价

例 The school has only been open for six months, so it's too early to evaluate its success. 这所学校开办才半年，所以要对它的成绩做出评价为时尚早。

联 evaluable **a.** 可估价的，可评价的；evaluation **n.** 估算，评价

---1888

□ **herbivore** ['hɜ:bɪvɔ:(r)] **n.** 食草动物

构 herb(i) 草 + vor（吃）+ e →食草动物

例 Herbivores form an important link in the food chain. 食草动物是食物链中重要的一环。

---1889

□ **interface** ['ɪntəfeɪs] **n.** ①（系统、学科等的）交叉区域，切点②接口，连接（部），界面 **v.** ①(with)（使）连接，接上，相连②相互联系，相互作用

构 inter（在……之间）+ face（面）→两者之间的面 →界面

搭 the interface between physics and chemistry 物理与化学的交叉点；interface on a regular basis 定期碰面

例 Authors interface with the reading public through publishers. 作者通过出版社与广大读者发生关系。

---1890

□ **random** ['rændəm] **a.** ①任意的，随便的②随机的 [同] casual **n.** 偶然的 / 随便的行动

搭 a random chance game 完全靠运气的游戏；at random 任意的 / 地，随便的 / 地

例 We asked a random selection of people what they thought. 我们任意挑选了一些人问他们的想法。

联 randomly **ad.** 随意地，随机地

---1891

□ **embark** [ɪm'bɑ:k] **v.** ①上船（飞机、汽车等）

[反] disembark ②装载 ③ (on, upon) 从事，开始

搭 embark at Liverpool for New York 在利物浦上船去纽约；embark on a new translation of a novel 着手重译一部小说；embark on a new career as an engineer 开始工程师的新生涯

例 We're embarking upon a new project later this year. 今年下半年我们将开始一项新的工程。

---1892

□ **optional** ['ɒpʃnl] **a.** 随意的，任选的，非强制的 [同] voluntary

搭 an optional course 一门选修课；an optional activity 非强制性活动，自由参加的活动

例 The car has many optional extras such as radio and cigarette lighter. 这辆汽车配有许多可选附件，比如收音机和点烟器等。

---1893

□ **simultaneously** [ˌsɪməl'teɪnɪəsli] **ad.** 同时发生地，同时存在地

例 The two girls answered the teacher's questions simultaneously. 两个女孩同时回答了老师的问题。

---1894

□ **acclaim** [ə'kleɪm] **v.** ①向……欢呼，为……喝彩，盛赞 ②（以欢呼声）拥戴，推选，拥立 **n.** 欢呼（声），喝彩（声），盛赞

构 ac（加强）+ claim（大叫）→欢呼

搭 be acclaimed (as) a medical breakthrough 被称作医学上的一大突破；be acclaimed as a hero 被称赞为英雄；receive wide acclaim from critics 受到评论界的好评；to great acclaim 大获赞扬

例 His work is acclaimed for its complexity and originality. 他的作品因其复杂性和原创性而备受称赞。

联 acclamation **n.** 热烈的赞同，欢呼；acclaimer **n.** 欢呼者，拥戴者

---1895

□ **prototype** ['prəʊtətaɪp] **n.** 原型

例 Her mother became the prototype in her literary creation. 她母亲成了她文学创作中的原型。

答案:
1. invert 译文：他们可能是在期望推翻被告无罪推定原则。
2. preference 译文：她的设计显示她偏爱用天然材料。

Unit 35

学前自测

1. The medical benefits of X-rays far _____ the health risks. (confirm, sample, interrupt, outweigh, maintain)

2. He was _____ enough to congratulate his successor on his decision. (compulsory, disastrous, generous, ongoing, incendiary)

--1896

□ **terrain** [tə'reɪn] *n.* 地形，地势，地带
🔲 terr（地）+ ain（表物）→地带
🔍 rocky terrain 多岩地带
📝 The car handles particularly well on rough terrain. 这种汽车特别能应付崎岖的地形。

--1897

□ **sample** ['sɑːmpl] *n.* 样品，试样，样本 [同] specimen *v.* ①从……抽样 ②品尝，尝试，体验
📝 The shopgirl in the supermarket asked us to sample the fruit juice before making a purchase decision. 超市女售货员让我们先品尝果汁再决定买不买。
🔗 sampling *n.* 取样

--1898

□ **interrupt** [ˌɪntə'rʌpt] *v.* ①打断 [同] break in ②中断，阻碍 [同] halt ③遮挡，阻断
🔲 inter（在……之间）+ rupt（断裂）→在中间断裂 →打断
📝 She tried to explain what had happened but he interrupted her several times. 她试图解释所发生的事，但被他打断了几次。
🔗 interruption *n.* 打扰

--1899

□ **blanket** ['blæŋkɪt] *n.* ①毯子 ②厚厚一层 *v.* 用毯子裹住，覆盖
🔍 an electric blanket 电热毯；a wet blanket 扫兴的人/事
📝 The ground was covered by a thick blanket of snow. 地上覆盖着一层厚厚的雪。

--1900

□ **habitat** ['hæbɪtæt] *n.*（动植物的）产地，栖息地
🔲 habit（住）+ at（地方）→住的地方 →栖息地
📝 The polar bear's habitat is the icy waters of the Arctic. 北极熊的栖息地是冰冷的北极海域。

--1901

□ **outweigh** [ˌaʊt'weɪ] *v.* ①在重量上超过，比……重 ②在价值/影响力上超过
🔍 outweigh sb. ten pounds 比某人重 10 磅
📝 For me, the advantages of living in a town outweighs the disadvantages. 对我来说，住在城镇里的优越之处超过了不利之处。

--1902

□ **generous** ['dʒenərəs] *a.* ①慷慨的，大方的 [反] miserly ②宽厚的，宽宏大量的 ③大量的，丰富的
🔲 gener（产生）+ ous（多……的）→产生很多的 →大量的
🔍 a generous donation 慷慨捐助；a generous gift 一份厚礼；be generous to/with 对……慷慨
📝 There is a generous review of the book in today's newspaper. 今天的报纸上，有对这本书比较宽厚的评价。
🔗 generously *ad.* 慷慨地；generosity *n.* 慷慨，大方

--1903

□ **mission** ['mɪʃn] *n.* ①使命，任务 [同] task ②代表团，使节 [同] delegation
🔲 miss（发送）+ ion（表名词）→任务
🔍 accomplish/fulfill a mission 完成使命/任务；on a...mission 负有……使命
📝 He was sent to London on a diplomatic mission. 他肩负着外交使命被派往伦敦。

--1904

□ **ongoing** ['ɒnɡəʊɪŋ] *a.* 正在进行的，不间断的 *n.* 前进，发展
🔲 on + going（运转中的）→正在进行的
📝 No agreement has yet been reached and the negotiations are still ongoing. 还没有达成任何协议，谈判仍在进行。

--1905

□ **admit** [əd'mɪt] *v.* ①承认，供认 [同] affirm,

IELTS

雅思词汇大全

profess ②准许……进入，准许……加入 [同] permit [反] prohibit, forbid

搭 admit of 容许有，有……余地；be admitted to college 被录取入大学；be admitted into the club 被吸收进俱乐部

例 The prisoner admitted to the murder. 囚犯承认犯了谋杀罪。

联 admittance *n.* 进入，进入权；admittedly *ad.* 诚然，公认地

---1906

□ **incendiary** [ɪn'sendiəri] *a.* ①放火的，纵火的 ②燃烧的 ③使人激动的，令人兴奋的，煽动性的 [同] inspiring *n.* ①纵火者 ②燃烧弹

构 in（使……）+ cendi=cand（发光）+ ary（……的）→发光的 →燃烧的

搭 an incendiary bomb 燃烧弹；an incendiary speech 煽动性的发言；an incendiary crime 纵火罪

例 He's accused of placing an incendiary device in a litter bin in downtown area. 他被指控在商业区的一个垃圾箱里放了一个燃烧装置。

---1907

□ **mastery** ['mɑːstəri] *n.* ①熟练掌握，精通 ②指挥权，控制权，统治，操纵 ③胜利，优胜，优势

搭 expand one's mastery of science and scholarship 加深自己对科学和学术的理解；mastery of the air 制空权；get mastery over an opponent 制服对手；gain mastery 占上风

例 She has a complete mastery of the violin. 她的小提琴演奏技巧娴熟自如。

---1908

□ **spasm** ['spæzəm] *n.* ①抽搐，痉挛 ②一阵发作，突发

搭 a muscle spasm 肌肉抽筋；a spasm of pain 一阵疼痛；a spasm of anger 一阵怒火

例 If your leg goes into spasm, take one of these pills immediately. 如果你的腿抽筋了，马上吃一粒这种药。

---1909

□ **fabulous** ['fæbjələs] *a.* ①极好的，极妙的 ②惊人的，传奇般的，极为巨大的 ③寓言的，传说中的，虚构的 [同] legendary, fabled

搭 a fabulous sum of money 一笔巨款；a fabulous show 精彩的演出

例 The door was carved with fabulous beasts. 门上雕刻着寓言故事中的各种动物。

---1910

□ **maintain** [meɪn'teɪn] *v.* ①维持，保持 [同] keep up, preserve ②维修，保养 [同] service ③坚称，坚持认为，主张 [同] insist, hold ④赡养，负担 [同] support

构 main（逗留）+ tain（拿）→拿住 →维持

搭 maintain oneself 自立；maintain one's family 养家；maintain order 维护秩序；maintain a machine 维修机器；maintain a correct attitude toward… 对……持正确态度

例 The government was right to maintain interest rates at a high level. 政府保持较高的利率是正确的。

---1911

□ **dedicate** ['dedɪkeɪt] *v.* ① (to) 把（自己、一生等）献给，把（时间、精力等）用于 [同] devote ② (to) 将（著作等）献给，题献词于（著作上）

构 de（加强）+ dic（分配，分派）+ ate（表动词）→分派 →献给

搭 be dedicated to 献身于；dedicate oneself/one's life to 献身于；dedicate a book to one's mother 把一本书题献给母亲

例 The doctor dedicated much of his time and energy to finding a cure for the disease. 那位医生把许多时间和精力花在探寻这种疾病的治疗方法上。

联 dedication *n.* 献身，题献（著作）

---1912

□ **retail** ['riːteɪl] *n./v./ad.* 零售 [反] wholesale

搭 sell by retail 零售；retail at/for $5 以五美元零售；buy wholesale and sell retail 整买零卖

例 Do you buy wholesale or retail? 你是批发还是零售？

联 retailer *n.* 零售商，零售店

---1913

□ **module** ['mɒdjuːl] *n.* ①组件，模块 ②（宇宙飞船上各个独立的）舱 ③（组合家具中的）一件家具，（组成套房的）住房单元 ④ 培训期，教学期

例 An astronaut is going down to the moon surface in the lunar module. 一名太空人正在登月舱中向月球表面降落。

---1914

□ **indication** [ˌɪndɪ'keɪʃn] *n.* ①指示，表示，表明 ②暗示，迹象，象征 [同] signal ③指示器读数

构 in（表加强）+ dic（说）+ ation（表名词）→说出来 →指示

搭 give an indication of a word's meaning 提示某词的意思；an indication of a change in the weather 表明天气变化

例 There is no indication that the protesters will leave the building peacefully. 没有迹象显示抗议者会和平地离开那栋大楼。

·····1915

□ **compulsory** [kəm'pʌlsəri] *a.* ①义务的，必须做的，强制性的 [同] obligatory, imperative ②（课程）必修的 [同] required [反] optional（选修的）

例 Education in the country is compulsory for children over seven years old. 这个国家 7 岁以上儿童实行义务教育。

·····1916

□ **region** ['riːdʒən] *n.* ①地区，地带，地域 [同] district, area, realm ②范围，幅度 [同] scope ③界，领域

搭 a tropical/temperate region 热 / 温带地区；in the region of 大约，接近

例 He is a well-known authority in the region of physics. 他是物理学界的一位知名权威。

·····1917

□ **confirm** [kən'fɜːm] *v.* ①证实，肯定 ②进一步确定，确认 ③批准 [同] approve [反] disapprove ④使坚固

构 con（加强）+ firm（坚固）→使坚固

搭 confirm one's belief 坚定信念；confirm a contract 批准合同；be confirmed by experience 为经验所证实

例 The spokesman's statement confirmed what we already believed. 发言人的话进一步证实了我们早已相信的事。

·····1918

□ **gene** [dʒiːn] *n.* 基因，遗传因子

例 You inherit half your genes from your mother and half from your father. 你遗传的基因一半来自你母亲，一半来自你父亲。

·····1919

□ **disastrous** [dɪ'zɑːstrəs] *a.* ①灾难性的，造成灾难的 [同] ruinous, destructive ②极坏的，很糟的 [同] terrible

搭 a disastrous mistake 灾难性的错误；disastrous failure 惨重的失败；disastrous marriage 极不幸的

婚姻；a disastrous flood 造成重大损失的一场洪灾

例 This decision will have a disastrous impact on foreign policy. 这项决定对对外政策将有灾难性的影响。

·····1920

□ **advanced** [əd'vɑːnst] *a.* 先进的，高级的 [同] progressive, foremost [反] retarded

例 This is the most advanced type of engine available. 这是现有最先进的一种引擎。

联 intermediate *a.* 中级的；elementary *a.* 初级的；advancement *n.* 进步

·····1921

□ **grab** [græb] *v.* ①抓住，攫取 [同] seize, capture ②赶紧做 *n.* 抓，夺

例 The thief made a grab at her bag but she pushed him away. 小偷一把抓住了她的手提包，但她把他推开了。

辨 grab: 抓住，抓紧。grab at: 拼命地、急切地抓，企图抓住（不一定抓住）。seize: 突然一下抓住。grasp: 紧紧地抓住。snatch: 突然抢走。

·····1922

□ **transcribe** [træn'skraɪb] *v.* ①抄写，誊写 ②记录，把……写成文字 ③翻译，录制，改编（乐曲）

例 A secretary transcribed the witness's statements. 秘书记下了证人的口述。

·····1923

□ **amateur** ['æmətə(r)] *n.* ①（艺术、科学等的）业余爱好者，业余运动员 [反] professional, specialist ②外行 *a.* ①业余的 [反] professional ②外行的 [反] expert

例 The competition is open to both professionals and amateurs. 这场比赛专业人士和业余爱好者均可参加。

·····1924

□ **judgment** ['dʒʌdʒmənt] *n.* ①判断力 ②看法，意见，评价 ③判决 ④报应，天谴

搭 make a judgment about/on/of 对……做出评价

·····1925

□ **deem** [diːm] *v.* 认为，视为 [同] consider

搭 deem highly of 高度评价；deem it wise to do sth. 认为做某事很明智

例 They deemed highly of the service in the restaurant. 他们对那家饭店的服务给予了高度评价。

......1926

□ **commencement** [kə'mensmənt] **n.** ①开始 ②毕业典礼，颁奖典礼

搭 the commencement of a course 开始上一门课

例 Would passengers please put out cigarettes before the commencement of the flight? 请乘客在飞机起飞前熄灭香烟。

......1927

□ **minimal** ['mɪnɪməl] **a.** ①最小的，最低程度的 ②最小值的，极小元的

构 mini（小）+ mal →小的 →最小的

搭 minimal loss 极小的损失

例 Fortunately there were no injuries and damage to the factory was minimal. 很幸运，没有人受伤，对这家工厂的破坏也是极轻微的。

联 minimally **ad.** 最低限度地

......1928

□ **separate** ['sepəreɪt] **v.** ①（使）分离，（使）分开 ②区分，识别 ['sepərət] **a.** ①不同的，有差异的 ②单独的，各自的 ③分离的，分隔的

构 se（分开）+ par（相等）+ ate（……的）→不同的，有差异的

搭 separate sth. from 把……和……分开；separate into 分成（组、部分等）

例 I have my public life and my private life, and as far as possible I try to keep them separate. 我有公共生活和私人生活，并尽量使两者分开。

......1929

□ **dietary** ['daɪətəri] **a.** 饮食的

例 Dietary habits can be very difficult to change. 饮食习惯很难改变。

联 dieter **n.** 节食减肥者

......1930

□ **advantage** [əd'vɑːntɪdʒ] **n.** ①优点，有利条件，有利因素 [同] privilege, superiority ②利益，好处 [同] benefit, profit

搭 to advantage 有利，使优点突出；be of advantage to 有利于；gain/have/get an advantage over 比……有利；take advantage of 利用

例 Her experience gave her a big advantage over the other applicants. 她的经验使她与其他求职者相比具有很大的优势。

联 advantageous **a.** 有利的；priority **n.** 优先；superiority **n.** 优越

辨 advantage: 侧重裨益，指有利的条件，优越的地位。 benefit: 指精神上、身体上的收益，物质上的利益。profit: 利润，指金钱上的获利。

......1931

□ **schedule** ['skedʒuːl] **n.** ①计划，进度表 ②时间表，时刻表 [同] timetable ③一览表 **v.** ①安排，排定 [同] arrange ②制作……表，记入……表

搭 according to schedule 按照时间表；ahead of schedule 提前；on schedule 如期，按计划表；behind schedule 落后于进度计划

例 The restoration work is scheduled to begin early next year. 修复工作定于明年年初开始。

联 scheduled **a.** 预定的；reschedule **v.** 重制计划

......1932

□ **distance** ['dɪstəns] **n.** ①距离，远处 ②间隔 ③疏远，差距，分离

搭 in the distance 在远处，在远方；at a distance 在稍远处，在一定距离处；keep a distance with 与……保持距离；walking distance 步行可达的距离；gaze into the distance for a moment 朝远处凝望了一会儿

例 The world seems smaller and distance doesn't matter. 世界似乎变小了，距离已不重要。

......1933

□ **ultimate** ['ʌltɪmət] **a.** ①最后的 ②极点的，绝顶的 ③基本的，根本的 ④最高的，决定性的 ⑤合计的，总的 **n.** ①终点，终极 ②最终的事物

构 ultim（最后）+ ate（……的）→最后的

搭 the ultimate limits of the universe 宇宙的极限；an ultimate principle 基本原理；the ultimate authority 最高当局；the ultimate cost of a project 一项工程的总成本；the ultimate of one's desires 个人最终的愿望；the ultimate source of success 成功之本

例 Her ultimate destination was Paris. 她的最后目的地是巴黎。

......1934

□ **mess** [mes] **n.** ①凌乱状态，脏乱状态 [同] disorder ②混乱的局面，困境 **v.** 弄脏，弄乱，搞乱

搭 mess with 干预，介入；in a mess 乱七八糟；mess up 把……弄糟 / 弄乱 / 弄脏；mess about/around 闲荡，浪费时间，轻率地对待；make a mess of 弄乱，搞糟

例 The new government will have to clear up the mess left by the previous government. 新政府不得不收拾前政府留下来的烂摊子。

······1935

□ **era** ['ɪərə] *n.* 时代，纪元，年代 [同] epoch, age

搭 a bygone era 过去的年代；the post-war era 战后时期；the end of an era 一个时代的结束

例 He had worked for peace during the long era of conflict. 他曾在长期的冲突年代为和平而工作。

······1936

□ **neglect** [nɪ'glekt] *v.* ①忽视，忽略 [同] ignore ②疏漏，疏忽 [同] omit *n.* 疏忽，玩忽

搭 neglect one's duty 玩忽职守；neglect to lock the door 忘了锁门

例 They regretted that they had neglected my warning. 他们后悔把我的警告当成了耳边风。

······1937

□ **suppose** [sə'pəʊz] *v.* ①料想，猜想，以为 [同] assume ②（用于祈使句）让，假定，假设 ③（常用被动语态）期望，认为应该

例 It is widely supposed that the minister will be forced to resign. 人们普遍认为该部长将引咎辞职。

联 supposed *a.* 假定的，所谓的；supposedly *ad.* 据说；supposition *n.* 推测，推断

······1938

□ **predispose** [ˌpriːdɪ'spəʊz] *v.* ①使预先有倾向 ②(to) 使易受感染 ③预先处理

例 His good manners predispose people to like him. 他的彬彬有礼使得人们未经结识就喜欢上他了。

······1939

□ **segment** ['segmənt] *n.* ①部分，细分，部门 ②瓣，块 [seg'mənt] *v.* 分割，切开，细分

搭 orange segments 橘子瓣

例 I am not convinced that we have segmented the market properly. 我不能确定我们对于市场的细分是否恰当。

······1940

□ **level** ['levl] *n.* ①水平面，水平线 [同] horizontal, plane ②水平，等级 [同] standard *a.* 平的，水平的，同高度的 [同] even [反] uneven

搭 be level with 与……同高 / 齐平；at all levels 各级的（政府、学校等）

例 The top of the tree is level with his bedroom window. 树顶与他卧室的窗户一样高。

······1941

□ **depict** [dɪ'pɪkt] *v.* 描绘，描述 [同] describe, portray

例 The picture depicts the rural scenery in North China. 这幅画描绘了中国北方农村的田园风光。

······1942

□ **midst** [mɪdst] *n.*（书）中间，中央

构 mid（中间）+ st →中间

搭 in our/your/their midst 在我们 / 你们 / 他们中间；in the midst of the worst recession 正处在最严重的经济衰退之中

例 In the midst of the scandal, news broke of his resignation. 正当丑闻闹得沸沸扬扬之时，爆出了他辞职的新闻。

辨 in the midst of: 在"过程"中（in the midst of the talk）。in the middle of: 在……中间，强调位置（in the middle of the room）。

······1943

□ **depress** [dɪ'pres] *v.* ①使沮丧，使消沉 [同] discourage [反] inspire ②按下，压下 [同] lower ③使不景气，削弱

构 de（向下）+ press（压）→按下

例 The threat of war has depressed business activity. 战争的威胁使经济变得不景气。

联 depressed *a.*（感到）沮丧的；depressing *a.* 令人沮丧的；suppress *v.* 镇压

答案：
1. outweigh　译文：X 射线在医学上的益处远远大于它所带来的健康风险。
2. generous　译文：他十分大度地对他的继任者做出的决定表示了祝贺。

Unit 36

学前自测

1. Since 2015, the amount of money _____ to buy books has fallen by 15%. (factual, spacious, intact, crucial, available)

2. They have expressed concern that the new law may _____ on religious freedom. (blaze, eject, forgo, infringe, associate)

----------1944

□ **expense** [ɪk'spens] *n.* ①花费 [同] cost, charge [反] income ② (*pl.*) 费用, 开支 [同] cost

搭 at the expense of 以……为代价; at great/vast expense 以巨大的代价, 花费很大地; at little expense 花费很小地; pursue economic growth at the expense of environment 以损害环境为代价追求经济增长

例 It was not a fortune but would help to cover household expenses. 钱虽不多, 但可以帮着支付日常开销。

----------1945

□ **creep** [kriːp] *v.* ①爬行, 匍匐 [同] crawl ②蹑手蹑脚地走, 蠕动, 蔓延 [同] tiptoe, sneak ③渐渐产生, 渐渐出现 ④卑躬屈膝, 阿谀奉承 *n.* 爬, 蠕动

搭 creep upstairs 蹑手蹑脚地上楼; have an aversion to creeping 厌恶阿谀奉承

例 A lonely feeling crept over me. 一种孤独感悄悄地爬上我的心头。

----------1946

□ **reptile** ['reptaɪl] *n.* 爬行动物, 爬虫

构 rept (爬) + ile (表物) →爬行动物

例 Snakes, lizards and crocodiles are reptiles. 蛇、蜥蜴和鳄鱼是爬行动物。

----------1947

□ **available** [ə'veɪləbl] *a.* ①现成可使用的, 在手边的, 可利用的 [同] convenient, handy ②可获得的, 可取得联系的, 可接见的 ③有资格的, 愿意的

搭 the only available tool here = the only tool available here (多用) 这里唯一可利用的工具

例 All the books and magazines in the library will be available to the students. 图书馆中的所有书籍和杂志都将供学生们借阅。

联 availability *n.* 可用性, 有效性

----------1948

□ **crucial** ['kruːʃl] *a.* 至关重要的, 决定性的, 关键性的 [同] decisive

搭 play a crucial role 起决定性的作用; a crucial decision 重大决定; crucial to the future 对未来至关重要

例 His evidence proved crucial to the legal case. 他的证据对这一案件至关重要。

----------1949

□ **recommendation** [ˌrekəmen'deɪʃn] *n.* ①推荐, 推荐信 ②建议, 劝告 [同] advice, suggestion ③优点, 长处, 可取之处

例 She was given the job on her teacher's recommendation. 她经老师推荐得到了这份工作。

----------1950

□ **spectrum** ['spektrəm] *n.* (*pl.* spectra 或 spectrums) ①光谱 ②射频频谱, 声谱 ③系列, 范围, 幅度

例 There's a wide spectrum of opinions on this question. 对这个问题的看法众说纷纭, 莫衷一是。

----------1951

□ **underground** [ˌʌndə'graʊnd] *ad.* ①在地下, 往地下 ②秘密地, 不公开地 [同] secretly *a.* ①地下的 [同] subterranean ②秘密的, 不公开的 [同] secret *n.* 地铁

搭 underground water 地下水; an underground car park 地下停车场; go by underground 乘坐地铁

例 The news has been passed on underground, but not in the official newspaper. 这消息已经在私下广泛传播, 但是官方媒体并未报道。

----------1952

□ **blaze** [bleɪz] *n.* ①火焰, 烈火 ②光辉, 闪耀, 五彩缤纷 ③ (枪的) 急促而连续的射击 *v.* ①冒出火焰, 熊熊燃烧 [同] burn, flame ②使广为人知, 宣传 ③快速而连续地射击

搭 eyes blazing with anger 闪着怒火的眼睛; a

blazing house 燃烧的房子；blaze a trail 开路，做先导；in a blaze of anger 盛怒之下；burst into a blaze 烈焰腾腾；a blaze of color 姹紫嫣红；a blaze of machine fire 一阵机枪扫射；a blaze of lights 灯火辉煌

例 A wood fire was blazing in the hearth, but there was no other light in the room. 壁炉里的木柴熊熊燃烧着，除此之外房间里没有其他灯光。

联 ablaze *a.* 着火的；blazing *a.* 闪耀的，光辉的

·····1953

□ **factual** ['fæktʃuəl] *a.* 事实的，真实的，实在的

例 She gave a clear, factual account of the attack. 她清楚而真实地陈述了受袭情况。

·····1954

□ **spacious** ['speɪʃəs] *a.* 广阔的，宽敞的，宽广的

搭 a spacious house 宽敞的房子；a spacious park 宽敞的公园；a rich spacious novel 一部内容丰富、题材广泛的小说；sun oneself on the turf of the spacious lawns 躺在宽广草坪的草皮上晒太阳

例 That is a spacious living room. 那是一间宽敞的起居室。

联 spaciously *ad.* 宽敞地，宽广地；spaciousness *n.* 宽敞，宽广

·····1955

□ **eject** [i'dʒekt] *v.* ①喷射，排出 [同] erupt ②驱逐，逐出 [同] banish, exile ③弹出

构 e（出来）+ ject（扔）→扔出来 →驱逐

例 The police came and ejected the trouble-makers from the restaurant. 警察来了，把那些闹事的人从餐馆里撵了出去。

联 inject：注射（入）；reject *v.* 拒绝；deject *v.* 使沮丧；object *v.* 反对

·····1956

□ **infringe** [ɪn'frɪndʒ] *v.* 违反，违背，侵犯

搭 infringe the rules 违反规定；infringe one's right 侵犯某人的权利；infringe on one's privacy 侵犯某人的隐私

例 The prisoners complained that their rights were being infringed. 犯人们抱怨他们的权利正在被侵犯。

·····1957

□ **lounge** [laʊndʒ] *n.* 休息厅，休息室 [同] lobby, waiting room *v.* ①（懒洋洋地）倚着，（随意）躺着 [同] lie, lean ②闲逛，闲荡 [同] wander, loaf

例 I wandered on and on until I lounged into a bar-

bershop. 我信步走呀走，直到懒洋洋地逛进了一家理发店。

·····1958

□ **senior** ['siːniə(r)] *a.* ①年长的，年高的 [同] elder ②资格老的，地位高的 [同] superior ③四年级的，高年级的 *n.* ①较年长者，前辈 ②上级，上司 ③（大学）四年级学生

构 sen（老，年长）+ ior（较……的）→年长的

搭 senior to 比……年长（junior to 比……年少）；be one's senior by five years 比某人大 5 岁；senior students 高年级学生；senior statesman 资深政治家；senior management 高层管理人员

例 Discounts are available for senior citizens. 老年人可享受打折的优惠。

·····1959

□ **associate** [ə'səʊsieɪt] *v.* ①使联合，结合，使有联系 [同] combine, unite ②(with) 交往，结交 [同] cooperate [ə'səʊsiət] *n.* 合伙人，伙伴，同事 [同] colleague, partner *a.* ①合伙的，有联系的 ②副的 [同] deputy

例 We associate autumn with fruits and harvest. 我们一想到秋天，就会联想到果实与丰收。

·····1960

□ **landmark** ['lændmɑːk] *n.* ①标志性建筑，地标 ②里程碑，人生转折点

构 land（土地）+ mark（标志）→地标

搭 a landmark achievement 划时代的成就；a landmark in the history of medicine 医学史上的里程碑

例 I couldn't pick out any landmark in the dark and got completely lost. 黑暗中我找不到任何标志，完全迷路了。

·····1961

□ **participate** [pɑː'tɪsɪpeɪt] *v.* ①(in) 参与，参加 [同] take part in, join in ②分享，分担 [同] share

例 All the warring parties agreed to participate in talks. 所有的参战方都同意参加会谈。

·····1962

□ **forgo** [fɔː'gəʊ] *v.* 抛弃，放弃 [同] give up, relinquish

搭 forgo a holiday 放弃假期

例 I'll have to forgo the pleasure of seeing you this week. 这周我只好放弃与你相见的那份荣幸。

·····1963

□ **intact** [ɪn'tækt] *a.* 完整无缺的，未经触动的，未受损伤的 [同] entire, uninjured

例 To my relief, the parcel arrived intact. 令我欣慰

的是，包裹完好无缺地运到了。
······1964

□ **renewable** [rɪ'njuːəbl] ***a.*** ①可交换的，可更新的，可再生的 ②必须更换的，必须更新的 ③（契约等）可重订的，（证件等）有效期可延长的

搭 a renewable passport 可延期的护照；a renewable contract 可续签的合同

例 Sun, wind and waves are renewable sources of energy. 太阳、风和浪都是用之不竭的能源。
······1965

□ **perpetuate** [pə'petʃueɪt] ***v.*** ①使永久，使永恒 ②保持 ***a.*** 长存的，被保持的

构 per（贯穿）+ petu（追求）+ ate（表动词）→永远追求 →使永久

搭 perpetuate the memory of sb. 长忆某人；perpetuate the species 保持物种的繁衍不息

例 It is an education system that perpetuates the divisions of their society. 那是使他们的社会长期分化的一种教育制度。

联 perpetual ***a.*** 永久的，永恒的
······1966

□ **rarity** ['reərɪti] ***n.*** ①珍品，珍奇 ②稀有，稀薄，稀疏，罕见

搭 something of a rarity 罕见的东西；natural and artificial rarities 天然和人造的稀世珍宝；the rarity of air 稀薄的空气

例 Diamonds are valuable because of their rarity. 钻石因稀有而珍贵。
······1967

□ **pore** [pɔː(r)] ***n.*** 毛孔，气孔，细孔 ***v.***(over) 钻研，审查，审视

搭 sweat through every pore 周身出汗；pore over the book 仔细读书

例 Sweat passes through the pores and cools the body down. 汗从毛孔中排出以降低体温。
······1968

□ **antiseptic** [ˌænti'septɪk] ***a.*** ①抗菌的，消毒的，防腐的 ②无菌的，消过毒的 ③异常整洁的，一尘不染的 ④不掺个人感情的 ***n.*** 抗菌剂，防腐剂

构 anti（反）+ sep（菌）+ tic（……的）→抗菌的

搭 antiseptic gauze 无菌纱布；antiseptic treatment 防菌处理；an antiseptic mind 一尘不染的天真头脑

例 In the 1870s and 1880s, doctors began to follow the principles of antiseptic surgery. 自十九世纪七八十年代起，医生们开始遵循无菌外科手术的原则。
······1969

□ **induction** [ɪn'dʌkʃn] ***n.*** ①就职，接纳会员，征召 ②就职仪式，入会仪式 ③诱发，引导，导致 ④入门，入门培训 ⑤归纳（法）⑥引产，催产 ⑦（电磁）感应 ***a.*** 就职的

搭 the induction of the girls into the sport 吸收这些女孩参加该项运动；the induction of psychological stress 引发心理压力

例 Their induction into the church took place in July. 他们的入教仪式在 7 月份举行。
······1970

□ **visible** ['vɪzəbl] ***a.*** ①看得见的，可见的，有形的 [同] visual ②明显的，可觉察到的

构 vis（看）+ ible（可……的）→看得见的，有形的

例 Distant pagodas are visible to those mountain climbers from the peak. 从山顶上，登山者可以看到远处的宝塔。
······1971

□ **stream** [striːm] ***n.*** ①小河，溪流 [同] brook ②流，一连串 [同] flow ③滔滔不绝，接二连三，持续不断 ④小组，分班 ***v.*** ①流出，涌出 [同] pour out ②分组，编组

搭 a mountain stream 山间溪流；a stream of traffic 车流；go/drift with the stream 顺应潮流，随大流；refugees streaming into the city 涌入该城的难民；a constant stream of visitors 络绎不绝的游客

例 He advocates streaming children, and educating them according to their needs. 他提倡把学生按能力分班，因需施教。
······1972

□ **diversity** [daɪ'vɜːsəti] ***n.*** 差异，多样化，变化多端

搭 a diversity of methods 多种多样的方法；the diversity of food 品种多样的菜肴

例 Television doesn't adequately reflect the ethnic and cultural diversity of the country. 电视节目没有充分反映出该国种族及文化上的纷繁多彩。
······1973

□ **intensity** [ɪn'tensəti] ***n.*** 强烈，猛烈，剧烈，极度

搭 the intensity of the flames 熊熊烈火

例 The attack was anticipated but its intensity came

as a shock. 攻击是预料之中的，但攻势之猛却使人震惊。

----------1974

□ **scope** [skəʊp] *n.* ①（活动、影响等的）范围 [同] range ②（发挥能力的）余地，机会 [同] space, chance
例 I'd like more scope for putting a few new ideas into practice. 我希望有更多的机会实践一下我的一些新见解。

----------1975

□ **integrate** ['ɪntɪɡreɪt] *v.* ①把……结合在一起，并入，融合 ②合并，联合 [同] incorporate, merge *a.* 完整的，综合的
例 Writers of history books often attempt to integrate the past with the present. 史书作者常试图把过去与现在结合在一起。

----------1976

□ **breed** [bri:d] *n.* ①品种 [同] species ②血统，世系，种族 ③类型，种类 *v.* (bred, bred) ①繁殖，产仔 [同] multiply ②培育，养育，饲养 [同] raise, cultivate ③酿成，产生 [同] generate
搭 breed horses 饲养马匹；a common breed of dog 一种常见的狗品种；breed resentment 心生怨恨；breed violence 滋生暴力
例 Frogs will usually breed in any convenient pond. 青蛙通常会在任何条件适合的池塘中繁殖。

----------1977

□ **summary** ['sʌməri] *a.* ①概括的，总结性的 ②即刻的，立即的 *n.* 摘要，概要，一览
搭 a summary account 概括性的报道；a 10-minute summary film 10 分钟的影片概要；a summary dismissal 立即开除；a summary arrest 当场逮捕；in summary 概括地说
例 No brief summary can possibly do justice to the depth of this report. 简单的概述不可能公正地反映这一报告的深度。

----------1978

□ **prolong** [prə'lɒŋ] *v.* 延长，拉长，拖延 [同] lengthen, drag on [反] shorten
例 One speaker dwelled on some trifles and prolonged the meeting by half an hour. 有个发言人在鸡毛蒜皮的小事上讲个没完，把会议拖延了半个小时。

----------1979

□ **extract** [ɪk'strækt] *v.* ①取出，抽出，拔出 [同] draw [反] insert ②提取，提炼，榨取 [同]

abstract, refine ③摘录，抄录 ④获得，索取 ['ekstrækt] *n.* ①摘录，选录 [同] abstract ②提出物，精，汁
构 ex（出）+ tract（拉）→拉出 →拔出
搭 extract sth. from 从……摘取 / 拔出 / 提炼；make extracts 摘录，精选
例 He read to her a few extracts from his new poem. 他把自己一首新诗的几段念给她听。
联 extraction *n.* 提取，提炼

----------1980

□ **systematic** [ˌsɪstə'mætɪk] *a.* ①按部就班的，有条理的，有条不紊的 ②系统的，系统化的 [同] planned
例 The students are planning a systematic revision of their lessons to achieve best results in the final exams. 为了在期末考试中取得最佳成绩，学生们正计划系统复习功课。

----------1981

□ **astonish** [ə'stɒnɪʃ] *v.* 使惊讶，使吃惊 [同] surprise [反] relieve
例 Her dedication constantly astonishes me. 她的奉献精神不断让我感到惊异。
辨 由弱变强：surprise → stun → astonish → astound

----------1982

□ **brilliant** ['brɪliənt] *a.* ①光辉的，灿烂的 [同] splendid ②卓越的，杰出的 [同] talented
例 She seemed to have a brilliant career ahead of her. 她似乎有着灿烂的前途。

----------1983

□ **invasive** [ɪn'veɪsɪv] *a.* ①入侵的，侵略的，侵犯的 ②好攻击的，侵扰的
构 in（进入）+ vas（走）+ ive（……的）→走进去的 →入侵的
搭 an invasive war 侵略性战争；an invasive force 入侵部队；an invasive person 爱寻衅的人
例 It is invasive of tribal rights. 这是对部落权利的侵犯。
联 invasion *n.* 入侵，侵略

----------1984

□ **proof** [pru:f] *n.* ①证据，证明 [同] evidence ②校样 *a.* 耐……的，能防……的
搭 without proof 没有证据；written proof 书面证明；in proof of 证明；give proof of 证明，提供……的证据；check/correct the proofs of a book 校对书的校样

例 You will be asked to give proof of your identity. 你将被要求提供你的身份证明。……1985

□ **supportive** [sə'pɔːtɪv] *a.* 帮助的，鼓励的，安慰的
例 Children with supportive parents often do better at school than those without. 有父母鼓励的孩子往往比没有父母鼓励的孩子在学校的表现更出色。……1986

□ **overcome** [ˌəʊvə'kʌm] (overcame, overcome) *v.* 战胜，压倒，征服，克服 [同] conquer, surmount
搭 be overcome with joy 喜不自胜；overcome one's shyness 克服羞怯
例 Support from her family and her own strong will have helped her overcome many obstacles and difficulties. 她家人的支持和她自己的坚强意志帮助她克服了重重障碍和困难。……1987

□ **celestial** [sə'lestiəl] *a.* ①天空的，天上的 ②天国的，神圣的 ③精妙的，极美的 *n.* 神仙
构 cel（天空）+ est + ial（……的）→天空的
搭 a celestial being 天神；a celestial style 华美的文体
例 The sun, the stars and the moon are celestial bodies. 太阳、星星和月亮都是天体。……1988

□ **strand** [strænd] *v.* ①（使）搁浅 ②使处于困境，使束手无策 *n.* ①（线等的）股，缕，串 ②线，绳 ③一个组成部分
例 A ship was stranded on the rock. 一条船在礁石上搁浅了。……1989

□ **advantageous** [ˌædvən'teɪdʒəs] *a.* (to) 有益的，有利的
例 The lower tax rate is particularly advantageous to poorer families. 较低的税率对贫穷家庭尤为有益。……1990

□ **succumb** [sə'kʌm] *v.* ①屈服，屈从，投降 ②死（于）
搭 succumb to temptation 屈服于诱惑
例 He wanted to be an actor but succumbed to his father's pressure to be respectable and trained as a lawyer. 他想成为一名演员，但还是屈从于父亲的压力，为寻求体面而学了律师的课程。……1991

□ **reiterate** [riˌɪtə'reɪt] *v.* ①反复地说，重申 ②重复做
例 The government reiterated its refusal to compromise with terrorists. 政府重申了拒绝与恐怖分子妥协的意见。
联 reiteration *n.* 重申，反复说……1992

□ **productivity** [ˌprɒdʌk'tɪvəti] *n.* 生产力，生产率
搭 increase industrial productivity 提高工业生产率；high/low productivity 生产率高/低
例 Productivity at the plant is in decline. 该厂的生产力正在下降。……1993

□ **refrigerator** [rɪ'frɪdʒəreɪtə(r)] *n.* ①冰箱 [同] fridge, icebox ②冷藏库
联 refrigerant *n.* 制冷液，清凉剂 *a.* 制冷的，清凉的；refrigerate *v.* 冷藏，冷冻；refrigeration *n.* 冷藏，制冷……1994

□ **therefore** ['ðeəfɔː(r)] *ad.* 因此，所以，这么说 [同] thus, hence
例 Those people have their umbrellas up; therefore it must be raining. 那些人都撑起了伞，这么说一定是下雨了。

答案：
1. available　译文：自 2015 年以来，可用于采购图书的经费减少了 15%.
2. infringe　译文：他们对于新法律可能会侵害宗教信仰自由一事表达了关切。

Unit 37

学前自测

1. These folk did no harm to her household or to others, but rather _____ them. (retaliate, smother, define, prosper, resemble)

2. For women, the _____ clock governs the time for having children. (stationary, peripheral, sinister, valuable, biological)

----------1995

□ **identifiable** [aɪˌdentɪ'faɪəbl] *a.* 可辨认的，可辨别的

例 In her bright yellow coat, she was easily identifiable in the crowd. 她穿着鲜黄色外套，在人群中很容易辨认。

----------1996

□ **stationary** ['steɪʃənri] *a.* 固定的，静止不动的 [同] static

例 As an excellent shooter, Peter practised aiming at both stationary targets and moving targets. 彼得是一名出色的射击选手，他不仅练习打静止不动的靶标，而且也练习打活动靶标。

----------1997

□ **peripheral** [pə'rɪfərəl] *a.* ①次要的，无关紧要的 ②外围的，边缘的

例 The book contains a great number of peripheral details. 这本书里有大量无关紧要的细节。

----------1998

□ **voyage** ['vɔɪdʒ] *n.* ①航海，航行，航空，旅行 ②（常 *pl.*）航海记，航行游记 ③人生旅程 *v.* 航海，航行，航空，旅行

构 voy（道路）+ age（表名词）→旅行

搭 voyage to distant lands 航行到遥远的国土；go on/make/take a sea voyage 海上游；a voyage to the moon 月球之行；voyage around the country 周游全国各地

例 He was a young sailor on his first sea voyage. 他是个初次出海的年轻水手。

联 voyager *n.* 航行者，航海者

----------1999

□ **retaliate** [rɪ'tælieɪt] *v.* 报复，反击

搭 retaliate against the government 报复政府；retaliate by throwing stones 扔石头报复

例 She retaliated against his insults by slapping his face. 她打了他耳光作为对他的侮辱的回敬。

----------2000

□ **transaction** [træn'zækʃn] *n.* ①交易，业务 [同] business ②处理，办理 [同] handling

构 trans（交换）+ act（行为）+ ion（表名词）→交易

例 It's a profitable transaction to both parties. 对双方来说这都是有利可图的交易。

----------2001

□ **linguistic** [lɪŋ'gwɪstɪk] *a.* 语言上的，语言学的

例 I'm particularly interested in the linguistic development of young children. 我对小孩子语言能力的发展尤为感兴趣。

----------2002

□ **astronomy** [ə'strɒnəmi] *n.* 天文学

构 astro（星星）+ nomy（法则，学科）→研究星星的学科 →天文学

例 Astronomy will play an important role in the future development of mankind. 天文学对于人类未来的发展将发挥重要作用。

联 astronomer *n.* 天文学家；astronomical *a.* 天文（学）的；astronaut *n.* 宇航员；spaceship *n.* 宇宙飞船；space shuttle *n.* 航天飞机

----------2003

□ **prosper** ['prɒspə(r)] *v.* （使）兴旺，（使）繁荣，（使）昌盛，成功 [同] flourish, thrive

搭 prosper in one's work 卓有成效地工作；prosper in the world 飞黄腾达

例 She set him up in life, and prospered him from that time forth. 她帮助他成人立业，使他从此万事亨通。

----------2004

□ **insulation** [ˌɪnsju'leɪʃn] *n.* ①隔离 ②绝缘（材料），隔热（材料），隔音（材料）

搭 effective methods of insulation 有效的隔热方法；good insulation against cold 对付寒冷的绝好防冻材料；insulation against heat and fire 隔热防水的材料

----------2005

□ **resemble** [rɪ'zembl] **v.** 像，类似 [同] take after

构 re（一再）+ sembl（类似）+ e →类似

例 After the earthquake, the city resembled a battle-field. 地震后，那座城市像是一片战场。

----------2006

□ **isle** [aɪl] **n.** （诗歌或地名中的）小岛，岛

例 The Isle of Skye is in the northwest of Scotland. 斯凯岛位于苏格兰西北部。

----------2007

□ **aviation** [ˌeɪvi'eɪʃn] **n.** ①航空（学），飞行 ②飞机制造业

构 avi（鸟）+ ation（表行为）→像鸟一样飞 →航空，飞行

搭 Civil Aviation 民航；aviation insurance 航空保险；aviation industry 航空工业；aviation corps 飞行队；aviation badge 航空标志；Civil Aviation Administration of China 中国民用航空局

例 The plane carries 20 tons of aviation fuel. 这架飞机携带着 20 吨航空燃料。

联 aviator **n.** 飞行员

----------2008

□ **biological** [ˌbaɪə'lɒdʒɪkl] **a.** ①生物学的 ②生物的，生命的，有关生命过程的

构 bio（生命）+ log（说）+ ical（……的）→说生命的 →生物学的

搭 a biological laboratory 生物学实验室；biological science 生物科学；biological weapons 生物武器

例 The biological cycle of a plant is affected by light and heat. 植物的生物周期受光和热的影响。

联 biologically **ad.** 生物学上地；biotechnology **n.** 生物技术

----------2009

□ **junction** ['dʒʌŋkʃn] **n.** ①连接点 ②（公路的）交叉路口 ③（铁路的）交汇处，枢纽站 [同] connection, joint ④接头，接点

搭 turn right at the junction 在交叉路口向右转

例 It is a railway junction where lines from all over the country meet. 这是一个全国铁路枢纽站。

----------2010

□ **contact** ['kɒntækt] **n.** ①接触，联系，交往 [同] connection ②熟人，社会关系 ③（电路的）触点，接头 **v.** 与……取得联系，与……接触 [同] connect [反] isolate

搭 in close contact with 联系密切

例 Although they haven't seen each other, they have been in contact with each other for three years. 虽然他们相互见过面，但他们双方保持联系已有三年了。

----------2011

□ **bud** [bʌd] **n.** 叶芽，花蕾 **v.** 发芽，萌芽

搭 flower buds 花蕾；in bud 发芽，含苞待放；come into bud 发芽；nip in the bud 防患于未然；trees in bud 发芽的树

例 A bad habit in a child should be nipped in the bud. 孩子的坏习惯应该尽早改掉。

----------2012

□ **sinister** ['sɪnɪstə(r)] **a.** 不吉祥的，凶兆的，阴险的

搭 a sinister appearance 邪恶的外观；a sinister-looking man 神情阴险的男人

例 In the shadow we could make out a sinister figure in a black cloak. 在阴影中，我们隐约能看到一个披着黑色斗篷的阴险的人影。

----------2013

□ **complain** [kəm'pleɪn] **v.** ①(of, about) 抱怨，诉苦 [同] grumble ②投诉，控告

搭 complain against 控告；complain to sb. of/about 向某人抱怨某事

例 If the service was so bad, why didn't you complain to the manager? 如果服务质量如此之差的话，你为什么不向经理投诉呢？

----------2014

□ **select** [sɪ'lekt] **v.** ①选择，挑选，选拔 ②选中，选定 **a.** ①精选的，选择的 ②只为富人／上层人士而设的，高级的 ③条件苛刻的，为数不多的

搭 some select pieces of elegant furniture 几件精心挑选的雅致家具；a meeting of a very select club 富人俱乐部的聚会；a selected few 少数人

例 New judges were quickly selected from among the city's lawyers. 新法官很快就从该市的律师中选出来了。

辨 select: 在三个以上的选项中精选。choose: 被选对象不限，至少两个。pick out: 选取中意的。

----------2015

□ **valuable** ['væljuəbl] **a.** ①昂贵的，值钱的 ②有价值的，有用的，有益的 **n.** (pl.) 贵重物品（尤指首饰），财宝

搭 valuable books 贵重书籍；valuable experience 宝贵的经验

例 Just because a camera is old does not mean it is

183

valuable. 古旧的相机不一定就值钱。

辨 valued: 被认为有价值的。valuable: 有价值的，贵重的。worthless: 无价值的（常用）。valueless: 无价值的（不常用）。invaluable: 价值连城的，价值无法估计的。

......2016

□ **amaze** [ə'meɪz] **v.** 使大为惊奇，使惊愕 [同] astonish

例 It amazed them to learn that things were so expensive. 得知物价如此昂贵，他们感到十分惊诧。

辨 astonish: 大吃一惊。surprise: 感到意外、突然而吃惊。amaze: 由于好奇或心理上的混乱而吃惊。

......2017

□ **leadership** ['li:dəʃɪp] **n.** ①领导，领导层，领导地位，领导权 [同] authority ②领导才能

搭 qualities of leadership 领导素质；under the leadership of 在……的领导下

例 It is a task calling for energy and leadership. 这是一项需要精力和领导才能的任务。

......2018

□ **detract** [dɪ'trækt] **v.** ①减损，贬低，诋毁②转移，分散（注意等）[同] attract

构 de（向下）+ tract（拉）→向下拉→贬低

搭 detract one's attention from the real issues 转移某人对现实问题的注意；detract charm from the landscape 有损景色的美；detract one's achievement 诋毁某人的成绩

例 That does not detract from his merit. 那无损于他的优点。

联 detraction **n.** 减损，诋毁；detractor **n.** 诋毁者

......2019

□ **smell** [smel] **n.** ①气味，臭味 [同] odor ②闻，嗅觉 **v.** ①嗅到，闻到 ②散发气味，有……气味 ③察觉 [同] perceive

搭 smell of sth. 有……的气味，有……的迹象；smell like fresh soil 像清新泥土的气息；smell of cigars 有雪茄的味道；smell of corruption 有腐败的迹象

例 Sharks can smell blood in the water. 鲨鱼可以在水中嗅到血腥味。

辨 smell: 不好的气味。odor: 很强的香气或臭气。fragrance: 芬芳香气。scent: 气味，香味。stink: 臭气。

......2020

□ **grateful** ['greɪtfl] **a.** 感激的，感谢的 [同] thankful

搭 be grateful to sb. for sth. 因某事感谢某人

例 Her family were very grateful for the support they had received from their friends. 她的家人对朋友们的支持十分感谢。

......2021

□ **chapel** ['tʃæpl] **n.** ①小教堂，附属教堂 ②殡仪馆

例 Two of the cathedral's chapels were added later. 大教堂内的两个小教堂是后来加盖的。

联 abbey **n.** 大教堂，大寺院；cathedral **n.** 大教堂，总教堂；church **n.** 教堂

......2022

□ **determine** [dɪ't3:mɪn] **v.** ①决定 [同] decide, resolve ②查明，确定 [同] ascertain ③决心 [同] resolve

构 de（加强）+ termin（边界）+ e →划定边界 →确定

例 Eye color is genetically determined. 眼睛的颜色是由遗传基因决定的。

辨 determine: 决心做某事，不可动摇。decide: 调查、讨论后决定做某事。

......2023

□ **shallow** ['ʃæləʊ] **a.** ①浅的，不深的 [反] deep ②浅薄的，肤浅的 [同] superficial **n.** (pl.) 浅滩，浅水处

搭 a shallow conversation about parties and clothes 关于宴会和服装的肤浅谈话；a shallow acquaintance 泛泛之交

例 He seemed to have only a shallow understanding of the subject. 看来他对这一科目只是一知半解。

......2024

□ **literate** ['lɪtərət] **a.** ①有读写能力的，有文化的 ②通晓的，精通的

例 People who are computer literate have a better chance of finding a job. 懂计算机的人找到工作的机会更多。

......2025

□ **complaint** [kəm'pleɪnt] **n.** ①抱怨，诉苦②控告，投诉

搭 express a complaint about 表达对……的不满；bring a complaint against sb. 控告某人

例 We've made a complain to the police about the noise. 我们就噪声问题向警方进行了投诉。

□ **stance** [stæns] *n.* (常 sing.) ①站姿 ②看法，立场，观点，态度

搭 the correct stance 正确的站姿

例 The president has adopted a tough stance on terrorism. 总统对恐怖主义采取强硬的态度。

---------2027

□ **offend** [ə'fend] *v.* ①冒犯，得罪，伤害……的感情 [同] violate ②使厌恶，使不舒服 [同] annoy, upset ③违犯，违反

例 He looked a bit offended when you spoke. 当你说话时，他看上去有点不快。

---------2028

□ **shelter** ['ʃeltə(r)] *n.* ①掩蔽，庇护 [同] protection, shield ②遮蔽处，躲避处 [同] hiding place ③住所 *v.* ①掩蔽，庇护 [同] protect ②躲避 [同] take refuge

例 We took shelter from the rain in a nearby hut. 我们在附近的小屋中躲雨。

---------2029

□ **possession** [pə'zeʃn] *n.* ① (*pl.*) 所有物，财产 [同] property ②拥有，占有 [同] ownership

搭 in possession of 拥有，占有（主动）; in the possession of 为……占有（被动）

例 The newspaper is in possession of documents which prove his guilt. 这家报社掌握了证明他有罪的证据。

---------2030

□ **association** [ə,səusi'eɪʃn] *n.* ① 协会，联盟，社团 [同] society, union ②联合，结合，交往 [同] connection, combination ③联系，关联 ④联想 [同] implication

搭 a housing association 住房协会; have a close association with 与……密切相关; have association with 与……交往; in association with 与……联合

例 Each of these things has associations for him. 这些东西每一件都使他产生联想。

---------2031

□ **violate** ['vaɪəleɪt] *v.* ①违反，违背 [同] break ②侵犯，妨碍 [同] offend ③亵渎

例 You must not violate traffic regulations. 你不得违反交通规则。

---------2032

□ **discretion** [dɪ'skreʃn] *n.* ①谨慎，慎重 ②决定（能力），明智

例 Throwing all discretion to the winds, he blurted

out the truth. 他完全忘了"谨慎"二字，脱口说出了事实真相。

---------2033

□ **cylinder** ['sɪlɪndə(r)] *n.* ①圆柱体，圆筒，滚筒 ②气缸，泵 / 筒体 *v.* 装备气缸 / 滚筒

例 Deep-sea drivers carry cylinders of oxygen on their backs. 深海潜水员背上都要背一个氧气筒。

联 cube *n.* 立方体; cone *n.* 圆锥体; pyramid *n.* 角锥体，棱锥体; circle *n.* 圆周; cylindrical *a.* 圆柱形的，圆筒状的

---------2034

□ **submarine** [,sʌbmə'ri:n] *a.* 水底的，海底的 *n.* 潜水艇

构 sub（在……下面）+ marine（海）→在海下面→海底的

例 They're planning to build a submarine tunnel to connect the two cities. 他们计划修建一条海底隧道把两座城市连接起来。

---------2035

□ **match** [mætʃ] *n.* ①比赛，竞赛 [同] game, competition ②对手，敌手 [同] rival, opponent ③相配的人，相处融洽的人 *v.* （和）相配，（和）相称，比得上 [同] fit, adapt

搭 be a match for 比得上，与……相配; match A with B 使 A 与 B 配对

例 We found some paint which is a perfect match for the curtains we already have. 我们找了些和现在的窗帘十分相配的涂料。

联 matching *a.* 匹配的; unmatched *a.* 无法比拟的

---------2036

□ **smother** ['smʌðə(r)] *v.* ①厚厚地覆盖，笼罩 ②压抑，抑制，忍住 ③使……窒息，把……闷死，把（火）闷熄 ④溺爱

例 He held an gun to her head and threatened to smother her with a plastic bag. 他用枪指着她的头，威胁说要用塑料袋闷死她。

---------2037

□ **hinder** ['hɪndə(r)] *v.* 阻碍，妨碍 [同] hamper, block

例 The fence along the middle of road is intended to hinder the traffic from crashing. 路中间的栅栏是为了防止车辆相撞。

---------2038

□ **withstand** [wɪð'stænd] *v.* (withstood, withstood) 经受，承受，抵制

例 The city withstood the bombing. 那座城市挺住

了狂轰滥炸。

--2039

□ **souvenir** [ˌsuːvəˈnɪə(r)] *n.* 纪念物，纪念品
搭 a souvenir shop 纪念品商店；as a souvenir of 作为……的纪念
例 He bought a little model of Eiffel Tower as a souvenir of his holiday in Paris. 他买了一个埃菲尔铁塔的小模型作为他在巴黎度假的纪念品。

--2040

□ **define** [dɪˈfaɪn] *v.* ①给……下定义，解释 [同] explain ②限定，规定 [同] limit ③使明确，使清楚
构 de（加强）+ fin（界限，范围）+ e →限定
搭 define...as 把……定义为；define a word 解释词义
例 The boundary between the two countries was defined by the treaty. 两国间的边界是由那项条约规定的。
联 redefine *v.* 重新定义；confine *v.* 限制

--2041

□ **opponent** [əˈpəʊnənt] *a.* 对立的，反对的 [同] opposite, conflicting *n.* ①敌手，对手 [同] rival, enemy ②反对者
例 He is the leading opponent of the budget cuts. 他是带头反对削减预算的人。

--2042

□ **symphony** [ˈsɪmfəni] *n.* ①交响乐，交响曲 ②（色彩等）和谐，协调
构 sym（共同）+ phon（声音）+ y（表状态）→奏出共同的声音 →交响乐
例 They played Mahler's *Symphony No.9*. 他们演奏了马勒的《第九交响曲》。
联 symphonic *a.* 交响乐的

--2043

□ **fancy** [ˈfænsi] *n.* ①想象（力）②爱好，迷恋 [同] love *a.* ①漂亮的，别致的，华丽的，花哨的 ②高难度的，高技巧性的 ③高质量的，昂贵的，豪华的，高档的 ④异想天开的，虚幻的 *v.* ①想

要，喜欢 [同] prefer ②想象，设想，幻想 [同] imagine ③相信，猜想 [同] guess
搭 a fancy red dress 漂亮的红色连衣裙；a fancy restaurant 豪华饭店；have a fancy for 爱好；take a fancy to 喜欢
例 She fancied that she saw a shadow pass close to the window. 她好像看见一个影子紧靠窗前闪过。
辨 fancy: 无根据的凭空揣测；imagination: 根据现实创造性的构思、想象。

--2044

□ **subsidiary** [səbˈsɪdiəri] *a.* ①辅助的，次要的，附设的 [同] auxiliary ②隶属的，附属的 ③补贴的，津贴的，雇佣的
搭 subsidiary to 附属于，次于；subsidiary subject 辅修课程；subsidiary organs 附属机构；a subsidiary company 子公司；subsidiary income 津贴收入
例 I work in a subsidiary company and few people know me. 我在附属子公司工作，认识我的人很少。
联 subsidiarily *ad.* 辅助地，次要地；subsidiarity *n.* 辅助原则

--2045

□ **picturesque** [ˌpɪktʃəˈresk] *a.* ①如画的，自然美的 ②奇特的，独特的，生动的
例 My hometown is a picturesque fishing village. 我的家乡是一个风光如画的渔村。

--2046

□ **democratic** [ˌdeməˈkrætɪk] *a.* ①民主的，有民主精神/作风的 ②民众的
构 demo（人们）+ cra（统治）+ tic（有……性质的）→有人们统治性质的 →民主的
搭 democratic rights 民主权利；a democratic election 民主选举；a democratic state 民主国家
例 You must accept the results of democratic election. 你必须接受民主选举的结果。
联 democrat *n.* 民主主义者；democratically *ad.* 民主地；democratize *v.* 使民主化；democratization *n.* 民主化

答案：
1. prosper 译文：这伙人没有伤害她的家人和其他人，反而使他们兴旺起来了。
2. biological 译文：对于女性来说，生物钟控制着怀孕时间。

Unit 38

学前自测

1. This belief _____ with all that we now know about human psychology. (exiles, burgeons, clashes, demonstrates, degrades)

2. Developments in China receives _____ coverage in the newspaper. (ancestral, humid, amorphous, mandarin, extensive)

----2047

□ **indifferent** [ɪnˈdɪfrənt] ***a.*** ①冷漠的，不在乎的 ②无关紧要的，无所谓的 ③平淡无奇的，一般的，（表现）平平的，相当差的
搭 be indifferent to gain 对名利得失淡然处之；a novel of indifferent quality 一部平庸的长篇小说；one's indifferent state of health 某人很差的身体状况
例 I don't like the restaurant much — the food was indifferent and the room was cold. 我不大喜欢这家餐馆——食物一般，房间还很冷。
联 indifferently ***ad.*** 冷淡地，漠不关心地

----2048

□ **turbine** [ˈtɜːbaɪn] ***n.*** 汽轮机，涡轮机
搭 a turbine engine 涡轮发动机
例 It is a gas turbine. 这是一台燃气涡轮机。

----2049

□ **debate** [dɪˈbeɪt] ***v.*** 辩论，争论 [同] argue, contend ***n.*** 辩论，争论 [同] argument
搭 beyond debate 毫无疑义，无可争辩
例 They will debate on the necessity of increasing the price of petrol. 他们将就提高汽油价格的必要性进行辩论。

----2050

□ **burgeon** [ˈbɜːdʒən] ***v.*** 迅速成长，发展
例 In those happy, carefree days love burgeoned between them. 在那些快乐、无忧无虑的日子里，他们之间的爱情迅速发展。

----2051

□ **extensive** [ɪkˈstensɪv] ***a.*** ①广阔的，广大的 [同] broad ②广泛的，全面的，大量的
构 ex（出）+ tens（伸展）+ ive（有……性质的）→伸展出的→广阔的
搭 extensive/intensive reading 泛 / 精读
例 The extensive repairs to the motorways are causing serious traffic problems. 对高速公路的大面积维修正在引发严重的交通问题。

辨 extensive:（占的面积或量）广泛的，广阔的。comprehensive:（内容）全面的，彻底的，综合的。

----2052

□ **parental** [pəˈrentl] ***a.*** 父母的
构 parent（父母）+ al（……的）→父母的
例 A great number of young people in further education are supported financially by parental contributions. 许许多多进一步深造的年轻人在经济上靠的是父母的支持。
联 parenthood ***n.*** 父母身份，家长身份；parenting ***n.*** 养育子女，生育

----2053

□ **respect** [rɪˈspekt] ***n.*** ①尊敬，敬重 [同] esteem, honor ②关心，重视 ③方面，着眼点 [同] aspect ④(pl.) 敬意，问候 [同] regards, greetings ***v.*** ①尊敬，敬重 [同] admire ②考虑，重视，顾及
搭 in respect of/to 关于，谈到；with respect to 考虑到，关于；have/show respect for 尊重，考虑；in no respect 决不（在句首时句子倒装）
例 In their senseless killing of innocent people, the terrorists have shown their lack of respect for human life. 在对无辜者丧心病狂的杀害中，恐怖主义分子表现出了对生命的不尊重。
联 inspect ***v.*** 检查，视察；suspect ***v.*** 怀疑；aspect ***n.*** 方面；expect ***v.*** 期望

----2054

□ **simplistic** [sɪmˈplɪstɪk] ***a.*** 过分简单化的
例 The scientist's explanation of the results of the study was considered to be simplistic. 科学家对研究结果的解释被认为过分简化。

----2055

□ **obscurity** [əbˈskjʊərəti] ***n.*** ①晦涩，费解 ②模糊的东西，费解的文字 ③无名，默默无闻 ④黑暗，昏暗
搭 fade into obscurity 渐归湮没；hide in the obscurity of the thick bushes 躲藏在厚厚的灌木丛的阴暗中

例 The obscurity of the paragraph makes several interpretations possible. 这段文字极为晦涩，可能有多种解释。

......2056

□ **ancestral** [æn'sestrəl] *a.* ①祖先的，祖宗的 ②祖传的 ③原型的，先驱的

搭 ancestral memorial tablets 列祖列宗的牌位；ancestral acres 祖传的地产；ancestral language 原型语言；ancestral rights 祖传的权利

例 Black hair is an ancestral trait in that family. 黑发是这个家族祖传的特征。

......2057

□ **bother** ['bɒðə(r)] *v.* ①打扰，麻烦，滋扰 [同] trouble ②担心，烦恼 [同] worry ③费时，费心，费劲 *n.* ①麻烦，困扰 [同] anxiety ②讨厌的人，麻烦的事

搭 please don't bother 请别费心；it's no bother 不费事；bother about 为……担心

例 I don't know why he bothers me with this kind of rubbish. 我不知道他为什么用这种烂事来烦我。

......2058

□ **geometry** [dʒi'ɒmətri] *n.* 几何（学）

搭 analytical geometry 解析几何；plane geometry 平面几何；solid geometry 立体几何

联 geometric(al) *a.* 几何学的；geometrician *n.* 几何学家，几何学者

......2059

□ **band** [bænd] *n.* ①乐队，管乐队 ②带，箍 [同] belt, strap ③一群，一伙 [同] group ④频道，波段 ⑤（测试中的）段，级 *v.* ①聚集成群，联合起来 ②把（学生）按成绩分班 ③用带绑扎，装饰，镶边

搭 a band of wild dogs 一群野狗；a band of robbers 一群盗贼；a jacket banded with black 镶黑边的夹克衫

例 I could hear a jazz band playing. 我能听见一支爵士乐队在演奏。

联 orchestra *n.* 管弦乐队；conductor *n.* 乐队指挥

......2060

□ **clash** [klæʃ] *v.* ①发生冲突 ②不协调，相抵触 ③砰地相撞，发出刺耳的撞击 [同] bang *n.* ①冲突 ②不协调 ③（金属等的）刺耳的撞击声

搭 a clash of views 意见不一；the pots clashing in the sink 在水槽里撞得当啷作响的罐子

例 The coat clashes with your trousers. 这件外套和你的裤子不配。

......2061

□ **foremost** ['fɔːməʊst] *a.* ①首要的，最佳的 ②最重要的

构 fore（前面）+ most（最）→最前面的 →首要的

例 Have this in mind first and foremost: Keep smiling! 首先要把这记在心中：始终保持微笑。

......2062

□ **demonstrate** ['demənstreɪt] *v.* ①证明，说明 [同] prove ②显示，表露 [同] display ③ 举行示威游行或集会

例 He demonstrated his great knowledge of the main subject by his excellent lecture. 他以出色的讲演显示了他在这一重要科目上的渊博知识。

......2063

□ **annual** ['ænjuəl] *a.* 每年的，年度的，一年一次的 [同] yearly *n.* ①年报，年刊，年鉴 ②一年生的植物

构 annu（年）+ al（……的）→每年的

例 The flower show in the city is an annual event. 这个城市的花展是一年一度的大事。

联 yearly *n.* 年刊；quarterly *n.* 季刊；monthly *n.* 月刊；weekly *n.* 周刊；daily *n.* 日报；annually *n.* 一年一度地

......2064

□ **perform** [pər'fɔːrm] *v.* ①做，履行，施行 [同] conduct, execute, carry out ②演出，表演 [同] play, act

搭 perform one's duties 尽职责；perform one's promise 履行诺言；perform an operation 施行手术

例 We performed the experiment according to the instructions given by the teacher as well as to the instruction manual. 我们按老师的指导和操作手册做了那个实验。

联 performer *n.* 表演者；performance *n.* 表演，执行，绩效

辨 perform: 履行，施行。conduct: 强调过程，进行指导和监督。execute: 执行任务、计划，兑现某种意图。fulfil: 实践承诺，达到预期结果。complete: 重大项目与任务的竣工，或旷日持久的事情的完成。

......2065

□ **exile** ['eksaɪl] *n.* ①流放，放逐，充军 [同] banishment, deportation ②被流放者，流亡国外者，背井离乡者 [同] deportee *v.* 流放，放逐，使流亡 [同] banish, expel

搭 go into exile 被流放，漂泊他乡；condemn sb. to internal exile 判处某人国内流放；die in exile 死

于流放中；live in exile for ten years 过了 10 年流亡生活；a political exile 政治流亡者

例 After many years of exile thousands of families will now be able to return to their homelands. 多年流亡之后，数千个家庭现在已经能够返回故里。

联 exilic *a.* 流亡的，放逐的

······2066

□ **crew** [kru:] *n.* ①全体船员，全体机组人员 ②一队/一班/一组工作人员

例 Apart from the five officers, a crew of 15 looks after the 300 passengers. 除去 5 名官员外，还有 15 名工作人员为 300 名乘客服务。

······2067

□ **volunteer** [ˌvɒlənˈtɪə(r)] *n.* ①志愿者 ②志愿兵 *v.* 自愿（做），自愿提供

构 volunt（意愿）+ eer（人）→志愿者

搭 volunteer to do sth. 自告奋勇做某事

例 Volunteers gathered in front of the main building, ready to plant trees on the hills. 志愿者在主楼前集合，准备在小山上植树。

······2068

□ **delicate** [ˈdelɪkət] *a.* ①易碎的，脆弱的 [同] frail ②微妙的，棘手的 [同] subtle ③较弱的，纤细的 ④精美的，雅致的 ⑤灵敏的，精密的 [同] sensitive

搭 her long, delicate hands 她修长而纤细的双手；a delicate subtle flavor 一股淡淡的清香；a delicate issue 敏感的问题；a delicate balance 微妙的平衡

例 Some delicate plants are well protected from the severe frost. 一些娇弱的植物被保护得很好，免遭严霜的侵袭。

······2069

□ **humid** [ˈhjuːmɪd] *a.* ①湿的，潮湿的 [同] damp ②湿润的

搭 humid air 潮湿的空气；humid marine climate 湿润的海洋气候

例 We need a lot of rain and warm, humid weather. 我们需要大量的雨水和温暖、湿润的天气。

联 humidity *n.* 湿度

······2070

□ **degrade** [dɪˈɡreɪd] *v.* ①羞辱，使蒙羞 [反] exalt, dignify ②降级，降低……身份 ③降低，削弱

构 de（向下）+ grad（行走）+ e →向下走→降级

搭 degrade the quality 降低质量；degrade an officer for disobedience 因违抗命令将一名军官降级；

degrade oneself by begging for help 低三下四地乞求帮助

例 She said that she felt degraded by the stories about her in the newspaper. 她说报上有关她的故事使她蒙羞。

······2071

□ **scream** [skriːm] *v.* ①尖叫，惊叫 [同] yell, shriek ②发出尖锐/刺耳的声音 ③大笑，狂笑 ④惹人注目，招摇 *n.* ①尖叫，惊叫声 ②尖锐/刺耳的声音

搭 scream with laughter 大笑；scream abuse at a driver 大声辱骂一个司机；let out a scream 发出一声尖叫；a scream of delight 快乐的尖叫声；a scream of pain 痛苦的尖叫声

例 He was screaming at them to get out of his house. 他大喊大叫着让他们滚出他的房子。

辨 scream: 尖声叫喊。cry: 叫喊，大喊。shout: 惊奇、赞叹、警告、唤起注意时大声喊。yell: 恐惧悲伤时发出不清楚的喊叫。

······2072

□ **chef** [ʃef] *n.*（旅馆、餐馆的）厨师，主厨，厨师长

例 He is one of the top chefs in Britain. 他是英国最好的厨师之一。

······2073

□ **mandarin** [ˈmændərɪn] *n.* ①（中国古代的）官员 ②高官，政要 ③（知识界、文学界）名流 ④（中国）普通话 *a.* 官僚的

搭 the mandarins of Imperial China 帝制时期的中国官员；the Civil Service mandarins 文职高官

······2074

□ **alleviate** [əˈliːvieɪt] *v.* 减轻（痛苦等），缓解，缓和 [同] relieve, lesson [反] intensify

构 al（加强）+ levi（轻）+ ate（使）→使轻 →减轻

搭 alleviate back pain 减轻背部疼痛；alleviate stress 减轻压力

例 This money should alleviate our financial problems. 这笔钱应该能缓和我们的财政问题。

······2075

□ **inhabitant** [ɪnˈhæbɪtənt] *n.* 居民，住户 [同] resident

例 The inhabitants of the village protested against the new plant. 村庄的居民反对修建这个新工厂。

······2076

□ **livestock** [ˈlaɪvstɒk] *n.*（总称）家畜，牲畜

例 She spent the whole summer helping her parents raise livestock on the farm. 她整个夏天都在农场上帮助父母饲养家畜。

·········2077

□ **persuade** [pə'sweɪd] **v.** ① 劝说，说服 [同] induce, urge ② (of) 使信服，使相信 [同] convince
例 We had managed to persuade them that it was worth working with us. 我们已经让他们相信与我们合作是值得的。
辨 induce: 规劝，诱导，甚至诱惑。talk into: 劝使某人做某事，口语化。urge: 热情规劝，敦促某人做某事。coax: 哄骗，温和地劝导去做某事。persuade: 劝诱或使人相信某事、做某事。

·········2078

□ **origin** ['ɒrɪdʒɪn] **n.** ① 起源，来源，起因 [同] source, derivation ② (常 *pl.*) 出身，血统 [同] birth, blood, descent ③ 开始，开端
构 orig (产生) + in → 起源
搭 by origin 按出身; of...origin 出身于; a man of German origin 德国裔男子
例 Finding out the origin of a word helps to remember and apply it correctly. 找到一个词的词源有助于记住这个词并加以正确使用。

·········2079

□ **amorphous** [ə'mɔːfəs] **a.** ① 无固定形状的，无定形的 ② 难以归整的，不规则的 ③ 无明确方向的
构 a (无) + morph (形态，结构) + ous (……的) → 无定形的
搭 an amorphous boundary 不定形的边界; an amorphous political program 含糊不清的政纲
例 I can't understand his amorphous plans. 我弄不懂他那杂乱无章的计划。

·········2080

□ **popularity** [ˌpɒpjuˈlærəti] **n.** ① 通俗性，大众性，流行，普及 ② 名望
搭 the popularity of computer 计算机的普及; fond of popularity 爱出风头; one's declining popularity 日益下降的声望
例 Surfing is growing in popularity as an international sport. 冲浪运动逐渐发展成为一项流行的国际性运动项目。

·········2081

□ **appropriate** [ə'prəʊpriət] **a.** 适当的，恰当的 [同] proper, suitable [反] inappropriate [ə'prəʊprieit] **v.** ① 私占，侵吞，挪用 ② 拨出 (款项等) 供专用

搭 an appropriate comment 恰当的评论; take appropriate action 采取适当措施; appropriate the fund 挪用基金; appropriate an idea 盗用一个创意
例 The ambassador will be provided with facilities appropriate to his status. 大使将获得与他身份相符的设施。

·········2082

□ **objection** [əb'dʒekʃn] **n.** ① 反对，异议 ② 反对的理由
构 ob(向，朝) + ject(扔) + ion(表名词) → 朝……扔去 → 反对
例 Her objection to/against the plan is based on incorrect facts. 她对这项计划的反对基于错误的事实之上。

·········2083

□ **spur** [spɜː(r)] **v.** 激励，鞭策，促进 [同] urge, encourage **n.** ① 刺激 (物)，激励 [同] stimulus ② 马刺
搭 on the spur of the moment 一时冲动之下，当即
例 He spurred the horse and galloped away. 他策马前行，一路疾驰而去。

·········2084

□ **application** [ˌæplɪˈkeɪʃn] **n.** ① 申请，申请表 [同] appeal, request ② 应用，实施，用途 [同] employment ③ 涂抹，敷 ④ 勤奋，专注
搭 a form of application 申请书; make an application for (doing) sth. 申请 (做) 某事; application to (doing) sth. 专心于 / 应用于 (做) 某事
例 I've filled in the application form for my passport. 我已经填写好了护照申请表格。

·········2085

□ **chew** [tʃuː] **v.** ① 嚼，咀嚼 [同] gnaw ② 深思，考虑 **n.** ① 咀嚼，咬 ② 深思，沉思，玩味
搭 chew over/on 深思，玩味; chew (at) one's nails 咬指甲
例 She bought some sweets to chew during the long train journey. 她买了一些糖果在漫长的火车旅行中咀嚼。

·········2086

□ **transient** ['trænziənt] **a.** ① 短暂的，倏忽的，转瞬即逝的 ② 短暂停留的，临时的 ③ 过渡的
例 The city has a large transient population. 这座城市有大量的暂住人员。

·········2087

□ **gauge** [geɪdʒ] **v.** ① 计量，测量 [同] measure

②估计，判断 [同] estimate, judge **n.** ①测量仪表 ②（金属板的）厚度，（金属线的）直径 ③（标准）规格，尺度

搭 gauge the rainfall 测量雨量；take the gauge of 估计，测量，评价

例 He tried to gauge the weight of the box. 他试图估量那个箱子的重量。

联 gaugeable **a.** 可计量的，可测量的；gauger **n.** 计量器，量器检查员

·······2088

□ **infection** [ɪnˈfekʃn] **n.** 传染，感染，传染病

例 The advertising campaign has raised the awareness of infection. 宣传运动增强了人们对传染危险的意识。

联 infect **v.** 传染，感染；infectious **a.** 传染的，感染的

·······2089

□ **revenue** [ˈrevənjuː] **n.** ①（尤指大宗的）收入，收益 ②（政府的）税收，岁入

构 re（回）+ ven（来）+ ue →回来的东西 →收入

搭 loss in revenue 税收损失；revenue from 来自……的税收/收入；revenue tariff 财政关税；revenue tax 收入税，所得税

例 State universities get most of their revenues from taxes rather than student's tuition like private universities. 州立大学大部分收入来自税收，而不是像私立大学那样来自学生的学费。

联 revenuer **n.** 税务官，缉私船

·······2090

□ **hazard** [ˈhæzəd] **n.** ①危险，危害 [同] danger, peril ②机会，偶然的事 **v.** ①冒险 ②尝试着做或提出

搭 at hazard 冒险，在危险中；at all hazards 不顾一切危险 [同] at all risks

例 The racer meant to win the 500 miles race at all hazards. 这名赛车手决意不顾一切危险赢得这场 500 英里的比赛。

·······2091

□ **deter** [dɪˈtɜː(r)] **v.** 制止，使不敢

例 The government is bringing in stricter laws to deter drunken drivers. 政府正在实施更为严厉的法律来制止酒后驾车。

·······2092

□ **bulletin** [ˈbʊlətɪn] **n.** ①（报纸、电台等）简明新闻，最新消息 ②学报，期刊（尤指某机构的机关刊物）③公告，布告，公报 [同] notice

搭 a diary bulletin 每日简报；bulletin board 布告牌；sports bulletin 体育简报；a war bulletin 战报；a victory bulletin 捷报；annual bulletin 年度公报；school bulletin 校刊

例 A lot of people are reading the latest bulletin about the President's health. 许多人都在看最新公报，了解总统的健康状况。

·······2093

□ **abolish** [əˈbɒlɪʃ] **v.** 彻底废除，废止 [同] do away with, put an end to, remove [反] establish

搭 abolish the death penalty 废除死刑

例 Slavery was abolished in England in the 19th century. 英国在 19 世纪废除了奴隶制。

·······2094

□ **chart** [tʃɑːt] **n.** ①图，图表 [同] graph, map ②航（线）图 **v.** 绘制地图，制订计划

例 The sales chart shows a distinct decline in the past few months. 销售图展示出过去几个月里销量明显下降。

答案：

1. clashes　译文：这种看法与我们现在有关人类心理学的一切知识相冲突。

2. extensive　译文：这份报纸全面报道了中国的发展。

Unit 39

学前自测

1. Medical tests _____ that she was not their own child. (proceeded, sliced, aspired, established, amassed)

2. A _____ of 30 minutes could mean severe damage to heart muscles, sometimes irreparable. (foundation, mime, stereo, trimester, delay)

--2095

□ **grocery** ['grəʊsəri] **n.** 杂货店，杂货
例 She hired a bike to carry the groceries home. 她租了一辆自行车把食品杂货运回家。

--2096

□ **delay** [dɪ'leɪ] **v.** ①推迟 [同] postpone ②耽搁，延误 [同] detain **n.** ①推迟 ②延误 [同] hindrance
搭 without delay 迅速地，即时地
例 My plane was delayed for an hour because of a suspected bomb in the luggage compartment. 由于怀疑行李舱中藏有炸弹，我的航班延误了一个小时。

--2097

□ **foundation** [faʊn'deɪʃn] **n.** ① 建立，创立，创建 ②根据，基础，地基 [同] basis ③基金会，资金 ④捐赠，捐款
搭 without foundation 无根据的；lay the foundation for 为……打基础；lay the foundation of one's career 为事业奠定基础；China Education Development Foundation 中国教育发展基金会
例 There have been continued financial problems since the foundation of the university. 这所大学自创建以来资金问题不断出现。
辨 foundation: 既指抽象的，也指具体的"基础"。basis: 常用于抽象的"基础"。base: 专指支撑重物的具体结构（地基）。

--2098

□ **slice** [slaɪs] **n.** ①薄片，切片 [同] piece ②一份，部分 [同] part, share **v.** 切（片），削
例 A large slice of the family's income is used to pay loans, by which they got their present cars. 这个家庭的收入中一大部分用于偿还贷款，就是靠这些贷款他们才拥有现在的几辆汽车。

--2099

□ **transitory** ['trænzətri] **a.** 短暂的，转瞬即逝的，昙花一现的 [同] transient
搭 transitory delight 转瞬即逝的快乐

--2100

□ **embody** [ɪm'bɒdi] **v.** ①使具体化，具体表现，体现 [同] exemplify ②包括，包含，收入 [同] contain, include
构 em（进入）+ body（身体）→进入身体 →包含，收入
例 The article embodies all his ideas on the present economic state. 这篇文章体现了他对目前经济状况的全部看法。

--2101

□ **aspire** [ə'spaɪə(r)] **v.** ①渴望，向往，有志于 ②上升，耸立
搭 aspire to a career in diplomacy 渴望从事外交工作；people who aspire to public office 渴望担任公职的人
例 Few people who aspire to/after fame ever achieve it. 争名未必能成名。

--2102

□ **establish** [ɪ'stæblɪʃ] **v.** ①建立，创办，设立 [同] found, set up ②确定，证实 [同] verify ③确立，树立 ④安顿
搭 establish a new rule 制定一条新规章；establish one's fame as an actor 确立当演员的声誉
例 The company established a close working relationship with a similar firm in Germany. 该公司与德国的一家类似企业建立了密切的合作关系。
联 established **a.** 确定的，公认的；establishment **n.** 建立，确立
辨 establish: （稳固地）建立、组建、成立一个机构。found: （强调打下基础）创建，创办（学校、基金会等）。

--2103

□ **contempt** [kən'tempt] **n.** 轻视，蔑视 [同] scorn
例 Such dishonest behavior should be held in contempt. 这种不诚实的行为应为人所鄙视。
联 contemptuous **a.** （对……表示）鄙视的（人作主

语）；contemptible *a.* 卑劣的，可鄙的（可形容人、语言、行为等）

----------2104

□ **amass** [ə'mæs] *v.* 积聚，积累

例 Some of her colleagues envied the enormous wealth that she has amassed. 一些同事嫉妒她所积累下来的巨大财富。

----------2105

□ **plastic** ['plæstɪk] *n.* ①（常 *pl.*）塑料，塑料制品 ②（常 *pl.*）塑料学 *a.* ①塑料的 ②塑性的，可塑的 [同] flexible ③做作的，虚伪的 ④真的，人造的

搭 a sheet of plastic 一块塑料布；plastic food 人造食品

例 I hate the hostess's false cheerfulness and plastic smiles. 我讨厌女主人假意的高兴和做作的微笑。

----------2106

□ **subtle** ['sʌtl] *a.* ①精巧的，精密的 [同] delicate ②细微的，微妙的 [同] fine ③敏锐的

例 There's a subtle difference between these two plans. 这两种方案之间有细微的差别。

----------2107

□ **offensive** [ə'fensɪv] *a.* ①冒犯的，无礼的，使人不快的 [同] unpleasant ②进攻的，进攻性的 [同] aggressive [反] defensive *n.* 进攻，攻势 [同] attack [反] defence

搭 offensive manner 无礼的态度；take the offensive 先发制人，发动攻势

例 She is depressed because of her son's offensive remarks. 因为儿子言语冒犯，她很不开心。

----------2108

□ **despite** [dɪ'spaɪt] *prep.* 不管，尽管，任凭 [同] in spite of

搭 despite yourself 不由自主，情不自禁

例 Despite a thorough investigation, police found nothing. 尽管警方进行了彻底调查，却什么也没发现。（不说：despite of）

----------2109

□ **proceed** [prə'siːd] *v.* ①进行，继续下去 [同] continue, go ahead ②（沿特定路线）行进，（朝特定方向）前进

构 pro（向前）+ ceed（走）→行进

例 He proceeded to explain to us why that happened. 他接着给我们解释为什么会发生那种事情。

----------2110

□ **suburb** ['sʌbɜːb] *n.* ①市郊，郊区 [同] outskirts ②边缘，外围

构 sub（在……下面）+ urb（城市）→郊区

例 They decided to move to the suburbs because the rent was much cheaper. 他们决定搬到郊区去，因为那里的房租便宜很多。

联 suburban *a.* 郊区的，平淡乏味的；suburbanite *n.* 郊区居民

----------2111

□ **guilty** ['ɡɪlti] *a.* ①内疚的 ②有罪的 [同] criminal [反] innocent ③有过失的

搭 be guilty of 犯下……罪；be guilty about/for 因/为……而内疚；have a guilty conscience 问心有愧，做贼心虚

例 Joe felt guilty about having deceived the family. 乔因欺骗家人而感到内疚。

----------2112

□ **archive** ['ɑːkaɪv] *n.* ①档案 ②档案室

例 His book is based entirely on archive material. 他那本书完全是以档案资料为依据的。

----------2113

□ **except** [ɪk'sept] *prep.* ①除了，除……以外 [同] apart from ②要不是

例 He no longer went out, except when his wife forced him. 他不再出门了，除非他妻子强迫他出去。

辨 except for：除去的是不同的事物（除……以外，只有）。except：除去的是同类、同等事物。比较：The essay is good except for a few misspellings. 这篇文章写得很好，只是有一些拼写错误。（不同类） She works every day except Sunday. 她每天都上班，除非是星期天。（同类）

----------2114

□ **haphazard** [hæp'hæzəd] *a.* ①无计划的，随意的 ②偶然的 [同] casual *ad.* 随意地，偶然地 *n.* 偶然性，随意性

构 hap（运气）+ hazard（冒险）→运气加冒险的→偶然的

搭 the haphazard use of power 随意使用权力；read the book in a haphazard way 随意读着书；take a card haphazard from the deck 从一副牌中随意抽出一张

例 The town grew in a haphazard way. 这个小镇被漫无计划地随意开发。

----------2115

□ **inculcate** [ɪn'kʌlkeɪt] *v.* ①(upon, in, into) 反复灌输 ②(with) 谆谆教诲

构 in（进入）+ culc=cul（培养，种植）+ ate（表动词）→种进去→反复灌输

搭 inculcate a love of reading in children 反复教育孩子们要爱读书

例 Our football coach has worked hard to inculcate a team spirit in/into the players. 我们的足球教练尽力给运动员灌输团队精神。

............2116

□ **shell** [ʃel] *n.* ①壳，贝壳 ②外壳，框架 ③炮弹 [同] bullet（子弹）*v.* ①剥……的壳 ②炮击

例 That coastal village used to be shelled. 那个沿海的村落以前常遭炮击。

............2117

□ **impression** [ɪm'preʃn] *n.* ①印象，感觉 [同] memory, feeling ②重大影响，强烈效果 ③印记，压痕 [同] print, stamp ④印次，印数

搭 first impression 第一印象；make an impression on the manager 给经理留下了深刻印象；be under the impression (that) 以为，觉得

例 They certainly gave the impression of a happy couple who delighted in each other's company. 在别人的印象里，他们无疑是一对享受彼此陪伴的恩爱夫妻。

............2118

□ **swing** [swɪŋ] *v.* (swung, swung) ①摇摆，摆动 [同] rock, sway ②旋转，回转 [同] turn *n.* ①摇摆，摆动 [同] sway ②秋千

搭 at full swing 开足马力；in full swing 紧张进行，全面展开

例 He walked briskly along the path, swinging his rolled-up umbrella. 他轻快地走在路上，挥动着收拢的雨伞。

............2119

□ **mime** [maɪm] *n.* ①小丑，丑角 ②哑剧，哑剧表演，哑剧演员 *v.* ①演哑剧，演滑稽剧 ②模拟，模仿

例 She's studying mime at a college of drama. 她在戏剧学院学习哑剧表演艺术。

联 mimetic *a.* 模仿的，好模仿的

............2120

□ **static** ['stætɪk] *a.* ①静的，静力的，静态的 [反] dynamic ②静止的，停滞的 [同] stationary

例 Production has remained virtually static these years. 这几年产量实际上保持不增不减。

............2121

□ **disregard** [ˌdɪsrɪ'gɑːd] *v.* 不理会，不顾，漠视 [同] ignore, distain *n.* 忽视，漠视 [同] inattention

搭 in disregard of 不顾，无视

例 What amazes me is her complete disregard for anyone else's opinion. 使我惊愕的是，她完全无视其他任何人的意见。

............2122

□ **imprecise** [ˌɪmprɪ'saɪs] *a.* ①不精确的，不准确的 [同] inaccurate ②模糊不清的，不明确的

构 im（不）+ precise（精确的）→不精确的

搭 an imprecise definition 不准确的定义；imprecise dawn 拂晓时朦胧的天色

例 He made her a rather imprecise offer. 他向她含糊其词地表示愿意提供帮助。

............2123

□ **administrative** [əd'mɪnɪstrətɪv] *a.* ①管理的，经营的，行政的，政府的 ②后方勤务的，非战斗的

搭 an administrative agency 行政机构；administrative costs 行政费用；administrative support equipment 后勤支持设备

例 The project has an administrative staff of 12. 该项目有 12 名管理人员。

联 administratively *ad.* 管理地，行政地

............2124

□ **preliminary** [prɪ'lɪmɪnəri] *a.* 预备的，初步的 [同] preparatory *n.*（常 *pl.*）初步做法，起始阶段

例 The construction of a new oilfield is still in the preliminary stage. 新油田的建设仍在预备阶段。

............2125

□ **gorgeous** ['gɔːdʒəs] *a.* ①美艳的，英俊的，令人惊艳的 [同] attractive, charming ②壮观的，灿烂的，绚丽的 ③令人十分愉快的，极好的 [同] excellent

搭 a gorgeous meal 美餐；gorgeous buildings 宏伟的建筑；gorgeous mountain scenery 壮美的山景；gorgeous weather 极好的天气

例 All the girls in my class are mad about Peter; they think he's gorgeous. 我班上的所有女孩都对彼得着了迷，她们觉得他帅极了。

............2126

□ **repel** [rɪ'pel] *v.* ①使厌恶 [同] disgust ②击退，逐回，驱逐 [同] keep off ③排斥 [同] reject

例 He couldn't very well repel the temptation of money and fame. 他不怎么能抵制名誉与金钱的诱惑。

............2127

□ **household** ['haʊshəʊld] *n.* 一家人，家庭，户 *a.* ①家庭的，家用的，普通的 ②家喻户晓的

搭 household chores 家务杂活；household appliances 家用器具

例 The whole household was/were at home that morning. 全家人那天早晨都在家。

辨 household：指抽象的家庭，也指家务和家事。 house：指房子。home：强调的是"家"的概念。 family：指家庭成员。

··········2128

invaluable [ɪn'væljuəbl] **a.** 非常宝贵的，极 为贵重的，无价的 [同] precious, valuable

例 His advice proved invaluable to us in our re- search work. 他的建议对我们的研究工作非常有 帮助。

联 valueless a. 无价值的，无用的；worthless a. 无 价值的，无用的；priceless a. 无价的，极贵重的

··········2129

naked ['neɪkɪd] **a.** ①赤身的，裸露的 [同] bare ②赤裸裸的，不掩饰的，明显的 [同] exposed, undressed ③光秃的，无遮蔽的，无覆 盖的

搭 naked to the waist 赤膊；the naked truth/facts 明 摆着的事实；an act of naked aggression 赤裸裸的 侵略行为；a naked hillside 光秃秃的山坡

例 Her face broke into an expression of naked anxiety. 她脸上突然显出一种不加掩饰的忧虑表情。

··········2130

check [tʃek] **v.** ①检查，核对 [同] inspect, verify ②阻止，控制 [同] restrain **n.** ①检查，核 对 [同] examination, inspection ②阻止，控制 [同] restraint ③支票，账单 [同] bill, cheque（英）

搭 check in 办理登记手续，报到；check out 结账 离去，办妥手续离去，检查；check up 核对，检查

例 Security checks have become really strict at the airport. 机场的安全检查变得相当严格。

··········2131

thereby [ˌðeə'baɪ] **ad.** 因此，从而

例 The factories discharge large quantities of pollut- ed water into the river, thereby people living in the lower reaches suffered greatly from cancers. 工厂把 大量污水排放到河里，因此生活在下游的人们惨 遭癌症之患。

··········2132

stereo ['steriəʊ] **a.** 立体声的 **n.** 立体声

例 The concert will be broadcast in stereo. 音乐会 将用立体声来广播。

··········2133

intermediate [ˌɪntə'miːdiət] **a.** ①中间的 [同] middle ②中级的 **n.** 中间体，媒介

构 inter（在……之间）+ medi（中间）+ ate（具 有……的）→中间的

例 The book is too difficult for intermediate students of English. 对于中级英语水平的学生而言，这本 书太难了。

··········2134

exhibition [ˌeksɪ'bɪʃn] **n.** ①展览 ②展览会， 展览品

搭 put on an exhibition 举办展览会；on exhibition/ display/show 在展览中

··········2135

remote [rɪ'məʊt] **a.** ①遥远的，偏僻的 [同] distant, isolated ②关系疏远的，脱离的 ③绝少的， 微乎其微的 ④孤高的，冷淡的

搭 the remote past 遥远的过去；the remote future 遥远的未来

例 She volunteered to be a teacher in a remote moun- tain village. 她自告奋勇去偏僻的山村当教师。

··········2136

clench [klentʃ] **v.** 握紧（拳头等），咬紧（牙 齿等），紧抓

例 Sam clenched the toy car tightly in his hands, and wouldn't give it to his brother. 山姆把玩具车紧紧 抓在手里，不肯给他的兄弟。

··········2137

hatch [hætʃ] **v.** ①孵，孵出，（小鸡等）出壳 ②筹划，图谋，策划 [同] plot, contrive **n.** ①（飞 机等的）舱门 ②（门等的）开口 ③孵化

例 The spy hatched a scheme to steal government secrets. 那个间谍策划了一个盗窃政府机密的阴 谋。

··········2138

aptitude ['æptɪtuːd] **n.** ①天资，禀赋，才华 [同] talent ②聪颖，颖悟

搭 show an aptitude for maths 表现出数学天赋

例 He has remarkable aptitude for inventing new things. 他具有发明新东西的天赋。

··········2139

curtail [kɜː'teɪl] **v.** 减短，缩短，限制

构 curt（短的）+ ail（剪，割，切）→缩短

搭 curtail one's holiday 缩短假期；curtail one's spend- ing 限制开支；curtail freedom of speech 限制言论 自由

例 Many countries are under the pressure to curtail public expenditure. 许多国家都面临减少公共开支 的压力。

伤，医生们正努力使他不失明。

———————————————————— 2140

☐ **regularity** [regjuˈlærəti] **n.** 规律性，规则性，稳定性

搭 do one's work with regularity 有条不紊地工作

例 Everything has its speciality as well as its regularity. 任何事物都有其特殊性以及规律性。

———————————————————— 2141

☐ **staff** [stæf] **n.** ①全体职工，全体人员 [同] personnel, faculty ②参谋（部）③旗杆，杖，支柱 **v.** 为……配备（人员）

例 The staff are not very happy about the latest pay increase. 员工们对最近的工资增长不太满意。

辨 One of the staff is my friend. 员工中有一人是我朋友。（不说：One staff is…）The staff is highly cultured. 全体职工文化素质高。（整体为单数）The staff are gathering there. 全体职工在那里集合。（强调成员为复数）

———————————————————— 2142

☐ **conclude** [kənˈkluːd] **v.** ①推断出，推论出 [同] judge ②结束，终止 [同] close, end ③缔结，议定 [同] establish

搭 conclude a treaty with 与……缔结条约；conclude a deal 达成一笔交易；conclude with dinner 在宴会中结束

例 Police said they had concluded their investigation into the scandal. 警方称他们已经结束了对丑闻的调查。

———————————————————— 2143

☐ **scheme** [skiːm] **n.** ①计划，方案 [同] plan ②阴谋 [同] plot, trick **v.** 密谋，策划 [同] plan, plot

例 He suggested several schemes to promote sales. 他提出了几种促销方案。

———————————————————— 2144

☐ **nerve** [nɜːv] **n.** ①神经 ②勇气，胆量 [同] bravery, courage ③厚颜，鲁莽，冒失

搭 have a nerve 有魄力，有胆量，脸皮厚；lose one's nerve 惊慌失措；get on one's nerves 使某人心烦意乱；have strong nerves 有强大的意志力

例 He hurt his optic nerves and doctors are trying their best to keep him from being blind. 他视神经受

———————————————————— 2145

☐ **cube** [kjuːb] **n.** ①立方形，立方体 ②立方，三次幂

例 Cut the meat into cubes. 把肉切成块儿。

联 square **n.** 正方体；cylinder **n.** 圆柱体；triangle **n.** 三角形

———————————————————— 2146

☐ **diesel** [ˈdiːzl] **n.** 柴油

例 Many trucks are diesel-powered. 许多卡车是以柴油为动力的。

———————————————————— 2147

☐ **improvement** [ɪmˈpruːvmənt] **n.** ①改进，改善 ②进步，提高，好转 ③改造，整修，修改

搭 make improvements to a building 整修一幢大楼

例 The system we introduced last year has been a great improvement. 我们去年引进的系统是一项极大的改进。

———————————————————— 2148

☐ **advent** [ˈædvent] **n.** ①来临，出现，到来 ②(A-)（基督教的）降临节（圣诞节前四个星期的一段时间）

例 People are much better informed since the advent of television. 自从出现了电视，人们的消息灵通多了。

———————————————————— 2149

☐ **deficit** [ˈdefɪsɪt] **n.** 赤字，亏空，亏损 [反] surplus（盈余，顺差）

搭 financial deficit 财政赤字

例 The directors have reported a deficit of three million dollars. 董事们报告亏损 300 万美元。

———————————————————— 2150

☐ **glide** [glaɪd] **v.** ①滑行，滑移 ②滑翔 **n.** 滑行，滑移

例 The dancers glided across the floor. 舞者在地板上飘然而过。

———————————————————— 2151

☐ **dissolve** [dɪˈzɒlv] **v.** ①（使）溶解，（使）融化 ②消失，减弱 ③解散，结束

例 The distant hills dissolved in mist. 远处的山峦在雾中消失了。

答案：
1. established 译文：医学检验证明她并非他们的亲生女儿。
2. delay 译文：耽搁 30 分钟可能意味着对心肌造成严重损伤，有时甚至是无法修复的。

Unit 40

学前自测

1. In the months that followed, industrial production was brought to a _____. (spouse, classification, forfeit, gadget, halt)

2. Their neighborhood is being _____ by the rising waters of the Colorado River. (represented, propelled, stipulated, cavorted, inundated)

··· 2152

□ **lane** [leɪn] **n.** ①（乡间）小路，小巷，胡同，里弄 [同] path, passage ②车道，跑道，泳道 [同] route, course ③航道，航线

搭 a single lane 单车行道；a double lane 双车道；an ocean lane 轮船的航线；a six-lane highway 六车道公路；a fast lane 快车道，快节奏的生活方式；a blind lane 死胡同；the labyrinthine lanes 迷宫般的小巷；a shipping lane 海上航线；an air lane 空中航线

例 She drove along the winding lane. 她沿着弯曲的小路开车。

··· 2153

□ **embassy** ['embəsi] **n.** ①大使馆，大使官邸 ②大使馆全体人员

例 He held discussions at the embassy with one of the rebel leaders. 他在大使馆与其中一名叛军领导人进行了谈判。

联 embassador **n.** 大使；consul **n.** 领事

··· 2154

□ **halt** [hɔːlt] **v.** ①（使）停住，（使）停下 [同] cease, stop ②终止，停止 **n.** ①停住，停止，暂停 ②终止，中断，停顿

搭 come to a halt 停止；bring to a halt 使停止

例 The car came to a halt at the foot of the hill. 汽车在山脚下停了下来。

··· 2155

□ **represent** [ˌreprɪ'zent] **v.** ①作为……的代表或代理 [同] stand for, act for ②表示，象征 [同] symbolize ③描绘，表现 [同] describe, depict

例 The delegates are reportedly to represent 100 businesses in this district. 据报道，代表们代表了本地区100多家企业。

··· 2156

□ **logic** ['lɒdʒɪk] **n.** ①逻辑（学），逻辑系统 ②逻辑性，条理性 ③推理方法，思维方式

搭 the laws of logic 逻辑学规则；his powerful logic 他强有力的推理

例 The plan was based on sound commercial logic. 该计划基于合理的商业逻辑。

··· 2157

□ **enforcement** [ɪn'fɔːsmənt] **n.** ①实施，执行 ②强迫

搭 the enforcement of discipline 加强纪律性；strict enforcement of the laws against speeding 反超速行车法的严格强制执行

··· 2158

□ **spouse** [spaʊs] **n.** 配偶（夫/妻）

搭 a surviving spouse 未亡人

例 In 80% of the households surveyed both spouses went out to work. 据调查，在80%的家庭中夫妻双方都工作。

··· 2159

□ **cavort** [kə'vɔːt] **v.** ①跳跃，欢腾 ②寻欢作乐，嬉戏

例 Some dolphins are cavorting above the surface of the sea. 一些海豚在海面上嬉戏。

··· 2160

□ **stipulate** ['stɪpjuleɪt] **v.** ①规定，约定，讲明（条件等）②对……予以保证，承诺

例 We have signed a contract which stipulates when the project must be completed. 我们签署了一份合同，上面规定了项目必须完成的时间。

··· 2161

□ **gregarious** [grɪ'geərɪəs] **a.** ①群居的，群的 ②合群的，受交际的

搭 gregarious birds 喜群居的鸟类

例 She is such a gregarious and outgoing person. 她是个喜欢交际、非常外向的人。

··· 2162

□ **acquisition** [ˌækwɪ'zɪʃn] **n.** ①获得物，增添的人或物 ②取得，获得，购置 ③学习，习得 [同]

acquirement

构 ac（加强）+ quis（追求）+ i + tion（表名词）
→获得物

搭 make an acquisition 获得；the acquisition of know-
ledge 求知；a valuable acquisition to the team 一名
不可多得的新队员

例 This car is my latest acquisition. 这辆车是我最
近添置的。

----------2163

humanity [hjuː'mænəti] **n.** ①（总称）人，
人类 [同] mankind ②人性 ③人道，博爱，仁慈
④ (pl.) 人文学科 [反] natural science

构 human（人）+ ity（表性质）→人类

例 We have two departments in the humanities. 我
们文科有两个系。

----------2164

inundate ['ɪnʌndeɪt] **v.** ①淹没，泛滥 ②压
倒，布满，涌来

搭 inundate sb. with letters of protest 潮水般地向某
人投寄抗议信；be inundated with telephone calls
电话多得应接不暇；be inundated with swarms of
tourists 挤满一群又一群的游客

例 After the heavy rain, the river inundated the
fields. 大雨过后，泛滥的河水淹没了农田。

----------2165

highway ['haɪweɪ] **n.** ①交通干线，主干道
②公路 ③途径，捷径

搭 a highway to heaven 天堂之路

例 I crossed the highway dodging the traffic. 我避
开车流穿过了主干道。

----------2166

classification [ˌklæsɪfɪ'keɪʃn] **n.** ①分类，分
级 ②类别，级别

搭 the classification of the books 书的分类；library
classification 图书馆分类法；commodity classifi-
cation 商品类别

例 The cataloging and classification of all the plants
took many months. 将所有的植物编目分类花了好
几个月时间。

----------2167

forfeit ['fɔːfɪt] **v.** 丧失，失去，放弃 **n.** ①丧
失的东西，没收物，代价 ②（比赛等）受罚
a. 丧失了的，被没收了的

例 She forfeited her chance of entering the competi-
tion by not posting her form in time. 她因为没有及
时把表格寄出去，从而丧失了参赛的机会。

----------2168

exhaust [ɪg'zɔːst] **v.** ①使筋疲力尽 [同]
fatigue, tire out ②用尽，花光，耗尽 [同] use up,
consume ③详细论述 **n.** ①排气装置，排气管，排
气孔 ②废气，废液

例 I think we've exhausted the subject; let's go on to
the next. 我想我们已经详尽无遗地讨论了这一问
题，我们接着谈下一个吧。

----------2169

hike [haɪk] **n.** ①徒步旅行 ②（数量、价格等）
增加，上升 **v.** ①徒步旅行 ②提高（价格等）

搭 go hiking 去远足，长途步行；a hike in prices
价格的上涨

例 People go on hikes for pleasure and for exercise.
人们为了乐趣和运动而进行徒步旅行。

----------2170

expansion [ɪk'spænʃn] **n.** ①扩大，扩张，扩
展 [同] extension ②膨胀 [同] growth

例 Expansion into new areas might be possible. 或
许有可能扩展全新的领域。

----------2171

fare [feə(r)] **n.**（车、船、飞机等）费，票价 [同]
charge, fee **v.** 进展，成功

例 He got discount fares through the ticket agencies.
他通过票务中心弄到了打折票。

----------2172

subject ['sʌbdʒɪkt] **n.** ①主题，题目 [同] top-
ic ②学科，科目 ③对象，实体，主体 ④臣民，
子民，国民 ⑤主语 **a.** ①(to) 臣服的，隶属的，
受支配的 ②(to) 易遭……的，容易受……影响
的 [同] liable ③(to) 有……倾向的，易于……
的，取决于 [sʌb'dʒekt] **v.** ①使服从，降服，制服
②使遭受，使经受 ③提交，呈交

构 sub（在……下方）+ ject（投掷）→投掷在下面
→受……支配的

搭 subject to drought and floods 易遭受干旱和洪
涝；subject to beating and abuse 遭受毒打和辱骂；
subject a proposal 递交提案

例 You could subject to many dangers by traveling
alone in that area. 你独自一人在那个地区旅游可
能会遇到很多危险。

----------2173

gadget ['gædʒɪt] **n.** 小机件，小装置，小
玩意

例 She's mad about gadgets. Her kitchen is just full
of them. 她对小装置着了迷，整个厨房里都是这

类东西。

──────2174

□ **decorate** ['dekərcıt] *v.* 装饰，装潢 [同] orna-
ment, adorn
構 decor（装饰）+ ate（表动词）→装饰
搭 be decorated by hand 用手工装饰
例 The children decorated the house for Christmas.
孩子们为过圣诞节把屋子装饰了一番。
联 decoration *n.* 装饰；decorator *n.* 室内装潢师，
装修工；decorative *a.* 装饰用的

──────2175

□ **exact** [ıg'zækt] *a.* 确切的，精确的 [同] defi-
nite, accurate [反] ambiguous
搭 to be exact 准确地说
例 The exact time of the accident was 3:35 pm. 事
故发生的准确时间是下午 3:35。
辨 exact:（依据事实）十分确切，丝毫不差（exact
time）。precise:（细节、计算）精密的，明确的
（precise measurements）。accurate:（与事实一致）
正确的。

──────2176

□ **instrument** ['ınstrəmənt] *n.* ①仪器，仪表，
器械，工具 ②乐器
搭 musical instrument 乐器
例 The man's injuries were obviously caused by a
blunt instrument. 这人的伤口明显是由钝器所致。
联 instrumental *a.* 乐器的，有帮助的；instrumentalist
n. 器乐演奏者，工具主义者；percussion *n.* 打击
乐器

──────2177

□ **counterpart** ['kaʊntəpɑ:t] *n.* ①与对方地位
相当的人，与另一方作用相等的物 ②副本
例 The foreign minister is the counterpart of the sec-
retary of state. 外交部部长相当于国务卿。

──────2178

□ **simulation** [ˌsɪmju'leɪʃn] *n.* ①假装，冒充 ②假
冒物，赝品 ③模拟，仿真
搭 a simulation of nuclear war 模拟核战争；simulation
training 模拟训练
例 The viewers were unable to distinguish reality
from simulation. 旁观者无法辨别真伪。
联 simulate *v.* 假装，模仿

──────2179

□ **blonde** [blɒnd] *n.* 金发女人 *a.* 金发碧眼的，
金黄色的
例 People think I'm a natural blonde, but actually
my hair's dyed. 人们认为我是天然金发，而实际

上我的头发是染的。

──────2180

□ **extinct** [ık'stıŋkt] *a.* ①灭绝的，绝种的 [同]
extinguished ②（火山等）不再活跃的，（火等）
熄灭的，（风俗等）已废弃的
搭 extinct volcano 死火山；extinct species 已灭绝
的物种
例 Some species of animals have become extinct
because they could not adapt to the changing envi-
ronment. 有些动物因不能适应变化的环境而灭
绝了。

──────2181

□ **goal** [gəʊl] *n.* ①球门 ②进球得分 ③目标，
目的地 [同] aim, purpose
搭 score/kick a goal 得 / 踢得一分；keep goal 守球
门；miss the goal by a few inches 差几英寸没进球
门；reach one goal 达到目标
例 They scored five goals in the first half of the
match. 他们在上半场中有 5 次进球得分。

──────2182

□ **dwindle** ['dwındl] *v.* ①减少，缩小，变小
②衰弱，退化
例 The number of people who live on the island is
rapidly dwindling. 住在这个岛上的居民人数正在
迅速减少。

──────2183

□ **strengthen** ['streŋθn] *v.* 加强，巩固 [同]reinforce
例 More should be done to strengthen industry links
with universities. 应该做更多的努力来加强工业
界和大学的联系。

──────2184

□ **achievement** [ə'tʃi:vmənt] *n.* ①成就，成
绩 [同] fulfilment ②实现，达到 [同] accomp-
lishment [反] failure
搭 rejoice in one's achievement 为某人的成就而高
兴；a sense of achievement 成就感；the achievement
of his political goal 他政治目标的实现
例 To come third was a great achievement for her.
对她来说，得第三名是了不起的成绩。

──────2185

□ **female** ['fi:meıl] *n.* ①雌性动物 [反] male
②女性，女子 [同] girl, woman *a.* ①雌的 ②女
（性）的，妇女的，女性的 ③女用的，女士的
搭 female undergarments 女士内衣；female members
of the government 政府中的女性成员
例 There is no consensus on what are male and
female values. 人们对什么是男性价值观和什么是

199

女性价值观并无共识。
..........2186

□ **domesticate** [dəˈmestɪkeɪt] *v.* ①驯化，驯养 ②使爱家庭生活，使忙于家务
搭 domesticated animals 驯养的动物
例 Since they had their baby they've both become quite domesticated. 自从有了孩子，他们都开始喜欢家庭生活。
联 domestic *a.* 家庭的，国内的；domestication *n.* 驯养，驯服
..........2187

□ **tribute** [ˈtrɪbjuːt] *n.* ①颂词，赞美，（表示敬意的）礼物 [同] praise ②贡品
例 The president paid tribute to the soldiers who had fought the forest fires. 总统赞扬了同森林大火搏斗的士兵。
..........2188

□ **scare** [skeə(r)] *n.* 惊恐，恐慌 [同] fright, dread *v.* 吓，使害怕 [同] frighten, terrorize, shock
例 He scared her out of telling the teacher what had happened. 他吓唬她别把发生的事告诉老师。
..........2189

□ **propel** [prəˈpel] *v.* ①推进，推动 [同] push ②激励，驱使 [同] drive, stir
例 The rockets are propelled by burning liquid fuels. 这些火箭是靠燃烧液态燃料推进的。
..........2190

□ **silicon** [ˈsɪlɪkən] *n.* 硅
例 Silicon chips are used in computers, calculators and other electronic machines. 硅片被用于计算机、计算器和其他电子产品中。
..........2191

□ **underling** [ˈʌndəlɪŋ] *n.* 部下，手下，听命于人的人，走卒
构 under（在……下面）+ ling（表人）→部下，走卒
例 He surrounded himself with underlings who were too afraid of him to even answer back. 他找了一些对他害怕得从不敢回嘴的下属围在自己的周围。
..........2192

□ **discipline** [ˈdɪsəplɪn] *n.* ①纪律，规章制度 [同] regulation ②训练，训导，管教 [同] training ③惩罚，处分 ④学科 *v.* ①训练，训导 [同] train ②惩罚，处罚 [同] punish
搭 a breach of discipline 违反纪律；people from a wide range of disciplines 来自各学科的人员
例 The discipline of studying music can help child-

ren develop good habits. 音乐学校的训练有助于孩子们培养良好的习惯。
..........2193

□ **enquire/inquire** [ɪnˈkwaɪə] *v.* ① (of, about) 打听，询问 [同] ask ② (into) 调查 [同] examine
搭 enquire into 追究，调查
例 He enquired when the actress would be well enough to work again. 他打听了一下那名女演员什么时候身体能康复，可以复工。
..........2194

□ **surroundings** [səˈraʊndɪŋz] *n.* 环境，周围的事物 [同] environment
搭 in strange surroundings 在陌生的环境中；work in pleasant surroundings 在令人愉悦的环境中工作；a school in beautiful surroundings 环境优美的学校
..........2195

□ **camouflage** [ˈkæməflɑːʒ] *n.* ①伪装，保护色 ②伪装物，迷彩服 *v.* 伪装，掩饰，隐藏起来
搭 the camouflage of a chameleon 变色龙的保护色；patrols in camouflage 穿迷彩服的巡逻队；camouflage in the bushes 在灌木丛里伪装起来
例 The hunters were camouflaged with branches so that they blended with the trees. 猎人们把自己用树枝伪装起来，因而与树木浑然一体。
..........2196

□ **invalid** [ɪnˈvælɪd] *a.* ①（尤指法律上）无效的，作废的 ②无可靠根据的，站不住的 [反] valid ③有伤病的，伤残的 *n.* 病弱者，伤残者，残疾者 *v.* 使病弱，使伤残
构 in（无）+ val（价值）+ id（……的）→无价值的 →无效的
搭 invalid claim 无效的要求；invalid contracts 无效合同；invalid checks 无效支票；an invalid argument 站不住脚的论据
例 In last year's election, over two thousand votes were invalid. 在去年的选举中，有两千多张选票无效。
联 invalidity *n.* 无效
..........2197

□ **eccentric** [ɪkˈsentrɪk] *a.*（人、行为、举止等）古怪的，怪僻的，异乎寻常的 [同] odd, peculiar *n.*（言行、穿戴等）古怪的人，怪僻的人
例 The old man has some eccentric habits. 这位老人有一些古怪的习惯。
..........2198

□ **regulate** [ˈregjuleɪt] *v.* ①管理，控制 [同] control, manage ②调整，调节 [同] adjust

构 reg（统治）+ ul + ate（表动词）→管理

例 His mother strictly regulates how much TV he can watch. 他母亲严格控制他看电视的量。

联 regulation *n.* 规章，规则；regulatory *a.* 调整的；regulator *n.* 调节器

······2199

□ **shift** [ʃɪft] *v.* ①移动，转移 [同] move ②改变，转变 [同] change ③变（速），换（挡）*n.* ①转换，转变 ②轮班，换班 [同] turn

搭 go on shift 上班；go off shift 下班；(on) day shift（上）白班；(on) night shift（上）夜班；work in three shifts 分三班工作

例 Don't try to shift the responsibility onto others. 不要企图把责任推给别人。

······2200

□ **native** ['neɪtɪv] *a.* ①出生地的 ②本地的，土产的 [同] domestic [反] foreign ③天生的 *n.* ①本地人，本国人 [同] countryman, resident ②土著

搭 native inborn talent 与生俱来的天赋；be native to 原产于，是……地方土生土长的；go native 入乡随俗；native land 祖国，故乡

例 They used force to banish the natives from the more fertile land. 他们用武力把土著居民驱逐出了比较肥沃的土地。

······2201

□ **pretentious** [prɪ'tenʃəs] *a.* 炫耀的，狂妄的，自命不凡的，矫饰的

例 The novel deals with grand themes, but is never heavy or pretentious. 这本小说探讨的是重大问题，但它既不沉闷也不矫饰。

······2202

□ **granite** ['grænɪt] *n.* ①花岗岩，花岗石 ②坚强，坚毅

搭 as hard as granite 坚如磐石；have the granite of the prophet 有先知的坚毅

例 The cathedral is built on foundations made of granite. 这座大教堂是在花岗石地基上建造的。

······2203

□ **murky** ['mɜːki] *a.* ①昏暗的，漆黑的 [同] gloomy ②有雾的，烟雾弥漫的 ③含糊不清的，不明确的 ④肮脏的 [同] dirty ⑤可耻的 [同] dishonorable

搭 a murky night 黑夜；a murky sky 烟雾弥漫的天空；a disease whose causality is murky 起因不明的疾病；murky goings-on 种种可疑的活动；a murky definition 模糊不清的定义；a murky secret 见不得人的秘密

例 The large lamplit room was murky with wood smoke. 木柴燃烧冒出的烟把灯火通明的大房间弄得烟雾弥漫。

······2204

□ **impose** [ɪm'pəʊz] *v.* ①征收（税），让缴纳（罚款）②(on) 强迫……接受，强行给……增加麻烦

例 The conquerors imposed difficult conditions of peace on the defeated enemy. 征服者强迫战败的敌人接受苛刻的和平条件。

······2205

□ **sole** [səʊl] *a.* ①单独的，单一的 [同] single, only ②独有的 *n.* 鞋底，脚底，袜底

例 My sole purpose is to help you help yourself. 我唯一的目的就是帮你自立。

······2206

□ **verification** [ˌverɪfɪ'keɪʃn] *n.* ①证明，证实 ②核实，查清

例 After following various verification procedures, he declared the manuscript to be genuine. 经过了各种验证手法后，他宣布那部手稿是真迹。

······2207

□ **gallery** ['gæləri] *n.* ①画廊，美术馆 ②楼座，（议会等的）旁听席 ③廊台，走廊

例 The contemporary art gallery is worth visiting. 这家当代美术馆值得参观。

答案：

1. halt 译文：在接下来的几个月里，工业生产陷入停顿。

2. inundated 译文：他们的居住区正在被科罗拉多河泛滥的河水淹没。

Unit 41

学前自测

1. The theater will provide _____ interpretation in both English and Chinese. (vocational, plausible, monster, moribund, simultaneous)
2. Viewers saw her _____ a five-minute summary of regional news. (conserving, overestimating, staking, anchoring, impoverishing)

----2208

□ **branch** [brɑːntʃ] **n.** ① 枝，树枝 [同] bough, limb ②（机构的）分支，分部，分号 ③（学科的）分科，分类 ④支流，支线 **v.** ①生枝，有枝 ②分叉，岔开

搭 a branch of knowledge 一门学科；branch office 分行，分店；branch off 分叉，岔开，改道；branch out 拓展新业务，涉足新领域

例 The local branch of Bank of America is handling the accounts. 美国银行在当地的分行正在处理这些账目。

----2209

□ **anchor** ['æŋkə(r)] **n.** ① 锚 ②支柱，靠山，后盾 ③主持人，主播 **v.** ①抛（锚），泊（船）②把……系住，使固定 [同] fix ③担任（电视节目等的）主持人

搭 cast/drop anchor 抛锚；raise/weigh anchor 起锚；at anchor 停泊着

例 The sailors cast anchor by a small island at dawn. 水手们黎明时在一个小岛附近抛了锚。

----2210

□ **payment** ['peɪmənt] **n.** ①付款，支付，付酬 ②惩罚，报复，报偿

搭 payment by instalments 分期付款；deterred payment 延期付款；payment in full 全部支付；payment in advance 预支；payment in cash 现金支付；in payment for 以偿付，以回报

例 Players now demand payment for interviews. 队员们现在接受采访都要求付酬了。

----2211

□ **service** ['sɜːvɪs] **n.** ①服务，帮助 [同] help, assistance ②行政机构，服务机构 ③公共设施，（公用设施）运转 ④维护，保养 ⑤服役 **v.** ①维护，保养，检修 ②提供帮助

搭 do sb. a service 帮助某人；of service 有用的；out of service 不在使用中，不再运行；pay lip service 只说不做；public services 公共服务系统，公共事业；customer service 客户服务

例 I'd just had the car serviced. 我刚把车送去保养。

----2212

□ **acid** ['æsɪd] **n.** 酸 **a.** 酸的，酸性的 [同] sour

例 The thieves had thrown acid in his face, which would have blinded him. 窃贼们将酸洒在了他的脸上，这差一点弄瞎他的眼睛。

联 arid **a.** 干旱的；avid **a.** 渴望的

----2213

□ **commitment** [kə'mɪtmənt] **n.** ①信奉，献身 [同] faith, devotion ②承担的义务 ③承诺，许诺，保证 [同] promise

搭 make a commitment to pay off one's debts 承诺还债；a commitment to a doctrine 信奉某一学说；enter into commitment 承担义务/（商业上的）约定；a sense of commitment to the work 对工作尽职尽责；live up to/fulfil one's commitment 履行承诺

例 He doesn't want to get married because he is afraid of commitments. 他不想结婚，因为他害怕承担责任。

----2214

□ **stake** [steɪk] **n.** ①桩，树桩 ②赌本，赌注 ③利害关系，股份 [同] share **v.** 以……打赌，拿……冒险

搭 at stake 应急关头，在危险中

例 Foreign investors control a majority stake in the firm. 外国投资者掌握了这家公司的多数股份。

----2215

□ **conserve** [kən'sɜːv] **v.** 保存，保护，保藏

例 We must conserve our forests and woodlands for future generations. 我们必须为子孙后代保护森林资源。

----2216

□ **simultaneous** [ˌsɪml'teɪnɪəs] **a.** 同时发生的，同时存在的，同步的

构 simult（相同）+ aneous（……的）→同时发生的

例 There will be simultaneous broadcast of the concert on the radio and the television. 电台和电视台将同时播放这场音乐会。

......2217

□ **overestimate** [ˌəʊvəˈestɪmeɪt] **v.** 过高估计，过高评价 [ˌəʊvəˈestɪmət] **n.** 过高估计

构 over（在……上）+ estimate（估计）→过高估计

例 They were forced to the conclusion that they had overestimated his abilities. 他们被迫得出这样的结论，即过高估计了他的能力。

......2218

□ **vocational** [vəʊˈkeɪʃənl] **a.** 职业的，业务的

搭 vocational education 职业教育；a vocational school 职业学校；vocational knowledge 业务知识；vocational training 职业训练；vocational course like nursing 诸如护理之类的职业课程

例 The university I went to valued academic study above vocational education. 我上的那所大学把学术研究看得比职业教育重要。

联 vocationally **ad.** 职业地，业务地

......2219

□ **plausible** [ˈplɔːzəbl] **a.** ①似乎是真的，似乎可能的 ②（人）花言巧语的，能说会道的

搭 a plausible rogue 花言巧语的无赖；plausible excuse 貌似有理的借口；plausible and cunning 能说会道，十分狡猾

例 Your explanation sounds plausible, but I'm not sure I believe it. 你的解释听起来似乎有道理，但是我不一定相信。

联 plausibility **n.** 可信；plausibly **ad.** 可信地

......2220

□ **stall**① [stɔːl] **n.** ①摊档，摊位 ②畜棚，厩，畜栏 ③（室内的）小间，小分隔间 ④（教堂中的）固定座位，牧师席

搭 run a market stall 经营货摊；a stallholder 摊贩；a fruit stall 水果摊；the secondhand book stalls 旧书摊

例 He spent the holidays cleaning out the pig stalls and feeding the chickens on his parents' farm. 他假期在父母的农场清扫猪圈、喂小鸡。

......2221

□ **stall**② [stɔːl] **v.** ①（使）抛锚,（使）熄火 ②推迟，推延 [同] deter, postpone

搭 stall the motor 使发动机熄火

例 I managed to stall him for a few days until I'd got enough money to pay back the loan. 我设法把他拖了几天，直到我有足够的钱来偿还贷款。

......2222

□ **faculty** [ˈfæklti] **n.** ①才能，能力 [同] capacity, gift ②系，学院 [同] department ③（院系的）全体教职工 [同] staff ④官能

搭 have a faculty for 有……的能力；the faculty meeting 教务会

例 Computers may one day be able to compensate for some of the missing faculties of disabled people. 计算机有朝一日也许能弥补残疾人所缺的一些官能。

......2223

□ **spade** [speɪd] **n.** ①锹，铲子 [同] shovel ②（扑克牌）黑桃

例 The garden spade is very useful. 这把园艺铲很有用。

......2224

□ **damp** [dæmp] **a.** 潮湿的，微湿的 [同] wet, moist [反] dry **n.** 潮湿，湿气 **v.** 打湿

例 The shirt still feels a bit damp. 这件衬衫感觉还有点潮。

......2225

□ **leak** [liːk] **v.** ①漏 ②泄露（秘密）**n.** ①漏洞，漏隙 ②泄露

例 If you suspect a gas leak, phone the emergency number. 如果你怀疑煤气泄漏，拨打应急电话。

......2226

□ **plot** [plɒt] **n.** ①故事情节 ②（秘密）计划，密谋 [同] scheme ③小块地皮，小块土地 [同] patch **v.** ①密谋，计划 ②绘制……的平面图，在图上标绘……的位置

例 The plot of the story is simple: some ambitious people plotted to overthrow the government and got hanged in the end. 故事情节很简单：一些有野心的人策划推翻政府，最后被处以绞刑。

......2227

□ **impoverish** [ɪmˈpɒvərɪʃ] **v.** ①使贫穷 ②使更糟 / 恶化 / 贫瘠

搭 an impoverished student 贫穷学生；spiritually impoverished 精神匮乏的

例 Lack of fertilizer impoverished the soil. 缺少化肥使土地贫瘠。

......2228

□ **pavement** [ˈpeɪvmənt] **n.**（英）人行道 [同] sidewalk

搭 hit the pavement 被推出门外，被开除，被解雇；on the pavement 徘徊街头，被遗弃；pound the pavement 四处奔波，拼命争取（工作岗位等）

·······2229

□ **succeed** [sək'siːd] **v.** ①成功，达到目的 ②(to) 接着发生 [同] follow ③(to) 继承，接替

搭 succeed in life 发迹；succeed to the throne 继位；succeed sb. as chairman 继任主席

例 It is a move which would make any future talks even more unlikely to succeed. 这是可能导致今后的对话都更难以取得成功的举动。

·······2230

□ **monster** ['mɒnstə(r)] **n.** ①怪物 ②极其残酷的人 ③巨人，巨兽，巨大的东西 **a.** 巨大的，庞大的

例 A black shadow like a monster appeared on the wall of a building. 在一座大楼上出现了像怪物一样的黑色影子。

·······2231

□ **galaxy** ['gæləksi] **n.** ①星系 ② (the G-) 银河系，银河 ③一群（杰出或著名的人物）

搭 a galaxy of talents 一群天才；a galaxy of beautiful girls 一群美女

例 A galaxy of famous scientists were present at the opening ceremony. 一批著名科学家出席了开幕式。

·······2232

□ **hitherto** [ˌhɪðə'tuː] **ad.** 迄今，至今，到目前为止 [同] so far, up to now

例 This Saturday sees the first extract from the president's hitherto unpublished diaries. 总统迄今为止尚未发表的日记摘录将于本周六首次被公布。

·······2233

□ **chief** [tʃiːf] **a.** ①主要的，首要的 [同] principal [反] minor ②为首的，总的 **n.** ①首领，长官 [同] leader, boss ②酋长，族长

搭 engineer-in-chief 总工程师；commander-in-chief 总司令

例 A new chief of the security forces has just been appointed. 安全部队的一位新长官刚刚被任命。

·······2234

□ **teem** [tiːm] **v.** ① (with) 充满，大量存在，盛产 ②（雨水）倾注，倾泻

例 The mall teems with shoppers every weekend. 这个商场每个周末挤满了购物的人。

·······2235

□ **district** ['dɪstrɪkt] **n.** ①区，行政区 [同] region, area ②区域 **a.** 区的，区域的

搭 a summer holiday hike in the Lake District 夏天假日在湖区的远足；a shopping district 购物区

例 It is a school district that takes in the surrounding rural areas. 那是一个包含周边乡村地区的学区。

·······2236

□ **misconception** [ˌmɪskən'sepʃn] **n.** 错误想法

构 mis（错，误）+ conception（观念）→错的观念→错误想法

例 We hope that our work will help to change misconceptions about disabled people. 我们希望我们的工作将帮助人们改变对残疾人的错误看法。

·······2237

□ **thrill** [θrɪl] **n.** ①兴奋，激动 ②引起激动的事物 ③恐怖小说 **v.** （使）非常兴奋，（使）非常激动 [同] excite

搭 thrill with joy 为喜悦所激动；a thrill of horror 一阵恐惧；give sb. a thrill 使人为之一振；feel a thrill of admiration for sb. 心中激荡着对某人的仰慕之情

例 It's a sight that never fails to thrill one. 这种情景将永远使人激动。

联 thrilling **a.** 令人兴奋的，毛骨悚然的；thriller **n.** 惊险小说/电影

·······2238

□ **impart** [ɪm'pɑːt] **v.** ①告知，透露 [同] disclose, make known ②给予 [同] give

例 The criminal imparted his companion's hiding place to the police. 罪犯把同伙的藏身之处告诉了警方。

·······2239

□ **flicker** ['flɪkə(r)] **v.** ①（火光等）摇曳，闪动，闪现 ②（来回）摆动，转动 **n.** ①闪烁的光，短暂的闪光 ②摇曳，颤动，震动 ③闪现，流露

搭 feel a flicker of regret 感到一丝遗憾；the last flicker of hope 最后一丝希望；flicker the candle flame（风）把烛光吹得摇曳不定

例 Looking through the cabin window I saw the flicker of flames. 透过木屋的窗户，我看到了闪烁的火光。

·······2240

□ **dramatic** [drə'mætɪk] **a.** ①戏剧的，戏剧艺术的 ②戏剧般的，戏剧性的，充满激情的，给人深刻印象的 [同] noticeable, attractive

例 She tends to be very dramatic about everything. 她做什么事都很夸张做作。
联 dramatist **n.** 剧作家；dramatics **n.** 表演，演戏
··········2241

□ **dormitory** ['dɔːmətri] **n.**（集体）宿舍
构 dorm（睡眠）+ it + ory（地点）→睡觉的地方→宿舍
例 Their dormitory is situated on the wooded hillside. 他们的宿舍位于树木葱郁的山坡上。
··········2242

□ **target** ['tɑːgɪt] **n.** 目标，对象，靶子 [同] objective, goal **v.** 瞄准，把……作为目标
例 His proposal has become the target of criticism. 他的提议成了众矢之的。
··········2243

□ **conversation** [ˌkɒnvə'seɪʃn] **n.** 谈话，交谈 [同] chat
搭 in conversation 在交谈中；have a conversation with 与……交谈
例 Because they watch so much television, many people have lost the art of conversation. 许多人由于看电视太多而变得不善言谈了。
联 converse **v.** 谈话；conversion **n.** 转化，转变；conversational **a.** 会话的
··········2244

□ **promise** ['prɒmɪs] **n.**①诺言，承诺②希望，前途 **v.**①承诺，答应，保证②指望，有前途③许配，为……订婚
搭 keep a promise 信守诺言；break a promise 违背诺言；a man of promise 有前途的人；make a promise 许下一个诺言
··········2245

□ **congress** ['kɒŋgres] **n.**①代表大会②国会，议会
构 con（共同）+ gress（行走）→走到一起开会→代表大会
例 He's flying to Paris to attend an international medical congress. 他即将飞往巴黎参加一个国际医学代表大会。
联 congressman **n.**（美）国会男议员（尤指众议员）；congresswoman **n.** 国会女议员；congressional **a.** 国会的，代表大会的
辨 Congress: 美国的国会。Parliament: 英国的议会。Diet: 日本的国会。
··········2246

□ **cholesterol** [kə'lestərɒl] **n.** 胆固醇

构 chole（胆汁）+ ster（固体的）+ ol（化学名词后缀）→胆固醇
例 This sunflower oil is low in cholesterol. 这种葵花籽油胆固醇含量低。
联 choler **n.** 胆汁；cholecystitis **n.** 胆囊炎
··········2247

□ **bin** [bɪn] **n.**①垃圾桶②容器，箱子，仓 **v.** 把……放入箱或仓中
搭 a rubbish bin 垃圾箱；a wastepaper bin 废纸箱
例 She threw the old newspapers, old bottles and cans into the recycling bin. 她把旧报纸、旧瓶子和旧罐头盒扔进了回收废物箱。
··········2248

□ **assessment** [ə'sesmənt] **n.**①估价②评价，估计
例 Both their assessments of production costs were hopelessly inaccurate. 他们两人对生产成本的估计都是十分不精确的。
··········2249

□ **legal** ['liːgl] **a.**①法定的，合法的②法律的，律师的
搭 take legal actions against sb. 起诉某人；legal profession 法律界
例 I'm ready to take legal actions to protect my rights. 我已经准备好采取法律行动来保护我的权利。
··········2250

□ **dose** [dəʊs] **n.**（一次）剂量，一剂，一服
例 Take one dose, three times a day. 每日服三次，每次服一剂。
··········2251

□ **calm** [kɑːm] **a.**①平静的，无风的 [同] still, peaceful [反] windy②镇静的，沉着的 **n.**①宁静②镇静，沉着③安宁，平和 **v.**（使）平静下来，平息，安抚，使安定 [同] soothe, tranquilize [反] irritate
搭 calm waters 平静的水域；a calm sunny day 风和日丽的日子；the calm before the storm 暴风雨前的平静；calm down for a minute 冷静一会儿；the house projecting an atmosphere of calm and order 透出一种宁静有序的氛围的房子
例 Officials hoped admitting fewer foreigners would calm the situation. 官员们希望减少外国人入境会使局势安定下来。
··········2252

□ **merge** [mɜːdʒ] **v.**①合并，兼并②吞没，消

失 ③ (into) 融合在一起，融为一体

构 merg=mers（沉）+ e →沉入 →吞没

搭 merge into the crowd 消失在人群中；merge A with B A 同 B 合并；merge with the masses 与群众打成一片

例 The country's two biggest banks are planning to merge in order to fight off competition from abroad. 这个国家两家最大的银行正计划合并以对付外来竞争。

联 mergence *n.* 融入，合并

·······2253

□ **category** ['kætəgəri] *n.* 种类，类，类别 [同] class, group

例 Some social scientists try to divide a population into categories according to how much money people earn. 有些社会学家试图依照人们的收入将全体居民划分为几种类型。

·······2254

□ **slogan** ['sləʊgən] *n.* 标题，口号，广告语

搭 under the slogan of 在······口号下

例 "Coke, it's the real thing." is an example of slogan. "可口可乐，名不虚传" 是一句广告语的范例。

·······2255

□ **moribund** ['mɒrɪbʌnd] *a.* ①垂死的，奄奄一息的 [同] dying ②即将结束的 ③死气沉沉的，停滞不前的 *n.* 垂死的人

构 mori=mort（死）+ bund（接近的）→垂死的

搭 a moribund patient 生命垂危的病人；moribund industries 凋敝的行业

例 The city center is usually moribund in the evening, so they encourage more cafes and bars to open there. 市中心入夜后常常没有人气，所以他们鼓励更多的咖啡屋和酒吧在那里开业。

·······2256

□ **revive** [rɪ'vaɪv] *v.* ①（使）复苏 [同] awaken ②恢复

例 The plants revived as soon as I gave them a little water. 我给植物浇了点水，它们马上就恢复了

生机。

·······2257

□ **foresee** [fɔː'siː] (foresaw, foreseen) *v.* 预见，预料到 [同] predict, anticipate

例 She did not foresee any problems. 她没有预见到任何问题。

联 forethought *n.* 深谋远虑；foretell *v.* 预告；foresight *n.* 预见，先见

·······2258

□ **responsible** [rɪ'spɒnsəbl] *a.* ①需负责任的，承担责任的 [同] answerable ②有责任感的，负责可靠的 [同] dependable, trustworthy ③责任重大的，重要的

搭 be responsible to sb. 对某人负责；be responsible for sth. 对某事负责；a responsible doctor 可靠的医生；a doctor responsible 主管医生

例 I will hold you personally responsible if anything goes wrong in this project. 如果这个项目出了任何问题，我将唯你是问。

联 responsibility *n.* 责任，职责

·······2259

□ **buckle** ['bʌkl] *n.* ①（皮带等的）搭扣，带扣，扣环 ②扭曲，凸起 *v.* ①扣，系扣 [反] unbuckle ②（使）弯曲，扭曲，（使）变形

搭 buckle one's belt 扣皮带；buckle under the weight of snow 被雪压弯；buckle down to the training course 认真参加培训课程

例 Both wheels on the bike were badly buckled. 自行车的两个轮子都严重弯曲了。

·······2260

□ **amount** [ə'maʊnt] *v.* ①(to) 合计，共计 [同] total, add up to ②(to)（在意义、价值等方面）等同，接近 [同] equal *n.* ①量，数量，数额 ②总额，总数

搭 amount to 总计，等于是；amount to a refusal 等于拒绝

例 The cost of living amounts approximately to five hundred dollars. 生活费总额约为 500 美元。

答案：
1. simultaneous 译文：剧院将提供中英文同声传译。
2. anchoring 译文：观众们看到她正主持一档 5 分钟的地区简要新闻节目。

Unit 42

学前自测

1. These items are not _____ by your medical insurance. (condoned, dredged, covered, enlarged, encroached)

2. There was a significant decline in the size of the business as the company _____ to an intellectual property company. (recycled, enlisted, sealed, declared, transitioned)

----2261

☐ **capable** ['keɪpəbl] **a.** ① 能干的，有能力的，能够……的 [同] qualified ②易于……的，倾向于……的

搭 a capable speaker 口才很好；capable of falling asleep 相当容易入睡

例 The poison was capable of causing death within a few minutes. 这种毒药能够在几分钟内置人于死地。

辨 able: 表褒义，主语是有生命的人或物，后接不定式，表示的能力比 capable 强，指精明而能干。capable: 既可表褒义，又可表贬义，主语可以是无生命的事物。

----2262

☐ **rectangle** ['rektæŋgl] **n.** 长方形，矩形

例 This box is a rectangle. 这个盒子是长方形的。

----2263

☐ **condone** [kən'dəʊn] **v.** ①宽恕，容忍 [同] pardon, forbear ②抵消（过失等）

搭 good qualities that condone one's shortcomings 可弥补某人缺点的好品质

例 If the government is seen to condone violence, the bloodshed will never stop. 如果政府容忍暴力，那么流血事件就永远不会停止。

----2264

☐ **limestone** ['laɪmstəʊn] **n.** 灰岩，石灰石

构 lime（石灰）+ stone（石头）→石灰石

例 The limestone has the nature of solubility. 石灰石具有可溶性。

----2265

☐ **apart** [ə'pɑːt] **ad.** ① 相距，相隔 [同] separately, aside ②分离，分开，分居 ③成零碎，散开地 ④分裂地，破裂地 ⑤单独地，与众不同地

搭 apart from 除外……（别无 = except/ 尚有 = besides）；stand with one's feet apart 岔开脚站着；stand apart from sb. 远离某人站着；take the machine apart 把机器拆开

例 Towns in this region are small, and a long way apart. 这个地区的市镇都不大，而且相隔很远。

----2266

☐ **maximum** ['mæksɪməm] **n.** 最大限度，最大量，极限 [反] minimum **a.** 最高的，最大的 [同] utmost

构 max（大的，高的）+ imum（表名词）→最大量

例 If you turn the radio up to maximum volume, the neighbors will complain. 如果你把收音机音量调到最大，街坊邻居会表示不满。

----2267

☐ **pension** ['penʃn] **n.** 养老金，退休金，抚恤金 [同] allowance **v.** 发给……养老金/退职金/抚恤金等

搭 old-age pension 养老金；retirement pension 退休金；live on a pension 靠退休金生活；beyond one's pension 超过养老金金额；disability pension 残疾抚恤金

例 The old lady lived on a small pension. 老太太靠一小笔抚恤金生活。

联 pensionless **a.** 无养老金保障的，无退休金保障的

----2268

☐ **seal** [siːl] **n.** ①封铅，封条 ②印，图章 ③海豹 **v.** ①（密）封 [同] fasten ②确定，使成定局

搭 seal up 密封；seal off 封闭，封锁；under seal 加了封条

例 The letter is sealed and only its addressee has the right to open it. 信是封口的，只有收信人有权拆阅。

----2269

☐ **dredge** [dredʒ] **n.** 挖掘机，挖泥船 **v.** ①疏浚，挖掘，清淤 [同] dig ②(up) 发掘，采捞

搭 dredge rivers 疏浚河道；dredge lake-bottom silt 挖掘湖底淤泥；dredge up the sources of the quotations 找出引文来源；dredge into oneself for words 挖空心思寻找词句；dredge for oysters 采牡蛎

例 Around the wharves they dredged over 4,000 tons of silt. 他们在码头周围清理掉了超过 4 000 吨的污泥。

--2270

□ **cover** ['kʌvə(r)] **v.** ①盖住，覆盖，遮挡 [同] conceal ②包括，涉及 [同] involve ③行走（路程）[同] travel ④承保，保险 ⑤ 支付（开支）**n.** ①被子，毯子，床单 ②覆盖物，罩子，盖子 ③（书的）封皮，封面 ④ 掩护（物），遮蔽处 ⑤借口，伪装

搭 the fields covered with snow 被雪覆盖的田野；cover the distance in five hours 用 5 小时走完了路程；provide air cover 提供空中掩护；cover up the crime 掩盖罪行；under cover of darkness 在黑暗的掩护下

例 These items are not covered by your medical insurance. 这些项目不在你的医保范围之内。

--2271

□ **declare** [dɪ'kleə(r)] **v.** 断言，声称 [同] proclaim, assert ②宣布，宣告，表明 [同] announce ③申报（纳税物品）

构 de（加强）+ clar（清楚）+ e →说清楚 →表明

搭 declare for 赞成；declare against 不赞成；declare war on/against 向……宣战；declare independence 宣布独立

例 Their appearance at the meeting declared their willingness to compromise. 他们出席会议表明他们愿意妥协。

--2272

□ **enlarge** [ɪn'lɑːdʒ] **v.** ① 扩大，扩展，扩充 [同] expand, broaden ②放大 [同] amplify [反] diminish

例 They planned to enlarge the park into a 30,000-seater stadium. 他们计划将这个公园扩建成有 30 000 个观众席的体育场。

辨 multiply: 数量的增加 (Birds multiply rapidly.)。enlarge: 尺寸或空间的扩大 (enlarge a house)。expand: 范围、体积的扩大、膨胀 (expand the business)。extend: 在一个方向上延伸、加长 (extend a highway)。

--2273

□ **translate** [trænz'leɪt] **v.** ① 翻译 [同] render ②解释，诠释 ③转变，转化 [同] transform

搭 translate...into Chinese 把……译成中文

例 His family's Cantonese nickname for him translates as Never Sits Still. 家人为他起的广东话绰号翻译过来意思是 "从来坐不住"。

--2274

□ **withdraw** [wɪð'drɔː] **v.** (withdrew, withdrawn) ①收回，撤销，撤退 [同] take back ②缩回，退出 [同] retreat

构 with（向后，相反）+ draw（拉）→向后拉 →收回

搭 withdraw from 退出；withdraw...from... 将……从……撤回

例 She withdrew her eyes from the terrible sight. 她把目光从可怕的场景移开。

联 withdrawal **n.** 收回，撤回，撤退

--2275

□ **recycle** [ˌriː'saɪkl] **v.** ①回收利用，重新利用 ②使再循环 ③改建，翻修 **n.** ①再循环 ②回收利用

构 re（再，又）+ cycl（圆）+ e →再循环

搭 recycling bins for plastic items 回收塑料物品的箱子；recycling center 废品收购站

例 There's no point of recycling plastic if it does more harm than good. 如果弊大于利，回收塑料就毫无意义。

--2276

□ **transition** [træn'zɪʃn] **n.** ①过渡，转变，变迁 ②变调，转调 v. 转变，过渡

构 trans（穿过）+ it（走）+ ion（表名词）→转变

搭 make the transition from...to 从……向……转变；the transition to democracy 向民主的过渡；a period of transition 过渡时期；effect a smooth transition of power 保证政权的平稳过渡

例 The health-care system in the country is in transition at the moment. 这个国家的保健制度目前正在变革中。

联 transitional **a.** 过渡性的，转变的；transitionally **ad.** 过渡地

--2277

□ **encroach** [ɪn'krəʊtʃ] **v.** ①侵占，侵食 ②超出正常界限，蚕食（土地）

构 en（进入）+ croach（钩子）→使进入钩子 →侵占

搭 encroach on the territory of a neighboring country 侵占邻国的领土；encroach upon one's property 侵占某人的财产；encroach upon one's time 占用某人的时间

例 In desert areas shifting sand used to encroach on the cultivated land. 在沙漠地区，流沙常侵蚀耕地。

联 encroachment **n.** 侵占，侵害

□ **technical** ['teknɪkl] **a.** ①技术（性）的，工艺的，专门性的 ②严格按照法律/规则的，按字面解释的

构 techn（技艺）+ ical（……的）→技术的

搭 technical innovation 技术创新；technical know-how 技术知识；a technical assault 法律上成立的殴打罪

例 The book is too technical for the general reader. 这本书对一般读者来说太专业了。

---2279

□ **enlist** [ɪn'lɪst] **v.** ①（使）入伍，招募，征召 ②报名参加（学习、课程等）③获得（同情、帮助等）④热心参加，赞助，支持 ⑤谋取赞助/支持，利用

构 en=in（进入）+ list（名单）→进入名单 →招募

搭 enlist in the armed forces for four years 应征服四年兵役；enlist as a volunteer 作为志愿兵入伍；enlist in the local environmental group 积极参加当地的环境保护团体；enlist all the available resources 利用一切可以利用的资源

例 They both enlisted in the navy a year before the war broke out. 战争爆发一年前，他们俩都加入了海军。

联 enlistment **n.** 应征入伍，征募，获得

---2280

□ **horizontal** [ˌhɒrɪ'zɒntl] **a.** ①地平线的 ②水平的

例 She drew a horizontal line across the bottom of the page. 她在此页的底部画了一条水平线。

---2281

□ **strategy** ['strætədʒi] **n.** 战略，策略

例 She accused the government of lacking any coherent industrial strategy. 她指责政府没有任何始终如一的工业战略。

联 strategic **a.** 战略性的；strategist **n.** 战略家

---2282

□ **triple** ['trɪpl] **a.** ①三部分的，三方的 ②三倍的，三重的 **v.**（使）增至三倍

构 tri（三）+ ple（……倍的）→三倍的

例 The farm tripled its profits last year. 这家农场去年利润净增两倍。

联 double **n./a.** 两倍（的），双重（的）；quadruple **n./a.** 四倍（的），四重（的）；quintuple **n./a.** 五倍（的），五重（的）

---2283

□ **normal** ['nɔːml] **a.** ① 正常的，通常的，常规的 [同] regular, average ②身体健康的，精神健全的 [同] sound ③标准的，规范的 **n.** ①正常状态，平常程度 ②恢复正常

搭 worse than normal 比平常差；normal people 正常人；get back to normal 恢复正常

例 He has occasional injections to maintain his good health but otherwise he leads a normal life. 他偶尔会靠打针来维持健康，但除此之外他生活一切正常。

---2284

□ **miracle** ['mɪrəkl] **n.** ①奇迹，人间奇迹 [同] wonder, marvel ②惊人的事例，令人惊叹的人或事

构 mir（惊奇）+ acle（事物）→奇迹

搭 by a miracle 奇迹般地；miracle drug 特效药；create/do/work/perform a miracle 创造奇迹

例 It must be a miracle to finish the task twenty days ahead of schedule. 提前 20 天完成这项任务，简直是奇迹。

---2285

□ **cluster** ['klʌstə(r)] **n.** ①（果实、花的）丛，串，簇 [同] bunch ②（人或物的）群，组 [同] group, crowd **v.** ①群集，丛生 ②集中

搭 in a cluster 成群，成团；clusters of men in formal clothes 一群群穿着正装的男人；cluster around the campfire 围坐在篝火旁

例 I found a cluster of mushrooms at the bottom of the field. 我在田野的尽头发现了一丛蘑菇。

---2286

□ **spiritual** ['spɪrɪtʃuəl] **a.** ①精神（上）的，心灵的 [反] material ②宗教上的 ③超越世俗的，高尚纯洁的

搭 spiritual development 精神发展；a spiritual person 超凡脱俗的人

例 Traditional ways of life provided economic security and spiritual fulfilment. 传统生活方式提供了经济保障，满足了精神需求。

---2287

□ **deliberate** [dɪ'lɪbərət] **a.** ①故意的，蓄意的 [同] intentional, on purpose ②审慎的，深思熟虑的，小心翼翼的 [同] thoughtful [dɪ'lɪbəreɪt] **v.** 仔细考虑，思考 [同] ponder

搭 a deliberate act of sabotage 蓄意破坏的行为；tell a deliberate lie 存心欺骗人；step with deliberate slowness up the steep paths 小心翼翼地沿着陡峭的小路往上爬

例 Take time to deliberate, but when time for action arrives, stop thinking and go in. 做事应慎重考虑，但时机既到，即须动手。

·································2288

□ **reserve** [rɪ'zɜːv] *v.* ①保留，留存 [同] store, keep ②预定 [同] book *n.* ①储备（物）②保留，（言语、行动的）拘谨，矜持 ③替补队员，后备部队 ④禁猎区，自然保护区

构 re（又，再）+ serv（保存）+ e →保留，留存

搭 gold reserves 黄金储备；grain reserves 粮食储备；nature reserves 自然保护区；lions in/on wild reserves 野生动物保护区的狮子

例 I'd like to reserve a seat for the concert on Friday night. 我想预定星期五晚上音乐会的一个座席。

·································2289

□ **thunder** ['θʌndə(r)] *n.* ①雷，雷声 ②雷鸣般的响声，隆隆声 [同] rumble, peal *v.* ①打雷，轰隆响 ②大声喊出，吼出 [同] roar

搭 thunder and lightning 雷电；steal one's thunder 抢某人的风头

例 She heard the thunder of his feet on the stairs. 她听见他脚踩楼梯时咚咚的脚步声。

联 thunderbolt *n.* 雷电，霹雳；thunderclap *n.* 雷鸣，霹雳

·································2290

□ **prime** [praɪm] *a.* ①首要的，主要的 ②最好的，第一流的 [同] first-rate, first-class, best *n.* ①青春，壮年 ②全盛时期 *v.* 使完成准备工作，使准备好

搭 in/at the prime of 在鼎盛时期；in the prime of life 时值盛年；in one's prime 在全盛期，正值壮年；matter of prime importance 头等重要的事情

例 If you don't do your best in your prime, you'll regret it when you're ageing. 少壮不努力，老大徒伤悲。

·································2291

□ **hectare** ['hekteə(r)] *n.* 公顷

例 He owned 50 hectares of grassland. 他拥有 50 公顷草地。

·································2292

□ **coral** ['kɒrəl] *n.* 珊瑚，珊瑚（宝）石 *a.* 珊瑚色的，珊瑚红的

搭 tropical coral 热带珊瑚；red coral beads 红色的珊瑚念珠；a coral island 珊瑚岛

·································2293

□ **latent** ['leɪtnt] *a.* ①潜伏的，潜在的，不易觉察的 ②（病）潜伏性的

例 We're trying to bring out the latent artistic talent that many people possess without realizing it. 我们试图把许多人拥有但没有意识到的潜在艺术才能激发出来。

·································2294

□ **reference** ['refrəns] *n.* ①提到，论及 ②参考，查阅 ③引文，参考书目 ④证明书/人，推荐信/人 [同] recommendation

搭 in/with reference to 关于

例 This book is more suitable for reference than for reading. 这本书不太适合阅读，更适合查阅。

·································2295

□ **isolate** ['aɪsəleɪt] *v.* ①使孤立，使隔绝 ②分离，隔开 ③分离出来

搭 be isolated from other people for 14 days 被隔离 14 天；isolate a new protein 分离出一种新的蛋白质

例 It is harmful to isolate new-born babies from their mothers. 把新生婴儿同其母亲隔开对双方都不利。

·································2296

□ **legitimacy** [lə'dʒɪtɪməsi] *n.* 合法性，正当

例 The government expressed serious doubts about the legitimacy of military action. 政府对军事行动的合法性深表怀疑。

·································2297

□ **refrain**① [rɪ'freɪn] *v.* (from) 抑制，克制，忍住，戒除

构 re（加强）+ frain（约束，限制）→抑制，克制

搭 refrain from smoking 戒烟

例 He refrained from talking until he knew that it was safe. 他忍住不说话，直到他确认安全。

·································2298

□ **refrain**② [rɪ'freɪn] *n.* ①（诗歌的）叠句，叠歌，副歌 ②重复的话，老调

例 Our proposal met with the familiar refrain that the company could not afford such a big investment. 我们提出了建议，听到的是老调重弹，那就是公司不能提供这么多投资。

·································2299

□ **adequate** ['ædɪkwət] *a.* ①充足的，足够的 [同] enough ②适当的，胜任的 [同] competent, equal to

构 ad（表加强）+ equ（平等）+ ate（……的）→比平等多的 →足够的

例 The city's water supply is no longer adequate for its growing population. 这座城市的用水已经不足以供应日益增长的人口了。

································2300

□ **coach** [kəʊtʃ] **n.** ① 教练 [同] trainer [反] trainee ②长途公共汽车 [同] bus ③（火车）客车车厢 [同] carriage ④大轿车 **v.** ①指导，训练，当教练 [同] train, drill ②辅导，补习

搭 go there by coach 乘长途汽车去那里；coach sb. in French 给某人补习法语

例 He coached the Germans to success in the World Cup finals in Italy. 他执教德国队，带领他们在意大利世界杯决赛获胜。

································2301

□ **shaft** [ʃɑ:ft] **n.** ①箭杆，矛杆 ②（锤、斧等）长柄 ③（机器的）传动轴，转轴 ④竖井，通风井 ⑤一道（光）⑥讥讽、挖苦的话

搭 the shaft of a hammer 锤柄；a lift/an elevator shaft 电梯井道；an air shaft 通风井；the wooden shaft of an arrow 弓箭的木制箭杆；the shaft of a golf club 高尔夫球杆

例 A shaft of sunlight came through the open door. 一道阳光从敞开的大门照进来。

································2302

□ **flat** [flæt] **a.** ①平的，平坦的，平滑的 [同] smooth[反] rough ②扁的，平浅的 ③（轮胎）瘪的，漏气的 ④无变化的，单调的，无趣的，沉闷的，平淡的 [同] boring ⑤没电的，电量耗尽的 **n.** ①平面（图）②一套房间，公寓套房

搭 a flat dish 浅盘；a flat tire 瘪了的轮胎；flat and empty days 沉闷无聊的日子；fall flat 未得喝彩或欣赏，完全失败

例 The countryside around there is almost completely flat. 那里的乡下几乎是一马平川。

································2303

□ **grand** [grænd] **a.** ① 宏伟的，壮丽的 [同] splendid ②最重要的，首要的，主要的 [同] main, chief ③庞大的，宏大的，盛大的，豪华的 ④高傲的，自负的，傲慢的 ⑤庄严的，隆重的

搭 grand mountain scenery 壮丽的山峦景色；a grand ceremony 盛大仪式；live in grand style 过豪华生活

例 I don't really have a grand plan. I'll just see what happens. 我其实没有什么宏伟计划，只是静观其变。

································2304

□ **quote** [kwəʊt] **v.** 引用，援引 [同] cite **n.** ①引文，引语 ②报价，牌价 ③引号

例 The judge quoted various cases in support of his opinion. 法官援引各种案例来证明自己的观点。

联 quotation **n.** 引文，报价

辨 quote: 直接引用原作原文。cite: 间接引用，不用原来措辞。

································2305

□ **recalcitrant** [rɪˈkælsɪtrənt] **a.** ①拒不服从的，顽抗的 ②难处理的，难对付的

搭 be recalcitrant to tradition 反抗传统；a recalcitrant boy 犟男孩

例 The taxpayers are becoming increasingly recalcitrant about open-ended programs for overseas purposes. 纳税人对于资助那些无底洞似的海外项目越来越持抗拒态度。

································2306

□ **constituent** [kənˈstɪtjuənt] **n.** ①选民，选区居民 ②成分，组成 [同] element, component **a.** 组成的，构成的 [同] component

构 con（共同）+ sistu = stat（站立）+ ent（……的）→站在一起的 →组成的

搭 Sugar is the main constituent of candy. 糖是糖果的主要成分。

答案：
1. covered　译文：这些项目不在你的医保范围之内。
2. transitioned　译文：这家公司在向知识产权公司转变的过程中，业务规模出现了显著的下降。

Unit 43

学前自测

1. The country has _____ reforms in an effort to revive its struggling economy. (interacted, instituted, suspected, foamed, collapsed)
2. Most of our flights have a baggage _____ of 20kg per passenger. (plateau, diversion, fashion, plaster, allowance)

·······2307

□ **incredible** [ɪn'kredəbl] *a.* ① 难以置信的，惊人的，不可思议的 [同] unbelievable [反] credible ②不能相信的，不可信的 ③极妙的，美丽的

构 in（不）+ cred（相信）+ ible（……的）→不可信的

搭 at an incredible speed 以惊人的速度；an incredible sight 极美的景色；an incredible amount of money 一笔巨款

例 Old superstitions seem incredible to educated people. 旧时的迷信对于受过教育的人来说是难以相信的。

联 incredibly *ad.* 惊人地

·······2308

□ **quantity** ['kwɒntəti] *n.* ① 量，数量 [同] amount ② (*pl.*) 大量 [同] a great deal of

搭 in quantity 大量；small/large quantity 小 / 大量；quantities of 大量的（接复数名词或不可数名词）

例 Police found a large quantity of drugs in his possession. 警方发现他拥有大量毒品。

·······2309

□ **allowance** [ə'laʊəns] *n.* ①津贴，补贴，零用钱 [同] pension ②体谅，考虑 ③折扣，折价 ④限额，定量

搭 a monthly allowance 每月补贴；an education allowance 教育津贴

例 The government offers her an allowance of three thousand dollars a year. 政府每年为她提供 3 000 美元的津贴。

·······2310

□ **operate** ['ɒpəreɪt] *v.* ①（使）运转，操作 [同] perform, run ②起作用 ③ (on) 动手术

构 oper（工作）+ ate（使……）→使工作→运转

搭 operate a machine 操作机器；operate on sb. for some disease 给某人动手术治病

例 He took the machine to pieces to try and find out how it operated. 他把机器拆开，试着去弄清它是如何运转的。

·······2311

□ **interact** [ˌɪntər'ækt] *v.* 相互作用，相互影响，相互配合，交互

构 inter（在……之间）+ act（行动）→相互作用

例 Modern architects are designing buildings for the future which will interact with the user. 现代建筑师正在设计面向未来的、与用户互相影响的建筑物。

联 interaction *n.* 相互作用，相互影响；interactive *a.* 交互式的，相互合作的

·······2312

□ **plateau** ['plætəʊ] (*pl.* plateaux 或 plateaus) *n.* ①高原 ②平稳时期，稳定状态

例 House prices seem to have reached a plateau but they may start rising again soon. 房价似乎已经升到一定程度而稳定下来了，但是也许不久又会再次上涨。

·······2313

□ **indolent** ['ɪndələnt] *a.* ① 懒惰的，怠惰的 [同] inactive ②令人困倦的，懒洋洋的 ③（医）无痛的

构 in（不）+ dol（悲痛）+ ent（……的）→无大喜大悲的 →懒惰的

搭 an indolent cat 懒猫；the indolent heat of the afternoon 午后令人困倦的炎热；an indolent sigh 困倦的叹息

例 He is old and fat and indolent. 他年老体胖，而且懒懒散散。

联 indolence *n.* 懒惰，怠惰

·······2314

□ **fashion** ['fæʃn] *n.*①时尚，时新式样，流行款式 ②时装 ③做法，方式 ④风格，式样 [同] style *a.* ①时尚的 ②时兴的，流行的 *v.* 使成形，制成

搭 act after one's fashion 照着某人的样子做；out of fashion 过时；in fashion 风行，时髦；come back into fashion 重新开始流行；in a fashion 勉强地，差强人意地

例 He greeted us in his usual friendly fashion. 他以

一贯的友好方式向我们打招呼。

辨 fashion: 表示 "式样"，多指服装、行为等一时的风尚。style: 表示 "风格"，常指文章、生活方式等。

··· 2315

□ **institute** ['ɪnstɪtjuːt] **n.** ①学会，协会 ②学院，研究院 **v.** ①建立，设立，制定 ②实施，着手，开创 ③使就职

搭 the institute of inventers 发明家协会；a research institute 研究机构；institute a law 制定法律；institute a ceasefire 实行停火；institute a sweeping reform 着手彻底改革

例 The committee will institute a new appraisal system next year. 委员会将于明年制定一套新的评估制度。

··· 2316

□ **encompass** [ɪn'kʌmpəs] **v.** ①包含，包括，涉及 ②围住，包围

构 en（进入）+ compass（范围）→进入范围 →包围

搭 The US proposed the creation of a free trade zone encompassing the entire Western hemisphere. 美国建议建立一个包括整个西半球的自由贸易区。

··· 2317

□ **aware** [ə'weə(r)] **a.** ①（of）意识到的，知道的 [同] conscious [反] unaware ②有觉悟的，有知识的 ③懂事的，明智的

搭 be aware of danger 意识到危险；be artistically aware 懂艺术

例 An aware, thinking person would not say such foolish things. 一个懂事、有头脑的人是不会说这种蠢话的。

联 unaware **a.** 未意识到的

··· 2318

□ **suspect** [sə'spekt] **v.** ①怀疑 [同] distrust ②认为，料想 ③觉得 ['sʌspekt] **n.** 犯罪嫌疑人，可疑分子 **a.** 可疑的，不可信的

构 su（在……下方）+ spect（看）→去下方看一看 →怀疑

搭 be suspected of treason 被怀疑犯有叛国罪

例 She suspected her husband's honesty. 她对丈夫的诚实表示怀疑。

··· 2319

□ **corporal** ['kɔːpərəl] **n.** 下士 **a.** 身体的，肉体的

构 corpor（身体）+ al（……的）→身体的

例 Nowadays, corporal punishment is banned in many schools. 现在许多学校禁止体罚。

··· 2320

□ **diversion** [daɪ'vɜːʃn] **n.** ①转移，转向，分心 [同] turning, deviation ②娱乐，消遣 [同] recreation, entertainment ③绕行路，支路

构 di（分离）+ vers（移）+ ion（表名词）→转移

例 They turned back because of traffic diversions. 由于交通实施绕行，他们掉头返回了。

··· 2321

□ **anthropologist** [ˌænθrə'pɒlədʒɪst] **n.** 人类学家

例 An anthropologist is doing some fascinating research on the customs and beliefs of the tribe. 一位人类学家正在对这个部落的习俗和信仰进行一些有趣的研究。

联 anthropology **n.** 人类学；anthropological **a.** 人类学的

··· 2322

□ **genetic** [dʒə'netɪk] **a.** ①创始的 ②遗传学的 **n.** (pl.) 遗传学

例 Some biologists believe that cancer is a genetic disease. 有些生物学家认为癌症是遗传病。

··· 2323

□ **strike** [straɪk] (struck, struck 或 stricken) **v.** ①使突然想到 [同] occur to ②给……以深刻印象，打动 [同] impress ③发现，找到 ④ 罢工 ⑤打，击，敲 [同] hit, beat ⑥袭击，侵袭 ⑦（钟等）敲响，报时 **n.** ①罢工 ②袭击

搭 strike off 删去，除名；strike up 开始（谈话、相识等）；be on strike 在罢工（状态）；go on strike 举行罢工；strike out 独立闯新路，开辟；be struck with 对……留下深刻印象；strike sb. as 给人留下……的印象；strike a good book 偶然见到一本好书

例 The clock was striking ten as I went into the church. 我进教堂时，钟敲响了 10 点。

··· 2324

□ **foam** [fəʊm] **n.** ①泡沫 ②泡沫材料，泡沫状物 **v.** 起泡沫

搭 foam at the mouth 由于生病或愤怒口吐白沫；shaving foam 剃须膏；a glass of foaming beer 一杯泛起泡沫的啤酒

例 Further out to sea the waves were a meter high and capped with foam. 再远些的海面上浪涛有一米高，泛着白色的泡沫。

联 foamy **a.** 多泡沫的，似泡沫的；foamless **a.** 无

泡沫的，不起泡沫的；bubble *n.* 水泡，气泡；tide *n.* 潮汐

.......2325

□ **journalist** ['dʒɜːnəlɪst] *a.* 新闻工作者，新闻记者，新闻撰稿人 [同] reporter, correspondent
搭 freelance journalist 自由新闻记者；work as a journalist on *The Times* 在《泰晤士报》当记者；a journalist with *Time* 在《时代周刊》当记者
联 journalistic *n.* 新闻职业的

.......2326

□ **point** [pɔɪnt] *n.* ①尖，尖端 ②点，小数点 ③条款，细目 [同] article, detail ④分数，得分 [同] mark, score ⑤要点，论点 ⑥意义 ⑦地点，方位 *v.* ① (at, to) 瞄准，对准 [同] aim (at) ②指向，朝向 ③表明，指出 [同] denote
搭 point out 指出；beside the point 离题的，不相干的；in point 切题的，中肯的，有关的；to the point 切中要害，对准；come to the point 回到正题上来
例 He pointed at her as if he meant her to stand up. 他用手指着她，好像要让她站起来。

.......2327

□ **administer** [əd'mɪnɪstə(r)] (= administrate) *v.* 掌管，料理 [同] manage, deal with ②施行，实施 [同] carry out ③给予，派给，投（药）④主持……的仪式 ⑤操纵（物价、工资等）⑥有助于，给予帮助
搭 administer the affairs of the state 掌管国家政务；administer the law justly 公正执法；administer prices 操纵价格；administer to the peace of mind 有助于心态平静
例 The nurse administered the medicine to the patient. 护士给病人服了药。
联 administrable *a.* 行政的，管理的

.......2328

□ **transfer** [træns'fɜː(r)] *v.* ①搬，转移，迁移 [同] move ②调动，转学 ③转让，过户 ④转车，换乘 ['trænsfɜː(r)] *n.* ①转移，调动 ②转车，换乘
例 You can transfer to Bus No.49 at the next stop. 你可以在下一站转乘 49 路公共汽车。

.......2329

□ **introduction** [ˌɪntrə'dʌkʃn] *n.* ①介绍 ②引进，传入 ③ (to) 绪论，导言 [同] preface, foreword
构 intro（进入）+ duc（引导）+ tion（表名词）→ 引进
搭 an introduction to a book 一本书的绪论

例 The introduction of new working practices has dramatically improved productivity. 引入新的工作方法已显著提高了生产率。

.......2330

□ **collapse** [kə'læps] *v.* ①（使）倒塌，塌下 [同] fall down, cave in ②（使）崩溃，突然失败 [同] break down *n.* 倒塌，崩溃，衰弱 [同] breakdown
例 He collapsed at the end of the five-mile race. 他跑完五英里赛跑就瘫倒了。

.......2331

□ **rely** [rɪ'laɪ] *v.* ① (on, upon) 依赖，依靠 [同] depend (on) ②信赖，对……有信心 [同] trust
例 The success of this project relies on everyone making an effort. 本项目的成功有赖于诸位一起努力。
辨 rely on: 凭经验依靠，似乎有把握。depend on: 作为对策，就指望它，把握不确定。

.......2332

□ **plaster** ['plɑːstə(r)] *n.* ①灰浆，灰泥 ②石膏 ③橡皮膏，膏药 *v.* 在……上抹灰浆，厚厚地涂抹
例 The plaster on the walls cracked as it dried. 由于干燥，墙上的灰浆出现了裂缝。

.......2333

□ **attribute** [ə'trɪbjuːt] *v.* (to) 把……归因于，把（过错、责任等）归于 [同] ascribe, apply ['ætrɪbjuːt] *n.* 属性，特征，特性 [同] character, feature
构 at（加强）+ tribut（给予）+ e → 把……归于
例 Some people tend to attribute their success to external causes such as luck. 有些人通常把他们的成功归因于外部原因，如运气。

.......2334

□ **divine** [dɪ'vaɪn] *a.* 神的，神圣的，神授的 [同] holy, sacred [反] human *v.* （凭直觉）发现，推测，猜测 [同] discover, guess
例 She spoke in such a confused way that it was almost impossible to divine what she wanted to tell me. 她说话含含糊糊，我简直不能推测她到底想告诉我什么。

.......2335

□ **lecture** ['lektʃə(r)] *n.* ①讲课，讲座，讲授 ②演讲，演说 [同] speech, address ③教训，训斥
搭 give a lecture 讲课；give a lecture on bird migration 做关于鸟类迁徙的讲座；lecture on 讲课，发表……演讲
例 In his lecture Professor Narin covered an

enormous variety of topics. 奈恩教授的演讲涵盖了各种各样的话题。

........................2336

□ **scan** [skæn] *v.* ①细看，审视 [同] examine ②扫描，浏览 [同] go over, glance over *n.* 浏览，扫描

例 He scanned the article that might give him the information he needed. 他浏览了可能为他提供信息的那篇文章。

........................2337

□ **pirate** ['paɪrət] *n.* ①非法盗印或复制者，侵犯版权者 ②海盗 *v.* 盗用，非法盗用或复制

例 Some music pirates were fined heavily. 有些音乐盗版商受到了重罚。

........................2338

□ **elusive** [i'luːsɪv] *a.* 难抓住的，难找的，难记的

搭 elusive memories 模糊的记忆；elusive success 不易获得的成功

例 I've been trying to get her on the phone, but she seems to be rather elusive. 我一直打电话找她，但她似乎相当难找。

........................2339

□ **code** [kəʊd] *n.* ①准则，法规 [同] rule, principle ②密码，代码

例 The message was written in code. 这条消息是用密码写的。

........................2340

□ **advertise/ize** ['ædvətaɪz] *v.* 登广告，做广告

搭 advertise goods for sale 登广告出售货物；advertise a house for rent 登广告出租房子

........................2341

□ **facility** [fə'sɪləti] *n.* ①功能，特色 ②有利条件，方便，便利 [同] convenience ③设备，设施，场所 ④天资，才能，天赋 ⑤金融服务 ⑥容易，熟练，灵巧

构 facil（做）+ ity（表性质）→做事的东西 →设备

搭 an electronic mail facility 电子邮件功能；an overdraft facility 透支服务；a nuclear facility 核设施；with facility 熟练地；washing facilities 洗涤设备；facilities for travel 旅行设备；facilities for study 研究设备；have a facility for languages 有语言天分

例 A new sports facility is being built in the suburbs. 一处新的体育设施正在郊区建造。

辨 facility: 便利工作的设施、东西；equipment: 用于生产、科研的设备、装备。

........................2342

□ **postpone** [pə'spəʊn] *v.* 推迟，延期 [同] delay, put off

构 post（在……后面）+ pon（放）+ e →放在后面 →推迟

例 The meeting is postponed until after Friday. 会议推迟到星期五之后了。

........................2343

□ **traditional** [trə'dɪʃənl] *a.* ①传统的，习俗的，惯例的 ②口传的，传说的

搭 traditional view 传统观点；traditional beliefs 传统信仰；traditional teaching methods 传统教学方法

例 The villagers retain a strong attachment to their traditional customs. 村民们依然坚守着他们的传统习俗。

........................2344

□ **personal** ['pɜːsənl] *a.* ①个人的，私人的 [同] individual, private ②人身的，身体的 [同] bodily, physical ③本人的

例 Passengers are reminded to take all their personal belongings with them when they leave the plane. 旅客们被提醒，离开飞机时要带走所有的私人物品。

联 personally *ad.* 亲自，就本人而言；personalize *v.* 使人性化，使人格化

........................2345

□ **acute** [ə'kjuːt] *a.* ①严重的，激烈的 [例] intense, severe ②敏锐的 [同] sensitive [反] dull ③（疾病）急性的，突发的 [反] chronic ④尖的，锐利的 [同] sharp

搭 acute economic crisis 严重的经济危机；acute and chronic asthma 急慢性哮喘；an acute mind 敏锐的头脑

例 The company is said to be suffering from acute financial difficulties. 据说这家公司正遭受严重的财政困难。

........................2346

□ **sector** ['sektə(r)] *n.* ①部门，部分 [同] section ②防御地段，防区 ③扇形

例 Not only the public sector but also the private sector of the industry should be developed quickly. 无论是这个行业的公有部分还是私有部分，都应该迅速发展。

----------2347

☐ **surround** [sə'raʊnd] *v.* ①包围 ②环绕，围绕
[同] encircle
构 sur（下）+ round（圆）→在下面围成圆 →
环绕
例 To my horror, I found myself surrounded on all sides by dogs. 使我恐慌的是，我发现四面八方的狗把我包围了。

----------2348

☐ **reveal** [rɪ'viːl] *v.* ①揭露，泄露 [同] expose, uncover, disclose ②展现，显示 [同] display
例 This particular incident reveals the true nature of terrorism. 这一特别事件揭示了恐怖主义的本性。

----------2349

☐ **comet** ['kɒmɪt] *n.* 彗星
例 It was predicted that a comet would collide with one of the planets. 预计一颗彗星将会与某一行星相撞。
联 planet *n.* 行星；(fixed) star *n.* 恒星；satellite *n.* 卫星；Halley's Comet 哈雷彗星

----------2350

☐ **decompose** [ˌdiːkəm'pəʊz] *v.* ①分解 ②（使）腐烂，（使）腐败
构 de（分离）+ compose（组成）→把结合在一起的东西分开 →分解
搭 decompose a compound into its elements 将化合物分解成元素
例 The fish began to decompose after a day in the sun. 在太阳底下晒了一天后，鱼开始腐烂。

----------2351

☐ **revelation** [ˌrevə'leɪʃn] *n.* ①展示，揭露，显露 ②水落石出的事实 ③（上帝的）启示
搭 a revelation to/for sb. 对某人的一个启示
例 Shocking revelations appeared in the papers about the private life of the royal family. 报纸上揭露出了王室令人震惊的私生活。

----------2352

☐ **dormant** ['dɔːmənt] *a.* ①睡着的，休眠的 ②暂停的，中止的 ③潜伏的，潜在的 [同] latent
构 dorm（睡眠）+ ant（……的）→休眠的

搭 a dormant volcano 休眠火山；dormant talent 潜在的才能
例 Seeds remain dormant in the earth during winter. 冬天种子在泥土中休眠。
联 dormancy *n.* 休眠，潜伏

----------2353

☐ **collision** [kə'lɪʒn] *n.* ①撞击，碰撞 ②抵触，冲突 [同] conflict
搭 a head-on collision 迎面相撞
例 A bus and a taxi came into collision at the traffic light. 一辆公共汽车和一辆出租车在红绿灯前相撞。
联 collide *v.* 碰撞，冲突

----------2354

☐ **medical** ['medɪkl] *a.* ①医学的，医疗的 ②内科的 *n.* 体格检查，健康检查
搭 the medical profession 医疗行业；medical research 医学研究
例 Several police officers received medical treatment for cuts and bruises. 几名警察因为有划伤和瘀伤而接受了治疗。

----------2355

☐ **highlight** ['haɪlaɪt] *v.* ①使显著，使突出 ②强调，使注意力集中于 [同] emphasize *n.* 最精彩／难忘之处，最吸引人的东西
例 The report on the accident highlights the need for improvements in safety. 事故报告强调了提高安全性的重要性。

----------2356

☐ **moist** [mɔɪst] *a.* ①潮湿的，湿润的 [同] wet, damp ②多雨的 ③（眼睛）含泪的，泪汪汪的
搭 a cool, moist wind from the lake 湖面吹来的凉爽而潮湿的风；a path moist with dew 被露水沾湿的小路；moist weather 阴湿的天气
例 His eyes were moist with the joy of success. 成功的喜悦使他眼里噙着泪水。
联 moisten *v.* (使)变得潮湿
辨 moist: 轻度潮湿，润湿。damp: 湿度较大。wet: 潮湿程度可大可小，也表示"多雨的"。

答案:
1. instituted　译文：为了振兴在困境中挣扎的经济，这个国家实行了改革。
2. allowance　译文：我们大多数航班的行李限重为每位乘客 20 千克。

Unit 44

学前自测

1. I asked her to keep us informed of the _____ of this project. (estate, status, desert, debris, virus)

2. He was a far too _____ person to believe these ridiculous lies. (animate, viable, slothful, sensible, susceptible)

----------2357

□ **removal** [rɪ'muːvl] *n.* ①移动，搬迁，搬走 ②除去，拆除，消除，取消 ③撤职，免职 [同] dismissal

搭 the removal of a tyrant from power 把暴君赶下台；stain removal 去污；the removal of trade restrictions 取消贸易限制

例 Parliament decided that his removal was illegal. 议会认为对他的罢免是违法的。

----------2358

□ **highland** ['haɪlənd] *n.* ①高原，高地 ②(H-) 苏格兰高地

例 The natural scenery on the highland is strongly impressed on my memory. 高原的自然风景深深地印在我的记忆中。

----------2359

□ **viable** ['vaɪəbl] *a.* ①能养活的，能生长发育的，能发芽生长的 ②能独立生存的，能独立发展的 ③有望成功的，可实施的

搭 a viable alternative 可行的选择；a viable proposition 可行的主张；a viable animal 能够生育下一代的动物；a viable candidate 有希望当选的候选人；viable economy 独立经济

例 Many are doubtful that this technology will ever be commercially viable. 许多人怀疑这项技术在商业上是否行得通。

联 viability *n.* 生育能力，发育能力

----------2360

□ **estate** [ɪ'steɪt] *n.* ①（有大片建筑物的）土地，住宅区 ②地产，财产，遗产 [同] fortune, property ③（乡村的）大片私有土地，庄园，种植园

构 e（出）+ st（站立）+ ate（……的）→赖以站立的→财产

搭 an industrial estate 工业区；real estate 房地产，不动产；a housing estate 居民区，住宅区；have an estate in the country 在乡下有一处房产

例 She left her entire estate to her niece. 她把所有的财产都留给了她的侄女。

----------2361

□ **sanitation** [ˌsænɪ'teɪʃn] *n.* ①卫生 [同] health ②排污设备，卫生设施

构 sanit（治愈）+ ation（表名词）→卫生

例 Many illnesses in these temporary refugee camps are the result of bad sanitation. 这些临时难民营的许多疾病都是来源于恶劣的卫生设施。

联 sanitize *v.* 使清洁，给……消毒

----------2362

□ **propose** [prə'pəʊz] *v.* ①提议，建议，提出 [同] suggest ②提名，推荐 ③打算，计划 ④求婚

例 He proposed a motion that the chairman resign. 他提出了一个让主席辞职的动议。

联 proposal *n.* 建议，提案，求婚

辨 propose: 正式提出、提议，不一定有具体方案。suggest: 往往含具体做法或设想。motion: 动议，需要在正式会上讨论。

----------2363

□ **status** ['steɪtəs] *n.* ①地位，身份 [同] position ②情形，状况，状态 ③威望，特权

搭 people of high social status 社会地位高的人；legal status 合法地位；the status quo 现状

例 The success of her new book has given her unexpected celebrity status. 她的新书的成功给她带来了意想不到的名人身份。

----------2364

□ **catastrophe** [kə'tæstrəfi] *n.* ①大灾难，灾祸 [同] misfortune ②（尤指悲剧的）结局

构 cata（向下）+ strophe（转）→转下去→灾祸

例 The earthquake was a catastrophe in which many people died. 那场地震是场大灾难，有许多人丧生。

联 catastrophic *a.* 灾难性的

辨 catastrophe: 大灾难。disaster: 常用词，指自然的、人为的、出乎意料的灾难。calamity: 广泛的、悲惨的不幸，痛苦更深，涉及的人更多。misfortune: 事态逆转引起的不幸，而非个人过错所引起。

----------2365

□ **sensible** ['sensəbl] *a.* ①明智的，明白事理的

②知道的，意识到的 ③可注意到的，可察觉的
④实用的

搭 a sensible error 显而易见的差错；a sensible increase in temperature 温度的明显上升；a sensible choice 明智的选择

例 His distress was sensible from his manner. 他的忧伤从他的举止就可以看出。

························2366

□ **desert** ['dezət] *n.* ①沙漠，荒漠 ②枯燥乏味的地方 [dɪ'zɜːt] *v.* ①离弃，抛弃 [同] abandon ②擅离（职守等）③背弃，放弃

搭 desert one's wife 抛弃妻子；cultural desert 文化沙漠

例 During the war, if soldiers deserted and were caught, they were shot. 战争期间，若士兵擅离职守被抓，就会被枪毙。

························2367

□ **susceptible** [sə'septəbl] *a.* ①易受影响的 ②(to) 敏感的，易感的，过敏的 [同] sensitive ③(of) 能经受的，容许的

搭 susceptible to advertising 易受广告的影响；have a susceptible nature 生性情绪化

例 The official has a deadly weak point — being susceptible to flattery. 这个官员有个致命弱点——经不起奉承。

························2368

□ **accurate** ['ækjərət] *a.* ①正确无误的 ②准确的，精确的 [同] precise, exact [反] inaccurate

搭 be accurate in one's work 做事仔细

例 They need accurate data to construct the bridge. 他们需要精确的资料来造这座桥。

联 accurately *ad.* 精确地；inaccurate *a.* 不准确的；inaccurately *ad.* 不准确地

辨 accurate: 侧重准确性，指精确无误；precise: 侧重细节、定义的准确；exact: 强调恰好的，一模一样的。

························2369

□ **supply** [sə'plaɪ] *v.* ①(with, to) 供给，提供，供应 [同] provide ②满足（需要等），弥补（缺陷、不足）*n.* ①供应（量）②（常 *pl.*）存货，必需品

构 sup（在……下方）+ ply（重叠）→供给

搭 in short supply 供应不足；supply and demand 供求

例 At the beginning of the term, students are supplied with a list of books that they are expected to read. 学期一开始，学生们就会收到他们这学期

内要读的书目单。

························2370

□ **hesitate** ['hezɪteɪt] *v.* ①(about, over) 犹豫，踌躇 ②不情愿，不愿意 ③吞吞吐吐，支支吾吾 ④稍停，停顿

搭 hesitate at nothing 什么都干得出来；hesitate to express oneself fully 表达意见时吞吞吐吐；hesitate a moment 犹豫一会儿

例 He who hesitates is lost. 当断不断，必受其乱。

联 hesitater *n.* 讲话吞吞吐吐的人；hesitating *a.* 犹豫的，踌躇的

························2371

□ **slothful** ['sləʊθfl] *a.* 懒散的，懒惰的

搭 slothful habits 懒散的习惯

例 The woman in the tent next to us is shouting at her slothful son. 我们隔壁帐篷里那个妇人正冲着他那懒散的儿子喊叫。

························2372

□ **spare** [speə(r)] *a.* ①多余的，剩下的，闲置的 [同] surplus, extra ②备用的，额外的 [同] reserve ③瘦高的，高挑的 [同] lean ④朴素的，无多余装饰的 *v.* ①省出，抽出（时间）[同] save ②饶恕，不伤害 [同] pardon, forgive ③节约，吝惜

搭 spare batteries 备用电池；spare one's life 饶命；spare a moment 空出一些时间；arrive with time to spare 到达时时间还有空余；spare no efforts 不遗余力；spare no expense 不惜工本

例 All children should bring a spare set of clothes in case they get wet. 所有的孩子都要带上一套备用衣服以防下雨淋湿。

························2373

□ **trek** [trek] *v.* 长途跋涉，徒步旅行 *n.* 跋涉

例 They did a six hour trek between the two towns yesterday. 昨天他们在两个小城之间长途跋涉了 6 个小时。

························2374

□ **animate** ['ænɪmət] *a.* 活的，有生命的 [反] inanimate ['ænɪmeɪt] *v.* ①赋予生命 ②使活泼，使生机勃勃 ③摄制成动画片

构 anim（生命，物种）+ ate（使）→使有生命→赋予生命

例 The world contains things which are animate and things which are inanimate. 世界包含着有生命的东西和无生命的东西。

························2375

□ **stuff** [stʌf] *n.* ① 原料，材料 [同] material

②物品，东西，财物 ③蠢话，愚蠢的做法，无聊的文字，馊主意 *v.* ①填进，填满，塞满 [同] fill, pack ②让……吃饱

搭 some stuff on the website 网站上一些无聊的内容；and stuff (like that) 如此等等

例 My drawer is stuffed with rubbish and I want to dispose of it some day. 我抽屉里塞满了垃圾，我想哪天清理一下。

辨 be stuffed with sth.: 被……填满（with 后只可接物）。be packed/crowded with sb./sth.: 被……塞/挤满（with 后可接人或物）。

----------2376

□ **debris** ['debri:] *n.* 残骸，碎片，瓦砾

例 The storm tore down trees, damaged houses and littered the village with debris. 暴风雨击倒了树木，毁坏了房屋，搞得村庄一片狼藉。

----------2377

□ **capacity** [kə'pæsəti] *n.* ①容量，容积 [同] volume ②才能，能力 [同] ability ③身份，职位

构 cap（拿住）+ acity（表名词）→ 能拿住 → 容量

搭 a capacity of learning languages 学习语言的能力；business capacity 经商才能；at full capacity 全力，全速；be filled to capacity 已满座；productive capacity 生产能力；have a great capacity for maths 有数学才能；have a capacity of 500 people 可容纳500人

例 The seating capacity of the cinema is 1,000. 这家电影院可容纳1 000人。

辨 capacity: 人理解、接受的能力，物容纳、装载的能力。ability: 人做事的实际能力。

----------2378

□ **indigenous** [ɪn'dɪdʒənəs] *a.* ①本地的，本土的，原有的，土生土长的 ②生来的，固有的，内在的

搭 animals that are indigenous to Asia 亚洲的本土动物；indigenous population 本土人口；the atmosphere indigenous to the city 这座城市固有的氛围

例 This species of frogs is indigenous to the area. 这种青蛙是本地区原有的。

----------2379

□ **stretch** [stretʃ] *v.* ①拉长，拉紧，伸展 [同] draw, lengthen ②使倾尽全力，使紧张 *n.* ①一段时间，一段路程，连绵的一片 ②伸展，延伸，延续

搭 at full stretch 全力以赴；at a stretch 连续地，不

停地；stretch out 伸展

例 You shouldn't stretch yourself beyond your means and get yourself into debt. 你不应该超过你的经济实力办事，致使自己欠债。

----------2380

□ **respondent** [rɪ'spɒndənt] *a.* ①回答的 ②有反应的，反射的 *n.* ①回答者，响应者 ②（论文等的）答辩人 ③反应，反射 ④调查对象，（调查的）答卷人

搭 be respondent to some stimulus 对某种刺激做出反应；respondent conditioning 反射训练；respondents randomly selected 随机选择的调查对象

例 Only 15% of the respondents agreed with the suggestion. 只有15%的调查对象赞同这项建议。

----------2381

□ **veil** [veɪl] *n.* ①面纱，面罩 ②遮盖物，掩饰物 [同] cover *v.* 掩盖，掩饰 [同] cover (up) [反] unveil, reveal

搭 under the veil of 以……为托词，以……为借口；cast/throw/draw a veil over 遮掩，隐瞒

例 After the ceremony, the bride lifted up her veil to kiss her husband. 仪式之后，新娘揭开面纱去亲吻她的丈夫。

----------2382

□ **oak** [əʊk] *n.* ①栎树，橡树 ②栎木，橡木

例 There stands a mighty oak in the backyard. 后院里有一棵巨大的橡树。

----------2383

□ **reasonable** ['ri:znəbl] *a.* ①合理的，有道理的 [反] unreasonable ②通情达理的，讲道理的 [同] sensible, acceptable ③公道的 [同] fair

例 He was set free because the jury decided there was a reasonable doubt about his guilt. 他无罪释放，因为陪审团裁决他的罪名存在合理的疑问。

----------2384

□ **forth** [fɔ:θ] *ad.* ①向前，在前 [同] forward ②以后 ③往外，露出

搭 back and forth 前后，来回，往返（地）；and so forth 等等；from this day forth 从今天起

例 Her eyes went back and forth among the three men. 她的目光在这三个男人身上来回游移。

----------2385

□ **debt** [det] *n.* 欠款，债务，负债

搭 in one's debt 欠某人的人情；out of debt 不欠债；pay one's debts 还债；in debt (to) 欠债，受……的恩惠

例 I'm heavily in debt at the moment, but hope to be out of debt when I get paid. 眼下我负债累累，但希望等拿到工资后统统还清。

联 debtor *n.* 债务人，借方

························2386

□ **resume** [rɪ'zjuːm] *v.* ①重新开始，继续 ②恢复，收回

构 re（再）+ sum（拿起）+ e →重新拿起 →重新开始

搭 resume one's normal life 重新开始正常的生活；resume one's duties 重新履行职责；resume one's spirit 恢复精神；resume one's coat and hat 重新穿戴衣帽

例 The research is expected to resume early today. 这项研究预计今天一大早重新开始。

························2387

□ **decade** ['dekeɪd] *n.* 十年（期）

例 I wasn't in the country much during the eighties. I spent the decade working abroad on various assignments. 1980 年代我难得在国内，那十年我在国外工作，承担了多种任务。

························2388

□ **underestimate** [ˌʌndər'estɪmeɪt] *v.* 估计不足，低估 [同] underrate [反] overestimate

例 You can't underestimate your opponent team；they have great potentials. 你不能低估对手，他们大有潜力。

························2389

□ **bulk** [bʌlk] *n.* ①（巨大）物体，（大）块，（大）团 [同] object, mass ②主题，绝大部分，大多数 [同] majority ③（巨大的）体积，（大）量 [同] volume, immensity *v.* 变得越来越大或重要，使更大或更厚

搭 the bulk of 大部分；sell in bulk 整批出售，批发；in bulk 大量，大批；bulk up 发胀，涌起，胀大

例 Things are often cheaper if they are bought in bulk. 如果成批地买东西，价格往往会便宜一些。

························2390

□ **migrate** [maɪ'greɪt] *v.* ①（候鸟等）迁徙，移栖 ②移居（尤指移居国外），迁移

例 The couple migrated to Japan for better jobs. 这对夫妇迁居日本谋求更好的工作。

························2391

□ **virus** ['vaɪrəs] *n.* ①病毒 ②病毒性疾病，毒病 ③（蛇等的）毒液 ④毒害，有害影响

搭 a virus infection 病毒感染；remove the virus of prejudices 消除有害的偏见；detect and remove

viruses 检测并清除病毒

例 Mary is believed to be suffering from a virus. 人们相信玛丽患了一种病毒性疾病。

························2392

□ **advertisement** [əd'vɜːtɪsmənt] *n.* 广告，启事（缩写 ad., advert.）

搭 place/put an advertisement in a newspaper/on TV 在报纸 / 电视上登广告；answer an advertisement in yesterday's *The Times* 应征昨天《泰晤士报》上的一个广告

例 The magazine contains pages and pages of advertisements for foreign holidays. 杂志里面有一页又一页海外度假的广告。

························2393

□ **environment** [ɪn'vaɪrənmənt] *n.* 环境，周围状况，自然环境 [同] surroundings

搭 fight pollution to protect the environment 与污染做斗争以保护环境；safe environment 安全环境；be brought up in entirely different environment 在完全不同的生活环境中抚养长大

例 The moral characters of men are formed not by heredity but by environment. 人类的道德品质不是遗传的，而是由环境塑造的。

辨 environment: 产生某种影响的环境 (home environment)。circumstances: (用复数，同 under, in 连用) 某事、某行为的情况。

························2394

□ **inborn** [ˌɪn'bɔːn] *a.* 天生的，先天的，固有的

例 She has an apparently inborn talent for physics. 她明显有先天的学物理的天资。

························2395

□ **pervasive** [pə'veɪsɪv] *a.* 到处弥漫的，遍布的，普遍的

例 There is a pervasive smell of diesel in the garage. 车库里弥漫着一股柴油味。

························2396

□ **independent** [ˌɪndɪ'pendənt] *a.* ①独立的，自主的 [同] unaided, self-sustained ②不依赖……的

搭 independent of 不受……约束 / 支配的

例 The committee of the inquiry is completely independent of the government. 这个调查委员会完全独立于政府。

联 independently *ad.* 独立地

························2397

□ **versus** ['vɜːsəs] *prep.* （缩略语：vs. v.）①与……

相对，与……相比 ②以……为对手，对 [同]
against

撘 the problem of peace versus war 和平还是战争
的问题；the plaintiff versus the defendant 原告对
被告

例 The match tonight is China versus Japan. 今晚的
比赛是中国队对日本队。

......2398

□ **spoil** [spɔɪl] *v.* ①损坏，破坏，弄糟 [同]
damage, ruin ②宠坏，溺爱 [同] indulge ③变质，
腐败，变坏 [同] go bad *n.* ①(*pl.*)战利品，掠夺物，
赃物 ②珍藏品

撘 spoil one's life 毁了某人的人生；spoil one's grand-
children 宠孙子孙女；spoil the food 使食物腐坏

例 You'll spoil your appetite for dinner if you have
a cake now. 如果你现在吃蛋糕的话，等开饭时你
就没胃口了。

......2399

□ **gland** [glænd] *n.* ①腺 ②（密封）压盖，密
封套，密封装置

例 The glands in his neck are swollen. 他颈部的腺
组织肿大了。

......2400

□ **tutorial** [tjuː'tɔːrɪəl] *a.* ①辅导的，指导的
②家庭教师的，大学导师的，监护人的 *n.* 专门
指导课，导师辅导课，辅导时间

构 tut（指导，教育）+ or + ial（……的）→辅导
的，指导的

例 Students may decide to seek tutorial guidance. 学
生们可以决定寻求导师指导。

......2401

□ **viewpoint** ['vjuːpɔɪnt] *n.* 观点，看法，见解

撘 a one-sided viewpoint 片面的观点；from an
ecological viewpoint 从生态的角度考虑

例 At the beginning of the book, the author stated
the following viewpoints. 在书的开头，作者陈述
了以下几个观点。

......2402

□ **celebrate** ['selɪbreɪt] *v.* ①庆祝，祝贺 ②赞
美 [同] praise, glorify

撘 celebrate one's birthday 庆祝生日

例 She was celebrated as one of the finest dancers of
her generation. 她被誉为她那一代最优秀的舞蹈
家之一。

联 celebrated *a.* 著名的；celebrity *n.* 名人，名誉；
celebration *n.* 庆祝会，典礼

......2403

□ **regarding** [rɪ'gɑːdɪŋ] *prep.* 关于，就……而
言 [同] as regards, with/in regard to

例 He gave no information regarding the man's
whereabouts. 关于那个人的下落，他没有提供任
何信息。

......2404

□ **petroleum** [pə'trəʊlɪəm] *n.* 石油 [同] oil,
crude oil

构 petr（石）+ oleum（油）→石油

例 Petroleum price has dropped since there has been
more competition between suppliers. 由于供应商之
间的竞争加剧，石油价格已经下跌。

联 kerosene *n.* 煤油；diesel oil *n.* 柴油；petrol/gas-
oline *n.* 汽油；tar *n.* 柏油，焦油；crude oil 原油；
petrification *n.* 石化（作用）

......2405

□ **sanctuary** ['sæŋktʃuəri] *n.* ①避难所 ②禁猎
区，保护区 ③圣所，圣坛

构 sanct（神圣）+ (u)ary（地方）→圣所

撘 take sanctuary in one's study 躲进书房；a natu-
ral sanctuary 自然保护区

例 The illegal immigrants found sanctuary in a local
church. 非法移民把当地一座教堂作为避难所。

答案：
1. status　译文：我要她随时告诉我们该项目的进展情况。
2. sensible　译文：他是一个相当理智的人，不会相信这些无稽的谎言。

Unit 45

学前自测

1. It is a good example of _____ between industrialists and businessmen. (availability, collaboration, priority, resident, navigation)

2. He has been _____ to improve the legal status of women. (badging, branding, harnessing, secluding, campaigning)

----------2406

□ **insidious** [ɪn'sɪdɪəs] **a.** ①阴险的，狡诈的，暗中为害的，表面诱人的 ②（疾病）隐伏的

构 in（在里面）+ sid（坐）+ ious（……的）→坐在里面的→暗中为害的

搭 an insidious foe 阴险的敌人；an insidious attempt 阴谋

例 It's an insidious disease that attacks the central nervous system. 这是一种破坏中枢神经的隐疾。

----------2407

□ **campaign** [kæm'peɪn] **n.** ① 运 动 ② 战 役 **v.** ①发起运动，开展活动，参加竞选 ②作战

构 camp（田野）+ aign（表名词）→营地战役

搭 campaign for 为……而竞选；an election campaign 竞选活动；an advertising campaign 广告宣传活动；a propaganda campaign 宣传战；a campaign against corruption 反腐败运动

例 He campaigned for presidency and won the election. 他竞选总统，并当选了。

辨 campaign: 具有明确目的、引起较大轰动的运动。movement: 范围广的政治、文化、社会运动。

----------2408

□ **availability** [ə،veɪlə'bɪləti] **n.** 可用性，可得性

例 The ready availability of guns has contributed to the rising violence. 容易得到枪支使暴力事件越来越多。

----------2409

□ **comparative** [kəm'pærətɪv] **a.** ①比较的，比较而言的 ②相对的 [同] relative [反] absolute

例 He made a comparative study of Chinese and Russian histories. 他对中国和俄罗斯历史进行了比较研究。

联 comparatively **ad.** 比较地，相对地；compatible **a.** 协调的，一致的，兼容的

----------2410

□ **antiquated** ['æntɪkweɪtɪd] **a.** ①陈旧的，老式的，过时的 ②年老的

搭 antiquated ideas 陈旧的观念；notoriously antiquated customs 众所周知的陈腐习俗

例 It will take many years to modernize these antiquated industries. 要使这些陈旧的工业现代化，得花许多年。

----------2411

□ **collaboration** [kə،læbə'reɪʃn] **n.** ①合作，协作 ②合作的产物 ③勾结，通敌

搭 in collaboration with 与……合作，与……勾结

例 The new airport is a collaboration between two of the best architects in the country. 这个新机场是国内两名最优秀的建筑师共同合作的结果。

辨 collaboration: 合伙做某事。cooperation: 协作，协力做某事。

----------2412

□ **priority** [praɪ'ɒrəti] **n.** ①优先（权），重点 ②优先考虑的事

搭 have priority over 优越于……，有比……的优先权；give (first/top) priority to 给……以（最）优先权，优先处理；place/put high/top priority on 最优先考虑

例 Fire engines and ambulances have priority over other traffic. 消防车和救护车比其他车辆有优先通行权。

----------2413

□ **adaptation** [،ædæp'teɪʃn] **n.** ①适应，适合 ②改建，改编（本），改写 ③适应性的变化，经过适应的结果

搭 a marked capacity for change and adaptation 非凡的应变适应能力；under adaptation 正在改建中；an adaptation to dry conditions 对干旱环境的适应

例 Last year he starred in the film adaptation of a best-selling novel. 去年他在一部畅销小说改编的电影中担任主演。

联 adaptive **a.** 适应的，适合的

----------2414

□ **badge** [bædʒ] **n.** ①徽章，奖章 ②标记 [同]

emblem ③象征 **v.** 授予……徽章 / 奖章，给予……
标记

搭 wear badges with one's names on 戴着标有名字
的胸章；a badge of success 成功的标志；a police
badge 警徽

例 The old general wore a coat covered in badges.
这位老将军穿了一件挂满徽章的外套。

··2415

□ **ambiguous** [æm'bɪɡjuəs] **a.** ①含义不清的，
不明确的 [同] obscure, vague [反] definite, clear
②引起歧义的，模棱两可的 [同] doubtful

搭 ambiguous message 存在歧义的信息；have am-
biguous feelings about one's role in the world 对自
己在这个世界上的角色认识含糊

例 Her ambiguous directions misled the travelers.
她指的方向模棱两可，给旅游者引错了路。

··2416

□ **design** [dɪ'zaɪn] **v.** ①设计 [同] devise ②计划，
策划，谋划 [同] plan **n.** ①设计（艺术）布局，
安排 ②设想，构想 ③花纹，图案，图样，草图
④计划，规划 ⑤意图，目的，打算 [同] intention

搭 the awkward design of the house 房子的蹩脚设
计；decorated with a sunflower design 饰有向日葵
图案；a project designed to help homeless people 旨
在帮助无家可归者的项目；by design 故意地

例 The intelligence service conceived a grand design
to assassinate the president. 情报机构策划了一项
暗杀总统的重大计划。

辨 design: 为达成某个目的的准备、设计。plan:
做某事的方案、方法。project: 大规模的工程、计
划。scheme: 系统的计划或坏的企图。

··2417

□ **gather** ['ɡæðə(r)] **v.** ①聚集，集合 [同] collect,
assemble ②回收，采集 [同] pick, collect ③逐渐
增加，加速 [同] gain, increase ④猜想，推测 [同]
assume, infer

搭 gather firewood 拾柴火；gather berries and nuts to
eat 采食浆果和坚果；gather speed 加快速度；gather
momentum 势头增强；gather around the fireplace talk-
ing 围在壁炉边聊天

例 The team spent a year gathering data. 这个团队
花了一年时间收集资料。

辨 gather: 将个体聚集在一起，用于集会等。collect:
按分类、安排细致选择搜集某物。

··2418

□ **resident** ['rezɪdənt] **n.** ①居民，定居者 ②住

院医生 **a.** ①居住的，定居的 ②住校的，住院的，
住在居所的

例 Local residents see the same old lady there at the
same time of the day. 每天在同样的时间，当地居
民都能在那里看到同一位老太太。

··2419

□ **precarious** [prɪ'keərɪəs] **a.** 危险的，不幸的，
不稳的

例 Many borrowers now find themselves caught in a
precarious financial position. 许多借款人现在发现
他们处于危险的财务状况中。

··2420

□ **brand** [brænd] **n.** ①烙印，标记 ②（商品的）
牌子，商标 [同] mark, trademark ③一种，一类
v. ①打烙印于，以烙铁打（标志）②铭记，铭刻
③加污名于，谴责

搭 a leading brand 一流品牌；a melodic and melan-
choly brand of music 一种旋律优美、曲调忧伤的
音乐；bear the brand of a coward 背上懦夫的污名；
brand sb. a war criminal 给某人加上战犯的污名

例 All these cattle are branded with the letter B. 所
有这些牛都被打上了字母 B 的烙印。

··2421

□ **purchase** ['pɜːtʃəs] **n.** ①购买 ②购买的东西
v. 买，购买 [同] buy

搭 purchase power 购买力；a good purchase(= bar-
gain) 便宜货

例 We put all our purchase in a handcart and made
for the supermarket's check-out desk. 我们把买
的东西全部放进手推车，然后朝超市的结账处
走去。

··2422

□ **navigation** [ˌnævɪ'ɡeɪʃn] **n.** ①航行（学），航
海（术），航空（术）[同] sailing, piloting ②导航，
领航

构 nav（船）+ ig + ation（表名词）→航行

例 We nowadays can sail across the sea rain or
shine, day and night, by the use of radar navigation.
我们今天利用雷达导航可以跨海远航，日夜扬
帆，风雨无阻。

··2423

□ **devise** [dɪ'vaɪz] **v.** ①设计，发明 [同] design,
invent ②策划，制定，想出

例 New long-range objectives should be devised. 应
该制订新的长远目标。

······2424

□ **bid** [bɪd] （过去式：bid 或 bade 过去分词：bid 或 bidden） **n.** ①企图，努力 [同] attempt ②喊价，出价，投标 **v.** ①出（价），喊（价）②祝，表示 ③命令，吩咐 [同] order, command
搭 call for/invite bids 招标；make a bid for popular support 努力争取民众的支持；bid sb. do 要某人做（不用 to）
例 She bid 50 dollars for this beautiful plate. 她出价 50 美元买下了这个漂亮的盘子。

······2425

□ **conviction** [kən'vɪkʃn] **n.** ①确信，坚定的信仰 [同] assurance, faith ②说服，信服 ③定罪，判罪 [同] sentence
搭 a string of previous convictions 一系列犯罪前科；a man of strong convictions 信仰坚定的人
例 I speak in the full conviction that time will never cause our love to diminish. 我深信不疑地说，时光不会使我们的爱情稍减分毫。

······2426

□ **secure** [sɪ'kjʊə(r)] **a.** ①安全的，可靠的，牢固的 [同] safe ②放心的 [同] assured **v.** ①得到，获得 [同] obtain ②使安全，防护 [同] safeguard ③缚牢，关紧 [同] fasten ④保证，作保，担保
搭 feel financially secure 感到经济上有保障；secured against the house 以房屋为担保
例 She felt secure only when both doors were locked. 只有当两扇门都锁上了她才感到放心。

······2427

□ **reward** [rɪ'wɔːd] **n.** ①回报，报答 ②(for) 酬劳，奖赏 [同] prize, award **v.** ①(for) 酬劳，奖赏 [同] award ②报偿 [同] repay
例 It turned out that she got nothing in reward for all the kindness she had done to her vicious son. 到头来，她对逆子一切好心好意的关照都付诸东流，自己一无所得。

······2428

□ **mild** [maɪld] **a.** ①温柔的，文雅的 [同] gentle, kind ②轻微的，不重的 [同] slight ③（烟、酒）味淡的 ④暖和的
搭 a mild winter 暖和的冬天；a mild breeze 和风；with mild regret 略带懊悔地
例 She can't accept even mild criticism of her work. 她甚至不能接受对她工作轻微的批评。

······2429

□ **expectation** [ˌekspek'teɪʃn] **n.** ①期待，预期 [同] anticipation ②前程，前景 ③可望继承的遗产
构 ex（出）+ spect（看）+ ation（表名词）→向外看 →期待
搭 in expectation of 期待，期望；the expectation of a good harvest 对丰收的期待；cherish/entertain great expectations of one's ability 对某人的能力抱很大期待；have lofty expectation 胸怀大志；a young man with bright/great expectation 前程似锦的青年；look forward to sth. with much expectation 急切盼望着某事
例 We all have great expectation for the future. 我们都对未来抱有很大的期望。

······2430

□ **pudding** ['pʊdɪŋ] **n.** 布丁
例 He made a delicious pudding for his dinner party. 他为聚会做了一道鲜美的布丁。

······2431

□ **oversee** [ˌəʊvə'siː] **v.** (oversaw, overseen) ①监视，监督，管理 ②瞭望，俯瞰 ③偷看到
搭 oversee the paper 偷看文件；oversee the construction work 管理建筑工程
例 He oversees the import department. 他掌管进口部门。

······2432

□ **harness** ['hɑːnɪs] **v.** ①驾驭，控制，治理，利用 [同] control, utilize ②给（马等）上挽具 **n.** ①马具，挽具 ②背带，系带
搭 harness the energy of the sun 开发利用太阳能
例 Tide water can be harnessed to produce electricity. 可以利用潮水发电。

······2433

□ **perpetual** [pə'petʃuəl] **a.** ①永久的，永恒的，长期的 [同] everlasting, permanent, eternal ②无休止的，没完没了的 [同] endless
构 per（始终）+ pet（追求）+ ual（有……性质的）→自始至终的追求 →永久的
例 Mother got angry for my sisters' perpetual quarrel with each other. 我的两个妹妹无休止的斗嘴使妈妈十分生气。

······2434

□ **brittle** ['brɪtl] **a.** ①易碎的，硬而脆的，易损坏的 ②靠不住的，脆弱的 ③易怒的，暴躁的
例 The countries formed a brittle alliance. 这些国家形成了脆弱的联盟。
联 brittleness **n.** 脆性，脆皮

────────2435

□ **speciality/specialty** [ˌspeʃiˈæləti / ˈspeʃəlti]
n. ①专业 [同] major, discipline ②专长 ③特产，名产，特色菜

构 speci（种类）+ ality（表名词）→分成不同的种类 →专业

搭 in speciality 特别的，专门的

例 Root carvings are a specialty of this small town. 根雕是这个小城的特产。

────────2436

□ **compliment** [ˈkɒmplɪmənt] *n.* ①赞扬，恭维 ②敬意，荣耀 ③ (*pl.*) 问候，祝贺 [ˈkɒmplɪment] *v.* ①赞美，恭维，奉承 ②向……送礼表示敬意 / 祝贺

构 com（共同）+ pli（满，填满）+ ment（表名词）→一起填满 →赞扬

搭 pay compliment to 对……赞美；fish for the compliment 引别人恭维几句；return/repay the compliment 答谢好意；compliment with each other 互相祝贺；be showered with compliments on one's excellent performance 因出色表演而受到赞扬；send my compliments to 代我向……致意

例 I must compliment you on your handing of a very difficult situation. 我必须赞扬你对困难局面的自如应对。

联 complimentary *a.* 赞美的

────────2437

□ **seclude** [sɪˈkluːd] *v.* 使隔绝，使隔离，使隐居
构 se（分开）+ clude（关闭）→分开关闭 →使隔绝

搭 seclude oneself from society 与世隔绝；seclude oneself in a room 把自己关在房间里

例 We used to sunbathe on a secluded beach that was completely cut off when the tide came in. 我们过去常在僻静的海滩上晒日光浴，这个地方涨潮时完全与外界隔绝。

联 secluded *a.* 隔绝的，隐居的；seclusion *n.* 与世隔绝，隐居

────────2438

□ **controversy** [ˈkɒntrəvɜːsi] *n.*（尤指文字形式的）争论，辩论 [同] debate [反] accord

搭 give rise to controversy 引起许多争论；without/beyond/out of controversy 无可争议，无疑，不消说

例 The new law has caused much controversy. 新的法律引起了很多争论。

────────2439

□ **inadequate** [ɪnˈædɪkwət] *a.* ①不足的，不充分的 ②不够格的，不胜任的

搭 inadequate preparation 准备不足；inadequate to the occasion 对这种场合不能应付自如

例 Supplies of food and medicines are inadequate. 食品和药品的供应不足。

联 inadequacy *n.* 不充足，不够；inadequately *ad.* 不充足地，不够地

────────2440

□ **combination** [ˌkɒmbɪˈneɪʃn] *n.* ①结合，联合 [同] bind, association ②化合，化合物 [同] compound

搭 in combination with 与……联系，与……有关

例 He carried on the business in combination with his friends. 他与朋友合伙做生意。

联 mixture *n.* 混合物；connection *n.* 联系，关系，亲戚

────────2441

□ **quota** [ˈkwəʊtə] *n.* ①定量，定额，限额 [同] share, ration ②配额

搭 the quota of four tickets per person 每人四张票的限额

例 The workers worked extra hours in the hope of fulfilling their monthly quota 3 days ahead of schedule. 工人们加班加点，希望提前三天完成当月计划指标。

────────2442

□ **event** [ɪˈvent] *n.* ①事情，事件 [同] incident, affair ②活动，场合 ③比赛项目 [同] match

搭 at all events/in any event 不管怎样，无论如何；in the event of 如果……发生，万一

例 The cross-country section of the three-day event was held here yesterday. 为期三天的赛事中的越野赛昨天在此举办。

辨 event: 重大（历史）事件。accident: 意外的不幸事故。incident: 一般的、不重要的事件。occurrence: 日常发生的事情。

────────2443

□ **clutch** [klʌtʃ] *v.* ①(at) 企图抓住 ②抓紧，紧握 [同] grip, clasp *n.* ①（汽车、机器等的）离合器 ②（常 *pl.*）掌握，控制 [同] control ③把握，抓紧

搭 fall into the clutches of 落入……的魔爪；in the clutches of sb.= in sb.'s clutches 在某人的掌控 / 掌握之中；clutch sth. 抓住 / 抓紧某物；clutch at sth.

225

企图抓住某物

例 Feeling herself fall, she clutched at a tree branch. 她觉得自己要掉下去了，于是试图抓住一根树枝。

..............2444

□ **voluntary** ['vɒləntri] *a.* 自愿的，志愿的 [同] willing, intentional

例 She does voluntary work for a charitable organization two days a week. 她每星期为一个慈善机构志愿工作两天。

..............2445

□ **jealous** ['dʒeləs] *a.* ①妒忌的，猜忌的 [同] envious ②羡慕的 ③极力守护的，唯恐失去的

搭 be jealous of 妒忌

例 Jack was driven to a jealous frenzy by a casual comment from Peter. 杰克被彼得无心的一句话惹得妒火中烧。

..............2446

□ **atomic** [ə'tɒmɪk] *a.* ①原子的 ②原子能的，原子武器的

搭 the atomic age 原子时代; atom bomb 原子弹; atomic weapons 原子武器; atomic/nuclear energy 原子能

联 nucleus *n.* 原子核; nuclear *a.* 核的，核能的

..............2447

□ **roam** [rəʊm] *v.*（尤指漫无目的地）闲逛，漫步，漫游，到处乱跑 *n.* 漫步

搭 roam around London by bus 乘公共汽车漫游伦敦

例 There were gangs of kids on motorbikes roaming around in the street. 有几群小混混骑着摩托车在街上到处窜。

..............2448

□ **circle** ['sɜ:kl] *n.* ①圆，圆周 ②界，圈子 [同] company ③范围，领域 ④循环，周而复始 ⑤马戏场 *v.* ①环绕，围绕 ②盘旋 [同] revolve, orbit ③画圈，圈出

搭 stand in a circle 站成一圈; widen one's circle of friends 扩大交友圈; circle the correct answer 圈出

正确答案; the bitter circle of violence and retaliation 暴力与报复的恶性循环

例 The plane circled, awaiting permission to land. 飞机在空中盘旋着，等候着着陆的命令。

联 semicircle *n.* 半圆; ellipse *n.* 椭圆; sphere *n.* 球

..............2449

□ **reputation** [ˌrepju'teɪʃn] *n.* 名气，名声，声誉 [同] fame, celebrity

例 She made a reputation for herself as an expert manager. 她为自己赢得了管理专家的美名。

..............2450

□ **deny** [dɪ'naɪ] *v.* ①否认，不承认 [同] disprove [反] admit ②拒绝给予，拒绝……的要求 [同] refuse, reject

例 The scientist denied himself many of the comforts of life. 这位科学家放弃了生活上的许多享受。

辨 deny: 直言否认真实性等，拒绝要求或给予。contradict: 指极强的否定，并暗示相反的说法是真实的。oppose: 反对，指采取对立的态度。refute: 驳论，批驳。

..............2451

□ **survey** ['sɜ:veɪ] *n.* ①调查，勘查 [同] inspection ②测量，勘测 [同] measurement ③全面审视，概括论述 [sə'veɪ] *v.* ①调查，检视 ②测量，勘测 [同] measure ③全面审视，概括论述

搭 make a survey of sth. 对……做全面调查/观察

例 The delegation was sent to the rural areas to survey medical service conditions there. 代表团被派往农村地区，考察那里的医疗服务状况。

..............2452

□ **overwhelm** [ˌəʊvə'welm] *v.* ①征服，制服 [同] conquer, subdue ②（感情上）使受不了，使不知所措 ③淹没，覆盖 [同] submerge, cover

搭 over（在……上）+ whelm（淹没）→征服，淹没

例 Since I've been on a diet, I've been overwhelmed by a desire to eat. 自从我节食以来，吃的欲望让我无法阻挡。

答案:

1. collaboration 译文：这是实业家与商人合作的好例子。

2. campaigning 译文：他一直在为提高女性的法律地位而奔走呼号。

Unit 46

学前自测

1. We consider it _____ to use military force to protect our citizens. (massive, optical, devastating, judicious, atmospheric)

2. I had no wish to upset him or _____ into his private world. (wrap, extol, pretend, trespass, deposit)

2453

□ **atmospheric** [ˌætməs'ferɪk] *a.* ① 大气的，大气层的 ② 有关大气的

例 If atmospheric conditions are right, it may be possible to see this group of stars tonight. 如果大气状况理想，今晚能看得见这组星星。

2454

□ **profile** ['prəʊfaɪl] *n.* ①（尤指人面部的）侧影，侧面像 ②轮廓，外形 ③传记，人物简介 *v.* ①描绘……的轮廓，显示……的轮廓 ②写……的传记

搭 in profile 侧面的；a high profile 高调，高姿态

例 The actor is photographed in profile smoking a cigarette. 这名演员拍了一张抽烟的侧面照。

2455

□ **trespass** ['trespəs] *v.* ①擅自闯入，侵害 ②打扰，妨碍 ③冒犯，违反，逾越 *n.* ①擅自进入，侵害行为 ②打扰，妨碍 ③冒犯，违背，罪过

构 tres（横向）+ pass（经过）→侵犯

搭 No Trespassing 不得擅自进入；trespass on/upon one's rights 侵害某人的权利；forgive sb. that trespasses against us 宽恕冒犯我们的人；be guilty of trespass 犯非法入侵罪；a trespass on decorum 失礼

例 This is a public footpath and we're not trespassing on someone's land. 这是条公共人行道，我们没有擅自进入别人的地界。

2456

□ **apt** [æpt] *a.* ①恰当的，适宜的 [同] suitable, fitting ②易于，有倾向 [同] liable, inclined ③聪明的，反应敏捷的

例 Please remind me of the party. I'm apt to forget the date. 请提醒我出席聚会，我容易忘记日期。

2457

□ **deposit** [dɪ'pɒzɪt] *v.* ①存放，寄存 ②使沉淀，使沉积 ③储蓄 [同] store, lay aside *n.* ①定金，押金 ②存款 ③沉积物，矿物，矿藏

构 de（向下）+ posit（放置）→存放

搭 pay down a deposit 付清定金；pay a deposit 付押金；cash on deposit 现金存款；deposit the money in a savings account 把钱存在储蓄账户中

例 The flood deposited a layer of mud in the roads. 洪水在道路上积了一层淤泥。

2458

□ **solicitor** [sə'lɪsɪtə(r)] *n.* ①法官，（初级）律师 ②游说者，募捐人

例 She works in a firm of solicitors. 她在一家律师事务所工作。

2459

□ **judicious** [dʒuː'dɪʃəs] *a.* 明断的，明智的，审慎的，有见地的

构 judic（判断）+ ious（……的）→明断的

搭 make judicious use of the resources 明智地使用资源；a judicious series of investments 一系列有远见卓识的投资

例 A judicious parent encourages his children to decide many things for themselves. 明智的家长鼓励自己的孩子在许多事情上自己做决定。

2460

□ **synthesis** ['sɪnθəsɪs] *n.* ①综合，综合体 ②合成

例 Plants need sunlight for the synthesis of their food from carbon dioxide and water. 植物需要阳光才能将二氧化碳和水合成养料。

联 synthesize *v.* 合成

2461

□ **massive** ['mæsɪv] *a.* ①大的，大而重的，大块的 [同] huge ②大量的，大规模的 [同] on a great scale

例 A massive iceberg is floating off the coast. 一座巨大的冰山正漂离海岸。

2462

□ **civil** ['sɪvl] *a.* ①国民的，公民的 [民] public ②文职的 ③国内的 [同] domestic ④文明的，有教养的 [同] well-mannered ⑤民用的，民事的，民法的 ⑥社会的，群居的

搭 civil society 文明社会; civil law 民法; civil disturbances 内乱
例 They decided to attack civil and military communications centers. 他们决定攻击民用和军用通信设施。

....2463

☐ **optical** ['ɒptɪkl] *a.* ①光（学）的 ②眼的，视力的 [同] seeing, visual ③视觉的
构 opt（眼睛）+ ical（……的）→视觉的
例 Telescopes and microscopes are optical instruments. 望远镜和显微镜是光学仪器。
联 optics *n.* 光学; optic *a.* 眼的，光学的; optional *a.* 可选择的

....2464

☐ **rigorous** ['rɪɡərəs] *a.* ①严格的，苛刻的 [同] strict ②一丝不苟的，缜密的 ③严酷的，艰苦的
搭 based on rigorous tests 在严格测试的基础上; rigorous military training 严苛的军事训练
例 She has a scientifically rigorous approach. 她有一种科学严谨的方法。

....2465

☐ **wrap** [ræp] *v.* 包，裹 [同] tie up, envelop *n.* 披肩，围巾
搭 be wrapped in 用……包裹好，穿着，为……所包围; wrap up 包好，裹住，掩饰
搭 wrap the baby in a blanket 把婴儿裹在一条毯子里; be wrapped up in one's own sufferings 沉浸在自己的痛苦之中
例 His lunch often consisted of convenient foods wrapped in plastics. 他的午饭通常包括塑料包装的方便食品。

....2466

☐ **vitality** [vaɪ'tæləti] *n.* ①生机，活力 ②生命力，生存力
构 vit（生命）+ ality（表名词）→生命力
搭 be full of vitality 充满生机; an image of youth and vitality 青春焕发、朝气蓬勃的形象
例 Seed can preserve its vitality within several years. 种子在几年内都有生命力。

....2467

☐ **tune** [tjuːn] *n.* ① 曲调，调子，旋律 [同] melody ②和谐，协调 [同] harmony ③心情，心绪 *v.* ①调音 ②调节，调整
搭 tune in 收听广播/电视节目; in tune with 与……协调; out of tune with 与……不协调; sing in tune 唱得在调子上

例 He always tunes his violin before he starts playing. 他每次演奏之前要先给小提琴调音。

....2468

☐ **resign** [rɪ'zaɪn] *v.* ①辞职 [同] quit ②辞去，放弃 [同] give up ③ (to) 使顺从
搭 resign oneself to fate 听天由命
例 He resigned his post because he had been offered a better job. 因为有了更好的工作，他辞职了。
联 resignation *n.* 辞职，放弃

....2469

☐ **paralysis** [pə'ræləsɪs] *n.* ①麻痹（症），瘫痪 ②无能，无力
搭 the paralysis of the central nervous system 中枢神经的瘫痪; paralysis of transport system by strikes 罢工造成的交通系统的瘫痪

....2470

☐ **extraordinary** [ɪk'strɔːdnri] *a.* 不寻常的，特别的，非凡的 [同] special *n.* 极端，极度
构 extra（以外的）+ ordinary（平常的）→不寻常的
例 With extraordinary wisdom, the famous statesman mediated between the warring countries. 这位著名政治家凭着非凡的智慧在两个交战国之间进行斡旋。
联 extraordinarily *ad.* 格外地

....2471

☐ **vast** [væst] *a.* ①巨大的，庞大的，高大的 ②大量的，极多的，非常的 ③广阔的，广大的
搭 vast plains 辽阔的平原; make a vast difference 形成天壤之别; the vast majority 绝大多数; in vast numbers 大量的
例 The people who have taken my advice have saved themselves a vast amount of money. 那些接受了我的劝告的人们节省了一大笔钱。
联 vastly *ad.* 广大的; vastness *n.* 巨大，辽阔

....2472

☐ **abhorrent** [əb'hɒrənt] *a.* ①使人厌恶的，可憎的，讨厌的 ②相抵制的，不相符的，背离的
搭 an abhorrent crime 令人厌恶的罪行; be abhorrent to nature 厌恶自然; be abhorrent from the principle 背离原则

....2473

☐ **drought** [draʊt] *n.* 干旱，旱灾
例 The drought lasted for more than three months and half of the crops died. 干旱持续了三个多月，一半的庄稼都枯死了。

联 drought-enduring *a.* 耐旱的；drought-resistant *a.* 抗旱的；flood *n.* 水灾

---------------------------------2474

□ **intimate** ['ɪntɪmət] *a.* ① 亲密的，密切的 [同] close, familiar ②熟悉的，深刻了解的 ③内心深处的，私人的 [同] personal, private *n.* 至交，密友

例 He's become very intimate with an actress. 他和一名女演员的关系非常亲密。

---------------------------------2475

□ **devastating** ['devəsteɪtɪŋ] *a.* 毁灭性的，摧垮人的

搭 have devastating consequences/effects 后果惨重

例 If the bomb had expected in the main shopping town, it would have been devastating. 如果炸弹在主要的购物区爆炸，就会是毁灭性的。

联 devastated *a.* 被毁的，被摧垮的；devastatingly *ad.* 惊人地，破坏性地

---------------------------------2476

□ **extol** [ɪk'stəʊl] *v.* 颂扬，赞美 [同] praise

构 ex（外）+ tol（举）→向外举→颂扬

搭 extol one's merits 颂扬某人的功绩；extol sb. as a hero 称赞某人是英雄；extol sb. to the skies 把某人捧上天；be extolled as a genius 被誉为天才

例 They extolled him for his heroic exploits. 他们赞美他的英雄壮举。

---------------------------------2477

□ **destructive** [dɪs'trʌktɪv] *a.* 破坏（性）的，毁灭（性）的 [同] damaging [反] creative

搭 destructive of/to sth. 破坏某物

例 The storm of last week was very destructive to the ripening crops. 上周的风暴对快要成熟的庄稼破坏性很大。

---------------------------------2478

□ **forecast** ['fɔːkɑːst] *n.* 预测，预报 [同] prediction *v.* 预测，预报 [同] predict, foretell

构 fore（预先）+ cast（扔）→预先扔→预测

例 Oil prices are forecast to increase by less than 3% this year. 据预测，今年石油价格增长将低于3%。

---------------------------------2479

□ **terminal** ['tɜːmɪnl] *a.* ①晚期的，不治的，致命的 ②末端的，终点的 ③极端的，极限的 ④期末的，学期的，定期的 *n.* ①（海、陆、空运输路线的）终点，终点站 ②航站楼，场站 ③（计算机）终端，接线端 ④码头，港

构 termin（界限）+ al（……的）→终点的

搭 the terminal joints of the fingers 手指末端关节；terminal cancer 晚期癌症；an oil terminal 石油码头

例 The third terminal at the airport is well-designed. 机场的第三航站楼设计得很好。

---------------------------------2480

□ **slippery** ['slɪpəri] *a.* ①滑的 ②油滑的，狡猾的，不可靠的 [同] tricky

例 Her mother is worried about her daughter's boyfriend, who has a slippery brother doing drug-pushing business. 她妈妈为女儿的男朋友担心，因为他有一个狡猾的兄弟在做贩毒生意。

---------------------------------2481

□ **tariff** ['tærɪf] *n.* ①关税，税率 [同] customs, duty ②（旅馆、饭店等的）价目表，收费表

例 I asked the reception for the tariff but the girl there told me there was one in each set of rooms. 我向服务台索取报价表，可是服务台小姐说每个套间都有一份。

---------------------------------2482

□ **disorder** [dɪs'ɔːdə(r)] *n.* ①混乱，凌乱 [同] confusion ②骚乱，动乱 [同] riot ③（身心、机能的）失调，紊乱，病 [同] disease, illness

构 dis（不）+ order（顺序）→失序→混乱

搭 in disorder 混乱，紊乱；fall into disorder 陷入混乱；suffer from mental disorder 患精神失调；throw…into disorder 把……卷入动乱

例 On returning home, he found that the sitting-room was in disorder. 回到家时，他发现起居室里杂乱不堪。

联 orderly *a.* 有秩序的；disorderly *a.* 无秩序的

---------------------------------2483

□ **inject** [ɪn'dʒekt] *v.* ①注射（药液等），给……注射 ②注入，引入，投入

构 in（进入）+ ject（投，掷）→投进→注入

例 This drug works best if it is injected directly into the bloodstream. 这种药物直接注射到血液中效果最好。

联 reject *v.* 拒绝，驳回；eject *v.* 喷射，排出，驱逐，逐出

---------------------------------2484

□ **label** ['leɪbl] *n.* ①标签，标记 [同] brand, mark ②称号 *v.* ①贴标签 [同] tag, mark ②把……称为 [同] name (as), categorize (as), refer to (as)

例 Some people label me (as) a conservative but I don't think so. 有人称我是保守派，我可不这么认为。

----------2485

□ **predictable** [prɪ'dɪktəbl] *a.* 可预言的，可预知的

例 Comets appear at predictable times. 彗星在预知的时间出现。

----------2486

□ **ferry** ['feri] *n.* 渡船，轮渡 *v.* ①摆渡，乘渡船 ②运送

搭 cross the river by ferry 搭渡船过河；a car ferry 汽车轮渡；ferry the children in a car 用车接送孩子；ferry soldiers across/over a river 用船运送士兵过河；a cross-channel ferry 海峡渡轮；be ferried to and from the island 乘渡轮往返于该岛

例 The boatman ferried me across the river. 船夫把我渡过河去。

联 ferryman *n.* 船工，船夫；ferryboat *n.* 渡船；ferry steamer *n.* 渡轮

----------2487

□ **impact** ['ɪmpækt] *n./v.* ①影响，作用 [同] effect, influence ②冲击，碰撞 [同] collision

例 The anti-smoking campaign has made quite an impact on young people. 禁烟活动对年轻人造成了不小的影响。

----------2488

□ **client** ['klaɪənt] *n.* ①委托人，当事人 ②顾客，主顾，客户 [同] customer

例 We always aim to give our clients personal attention. 我们一向以给我们的顾客体贴关照为目标。

----------2489

□ **pretend** [prɪ'tend] *v.* ①假装，装扮，佯装 [同] affect ②试用 *a.* 伪造的，假冒的

例 He isn't really hurt. He's just pretending. 他没有真的受伤，只是在装。

----------2490

□ **scour** ['skaʊə(r)] *v.* ①擦，刷，擦净 ②冲刷，冲刷成 ③洗涤，清除 ④鞭打，惩罚 *n.* ①擦，刷 ②洗涤，清除

例 You'll have to scour (out) these old cooking pots before you use them. 你在用这些旧锅时，得先把它们擦一擦。

----------2491

□ **commodity** [kə'mɒdəti] *n.* 商品，货物

搭 export commodity fair 出口商品交易会

例 Steel is one of the many commodities that China imports from abroad. 钢是中国进口的许多商品中的一种。

辨 commodity: 商品（可数）。goods: 商品（用复数）。merchandise: 商品（不可数，集体名词）。

----------2492

□ **grove** [grəʊv] *n.* ①小树林 ②果树林，果园 ③（用作街道或地方名）街，路

例 Orange groves grow around the village. 橙树林围绕着村庄生长。

----------2493

□ **benevolent** [bə'nevələnt] *a.* ①仁慈的，善意的 ②行善的，慈善的 [同] charitable

构 bene（好）+ vol（意愿）+ ent（具有……性质的）→善意的

搭 a benevolent smile 和蔼的微笑；a benevolent society 慈善团体

例 She has a benevolent feeling toward small animals. 她对小动物怀有爱心。

----------2494

□ **illegal** [ɪ'liːgl] *a.* ①非法的，犯法的 ②违规的，违章的 [同] unlawful [反] lawful

构 il（非，不）+ leg（法律）+ al（……的）→不合法律的 →非法的

搭 illegal trading of the dollar 非法的美元交易；illegal hunting 非法狩猎

联 illegality *n.* 违法，不法行为；illegally *ad.* 违法地，不合法地

----------2495

□ **consensus** [kən'sensəs] *n.* 一致同意，（意见等）一致

构 con（共同）+ sen（感觉）+ us（表名词）→感觉相同 →意见一致

例 The project was vetoed by the consensus of expert opinion. 专家们一致否决了该项工程。

----------2496

□ **jungle** ['dʒʌŋgl] *n.* ①（热带）丛林，密林 ②乱七八糟的一堆 ③生存竞争激烈之地，弱肉强食的地方

搭 the law of jungle 丛林法则；a venture deep into the jungle 冒险深入丛林；a jungle of wrecked cars 堆积如山的废汽车；the gross vegetation of the tropical jungles 热带丛林中繁茂的草木；the advertising jungle 广告业的激烈竞争

----------2497

□ **convert** [kən'vɜːt] *v.* ①（使）转变，（使）转化 [同] turn, alter ②（使）改变信仰或态度等 ['kɒnvɜːt] *n.* 改变信仰者

构 con（强调）+ vert（转）→转变

搭 be converted to Christianity 皈依基督教；convert from solid fuel to natural gas 停用固体燃料，改用天然气；convert some dollars into pounds 把一些美元兑换成英镑

例 He converted to his wife's religion when he got married. 他结婚时改信了他妻子信仰的宗教。

联 converter *n.* 转化器，变流器；convertible *a.* 可改变的，可兑换的

---2498

□ **allege** [əˈledʒ] *v.* 断言，宣称，硬说 [同] affirm, assert

搭 allege sth. as a reason 提出某事作为理由

例 The police alleged that the man was murdered but they have given no proof. 警察断言那人是被谋杀的，但他们没有提供证据。

---2499

□ **complete** [kəmˈpliːt] *a.* ①完整的，全部的 [同] entire, total ②已完成的，终结的 ③彻底的，十足的，绝对的 *v.* ①完成，结束 [同] fulfil ②使完整，使完美，使圆满

例 We are hoping to complete the deal in the first half of the year. 我们希望上半年完成这笔交易。

辨 complete: 使……完整（complete a book 写完一本书）。finish: 结束，终止（finish a book 读完一本书）。

---2500

□ **painstaking** [ˈpeɪnzteɪkɪŋ] *a.* ①勤恳的，刻苦的 ②煞费苦心的，操心的，仔细的 *n.* ①勤恳，刻苦 ②操心

构 pains（痛苦）+ taking（花费）→刻苦的

例 It took me months of painstaking research to write the article. 我刻苦研究了几个月写出这篇文章。

联 painstakingly *ad.* 刻苦地，辛苦地

---2501

□ **congestion** [kənˈdʒestʃən] *n.* ①拥挤，拥堵，塞满，密集 ②沉重的负担 ③充血

搭 be caught in the Monday traffic congestion 在星期一的交通堵塞中受阻；heavy congestion of freight space 拥堵的货舱；mental congestion 用脑过度；congestion of the lungs 肺部充血

例 The congestion in the city gets even worse during the summer. 夏天城市交通堵塞尤其严重。

---2502

□ **function** [ˈfʌŋkʃn] *n.* ①功能，作用 [同] duty, role ②（*pl.*）职务，职责 ③函数 *v.* ①运行 [同] operate ②发挥……作用，行使职责 [同] act

搭 function as 尽……职责，担任……工作

例 Your function as a sales representative will include dealing with queries from customers. 你作为销售代表的职责包括答复客户们的询问。

联 functional *a.* 机能的，职务上的；malfunction *n.* 故障；multifunctional *a.* 多功能的

辨 function: 主要指身体器官的功能作用，也指机器运行。act: 指具体、短暂、个别的行为，强调结果。action: 指抽象、连续、重复的行为，强调过程。

---2503

□ **prescribe** [prɪˈskraɪb] *v.* ①开（药），吩咐采用（某种疗法）②规定，指示 [同] specify

构 pre（预先）+ scrib（写）+ e →预先写好 →规定

例 You can not prescribe all that we can do—we have our initiatives. 你可不能规定我们要做的一切——我们有自主性。

---2504

□ **fickle** [ˈfɪkl] *a.* 易变的，无常的，变幻莫测的

搭 a fickle woman 感情变化无常的女人

例 The relations between the two countries are still fickle. 这两个国家间的关系依然是变化不定。

答案：

1. judicious 译文：我们认为动用军队来保护我们的公民是明智的。

2. trespass 译文：我无意激怒他或者闯入他的私人世界。

Unit 47

学前自测

1. He spent days in _____ while the police searched for his stolen car. (flaw, concept, tickle, abundance, torment)
2. The government is prepared to _____ these new laws. (penalize, yield, enforce, enclose, barge)

--2505

□ **yield** [jiːld] **v.** ① (to) 屈服，服从 [同] submit, give in ②倒塌，垮掉 [同] collapse ③产生，产出 [同] bear, produce ④让出，放弃 [同] abandon **n.** 产量，收益 [同] produce, output
搭 yield to 屈服于；yield...to 把……让给；yield no results 没产生结果
例 The shelf is beginning to yield under heavy load. 重负荷使架子快要坍塌了。
辨 yield: 多指农牧业产量、收成。produce: 多指农场和农民的农产品。production: 多指工业生产产量。product: 多指工业生产产品和工艺美术、文学等产品。output: 指工业、农业、文学、艺术等的产品、产物。

--2506

□ **penalize** ['piːnəlaɪz] **v.** ①惩罚，处罚 ②扣分，判罚 ③使处于不利地位，妨碍
例 Candidates will be penalized for bad spelling. 考生拼写错误是要被扣分的。
联 penalty **n.** 处罚，刑罚；penal **a.** 处罚的，刑罚的

--2507

□ **comb** [kəʊm] **n.** ①梳子 ②（家禽的）肉冠 **v.** ①梳，梳理 ②仔细搜寻，仔细检查
例 Police combed the woods for the murder weapons. 警察在树林里仔细搜寻凶器。

--2508

□ **psychiatric** [ˌsaɪki'ætrɪk] **a.** 精神病学的，精神病的
构 psych（心智，灵魂）+ iatr（治疗）+ ic（……的）→心智治疗的 →精神病学的
搭 psychiatric treatment 精神病治疗；a psychiatric patient 精神病人；psychiatric disorders 精神错乱；psychiatric hospital 精神病院
例 They had to close the hospital's psychiatric unit. 他们不得不关闭这个医院的精神病科。

--2509

□ **develop** [dɪ'veləp] **v.** ①发展，建立，提高，增进 [同] advance ②开发，研制 [同] cultivate, invent ③（逐渐）显现出，显影 [同] appear ④成长，发育 [同] grow into
搭 developed countries 发达国家；developing countries 发展中国家；underdeveloped countries 欠发达国家
例 Now we have an opportunity to develop a greater understanding of each other. 现在我们有机会大大增进对彼此的了解。
联 envelope **n.** 信封；envelop **v.** 包，封

--2510

□ **substantial** [səb'stænʃl] **a.** ①可观的，大量的，巨大的 [同] considerable ②结实的，牢固的 [同] solid ③主要的，实质的 [同] essential
例 She inherited a substantial fortune from her grandmother. 她从祖母那里继承了一笔数目可观的遗产。

--2511

□ **discovery** [dɪ'skʌvəri] **n.** ①发现 [同] detection ②意识，了解，发觉
例 The discovery of penicillin came about by accident. 青霉素的发现纯属偶然。

--2512

□ **sympathetic** [ˌsɪmpə'θetɪk] **a.** ①同情的，体谅的 ② (to) 赞同的，支持的 ③和谐的，合意的
例 The girl had a sympathetic look for the lonely elderly woman. 女孩对孤独的老太太显露出同情的神色。

--2513

□ **particle** ['pɑːtɪkl] **n.** ①微粒，颗粒，粒子 [同] grain, atom ②小品词，语助词
例 Dust particles in the atmosphere are so minute that you can hardly see them with naked eyes. 大气层中尘埃微粒小得肉眼看不到。

--2514

□ **shark** [ʃɑːk] **n.** ①鲨鱼 ②勒索敲诈的人，骗子，奸商

搭 a shark in smart suit 衣冠楚楚的敲诈者

例 The film is about a shark that kills people in the ocean off the coast of the US. 这部影片描写的是一只在美国海岸附近的海域里吃人的鲨鱼。

......2515

□ **flaw** [flɔ:] *n.* ①缺点，瑕疵 [同] defect, fault ②裂缝，裂纹 *v.* 使有缺陷，使有瑕疵，玷污，损害

例 His inability to admit that he's wrong is a flaw in his character. 他不承认自己有错是他性格上的一个瑕疵。

......2516

□ **enforce** [ɪn'fɔ:s] *v.* ①（强行）实施，（强制）执行 [同] effect, carry out ②强迫，迫使 [同] urge, impose

构 en（使）+ force（力量）→使用力量做 →执行

搭 enforce the law 执法；enforce a total ban 完全禁止；enforce obedience on/upon sb. 强迫某人服从

例 You have no right to enforce your own views on me. 你无权把你的观点强加于我。

联 enforceable *a.* 可强迫的，可实施的

......2517

□ **inflammable** [ɪn'flæməbl] *a.* ①易燃的 ②易激动的，易怒的 *n.* 易燃物

搭 inflammable gas 易燃气体；an inflammable disposition 易激动的性情

......2518

□ **enclose** [ɪn'kləʊz] *v.* ①（用篱笆等）围住，包住 [同] fence, encircle ②把……装入信封，附入

构 en（进入）+ clos（关闭）+ e →关在里面 →围住

例 The entire estate was enclosed with walls. 整个庄园都用围墙围了起来。

联 enclosed *a.* 被围住的；enclosure *n.* 围栏

......2519

□ **minister** ['mɪnɪstə(r)] *n.* ①部长，大臣 ②外交使节 ③牧师 *v.* 服侍，照料 [同] serve

搭 minister to the sick 照顾病人；minister to one's husband 侍奉丈夫

例 When the government came to power, he was named minister of culture. 本届政府开始执政的时候，他被任命为文化部部长。

......2520

□ **undoubtedly** [ʌn'daʊtɪdli] *ad.* ①确实地，肯定地 ②毫无疑问地，不容置疑地 [同] certainly

例 Undoubtedly, political and economic factors have played their part. 毋庸置疑，政治和经济因素都起了作用。

......2521

□ **detective** [dɪ'tektɪv] *a.* 侦察（用）的 *n.* 侦探，私人侦探 [同] investigator

例 The detective finally tracked down the killer. 侦探最终追捕到了杀手。

......2522

□ **luggage** ['lʌgɪdʒ] *n.* 行李 [同] baggage

搭 a piece of luggage 一件行李

例 Each passenger was allowed two pieces of luggage. 每位乘客可携带两件行李。

......2523

□ **concept** ['kɒnsept] *n.* 概念，观念，思想

搭 frame a concept 构想出一种观念；have no concept of right and wrong 无是非观念

例 I think I failed to grasp the film's central concept. 我想我没能理解这部电影的中心思想。

......2524

□ **innovation** [ˌɪnə'veɪʃn] *n.* ①革新，创新 ②新方法，新概念，新发明

构 in（表加强）+ nov（新的）+ ation（表名词）→革新

搭 technological innovation in industry 工业上的技术革新；an attempt of innovation 创新的尝试

例 Too many rules tend to stifle innovation. 太多的规则往往会抑制创新。

......2525

□ **deficiency** [dɪ'fɪʃnsi] *n.* ①缺乏，不足 [同] lack, shortage [反] abundance ②缺点，缺陷 [同] imperfection

搭 mental deficiency 智力障碍；nutritional deficiency 营养不足

例 The deficiency in the plan is very clear and it can't possibly succeed. 这项计划中的缺陷是很明显的，它不可能成功。

......2526

□ **geographical** [ˌdʒiːə'græfɪkl] *a.* 地理的，地理学的

例 The value will depend on the size of the house and its geographical location. 房屋的价值将取决于其面积和地理位置。

......2527

□ **tickle** ['tɪkl] *v.* ①挠痒痒，（使）发痒 ②使高兴，使满足，逗乐，逗笑 *n.* ①痒，发痒 ②胳肢，

瘙痒

例 I don't like woollen trousers because they tickle. 我不喜欢穿毛料裤，因为它使人发痒。

·······2528

□ **glossary** ['glɒsəri] *n.*（书尾的）词汇表，术语汇编

构 gloss（舌头，语言）+ ary（表场所）→放词汇的地方 →词汇表

例 The book would have been more useful if a glossary of technical terms had been included. 如附上专业术语的注释词表，这本书会更有用。

·······2529

□ **kidney** ['kɪdni] *a.* 肾，肾脏

例 Fifteen years ago Allen suffered from complete kidney failure. 15年前，艾伦的肾功能完全衰竭了。

·······2530

□ **shrewd** [ʃruːd] *a.* ① 精明的，有洞察力的，犀利的 ②巧妙的，狡猾的 [同] artful, crafty ③怀恨的，恶毒的，恶意的

搭 a shrewd businessman 精明的生意人；shrewd eyes 犀利的眼睛；shrewd comments 恶意的评论

例 We consider him a shrewd observer. 我们认为他非常善于察言观色。

·······2531

□ **abundance** [ə'bʌndəns] *n.* ①大量，充足，富裕 [同] plenty, affluence [反] scarcity, shortage ②（情感等的）洋溢，充盈

搭 in abundance 大量，丰富；a life of abundance 富裕的生活；a year of abundance 丰年

例 An abundance of instances were cited in the books. 书中引用了大量的例子。

·······2532

□ **handle** ['hændl] *n.* ①柄，把手，摇柄 ②把柄，借口 *v.* ①拿，触，摸 [同] feel, touch ②操作，使用 [同] operate ③处理，负责，应付，对待 [同] deal with ④经营，买卖 ⑤讨论，论述

搭 handle the travel arrangements 负责行程安排；handle used cars 经销旧车；handle a subject with great sensitivity 小心翼翼地论述一个话题

例 Officials have said they have not yet determined how to handle his case. 官员们表示他们尚未决定如何处理他的案子。

·······2533

□ **juvenile** ['dʒuːvənaɪl] *a.* ①少年的，少年特有的 ②幼稚的，不成熟的 *n.* 未成年人，少年

搭 juvenile delinquency 少年犯罪

例 They are physically mature, but their thoughts are very juvenile. 他们在体格上已经长大，但他们的思想还很幼稚。

·······2534

□ **vertical** ['vɜːtɪkl] *a.* 垂直的，竖的，纵向的 [同] upright

例 Vertical takeoff planes are already in use today, which is different from a helicopter or an ordinary airplane. 垂直起降飞机目前已经启用，它有别于直升机，也不同于一般飞机。

·······2535

□ **rekindle** [ˌriː'kɪndl] *v.* ①再点燃，重新燃起 ②重新激起

搭 rekindle pride 重新激发自豪感；rekindle hope 重新点燃希望

例 Pour more water on the embers in case they rekindle. 多倒些水在余烬上，以防死灰复燃。

·······2536

□ **exceptional** [ɪk'sepʃənl] *a.* ①优越的，杰出的 [同] outstanding, marvellous ②例外的，独特的，异常的 [同] odd, extraordinary [反] common

例 The famous musician showed exceptional musical talent when he was only 3 years old. 这位著名音乐家三岁时就表现出非凡的音乐才能。

·······2537

□ **release** [rɪ'liːs] *v.* ①释放，排放 ②解除，解脱，救出 [同] liberate, free ③放开，松开 ④发布，发行 [同] issue

搭 release tension 舒缓紧张情绪；release poisonous gas 释放有毒气体；release hostages from captivity 释放被囚禁的人质

例 He was released from his position for accepting bribes. 他因受贿而被免职。

·······2538

□ **torment** ['tɔːment] *n.* ①痛苦，苦恼，折磨 ②使人痛苦的根源，折磨人的东西 [tɔː'ment] *v.* ①折磨，使痛苦，使苦恼 ②纠缠，作弄，戏弄

搭 endure years of torment 忍受数年的折磨；inner torment 内心的痛苦；three days in torment 痛苦的三天；mental torment 精神上的折磨；physical torment 肉体上的折磨；be tormented with worry 忧心如焚

例 She spent the night in torment, trying to decide what was the best thing to do. 她在痛苦中度过了那个晚上，试图决定什么是最好的办法。

联 tormentedly *ad.* 苦恼地，痛苦地；tormentingly

ad. 让人苦恼地，折磨人地；tormentor ***n.*** 折磨者

································2539

- **apparent** [ə'pærənt] ***a.*** ①表面上的，貌似（真实）的 [同] seeming ②显然的，明白的，清晰可见的 [同] obvious, evident
  图 be apparent to 对……显而易见
  例 Her anxiety was apparent to everyone. 大家都看得出她的焦虑不安。

································2540

- **glacial** ['gleɪʃl] ***a.*** ①冰的，冰川/河（期）的 ②冷冰冰的，寒冷的 ③极其缓慢的
  构 glaci（冰）+ al（……的）→冰的
  图 a glacial coast 冰川海岸；a glacial wind 寒风；a glacial handshake 冷冰冰的握手；a distant glacial manner 冷漠的态度；give a glacial smile 冷淡的一笑
  例 Two-thirds of the continent was covered in ice during glacial periods. 在冰河期，有三分之二的陆地被冰覆盖。
  联 glacier ***n.*** 冰河，冰川

································2541

- **tribal** ['traɪbl] ***a.*** 部落的，宗族的
  图 a tribal leader 部落首领；a tribal war 部落战争

································2542

- **specialist** ['speʃəlɪst] ***n.*** ①专家，专业人士 [同] expert ②专门医生 ***a.*** 专业的，专科的
  图 a specialist in/on ……方面的专家；a specialist in Asian affairs 亚洲事务专家
  例 If you are homebound, you can arrange for a home visit from a specialist adviser. 如果你出不了门，可以预约专家顾问上门就诊。

································2543

- **evacuate** [ɪ'vækjueɪt] ***v.*** 转移，撤退，疏散
  例 The firemen evacuated the guests from the burning hotel. 消防队员把房客从燃烧着的旅馆疏散出。

································2544

- **shutter** ['ʃʌtə(r)] ***n.*** ①快门 ②百叶窗，窗板 ***v.*** ①把……关闭，关上（百叶窗/防盗帘等）②装百叶窗
  图 open/pull down the shutter 拉开/拉下百叶窗；put up the shutters 打烊，（永久性）停业；shutter click 快门的响声
  例 People are taking photos around and I heard the shutters click. 人们在周围拍照，我听到按动快门的咔嗒声。
  联 shutterless ***a.*** 没装百叶窗的

································2545

- **essential** [ɪ'senʃl] ***a.*** ①(to) 必不可少的，绝对必要的，非常重要的 [同] vital, indispensable ②本质的，实质的，基本的 [同] fundamental ③完全的，绝对的 ④提炼的，精华的 ***n.*** ①(pl.) 要素，要点 [同] essence, element ②必需品
  构 ess（存在）+ ential →存在的→基本的
  图 an essential feature 基本特色；essentials such as fuel and clothing 燃料、衣服等必需品
  例 The room was furnished with the simplest essentials: a bed, a chair and a table. 房间里只布置了最简单的必需品：一张床、一把椅子和一张桌子。

································2546

- **barge** [bɑːdʒ] ***n.*** ①驳船，专用汽艇 ②大湖船，船舫 ***v.*** 笨拙地走动，乱碰乱撞
  图 barge onto the bus 撞上公共汽车；barge in on 插嘴，打岔；barge through the crowd 横冲直撞挤过人群
  例 He ran round the corner and barged into a passer-by. 他跑着绕过拐角，和一个路人撞个满怀。

································2547

- **patriotic** [ˌpætri'ɒtɪk] ***a.*** 爱国的
  图 patriotic songs 爱国歌曲；patriotic fervor 爱国热情
  例 They felt it was their patriotic duty to buy bonds to support the war. 他们感到买公债支持战争是他们的爱国责任。
  联 patriotically ***ad.*** 爱国地

································2548

- **miscellaneous** [ˌmɪsə'leɪniəs] ***a.*** ①杂乱的，五花八门的 ②各种各样的，种类繁多的 ③（人）多才多艺的，具有多方面兴趣的
  图 a miscellaneous assortment of books 五花八门的书籍；a miscellaneous artist 多才多艺的艺术家
  例 The increase in inflation is due to higher prices for food and miscellaneous household items. 通货膨胀的增长是由于食品和各种各样的日用品的价格越来越高。
  联 miscellaneously ***ad.*** 混杂地

································2549

- **celebrity** [sə'lebrəti] ***n.*** 名声，名人
  例 She said social class in America was largely decided by celebrity. 她说美国的社会阶层主要是由名声决定的。

································2550

- **applaud** [ə'plɔːd] ***v.*** ①鼓掌，喝彩 [同] cheer,

clap, hail ②称赞，赞许 [同] praise

例 The intoxicated audience applauded every item warmly. 如醉如痴的观众对每个节目都报以热烈的掌声。

....2551

□ **extinguish** [ɪk'stɪŋwɪʃ] **v.** ①熄灭，扑灭（火等）[同] put out, smother ②使消亡，使破火 [同] wipe out

例 It took the firemen nearly five hours to extinguish the big fire. 扑灭那场大火花了消防队员近五个小时。

联 extinguisher **n.** 灭火器；extinguishable **a.** 可扑灭的，可消除的

....2552

□ **bold** [bəʊld] **a.** ①勇敢的，无畏的 [同] brave, heroic [反] timid ②冒失的，鲁莽的 [同] impudent ③粗（字体）的，黑（字）体的 ④醒目的，色彩艳丽的

例 He painted the kitchen in bold colors —crimson, purple and blue. 他用艳丽的色彩粉刷了厨房——绯红色、紫色和蓝色。

联 boldness **n.** 大胆；boldly **ad.** 大胆地

....2553

□ **combine** [kəm'baɪn] **v.** 结合，联合，化合 [同] bind, incorporate [反] divide ['kɒmbaɪn] **n.** ①联合企业或团体 ②联合收割机

例 The two principal political parties combined to form a government. 两个主要政党联合起来组成政府。

....2554

□ **range** [reɪndʒ] **n.** ①范围，领域，射程，视野 [同] scope ②一系列 [同] a set of ③（山）脉 ④射击场 **v.** ①（在某范围内）变动，变化 ②(over) 论及，涉及 ③排列成行，并列 [同] line up ④绵亘，延伸 ⑤把……分类

搭 a range of subjects 一系列科目；range from 20 to 30 degrees 在 20 度到 30 度之间变化；range over 涉及，包含；the mountains ranging far to the southeast 向遥远的东南部绵延的群山

例 The trees on the mountains within my range of vision have all been felled. 山上在我视野范围内的树木都已经被砍掉了。

辨 range: 在一个范围内连续变化。vary: 在数据、品种、尺寸等方面部分发生变化。

....2555

□ **hurdle** ['hɜːdl] **n.** ①栏架 ②障碍，困难 **v.** 跨栏，障碍赛跑

例 I started to hurdle while I was at college. 我从大学开始就参加跨栏运动。

联 hurdler **n.** 跨栏者

....2556

□ **mature** [mə'tʃʊə(r)] **a.** ①熟的，成熟的 [同] ripe [反] immature ②成年人的 ③深思熟虑的，慎重的 [同] cautious ④（单据等）到期的，应支付的 **v.**（使）成熟，（使）长成 [同] grow up

例 As a man of mature age he ought to know how to make compromise and seek cooperation. 作为成年人，他理应知道如何适当让步并寻求合作。

....2557

□ **polish** ['pɒlɪʃ] **v.** ①磨光，擦亮 [同] shine, brighten ②修改，使优美，润色 [同] refine, perfect **n.** 擦光剂，上光蜡

搭 polish off（飞快地）完成

例 The article is well polished. 这篇文章润色得很好。

....2558

□ **competition** [ˌkɒmpə'tɪʃn] **n.** ①竞争，角逐 ②竞赛，比赛，参赛 [同] contest

搭 in competition with 与……竞争；the sense of competition 竞争意识

例 He will be banned from international competitions for two years. 他将被禁赛两年，其间不得参加国际比赛。

....2559

□ **frown** [fraʊn] **v.** ①皱眉，蹙额 ②不喜欢，不赞同，不满 **n.** 皱眉，蹙额，不悦的表情

搭 frown on/upon 皱眉，不赞成，反对；frown at sb. anxiously 焦虑不安地对某人皱眉头

例 There was a deep frown on the man's face. 那男人紧皱着眉头。

答案：

1. torment 译文：在警方搜寻他遭窃汽车的同时，他在极度苦恼中过了好几天。

2. enforce 译文：政府准备强行实施这些新法律。

Unit 48

学前自测

1. The intensity of the blaze shattered the windows, _____ glass on the streets below. (terrifying, handicapping, striping, protruding, spraying)

2. We each have a _____ of just what kind of person we'd like to be. (depletion, implication, forum, notion, scholarship)

──────────────────────2560

☐ **dictation** [dɪk'teɪʃn] *n.* ①口述，口授，听写 ②命令，发号施令
搭 give a dictation to 让……听写；give French dictations 进行法语听写；take the dictation of 记录……的口授

──────────────────────2561

☐ **luxuriant** [lʌg'ʒʊəriənt] *a.* ①繁茂的，茂密的，浓密的，郁郁葱葱的 ②肥沃的，丰饶的 ③丰富的 ④华丽的，奢华的，舒适的
搭 luxuriant forest 繁茂的森林；luxuriant hair 浓密的头发；luxuriant soil 肥沃的土壤；luxuriant prose 辞藻华丽的散文；a luxuriant restaurant 高级餐馆
例 The newcomer is a handsome man with a luxuriant moustache. 新来者是个胡须浓密的英俊男子。

──────────────────────2562

☐ **given** ['gɪvn] *a.* ①规定的，特定的 [同] specified ②假设的，已知的 ③ (to) 有癖好的，有倾向的 *prep.* 考虑到
搭 within the given time 在规定的时间内；given more time 假如给更多时间的话；be given to (doing) sth. 喜爱……的，习惯……的
联 Given his age, he's a remarkably fast runner. 就他这个年龄而言，他可真是跑得异常地快。

──────────────────────2563

☐ **terrify** ['terɪfaɪ] *v.* 使惊吓，恐吓，使恐惧 [同] frighten, scare
搭 terrify sb. out of sb's wits 吓坏某人；a terrified child 受惊的孩子；be terrified of the dark 怕黑；be terrified of being robbed 害怕遭抢劫
例 He terrified her by jumping out at her from a dark alley. 他从黑暗的小巷里跳到她面前，使她吓了一跳。
联 terrifying *a.* 可怕的，惊人的；terrifyingly *ad.* 令人恐怖地，吓人地

──────────────────────2564

☐ **fortnight** ['fɔːtnaɪt] *a.* 十四天，两星期

搭 once a fortnight 每两周一次；a fortnight ago 两周以前；in a fortnight's time 两周后
例 We're going on holiday for a fortnight. 我们要去度假两周。

──────────────────────2565

☐ **sponge** [spʌndʒ] *n.* ①海绵 ②海绵状物，纱布 ③食客，寄生虫 *v.* ① (用湿海绵或湿布) 擦，揩 ②用海绵吸收，似海绵般吸收
搭 sponge on/upon sb. 依赖他人生活
例 He rubbed his back with a soapy sponge. 他用一块涂满肥皂的海绵擦背。
联 spongy *a.* 柔软的

──────────────────────2566

☐ **notion** ['nəʊʃn] *n.* ①概念，观念 [同] concept, conception ②意图，想法，(怪) 念头 [同] opinion, view
例 Many urban residents have the notion of the country as being of sunshine and fun. 许多城市居民对于农村的概念是阳光充沛、其乐融融。

──────────────────────2567

☐ **glacier** ['glæsiə(r)] *n.* 冰河，冰川
构 glac (冰) + ier (表物) →冰河
例 The glacier here was formed millions of years ago. 这里的冰川数百万年前就形成了。
联 glacial *a.* 冰川的，冰冷的

──────────────────────2568

☐ **spray** [spreɪ] *v.* ①喷，喷洒 ②(使) 飞溅，(使) 溅散，(使) 喷发 [同] scatter ③扫射，连续攻击 *n.* ①水花，飞沫 ②喷雾 (器)
例 She sprayed herself with perfume. 她在身上喷了些香水。

──────────────────────2569

☐ **nutrient** ['nuːtriənt] *n.* 养分，养料，营养，滋养物 *a.* 营养的，滋养的
搭 a nutrient solution 营养液
例 The plants are showing signs of nutrient deficiency. 这些植物显出缺少养料的症状。

────────────────────────────────2570

□ **imagination** [ɪˌmædʒɪ'neɪʃn] *n.* ①想象，想象力 ②空想，幻想 ③创造性思维，应变能力
搭 a woman with a rich imagination 想象力丰富的女子；a lack of imagination 创新思维的缺乏
例 He had a logical mind, and little imagination. 他头脑很有逻辑，但缺乏想象力。

────────────────────────────────2571

□ **vital** ['vaɪtl] *a.* ①生死攸关的，极其重要的，必要的 [同] crucial ②有朝气的，有生命力的，充满生机的 [同] vigorous ③生命的，活的 ④致命的 [同] deadly
构 vit（生命）+ al（……的）→生命的
搭 of vital importance 至关重要；a vital and witty man 活力四射、风趣幽默的人；be vital to 对……极为重要
例 The heart and the brain are vital human organs. 心脏和大脑是人的重要器官。

────────────────────────────────2572

□ **presentation** [ˌpreznˈteɪʃn] *n.* ①提供，显示 ②外观，（显示的）图像 ③授予，赠送（仪式）④报告，介绍 ⑤表演 [同] performance
例 The scholarship is an annual presentation to college students with good behavior and excellent academic achievements. 奖学金每年一度颁发给品学兼优的大学生。

────────────────────────────────2573

□ **thirsty** ['θɜːsti] *a.* ①口渴的 ②(for) 渴望的，渴求的
搭 thirsty for revenge 渴望复仇
例 Gardening is thirsty work. 园艺活会让人口干舌燥。
联 "渴求"的表示法：be thirsty for, be hungry for, be eager for。

────────────────────────────────2574

□ **depletion** [dɪ'pliːʃn] *n.* 用光，耗尽，枯竭，减少
构 de（向下）+ ple（满）+ tion（表名词）→满了全部向下洒出 →耗尽
搭 the depletion of underground water supplies 地下水源的枯竭
例 Measures must be taken to stop the depletion of the ozone layer. 必须采取措施来停止臭氧层的消耗。
联 deplete *v.* 耗尽

────────────────────────────────2575

□ **implication** [ˌɪmplɪ'keɪʃn] *n.* ①含义，暗示，

暗指 [同] hint, clue ②卷入，牵连 ③潜在的影响
例 Jack pretended to understand the full implication of John's remark. 杰克假装完全听懂了约翰话中的含义。

────────────────────────────────2576

□ **handicap** ['hændikæp] *n.* ①（身体/智力的）残疾，智力障碍 ②缺陷，障碍，不利（条件）③（高尔夫）给弱者增加的杆数 *v.* 妨碍，使不利，设置障碍 [同] hamper, hinder
搭 the services for people with a mental handicap 为智力残疾者提供的服务；be handicapped by snowstorms 被暴风雪阻碍；the handicapped 残疾人
例 Greater levels of stress may seriously handicap some students. 更大的压力可能会对某些学生非常不利。

────────────────────────────────2577

□ **stripe** [straɪp] *n.* ①条纹，线条，斑纹 ②窄长条，带状条 ③类型，类别，特点 *v.* ①画条纹/线条 ②加磁性声迹于（电影胶片）
搭 a stripe of beach 一段狭长的海滩；politicians of all stripes 形形色色的政客；a man of quite a different stripe 完全是另外一种人
例 White stripes are drawn at the pedestrian's street crossings. 街上的人行横道画上了白色的线条。

────────────────────────────────2578

□ **hierarchy** ['haɪərɑːki] *n.* ①等级制度，等级森严的组织 ②统治集团，领导层
构 hier（神）+ archy（统治）→统治集团
搭 a hierarchy of quality 质量等级制；the university hierarchy 大学行政当局；the management hierarchy 管理层
例 There is a very rigid social hierarchy in their society. 他们社会的等级制度十分森严。

────────────────────────────────2579

□ **sorrow** ['sɒrəʊ] *n.* 悲哀，悲伤，忧愁 [同] sadness, grief *v.* 哀痛，哀悼
搭 in/with sorrow 悲痛地；to one's sorrow 使人痛心的是
例 Words cannot express my sorrow. 语言无法表达我的悲伤。

────────────────────────────────2580

□ **critical** ['krɪtɪkl] *a.* ①决定性的，关键性的 [同] decisive, urgent ②批评的，批判的 ③爱挑剔别人的 ④危急的
搭 a critical spirit 批判精神；a critical decision 重大决定

例 Life will have significant change at some critical moments. 人生往往会在某个关键时刻有重大改变。

...................2581

□ **solar** ['səʊlə(r)] *a.* ①太阳的，阳光的 ②（利用）太阳能的
构 sol（太阳）+ ar（……的）→太阳的
搭 solar calendar 公历；solar energy 太阳能；solar wind 太阳风；solar cell 太阳能电池；solar-powered 以太阳能为动力的
例 Solar energy will be further developed to better the environment. 将进一步开发太阳能以改善环境。

...................2582

□ **protrude** [prə'truːd] *v.* 突出，伸出
构 pro（向前）+ trud（突出）+ e →向前突出→伸出
搭 protrude one's tongue 伸舌；a shelf that protrudes from a wall 从墙上突出的壁架；protruding cheek bones 高高的颧骨
例 He glimpsed a gun protruding from the man's pocket. 他瞥见那人的口袋里露出一支枪。
联 protrusion *n.* 伸出物，突出物；protrusive *a.* 突出的，伸出的

...................2583

□ **ecosystem** ['iːkəʊsɪstəm] *n.* 生态系统
构 eco（生态的）+ system（系统）→生态系统
例 Pollution can have disastrous effects on the delicately balanced ecosystem. 污染会对处于脆弱状态的生态平衡产生破坏性影响。

...................2584

□ **dispute** [dɪ'spjuːt] *v.* 对……表示异议，争论，争吵 [同] conflict *n.* 争论，争端，争吵 [同] conflict, strife
搭 beyond dispute 无可争论；in dispute 处于争论中
例 The point in dispute has nothing to do with politics. 争论的要点与政治无关。

...................2585

□ **solution** [sə'luːʃn] *n.* ①解决 ②解答，解决办法 ③溶液
搭 solution to a problem 问题的解决
例 When you finish doing the crosswork, the solution is on the back page. 在你完成填字游戏后，答案就在反面。

...................2586

□ **forum** ['fɔːrəm] *n.* 论坛，讨论会，（电视等的）专题讨论节目

例 The letters page of the newspaper is a forum for public argument. 该报的读者来信栏是公众的论坛。

...................2587

□ **distinctive** [dɪ'stɪŋktɪv] *a.* ①有特色的，与众不同的 ②区别性的，鉴别性的
构 dis（完全地）+ tinct（刺）+ ive（……的）→完全有刺的→与众不同的
搭 the distinctive stripes of the zebra 斑马身上特征性的条纹；be distinctive of one's writing style 某人写作风格的特征
例 His voice was very distinctive. 他的声音非常特别。
联 distinctiveness *n.* 独特性；distinctively *ad.* 独特地

...................2588

□ **slim** [slɪm] *a.* ①苗条的，细长的 [同] slender ②薄的 [同] thin ③（机会）少的，小的 *v.*（用运动、节食等）减轻体重，变苗条
搭 a slim band of ribbon for hair 细长的束发绑带；a slim waist 纤细的腰；slim down to 110 pounds by starving oneself 靠节食把体重减到110磅；slim one's figure 使身材变苗条
例 He has only a slim chance of winning. 他获得成功的机会微乎其微。
联 slimly *ad.* 细长地，苗条地；slimmer *n.* 减肥者；slimming *n./a.* 减肥（的）
辨 slender: 天生修长苗条，有时是体质不好的迹象。slim: 用节食、锻炼或保养等手段达到的苗条身材。thin: 瘦，不一定健康，不一定美，有时是营养不良造成的瘦。bony: 皮包骨，骨瘦如柴。

...................2589

□ **coarse** [kɔːs] *a.* ①粗的，粗糙的 [同] rough, uneven ②粗劣的 [同] crude ③粗俗的 [同] vulgar
例 The comedian's coarse imitation of the politician made us laugh. 喜剧演员对那名政客的粗劣模仿使我们捧腹大笑。

...................2590

□ **examine** [ɪg'zæmɪn] *v.* ①检查，调查，审查，研究 [同] inspect, check ②测试，考查 ③体检，检验，化验
例 Another doctor examined her and could still find nothing wrong. 另一位医生给她做了检查，仍然没发现什么问题。
联 examiner *n.* 监考人；examinee *n.* 考生

----------2591

☐ **precise** [prɪ'saɪs] *a.* ①精确的，准确的 [同] exact, accurate ②严谨的

搭 precise instrument 精密仪器；at that precise moment 就在那一时刻

例 My watch doesn't tell the precise time. 我的手表走得不够准。

----------2592

☐ **despoil** [dɪ'spɔɪl] *v.* (of) 抢劫，掠夺，剥夺 [同] rob, deprive

构 de（离开）+ spoil（掠夺）→抢劫

搭 a city despoiled by invaders 遭到入侵者洗劫的城市；despoil sb. of rights 剥夺某人的权利

例 The victorious army despoiled the city of all its treasures. 获胜军队掠夺了那座城市的全部财宝。

----------2593

☐ **replace** [rɪ'pleɪs] *v.* ①取代，替代 [同] displace, take the place of ②把……放回原处 [同] put back

构 re（再，又）+ place（放置）→替代

例 Tourism has replaced agriculture as the nation's main industry. 旅游业已取代农业成为这个国家的主要产业。

联 displace *v.* 移动位置，撤换；misplace *v.* 放错地方

----------2594

☐ **unparalleled** [ʌn'pærəleld] *a.* 空前的，无比的 [同] unequaled, matchless

构 un（无）+ parallel（平行）+ ed →没有与之平行的 →无比的

例 They enjoyed success on a scale unparalleled by previous pop groups. 他们取得了以前任何流行乐队都无可比拟的巨大成功。

----------2595

☐ **scholarship** ['skɒləʃɪp] *n.* ①学问，学识 [同] knowledge, learning ②奖学金

搭 go abroad on a scholarship 公费出国留学；win a scholarship to study at Oxford 获得牛津大学的奖学金

例 His new book on Chinese verbs is a work of great scholarship. 他的关于汉语动词的新书是一部学术性很强的著作。

----------2596

☐ **desirable** [dɪ'zaɪərəbl] *a.* ①值得向往的，值得拥有的 [同] ideal ②可取的，有利的 [同] advantageous

例 The house is in a very desirable area of the city. 房子位于城市中一个地理位置优越的地区。

----------2597

☐ **consequently** ['kɒnsɪkwəntli] *ad.* 所以，因此

例 Flexible workers find themselves in great demand, and consequently gain high salaries. 适应力强的工人们发现市场对他们的需求很大，因此能得到高薪。

----------2598

☐ **score** [skɔː(r)] *n.* ①得分，分数，成绩 [同] record, mark ②二十 ③记号，刻痕 *v.* ①得（分），记分 ②记号，刻痕

搭 in scores 大量地，大批地；scores of 好几个；keep the score 记分数；score high/low 得分高/低；four score years ago 80 年前

例 She did very well to score 18 out of 20 in the spelling test. 她在拼写测试中成绩很好，在 20 分中得了 18 分。

----------2599

☐ **cautious** ['kɔːʃəs] *a.* 谨慎的，十分小心的 [同] careful, alert

例 He is very cautious of hurting her feelings. 他非常小心，以免伤了她的感情。

----------2600

☐ **expectancy** [ɪk'spektənsi] *n.* 期待，预期

搭 an air of expectancy 期待的神态；a large fortune in expectancy 期待中的大笔财产

----------2601

☐ **addict** [ə'dɪkt] *v.* 使成瘾，使入迷 ['ædɪkt] *n.* ①有瘾的人 ②入迷的人

搭 a drug addict 吸毒上瘾的人；a work addict 工作狂

例 The man has been addicted to drugs for three years. 那个人吸毒已有三年。

联 addiction *n.* 沉溺，吸毒成瘾；addictive *a.* 上瘾的，成瘾的

----------2602

☐ **cooperative** [kəʊ'ɒpərətɪv] *a.* 合作的，协作的，配合的 *n.* 合作社，合作企业

搭 a farm cooperative 农业合作社；set up a cooperative 开办合作社；cooperative efforts 协同努力；cooperative research 协作性研究

例 I've asked them very politely not to play their music so loudly but they're not being very cooperative. 我很礼貌地要求他们别这么大声放音乐，但他们不肯合作。

联 cooperate *v.* 合作，协作，配合；cooperation *n.* 合作，协作，配合

----------2603

□ **dialect** ['daɪəlekt] *n.* 方言，土语 [同] accent, tongue
搭 speak in the Suzhou dialect 用苏州方言讲话

----------2604

□ **consistent** [kən'sɪstənt] *a.* ①坚持的，一贯的 ② (with) 一致的 ③相容的
例 This statement is not consistent with what you said yesterday. 这个说法与你昨天说的不相符。
联 consistency *n.* 一贯性；inconsistent *a.* 不一致的，矛盾的

----------2605

□ **divert** [daɪ'vɜːrt] *v.* ①使转向，使转移，使转换 ②使消遣，使娱乐，使解闷 ③牵制（敌人）④盗用，挪用（资金）
构 di（离开）+ vert（转）→使转移
搭 divert oneself by playing chess 以下棋作为消遣
例 The river was diverted from its old course to supply water to the town. 河水被改道为那座小城供水。

----------2606

□ **relentless** [rɪ'lentləs] *a.* ①残酷的，无情的 ②不间断的，持续的
搭 a relentless enemy 残忍的敌人；relentless criticism 不留情的批评；a relentless autumnal rain 绵绵秋雨；relentless summer heat 炎炎夏日的酷暑
例 He believes that the relentless push for economic growth is deeply damaging to the environment. 他认为对经济发展的大力推进正在极大地破坏环境。

----------2607

□ **smear** [smɪə(r)] *n.* ①油渍，污点 ②诽谤，污蔑 *v.* ①弄脏，涂污 ②涂（去），抹（去），使……变模糊 ③诽谤，污蔑
例 Several words were smeared and I couldn't read them. 有几个字被涂模糊了，我无法辨认出来。

□ **disintegrate** [dɪs'ɪntɪɡreɪt] *v.*（使）瓦解，（使）崩溃，（使）破碎
构 dis（不）+ integr（一体化，完整）+ ate（使）→使瓦解
例 The box was so old that it just disintegrated when I picked it up. 那箱子太破旧了，我刚一提就散了。
联 disintegration *n.* 分裂，瓦解

----------2608

----------2609

□ **minimum** ['mɪnɪməm] *n.* 最小限度，最少量 [反] maximum *a.* 最低的，最小的 [同] least, smallest
构 minim（小）+ um →最小的
例 The temperature reaches the minimum after midnight. 子夜过后，温度降至最低。

----------2610

□ **recover** [rɪ'kʌvə(r)] *v.* ① (from) 恢复，痊愈 [同] restore, heal ②收回，复得 [同] regain
例 The country is in a state of decline and very unlikely to recover its former prosperity. 这个国家正处于衰退之中，不大可能恢复其往昔的繁荣。

----------2611

□ **board** [bɔːd] *n.* ①木板，纸板 [同] plank, timber ②委员会，董事会 [同] committee, council ③（包饭的）伙食 *v.* ①上（船/车/飞机）②用木板覆盖/封闭 ③搭伙，包饭
搭 board and lodging 膳宿（费）；go on board = go aboard 上船/火车/飞机；boarding house 寓所；boarding school 寄宿学校
例 Every decision has to be passed by the board of directors. 每一项决定都要经过董事会通过。
联 boarder *a.* 寄宿者
用 board 表示"委员会，董事会"，作整体看为单数，作各成员看为复数；on board 为复合介词，后直接跟宾语，不用 of：on board a plane 在飞机上；on board a train 在火车上。

答案：
1. spraying　译文：熊熊烈火灼裂了玻璃窗，使得碎玻璃飞溅到下面的街道上。
2. notion　译文：对于想成为一个什么样的人，我们每个人都有自己的想法。

Unit 49

学前自测

1. Tight selection _____ were used in determining which candidate would be interviewed. (variations, grills, criteria, journals, curricula)

2. The polished stairs _____ down to the kitchen. (endorse, circumscribe, reorient, abate, spiral)

--2612

□ **fauna** ['fɔːnə] *n.* (*pl.* faunas 或 faunae) ①动物群，动物区系 ②动物志
例 The region's rich fauna attracts frequent visits of leopards and tigers. 该地区丰富的动物群吸引了豹子和老虎的经常光顾。

--2613

□ **murder** ['mɜːdə(r)] *n.* ①谋杀 ②谋杀罪 *v.* ①谋杀，屠杀 [同] kill, slaughter ②破坏
例 He was jailed for life after being found guilty of murder. 他因犯有谋杀罪而被判终身监禁。

--2614

□ **variation** [ˌveəri'eɪʃn] *n.* ①变化，变动 ②变体，变种 ③变奏（曲）
例 Prices are subject to variation. 物价容易波动。

--2615

□ **aesthetic** [iːs'θetɪk] *a.* ①美学的，艺术的 [同] artistic ②审美的
搭 aesthetic feeling 美感；aesthetic standards 审美标准
例 This chair may be aesthetic but it's not very comfortable. 这把椅子也许很美观，但并不是很舒服。
联 aesthetics *n.* 美学，审美观；aesthete *n.* 审美家，唯美主义者

--2616

□ **spiral** ['spaɪrəl] [spiral(l)ed, spiral(l)ing] *a.* 螺旋形的，螺线形的 *n.* 螺线 *v.* ①盘旋移动，螺旋形地上升 / 下降 ②连续上升 / 下降
搭 spiral-shaped 螺旋形的；the downward spiral of prices 价格的连续下跌；a spiral galaxy 螺旋星系；spiraling costs 急剧上升的成本；spiral around the central pillar 沿着中心柱盘旋上升
例 With one wing damaged, the plane spiraled downwards. 飞机的一个机翼坏了，它盘旋着往下坠落。

--2617

□ **abate** [ə'beɪt] *v.* ①减少，减弱，减轻 ②减（税），降（价）③撤销，废除
构 a + bat（打击）+ e →不再打击 →减少
搭 abate the pain 缓解疼痛；abate a tax 减税；abate part of a price 对某价格打折扣；abate one's fury 平息某人的暴怒
例 The rain has abated somewhat. 雨下得小一点了。
联 abatement *n.* 减少，减弱

--2618

□ **continuity** [ˌkɒntɪ'njuːəti] *n.* ①连续（性），连贯（性）[同] consistency ②一系列，连贯的整体 ③分镜头剧本，节目串联
搭 a continuity writer 分镜头电影剧本作者；continuity of play 比赛的连续性；continuity girl/man（影片的）剪辑员，场记员；the continuity of the story 故事的连贯性
例 The judge appreciated the continuity of the lawyer's argument. 法官很欣赏律师辩护的连贯性。
联 discontinuity *n.* 不连续，中断

--2619

□ **standard** ['stændəd] *n.* 标准，规格 [同] criterion *a.* 标准的 [同] typical
构 stand（站立）+ ard →站立的规矩 →标准
搭 up to standard 达到标准
例 These are standard procedures for handling radioactive waste. 这些是处理放射性废料的标准程序。
联 standardize *v.* 使标准化，使符合标准；standardization *n.* 标准化

--2620

□ **criterion** [kraɪ'tɪəriən] *n.* (*pl.* criteria 或 criterions)（批评、判断等的）标准，准则 [同] standard
构 crit（判断）+ erion →用作判断的东西 →标准
搭 a criterion for the examination 审查标准；meet/satisfy the criterion 符合标准；the criterion of moral judgment 道德评判标准
例 Success in money-making is not always a good criterion of real success in life. 赚钱多不足以成为

生活中真正成功的标准。

辨 criterion:（尤指批评、判断的）标准。standard:（为社会所公认的品质、价值等的）标准、规范。

---2621

□ **endorse** [ɪn'dɔːs] **v.** ①赞同，认可 ②背书，（票据等）背面签字，签字支付 ③批注（公文等），签署（姓名）④（为商品）担保

搭 endorse different opinions 赞同各种不同的意见；endorse a political candidate 支持某一政界候选人；endorse a check 在支票上签字；endorse one's signature 签字；endorse instructions 批示

联 endorsement **n.** 背书，认可，签署，（驾驶执照上的）违章记录

---2622

□ **mushroom** ['mʌʃrʊm] **n.** 蘑菇，菌类植物 [同] fungus **v.** 迅速成长或发展

例 Small industries are mushrooming in rural areas. 在农村，小型工业正如雨后春笋般地发展着。

---2623

□ **cultivation** [ˌkʌltɪ'veɪʃn] **n.** ①耕作，耕种，栽培 ②培养，形成 ③教养，修养

搭 the cultivation of enterprise culture 企业文化的培养；the cultivation of a positive approach to life and health 积极的生活和保健方式的养成

例 The new settlers have brought about half of the island under cultivation. 外来的移民把岛屿约一半的土地开垦成了耕地。

---2624

□ **decline** [dɪ'klaɪn] **v.** ①下降，减少 [同] descend ②衰退，衰落 ③谢绝，拒绝 [同] refuse **n.** ①下降，减少，衰退 [同] descent ②斜坡

搭 decline one's invitation 谢绝某人的邀请

例 After years of prosperity, the economy of some developing countries is on the decline now. 经过数年的繁荣之后，一些发展中国家的经济开始衰退了。

---2625

□ **platform** ['plætfɔːm] **n.** ①平台，台 ②讲坛，讲台，论坛，表演台 ③站台，月台 ④政纲，党纲 ④发射台，发射车 ⑤钻井平台

搭 mount the platform 登上讲台；stand at platform 3 停在 3 号站台；announce the platform of political and economic platforms 公布了政治经济改革的纲领

例 The expert walked towards the platform to begin his speech. 那位专家走向讲坛，开始演讲。

---2626

□ **journal** ['dʒɜːnl] **n.** ①日报，杂志，期刊 [同] daily, magazine, periodical ②日志，日记 [同] diary

构 journ（日）+ al（表物）→日志

例 She edits a quarterly journal on environmental issues. 她编辑一份关于环境问题的季刊。

联 journalism **n.** 新闻业，新闻工作；journalist **n.** 新闻工作者

---2627

□ **shave** [ʃeɪv] **v.** ①剃，刮，刨，削 [同] cut, trim ②修面，刮脸 **n.** 修面，剃头，剃须

搭 have a shave 修面，剃头

例 She had to call a barber to shave his face. 她不得不叫来理发师给他刮脸。

---2628

□ **circumscribe** ['sɜːkəmskraɪb] **v.** ①划界限 ②环绕，包围 ③限定

构 circum（周围）+ scrib（写）+ e →写在周围→划界限

搭 a voyage that circumscribes the world 环绕世界的航行

例 There followed a series of tightly circumscribed visits to military installations. 随之而来的是一系列严格限制的对军事设施的参观。

---2629

□ **bound** [baʊnd] **a.** ①一定的，必然的 [同] certain, fated ②受约束的，有义务的 ③ (for, to) 准备到……去的，开往或驶往……的 **v.** ①跳跃，蹦跳着前进 [同] leap, bounce ②弹回，反弹 ③成为……的界线，给……划界 **n.** (pl.) 界限，限制

搭 be bound up in 热衷于，忙于；be bound up with 与……有密切关系；know no bounds 无限，不知限量；be bound for 开往……的，动身到……；be bound from…to 从……开往，从……去

例 He bounded up the wide steps with vigor. 他神气十足地跃上一级级台阶。

联 boundless **a.** 无限的；boundary **n.** 界线，边界

辨 bound: bounded, bounded（跳跃）。bind: bound, bound（捆，绑）。

---2630

□ **recreational** [ˌrekri'eɪʃnl] **a.** 消遣的，娱乐的

搭 recreational facilities 娱乐设施；recreational activities 娱乐活动；recreational mathematics 趣味数学

---------2631

□ **curriculum** [kə'rɪkjələm] ***n.*** ①课程，（学校、专业的）全部课程 ②（取得毕业资格的）必修课程

例 Is French on the curriculum at your school? 你们学校教法语吗？

联 两种复数形式：curriculums 或 curricula。（the curriculum 表示全部课程，作主语时谓语动词用单数）

---------2632

□ **reorient** [ri'ɔːrient] ***v.*** 重定方向，再调整

例 He tried to reorient the direction of his research. 他试图重新调整自己的研究方向。

---------2633

□ **anecdotal** [ˌænɪk'dəʊtl] ***a.*** 轶事的，趣闻的

搭 an anecdotal conversation 涉及轶事趣闻的谈话；an anecdotal lecture about his travels 关于他旅行趣闻的演说

例 The book is very readable and pleasantly anecdotal. 这本书极具可读性，其中还有许多有趣的轶事。

---------2634

□ **split** [splɪt] ***v.*** (split, split) ①分裂，分离 [同] break, crack ②撕裂，裂开 [同] divide, separate ③分担，分享 ***n.*** ①裂口 ②分裂

例 The farmer spilt the firewood with an axe. 农夫用斧头劈柴火。

---------2635

□ **contradiction** [ˌkɒntrə'dɪkʃn] ***n.*** ①矛盾，不一致 ②否认，反驳 [同] denial

构 contra（反对）+ dict（说）+ ion（表名词）→说反对的话→否认

搭 in contradiction to 与……矛盾，反之；in contradiction with 与……相抵触；a contradiction between two ideas 两种意见之间的矛盾

例 What you have done is in contradiction to what you have said. 你所做的同你所说的自相矛盾。

联 contradictory ***a.*** 矛盾的，反驳的，反对的 ***n.*** 对立物，矛盾因素

---------2636

□ **derive** [dɪ'raɪv] ***v.*** ① (from) 获得，导出 [同] acquire, draw ②起源于，出自 ③推论，推究 ④溯源

搭 derive from 来自，源于；derive pleasure from reading 从阅读中获得乐趣

例 The custom of raising one's hat to a lady in the west is derived from an old practice. 西方向妇女脱

帽致意的风俗源自一个古老的习惯。

联 derivation ***n.*** 来源，派生，推论，推导

---------2637

□ **blame** [bleɪm] ***v.*** ①责备，责怪 [同] accuse, condemn ② (on, onto) 把……归咎于 ***n.*** ①过错，责任 [同] fault, responsibility ②指责，责备 [同] reproach

搭 blame sb. for 因……而责备某人；blame sth. on sb. 把……归咎于某人；take the blame for 负……责任；put the blame on 归咎于；be to blame 该受责备的，应承担责任的

例 You can't really blame him for putting his own interests first. 你确实不能怪他把自己的利益放在首位。

辨 blame: 责备，无责骂之意。scold: 唠唠叨叨地数落。condemn: 正式地"谴责"。

---------2638

□ **latitude** ['lætɪtjuːd] ***n.*** ①纬度 ②地区

构 lat（宽的）+ itude（表名词）→纬度

例 The town is at a low latitude. 这个小镇所处的纬度较低。

联 longitude ***n.*** 经度；altitude ***n.*** 高度

---------2639

□ **silt** [sɪlt] ***n.*** 淤泥，泥沙 ***v.*** 淤塞

例 The old harbor is now all silted up. 这个老港口现在已经完全淤塞了。

---------2640

□ **comic** ['kɒmɪk] ***a.*** ①喜剧的，滑稽的 ②好笑的 [同] funny ***n.*** ①喜剧演员 ②连环漫画

搭 a comic actor 喜剧演员；a comic plot 喜剧情节；a comic magazine 连环漫画杂志

---------2641

□ **toxin** ['tɒksɪn] ***n.*** 毒素 [同] venom, poison

例 Some types of bean contain a toxin which can only be destroyed by cooking them at high temperature. 有些豆子含有一种毒素，只有高温煮才能破坏掉它。

联 toxic ***a.*** 中毒的，有毒的

---------2642

□ **stove** [stəʊv] ***n.*** 灶炉，炉子，火炉

例 Soup was simmering in a pot on the stove. 灶炉上的锅里炖着汤。

联 oven 烤箱；electric cooker 电饭煲；microwave oven 微波炉

---------2643

□ **grill** [grɪl] ***v.*** ①烧，烤，焙 ②严厉盘问 ***n.*** 烤架，烤器

例 She decided to grill the sausages rather than fry them. 她决定烤香肠，而不是煎香肠。
····························2644

☐ **hollow** ['hɒləʊ] *a.* ①空的，中空的，凹陷的 ②虚伪的，空虚的，没价值的 ③（声音）低沉的，沉闷的 *n.* 洼地，低凹处，穴，山谷
例 When I last saw her she was pale and hollow-eyed. 我上次看到她时，她的脸色苍白，眼睛凹陷。
辨 hollow: 指心是空的，"空心的"。blank: 指表格等未填的"空白"处，表面无字的。empty: 指里面无人无物的。vacant: 指暂时未被使用或占用的。bare: 赤裸的，光秃秃的。
····························2645

☐ **cap** [kæp] *n.* ①帽子，便帽 [同] hat ②帽状物，盖，套，罩 [同] cover *v.* ①加盖，堵住，封住 ②设上限 ③作为……尾声，完成，结束 ④镶牙冠
搭 unscrew the bottle cap 拧开水瓶盖；cap the ruptured gas pipe 封住爆裂的天然气管道；to cap it all 更有甚者，更倒霉的是
例 Any insurance payout would be capped. 任何保险赔付都有上限。
····························2646

☐ **liberty** ['lɪbəti] *n.* ①自由自主权 [同] freedom ②过分亲昵的行为，失礼 ③（*pl.*）许可，准许（权）[同] permission, allowance
搭 at liberty 自由的，闲着；take liberty with 对……放肆，随便；set at liberty 释放，使自由
例 The emphasis was more on social conformity than on individual liberty. 重点更多在于社会性从众，而不是个人自由。
····························2647

☐ **signpost** ['saɪmpəʊst] *n.* 路标 *v.* ①设置路标 ②清楚无误地表明
构 sign（做记号）+ post（柱子）→做记号的柱子→路标
例 We found where we were going very easily, because it was well signposted. 我们很容易地找到了要去的地方，因为一路上都有清晰的路标。
····························2648

☐ **mood** [muːd] *n.* ①心境，心情，情绪 [同] state of mind ②坏心情，坏脾气 ③气氛，氛围 ④（语法）语气
搭 in a good mood 心情好；in a bad mood 心情不好
例 The mood of this week's meeting has been optimistic. 本周会议的气氛是乐观积极的。
····························2649

☐ **stem** [stem] *n.* ①茎，干 ②词干 *v.* ①（from）起源于 [同] derive ②堵住，止住，抑制 [同] block
例 Measures have been taken to stem the spread of an epidemic. 已采取措施制止流行病的蔓延。
····························2650

☐ **ensure** [ɪn'ʃʊə(r)] *v.* ①保证，担保，确保 [同] assure ②（from）保护，使安全 [同] protect
构 en（使）+ sure（确定的）→确保
例 We can ensure that the hotel is full of conveniences of every sort. 我们可以保证，这家酒店设备齐全。
····························2651

☐ **hence** [hens] *ad.* ① 因此，所以 [同] therefore, consequently ②今后，从此 [同] from now on
例 The economy is weakening, hence the rise in unemployment. 经济在衰退，因此失业率在上升。
辨 hence: "因此"，表示因果关系，既可跟从句，也可跟名词。therefore: "因此"，表示因果关系，可跟从句，但不跟名词。
····························2652

☐ **dominate** ['dɒmɪneɪt] *v.* ①在……中占有首要地位 ②支配，统治，控制 [同] govern, command ③高出，俯视 [同] tower, overlook
构 domin（支配）+ ate（使）→支配
搭 the book dominating the best-seller lists 占据畅销书排行榜榜首的书
例 Even as a child he showed an inclination to dominate over the other children. 即使还在童年时代，他就表现出爱支配其他小孩的倾向。
····························2653

☐ **publicity** [pʌb'lɪsəti] *n.* ①公众的注意，名声 ②宣传，宣扬 [同] propaganda
搭 in the publicity of 在大庭广众前；court/seek publicity 追求名望；avoid/escape publicity 避免抛头露面；in the first light of publicity 在众目睽睽之下
例 Throughout his life Nobel avoided publicity. 诺贝尔一辈子避免抛头露面。
联 publication *n.* 出版，公布
····························2654

☐ **administrator** [əd'mɪnɪstreɪtə(r)] *n.* ①管理人，行政官员 ②提供者，施用者
搭 a school administrator 学校行政管理者；an administrator of drug abuse program 禁毒官员

□ **lateral** ['lætərəl] *a.* ①侧面的 ②横的，横向的 ----2655

构 later（侧面，边）+ al（……的）→侧面的

搭 a lateral view 侧面图；lateral pressure 侧面压力；lateral movement 横向运动

例 Lateral thinking tries to use imagination and humor to find new and clever answers to problems. 横向思维试图利用想象力和幽默感找到解决问题的巧妙的新办法。

□ **durable** ['djʊrəbl] *n.* 耐用的，持久的 [同] ----2656 enduring, permanent [反] fragile

例 The resolution calls for a just and durable peace settlement in the area. 决议要求在该地区公正、持久地解决和平问题。

□ **finance** ['faɪnæns] *n.* ①财政，金融 ②(*pl.*) ----2657 财源，资金，财务情况 *v.* 为……提供资金，为……筹措资金

搭 housing finance 住房信贷；finance bill 财政法案；finance company 金融公司；an expert in finance 金融专家

例 The company will finance their Antarctic expedition. 这家公司将资助他们的南极考察。

联 financing *n.* 融资，财务；financier *n.* 金融家；financial *a.* 金融的，财政的

□ **disable** [dɪs'eɪbl] *v.* ①使丧失能力，使伤残 ----2658 [同] cripple ②使在法律上无能力，使无资格，使失去战斗力 ③使无效，不能运转

构 dis（不）+ able（能）→不能 →使无能

搭 disable sb. from doing sth. 使某人不能做（比较：enable sb. to do sth. 使某人能做）

例 The disabled for the public benefit will be taken good care of. 因公致残者将会得到很好的照顾。

□ **breeze** [briːz] *n.* 微风，轻风 [同] gentle wind ----2659 *v.* 飘然而行

例 A cool breeze was blowing from the lake. 凉爽的微风从湖上吹来。

联 storm *n.* 风暴；gust *n.* 阵风；gale *n.* 强风，大风；typhoon *n.* 台风；hurricane *n.* 飓风；cyclone *n.* 旋风；tornado *n.* 龙卷风

□ **preparation** [ˌprepə'reɪʃn] *n.* ① 预备，准备 ----2660 ② 安排，筹备 ③制剂

搭 be in preparation 在准备中；in preparation for 作为……的准备；make preparations for 为……做准备；make preparations against 为防止 / 对付……做准备

例 It's a good recipe, but there's a lot of preparation involved. 这是个不错的食谱，但要准备很多食材。

□ **calf** [kɑːf] *n.* ①小牛，牛犊 ②小牛皮 *v.* 产 ----2661 牛犊

搭 in calf（母牛）怀孕；a book bound in calf 用小牛皮装订的书

例 Four cows calved overnight. 晚上有四头牛产犊。

□ **pamper** ['pæmpə(r)] *v.* ①娇惯，纵容，溺爱 ----2662 [同] indulge ②给……吃得过多，使饮食过量

搭 pamper a child 娇惯孩子；pamper one's guests 盛情招待客人

例 The children were pampered by their grandmother. 孩子们受到了祖母的溺爱。

□ **volume** ['vɒljuːm] *n.* ①卷，册，书卷 ②体积， ----2663 容积，容量 [同] capacity, bulk ③音量，响度

例 Neither box has adequate volume to hold my tourist keepsakes. 两个盒子都不够大，不能单独装下我的旅游纪念品。

答案：

1. criteria   译文：我们根据严格的选拔标准确定哪些求职者能够进入面试。

2. spiral   译文：锃亮的楼梯盘旋而下，通往厨房。

Unit 50

学前自测

1. He has become increasingly _____ from his wife. (skewed, censored, inflated, estranged, generalized)
2. The company has been granted a _____ by the government to mine in this area. (prestige, locality, magnitude, revival, concession)

----------2664

□ **excessive** [ɪkˈsesɪv] *a.* 过多的，过分的，过度的 [同] extreme, immoderate
例 Excessive exercise can sometimes cause health problems. 过度锻炼有时会导致健康问题。

----------2665

□ **concession** [kənˈseʃn] *n.* ①让步，妥协 [同] compromise ②特许，特许权 ③承认，认可
例 The firm's promise to increase our pay was a concession to our demands. 公司答应提高我们的工资是对我们所提要求的让步。

----------2666

□ **petrol** [ˈpetrəl] *n.* 汽油 [同]（美）gasoline, gas

----------2667

□ **rig** [rɪg] *v.* ①给（船）配备索具、帆具 ②（用欺骗手段）操纵（事件等），在……中做手脚 *n.* ① 帆桅的装备（方式）② 成套机械 ③（一套）服装，穿着打扮
搭 rig up 仓促拼凑；in full ceremonial rig 穿着全套礼服
例 He complained that the election had been rigged. 他投诉这次选举被人操纵了。

----------2668

□ **estrange** [ɪˈstreɪndʒ] *v.* ①使疏远，离间 ②使脱离，使隔离
搭 be estranged from each other 相互疏远；estrange oneself from society 与社会脱离；one's estranged wife 分居的妻子
例 She has been estranged from her husband for several years. 她和丈夫已经分居多年。

----------2669

□ **general** [ˈdʒenrəl] *a.* ①总的，普遍的 [同] total, overall [反] limited ②一般的，普通的 ③全面的，通用的 *n.* 将军，上将
搭 as a general rule 一般说来；in general 一般说来，大体上；a topic of general interest 普遍感兴趣的话题；the general standard of education 总体教育水平

例 There has been a general decline in giving to charities. 对慈善机构的捐助总的来说减少了。
辨 general: 指普遍存在而很少有例外的。common: 指许多事物共有而不足为奇的。ordinary: 指平常而无特殊之处的。universal: 指普遍存在而无例外的。

----------2670

□ **prestige** [preˈstiːʒ] *n.* ①威信，威望，声望 [同] fame, reputation ②影响力，吸引力，魅力 *a.* ①有名望的，有声望的 ②令人羡慕的，有吸引力的
例 The university has immense prestige. 这所大学有很高的声望。

----------2671

□ **generalize/se** [ˈdʒenrəlaɪz] *v.* ①概括，推论，归纳 ②推广，普及 ③概括地谈论
例 It is too soon to generalize from these findings. 从这些发现上立刻做出推断为时过早。
联 generalization *n.* 概括，推断；generalized *a.* 普遍的，广泛的

----------2672

□ **skew** [skjuː] *a./ad.* ①斜的/地，歪斜的/地 ②歪曲的/地，曲解的/地 *n.* 偏斜，歪斜 *v.* ①（使）偏斜，（使）歪斜 ②歪曲，曲解
搭 a skewed stone 一块歪斜的石头；on the/a skew 歪斜（的）；wear one's hat on the skew 歪着戴帽子
例 I think that picture is hanging skew. 我想那幅画挂歪了。

----------2673

□ **major** [ˈmeɪdʒə(r)] *a.* ①较大的 ②主要的，重大的 [同] chief, main [反] minor *n.* ①专业 [同] discipline, speciality ②专业学生 ③少校 *v.* (in) 主修，专攻
搭 major in English 主修/专攻英语（minor in English 辅修英语）
例 She plans to major in genetic engineering. 她计划专攻基因工程。

---------2674

□ **document** ['dɒkjumənt] *n.* ①公文，文件，证件 [同] certificate ②文献，文档 [dɒkjument] *v.* ①（详细地）记录，记载 ②提供文件/证据

搭 sign a document 签署公文；save the document 保存文档

例 He wrote a book documenting his prison experiences. 他写了一本书，详细记录了他在狱中的经历。

---------2675

□ **classical** ['klæsɪkl] *a.* 古典的（指古希腊和古罗马）②经典的，古典（音乐）的 ③传统的 ④人文科学的，文科的

例 She loved classical music and would spend hours listening to Verdi's operas. 她很喜爱古典音乐，会花上几个小时听威尔第的歌剧。

辨 classical: 古典的（尤指古希腊、罗马文学、艺术，与 romantic 相对。classical works: 古典作品）。classic: 一流的，最优秀的，经典的（classic works: 经典作品）。

---------2676

□ **locality** [ləu'kæləti] *n.* ①地区，区域 [同] site ②邻里情谊

构 loc（地点）+ al + ity（表性质、状况）→地区

例 She told us the details of the drinking water quality in this locality. 她把这个地区饮用水质量的详细情况告诉了我们。

辨 locality: 地区，地点，强调"地带，区域"（in this locality）。location: 地点，位置，强调"方位，位置，定位"（the location of this hotel）。

---------2677

□ **censor** ['sensə(r)] *n.*（书刊、影视节目的）审查员，审查官，检察官 *v.* 审查，删改

搭 censor private letters 审查私人信件；get past the censor 通过审查

例 Parts of the film have been banned by the censor. 这部电影的某些镜头遭到审查官的删减。

联 censorship *n.* 审查制度

---------2678

□ **linger** ['lɪŋɡə(r)] *v.* ①逗留，徘徊 ②(on) 继续存留，历久犹存 ③漫步，闲逛 ④苟延残喘，奄奄一息

搭 the scent lingering on in the room 房间里挥之不去的香气

例 It was a dreary little town where few would choose to linger. 那是个沉闷的小镇，很少有人愿

意在那里停留。

---------2679

□ **interpretation** [ɪn,tɜːprə'teɪʃn] *n.* ①解释，阐明，诠释 [同] explanation ②（表演、演奏的）艺术处理 ③翻译

例 The dispute is based on two widely different interpretations of the law. 争议是基于对法律的两种大不相同的解释。

---------2680

□ **accumulate** [ə'kjuːmjəleɪt] *v.* ①积攒，积聚，积累 [同] store, collect, store up [反] waste ②堆积，汇集

搭 accumulate great wealth/a large fortune 积聚了一大笔财富；a wealth of knowledge accumulated over 20 years 20 多年积累的知识财富

例 Households accumulate wealth in a variety of ways. 家庭以各种方式积累财富。

联 accumulation *n.* 积蓄；accumulative *a.* 累积的，渐增的；assemble *v.* 集合；stimulate *v.* 刺激；accumulator *n.* 积累者，存储器；accumulatively *ad.* 累积地，递增地

---------2681

□ **inflate** [ɪn'fleɪt] *v.* ①（使）充气 ②抬高，夸大 ③使（物价）上涨，使（通货）膨胀

构 in（朝内）+ flat（吹气）+ e →朝内吹气 →使充气

例 Pull this cord to inflate the life jacket. 拉这根绳子给救生衣充气。

---------2682

□ **relieve** [rɪ'liːv] *v.* ①使轻松，使宽慰 [同] lighten, soften ②缓解，减轻，解除 [同] release ③接替，替下

例 A pain-killer can relieve you of your headache. 止痛药可以帮你减轻头痛。

---------2683

□ **export** [ɪk'spɔːt] *v.* ①出口，输出 [反] import ②传播，输出 ['ekspɔːt] *n.* 出口（商品）

搭 export one's values 传播价值观念；for export 为了出口

例 They expect the antibiotic products to be exported to Southeast Asia and Africa. 他们希望向东南亚和非洲出口抗生素产品。

---------2684

□ **fascinate** ['fæsɪneɪt] *v.* 强烈地吸引，迷住 [同] attract, charm [反] bore

例 All the visitors were fascinated by the fantastic

tropical scenery. 所有的游客都被奇异的热带景色迷住了。
·······2685

□ **autobiography** [ˌɔːtəbaɪ'ɒgrəfi] ***n.*** 自传，自传体文学

例 His life story is recounted in two fascinating volumes of autobiography. 两卷引人入胜的自传体小说叙述了他的生平。

联 autobiographer ***n.*** 自传作家；autobiographical ***a.*** 自传的，自传体的
·······2686

□ **pest** [pest] ***n.*** ①害虫，有害物 ②讨厌的人/物，害人精

搭 too much of a pest 叫人讨厌；pest control 虫害防治；pests of society 社会蟊贼
·······2687

□ **disclose** [dɪs'kləʊz] ***v.*** ①揭露，泄露，透露 [同] reveal, uncover ②揭发，揭开

构 dis（不）+ close（关闭）→不关闭→揭露

例 The minister wrote a letter to the President disclosing the whole affair. 部长给总统写了一封信，揭发了整个事件。
·······2688

□ **congested** [kən'dʒestɪd] ***a.*** ①拥挤的，充满的，阻塞的 ②鼻塞的

搭 a congested street 拥挤的街道
·······2689

□ **encounter** [ɪn'kaʊntə(r)] ***v./n.*** 遇到，遭遇，遭到 [同] meet with

搭 encounter the enemy/an encounter with the enemy 遭遇敌人

例 Before she had gone very far, she encountered a flower-selling girl. 她没走多远，就遇见了一个卖花的女孩。
·······2690

□ **sympathy** ['sɪmpəθi] ***n.*** ①同情，同情心 [同] pity ②（思想感情上的）支持，赞同

构 sym（相同）+ path（感受）+ y →同情

搭 show sympathy for 寄予同情；a letter of sympathy 慰问信；be in/out of sympathy with 赞同/不赞同

例 She is constantly seeking sympathy from her friends. 她总是向朋友寻求同情。
·······2691

□ **magnitude** ['mægnɪtjuːd] ***n.*** ①巨大，广大，庞大 ②重大，重要 ③大小，量值，强度，音量 [同] amount, quantity

例 A decision of this magnitude merits nationwide attention. 这么重大的决定应当引起全国上下的关注。
·······2692

□ **literal** ['lɪtərəl] ***a.*** ①文字上的，字面上的 ②忠实于原文的，逐字翻译的 ③确确实实的，完完全全的 ④刻板的，无想象力的 ⑤如实的，不夸张的

搭 literal meaning 字面意思；literal interpretation 字面上的解释；literal translation 直译；the literal truth 不折不扣的事实；literal ethics 死板的道德观念；a literal avalanche of mail 一大批信件的涌入

例 You need to demonstrate to the examiners that you have more than a literal understanding of the text. 你要向主考人员展示你不仅仅能从字面上理解课文。

联 literality ***n.*** 直译，精确；literalize ***v.*** 照字面直译；literalness ***n.*** 照字面，刻板
·······2693

□ **argument** ['ɑːgjʊmənt] ***n.*** ①争执，争论，争吵 [同] dispute, disagreement ②辩论，争辩 ③说理，论证，论据 [同] reason, proof

搭 a heated argument 激烈的争吵；in an argument 在争论中

例 Anny described how she got into an argument with a policeman. 安妮描述了她是如何同一名警察争执起来的。

联 argumentative ***a.*** 争论的；arguable ***a.*** 有依据的
·······2694

□ **hostility** [hɒ'stɪləti] ***n.*** ①敌意，敌视，敌对 ②战争状态，战争行动 ③（对计划、思考的）反对，抵制

构 host（敌人）+ ility（表状态）→敌意

搭 a slight look of hostility in one's eyes 某人眼里流露出的一丝敌意；a cessation of hostilities 停火；be greeted with hostility by conservatives 遭到保守党的反对
·······2695

□ **fundamental** [ˌfʌndə'mentl] ***a.*** 基本的，根本的 [同] elementary, essential ***n.***（常 *pl.*）基本原则/原理 [同] principle

搭 fundamental to 对······十分重要

例 We need to make fundamental changes to the way in which we treat our environment. 我们需要从根本上改变我们对待环境的态度。

辨 fundamental: 一般用于抽象事物。basic: 既可用于抽象事物，也可用于具体事物。

—————2696

□ **spectator** [spek'teɪtə(r)] *n.* 观众，目击者 [同] audience

例 The stadium was packed with thousands of cheering spectators. 体育场挤满了成千上万热烈欢呼的观众。

—————2697

□ **atmosphere** ['ætməsfɪə(r)] *n.* ①大气，大气层 ②空气 [同] air ③气氛，环境 [同] mood, surroundings

构 atmo（蒸汽）+ spher（球体）+ e →围绕地球的蒸汽 →大气

搭 a friendly atmosphere 友好的气氛；an atmosphere of democracy 民主的环境；in the festival atmosphere 在节日的气氛中

例 Ever since their quarrel, there has been an unpleasant atmosphere in the office. 自从他们争吵后，办公室的气氛一直令人不快。

联 atmospheric *a.* 大气的，大气所引起的

—————2698

□ **posture** ['pɒstʃə(r)] *n.* ①姿势，姿态，举止 ②态度 [同] attitude ③心境 *v.* 摆出姿态

构 pos（放）+ ture →放好 →摆出姿态

搭 improve the posture 使姿态更优美；graceful posture 优美的姿态；the government's posture on this issue 政府在这个问题上的态度

例 He always adopted the same posture for the camera. 他在镜头前总是摆出同样的姿态。

—————2699

□ **discrepancy** [dɪs'krepənsi] *n.* 差异，不一致，矛盾

构 dis（完全地）+ crep（破裂）+ ancy（表名词）→完全破裂 →矛盾

搭 statistical discrepancy 统计差异；price discrepancy 价格差异；a discrepancy between word and deed 言行不一；the discrepancy in one's interests 兴趣爱好上的差异

例 There was a discrepancy in the two reports of the loss of the snowstorm. 对于这场风雪造成的损失，两份报告不一致。

—————2700

□ **beware** [bɪ'weə(r)] *v.* 谨防，当心，注意

搭 beware of the dogs 当心狗；beware of undercooked food 当心未煮熟的食物

例 Beware of salespeople who promise offers that seem too good to be true. 要提防那些讲得天花乱坠的销售人员。

—————2701

□ **eliminate** [ɪ'lɪmɪneɪt] *v.* ①消除，排除，根除 [同] extinguish, expel ②淘汰 [同] get rid of

例 In the first round the amateur football teams were eliminated from the competition. 在第一轮比赛中，业余足球队就被淘汰了。

—————2702

□ **denomination** [dɪ,nɒmɪ'neɪʃn] *n.* ① 宗教，教派 ②（货币等的）面额，单位 ③名称，名目

例 The service was attended by Christians of all denominations. 各教派的基督徒都参加了这次礼拜仪式。

—————2703

□ **thrive** [θraɪv] *v.* 兴旺，繁荣 [同] boom, flourish

例 His business thrived in the years before the war. 在战前那些岁月里，他的生意兴隆。

—————2704

□ **cash** [kæʃ] *n.* 钱，现金，现款 [同] bank-notes *v.* 兑换成现金

搭 pay in cash/by check 用现金/支票支付；be short of cash 缺钱；$ 800 in cash 800 美元现金

例 There's a 20% discount if you pay cash. 如果用现金支付可以打 8 折。

辨 money: 钱（一般说法）。cash: 现金。change: 零钱。

—————2705

□ **resilience** [rɪ'zɪliəns] *n.* ①弹性，弹回 ②复原力，恢复力

构 re（向后）+ sili（跳）+ ence（表名词）→向后跳的能力 →弹性

搭 the resilience of rubber 橡皮的弹性；the resilience of the human body 人体的恢复力

例 He bounced on a mattress to demonstrate its resilience. 他在床垫上弹跳以显示其弹性。

—————2706

□ **contradict** [,kɒntrə'dɪkt] *v.* ①反驳，否认……的真实性 [同] dispute [反] admit ②与……产生矛盾，抵触

例 She kept silent, just because she didn't like to contradict her husband in public. 她一言不发，只是因为她不想在大庭广众之下抵触她的丈夫。

—————2707

□ **battery** ['bætri] *n.* ①电池（组），蓄电池 ②排炮，炮组 ③一系列，一套 [同] group, set, series

搭 a battery of lights 一组灯；dry/storage battery 干/蓄电池；solar battery 太阳能电池；rechargeable battery 充电电池；a battery of questions 一连串的问题

例 They will give her a whole battery of tests to try to find out what she's allergic to. 他们将给她做一系列试验，看她对什么东西过敏。

·····2708

☐ **conscious** ['kɒnʃəs] *a.* ① (of) 意识到的，自觉的 [同] aware [反] unaware ②有知觉的，神志清醒的 ③有意的，存心的 ④留心的，关注的

搭 be conscious of 意识到

例 One must be conscious of one's shortcomings. 人贵有自知之明。

联 consciousness *n.* 知觉，意识；conscientious *a.* 认真的；unconscious *a.* 无意识的

辨 conscious: 内心意识到的感觉。aware: 感官上的感觉。

·····2709

☐ **volcano** [vɒl'keɪnəʊ] (*pl.* volcanos 或 volcanoes) *n.* ①火山 ②被压抑的强烈感情

搭 an active volcano 活火山；a dormant volcano 死火山；sit/stand/sleep on a volcano 置身险地；a volcano of hatred 火山般随时可能爆发的仇恨

例 Ash from the erupting volcano reached America skies. 这座火山爆发的烟尘到达了美国的上空。

联 volcanic *a.* 火山的；volcanism *n.* 火山作用

·····2710

☐ **cosmopolitan** [ˌkɒzmə'pɒlɪtən] *a.* 世界性的，见多识广的 *n.* 见多识广者，四海为家者

例 His travels around the world have made him very cosmopolitan. 他周游世界的经历使他见多识广。

·····2711

☐ **chronic** ['krɒnɪk] *a.* ① (疾病) 慢性的，(人) 久病的 ②长久的，不断的 ③积习难改的

例 People suffering from chronic indigestion cannot eat more than enough. 患有慢性消化不良的人不能多吃。

·····2712

☐ **permission** [pə'mɪʃn] *n.* 允许，许可，同意

[同] assent, approval

搭 without permission 未经许可；obtain permission from 得到……的许可；permission slip 同意书

例 The authorities refused permission for the demonstration to take place. 主管机构拒绝批准游行。

·····2713

☐ **continuous** [kən'tɪnjuəs] *a.* 连续不断的，持续的，不间断的 [同] lasting

搭 a continuous stream of phone calls 不断的电话；a continous line of boats 一线排开的小船

例 Residents reported that they heard continuous gunfire. 居民们说他们听到了持续的枪声。

辨 continuous: 连续无间断。continual: 连续而有间断，时断时续。

·····2714

☐ **intervention** [ˌɪntə'venʃn] *n.* 干预，干涉，调停

例 Half the people questioned said they were opposed to military intervention. 被问到的人中有一半表示反对进行军事干预。

·····2715

☐ **jerk** [dʒɜːk] *v.* ①猛拉，急拉，急抽，猛扔②气喘吁吁地说，急促地说 ③ (使) 颠簸，(使) 震摇 *n.* ①急拉，急推，急抽，急动，急甩 ②颠簸，震摇

搭 jerk one's hand away 猛地把手甩开；jerk one's head up 猛地抬头；with a jerk 猛地一颤

例 The water was unexpectedly hot, and he jerked his hand out. 想不到水那么烫，他猛地把手抽了回来。

·····2716

☐ **revival** [rɪ'vaɪvl] *n.* ①苏醒，复苏 ②恢复，重振 ③重演，重映，重播

搭 stage a revival of a 1950s play 重演一部 20 世纪 50 年代的戏剧

例 An economic revival is sweeping the country. 经济复兴正在席卷全国。

答案：

1. estranged　译文：他同妻子的关系变得越来越疏远了。

2. concession　译文：这家公司已经获得政府特许，可以在该地区采煤。

Unit 51

学前自测

1. It would be unfair for Debby's family to _____ on the reasons of her suicide. (relate, compare, retain, initiate, speculate)
2. Almost without _____ these convicted were his friends and colleagues. (equivalent, institution, collection, exception, infirmity)

----------2717

□ **dimensional** [dar'menʃənl] *a.* ①多方面的 ②尺寸的 ③维数的
搭 with the same dimensional proportion 尺寸比例相同
例 The dimensional characterization has elevated his recent novel. 多方面的人物塑造为他新近的小说大为增色。

----------2718

□ **contaminant** [kən'tæmɪnənt] *n.* 污染物，玷污物
搭 chemical contaminants 化学污染物
例 We are exposed to an overwhelming number of toxic contaminants every day in our air, water and food. 我们每天通过空气、水和食物接触到数量惊人的有毒污染物。

----------2719

□ **tradition** [trə'dɪʃn] *n.* ① 传统，传统风俗 / 习惯 ② 惯例，习惯做法 [同] convention ③口传，传说
搭 have respect for tradition 尊重传统；keep up the family traditions 保持家族的传统；a story based on tradition 以传说为依据的故事
例 Americans are meat eaters by tradition. 传统上美国人是肉食者。

----------2720

□ **salinity** [sə'lɪnɪti] *n.* 盐性，咸度，含盐量
搭 the salinity of the water 水的咸度

----------2721

□ **preventative** [prɪ'ventətɪv] *a.* 预防的，防止的，防病的 [同] preventive *n.* 预防药，预防措施，预防物
搭 preventative health care 预防性保健；preventative maintenance 预防性维修
例 People accused the government of failing to take adequate preventative measures. 民众谴责政府未

能采取足够的预防措施。

----------2722

□ **component** [kəm'pəʊnənt] *n.* 成分，部件，元件 [同] element, ingredient *a.* 组成的，构成的
例 The factory supplies electrical components of cars. 这家工厂供应汽车电气部件。

----------2723

□ **institution** [ˌɪnstɪ'tjuːʃn] *n.* ①（教育、慈善等）社会公共机构 ②制度，习俗 [同] custom ③设立，创立，制定
搭 institutions of higher learning 高等院校；institution of laws 法律的制定
例 A church, school, university, hospital, asylum or prison is an institution. 教堂、学校、大学、医院、收容所或监狱皆属社会公共机构。

----------2724

□ **collection** [kə'lekʃn] *n.* ①收集，采集 [同] accumulation ②收藏品，作品集 ③积聚，堆积，大量
搭 a large collection of sculptures 大量雕塑作品；a collection of short stories 短篇小说集
例 Public services include mail delivery and garbage collection. 公共服务包括邮件投递和垃圾收集。

----------2725

□ **exception** [ɪk'sepʃn] *n.* 除外，例外 [同] exclusion
搭 without exception 无一例外地；be an exception to ……的一个例外；take exception to 反对，表示异议；with the exception of 除……之外
例 Mary always leaves home at eight o'clock but today is an exception. She's going later. 玛丽总是 8 点离开家，但今天是个例外，她走得晚了点。

----------2726

□ **compact** [kəm'pækt] *a.* ①紧凑的，小巧的 ②紧密的，坚实的 [同] condensed
例 The soil was so compact that I was hardly able to force a spade into it. 土地太硬实了，我拿铁锹也

IELTS
雅思词汇大全

很难挖进去。

---------2727

□ **equivalent** [ɪ'kwɪvələnt] **a.** ①相等的，相当的 [同] identical, equal ②等量的，等价的 **n.** ①相等物，等价物 [同] match, peer ②意义相同的词

例 She changed her pounds for the equivalent amount in dollars. 她把英镑换成了等值的美元。

---------2728

□ **ruthless** ['ruːθləs] **a.** ①无情的，冷酷的，残酷的 ②下定决心的，坚决的，彻底的

构 ruth（怜悯）＋ less（无）→无情的

搭 grim and ruthless 冷酷无情；a ruthless investigation 彻底的调查

例 He's a ruthless dictator, responsible for the murder of thousands of innocent people. 他是个冷酷的独裁者，是杀害数千名无辜者的元凶。

---------2729

□ **profession** [prə'feʃn] **n.** ①职业 [同] occupation, career ②（总称）同业，同行 ③表示，表白，宣称

搭 go into/enter a profession 加入／从事一个行业；the profession of (a) doctor 医生的职业

例 He is a teacher by profession. 他以教书为业。

---------2730

□ **glamor** ['glæmə(r)] **n.** ①魅力，吸引力 [同] charm ②（人的）诱惑力，性感，妖艳 **a.** 吸引人的

搭 the glamor and excitement of motor racing 赛车运动的魅力和刺激；lose the glamor 失去诱惑力

例 Foreign travel has never lost its glamor for me. 去外国旅行，对我来说永远不会失去其诱惑力。

---------2731

□ **swift** [swɪft] **a.** ①迅速的，速度快的 ②敏捷的，反应快的 [同] quick, fast

例 The river is too swift to swim. 河水太急不宜游泳。

联 swiftness **n.** 迅速

---------2732

□ **faith** [feɪθ] **n.** ①信任，信念 [同] trust, confidence ②宗教信仰 ③忠实，笃信

搭 place a great deal of faith in sb. 对某人极为信赖；have faith in sb. 相信某人；have no/lose faith in 不信任；in good/bad faith 诚恳地／欺诈地

例 People have lost faith in the government. 人们已经失去对政府的信任。

辨 faith: 坚定不移地相信权威、学说等。belief: 主观上相信，但不表明这种相信是否有根据。trust: 对外界的人或事充分信赖。

---------2733

□ **conservative** [kən'sɜːvətɪv] **a.** ①保守的，守旧的 [同] conventional [反] innovative ②式样（等）不时新的，传统的 ③防腐的 **n.** ①保守的人 ②防腐剂

搭 be conservative in one's views 观点保守；Conservative Party（英）保守党

例 He made a conservative guess at the population of China. 他对中国的人口做了一个保守的估计。

---------2734

□ **original** [ə'rɪdʒənl] **a.** ①起初的，最早的 [同] primary, initial ②独创的，新颖的 [同] creative, innovative ③原版的 **n.** ①原物，原文，原作品 ②原型

搭 be original in/with……有原创性；after the original 按……原作改写；in the original 以原作形式出现；read English in the original 读英文原著

例 These gardens have recently been restored to their original glory. 这些花园最近恢复了原先的华丽。

---------2735

□ **graph** [ɡræf] **n.** 图表，曲线图 [同] chart, diagram

例 The graph shows how crime has varied in relationship to unemployment over the last 20 years. 这张图表显示了过去 20 年间犯罪和失业之间的对应关系。

---------2736

□ **initiate** [ɪ'nɪʃieɪt] **v.** ①开始，创始，发起 [同] begin, originate ②启蒙，使初步了解 ③接纳（新成员），让……加入 [同] admit, introduce [ɪ'nɪʃiət] **n.** 新入组织的人

构 in（朝内）＋ it（走）＋ iate（做）→朝内走 →接纳

例 The Chinese government has initiated a reform in the educational system. 中国政府已经着手改革教育体制。

---------2737

□ **speculate** ['spekjuleɪt] **v.** ①思考，思索，沉思默想 ②(about, on) 推测，推断 [同] guess, consider ③(in, on) 投机，做投机买卖

构 specul（看）＋ ate（使……）→仔细地看 →推断

搭 speculate about/on 推测，思考；speculate in

253

stocks 做股票投机；speculate in estate and make fast profits 投机做房地产买卖并发大财

例 Scientists now are earnestly speculating on the workings of human brains. 科学家们现在在认真地思索人类大脑的工作原理。

辨 speculate: 思考，推测。ponder: 仔细思考，权衡得失。meditate: 在一定时间内集中精力进行思考。

··2738

□ **infirmity** [ɪn'fɜːməti] **n.** ①体柔，虚弱，疾病 ②（意志的）薄弱，缺点，缺陷

搭 old age and infirmity 老年体弱；the infirmities of age 老年疾病；the infirmities of secular life 世俗生活的缺陷

··2739

□ **blank** [blæŋk] **a.** ①空白的，空着的 [同] empty ②茫然的，无表情的 [同] expressionless **n.** ①空白 ②空白表格，空白处

搭 tear a blank page from the notebook 从笔记本撕下一张空白页；fill in the blank 填空；go blank（大脑）一片空白

例 Put a word in each blank to complete the sentence. 每个空格填一个单词，把句子补充完整。

··2740

□ **urgent** ['ɜːdʒənt] **a.** 急迫的，紧要的 [同] pressing, serious

构 urg（驱使）+ ent（……的）→不断驱使的 →急迫的

搭 an urgent case 急症；an urgent cry for help 紧急呼叫

例 It is urgent that you take measures to ease the situation. 你要采取措施使形势缓和下来，这很紧要。

··2741

□ **bleak** [bliːk] **a.** ①没有希望的，暗淡的 [同] hopeless ②荒凉的，荒芜的，荒无人烟的 [同] lonely, desolate ③阴冷的，寒冷刺骨的 [同] bitter ④缺乏热情的，冷漠的，冷酷的 [同] cold

搭 a bleak future 暗淡的前景；a bleak island 荒凉的岛屿；bleak weather 阴冷的天气；a bleak look 冷漠的神色

例 The future of this firm will be very bleak indeed if we keep losing money. 如果我们继续赔钱，公司的前景将非常暗淡。

··2742

□ **relate** [rɪ'leɪt] **v.** ①(to) 有关联，相互关联 [同] associate, refer ②适应，和睦相处 ③讲述，叙述

[同] narrate, convey

例 Chapter nine relates to the effects of inflation on consumers. 第九章讲述有关通货膨胀对消费者的影响的问题。

联 related **a.** 有关的，相互关系的；unrelated **a.** 无关的，不相干的

··2743

□ **compare** [kəm'peə(r)] **v.** ①(to, with) 比较，对照 [同] contrast ②(to) 把……比作，比得上 **n.** 比较

构 com（共同）+ par（相等）+ e →放在一起相等 →比较

搭 compare to/with 可表示"与……相比较"（compare this car to/with hers 把这部车同她的车相比较）；compare to 表示"把……比作"（不用 with）（compare the world to a stage 把世界比作舞台）

例 The landscape here in the hills is beyond compare. 这座山的风景是无与伦比的。

辨 compare: 比较相同之处。contrast: 对比不同或差异之处。

··2744

□ **shrug** [ʃrʌɡ] **v./n.** 耸肩（表示冷漠、怀疑）

搭 shrug off 对……满不在乎，对……不屑一顾；shrug off the criticism 对批评不屑一顾

例 He shrugged his shoulders as if to say that there was nothing he could do about it. 他耸了耸肩，好像是说他对此无能为力。

··2745

□ **comply** [kəm'plaɪ] **v.** (with) 遵从，服从，顺从 [同] obey, accord

搭 comply with the regulations 遵守规定；comply with the doctor's order 谨遵医嘱

例 She reluctantly complied with their wishes. 她勉强依从了他们的愿望。

联 compliance **n.** 服从，遵从；compliant **a.** 服从的，顺从的

··2746

□ **retain** [rɪ'teɪn] **v.** ①保持，保留，保存 [同] keep, preserve ②记住

搭 retain the traditional way of doing things 保持着传统的行事方式；retain a receipt 留存收据

例 She succeeded in retaining her lead in the second half of the race. 在后半段比赛中，她成功地保持了自己的领先地位。

----2747

□ **nutrition** [nju'trɪʃn] **n.** 营养，营养学
构 nutri（营养）+ tion（表名词）→营养
例 Good nutrition lies in balanced diet. 良好的营养在于均衡饮食。
联 nutritional **a.** 营养的；nutritionist **n.** 营养学家；malnutrition **n.** 营养不良

----2748

□ **ratio** ['reɪʃiəʊ] **n.** 比，比率 [同] percentage, proportion
搭 the ration of A to B A 与 B 的比例；in the ratio of 1 to 2 以 1:2 的比率；in direct/inverse ratio 与……成正 / 反比
例 The ratio of students to teachers is 30 to 1. 学生与教师之比为 30 比 1。
辨 ratio: 量或数字之比例。rate: 两个量之间关系的比值，比率。

----2749

□ **avenue** ['ævənu:] **n.** ①大街，林荫道 [同] street ② (to) 途径，手段，方法 [同] means, way
搭 the avenue to success 成功之道；an avenue of research 研究的途径
例 We should explore every avenue in the search for an answer to this problem. 我们要寻求解决这个问题的各种方法。

----2750

□ **provision** [prə'vɪʒn] **n.** ①供应（品）[同] supply ②准备，预备 [同] preparation ③条款，规定 [同] stipulation, article ④ (pl.) 给养，口粮 **v.** 提供所需品
搭 make provision for one's retirement 为退休做准备
例 The provision of gas and water to residents should be constant and at rational prices. 居民的煤气和水的供应要连续不断，价格合理。

----2751

□ **review** [rɪ'vju:] **n.** ① 评论 [同] comment ②回顾，检查，复查 ③复习 **v.** ①评论 ②回顾，审视，细查 [同] check up ③复习 [同] go over ④检阅
构 re（再，又）+ view（看）→再看一遍→复习
搭 an annual review of company performance 公司业绩年度审查；under review 在被审查；film reviews 影评；literary reviews 文学评论
例 The play got excellent reviews when it was first seen. 这部戏在第一次上演时取得了极佳的评论。

联 reviewer **n.** 评论家，审查者

----2752

□ **meantime** ['mi:ntaɪm] **n.** 其时，在此期间 [同] meanwhile **ad.** 同时，当时
搭 in the meantime 与此同时
例 He wants to be an actor, but in the meantime he's working as a waiter. 他想当演员，但在梦想成真之前还是个侍者。

----2753

□ **ape** [eɪp] **n.** 猿，类人猿 **a.** 极其愤怒的，狂怒的 **v.**（贬）模仿，依样画葫芦
例 The new building was unoriginal and it merely aped the classical traditions. 这幢新建筑缺乏创意，只是仿效古典传统而已。

----2754

□ **stash** [stæʃ] **v.** 贮藏，藏匿 **n.** 存放处，藏匿处
搭 stash away some money 存一些钱；a stash of drugs 毒品藏匿处
例 He had all his valuables stashed away in the loft. 他把自己所有的贵重物品都藏在阁楼上。

----2755

□ **agriculture** ['ægrɪkʌltʃə(r)] **n.** 农业，农艺，农学
例 The area still depends on agriculture. 这个地区依然倚靠农业。
联 commerce **n.** 商业；trade **n.&v.** 贸易；industry **n.** 工业

----2756

□ **specimen** ['spesmən] **n.** 样本，标本 [同] sample
例 In spring, children are organized to collect specimens in parks. 春天，孩子们组织起来在公园里采集标本。

----2757

□ **mortality** [mɔː'tæləti] **n.** ①必死性 ②死亡率 ③（事业、教育等的）失败次数，失败率 ④致命性，杀伤力
构 mort（死亡）+ ality（表性质，状态）→死亡率
搭 infant mortality 婴儿死亡率；reduce mortality 减少死亡率；mortality table 寿命表
例 A sense of mortality overcame her. 自己终有一死的恐惧攫住了她。

----2758

□ **shareholder** ['ʃeəhəʊldə(r)] **n.** 股票持有人，股东
搭 a shareholder's meeting 股东大会
例 Shareholders have seen the value of their shares fall by one fifth since last May. 股东们看到他们的

股价从去年五月来下跌了五分之一。
……2759

☐ **magnet** ['mægnət] **n.** ①磁铁，磁体 ②有吸引力的人或物 [同] attraction

例 The pyramids are magnets for visitors far and wide. 金字塔吸引了四面八方的游客。

……2760

☐ **skip** [skɪp] **v.** ①跳过，（轻快地）蹦跳，跳（绳）②匆匆翻阅，浏览，略过 ③ (from, off, to) 快速转换 ④避免 **n.** ①蹦跳，跳跃 ②省略，遗漏

搭 skip over a passage 跳过一段；skip down the stairs 蹦跳着下楼；skip over fences 跃过栅栏；skip in the playground 在操场上跳绳；skip from one subject to another 从一个话题跳到另一个话题；skip doing housework 避免做家务

例 She watched her little granddaughter skip down the path. 她看着小孙女沿着小径边跳边走。

……2761

☐ **consequence** ['kɒnsɪkwəns] **n.** ①结果，后果 [同] result, outcome ②重要性 [同] significance

构 con（加强）+ sequ（跟随）+ ence（表行为）→跟随在后 →后果

搭 in consequence 因此，结果；in consequence of 由于，因为；a matter of much/no consequence 很重要 / 不重要的

例 The government's refusal to put enough money into health care has had disastrous consequence. 政府拒绝为保健业投入足够资金，这造成了灾难性后果。

联 consequent **a.** 随之发生的

辨 consequence: 相随而发生的后果、结果 (the consequence of the flood). result: 与原因 (cause) 相对，最后的结果。

……2762

☐ **strip** [strɪp] **n.** ①条，带 ②狭长地带，带状水域 ③队服，球衣 **v.** ①剥去，除去，脱掉……的衣服 ②剥夺，夺走 [同] deprive (of) ③搬空，

使空无一物 ④拆开，拆卸

搭 be stripped to the waist 脱光上身；strip sb. of sb's privileges 剥夺某人特权；cut the pepper into strips 把辣椒切成条

例 The soldiers stripped them of their passports and every other type of documents. 士兵们夺走了他们的护照以及所有其他类型的证件。

……2763

☐ **perceive** [pə'siːv] **v.** ①感知，感觉，察觉 ②认识到，意识到，理解

构 per（全部）+ ceive（拿住）→全部拿住 →理解

例 I perceived a note of unhappiness in her voice. 我从她的声音中觉察出一丝不快。

联 perceptive **a.** 感知的

……2764

☐ **antibiotic** [ˌæntibaɪ'ɒtɪk] **n.** 抗生素

构 anti（抗）+ bio（生命）+ tic（……的）→抗生素

例 I'm taking antibiotics for a throat infection. 因咽喉感染，我在服用抗生素。

……2765

☐ **qualitative** ['kwɒlɪtətɪv] **a.** 定性的，质量的，性质（上）的

构 qual（性质）+ it + ative（表形容词）→性质的

搭 a qualitative change 质变；the importance of qualitative factors 质量因素的重要性

例 We have to make a qualitative judgment about the two candidates. 我们得在两个应聘者之间做出质的甄别。

联 qualitatively **ad.** 从质量方面看，定性地

……2766

☐ **promising** ['prɒmɪsɪŋ] **a.** 有希望的，有前途的，有出息的 [同] hopeful

例 They won the award for the most promising new invention of the year. 他们赢得了这一年度最有前途的新发明奖。

答案：
1. speculate 译文：猜测黛比自杀的原因对她的家人来说是不公平的。
2. exception 译文：那些被定罪的几乎无一例外都是他的朋友和同事。

Unit 52

学前自测

1. There is not enough time for listening and talking and not enough time for the _____ of minds. (conjunction, circus, oxide, thermal, stimulus)

2. The picture conjures up _____ of sunny days in Mediterranean cafes. (flips, appliances, processes, serials, images)

----------2767

□ **image** ['ɪmɪdʒ] *n.* ①像，映像，模样，图像 [同] reflection ②形象，声誉 ③印象 ④形象的描述，象征，比喻 *v.* ①想象 ②描绘，描写
搭 be the image of 相像，酷似
例 Behavior is a mirror in which everyone shows his image. 行为是一面镜子，人的形象尽在其中。

----------2768

□ **entwine** [ɪn'twaɪn] *v.* ①盘绕，交织，缠绕 ②使交错，使紧密结合
构 en（使）+ twine（缠绕）→盘绕
搭 a pillar entwined with ivy 被常春藤缠绕的柱子
例 The bride had flowers entwined in her hair. 新娘发间编着花朵。

----------2769

□ **allergic** [ə'lɜːdʒɪk] *a.* ①(to) 过敏的 ②(to) 对……极反感的
搭 allergic reaction 过敏反应；be allergic to milk 对牛奶过敏
例 She's allergic to the fur of the cat. 她对猫的毛皮过敏。

----------2770

□ **striking** ['straɪkɪŋ] *a.* ①显著的，惊人的 [同] noticeable, obvious ②吸引人的 [同] arresting
例 There are striking differences between the south and north of the country. 该国的南部和北部差别很大。

----------2771

□ **conjunction** [kən'dʒʌŋkʃn] *n.* ①同时发生，并存 ②接合，连接，联合 [同] association, union ③连（接）词
搭 in conjunction with 与……一起，与……协力；the conjunction of two events 两个事件的同时发生；a conjunction of religion and social factors 宗教和社会因素的并存
联 junction *n.* 联结点，交叉点；juncture *n.* 交界处，关头，时机

----------2772

□ **spot** [spɒt] *n.* ①点，小圆点，斑点 [同] speck, stain ②污点，污渍 ③地点，处所 [同] site ④少量，点滴 ⑤丘疹，小疙瘩 *v.* ①找到，认出，发现 [同] discern, identify ②玷污，弄脏 [同] stain
搭 on the spot 在场，立即，马上，当场；run on the spot 原地跑步；in a tight spot 困境，窘境；a spot of lunch 简单的午餐
例 A helicopter spotted the endangered mountain-climbers and gave them timely rescue. 直升机发现了遇险的登山运动员，并及时营救了他们。
联 spotlight *n.* 聚光灯

----------2773

□ **adjacent** [ə'dʒeɪsnt] *a.* ① (to) 邻近的，毗连的 [同] adjoining, neighboring [同] remote ②前后连接的
构 ad（近）+ jac（扔）+ ent（……的）→扔近的→邻近的
搭 adjacent to 邻近，在……附近；a field adjacent to the highway 靠着公路的田野；live on adjacent streets 住在相邻的街上
例 Jiangsu Province is adjacent to Zhejiang Province. 江苏省与浙江省交界。
联 adjacent: 邻近的，搭界的，可以相接触，正式用词。neighboring: 附近的，邻近的，表示距离近，不一定相连。near: 附近的，常用词。

----------2774

□ **cast** [kɑːst] *v.* ①投，扔，抛 ②投射（光，影等），把……加于 ③钓鱼 ④制定，安排 ⑤脱落，蜕（皮），脱（毛）⑥浇铸 *n.* ①投，抛 ②撒网，钓鱼 ③命运，运气 [同] fate ④铸造，模子 ⑤演员表，一组演员 ⑥特征，外貌
搭 cast a fishing lure 投鱼饵；cast an anchor 抛锚；cast a vote 投票；cast a glance/look on/over/at 向……瞧一瞧
例 The tree cast its shadow on the window. 树影投在窗户上。

257

----2775

□ **flip** [flɪp] **v.** ①轻抛，轻掷，使翻转 ②（以手指等）轻弹，轻击 ③快速翻页浏览 **n.** ①轻抛，轻掷 ②筋斗，空翻

搭 give the boy's ear a flip 轻弹一下男孩的耳朵；do some flips on the floor 在地板上翻了几个筋斗；flip through a magazine 翻了翻一本杂志；flip the visiting card onto the ground 把名片丢在地上

例 They flipped a coin to decide who should go first. 他们掷硬币来决定谁先去。

----2776

□ **willing** ['wɪlɪŋ] **a.** ①乐意的，心甘情愿的，自愿的 [同] inclined ②积极肯干的，热切的

搭 be willing to do 乐意做；willing students 好学的学生

例 She isn't willing to answer the question. 她不愿回答那个问题。

----2777

□ **cooperate** [kəʊ'ɒpəreɪt] **v.** (with) ①合作，协作 [同] collaborate ②配合，协助

搭 cooperate with sb. in (doing) sth. 与某人合作做某事

例 He agreed to cooperate with the police investigation. 他同意配合警方的调查。

----2778

□ **spacecraft** ['speɪskrɑːft] **n.** 航天器，宇宙飞船 [同] spaceship

构 space（宇宙）+ craft（船）→航天器

搭 unmanned spacecraft 无人宇宙飞船

例 Another manned spacecraft will be launched at the end of the month. 另一艘载人宇宙飞船将在月底发射。

----2779

□ **circus** ['sɜːkəs] **n.** ①马戏，马戏团 ②喧闹的场面 ③环形广场，（古罗马）圆形竞技场

构 circ（环绕）+ us（表名词）→环形广场

例 The children loved being taken to the circus. 孩子们喜欢被带去看马戏表演。

----2780

□ **oxide** ['ɒksaɪd] **n.** 氧化物

构 ox=oxy（氧）+ ide（化合物）→氧化物

例 It is an oxide of copper. 这是一种铜的氧化物。

联 monoxide **n.** 一氧化物（carbon monoxide 一氧化碳）；dioxide **n.** 二氧化物（carbon dioxide 二氧化碳）

----2781

□ **nominal** ['nɒmɪnl] **a.** ①名义上的，有名无实的 ②（费用等）很少的，微不足道的 [同] negligible, slight, little [反] substantial

构 nomin（名字）+ al（……的）→名义上的

例 The students lodged at nominal rent because the landlady liked their company rather than their money. 学生们以微不足道的房租住了下来，因为房东太太喜欢学生做伴，不是图他们的钱。

----2782

□ **introspection** [ˌɪntrə'spekʃn] **n.** 内省，反省

搭 make an introspection into one's own mind 扪心自省

----2783

□ **municipal** [mju:'nɪsɪpl] **a.** ①市的，市政的 ②地方性的 [同] local

构 muni（服务）+ cip（拿）+ al（……的）→提供城市服务的→市政的

例 The office buildings of the municipal government is two blocks ahead, to your left side. 市政府办公大楼往前走两个街区就到了，在你左侧。

----2784

□ **element** ['elɪmənt] **n.** ①元素 ②成分，要素，原件 [同] component, factor ③ (pl.) 基础，纲要，原理 ④ (pl.) 自然力

搭 in one's element 处于适意的环境中，感到满意；out of one's element 处于不适宜的环境中，感到不满意

例 If you ask Kate to organize the party, she'll be in her element. 如果你请凯特组织晚会，她可是得心应手。

联 elemental **a.** 自然的，自然力量的，基本的

----2785

□ **thermal** ['θɜ:ml] **a.** ①热（量）的，使用热的，由热造成的 ②温泉的 ③保暖的 **n.** 上升的热气流，热泡

搭 thermal burns 灼伤；a thermal region 温泉区；thermal underwear 保暖内衣裤

例 The government provides financial assistance with repairs, thermal insulation and improvements to homes. 政府对住宅建筑的修缮、隔热和改善提供财政资助。

----2786

□ **analogous** [ə'næləgəs] **n.** ①类似的，近似的，可比拟的 ② [昆] 同功的

搭 in an analogous situation 处境相似

例 Sleep is analogous to death. 睡眠可以和死亡相比拟。
........................2707

□ **calorie** ['kæləri] **n.** 卡路里（热量单位）
例 There are about fifty calories in an apple. 一个苹果大约含有 50 卡路里。
........................2788

□ **stimulus** ['stɪmjələs] (*pl.* stimuli) **n.** ①刺激（物）②促进（因素）
例 The book will provide a stimulus to research in this very important area. 该书将是对这个重要领域进行研究的一个激励。
........................2789

□ **extravagance** [ɪk'strævəgəns] **n.** ①奢侈（物），铺张②过度，无节制
构 extra（外面）+ vag（走）+ ance（表名词）→走到外面→奢侈
搭 love one's children with extravagance 溺爱孩子
例 I spend my money carefully and avoid these extravagances. 我谨慎用钱，避免这些奢侈品。
........................2790

□ **grant** [grɑːnt] **n.** ①助学金，补助，经费，拨款②给予，授予，准予 **v.** ①给予，提供 [同] award, allow②同意，批准，准予③承认
搭 grant political asylum 提供政治庇护；student grant 助学金；take sth. for granted 认为某事是理所当然的；take sb. for granted 不把某人当回事，对某人不知感激
例 Mr. Jones took it for granted that the invitation included his wife. 琼斯先生理所当然地认为他妻子也在被邀请之列。
........................2791

□ **destruction** [dɪ'strʌkʃn] **n.** ①破坏，毁灭 [同] crushing [反] construction②消灭
例 Famine and war brought total destruction to the ancient city. 饥荒和战争给那座古城带来了彻底的毁灭。
........................2792

□ **conquer** ['kɒŋkə(r)] **v.** ①攻克，征服 [同] subdue [反] surrender②破除，克服 [同] overcome
例 After many attempts to climb it, the mountain was conquered in 2018. 人们经过多次攀登，终于在 2018 年征服了这座高山。
........................2793

□ **differentiate** [ˌdɪfə'renʃieɪt] **v.** ①区分，区别 [同] distinguish②使不同，使有差异

例 We do not differentiate between our workers on the basis of their backgrounds or ethnic origins. 我们不以员工的出身背景或者民族来区分他们。
........................2794

□ **admission** [əd'mɪʃn] **n.** ①准许进入，准许加入 [同] entrance, access [反] prohibition②承认，供认 [同] confession, acknowledgement [反] denial
例 Hundreds of people were refused admission to the stadium. 数以百计的人被拒绝进入体育场。
........................2795

□ **slide** [slaɪd] (slid, slid/slidden) **v.** ①（使）滑动，（使）下滑 [同] glide, slip②（使）悄声移动 **n.** ①滑动，下滑②滑道，滑面③幻灯片
搭 let slide 放任自流，听其自然；slide into 悄悄溜进，不知不觉地渐渐陷入
例 For weak-minded people, it's easy for them to slide into some bad habits. 对意志薄弱者来讲，养成不良习惯是很容易的。
联 slider **n.** 滑行者，滑动器；sliding **a.** 滑动的
........................2796

□ **conceive** [kən'siːv] **v.** ①(of) 构想出，设想 [同] think②怀孕 [同] be pregnant③认为 [同] suppose
搭 conceive of 想象，设想；conceive of...as 认为……是；conceive a baby before marriage 未婚先孕
例 Scientists first conceived the idea of the atom bomb in the 1930s. 科学家们在 20 世纪 30 年代就有了原子弹的设想。
联 conceivable **a.** 可想象的；deceive **v.** 欺骗；perceive **v.** 感知，觉察
........................2797

□ **huddle** ['hʌdl] **v.** ①聚集在一起，挤作一团②把身子蜷作一团，蜷缩 **n.** ①挤在一起的人②一堆杂乱的东西
例 On hearing the alarm, the children huddled together in terror. 听到警报声，孩子们惊恐地挤在一起。
........................2798

□ **appliance** [ə'plaɪəns] **n.** ①器具，器械，装置 [同] apparatus②应用，适用
搭 kitchen appliance 厨房用具；first-aid appliance 急救用具；a medical appliance 医疗器械；house electric appliances 家电
例 The shop sells electric appliances such as dish-

washers and washing machines. 这家商店出售诸如洗碗机和洗衣机之类的家用电器。

························2799

□ **divide** [dɪ'vaɪd] *vt.* ①分，划分 [同] part ②分配 [同] share out, assign ③隔开 [同] separate ④ (by) 除 *n.* ①分歧，分开 ②分界线，分水岭
搭 divide by 除以；divide...among 在……中分配；be divided into two groups 被分成两组；the divide between rich and poor 穷人和富人之间的分界线
例 The physical benefits of exercise can be divided into three factors. 运动对身体的益处可以分为三个方面。
辨 divide into: 把整体分成部分。separate from: 把在一起的隔开。

························2800

□ **uniform** ['juːnɪfɔːm] *n.* 制服，军服 *a.* 相同的，一致的，均匀的 [同] identical
构 uni（单一的）+ form（形式）→一致的
搭 school uniform 校服；military uniform 军服；a man in uniform 穿制服的男人；uniform treatment 一视同仁的待遇
例 The walls and furniture are a uniform grey. 墙壁和家具都是统一的灰色。
联 uniformity *n.* 一致，同样

························2801

□ **process** ['prəʊses] *n.* ①过程，程序，步骤 [同] course ②工序，制作法 [同] procedure ③诉讼 *v.* ①加工，处理，办理 ②列队行进
搭 in a process of 在……的过程 / 行进中；process data 处理数据
例 Going to court to obtain compensation can be a long and painful process. 到法院起诉要求赔偿会是一个缓慢而痛苦的过程。
联 processing *n.* 处理

························2802

□ **alley** ['æli] *n.* ①小街，小巷，胡同 [同] lane ②小径 ③（保龄球的）球道，保龄球馆
搭 go bowling at an alley 去保龄球馆打保龄球
例 The robber ran off down a dark alley. 抢劫犯沿着黑暗的小巷跑了。

························2803

□ **pack** [pæk] *v.* ①捆，扎，打包 ②塞满，挤满，压紧 [同] crowd, cram, stuff *n.* ①包，捆，包裹 [同] package, bundle ②一群 ③一组，一批
搭 a pack of wolves 一群狼；a packed train 客满的火车；pack the bags 收拾包裹；be packed with

useful information 全是有用的信息
例 The stadium was packed with local football fans. 体育馆内挤满了当地的足球迷。

························2804

□ **serial** ['sɪəriəl] *n.* 连续剧，连载故事（小说，图画等）*a.* ①连续的，顺序排列的 ②分期连载的，分期发行的
搭 in serial order 按顺序
例 Most of his novels have been made into television serials. 他的大多数小说都被拍成了电视连续剧。

························2805

□ **disparage** [dɪ'spærɪdʒ] *v.* 贬低，轻视，诋毁
构 dis（除去）+ par（平等）+ age（表行为）→除去平等 →贬低
搭 disparaging remarks 诽谤性的话
例 Your behavior will disparage the whole family. 你的行为会贬低整个家庭。

························2806

□ **legislative** ['ledʒɪslətɪv] *a.* 立法的，有立法权的 *n.* 立法机关
例 The parliament will have greater legislative powers. 议会将拥有更多的立法权。

························2807

□ **emphasis** ['emfəsɪs] *n.* (*pl.* emphases) ①重要性，强调，重视，重点 [同] stress, accent ②重音，重读，语气加重 ③（形状、轮廓）清晰，鲜明
搭 with emphasis 强调
例 He put a special emphasis on the importance of punctuality. 他特别强调了守时的重要性。

························2808

□ **adolescence** [ˌædə'lesns] *n.* ①青春期，青春 [同] youth ②（语言、文化的）发育形成阶段
例 Adolescence is often a difficult time in one's life. 青春期常常是人生中一个困难的阶段。
联 adolescent *n.* 青少年 *a.* 青少年的

························2809

□ **infiltrate** ['ɪnfɪltreɪt] *v.* (into, through) ①渗透，渗入 ②潜入
构 in（进入）+ filtr（过滤）+ ate（表动词）→渗入
搭 infiltrate into the enemy country 混入敌国；infiltrate into a closely-knit organization 打入一个严密的组织中
例 They infiltrated some of the troops into enemy territory. 他们派了一些部队渗入敌方领土。

联 infiltration *n.* 渗透，渗入

································2810

□ **assistant** [ə'sɪstənt] *n.* ①助手，助理 ②助教 ③售货员，店员 *a.* 助理的，辅助的

搭 an assistant editor 助理编辑；an assistant gardener 助理园艺师；be an assistant to ······的助理

例 I'll just ask the sales assistant where the kitchenware department is. 我要去问一下那位营业员厨房用品都在哪儿。

联 assist *v.* 帮助，援助；assistance *n.* 帮助，援助；instructor *n.* 讲师；tutor *n.* 指导教师

································2811

□ **investigate** [ɪn'vestɪgeɪt] *v.* ①调查，侦探 [同] inquire, explore ②检索

例 The police are investigating the theft. 警方正在调查这桩盗窃案。

································2812

□ **muscle** ['mʌsl] *n.* ①肌肉，体力 ②力量，实力 [同] strength, power, might

例 He is a man of muscle, capable of lifting a man over his head. 他是个大力士，可以把一个人提起来举过头顶。

联 muscular *a.* 肌肉的，强健的

································2813

□ **trick** [trɪk] *v.* 欺诈，哄骗 [同] cheat *n.* ① 花招，诡计，骗局 ②技巧，窍门，绝招，绝活 [同] device ③戏法，把戏，恶作剧

搭 play a trick on sb. 开某人的玩笑；trick sb. out of sth. 骗取某人某物

例 He was willing to use any dirty trick to get what he wanted. 为了得到他想要的东西，他不惜使用任何卑劣的欺骗手段。

································2814

□ **competent** ['kɒmpɪtənt] *a.* ①有能力的，胜任的 [同] capable, qualified ②有法定资格的 ③足够的，恰当的，有效的

搭 a competent answer 有力的回答；a competent salary 丰厚的奖金；a competent knowledge of grammar 足够的语法知识

例 I wouldn't say he was brilliant but he was competent at/in his job. 虽说他不是才华过人，但还是胜任自己的工作的。

联 competently *ad.* 胜任地，适合地

································2815

□ **remarkable** [rɪ'mɑːkəbl] *a.* ①值得注意的，引人注目的 [同] notable, noticeable ②异常的，非凡的

例 Meeting you here in Paris is a remarkable coincidence. 与你在巴黎相遇真是一次不小的巧合。

································2816

□ **format** ['fɔːmæt] *n.* ①设计，安排 [同] design ②格式，样式，板式 *v.* 设计，（计算机）格式化

构 form（形式）+ at →形式 →样式

例 They're trying a new format for their television show this year. 他们正在为今年的电视节目做一个新的安排。

································2817

□ **address** [ə'dres] *n.* ①地址，住址 [同] residence ②演说，讲话 [同] lecture, speech ③举止，谈吐，腔调 *v.* ①在······上写姓名地址 ②向······讲话，写信给，对······发表演说 ③对付，处理

搭 a television address 电视讲话；a return address 回信地址；address a talk to a teenage audience 对一群青少年听众讲话

例 The parcel was wrongly addressed. 包裹上收件人的地址写错了。

辨 address: 正式的演讲。speech: 普通的发言。

································2818

□ **corrupt** [kə'rʌpt] *a.* ①腐败的，贪污的，贪赃舞弊的 [同] bribed ②不道德的，邪恶的，堕落的 [同] evil [反] virtuous ③与原件/原文相比有出入的 *v.* ①腐化，使堕落 ②使失去纯正性，使品质下降，使出现讹误 ③使污染，使污浊

搭 corrupt practices 营私舞弊；the data corrupted by a virus 被病毒损坏的数据

例 Unlimited power is apt to corrupt the minds of those who possess it. 不受监督的权力容易使人堕落。

答案：

1. conjunction　译文：没有足够的时间来倾听和讨论，也没有足够的时间进行思想的交融。

2. images　译文：这幅画使人想起在阳光灿烂的日子里身处地中海小餐馆的情景。

Unit 53

学前自测

1. He gave her a _____ kiss which left her in no doubt as to his feelings. (various, valid, intelligible, permanent, passionate)

2. Oil prices have _____ their highest level for almost ten years. (expired, offset, populated, approached, underlined)

---2819

□ **exhale** [eks'heɪl] *v.* ①呼（气），呼出 [反] inhale ②散发，排出，消散

搭 exhale carbon dioxide from the lungs 从肺里呼出二氧化碳；exhale a sigh 发出一声叹息；exhale a delicate fragrance 散发出一种美妙的香味

例 This machine records the ratios of various gases exhaled during exercise. 这台机器记录运动过程中呼出的不同气体的比率。

---2820

□ **approach** [ə'prəʊtʃ] *v.* ①靠近，接近 [同] come close, advance ②处理，对待 [同] handle *n.* ① (to) 靠近，接近，临近 ②方式，方法 [同] means ③途径

构 ap（加强）+ proach（接近）→靠近

例 At the approach of the final exams, the students are busy preparing for them. 随着期末考试的临近，学生们都在忙着做准备。

---2821

□ **underline** [ˌʌndə'laɪn] *vt.*①强调，使突出 [同] emphasize ②在下面画线

例 You can underline sentences you find important with a pencil while reading. 阅读时，你可以用铅笔在你认为重要的句子下面画线。

---2822

□ **fragrance** ['freɪɡrəns] *n.* ①芬芳，香味 [同] perfume ②香水

例 The bushes fill the air with fragrance. 空气中弥漫着矮树丛的芬芳。

---2823

□ **passionate** ['pæʃənət] *a.*①热情的，充满激情的，情绪高昂的 ②易怒的，容易激动的 ③热恋的，多情的

构 pass（感情）+ ion + ate（……的）→充满感情的 →热情的

搭 a passionate embrace 热情拥抱；a passionate kiss

热吻；utter with all the energy of passionate grief 声泪俱下地说；a passionate temper 容易发火；a passionate young beauty 年轻美貌，风情万种

例 The child's mother made a passionate plea for help. 孩子的母亲动情地向别人求救。

联 passionately *ad.* 热情地，充满激情地；passionateness *n.* 充满热情

---2824

□ **chill** [tʃɪl] *v.* ①使变冷，使冷冻，使感到寒冷 [同] freeze ②使扫兴，使沮丧，使寒心 *n.* ①寒意，寒冷 ②风寒，感冒 [同] cold [反] heat ③恐惧 ④扫兴，沮丧

搭 take/catch a chill 受风寒，着凉；cast a chill over 使扫兴，泼冷水；chilled to the bone 冷彻骨髓

例 After ten minutes in the cold wind I felt thoroughly chilled. 在冷风中待了十分钟后，我感到浑身冰凉。

---2825

□ **expire** [ɪk'spaɪə(r)] *v.* ①期满，到期，终止 [同] terminate, end ②呼气，吐气，呼出 ③死亡，断气

构 ex（出）+ spir（呼吸）+ e →呼吸出→呼气

搭 expire of a broken heart 伤心而死；expire in five months 5 个月后到期；expire on October 30th 10 月 30 号终止

例 The contract between the two companies will expire at the end of the year. 这两家公司的合同年底到期。

联 expiratory *a.* 吐气的，呼气的

---2826

□ **offset** ['ɒːfset] (offset, offset) *v.* ①补偿，抵消 ②衬托出 *n.* 补偿，抵消

例 The cost of getting there was offset by the fact the hotels were so cheap. 去那里的费用因酒店收费非常便宜而得到补偿。

□ **compile** [kəm'paɪl] *v.* 汇编，编制，编纂
例 It took him 15 years to compile the English-Chinese dictionary. 编纂这部英汉词典用了他15年时间。

□ **disposal** [dɪ'spəʊzl] *n.* ①布置，排列 ②处置，处理，丢弃 [同] removal
例 He has a great number of references at his disposal. 他有大量的参考资料可供使用。

□ **engage** [ɪn'geɪdʒ] *v.* ①（使）从事，（使）忙于 [同] apply to ②吸引，占用（时间、精力等）[同] occupy ③雇，聘 [同] hire, employ [反] dismiss ④使订婚
例 Doing the research engages most of her time. 做这项研究工作占用了她大部分时间。

□ **menace** ['menəs] *n.* ①威胁，恐吓 ②构成威胁的人/事物 ③令人讨厌的人/事物 *v.* 威胁，恐吓
搭 a tone of menace 口中带威胁；being menaced by the war 受到战争的威胁；demand money with menaces 强要钱财
例 A man who drives fast is a menace to other people. 开快车的人对其他人是个威胁。
联 menacer *n.* 威胁者，恐吓者；menacingly *ad.* 威胁地，险恶地

□ **exaggerate** [ɪg'zædʒəreɪt] *v.* 夸大，夸张 [同] brag [反] belittle
例 I've told you a million times not to exaggerate. 我告诉过你无数遍，切勿夸大其词。

□ **populate** ['pɒpjuleɪt] *v.* ①（一群人）居住于 [同] inhabit ②移民于，移居于，落户于
构 popul（人）+ate（使）→使人安家→居住于
例 This side of the island is populated mainly by fishermen. 在岛的这一边居住的主要是渔民。

□ **management** ['mænɪdʒmənt] *n.* ①管理，经营，规划 [同] conduct, handling ②管理层，管理人员 ③经营方法，管理技巧 ④应对，控制，处理
搭 under new management 在新的管理层的带领下；responsible for the management of the company 负责公司的经营管理；good time management 良好的时间规划
例 The zoo needs better management rather than more money. 动物园需要的是更好的管理方法，而不是更多的钱。

□ **expel** [ɪk'spel] *v.* ①把……开除，把……除名 [同] banish, dismiss [反] admit ②驱逐，赶走，放逐 [同] exile ③排出，喷出
例 The accountant was expelled from the firm for breaking the rules. 这名会计因违反规定而被公司开除了。

□ **fatigue** [fə'tiːg] *n.* 疲劳，劳累 [同] exhaustion, tiredness *v.*（使）疲劳
例 He was nearly dead with fatigue. 他快累死了。

□ **virtually** ['vɜːtʃuəli] *ad.* ①实际上，事实上 [同] practically ②几乎 [同] almost
例 The ancient city virtually disappeared in an earthquake. 这座古城实际上在地震中已荡然无存了。

□ **calculate** ['kælkjuleɪt] *v.* ①计算，核算 [同] count, compute ②估计，推测 [同] estimate ③计划，打算 [同] plan, intend
构 calcul（计算）+ate（表动词）→计算
例 The experts have calculated that the market for these computers will expand by 100% next year. 专家预计，明年这种电脑的市场需求将扩大一倍。
联 calculator *n.* 计算器；calculation *n.* 计算；calculated *a.* 有计划的，有意的；calculating *a.* 精明的

□ **flutter** ['flʌtə(r)] *v.* ①飘动，飘扬 [同] wave ②（鸟等）振翼，拍翅而飞 [同] flap ③（心脏等）快速跳动，怦怦直跳 *n.* ①眨动，颤动，飘动，振翅 ②激动不安，紧张 [同] anxiety, tension ③骚动，轰动 ④小赌
搭 take off with a flutter of wings 振翅而飞；flutter a little in the wind 在风中微微飘动；cause quite a flutter 引起不小的骚动；in a flutter of excitement 兴奋得坐立不安
例 The blue butterflies fluttered among the blossoms. 蓝色的蝴蝶在花间飞舞。

□ **hive** [haɪv] *n.* ①蜂窝，蜂巢 ②闹市，忙碌之地 *v.* ①使（蜂）入蜂箱 ②贮存

搭 a hive of activity/industry 人们忙碌的地方；hive away some money 存一些钱

例 There are several hives at the end of our garden. 在我们花园的尽头有一些蜂窝。

-----2840

□ **architect** ['ɑːkɪtekt] **n.** ①建筑师 ②设计师，缔造者 [同] designer, founder

例 Every man is the architect of his own fortune. 人人都是自己命运的设计师。

-----2841

□ **variety** [və'raɪəti] **n.** ①品种，种类 [同] sort, type ②变化，多样化

搭 a (wide) variety of 多种多样的

例 Variety is the spice of life. 变化是生活的调味品。

-----2842

□ **optimistic** [ˌɒptɪ'mɪstɪk] **a.** 乐观的，乐观主义的 [反] pessimistic

例 She is optimistic about her chances of winning a gold medal. 她对赢得一枚金牌抱有乐观的态度。

-----2843

□ **concert** ['kɒnsət] **n.** ①音乐会，演奏会 ②一致 [同] agreement

搭 give/hold a concert 举行音乐会；in concert 一齐地，一致地

例 If various member countries would act in concert, the problem might be resolved. 如果各成员国一致行动，这个问题就可能得到解决。

联 concerted **a.** 同心协力的，互相配合的

-----2844

□ **various** ['veərɪəs] **a.** ①不同种类的，各种各样的 [同] different ②多方面的，许多的

搭 at various times 在不同的时期；many and various 多且各不相同

例 There were various questions he wanted to ask. 他有各种各样的问题要问。

联 variable **a.** 易变的，反复无常的，可更改的

辨 various books：各种各样的书。different books：不同的书。

-----2845

□ **diminish** [dɪ'mɪnɪʃ] **v.** ①（使）减少，缩小，递减，降低 [同] lessen, dwindle [反] increase ②贬低

例 Chronic indigestion has diminished his strength. 长期消化不良削弱了他的体力。

联 minus **a.** 减去的，负的

-----2846

□ **venture** ['ventʃə(r)] **n.** ①冒险，冒险事业，冒险活动 [同] risk, adventure ②企业，经营项目 ③赌注 **v.** 冒险，冒险行事，使有风险

搭 a joint business venture 合资企业；venture capital 风险资本

例 As we set off into the forest, we felt as though we were venturing forth into the unknown. 我们动身进入那片森林时，觉得仿佛冒险进入了一个未知的世界。

-----2847

□ **emotion** [ɪ'məʊʃn] **n.** ①情感，情绪 [同] feeling, passion ②激动，激情

例 He's always been driven by emotions and rarely considers the consequences of his actions. 他总为情感所驱使，很少考虑行动的后果。

联 love 喜爱；pleasure 愉快；delight 高兴；hatred 憎恨；anger 愤怒；fear 恐惧；sorrow 伤心；grief 悲痛；jealousy 嫉妒

辨 emotion：强烈的情感。feeling：一般的情感。

-----2848

□ **span** [spæn] **n.** ①一段时间 ②跨距，跨度 **v.** ①持续，贯穿，包括 ②横跨，跨越

搭 life span 寿命；a short span of time 一小段时间

例 An old bridge spans the river just outside the town. 一座老桥横跨镇外的河流。

-----2849

□ **lenient** ['liːnɪənt] **a.** 宽大的，厚道的，仁慈的

例 They believe that judges are too lenient with terrorist suspects. 他们认为法官们对恐怖嫌疑分子过于宽容。

联 leniently **ad.** 宽容地；leniency **n.** 宽容

-----2850

□ **valid** ['vælɪd] **a.** ①有根据的，有理的 ②有效的，具有法律效力的 [同] effective

构 val（价值）+ id（……的）→有价值的 →有效的

例 This contract is valid only for six months. 这份合同只有半年有效期。

联 validity **n.** 合法性，合乎逻辑；validate **v.** 证实，确认

-----2851

□ **discount** ['dɪskaʊnt] **v.** ①不相信，漠视，不考虑，怀疑地看待 ②低估，贬低 ③打折，削价出售 **n.** ①折扣，贴现 ②不全相信

构 dis（除去）+ count（数量）→除去一定数量→打折

搭 discount the rumors 不相信谣言；give sb. (a) 10%

discount 给某人打九折；get a discount of 20% on air fares 乘飞机享受 8 折优惠

例 The restaurant discounts 3% on all bills paid when due. 那家饭店会对如期付清的账单打 3% 的折扣。
......2852

□ **intelligible** [ɪn'telɪdʒəbl] *a.* 可理解的，明白易懂的，清楚的 [同] understandable

例 The teacher's lecture was so intelligible that the students had no problems doing their assignments. 老师的授课非常明白易懂，因而学生们做作业没有任何问题。
......2853

□ **operational** [ˌɒpə'reɪʃənl] *a.* ①操作上的 ②业务上的 ③可以使用的，运转的

搭 an operational nature 可操作性；an operational officer 业务主管；an operational new vehicle 随时可以使用的新车

例 We hope the factory will be fully operational again within six months. 我们希望这家工厂六个月内再次完全运转起来。

联 optional *a.* 非强制性的，可选择的
......2854

□ **integral** ['ɪntɪɡrəl] *a.* ①必不可少的，本质上的，基本的 [同] essential, basic ②组成的，集成的

搭 integral element 不可或缺的要素

例 Practice is an integral part of language learning. 练习是语言学习必不可少的一部分。
......2855

□ **conquest** ['kɒŋkwest] *n.* ①征服，战胜，击败 [同] victory ②占领地，被征服地 ③克服，攻克

搭 the conquest of space 征服太空；the conquest of cancer 攻克癌症；make a conquest of 赢得，征服

例 The European tennis cup will be the champion's next conquest. 这位网球冠军的下一个征服目标是欧洲杯。
......2856

□ **residence** ['rezɪdəns] *n.* ①住处，住宅 [同] dwelling, lodging, living quarters ②居住，（合法）居住资格

搭 take up residence in/at 在……居住

例 You can find a desirable family residence for sale by the side of the lake. 在湖畔你可以找到一处合意的待售住宅。

联 quarter *n.* 住处，住所；shelter *n.* 躲避处，住所；accommodation *n.*（外出）住处，膳宿；habitat *n.*（动物的）栖息地，住处
......2857

□ **significance** [sɪɡ'nɪfɪkəns] *n.* ①意义，含义 ②重要性

搭 be of significance 重大的；a matter of significance 重大事件

例 A year later I found out the true significance of his words. 一年以后，我才明白了他的话的真正含义。
......2858

□ **permanent** ['pɜːmənənt] *a.* 永久（性）的，固定的 [同] lasting, durable, eternal

构 per(完全，彻底)+ man(停留)+ ent(……的)→始终停留着的 →永久的

搭 permanent love 永恒的爱；permanent address 永久地址

例 His paintings are on permanent display in the gallery. 他的画作在画廊里永久陈列。

联 permanency *n.* 永久，持久性
......2859

□ **resistant** [rɪ'zɪstənt] *a.* 抵抗的，抗……的 [同] opposed

构 re（反）+ sist（站立）+ ant（……的）→站在对立面的 →抵抗的

搭 be resistant to (doing) 耐……的，对……有抵御能力的

例 The invading soldiers killed all the resistant city residents and burned down their houses. 入侵的士兵杀死了所有反抗的城市居民，并焚烧了他们的房屋。
......2860

□ **rehabilitate** [ˌriːə'bɪlɪteɪt] *v.* ①使恢复正常生活，康复，改造（罪犯等）②修复，复原 ③恢复……的名誉，恢复……的职位

例 He left the presidency in disgrace, but his reputation has been rehabilitated. 他不体面地离开了总统职位，但现在已恢复了名誉。
......2861

□ **inspire** [ɪn'spaɪə(r)] *v.* ①鼓舞 [同] encourage ②引起（某种情绪），使产生（希望、信心等）③给予启发，给予灵感 [同] spark off

例 His best music was inspired by the memory of his mother. 他最优秀的音乐作品灵感来自对母亲的回忆。

□ **pardon** ['pɑːdn] **n.** (for) ①原谅，饶恕，谅解 ②赦免 **v.** ①原谅，饶恕 [同] excuse, forgive ②赦免

搭 Pardon me./I beg you pardon. 对不起，请再说一遍。pardon sb. for (doing) sth. 原谅某人（做）某事

例 He was dreadfully irresponsible but she pardoned him. 他极不负责任，但她原谅了他。

---2863

□ **considerable** [kən'sɪdərəbl] **a.** ①相当（大或多）的 [同] abundant ②重要的，值得重视的 [反] insignificant

例 The fire caused considerable damage to the church. 火灾对教堂造成了重大损失。

---2864

□ **outcome** ['aʊtkʌm] **n.** 结果，结局 [同] result, consequence

搭 a successful outcome 成功的结局；be pleased with the outcome 对结果很满意

例 The unexpected outcome was his promotion. 意想不到的结果是他得到了提拔。

辨 outcome: 结局，结果，最终导致的状态。result: 结果，由某个因素导致的最终结果。consequence: 后果，重大的或严重的结果。fruit: 比喻意义，成果。conclusion: 结论性的结果，总结。

---2865

□ **observation** [ˌɒbzə'veɪʃn] **n.** ①观察，监视，检查 [同] watching, notice ②观察力，注意力 ③评论，意见 ④(pl.) 观察资料，观察结果

搭 by/through observation 通过观察；make an observation 做出评论；keen powers of observation 敏锐的观察力；keep...under one's observation 将……置于某人注意 / 观察下

例 Painting from direct observation has several advantages. 通过直接观察来作画有几个好处。

联 observance **n.** 遵守，仪式

---2866

□ **supplement** ['sʌplɪment] **v.** 增补，补充 ['sʌplɪmənt] **n.** ①增补（物），补充（物）②增刊，副刊 ③补助，补贴

搭 the supplement to ……的增刊 / 附录；a housing benefit supplement 住房补贴

例 Apart from housework, mother did some paid odd jobs to help supplement family income. 除了料理家务之外，妈妈还干了一些有报酬的零活，帮助补充家庭收入。

---2867

□ **warrant** ['wɒrənt] **n.** ①授权令，令状 ②（正当）理由，根据 **v.** ①证明……是正当 / 有理的 [同] justify ②保证，担保 [同] ensure, guarantee

搭 travel warrant 通行证；search warrant 搜查证

例 The manufacturer warrants that all parts are new. 生产商保证所有部件都是新的。

---2868

□ **string** [strɪŋ] **n.** ①弦，线，细绳 ②一串，一行 [同] succession ③(pl.) 弦乐器 **v.** ①用线串 ②（用线）悬挂，系住 [同] tie, fasten

搭 string out 延长，拖长时间；a string of houses 一排房子；pull the strings 幕后操纵；touch the strings 演奏弦乐器；a string of excuses 一系列借口

例 He took up the parcel and started to undo the string. 他拿起包裹开始解开包扎绳。

---2869

□ **counter** ['kaʊntə(r)] **n.** ①柜台，长桌 ②计数器 ③反方向，相反，反对，抵消，还击 ④筹码 **v.** ①反对，反击，对抗，反驳 [同] oppose, resist ②（拳击时）还击 **a./ad.** 反方向的 / 地，对立的 / 地，相反的 / 地 [同] against

搭 counter clockwise 逆时针方向；run/go counter to 与……方向相反，与……背道而驰；baggage counter 行李存放柜台；under the counter 私下地，偷偷地

例 The decision runs counter to the will of most people. 这一决定违背了多数人的意愿。

答案：

1. passionate　译文：他给了她一个热烈的吻，这使她清清楚楚地明白了他的感情。

2. approached　译文：石油价格已经接近 10 年来的最高水平。

Unit 54

学前自测

1. This is trifling in _____ with the devastation caused by war. (remedy, periphery, attraction, version, comparison)

2. Children's television not only _____ but also teaches. (reminds, asserts, entertains, surges, creates)

---2870

□ **entertain** [ˌentə'teɪn] **v.** ①给……以娱乐，使快乐 [同] amuse, cheer ②招待，款待 [同] treat ③心存，抱有

搭 games to entertain children 给孩子们带来快乐的游戏；entertain the guests to dinner 招待客人吃饭；entertain doubts 心存怀疑

例 A teacher should entertain as well as teach. 教师应当寓教于乐。

联 entertaining **a.** 令人愉快的；entertainer **n.** 表演者，艺人

---2871

□ **version** ['vɜːʃn] **n.** ①版本，译本 [同] edition, translation ②说法 [同] narrative

例 Lamb's version of Shakespeare is popular among children. 兰姆的莎士比亚剧作改写本深受儿童欢迎。

联 vision **n.** 视力，洞察力

---2872

□ **comparison** [kəm'pærɪsn] **n.** ① (with, to) 比较，对照 [同] contrast ② (to) 比拟，比喻

例 She drew a comparison between life in the army and life at school. 她把军队生活和学校生活做了比较。

---2873

□ **gorilla** [gə'rɪlə] **n.** ①大猩猩 ② (俚) 丑恶的人，凶恶的人

例 Gorillas are the largest of the apes. 大猩猩是猿类中最大的。

---2874

□ **remind** [rɪ'maɪnd] **v.** (of) 提醒，使想起 [同] inform

例 This hot summer reminds me of my years in the countryside. 这个炎热的夏季使我想起了我在农村时的岁月。

辨 remind: remind sb. of/about sth. 提醒某人，使人想起某事（让人自己去回忆起）。recall: recall sth. to sb. 使人想到某事（直接告诉或给提示）。

---2875

□ **cease** [siːs] **v./n.** 停止，终止 [同] stop

搭 without cease 不停地，不断地；cease fire 停火，停战；cease doing = cease to do = stop doing 停止做某事

例 They have ceased trading in that part of the world. 他们已经终止在世界那个地区进行贸易活动。

联 ceaseless **a.** 不停的，无休止的

辨 cease: 可接动名词或不定式，意思不变；stop: 接动名词表示"停止做"，接不定式表示"停下一件事而做另一件事"。

---2876

□ **assert** [ə'sɜːt] **v.** ①肯定地说，断言 [同] declare, affirm ②维护，坚持 [同] uphold, maintain

构 as（加强）+ sert（插入）→维护，坚持

搭 assert oneself 坚持自己的权利或意见，显示自己的权威或威力

例 He asserted the charge against him was incorrect. 他肯定地说对他的指控是错误的。

联 assent **v./n.** 同意；asset **n.** 优点，长处

---2877

□ **remedy** ['remədi] **n.** ① 药品 [同] medicine ②治疗措施，疗法 [同] cure ③补救法 **v.** ①治疗，医治 [同] cure, treat ②纠正，补救 [同] put right, make up

搭 a remedy for……的补救/治法；beyond/past remedy 无法医治；a remedy against poison 防/消毒/解毒药物；remedy a fault 纠正错误；remedy the loss 弥补损失；remedy an injustice 补救不公

辨 remedy: 药品，疗法，现在常作为补救措施。therapy: 疗法，如药物疗法、注射疗法。corrective: 矫正法（药物或措施等）。

---2878

□ **surge** [sɜːdʒ] **v.** ① (人群等) 蜂拥而出 ② (感情等) 洋溢，奔放 ③ (波涛等) 汹涌，奔腾 **n.** ① (感情等) 洋溢，奔放 ②急剧上升，猛增 ③浪涛般汹涌奔腾

搭 the recent surge of inflation 最近通货膨胀的激增；with a surge of pity 油然而生怜悯之情；the tides that surged over the rocks 涌上岩石的潮水

例 Dense smoke surged from the burning house. 滚滚浓烟从燃烧的屋子里冒出来。

·······2879

□ **missile** ['mɪsaɪl] **n.** ①发射物，投掷物 ②导弹，飞弹

构 miss（发送）+ ile（表物）→发射物

例 Satellite photographs have provided conclusive proof of the existence of the missile sites. 卫星照片提供了存在导弹基地的无可置疑的证据。

联 missileman **n.** 导弹操作手；missileer **n.** 导弹专家；missilery **n.** 导弹技术

·······2880

□ **slender** ['slendə(r)] **a.** ①苗条的，修长的，细长的 [同] slim ②微小的 ③（数量等）不足的，极小的 [同] slight

搭 the tall girl's slender waist 高个子女孩纤细的腰身；the slender hope of peace 和平的一线希望

例 She was slender and had long black hair. 她身材修长，留着长长的黑发。

·······2881

□ **pedestrian** [pə'destriən] **n.** 步行者，行人 **a.** ①行人的，人行的 ②缺乏想象力的，平淡无奇的

构 ped（脚）+ estr + ian（表人）→用脚走的人 → 步行者

例 It was midnight when he walked home with few pedestrians in the street. 他回家时已是子夜，路上行人稀少。

·······2882

□ **rudimentary** [,ru:dɪ'mentri] **a.** ①基本的，粗浅的 [同] elementary ②不成熟的，未完全发育的，早期的 [同] undeveloped

构 rudi（天然的）+ ment（表名词）+ ary（……的）→天然状态的 →未完全发育的

搭 a rudimentary knowledge of physics 物理基本知识；the rudimentary system of communications 早期的交通系统；rudimentary wings 未完全发育的翅膀

例 Their road-building equipment is fairly rudimentary. 他们的筑路设备非常简陋。

联 rudiment **n.** 基础，基本原理

·······2883

□ **emerge** [ɪ'mɜːdʒ] **v.** ①(from) 浮现，出现 [同] appear, arise ②（问题等）发生，显露，（事实等）暴露 [同] turn up

例 He emerged from the bushes looking rather embarrassed. 他从灌木丛后出来，看上去很窘迫。

联 immerse **v.** 沉入，浸入；submerge **v.** 淹没

·······2884

□ **periphery** [pə'rɪfəri] **n.** ①次要部分 ②外围，边缘，周边

构 peri（周围）+ pher（带）+ y →带到周围 →外围

搭 the periphery of the factory site 厂区的周边地区；the periphery of a metropolis 大都市的边缘地区

例 The ring road runs around the periphery of the city center. 环城公路围绕市中心的边缘地带。

·······2885

□ **afford** [ə'fɔːd] **v.** ①买得起，花得起，担负得起 [同] manage, sustain ②提供，给予 [同] offer, provide

搭 can't afford the time to do sth. 抽不出时间做某事；be able to afford sb. food and clothing 能够为某人提供衣食

例 I don't know how he can afford a new house on his salary. 我不知道他如何能靠薪水买得起一套新房子。

联 affordable **a.** 负担得起的

·······2886

□ **create** [kri'eɪt] **v.** ①创造，创作，创建 [同] produce [反] demolish ②引起，产生，造成 [同] generate

搭 create enormous interest 引起极大兴趣；create a convincing character 创作一个令人信服的角色

例 Criticizing will only destroy a relationship and create feelings of failure. 批评指责只会破坏人际关系，并使人产生挫败感。

·······2887

□ **notorious** [nəʊ'tɔːriəs] **a.** 臭名昭著的，声名狼藉的

例 Thomas R. Malthus used to have a notorious name for his theory on population but now we find there is something in what he says. 托马斯·罗伯特·马尔萨斯曾因"人口论"而臭名昭著，可是现在我们发现他的理论是有些道理的。

·······2888

□ **essay** ['eseɪ] **n.** 短文，散文，随笔 [同] article, thesis ②评论 [同] comment

例 Her last book was a collection of literary essays. 她最后一部书是一本文学随笔集。

----2889

□ **attraction** [ə'trækʃn] *n.* ①吸引，吸引力 [同] appeal [反] repulsion ②具有吸引力的事物 / 人

搭 have attraction for sb./sth. 对……有吸引力

例 Our level of attraction to the opposite sex has more to do with our inner confidence rather than how we look. 对异性吸引力的大小在更大程度上取决于我们内在的信心，而不是外表。

----2890

□ **contaminate** [kən'tæmɪneɪt] *v.* 弄脏，污染 [同] pollute

例 The water in this part of the river is badly contaminated by a lot of poisonous waste from the chemical works. 这个地带的河水被从化工厂排出的大量有毒废料严重污染了。

联 contaminant *n.* 污染物

----2891

□ **audition** [ɔː'dɪʃn] *n.* ①听，听觉 ②面试，试听，试演，试镜 *v.* （让）试演，试镜，进行面试

构 aud（听）+ ition（表名词）→听觉

搭 an audition of new recordings 对新录制材料的试听；give sb. an audition for a part 让某人试演某一角色；audition for a role 试演某一角色

例 She will have her audition in front of the director. 她将在导演面前进行试演。

联 auditor *n.* 听者；auditorium *n.* 听众席；auditory *a.* 听的，听觉的

----2892

□ **enthusiastic** [ɪn,θuːzi'æstɪk] *a.* 满腔热情的，热心的，极感兴趣的 [同] warm-hearted, zealous

搭 be enthusiastic about/for/over 热衷于，对……热心

例 Nowadays people are enthusiastic about exploring the outer space. 当今，人们热衷于探索外太空。

----2893

□ **tug** [tʌg] *v.* ①使劲拉，拽 [同] pull ②苦干，努力 *n.* ①拖船，拖轮 ②猛拉，拽 ③努力，挣扎，斗争

搭 tug one's sleeve/hair 拽某人的袖子 / 头发；tug-of-war 拔河（赛）

例 He tugged the drawer but it wouldn't open. 他拉抽屉，但拉不开。

----2894

□ **angle** ['æŋgl] *n.* ①角，角度 ②（看问题的）角度，观点 [同] point, viewpoint *v.* 把……放置成一角度，使（报道等）带上倾向性

搭 at an angle of 以……的角度；right angle 直角；acute angle 锐角；obtuse angle 钝角

例 Try looking at this problem from another angle. 试着从另一角度来观察这个问题。

联 angular *a.* 有角的；triangle *n.* 三角形；square *n.* 正方形；diamond *n.* 菱形；rectangle *n.* 矩形

----2895

□ **manufacture** [,mænju'fæktʃə(r)] *v.* 大量制造，加工 [同] produce, make *n.* ①制造，制造业 [同] production ②（*pl.*）产品 [同] product, goods

构 manu（手）+ fact（做）+ ure（表行为）→制造

例 There is an urgent need to improve the quality of manufactured goods. 亟须改进产品的质量。

联 manufacturing *n.* 制造业；manufacturer *n.* 制造商

----2896

□ **preface** ['prefəs] *n.* ①序言，引言，前言 [同] prelude ②开端，序幕，前奏 *v.* ①充当序言 / 开场白 ②充当序幕，作……的前奏

搭 the preface to a book 某作品的序言；with a preface by sb. 附有某人撰写的序文

例 He prefaced his speech with an apology. 他讲话之前先表示了歉意。

----2897

□ **figure** ['fɪgə(r)] *n.* ①数字，数量 [同] number ②人物，名人 ③（*pl.*）算术，计算 ④体型，风姿 ⑤轮廓，隐约可见的人影 [同] outline, form ⑥画像，肖像，塑像 ⑦（插）图，图形 [同] drawing, design *v.* ①（引人注目地）出现 ②有道理，合乎情理 ③计算 ④认为，猜想

搭 figure in 算进，包括进；figure on 指望，计划，打算；cut a poor/sorry figure 出丑，出洋相；prominent public figures 社会知名人士；cut a fine/good figure 表现好，给人以好的印象；figure out 计算出，想出，理解 [同] calculate, think out

例 The shopowner would figure out his profits at the end of each month. 店主会在每月月底算出所得利润。

辨 figure: 数字，主要指与文字相对的数字符号，如 1，2，3。number: 泛指"数"。

----2898

□ **interpret** [ɪn'tɜːprət] *v.* ①解释，说明，诠释 [同] explain ②口译，翻译 [同] translate

例 Philosophers interpret the world in various ways. 哲学家们用各种方法解释世界。

········2899

□ **defect** ['di:fekt] *n.* 缺点，缺陷，毛病 [同] fault, shortcoming [反] merit [dɪ'fekt] *v.* 变节，叛变

例 It's a character defect in her that she can't ever accept that she's in the wrong. 她性格上有个缺点，就是从不会承认自己错了。

········2900

□ **stress** [stres] *n.* ①压力，紧张 [同] pressure, tension ②强调，重要性 [同] emphasis ③重音 *v.* 强调，着重，重读 [同] emphasize

搭 under stress 处在……压力下；suffer from stress 承受压力；lay/place/put stress on 强调

例 Beethoven produced his most ravishing music at times of personal stress. 贝多芬在人生遭遇艰难的时候创作了最令人神往的乐曲。

联 stressful *a.* 充满压力的，紧张的

········2901

□ **lower** ['ləʊə(r)] *a.* ①较低的，较下的，下层的 ②低等的，较低级的 [同] inferior [反] superior ②下游的 ④低年级的 *v.* 放下，降低，放低 [反] lift, raise

搭 lower the flag 降旗；lower the price 降价；lower the standard 降低标准；a lower berth 下铺；a lower class 低年级班

例 Interest rates have been lowered again. 利率再度调低了。

········2902

□ **extinction** [ɪk'stɪŋkʃn] *n.* ①毁灭，扑灭，消灭 ②（权力/债务等的）废除，取消

搭 be hunted to extinction 被赶尽杀绝；the extinction of the fire 火的扑灭

例 Many species of plants and animals are in danger of extinction. 许多动植物的种属正面临着绝种的危险。

········2903

□ **consulate** ['kɒnsjələt] *n.* ①领事馆 ②领事职位/任期

例 The American consulate is the large white building opposite the bank. 美国领事馆坐落在银行对面的那幢高大的白色建筑里。

········2904

□ **exacerbate** [ɪg'zæsəbeɪt] *v.* ①使加深，使加剧，使恶化 [同] aggravate, worsen ②激怒，使气恼 [同] irritate

构 ex（加强）+ acerb（苦涩的）+ ate（使……）→使非常苦涩 →使恶化

例 This attack will exacerbate the already tense relations between the two countries. 这次攻击将会使两国之间本已紧张的关系进一步恶化。

········2905

□ **formidable** [fə'mɪdəbl] *a.* ①可怕的，令人生畏的 [同] fearful, frightful ②难以克服的，难对付的

构 formid（害怕）+ able（能……的）→可怕的

搭 formidable rival 难缠的对手；formidable challenge 难以应付的挑战；a formidable old lady 令人望而生畏的老妇人

例 They faced formidable difficulties on their way to climbing the mountain. 他们在登山途中面临着难以克服的困难。

········2906

□ **absorb** [əb'zɔ:b] *v.* ①吸收（水、热、光等）[同] take in, assimilate [反] give out ②吸引……的注意力，使全神贯注 [同] preoccupy [反] disperse ③把……并入，同化

构 ab（离去）+ sorb（吸）→吸收

搭 be absorbed in thoughts 在沉思；absorbed in (reading) a book 专心看书

例 As a color, black absorbs more heat than red. 作为一种颜色，黑色比红色更能吸热。

········2907

□ **vary** ['veəri] *v.* 改变，使不同 [同] change, alter

搭 vary from 不同于；vary with 随……变化而变化；vary from... to 从……到……不同；vary between... and 在……和……之间变化

例 Her mood varies with the weather. 她的情绪随天气变化而变化。

辨 variation: 变化，变更。variety: 品种，样式。

········2908

□ **describe** [dɪ'skraɪb] *v.* ①描写，描绘，形容，叙述 ②把……说成，把……称为 ③画，画出

搭 describe...as 把……描绘成/称为；describe him as a generous, caring man 称他是一个大方体贴的人

例 She wrote a poem describing their life together. 她写了一首诗，描写了他们共同的生活。

········2909

□ **referee** [ˌrefə'ri:] *n.* ①裁判员 [同] arbitrator, judge ②证明人，推荐人 ③仲裁者，调解者 *v.* 当裁判

例 A senior judge is acting as a referee in the pay dispute between the trade union and management. 一位资深法官担任工会和资方工资矛盾的调解员。

··········2910

□ **digest** [daɪ'dʒest] *v.* ①消化 [同] absorb ②吸收，领悟 ['daɪdʒest] *n.* 文摘

构 di（分开）+ gest（搬运）→消化

搭 *Reader's Digest*《读者文摘》

例 Some traditional teaching methods can't help students digest what they have been taught. 一些传统的教学方法无助于学生消化所学的知识。

辨 digest: 一篇文章或一本书的非细节部分，删减后的精彩部分。summary: 梗概，用简要的话概述原文主要内容。

··········2911

□ **stout** [staʊt] *a.* ①肿的，臃肿的 ②粗壮的，结实的，粗大的 ③坚定的，果敢的，坚决的

例 I've bought myself a pair of good stout boots for hiking. 我为徒步旅行买了双结实的好靴子。

··········2912

□ **compete** [kəm'piːt] *v.* 竞争，比赛，角逐 [同] contest, contend

搭 compete with/against sb. for 为……而同某人竞争；compete with/against sb. in 在某方面与某人竞争

例 Chinese shipbuilders can now compete on equal terms with foreign companies. 中国造船商现在可与外国公司公平竞争了。

··········2913

□ **seduce** [sɪ'djuːs] *v.* ①勾引，诱奸 ②引诱，诱使，怂恿

构 se（分离）+ duc（引导）+ e →引导离开 →勾引

例 He was seduced into leaving the company by the offer of higher pay elsewhere. 其他地方更优厚的薪金待遇使他离开了公司。

联 seduction *n.* 勾引，引诱，诱惑物；seductive *a.* 有诱惑力的，富有魅力的，性感的

··········2914

□ **consecutive** [kən'sekjətɪv] *a.* 连续的，连贯的

例 I am usually very busy on three consecutive days: Monday, Tuesday and Wednesday. 我通常星期一、星期二、星期三连续三天都很忙。

··········2915

□ **electronic** [ɪˌlek'trɒnɪk] *a.* 电子的，电子学的

搭 electronic devices 电子设备；electronic mail/shopping 电子邮件/购物

例 I made an electronic funds transfer. 我做了一笔电子资金转账。

··········2916

□ **superior** [suː'pɪəriə(r)] *a.* ①上级的，（在职位、地位等方面）较高的 ②(to) 较好的，优于……的 ③优良的，卓越的 ④有优越感的，高傲的 [同] arrogant *n.* 上级，长官 [反] inferior

构 super（在……上面）+ ior（较……的）→较高的

搭 be superior in quality to 在质量上优于；have no superior in courage 勇气盖世无双

例 They were provided with superior education. 优良的教育提供给了他们。

联 superiority *n.* 优越（性），优势

··········2917

□ **obstacle** ['ɒbstəkl] *n.* 障碍（物），妨碍

搭 overcome/surmount an obstacle 克服障碍；run into/come across an obstacle 遇到障碍

例 Lack of education is an obstacle to his looking for a better job. 要找到更好的工作，他学历不够是一种障碍。

··········2918

□ **leisure** ['leʒə(r)] *n.* ①空闲时间，闲暇 [同] free time, spare time ②悠闲，安逸 [同] relaxation

搭 at one's leisure 方便时，有空时；wait one's leisure 等某人有空时；dream of a life of leisure 憧憬着安逸的生活

例 Doing some light reading instead of watching TV all the time is a better way to spend your leisure. 不要老看电视，读一点轻松的东西，这是打发闲暇时光更好的办法。

答案：
1. comparision　译文：与战争所带来的毁坏相比，这显得微不足道。
2. entertains　译文：儿童电视节目是寓教于乐的。

Unit 55

学前自测

1. The celebration of the centenary will _____ with a dinner on October 16. (replenish, taunt, restrain, disdain, culminate)

2. Credit cards can be _____ —they mean you do not have to carry large sums of money. (inevitable, ecological, handy, medieval, corporate)

----------2919

□ **agile** ['ædʒaɪl] *n.* 敏捷的，灵活的，机敏的

构 ag（做）+ ile（可……的）→做事灵活的 →敏捷的

搭 an agile wit 机智；an agile tongue 巧妙善辩的口才；an agile mind 机敏的头脑

例 The boy escaped with an agile leap. 这男孩机敏地一跳逃脱了。

联 agilely *ad.* 机敏地；agility *n.* 机敏，勤快

----------2920

□ **disdain** [dɪs'deɪn] *n./v.* 蔑视，鄙视，轻视 [同] scorn

搭 look at sb. with disdain 鄙视地看着某人

例 The local citizens showed their disdain of/for the foreign artists. 当地公民对外国艺术家表示鄙视。

----------2921

□ **handy** ['hændi] *a.* ①方便的，有用的 [同] convenient ②手边的，近便的 [同] at hand, available ③手巧的

搭 come in handy 有用处

例 First-time visitors to the island will find this guide particularly handy. 第一次来这座岛的游客会发现这本指南特别有用。

----------2922

□ **inevitable** [ɪn'evɪtəbl] *a.* 不可避免的，必然（发生）的 [同] unavoidable [反] avoidable

例 Most quarrels are inevitable at the time, and incredible afterwards. 大多数吵架当时都是不可避免的，但事后都令人难以置信。

----------2923

□ **culminate** ['kʌlmɪneɪt] *v.* (in) 以……告终，以……结束 [同] end up in/with

例 His many years of research have finally culminated in a cure for the disease. 经过多年的研究，他终于研究出一种能治愈该病的药物。

----------2924

□ **defence/se** [dɪ'fens] *n.* ①防御，保卫，保护 [同] protection [反] offense ②辩护，答辩 ③ (*pl.*) 防御工事

搭 in defence of 保卫，辩护

例 The judge remarked that ignorance was not a valid defence. 法官说无知不能作为有效的辩护。

联 defensive *a.* 防御用的；defenseless *a.* 没有防卫的；defensible *a.* 可防御的

----------2925

□ **medieval** [ˌmedɪ'iːvl] *a.* ①中古的，中世纪的（约公元 1100 至 1450 年，尤指欧洲史）②古老的，旧式的

例 We visited some medieval buildings. 我们参观了一些中世纪的建筑。

----------2926

□ **ecological** [ˌiːkə'lɒdʒɪkl] *a.* ①生态学的，生态的 ②环保的，绿色的

搭 ecological disaster 生态灾难

例 The destruction of these big forests could have serious ecological consequence. 这些大森林的毁坏会带来生态上的严重后果。

----------2927

□ **replenish** [rɪ'plenɪʃ] *v.* ①装满，备足，补充 ②充注精力 ③补偿，替代

构 re（再，又）+ plen（填满）+ ish（使……）→装满

搭 replenish a petrol-tank with gasoline 给油箱装满汽油；replenish the cupboard with food 给食品橱备足食物；replenish the losses 补偿损失；be replenished with nutrients 补充营养

例 He replenished himself here for several days. 他在这里休养生息数天。

----------2928

□ **temper** ['tempə(r)] *n.* ①脾气，情绪 [同] mood ②韧度 [同] hardness *v.* ①调和，使缓和

②使（金属）回火

例 She is of a quick/hot/short temper. 她脾气急躁。

....2929

□ **commercial** [kə'mɜːʃl] *a.* ①商业的，商务的 [同] monetary ②商品化的，商业性的 *n.* 商业广告 [同] commercial advertisement

搭 commercial depression 商业萧条；commercial society 商品化社会

例 The commercial future of the company looks very promising. 这家公司的商业前景看起来非常光明。

联 commercialism *n.* 商业主义；commercially *ad.* 商业上，营利性地

....2930

□ **timber** ['tɪmbə(r)] *n.* ①木材，原木 [同] log, wood ②大木料，栋木 ③素质，才干 *v.* 用木材搭建／支撑

搭 put a hundred acres of land under timber 造林 100 英亩；a man of presidential/managerial timber 有总统才干的人／经营管理方面的人才

例 We should not get as much timber as possible at the cost of environmental destruction. 我们不能以破坏环境为代价，想伐多少木材就伐多少。

....2931

□ **stagnate** [stæg'neɪt] *v.* 停滞，不流动，不发展

构 stag=stat（站）+ n + ate（使）→使站着 →停滞

例 The electronics industry is showing signs of stagnating after 15 years of tremendous growth. 电子工业 15 年的惊人增长之后显示出停滞的迹象。

....2932

□ **apparatus** [ˌæpə'reɪtəs] *n.* (*pl.* apparatus 或 apparatuses) ①器械，器具，仪器 [同] equipment, appliance ②机构，组织

搭 X-ray apparatus X 光透视仪；alarming apparatus 报警装置；government apparatus 政府机关

例 The television men set up their apparatus ready to film. 电视工作者架起器械，准备拍摄。

辨 apparatus: 成套机器或设备。instrument: 科学上或技术上所用的精密仪器或乐器。device:（新发明的）器械或装置。tool: 常用词，多指手工工具。

....2933

□ **relevance** ['reləvəns] *n.* ①相关 ②确当，适宜

搭 have no relevance to 与……无关

例 The incident has no relevance to them, even though they were present then. 这件事与他们不相

关，即使当时他们在场。

....2934

□ **textile** ['tekstaɪl] *n.* ①纺织品 ②(*pl.*) 纺织业 *a.* 纺织的

构 text（纺织）+ ile（表物）→纺织品

例 This factory produces woolen textiles. 这个厂生产毛纺织品。

....2935

□ **refer** [rɪ'fɜː(r)] *v.* (to) ①涉及，提到，指称 [同] mention ②参考，查阅 [同] look up, consult ③把……归因于，认为……属于 ④让……求助于 ⑤提交……仲裁或处理

搭 refer to 查阅，涉及，提到，询问；refer to...as... 把……称作，把……当作；refer to a dictionary 查词典

例 He referred me to a lawyer. 他让我去找律师。

....2936

□ **taunt** [tɔːnt] *v./n.* 嘲笑，讥讽，奚落 [同] scorn, sneer

搭 taunt a boy about his big ears 嘲笑一个男孩长了一对大耳朵；endure the taunts of a successful rival 忍受获胜对手的奚落

例 The other children used to taunt him in the playground because he was fat. 其他孩子常在操场上嘲笑他，因为他长得胖。

....2937

□ **president** ['prezɪdənt] *n.* ①总统 ②总裁 ③校长，院长 ④会长，社长，（会议）主席

例 The president gave his approval of the interview. 总统同意了采访。

联 presidential *a.* 总统的；presidency *n.* 总统职务

....2938

□ **ministry** ['mɪnɪstri] *n.* （政府的）部

搭 the Ministry of Defence 国防部

....2939

□ **career** [kə'rɪə(r)] *n.* 生涯，职业 [同] profession, vocation

搭 make a career 在事业上有所成就；a career as a teacher 教师生涯；in (the) full career 开足马力地，全速地

例 The social changes in the past thirty years have influenced the careers of many people. 过去 30 年的社会变革影响了许多人的职业生涯。

....2940

□ **restrain** [rɪ'streɪn] *v.* ①(from) 阻止，控制 [同] stop, prevent ②抑制，遏制 [同] control, check, limit

例 With an effort he restrained himself from becoming furious. 他好不容易克制住自己的怒火。

---------2941

□ **boundary** ['baʊndri] *n.* ①分界线，边界 [同] border, barrier ②界线，范围
构 bound（界限）+ ary（场所）→分界线
例 A river forms the boundary between the two countries. 一条河成了这两国的边界。

---------2942

□ **optimum** ['ɒptɪməm] *a.* 最合适的，最优的，最佳的 [同] best, most favorable
例 Scientists are trying to learn about the optimum conditions for the growth of a child. 科学家正在研究儿童成长的最佳条件。

---------2943

□ **bulge** [bʌldʒ] *n.* ①膨胀，肿胀 ②骤增，暴涨 *v.* 鼓起，突出
例 His eyes bulged in surprise when he saw the house. 看见那幢房子时，他惊得眼睛都瞪出来了。

---------2944

□ **utility** [juː'tɪləti] *n.* ①功用，效用，实用 ②（常 *pl.*）公共事业，公共事业设施 [同] service ③多用途的东西 ④（常 *pl.*）有利因素 *a.* ①实用的，多用途的，通用的 实用型的，经济型的 ③公共事业（公司）的
搭 $900 per month plus heat and utilities 月租 900 美元包括供热和公用设施在内；a plan without much practical utility 没有太多实际功效的计划；utilities companies/industries 公共事业公司 / 行业
例 Some cats have lost their utility and become mere pets. 一些猫失去了捕鼠的功用，成了纯粹的宠物。
联 utilize *v.* 利用；utilizable *a.* 可利用的；utilization *n.* 利用；utilizer *n.* 利用者

---------2945

□ **utilization/sation** [ˌjuːtəlaɪ'zeɪʃn] *n.* 利用
例 Sensible utilization of the natural resources must be given priority to. 合理地使用自然资源必须放在首要位置。

---------2946

□ **diverge** [daɪ'vɜːdʒ] *v.* ①（使）岔开，分叉 ②相异，出现分歧 ③偏离，离题，背离
构 di（分离）+ verg=vert（转）+ e →转离 →偏离
搭 rays that diverge from a central point 自中心向外散射的光线
例 We suddenly realized that the course the ship was taking diverged widely from our intended route. 我们突然意识到，船航行的路线与我们既定的路线偏离得很远。

---------2947

□ **sketch** [sketʃ] *n.* ①略图，草图 [同] draft ②素描，速写 ③梗概，简述大意 [同] outline *v.* ①绘……的略图，画……的素描或速写 ②概述，简述
搭 give a brief sketch of the plan 简要介绍一下计划；sketch out 简要地叙述
例 The first section is a brief sketch of the school early history. 第一部分是对这所学校早期历史的概述。

---------2948

□ **corporate** ['kɔːpərət] *a.* ①团体的，全体的 ②公司的，法人的 ③合为一体的，社团的
搭 corporate body 法人；corporate responsibility 共同责任；corporate customers 公司主顾；have a corporate view of sth. 对某事持一致看法；corporate good 共同利益；corporate action 一致行动
例 The university is a corporate body formed from several different colleges. 这所大学是由几个不同学院组成的。
联 corporately *ad.* 团结地，共同地；corporatism *n.* 社团主义

---------2949

□ **scratch** [skrætʃ] *v.* ①抓，搔，扒 [同] scrape ②刮，擦，刻，划 *n.* ①抓，搔，刮 ②抓痕，划痕
搭 from scratch 从零开始，从头做起；up to scratch 合格，处于良好状态；scratch one's head 搔头皮，（对某事）迷惑不解
例 Once again the boy scratched his head for he could not answer the second question. 第二个问题回答不上来，小男孩又一次抓耳挠腮。
辨 scratch: 用尖物、指甲、爪去抓，搔。scrape: 用平面工具去刮，擦。

---------2950

□ **impair** [ɪm'peə(r)] *v.* ①损害，损伤 [同] damage ②削弱，减少 [同] weaken
例 Her hearing was impaired after the explosion. 爆炸后她的听力受到了损害。

---------2951

□ **revolve** [rɪ'vɒlv] *v.* ①（使）旋转,（使）绕转 [同] rotate ②围绕，主要涉及 ③反复考虑，推敲，斟酌
构 re（回）+ volv（卷）+ e →回卷 →旋转

搭 revolve around 以……为主要内容；revolve the necklace around one's neck 把项链绕着脖子

例 A pupil's study revolves mainly around his teacher. 一个小学生的学习主要以老师为中心。

联 revolving *a.* 旋转式的；revolver *n.* 左轮手枪

————2952

□ **accustom** [ə'kʌstəm] *v.* (with) 使习惯于，使适应

构 ac（加强）+ custom（习惯）→使习惯于

例 It'll take me some time to accustom myself to the changes. 我需要花些时间来适应变化。

联 accustomed *a.* 惯常的，习惯的

————2953

□ **efficiency** [ɪ'fɪʃnsi] *n.* 效率，效能，功效 [同] productivity

构 ef（出）+ fic（做）+ iency（表性质、状态）→做出的成绩→功效

例 The service can improve efficiency. 这项服务能够提高效率。

————2954

□ **harsh** [hɑːʃ] *a.* ①苦涩的，难吃的，劣质的 ②苛刻的，严酷的，无情的，恶劣的 [同] severe, cruel ③（声音）刺耳的，（光）刺目的，难听的，不和谐的

搭 harsh sunlight 刺目的阳光；harsh weather 恶劣的气候；harsh sentence 严厉的刑罚；the harsh experience of war 战争的艰辛

例 Antarctica's remoteness and harsh climate have made the exploration difficult. 南极洲路途遥远，气候恶劣，使得探险考察十分困难。

————2955

□ **comedy** ['kɒmədi] *n.* ①喜剧 ②喜剧性事件

例 All tragedies are finished by a death; all come-dies are ended by a marriage. 一切悲剧皆以死亡结束，一切喜剧皆以终成眷属告终。

联 comic *a.* 喜剧的；comical *a.* 诙谐的；comically *ad.* 滑稽地；tragedy *n.* 悲剧；tragic *a.* 悲惨的

————2956

□ **disillusion** [ˌdɪsɪ'luːʒn] *v.* 使理想 / 幻想破灭，使醒悟

构 dis（不）+ illusion（幻想）→不再有幻想→使梦想破灭

搭 be disillusioned with/about 对……不再抱有幻想；disillusion sb. of an idea 使某人摆脱某种幻想

例 I hate to be the one to disillusion her. 我不想成为那个使她幻想破灭的人。

————2957

□ **gamble** ['gæmbl] *v.* ① (on) 赌博，打赌 ② (on, in) 投机，冒险，孤注一掷 [同] venture, speculate *n.* ①赌博 ②投机，冒险

搭 gamble on horses 赌赛马；gamble away 乱花，赌掉，输光；gamble at cards 赌纸牌；gamble in stocks 投机买卖股票；on a gamble 冒险地，碰运气，胡乱地；take a gamble (on sth.) 冒险从事（某事）

例 He gambled all his savings to start a small store. 他孤注一掷用自己所有的积蓄开了一家小店。

联 gambling *n.* 赌博；gambler *n.* 赌徒

————2958

□ **poultry** ['pəʊltri] *n.* ①家禽 ②禽肉

例 Many people who give up eating meat and poultry carry on eating fish. 很多不吃猪肉和禽肉的人吃鱼肉。

————2959

□ **gross** [grəʊs] *a.* ①总的，毛的 [反] net ②严重的，十足的，显著的 ③粗俗的，粗野的 [同] coarse ④过肥的，臃肿的 *v.* 获得总收入或毛利

搭 an act of gross injustice 严重的不公正行为；abuse sb. in the grossest terms 用最粗俗下流的话辱骂某人；gross weight 毛重；10.3 % gross/net interest 10.3% 的毛 / 净利息

例 They were shocked by his gross behavior at the party. 他在聚会上的粗鄙行为使他们感到震惊。

————2960

□ **decay** [dɪ'keɪ] *v.* ①腐烂，腐朽，腐败 [同] rot, go had ②衰败，衰落 [同] corrupt *n.* ①腐烂，腐朽 ②衰败 / 衰退状态

搭 fall into decay 衰退，衰败；in decay 破损不堪；decay of morals 道德的败坏

例 That university has fallen into decay in the last 100 years. 那所大学在过去的 100 年里已经败落。

————2961

□ **require** [rɪ'kwaɪə(r)] *v.* ①需要 [同] need ②规定，要求 [同] demand

例 Skiing at 80 miles per hour requires total concentration. 以每小时 80 英里的速度滑雪需要完全集中注意力。

联 requirement *n.* 要求，需求；required *a.* 必需的，必备的

————2962

□ **saturate** ['sætʃəreɪt] *v.* ①使湿透，浸透 [同] soak ②使充满，饱和

例 His shirt was saturated with sweat while playing basketball. 打篮球时他的衬衣被汗水湿透了。

....2963

□ **essence** ['esns] **n.** ①本质，实质，要素 [同] core, centre ②香精，香料 ③精髓，精华 [同] soul
搭 in essence 实质上，基本上；of the essence 必不可少的；the essence of democracy 民主的要素
例 The essence of his religious teaching is love for all men. 他宣称的宗教教义的要旨是关爱天下苍生。

....2964

□ **assumption** [ə'sʌmpʃn] **n.** ①假定，假设，臆想 [同] supposition, fancy ②担任，承担 [同] undertaking ③夺取，僭取，篡夺 ④假装，佯装
构 as（加强）+ sumpt（取）+ ion（表名词）→夺取
搭 on the assumption of/ that 在假定……的情况下；the assumption of power 夺权
例 He questioned the scientific assumption on which the global warming is based. 他对全球变暖所依据的科学假设提出了质疑。
联 consumption **n.** 消耗；presumption **n.** 推测，假定

....2965

□ **throughout** [θruː'aʊt] **prep.** ①遍及，遍布 [同] all over ②自始至终，贯穿 **ad.** ①始终，一直，自始至终 ②全部，到处
搭 throughout one's life/career 在某人整个一生中 / 职业生涯中
例 The audience listened in silence throughout. 观众自始至终都静静地听着。

....2966

□ **height** [haɪt] **n.** ①高（度），身高 [同] altitude ②(pl.) 高处，高地 [同] highland ③最高点，顶点，高峰 [同] top
搭 5 feet and 6 inches in height 身高 5 英尺 6 英寸；from a great height 从 很 高 处；at knee/shoulder/waist height 齐膝 / 肩 / 腰高；at the height of one's career 事业达到顶点；at the height of the summer 在盛夏时节；gain/lose height 爬升 / 下降
例 The tower impresses me by sheer height. 这座塔高耸入云，令我印象深刻。

....2967

□ **variant** ['veəriənt] **a.** ①易变的，不定的，各种各样的 ②不同的，有差别的，变体的 **n.** 变体，变形，变种
构 vari（改变）+ ant（……的）→不同的
例 The word has variant spellings. 这个词有不同的拼法。

....2968

□ **hockey** ['hɒki] **n.** ①曲棍球 ②冰球
联 He is good at playing hockey. 他擅长打曲棍球。

....2969

□ **capture** ['kæptʃə(r)] **v.** ①俘虏，捕获 [同] seize, arrest ②夺取，占领 [同] occupy **n.** 捕获，俘获
搭 capture one's attention 引起某人的注意
例 They've captured a large share of the market. 他们占有很大的市场份额。

....2970

□ **vacant** ['veɪkənt] **a.** ①未被占用的，空着的 [同] empty, hollow ②（职位、工作等）空缺的 ③（神情等）茫然的，（心灵）空虚的
构 vac（空）+ ant（……的）→空着的
例 His mind seemed completely vacant. 他的头脑里似乎一片空白。
辨 vacant: 没有占用的空位置、房间、空间等。empty: 里面没有装东西。hollow: 中空的，低凹的。

答案：
1. culminate　译文：百年庆典活动将在 10 月 16 日的宴会中结束。
2. handy　译文：信用卡有时会很方便——它意味着你不必带大量现金。

Unit 56

学前自测

1. He promised there would be no more _____ in pursuing reforms. (subsidy, equity, entrepreneur, connection, hesitation)

2. The seminar could _____ students on current human rights issues. (proclaim, locate, display, sanction, enlighten)

----2971

□ **controversial** [ˌkɒntrə'vɜːʃl] **a.** ①争论的，辩论的 ②有争议的
构 contro（相反）+ vers（转）+ ial（……的）→ 反着转的 →争论的
搭 a controversial writing 有争议的作品；a highly controversial subject 颇有争议的项目

----2972

□ **enlighten** [ɪn'laɪtn] **v.** 启发，开导 [同] counsel, instruct
例 She seemed to be anxious to enlighten him on the events that had led up to the dispute. 她似乎急于想让他了解导致这场争论的事因。
联 enlightened **a.** 文明的，开明的，不迷信的；enlightening **a.** 有启发意义的，有启迪作用的；enlightenment **n.** 启发，启蒙，教化

----2973

□ **connection** [kə'nekʃn] **n.** ①联结，连接 ②连接处，联结物 ③参与，涉及，联系 ④（火车等）转接，联运 ⑤（常 *pl.*）生意合伙人，关系户，客户，亲戚 ⑥（逻辑上的）关系，连贯性，上下文关系
搭 the connection of a coast to coast railroad 横跨大陆的铁路的贯通；the connection between cause and effect 因果关系；have no connection with 与……没有关系；in connection with 共同，与……有关；in this/that connection 在这种 / 那种情况下，因为这 / 那一点
例 All classrooms will be wired for connection to the Internet. 所有教室都将接入互联网。

----2974

□ **proclaim** [prə'kleɪm] **v.** ①宣告，宣布，声明 [同] declare, state ②显示 [同] demonstrate, show
构 pro（向前）+ claim（叫，喊）→在前面喊 → 宣布
例 All the countries have proclaimed their loyalty to the alliance. 所有的国家都宣布了对联盟的忠诚。

----2975

□ **hesitation** [ˌhezɪ'teɪʃn] **n.** 犹豫，迟疑，踌躇
搭 after a slight hesitation 稍作犹豫；without the slightest hesitation 毫不犹豫；show hesitation 显得犹豫；no room for hesitation 无踌躇的余地
例 Any hesitation on the part of the government will be seen as weakness. 政府方面的任何犹豫都会被看作软弱。

----2976

□ **inlet** ['ɪnlet] **n.** ①水湾，小港 ②进口，入口 [反] outlet
例 They found a sheltered inlet and anchored the boat. 他们发现了一个隐蔽的小港，抛锚泊了船。
联 input **n.** 输入；output **n.** 输出；entry **n.** 入口处，门口；exit **n.** 出口，太平门；entrance **n.** 入口，门口；outlet **n.**（流体）出口

----2977

□ **necessity** [nə'sesəti] **n.** ①必需品 [同] essential, requirement ②必要性，迫切需要
搭 daily necessities 日常用品；out of necessity 出于需要，必定；a few necessities for 几件……必需品；of/by necessity 势必，必定；be under the necessity of doing sth. 不得已而为之
例 The report stresses the necessity of eating plenty of fresh fruit and vegetables. 报告强调了多吃新鲜水果和蔬菜的必要性。

----2978

□ **subsidy** ['sʌbsədi] **n.** 津贴，补助金 [同] allowance
构 sub（在……下面）+ sid（坐）+ y（表结果）→坐在下方 →津贴
搭 subsidies for health 保健费；interest subsidy 利息补贴；give a subsidy of 50 dollars to sb. 给某人 50 美元补助金
例 Some needy people in the country give up subsidy because they don't know the complicated procedures for application. 这个国家有些穷人放弃补助金，因为他们不了解申请的复杂程序。

277

——2979

□ **locate** ['ləʊkeɪt] *v.* ①探明，查明，找到 [同] spot, detect ②把……设置在，使……坐落于 [同] set in a certain place

构 loc（地点）+ ate（表动词）→找到地点 →探明

搭 be located in 位于；locate the source of a sound 查明声音的来源

例 Their new house is located on the edge of the city. 他们的新房子坐落在城市的边缘。

联 location *n.* 位置，场所

——2980

□ **pregnancy** ['pregnənsi] *n.* 怀孕，怀胎

搭 end/terminate pregnancy 终止妊娠；have a difficult pregnancy 妊娠反应强烈

例 Most women feel sick in the mornings during their first months of pregnancy. 大多数妇女在怀孕早期的上午会感到恶心。

——2981

□ **incur** [ɪn'kɜː(r)] *v.* 招惹，遭受，引起 [同] bring about, provoke

构 in（进入）+ cur（跑）→跑进来 →招惹

例 The play has incurred the anger of both audiences and critics. 这出戏同时招致了观众和批评家的气愤。

——2982

□ **equity** ['ekwəti] *n.* ①公平，公正 ②普通股，股票

例 Their aim is a society based on equity and social justice. 他们的目标是建立一个在公平和社会正义基础上的社会。

——2983

□ **display** [dɪs'pleɪ] *n./v.* ①陈列，展览 [同] exhibit, exhibition ②显示，表现 [同] show

搭 on display 展出；a display of affection 爱的表露；fireworks display 烟火表演

例 Shops are displaying summer clothes in their windows. 商店的橱窗里陈列着夏季服装。

——2984

□ **concrete** ['kɒŋkriːt] *n.* ①混凝土 ②具体的观念/条件，实在的东西 *a.* ①混凝土（制）的 ②实在的，具体的，确实的 [同] actual, definite

例 We need concrete facts, not vague ideas. 我们需要具体事实，而不是含糊的想法。

——2985

□ **entrepreneur** [ˌɒntrəprə'nɜː(r)] *n.* ①企业家 ②主办者 ③中间商，承包商

构 entre（在……之间）+ pren（拿）+ eur（人）→在多人之间拿取的人 →承包商

例 The owner of the company is a French entrepreneur. 这家公司的老板是一个法国企业家。

联 entrepreneurship *n.* 工商企业家的身份，工商企业家

——2986

□ **previous** ['priːvɪəs] *a.* ①在先的，以前的 [同] preceding, foregoing ②(to) 在……之前 [同] prior (to)

构 pre（在前面）+ vi（道路）+ ous（……的）→走在前面的 →在先的

例 Previous to that discussion I had asked them to maintain a friendly atmosphere. 在讨论前，我已请求他们保持友好氛围。

——2987

□ **timid** ['tɪmɪd] *a.* ①胆怯的，胆小的，羞怯的 [同] shy ②唯唯诺诺的，小心翼翼的

例 She is a timid child, learning obedience at an early age. 她是个羞怯的孩子，很小就学会了服从。

——2988

□ **profitable** ['prɒfɪtəbl] *a.* ①有利的，有盈利的 ②有益的，有用的 [同] beneficial, helpful

搭 be profitable to 对……有利；profitable speculations 有利可图的投机；a mutually profitable political relationship 互利的政治关系

例 Over the years, it has developed into a highly profitable business. 经过这些年，它发展成了一个高盈利企业。

联 profitability *n.* 收益性，利益率

——2989

□ **sanction** ['sæŋkʃn] *v.* 批准，认可 [同] approve *n.* ①批准，认可 [同] approval ②约束因素，约束力 ③（常 *pl.*）国际制裁

搭 give sanction to 批准，同意；the sanction against 对……的约束；without the sanction 未经……许可；impose a sanction on 对……加以惩罚/制裁；take sanctions against 对……采取制裁手段

例 The government imposed a sanction on the export country for inferior and sham goods. 因为出口伪劣产品，政府对出口国实施了制裁。

——2990

□ **rampant** ['ræmpənt] *a.* ①猖獗的，肆虐的，控制不住的 ②（植物）蔓生的，过于繁茂的

例 He said that he had encountered rampant prejudice in his attempts to get a job. 他说在寻找工

作的努力中，他遇到了肆无忌惮的偏见。

....2991

□ **grind** [graɪnd] (ground, ground) *v.* ①磨，磨碎，碾碎 [同] crush ② (down) 折磨，压迫 ③摩擦得吱吱作响 *n.* 苦差事，苦活儿
搭 grind out 生拼硬凑地写出
例 He kept me awake at night, grinding his teeth. 他晚上磨牙，扰得我无法入睡。

....2992

□ **crank** [kræŋk] *n.* ①怪人，想法怪异的人 ②柄，曲轴 ③妙语，怪话 *a.* ①脾气暴躁的，易怒的 ②恶作剧的，骚扰的 *v.* ①（用曲柄）启动 ②（尺幅）摇高
搭 crank out 大量生产，粗制滥造；crank up/down the window 把窗户摇上去/下来；a threatening crank letter 恐吓的骚扰信件
例 He looked like a crank. 他看上去像个怪人。

....2993

□ **rim** [rɪm] *n.* （圆形物体的）边，缘，框 [同] edge *v.* ①环绕……的边缘 ②装边于
搭 wear spectacles with silver rim 戴了副银框眼镜；be rimmed by high mountains 为高山所环抱；be rimmed with hedges 周围竖着篱笆
例 There is a pattern of flowers all around the rim of the plate. 盘子的边缘饰满花的图案。
联 rimmed *a.* 镶边的；rimless *a.* 无边（缘）的

....2994

□ **lease** [liːs] *n.* 租约，租契 *v.* ①出租 [同] hire, rent, let ②租得，租有
例 The company leases its cars from a local supplier. 该公司从当地的供应商那里租汽车。

....2995

□ **snack** [snæk] *n.* 小吃，点心，快餐 *v.* 吃快餐，吃点心
搭 snack on cakes 将蛋糕当点心；a snack bar 快餐店，小吃店；snack food 小吃，点心
例 Snack foods tend to be high in salt and fat, which we ought to be eating less of. 快餐往往含有高盐和高脂肪，我们应当少吃为好。

....2996

□ **patronage** ['pætrənɪdʒ] *n.* ①资助，赞助 ②恩惠，优惠 ③惠顾，光顾 ④任命权，发包权
搭 public patronage of the arts 公众对艺术的赞助；receive lavish patronage 得到慷慨的赞助；with/under the patronage of sb. 在某人的资助下；give one's patronage to a shop 经常光顾一家商店

例 The concert was made possible by the kind patronage of the company. 这家公司的好心赞助使音乐会得以举办。
联 patron *n.* 赞助人，资助人；patronize *v.* 资助，赞助；patronal *a.* 赞助的，资助的

....2997

□ **tilt** [tɪlt] *v.*（使）倾斜，（使）倾侧 [同] incline, slope *n.* 倾斜，倾侧
搭 at full tilt 全速地，全力地
例 Jim looked up at her with his head tilted to one side. 吉姆抬头望着她，脑袋歪向一边。

....2998

□ **probability** [prɒbə'bɪləti] *n.* ①可能性，或然性 [同] likelihood ②概率
搭 in all probability 很可能，十有八九；the probability of making a full recovery 完全康复的可能性
例 The probability of getting all the answers correct is only about one in ten. 所有答案都正确的概率只有约十分之一。

....2999

□ **discard** [dɪ'skɑːd] *v.* 丢弃，抛弃 [同] desert
例 He collected some worn-out old books discarded from the library. 他收集了一些图书馆丢弃的破旧书。

....3000

□ **particulate** [pɑː'tɪkjələt] *a.* 微粒的，粒状的 *n.* 微粒，颗粒
搭 particulate matter 颗粒物质；the particulate pollution in our atmosphere 我们大气中的颗粒物污染

....3001

□ **agency** ['eɪdʒənsi] *n.* ①代理行，经销处 ②力量，（能动）作用 ③（政府等的）专业行政部门 [同] bureau
搭 a travel agency 旅行社；an employment agency 职业介绍所；by/through the agency of 经……的手，靠……的力量
例 She got a job through an employment agency. 她通过职业介绍所找到了一份工作。
联 agent *n.* 代理人，执法官，动源

....3002

□ **requirement** [rɪ'kwaɪəmənt] *n.* ①要求，规定，必要条件 ②要求，请求
搭 entry requirement 入选要求；daily requirements 日常需求；university entrance requirement 大学入

学条件；fulfil quality requirement 达到质量要求

---3003

□ **molecule** ['mɒlɪkjuːl] *n.* 分子
构 mole（颗粒）+ cule（小的）→小颗粒 →分子
例 A molecule of carbon dioxide has one carbon atom and two oxygen atoms. 二氧化碳的分子有一个碳原子和两个氧原子。
联 atom *n.* 原子；electron *n.* 电子；neutron *n.* 中子；molecular *a.* 分子的，分子组成的

---3004

□ **antique** [æn'tiːk] *a.* ①古时的，古老的 [同] ancient ②古玩的，古董的 ③过时的，陈旧的 *n.* ①古董，古玩，古物，古器 ②老掉牙的东西，老古董
搭 a priceless antique 价值连城的古玩；an antique stall 古玩摊；an antique dealer 古董商；antiques shop 古玩店
例 The car was made in 1796, so it was regarded as an antique. 这辆车是 1796 年造的，现在被认为是古董了。

---3005

□ **flush** [flʌʃ] *v.* ①（脸）发红，脸红 [同] blush ②冲洗，清除 ③（鸟）惊飞，惊起 ④（把人或动物从隐蔽处）强行赶出 *n.*（突然）脸红，红光 [同] redness, blush *a.* ①齐平的，同高的 ②紧接的，接触到的 ③充裕的，富裕的 *ad.* ①齐平地 ②直接地，恰好地
搭 flush of dawn 黎明的红霞；a man flush of/with money 有钱人；go flush from school into politics 从学校毕业后直接进入政界
例 He flushed when he realized he had said something foolish. 当意识到自己说了一些愚蠢的话后，他脸红了。

---3006

□ **impressive** [ɪm'presɪv] *a.* 感人的，给人印象深刻的 [同] moving, striking
例 There are some very impressive buildings in the town. 城中有一些令人一见难忘的建筑物。

---3007

□ **soluble** ['sɒljəbl] *a.* ①可溶的 ②可解决的
构 solu（放松，放开）+ ble（能……的）→能放开的 →可溶的
搭 a soluble powder 可溶性粉剂；a soluble problem 可解决的问题
例 Soluble aspirins are easier to take than the ones you have to swallow whole. 溶于水的阿司匹林比

吞食的片剂服用起来更方便。
联 solubility *n.* 可溶性

---3008

□ **entitle** [ɪn'taɪtl] *v.* ①给……权利，给……资格 ②给（书、文章等）题名，给……称号 [同] name, label
构 en（使）+ title（铭文）→给……题名
例 Every child in the country is entitled to free education at school. 该国的每一个孩子都享有免费上学接受教育的权利。

---3009

□ **topple** ['tɒpl] *v.*（使）不稳而倒下，（使）倒塌
例 The statue of the dictator was toppled by the crowds. 独裁者的雕像被群众推倒了。

---3010

□ **decisive** [dɪ'saɪsɪv] *a.* ①决定性的 ②果断的，断然的 [同] resolute [反] indecisive
搭 a decisive battle 决定性的战斗；decisive action 果断的行为
例 You'll have to be more decisive if you want to do well in business. 如果你想在商业上取得成就，就必须更果断。
联 indecisive *a.* 不果断的；decisively *ad.* 果断地

---3011

□ **adolescent** [ˌædə'lesnt] *n.* 青少年 [反] adult *a.* 青春期的，青少年的
例 It is reported that over 30% of the adolescents are smokers in the country. 据报道，这个国家有 30% 的青少年吸烟。

---3012

□ **corrode** [kə'rəud] *v.* ①腐蚀，侵蚀 ②削弱，消耗
例 Rain water has corroded the metal pipes. 雨水侵蚀了金属管。

---3013

□ **simplicity** [sɪm'plɪsəti] *n.* ①简单 [同] brevity ②不俗，简朴 ③纯真，率直 ④无知
例 The book was written with a simplicity of style that I greatly admired. 这本书用简洁质朴的风格写成，我十分赞赏。
联 simplification *n.* 简化；simplify *v.* 使简化

---3014

□ **crust** [krʌst] *n.* ①（一片）面包片，硬外皮，外壳 ②地壳
例 Pie crust should be crisp and golden brown. 馅饼

皮最好是口感酥脆，色泽棕黄。
―――――――――3015

□ **reservation** [ˌrezə'veɪʃn] *n.* ①预订 ②保留，异议 ③专用地，禁猎区，自然保护区，（印第安人的）居留地

搭 without reservation(s) 毫无保留地；make reservations for 预订；have some reservations about 对……不太相信（有保留）；make air/train reservations 预订飞机票 / 火车票

例 Sorry, sir, your reservation is overdue but we can manage to arrange another room for you. 先生，对不起，您的预订已过期，不过我们可以另外替您安排房间。
―――――――――3016

□ **understanding** [ˌʌndə'stændɪŋ] *n.* ① 洞察力，理解（力）② 谅解，协议 [同] agreement *a.* 通情达理的，宽容的

搭 beyond one's understanding 无法理解；come to/reach an understanding 达成协议

辨 comprehension：理解，纯理性认识，不动感情。understanding：理解，指通情达理，善解人意。understandable：（行为）可以理解的。
―――――――――3017

□ **tease** [ti:z] *v.* ①戏弄，取笑 [同] make fun of, mock ②挑逗，撩拨 *n.* ①（爱）戏弄他人者 ②戏弄，挑逗

例 I was only teasing. I didn't mean to upset you. 我只是开个玩笑，不是故意要惹你不快。
―――――――――3018

□ **cafeteria** [ˌkæfə'tɪəriə] *n.* 自助餐厅，自助食堂

例 I usually have my lunch in a cafeteria across the street. 我通常在街对面的自助餐厅吃午饭。

联 buffet *n.* 自助餐；snack *n.* 小吃，快餐；snack bar 快餐店，小吃店
―――――――――3019

□ **fund** [fʌnd] *n.* ①基金，专款 [同] foundation ②储备，蕴藏 [同] reserve, store ③ (*pl.*) 存款，资金，现款 *v.* 为……提供资金，给……拨款

搭 build up the funds 筹集资金；a welfare fund 福利基金；a fund of humor 很幽默

联 The search for a cure for this disease was funded by a foreign company. 对这种疾病的治疗研究得到了一家外国公司的资助。
―――――――――3020

□ **nickel** ['nɪkl] *n.* ①镍 ②（美国和加拿大的）五分镍币，五分钱

例 Nickel is widely used in industry. 镍在工业中广泛使用。
―――――――――3021

□ **cultivate** ['kʌltɪveɪt] *v.* ①耕作，种植，栽培 [同] grow, plant ②培养，陶冶，发展 [同] foster

构 cult（培养，种植）+ iv + ate（使……）→种植

例 He cultivated his mind by reading good books. 他阅读好书以修身养性。

联 cultivation *n.* 耕耘，培养；cultivator *n.* 耕种者，培养者；cultivated *a.* 耕过的，有教养的
―――――――――3022

□ **distort** [dɪ'stɔ:t] *v.* ①歪曲，曲解 ②扭曲，（使）变形 [同] bend, deform

搭 distorting mirror 哈哈镜；distort the truth 歪曲真实情况

例 He gave a distorted account of what had happened. 他歪曲了事情的真相。
―――――――――3023

□ **turnover** ['tɜ:nəʊvə(r)] *n.* ①成交量，售出额 ②营业额 ③人员流动率，人事变动率 ④水果小馅饼

搭 have a turnover of $5,000 a week 每周营业额为 5 000 美元；an apple turnover 苹果馅饼

例 They have a very high turnover of staff because their working conditions are bad. 由于他们的工作条件很差，人员流动率很高。

答案：
1. hesitation 译文：他承诺，今后在致力于改革时不会再有任何迟疑。
2. enlighten 译文：研讨会可以就当前的人权问题给学生们一些启发。

Unit 57

学前自测

1. Mobile phone makers insist that there is no scientific _____ that their products pose any health risks. (literacy, medium, invasion, bolster, evidence)

2. Farmers _____ just 1.2 per cent of the country's population. (endanger, obstruct, disturb, comprise, explode)

············3024

□ **situated** ['sɪtʃueɪtɪd] *a.* 位于，处于 [同] located
搭 situated on the side of a hill 坐落在山腰上
例 With these new products, we are well situated to beat our competitors. 有了这些新产品，我们将处于击败对手的有利境地。

············3025

□ **comprise** [kəm'praɪz] *v.* ①包含，包括，由……组成 [同] contain ②构成，组成 [同] make up, constitute
构 com（共同）+ pris（抓住）+ e →抓在一起→包含
例 The course comprises a class book, a practice book and an audio tape. 这门课的教材包括一本教科书、一本练习用书和一盒录音磁带。
辨 comprise + 宾语：不用于被动语态。constitute + 宾语：不用于被动语态。consist of + 宾语：不用于被动语态。be composed of: 用于被动语态。be made up of: 用于被动语态。

············3026

□ **fierce** [fɪəs] *a.* ①凶猛的，残酷的，好斗的 [同] cruel [反] tame ②猛烈的，强烈的 [同] intense, strong ③狂暴的，激烈的
搭 a fierce roar 凶恶的吼叫；a fierce storm 狂风暴雨
例 The firefighters had to retreat from the fierce heat. 消防队员不得不避开强烈的高温。
联 fiercely *ad.* 猛烈地，厉害地；fierceness *n.* 凶猛，猛烈

············3027

□ **endanger** [ɪn'deɪndʒə(r)] *v.* 使遭危害，危及
构 en（使）+ danger（危险）→危及
搭 endangered species 濒危物种
例 You will endanger your health if you work so hard. 如果你过度努力工作，就会危害健康。

············3028

□ **bunch** [bʌntʃ] *n.* ①群，伙 [同] group ②束，串，捆 [同] bundle, cluster *v.* ①集中，挤在一起 [同] gather, cluster ②使成一束或一群
搭 a bunch of keys 一串钥匙；a bunch of bananas 一串香蕉；two bunches of flowers 两束花
例 The monkeys bunched together/up in their cage. 猴子们在笼中挤成一团。
辨 bunch: 串，束（同类物品）。bundle: 捆，包（同类或不同类）。bond: 债券。band: 乐队。

············3029

□ **evidence** ['evɪdəns] *n.* ①根据，证据 [同] proof, witness ②证言，证词，证人，证物 ③迹象，痕迹 [同] sign *v.* 证明，显示，表明
构 e（出）+ vid（看见）+ ence（表状态）→看见的人或物 →证据
搭 in evidence 可看见的，显眼的，作证；on (good) evidence 依据（充分的）证据
例 He was found guilty on the evidence of two women. 根据两个妇女的证言，他被判有罪。
辨 evidence: 证明某事的凭据，表示抽象意义。proof: 实物证据。witness: 证人，目击者。

············3030

□ **drill** [drɪl] *n.* ①钻头，钻床 ②操练，训练 [同] training, exercise *v.* ①钻（孔），打（眼）②操练，训练 [同] train, practice
例 He drilled the children in what they should say. 他反复训练孩子们，让他们说该说的话。
辨 drill: 严格的训练。exercise: 体力或智力的锻炼。practice: 实践，目的是更熟练、完善。

············3031

□ **literacy** ['lɪtərəsi] *n.* 识字，有文化，读写能力 [同] ability to read and write
构 liter（文字）+ acy（表性质）→认识文字 →识字
搭 computer literacy 计算机常识与运用能力
例 Far more resources are needed to improve adult literacy. 需要更多的资源来改善成年人的读写能力。

........................3032

□ **alarm** [ə'lɑːm] *n.* ①惊恐，担心，不安 [同] terror, fright ②警报 [同] alert, warning ③警钟，报警器，闹钟 *v.* ①使惊恐，使……担心 [同] scare [反] relieve ②报警

搭 alarm clock 闹钟; be alarmed at 惊讶于; give/raise/sound the alarm 报警; the fire alarm 火警

例 Parents are very alarmed at the amount of violence on television. 父母们对电视里过多的暴力镜头感到不安。

........................3033

□ **medium** ['miːdɪəm] (*pl.* mediums 或 media) *a.* 中等的，适中的 [同] average, moderate *n.* ①媒质，媒介物，传导体 ②新闻媒介，传播媒介，媒体 ③手段，工具，材料 [同] means

构 medi（中间）+ um →媒介物

搭 of a medium height 中等身材; the happy medium 中庸之道，折中办法; by/through the medium of 通过……手段，以……为媒介; strike a/the happy medium 用折中的办法

例 Blood is the medium in which oxygen is carried to all parts of the body. 血液是将氧气输送到全身各处的媒介。

........................3034

□ **invasion** [ɪn'veɪʒn] *n.* 侵略，侵犯，入侵

构 in（进入）+ vas（走）+ ion（表名词）→走进→入侵

例 Invasion of local markets of foreign electronics has been extensive. 外国的电子产品广泛入侵当地的市场。

联 invade *v.* 入侵; aggression *n.* 侵略，入侵

........................3035

□ **prominent** ['prɒmɪnənt] *a.* ①突出的，明显的 [同] distinguished, outstanding ②突起的，凸出的 ③杰出的

构 pro（突出的）+ min（惊讶）+ ent（……的）→令人惊讶地突出的→杰出的

搭 prominent blue eyes 凸出的蓝眼睛; a prominent place 显著的位置; a prominent lawyer 杰出的律师

例 This man is characterized by his prominent forehead. 此人的特征是有凸出的前额。

联 prominently *ad.* 显著地

........................3036

□ **obstruct** [əb'strʌkt] *v.* ①阻塞，堵塞 [同] block ②阻碍，阻挠

搭 obstruct the view 挡住视线; obstruct traffic 堵塞交通

例 After the typhoon many roads were obstructed by collapsed trees. 台风过后，许多道路都被倒伏的树木堵塞了。

........................3037

□ **casual** ['kæʒuəl] *a.* ①漠不关心的，冷淡的 ②偶然的，碰巧的 [同] accidental, incidental ③随便的，非正式的 [同] informal ④临时的，不定期的 [同] temporary

搭 a casual attitude 满不在乎的态度; work full-time or at casual jobs 做全职或临时工作; a casual acquaintance 点头之交; casual clothes 便服

例 The boss's attitude seemed far too casual, even brutal. 老板的态度似乎过于漫不经心了，甚至有点粗鲁。

........................3038

□ **bolster** ['bəʊlstə(r)] *n.* ①垫子，靠枕 ②枕木 *v.* ①支撑，支承 ②支持，提高

搭 bolster the roof 把屋顶支起来; bolster the industry 促进工业; bolster one's image 改善形象

例 She tried to bolster his confidence by telling him that he had a special talent. 她告诉他，他有特殊才能，以试图提高他的自信心。

........................3039

□ **fragile** ['frædʒaɪl] *a.* ①易碎的，脆的，易损坏的 [同] crisp, delicate ②虚弱的，脆弱的 [同] weak, feeble ③精致的，精巧的

构 frag（断裂）+ ile（可……的）→易碎的

搭 fragile relationship 脆弱的关系; fragile economy 脆弱的经济; fragile health 虚弱的身体; fragile beauty 精致之美

例 These ancient vases are fragile. Be careful not to break them. 这些古老的花瓶易碎，小心别打破了。

........................3040

□ **appointment** [ə'pɔɪntmənt] *n.* ①任命，委派 [同] nomination, post ②约会，约定 [同] engagement, date

搭 make an appointment 约会; dental appointment 牙科预约门诊

例 We would like to announce the appointment of Julia as head of sales. 我们高兴地宣布朱莉娅被任命为销售部主任。

........................3041

□ **hide** [haɪd] *v.* ①把……藏起来，躲藏 [同] bury, conceal ②隐瞒，遮掩 *n.* 兽皮

搭 play hide and seek 玩捉迷藏; hide sth. from sb.

对某人隐瞒某事

例 She tried to hide her sadness from everyone. 她把悲伤埋在心里，对谁也不讲。

......3042

□ **eminent** ['emɪnənt] *a.* 卓越的，杰出的

例 The committee had 10 members, each eminent in his or her particular field. 该委员会有 10 名成员，他们在各自的领域内都是出类拔萃的。

......3043

□ **diversify** [daɪ'vɜːsɪfaɪ] *v.* 使不同，（使）变得多样化

例 The new director of the television station wants to diversify its programs. 新来的电视台台长想使电视节目更加多样化。

联 diversification *n.* 进行多种经营，多样化；diversity *n.* 多样，差异

......3044

□ **prepare** [prɪ'peə(r)] *v.* ①准备，预备，为……做好准备 ②制作，制备

搭 prepare a lecture for the following day 为第二天准备讲座；prepare dinner 准备晚餐；prepare for the next election 为下一次选举做准备；prepare (oneself) to do 准备做某事；be prepared against sth. 防备

例 The players are mentally and physically prepared to play the tough game. 运动员们已经从思想上和体能上为这次艰苦的比赛做好了准备。

辨 prepare: 做具体安排、布置，做好准备。arrange: 有安排和布置，有所准备，不一定周密。get ready: 重在结果，全然有了准备。

......3045

□ **confidence** ['kɒnfɪdəns] *n.* ① (in) 信任，信心，信赖 [同] faith, trust ②自信 ③秘密，机密，知心话

搭 in confidence 秘密地，私下地；with confidence 满怀信心地；restore confidence 恢复信心；take sb. into one's confidence 向某人吐露秘密；share a confidence with a friend 和朋友说心里话

例 Users have lost confidence in the system's reliability. 用户对系统的可靠性已经失去了信心。

......3046

□ **loose** [luːs] *a.* ①松的 ②不精确的，不严密的 ③自由的，散漫的，宽松的

搭 break/get loose 松开，跑掉

例 The trouble turned out to be a loose screw and we had it tightened with a spanner. 故障原来出在一颗松了的螺丝钉上，于是我们用扳手把它拧紧了。

联 loosen *v.* 松开，解开

......3047

□ **disturb** [dɪ'stɜːb] *v.* ①打扰，扰乱 [同] bother, interrupt ②弄乱 ③使不安，使焦虑

构 dis（分开）+ turb（搅动）→扰乱

例 Only the rustling of the leaves disturbed the tranquility of the lake. 只有叶子的沙沙声打破了湖的宁静。

......3048

□ **crisp** [krɪsp] *a.* ①松脆的，易碎的 [同] brittle, crumbly ②（空气等）寒冷的，清爽的 [同] fresh, chilly ③条理清晰的，干脆的，利落的 [同] brief, concise *v.* 使发脆，使变脆

搭 a crisp cold winter morning 寒意料峭的冬晨；a crisp rely 简明扼要的回答；a crisp white wine 爽口的白葡萄酒；crisp reasoning 缜密的推理；a crisp manner 断然的态度；crisp pastry 松脆的糕点；crisp vegetables 鲜嫩的蔬菜；cool and crisp air 凉爽宜人的空气

例 I breathed in deeply the crisp mountain air. 我深深地吸了口寒冷而清新的山间空气。

联 crisply *ad.* 易碎地，清晰地；crispness *n.* 易碎，精神愉快

......3049

□ **fulfil(l)** [fʊl'fɪl] *v.* ①履行，实现 [同] carry out, execute ②完成（计划、任务等）③满足，使满意

搭 fulfil one's duties 尽职；fulfil one's promise 履行诺言；fulfil the need 满足需要；fulfil one's expectations 满足某人的愿望

例 This way of life no longer adequately fulfils the younger generation. 这种生活方式不再使年轻一代满意了。

联 fulfilment *n.* 实现，满足

......3050

□ **laser** ['leɪzə(r)] *n.* 激光，激光器 *v.* 放射激光

例 The bar codes on the products are read by lasers. 产品上的条形码是用激光读取的。

......3051

□ **delta** ['deltə] *n.* ①（河流的）三角洲 ②三角形物

搭 the Nile Delta 尼罗河三角洲

例 A great many of waterfowl inhabit the delta. 无数的水禽栖息在这个三角洲地带。

联 deltaic *a.* 三角洲的，三角形的

......3052

□ **evolution** [ˌiːvə'luːʃn] *n.* ①进化，演化 ②演

变 [同] progress, development

例 Bacteria play a vital part in animal evolution. 细菌在动物的进化过程中起着极为重要的作用。

联 evolve v. 进化

····· 3053

□ **vibrant** ['vaɪbrənt] *a.* ①振动的，颤动的 ②响亮的 ③充满生机的 ④鲜明的，醒目的 ⑤感应的，共鸣的

构 vibr（振动）+ ant（……的）→振动的

搭 vibrant strings 颤动的琴弦；a vibrant voice 响亮的嗓音；a city vibrant with life 生机勃勃的城市；a vibrant scene of village life 一幕生机盎然的乡村生活场景

例 He kept his cell phone in vibrant mode. 他将手机调为振动模式。

联 vibrance *n.* 振动，响亮，活跃

····· 3054

□ **poll** [pəʊl] *n.* ①民意测验 ②(*pl.*) 政治选举，大选 *v.* ①对……进行民意测验 ②获得（若干票数）

例 A recent poll shows some change in public opinion. 最近的民意测验表明一些舆论上的变化。

····· 3055

□ **explode** [ɪk'spləʊd] *v.* ①（使）爆炸 ②（使）爆发，（使）突发，发怒 [同] burst ③激增，迅速扩大

例 Experts were called in to explode the bomb that was found in the bus. 专家被请来引爆在公共汽车上发现的炸弹。

联 explosion *n.* 爆炸；explosive *a.* 爆炸性的

····· 3056

□ **dense** [dens] *a.* ①密集的，稠密的，茂密的 [同] close, compact [反] sparse, thin ②浓的，浓重的 ③愚钝的，笨拙的 ④难懂的 ⑤密度大的

搭 thrust one's way through the dense crowd 从密集的人群中挤过去；a dense column of smoke 一股浓烟

例 Where the city stands, there once was a large, dense forest. 这座城市现在所在的地方，当年是一片广阔茂密的森林。

····· 3057

□ **economic** [ˌiːkə'nɒmɪk] *a.* ①经济（学）的 ②有利可图的，合算的

构 eco（经济）+ nom（学）+ ic（……的）→经济（学）的

例 The country has been in a state of economic decline. 该国的经济一直处于衰退状态。

联 uneconomical *a.* 不经济的，浪费的

····· 3058

□ **devote** [dɪ'vəʊt] *v.* (to) ①将……奉献（给）②把……专用于，致力于

搭 devote oneself to (doing) sth. 献身于

例 Over half of his speech was devoted to the issue of unemployment. 他的演说用了大半时间讲失业问题。

联 devotion *n.* 专心，热爱；devoted *a.* 忠实的；devotee *n.* 仰慕者

辨 devote: 专心于某项工作。dedicate: 奉献，献身。

····· 3059

□ **composed** [kəm'pəʊzd] *a.* ①镇静的，沉着的，平静的 ②由……组成的

搭 calm and composed 沉着冷静

例 Anger appeared on her usually composed face. 她平常安详的脸上出现了怒容。

····· 3060

□ **stimulate** ['stɪmjuleɪt] *v.* ①刺激，使兴奋 ②启发，激励，推动 [同] excite, inspire

构 stimul（刺，刺激）+ ate（使……）→刺激

例 Rising prices will stimulate demands for higher incomes. 物价上涨会刺激对更高收入的要求。

联 stimulating *a.* 启发人的，激励人的；stimulative *n.* 刺激物，兴奋剂；stimulator *n.* 激发者，激发因素；stimulus *n.* 刺激，激励物，促进因素

····· 3061

□ **outline** ['aʊtlaɪn] *n.* ①提纲，要点，概要 ②外形，轮廓，略图 [同] profile, sketch *v.* ①概述，概括 [同] summarize, sum up ②描……外形，描……轮廓

搭 in outline 概括地，只画轮廓（地）；make an outline 拟出提纲

例 The team leader gave a detailed outline for investigation. 队长提纲挈领地介绍了调查工作的有关事宜。

····· 3062

□ **chaos** ['keɪɒs] *n.* 混乱，紊乱

搭 in chaos 混乱，紊乱

例 After the failure of electricity supplies the city was in chaos. 停电后城市陷入一片混乱。

····· 3063

□ **ornament** ['ɔːnəmənt] *n.* ①装饰品，点缀品 [同] decoration ②装饰，点缀 *v.* 装饰，点缀，美化 [同] beautify, make up

构 orna（装饰）+ ment（表名词）→装饰（品）

搭 without ornament 没有装饰 / 点缀；a richly ornamented room 装饰华丽的房间；ornament… with… 用……装饰

例 His style shows a regularity of detail and an absence of ornament. 他的风格表现为细节上整齐划一，而且不加装饰。

--------------------------------3064

□ **solemn** ['sɒləm] *a.* ①庄严的，隆重的 [同] grave ②严肃的 [同] serious

例 This is a far from solemn book—it is a rich mix of pleasures and information. 这绝非一本严肃的书——它是乐趣和信息的丰富结合。

--------------------------------3065

□ **margin** ['mɑ:dʒɪn] *n.* ①边，边缘，页边空白 [同] boundary, edge ②差数，幅度 ③余地，余裕 [同] room, space ④利润，盈利 ⑤极限，界限

搭 a margin on the page 页边留白；increase by a big margin 大幅度地增长；the margin of endurance 忍耐的极限

例 He formed a habit of leaving a margin on either side of a page when writing. 他养成了写作时在每页左右两侧边缘留空白的习惯。

--------------------------------3066

□ **hemisphere** ['hemɪsfɪə(r)] *n.* ①（地球的）半球 ②大脑半球

搭 hemi（半）+ spher（球）+ e →半球

例 The earth is divided into the northern and southern hemispheres by the equator. 地球由赤道划分为北半球和南半球。

--------------------------------3067

□ **mite** [maɪt] *n.* ①小量，一点点 ②小虫，螨

例 I think you are being a mite stingy by offering him $300. 我认为你给他 300 美元有点小气。

--------------------------------3068

□ **facilitate** [fə'sɪlɪteɪt] *v.* ①使容易，使便利

②促进，帮助 [同] assist, promote

构 fac（做）+ ilit + ate（使）→使做好 →促进

例 The new subway will facilitate the journey to the airport. 新的地铁将使人们去机场更为方便。

--------------------------------3069

□ **hostile** ['hɒstaɪl] *a.* ①敌视的，有敌意的，强烈反对的 [同] unfriendly [反] friendly ②敌方的，敌人的

搭 hostile feeling 敌意；a hostile look 显出敌意的神色

例 The woman is hostile to any beautiful girl speaking to her husband. 那女人对任何同她丈夫说话的漂亮女孩都心存敌意。

--------------------------------3070

□ **robust** [rəʊ'bʌst] *a.* ①强壮的，强健的，健康的 [同] healthy, strong ②坚实的，结实的，稳固的 ③坚决的，坚定的 ④粗鲁的，粗野的 ⑤醇厚的，浓郁的

搭 put up a robust performance 表现得很稳健；a robust tool that will give you many years of service 一件能用许多年的结实工具

例 He is a robust young man. 他是一个身强力壮的年轻人。

联 robustness *n.* 强健，健康

--------------------------------3071

□ **stamp** [stæmp] *n.* ①邮票 ②印章，图章 [同] seal ③跺脚，顿足 ④标志，特征，印记 [同] mark ⑤种类，类型 *v.* ①在……上盖印，盖上（字样）②贴邮票于 ③跺（脚），踩踏 [同] step on ④使突出，使显露出

搭 stamp on 踩在……上，踏上；stamp out 镇压，消灭，踩灭；stamp one's foot 跺脚

例 They stamp the card and send it back to you. 他们在卡片上盖章，然后寄回给你。

答案：

1. evidence 译文：手机生产商坚称没有科学证据证明他们的产品对健康有任何危害。

2. comprise 译文：农民只占该国总人口的 1.2%。

Unit 58

学前自测

1. She changed her name and appearance to avoid _____. (internship, mechanism, acumen, cascade, recognition)

2. Major banks are _____ losses as a result of having lent too much money to companies who cannot repay their debts. (trenching, crushing, suffering, flourishing, assimilating)

----3072

□ **division** [dɪ'vɪʒn] **n.** ①分，分开 [同] separation ②分配，分担，分工 [同] distribution ③除（法）④部门 [同] section
例 The division of the tasks between team members is still to be decided. 队员之间如何分工尚待决定。

----3073

□ **sausage** ['sɒsɪdʒ] **n.** 香肠，腊肠
搭 sausage machine 香肠机；sausage roll 香肠肉卷；sausage meat 香肠肉馅；not a sausage 什么也没有，一点也没有

----3074

□ **triangle** ['traɪæŋgl] **n.** 三角，三角形
构 tri（三）+ angle（角）→三角形
搭 equilateral triangle 等边三角形
例 The earring is triangle. 这副耳环是三角形的。

----3075

□ **suffer** ['sʌfə(r)] **v.** ①遭受，遭遇，蒙受 [同] experience ②忍受，承受 [同] bear ③经历，经受 ④患（病），受苦，受难，受罪
搭 suffer great losses 蒙受巨大损失；suffer the same fate 遭受同样的命运；suffer from the effects of alcohol 受酗酒之苦；suffer from 患……病，受……之苦
例 The peace process has suffered a serious blow now. 现在和平进程遭到了沉重打击。

----3076

□ **trench** [trentʃ] **n.** 沟，沟渠 [同] ditch **v.** ①挖沟，挖战壕于 ②(on, upon) 接近，近似 ③(on, upon) 侵犯，侵占
搭 trench on/upon 侵占，近似
例 One of the workmen was injured when the sides of the trench they were working collapsed. 工人们正在施工的沟渠的两边倒塌，有一名工人受伤。
联 drench **v.** 全身湿透

----3077

□ **significant** [sɪg'nɪfɪkənt] **a.** ①相当数量的

②重要的，意义重大的 [同] important ③意味深长的 [同] meaningful
构 sign（记号）+ i + fic（做）+ ant（……的）→值得让人做记号的→意义重大的
例 She looked at him across the table and gave him a significant smile. 她隔着桌子望着他，给了他一个意味深长的微笑。
联 significantly **ad.** 有重大意义地，显著地；significance **n.** 重要性，意义

----3078

□ **unaware** [ˌʌnə'weə(r)] **a.** (of) 未意识到的，不知道的，不注意的，未觉察到的
搭 be unaware of the danger 没有觉察到危险
例 She seemed quite unaware of the other people sitting around her. 她似乎完全没有注意到坐在自己周围的其他人。

----3079

□ **recognition** [ˌrekəg'nɪʃn] **n.** ①认出，识别 ②承认，确认 [同] acknowledgement ③赏识，表彰，酬劳 ④招呼，致意
搭 social recognition 社会认同；beyond/out of recognition 因面目全非而不可辨认
例 In this disguise, you can escape recognition. 你这样乔装打扮，就不会被人认出来了。

----3080

□ **recognize/se** ['rekəgnaɪz] **v.** ①认出，识别 [同] identify, make out ②承认，确认，认可 [同] admit ③赏识，表彰
构 re（又，再）+ co（共同）+ gn（知道）+ ize（使……）→再次都知道→承认
例 It's difficult to recognize a mistake and it's more difficult to correct it. 认错难，改错更难。
联 recognition **n.** 认出，承认；recognizable **a.** 可辨认的；recognized **a.** 公认的
辨 recognize: 一个重新认识的过程，而后才明白过来。know: 延续性的熟悉状态。realize: 头脑中的顿悟或再现。identify: 在掌握细节的基础上认

出来、辨别出来。

..............3081

□ **crush** [krʌʃ] *v.* ①压碎，压扁，碾碎，弄皱 [同] smash ②镇压，制服，压垮，征服 [同] vanquish, conquer ③推，挤，压 ④紧抱，紧握 *n.* ①拥挤的人群 ②恋爱，爱慕

搭 crush the empty can 把空罐子压扁；crush an uprising 镇压暴动；crushed to death 被压死；have a crush on a girl 狂热地迷恋上了一个女孩

例 The package had been badly crushed in the post. 包裹在邮运途中被压得一塌糊涂。

..............3082

□ **barren** [ˈbærən] *a.* ①（土地等）贫瘠的，荒芜的 [同] desert, infertile [反] fertile ②不（生）育的，不结果实的 [同] childless, sterile [反] fruitful ③无益的，没有结果的

搭 be barren of 没有

例 It was their dream to turn the barren land into productive fields. 把贫瘠之地变成多产的良田是他们的梦想。

..............3083

□ **comprehensive** [ˌkɒmprɪˈhensɪv] *a.* ①广泛的，综合的 [反] selective ②理解的

构 com（共同）+ prehens（抓住）+ ive（……的）→全部抓住的 →综合的

搭 comprehensive knowledge 渊博的知识；comprehensive faculty 理解力；comprehensive planning 全面规划

例 The government gave a very comprehensive explanation of its plans for industrial development. 政府对工业发展规划做了详尽的解释。

联 comprehensible *a.* 能理解的，易懂的

辨 comprehensive: 广泛的，综合的，强调内容多、全面（a comprehensive university 综合性大学）。extensive: 大量的，广阔的，强调面积、范围大（extensive reading 泛读）。widespread: 传播广的，遍布的（widespread damage 大面积的损害）。

..............3084

□ **typical** [ˈtɪpɪkl] *a.* ①(of) 典型的，有代表性的 ②特有的，独特的

搭 be typical of 是……的特点

例 The food is typical of southern flavor. 这种食品具有典型的南方风味。

..............3085

□ **internship** [ˈɪntɜːnʃɪp] *n.* ①实习岗位 ②实习期

构 intern（实习医师，实习生）+ ship →实习期

例 She was newly an M.D., doing her internship. 她最近取得了医学博士学位，正在实习。

..............3086

□ **rank** [ræŋk] *n.* ①军衔，职衔 ②地位，社会阶层 ③（政党、组织等的）普通成员 ④排，行列 [同] line, row *v.* ①把……分等级，给……评定等级 [同] classify ②列入，（在序列中）占特定等级

搭 rank among 与……同属一类；rank…as 把……看作；of the first rank/class 第一流的；the rank and file 普通士兵，普通成员

例 He is ranked among the best scientists in modern times. 他被列为现代最伟大的科学家之一。

联 ranking *n.* 排名 *a.* 地位高的，高级的

..............3087

□ **prey** [preɪ] *n.* ①被捕食的动物，捕获物 [同] game ②受害者 [同] victim *v.* (on) ①捕食 [同] hunt ②折磨，使烦恼

例 Small children are prey to all sorts of fears. 幼儿易受各种恐惧的危害。

..............3088

□ **flourish** [ˈflʌrɪʃ] *v.* ①茂盛，繁荣，兴旺 [同] prosper, thrive [反] decline ②挥动（以引起注意）

例 Wild plants flourish on the banks of the lake. 野生植物在湖岸上生长茂盛。

..............3089

□ **glove** [glʌv] *n.* 手套

搭 a pair of cotton gloves 一副棉手套；be hand in glove (with) 与……亲密，与……勾结；fit like a glove 完全相合，恰恰正好

..............3090

□ **metaphor** [ˈmetəfə(r)] *n.* ①隐喻，暗喻 ②象征

构 meta（变化）+ phor（带来）→给意义带来变化 →隐喻

例 The author uses disease as a metaphor for the corruption in society. 这位作家用疾病来隐喻社会腐败。

..............3091

□ **diploma** [dɪˈpləʊmə] *n.*(pl. diplomas 或 diplomata) 文凭，学位证书 [同] degree, certificate

搭 earn/gain a diploma 取得毕业文凭 / 学位证书；award/confer/give out/present diplomas at graduation ceremonies 在毕业典礼上授予学位证书 / 毕业文凭；have a diploma in economics 有经济学学位文凭

例 She has a diploma in business studies. 她取得了

商学学位证书。
···3092

□ **log** [lɒɡ] ***n.*** ①原木，木料 ②航海或飞行日志 ***v.*** ①采伐树木 ②记入航海或飞行日志 ③航行，飞行
搭 log in 登陆（网络或系统）；log out 退出（网络或系统）；a log cabin 木屋；log the forest 砍伐树木；cross a stream on logs 从圆木上跨过一条小溪
例 The timber company continued to log despite having been ordered to stop. 尽管已被命令停止砍伐树木，但该木材公司仍然我行我素。
···3093

□ **magnificent** [mæɡ'nɪfɪsnt] ***a.*** ①壮丽的，宏伟的，豪华的，壮观的 [同] grand, splendid ②极好的，杰出的 ③崇高的，高尚的
构 magn（大）+ i + fic（做）+ ent（……的）→做得很大的 →宏伟的
搭 a magnificent view 壮观的景色；a magnificent country house 豪华的乡村宅邸；magnificent ideas 崇高的思想
例 The music performance was really magnificent and I would like to call it magic! 音乐演出十分精彩，我得称它为魔法！
联 magnificence ***n.*** 壮丽，豪华
···3094

□ **assimilate** [ə'sɪməleɪt] ***v.*** ①吸收，消化 [同] absorb ②（使）同化
构 as（加强）+ simil（相同）+ ate（使……）→使相同 →同化
例 We assimilate some kinds of food more easily than others. 我们的身体对某些种类的食物比别的食物更容易吸收。
···3095

□ **inherent** [ɪn'herənt] ***a.*** (in) 固有的，内在的，生来就有的 [同] natural, intrinsic
构 in（在内）+ her（黏附）+ ent（……的）→黏附在内的 →固有的
搭 inherent qualities 内在的品质；inherent risks 固有的风险
例 The desire for freedom is inherent in us all. 渴望自由是我们大家生来就有的愿望。
···3096

□ **absurd** [əb'sɜːd] ***a.*** 悖理的，荒谬的，荒唐的，可笑的 [同] ridiculous, unreasonable [反] rational ***n.*** 荒诞，悖理
搭 go to absurd lengths 到了可笑的地步

例 It's absurd not to wear a coat in such cold weather. 这么冷的天气不穿外套真是荒唐。
···3097

□ **mechanism** ['mekənɪzəm] ***n.*** ①机械装置 ②机制，机理 ③办法，途径
例 An automobile engine is a complex mechanism. 汽车发动机是复杂的机械装置。
···3098

□ **decipher** [dɪ'saɪfə(r)] ***v.*** ①破译 ②解释，辨认
搭 decipher the writing 辨认字迹；decipher military signals 破译军事信号
例 They were part of a team whose job was to decipher code. 他们是一个密码破译小组的工作人员。
···3099

□ **reclaim** [rɪ'kleɪm] ***v.*** ①取回，收回 [同] take back ②开拓，开垦（荒地）③回收，重新利用 ④拿回，申请退税
搭 reclaim farmland from water 填海造田；reclaim the income tax 申请所得税退税；be reclaimed by the desert 被再次沙漠化
例 I went to the station to reclaim my suitcase from the left luggage office. 我去车站的行李寄存处领回箱子。
···3100

□ **acumen** ['ækjəmən] ***n.*** 敏锐，聪明 [同] brightness
构 acu（针）+ men（表名词）→如针般尖锐 →敏锐
例 He is a man of considerable political acumen. 他是个政治上相当敏锐的人。
···3101

□ **certify** ['sɜːtɪfaɪ] ***v.*** ①证明，证实 ②担保……的质量 / 价值等，保证……合格 ③给……颁发合格证书
构 cert（弄清）+ ify（使……）→弄清楚 →证明
搭 certify one's honesty and reliability 担保某人的诚实可靠；certify a physician 给内科医生颁发行医执照
例 I certify that I witnessed the signing of the document. 本人为此项文件签署之见证人，特此证明。
···3102

□ **preserve** [prɪ'zɜːv] ***v.*** ①保护，维持 [同] protect, maintain ②保存，保藏 [同] save, conserve ③腌制

例 We want to preserve the character of the town while improving the facilities. 在改善小镇设施的同时，我们想保留它的特色。

...............3103

□ **confuse** [kən'fjuːz] *v.* ①使混乱，使困惑，使迷惑 ②混淆，混同

搭 get confused in a large supermarket 在大超市里晕头转向；be confused about what we should eat to stay healthy 对吃什么能保持健康很困惑

例 Great care is taken to avoid confusing the two projects. 大家非常谨慎，以避免混淆这两类项目。

...............3104

□ **electrical** [ɪ'lektrɪkl] *a.* 电气的，与电有关的，用电的

搭 electrical engineer 电气工程师；electrical engineering 电气工程；electrical fault/failure 电气故障

辨 electrical: 与电（学）方面有关的（an electrical engineer）。electric: 发电的，带电的（an electric clock）。

...............3105

□ **commonwealth** ['kɒmənwelθ] *n.* ①共和国，民主国 ②(the C-) 英联邦 ③(the C-) 澳大利亚联邦 ④(the C-)（美）州 ⑤协会，团体，界

搭 the commonwealth of learning/letters 知识界 / 文学界

例 The Britain Queen is the head of the Commonwealth. 英国女王为英联邦的首脑。

...............3106

□ **irritate** ['ɪrɪteɪt] *v.* ①使恼怒，使烦躁 [同] annoy ②使（身体某部位）不适，使难受，使疼痛

例 Our faults irritate us most when we see them in others. 在别人身上看到自己的缺点，最使我们感到不安。

...............3107

□ **eligible** ['elɪdʒəbl] *a.* ①有恰当资格的，有条件被选中的 ②（尤指婚姻等）合适的，合意的 [同] suitable

构 e（出）+ lig（选择）+ ible（能……的）→能被选出的 →合意的

例 The regulations state that a person is not eligible for a pension until he is sixty. 条文规定，不满 60 岁就不能领养老金。

...............3108

□ **cascade** [kæ'skeɪd] *n.* ①小瀑布 ②一连串

v. ①倾泻，流注 ②如瀑布般垂落

构 cas（落下）+c+ade（表动作的结果）→再落下 →倾泻

搭 a cascade of noise issuing from the classroom 一阵来自教室的嘈杂声；a cascade of oratory 滔滔不绝的演说；a cascading series of accidents 接踵而来的一连串意外事故；rainwater cascading down the window 从窗户上倾泻而下的雨水

例 Her hair fell over her shoulders in a cascade of curls. 她的卷发垂落肩头。

...............3109

□ **replicate** ['replɪkeɪt] *a.* ①折转的，反折的 ②复制的，摹写的 ③多次复现的 *n.* ①复制品 ②仿样，摹本 *v.* ①折转，反折 ②复制，摹写 ③重复，使复现

构 re（又，再）+ plic（重叠）+ ate（使……）→使重叠 →复制

搭 replicate a statistical experiment 重复一次统计试验；replicate another's research findings 复证另一人的研究发现

例 These tissue cells replicate themselves. 这些组织细胞能自行复制。

...............3110

□ **nocturnal** [nɒk'tɜːnl] *a.* ①夜的 ②夜间活动的 ③夜间开花的

构 noct（夜）+ urnal（表形容词）→夜的

搭 a nocturnal sight 夜景；a nocturnal journey 夜间旅行

例 The owl is a nocturnal bird. 猫头鹰是一种夜间出没的鸟。

...............3111

□ **cognition** [kɒg'nɪʃn] *n.* ①认识，认识能力 ②感知，概念

构 cogni（知道）+ tion（表状态、行为）→认识

例 Tool use may indicate that animals have some cognition. 对工具的使用或许表明动物具有一定的认识能力。

联 cognitive *a.* 认知的；cognizable *a.* 可认识的；cognizance *n.* 认识，注意

...............3112

□ **muddle** ['mʌdl] *v.* ①混在一起 ②弄错，使糊涂 ③使醉，使（头脑）昏昏沉沉 ④ (away) 浪费（时间、金钱等）⑤含糊不清地说 ⑥ (through) 胡乱地应付过去，混过 *n.* 混乱状态，糟糕局面

搭 muddle a piece of work 把一件工作弄糟；muddle away a fortune 把一大笔财产挥霍掉；in a muddle 一片混乱；make a muddle of 把……弄得一团糟；muddle about/around 无事忙，使糊涂；muddle through college 混过大学阶段

例 If your mind is muddled, you cannot think clearly. 你的头脑被弄糊涂了，就不能清晰地思考。

··········3113

□ **ingredient** [ɪn'griːdɪənt] *n.* ①（混合物的）成分，原料 ②要素，因素 [同] factor, element

构 in（内，里）+ gred=grad（进入）+ ient →进入内部的东西 →成分

搭 the major ingredients for one's success 某人成功的主要因素

例 Trust is an essential ingredient in a successful marriage. 信任是成功婚姻的基本要素。

··········3114

□ **abuse** [ə'bjuːz] *v.* ①辱骂，污蔑 [同] insult ②虐待 [同] mistreat [反] honor ③滥用 [同] misuse [ə'bjuːs] *n.* ①辱骂 [同] insult ②虐待 [反] care ③滥用

例 Drug and alcohol abuse contributed to his early death. 药物和酒精的滥用造成了他的早亡。

··········3115

□ **habitable** ['hæbɪtəbl] *a.* 适于居住的，可居住的

构 habit（居住）+ able（可……的）→可居住的

例 A lot of improvements would have to be made before the building was habitable. 这房子需要大修才能住人。

··········3116

□ **bully** ['bʊlɪ] *n.* 恃强凌弱者 [同] rascal *v.* 威吓，欺负 [同] coerce

例 Don't let anyone bully you into doing something you don't want to do. 不要让任何人胁迫你做不愿做的事情。

··········3117

□ **carve** [kɑːv] *v.* ①切，把……切片 [同] cut, cleave ②雕刻，刻成，雕饰 ③闯出，开创出

④修成，开辟

搭 stones carved in the shape of Buddhas 雕刻成佛的形状的石头；carve beef into slices 把牛肉切成片；carve one's own career 开创自己的事业；carve yourself a place 为自己闯出一片天地；a temple carved deep into the heart of the mountain 在大山深处修建的庙宇

例 He has managed to carve out a career for himself as a comic actor. 他成功地为自己开创了一项做喜剧演员的事业。

··········3118

□ **depend** [dɪ'pend] *v.* (on, upon) ①依靠，依赖 [同] rely ②信赖，信任 [同] trust ③决定于，依……而定

搭 depend on 依靠，指望，依……而定；depend on sb. to do 指望某人做；it/that all depends 那得看情况

例 The result of the competition will depend largely on the opinion of the judges. 竞赛的结果将主要取决于裁判的意见。

联 dependence *n.* 依靠，依赖；dependent *a.* 依赖的，取决于……的；dependable *a.* 可信赖的

··········3119

□ **coupon** ['kuːpɒn] *n.* ①礼券，优惠券 ②配给券，票证

例 You can buy a lot of goods from the shop with these coupons. 你可以用这些礼券从这家商店里购买许多物品。

··········3120

□ **rude** [ruːd] *a.* ① 粗鲁的，无礼的，不礼貌的 [同] impolite ②粗俗的，庸俗的，无教养的，不雅的 [同] rough ③突然的，猝不及防的 ④粗劣的，简陋的，低劣的 ⑤强健的，粗壮的

搭 rude jokes 粗俗的玩笑；construct a rude cabin 搭了一个简陋的小屋；in rude health 十分健壮

例 He made rude remarks about me. 他粗鲁地对我评头论足。

答案：
1. recognition 译文：她改了名字，换了容貌，以防被认出。
2. suffering 译文：由于将太多的资金借给了那些无力偿还债务的公司，各大银行正在蒙受损失。

Unit 59

IELTS 雅思词汇大全

学前自测

1. With urbanization the antagonism between rich and poor _____. (frightened, arranged, ascertained, pledged, sharpened)

2. If _____ persist, it is important to go to your doctor. (arteries, symptoms, accessories, scales, costumes)

----------3121

□ **audacious** [ɔː'deɪʃəs] *a.* ①大胆的，敢于冒险的 [同] bold, fearless ②鲁莽的，胆大妄为的 [同] rude ③大胆创新的
构 aud（大胆）+ acious（多……的）→大胆的
搭 an audacious warrior 无畏的战士；an audacious vision of the future 对未来的大胆幻想
例 He described the plan as ambitious and audacious. 他描述道，这项计划雄心勃勃、非常大胆。

----------3122

□ **symptom** ['sɪmptəm] *n.* ① 症状 [同] sign ②征候，征兆 [同] indication
例 High fever is a symptom characteristic of that epidemic. 高烧是那种传染病典型的症状之一。

----------3123

□ **artery** ['ɑːtəri] *n.* ①动脉 ②干线，要道，渠道
搭 economic arteries 经济命脉；the arteries of traffic 交通要道；an artery of trade 贸易要道
例 This line is one of the main arteries of the country's rail network. 这条干线是该国铁路网的主动脉之一。

----------3124

□ **species** ['spiːʃiːz] *n.* （单复同）①种，物种 ②种类，类型 [同] type, breed
例 It is estimated that there are around one million animals and plant species living in the rain forests. 估计约有一百万种动植物生活在雨林中。

----------3125

□ **athlete** ['æθliːt] *n.* 运动员，体育家 [同] sportsman
搭 track and field athletes 田径运动员
例 He became a professional athlete at the age of 16. 他 16 岁就成了职业运动员。
联 athletic *a.* 运动员的；athletics *n.* 体育运动，竞技，田径运动；sportsman *n.* 运动员

----------3126

□ **sharpen** ['ʃɑːpən] *v.* ①削尖，磨尖 ②使敏锐，使敏捷，变得娴熟 ③加重，加剧，使尖锐 ④使变刺鼻，使变刺耳 ⑤（使）变得清晰
搭 sharpen one's appetite 增 进 食 欲；sharpen the debate 使辩论激烈化；sharpen a knife 磨 刀；sharpen the pain 加剧疼痛；sharpen the conflict 加剧冲突；sharpen up 使变敏锐，使变严厉，打扮
例 Recent changes in the law have sharpened competition between the airlines. 近来法律上的一些更改加剧了航空公司之间的竞争。

----------3127

□ **accessory** [ək'sesəri] *n.* ①附件，配件 [同] appendix, attachment ②（*pl.*）（妇女的）装饰品（如手提包等）③同谋，包庇犯 [同] accomplice *a.* ①辅助的，附加的 ②同谋的，帮凶的，包庇犯人的
构 ac（临近）+ cess（走）+ ory（……的东西）→走到旁边的东西 →附件，配件
搭 an accessory to a car 汽车的附件；an accessory to a crime 参与犯罪的从犯；accessory charge 附加费；accessory material 辅助材料
例 He is an accessory to the murderer. 他是杀人犯的帮凶。
联 accessorial *a.* 辅助的，附属的，附加的；principal *n.* 主犯；crime *n.* 罪行；plot *n.* 阴谋 *v.* 密谋，计谋；rob *v.* 抢夺；sentence *n./v.* 判决

----------3128

□ **frighten** ['fraɪtn] *v.* 使害怕，使惊恐，使惊吓
搭 frighten sb. into doing 吓唬某人做；frighten the life/wits out of sb. 把某人吓得要死 / 魂不附体；frighten away the wolves 把狼群吓跑
例 The thunder so frightened the horse that it galloped down the road. 马被雷声所惊吓，沿着道路狂奔而去。
联 frightened *a.* 害怕的，受惊的；frightening *a.* 可怕的；frighteningly *ad.* 可怕地

----------3129

□ **commence** [kə'mens] *v.* 开始，着手 [同]

embark, begin

例 Our general manager commenced as a carpenter in his native town. 我们的总经理是以在家乡做木匠开始他的生涯的。

......3130

□ **escalate** ['eskəleɪt] *v.* （使）逐步升级，（使）逐步扩大，猛涨，飞涨

搭 escalate into violence 逐步升级为暴力；escalate the dispute 加剧争端

例 What started as a small difficulty has escalated into a major crisis. 开始仅仅是小困难，现已扩大成危机。

联 escalator *n.* 自动扶梯；escalation *n.* 扩大，升级

......3131

□ **furious** ['fjʊəriəs] *a.* ① 狂怒的，暴怒的 [同] frantic, wildly mad ②强烈的，激烈的 [同] intense, violent

例 He will be furious with us if we are late again. 如果我们再迟到的话，他会大发雷霆的。

联 fury *n.* 狂怒；anger *n./v.*（使）发怒；rage *n.* 盛怒，暴怒；enrage *v.* 使暴怒

......3132

□ **commerce** ['kɒmɜːs] *n.* 商业，贸易 [同] business, trade

构 com（共同）+ merc（交易）+ e →双方进行交易 →贸易

搭 carry on/open commerce with 与……通商

例 The changes in taxation are of benefit to commerce. 税收上的变化有利于贸易。

联 trade *n.* 贸易；dealing *n.* 交易；merchant *n.* 商人；commercial *a.* 商业的，商业性的；commercialize *v.* 使商业化

......3133

□ **federal** ['fedərəl] *a.* 联邦（制）的，联邦政府的 [同] allied

例 The proposal must be acceptable at both the state and federal levels. 这项提案必须得到州和联邦两级政府的认可。

联 federate *v.* 组成联邦；federalist *n.* 联邦主义者；confederation *n.* 联邦

......3134

□ **optic** ['ɒptɪk] *a.* ①眼的，视力的，视觉的 ②光学的 *n.*（尤指光学仪器中的）镜片

例 There is something wrong with his optic nerves. 他的视神经出了问题。

联 optics *n.* 光学

□ **arrange** [ə'reɪndʒ] *v.* ①安排，准备，筹划 [同] plan, devise ②整理，排列，布置 [同] array, set

构 ar（加强）+ range（排列）→有序的排列 →安排

搭 arrange sb. to do sth. 安排某人做；arrange with sb. for/about sth. 与某人商定某事；arrange the meeting for 2 p.m. 把会议安排在下午两点

例 The manager arranged his secretary to meet us in Pearl Hotel. 经理安排他的秘书在珍珠饭店与我们见面。

......3136

□ **scale** [skeɪl] *n.* ①大小，规模 ②等级，级别 [同] rank, grade ③（*pl.*）天平，磅秤 ④比例（尺）[同] ratio ⑤刻度，标度 [同] degree ⑥（鱼等的）鳞 *v.* ① 攀登，爬越 ②刮去……的鳞，剥去……的外壳 ③用秤称，称重量

搭 on a massive scale 大规模地；on a global scale 在全球范围；the sheer scale of China 中国幅员之辽阔；out of scale with 与……不成比例；scale a wall 攀上一堵墙；scale a fish 刮去鱼鳞

例 For bigger companies, there are advantages of scale. 对于大型公司来说，它们有规模优势。

......3137

□ **prevail** [prɪ'veɪl] *v.* ①流行，盛行 ②（over）获胜，占优势 ③（on, upon）说服，劝说，诱使

搭 prevail over/against 压倒，胜过

例 This custom still prevails in some parts of China. 中国有些地方还盛行这种习俗。

......3138

□ **ascertain** [ˌæsə'teɪn] *v.* 确定，查明，弄清 [同] make certain of, find out

构 as（加强）+ cert（确定）+ ain →确定，查明

例 Management should ascertain whether adequate funding can be provided. 管理人员应该确定能否提供足够的资金。

......3139

□ **thoughtful** ['θɔːtfl] *a.* ①沉思的，思考的 ②注意的，留心的 ③体贴的，关心别人的 ④有创见的，表达思想的

搭 be thoughtful of one's safety 注意安全；be thoughtful of danger 留意危险；a thoughtful writer 有创见的作者

例 It was very thoughtful of you to make all the necessary arrangements for us. 你想得真周到，为我们做了一切必要的安排。

----------3140

□ **immune** [ɪ'mjuːn] **a.** ① (to) 免疫的，有免疫力的，不受影响的 ② (from) 免除……的，豁免的

例 The criminal was told he would be immune from prosecution if he helped the police. 那个罪犯被告知，如果协助警方他就会免于被起诉。

----------3141

□ **effort** ['efət] **n.** ①力量，精力 ②努力，尝试 [同] endeavor, exertion ③困难，吃力 [同] difficulty

搭 make/exert an effort 努力；redouble one's efforts 加倍努力；a waste of effort 浪费精力；the effort of will 勇气，决心

例 I don't feel lonely now because I make the effort to see people. 我现在不觉得孤独了，因为我尝试着与人交往。

----------3142

□ **floral** ['flɔːrəl] **a.** ①花的，像花的，饰以花的 ②植物群的

搭 floral wallpaper 花纹墙纸；a floral display 花展

例 She chose a nice piece of material with a floral pattern for the curtains. 她挑选了一块带有花卉图案的好料子做窗户。

----------3143

□ **costume** ['kɒstjuːm] **n.** ①（一个时期或一个国家中流行的）服装，服饰 ②戏装，（特定场合的）成套服装

例 On the way to the border area, they saw many women of the minorities in vivid national costumes. 在去边境的路上，他们看见许多少数民族妇女穿着鲜艳的民族服装。

----------3144

□ **incompatible** [ˌɪnkəm'pætəbl] **a.** ①合不来的，不能和谐相处的，不协调的 ②（职务）不能同时担任的，不能同时从事的 ③（计）不兼容的 ④（数）不相容的，互斥的

例 It was only when we started living together that we found out how incompatible we were. 当我们开始生活在一起后，我们才发现彼此是多么合不来。

----------3145

□ **pledge** [pledʒ] **n.** ①保证，誓言，承诺 [同] promise, vow, oath ②抵押品 ③标记，象征，迹象 [同] sign **v.** ①发誓，保证，许诺 [同] guarantee ②抵押，典当 [同] pawn, mortgage ③担保

例 They pledged their newly bought house for a loan

to do business with. 他们以刚购置的房屋为抵押，弄到一笔贷款做生意。

----------3146

□ **intense** [ɪn'tens] **a.** ①强烈的，剧烈的 [同] fierce, strong ②紧张的，认真的，专注的 [同] strained, serious ③热情的，热切的

搭 intense cold 严寒；an intense study 认真的研究；intense supporters 热情的支持者

例 What struck her was the intense competition between the two companies. 让她印象深刻的是两家公司之间的激烈竞争。

联 intensive **a.** 加强的，密集的，彻底的；intensity **n.** 强烈，强度

----------3147

□ **crocodile** ['krɒkədaɪl] **n.** 鳄鱼，鳄鱼皮

例 He bought a pair of crocodile shoes. 他买了一双鳄鱼皮鞋。

----------3148

□ **realm** [relm] **n.** ①领域，范围 [同] range ②王国，国度 [同] kingdom

例 Several other similar reports have entered the public realm, unchecked. 其他几份类似的报道未经检查就进入了公众领域。

----------3149

□ **column** ['kɒləm] **n.** ①柱，圆柱 [同] post, pillar ②纵队，直行 ③栏，专栏（文章）

搭 a column of cars 一队汽车；a column of smoke 一柱烟；a column of soldiers 一纵队士兵；write words in columns 将字写成纵行

例 The roof of the temple was held up by a row of thick stone columns. 这座庙宇的屋顶是由一排巨大的石柱支撑着的。

----------3150

□ **attractive** [ə'træktɪv] **a.** ①吸引人的，引起注意的 [同] enchanting, appealing [反] repellent ②漂亮的，迷人的 [同] charming

例 The house was set in attractive countryside near Oxford. 这幢房子坐落在牛津附近景色怡人的乡间。

联 attractiveness **n.** 魅力，吸引力；unattractive **a.** 不吸引人注意的

----------3151

□ **legitimize** [lɪ'dʒɪtəmaɪz] **v.** ①使合法，宣布为合法 ②证明……为有理 / 正当

搭 legitimize the business relationship 使商业关系合法化

----------3152

□ **alienate** ['eɪliəneɪt] *v.* ①(from) 使疏远 ②使不友好，离间 ③(from) 转让，让渡（财产等）

搭 alienate from 同……疏远

例 The government has alienated a lot of people with this new policy. 这条新政策使许多人疏远了政府。

----------3153

□ **dioxide** [daɪ'ɒksaɪd] *n.* 二氧化物

构 di（二）+ oxide（氧化物）→二氧化物

例 Carbon dioxide is also generated as a by-product of combustion. 二氧化碳也是燃烧过程中产生的一个副产品。

----------3154

□ **sprawl** [sprɔːl] *v.* ①伸开四肢躺/坐 ②笨拙地爬行 *n.* 无规划的扩展，蔓延，散乱布局

搭 sprawl out with two legs splayed 双腿叉开平躺着；sprawl on the grass 伸开四肢躺在草地上

例 New houses sprawled over the countryside outside the city. 在城外的乡村地区散乱地分布着一幢幢新建的房屋。

联 sprawler *n.* 匍匐爬行者；sprawly *a.* 散乱布局的

----------3155

□ **browse** [braʊz] *v.* ①随意翻阅，浏览 [同] scan ②（牛、羊等）吃草 *n.* ①嫩草 ②放牧 ③浏览

搭 browse among/through books 浏览/随便翻阅书籍

例 While he was out I had a good browse through the books on his shelf. 他出去时，我把他书架上的书好好浏览了一遍。

----------3156

□ **session** ['seʃn] *n.* ①会议，开会期，一届会期 ②（从事某项活动的）集会，一段时间 ③庭审开庭期 ④（美）学期，（英）学年 ⑤上课时间

构 sess（坐）+ ion →坐着 →上课时间

搭 in session（议会等）开会（之中）；out of session 休会；a session of the United Nations Security Council 联合国安理会会议；a five-day session 为期 5 天的会议；open a court session 开庭；a one-week training session 为期一周的训练

例 My reading session of newspapers was interrupted three times by phone-calls and twice by knocks on the door. 我专门读报那段时间，被电话打断三次，被敲门打断两次。

联 sessional *a.* 开会期间的，一段时间的

----------3157

□ **keen** [kiːn] *a.* ①(on) 热心的，渴望的 [同] eager, enthusiastic ②激烈的，强烈的 [同] intense ③理解力强的，敏锐的，敏捷的 [同] sensitive ④锋利的，寒冷刺骨的

搭 be keen on (doing) sth. 对某事感兴趣，渴望（做）某事；keep a keen eye on 用敏锐的眼光观察；be keen about 对……着迷；a keen north wind 寒冷刺骨的北风

例 The competition for the position is very keen. 这个职位的竞争非常激烈。

----------3158

□ **track** [træk] *n.* ①铁轨，轨道 ②小径 [同] path ③足迹，踪迹 [同] footprint *v.* 跟踪，追踪 [同] trail

搭 track down 跟踪，寻根究底；lose track (of) 不了解……的情况；keep track (of) 了解……的情况；off the beaten track 人迹罕至的；walk along a muddy track at the side of the field 沿着田边一条泥泞的小道走；walk across the tracks 跨越铁轨；track and field 田径运动

例 There were tracks in the snow where our dog had walked across. 雪地里留着我们的狗走过的足迹。

----------3159

□ **elite** [eɪ'liːt] *n.* ①（总称）上层人士，掌权人物，实力集团 ②（总称）精英，名流

搭 a private school for the elite 培育精英的私立学校；an elite university 名牌大学

例 Only the educational elite go/goes to Oxford or Cambridge University. 只有学业上的精英才能上牛津或剑桥大学。

----------3160

□ **glorious** ['glɔːriəs] *a.* ①光荣的 ②壮丽的，辉煌的 [同] magnificent, splendid ③令人愉快的，极好的

搭 a glorious day 美好的一天；a glorious sunset 壮观的落日；glorious colors 绚丽的颜色

例 Luckily, they had glorious weather for their wedding. 幸运的是，他们婚礼那天天气极好。

----------3161

□ **alternate** ['ɔːltəneɪt] *v.*（使）交替，（使）轮流 [同] alter, change ['ɔːltзːnət] *a.* ①交替的，轮流的，间隔的 [同] alternative ②可代替的，可选择的 ③非传统的，另类的 *n.* ①轮流者，交替的东西 ②代替者，候补者

295

搭 take alternate hot and cold baths 交替地洗热水澡和冷水澡; go skiing in alternate years 隔年去滑一次雪; go for a run on alternate days 隔天出去跑步; alternate plans 备选方案; alternate between periods of calm and periods of maximum stress 时而沉着镇静，时而无比紧张

例 The two professors will alternate in giving the class lectures. 这两位教授将轮流上课。

---3162

□ **dismiss** [dɪs'mɪs] *v.* ①不再考虑，不接受 ②免职，解雇，开除 [同] fire ③解散，遣散 [同] release ④驳回，不受理

例 Father dismissed the idea with a wave of his hand. 父亲把手一摆，表示不考虑这个想法。

---3163

□ **rear** [rɪə(r)] *n.* ①后部，尾部，背面 [同] tail ②后方 *a.* ①后部的，背后的 [同] back, hind ②后方的 *v.* ①抚养，饲养，种植 [同] raise, nurture ②抬起，举起 [同] lift

搭 at/in the rear 在后部; to the rear of sth. 在……的背后; bring up the rear 处在最后的位置

例 The poor old couple decided to rear the orphaned baby. 贫穷的老两口决定抚养这个已成为孤儿的婴儿。

---3164

□ **tempt** [tempt] *v.* ①吸引，引起……的兴趣 ②引诱，诱惑 [同] attract

搭 tempt sb. to do/into doing 劝说，引诱某人做

例 Nothing could tempt me to take such a step. 什么也不能诱使我采取这一步。

联 temptation *n.* 引诱，诱惑

---3165

□ **metro** ['metrəʊ] *n.* 地铁，地铁系统

搭 go to work by metro 乘地铁上班

例 I usually take the metro to the bookstore at the weekend. 我通常在周末乘地铁去书店。

---3166

□ **compass** ['kʌmpəs] *n.* ①指南针 ②(*pl.*) 圆规 ③范围 [同] scope, range

例 The discussion was beyond the compass of my brain. 这次讨论我理解不了。

---3167

□ **shatter** ['ʃætə(r)] *v.* ①打碎，砸碎，使破碎 [同] smash, destroy ②使破灭，使震惊 [同] ruin, shock

搭 shatter one's confidence 使信心受挫; shatter on the floor 掉在地板上摔碎

例 All her dreams have been shattered. 她所有的梦想都破灭了。

联 shutter *n.* 百叶窗，快门

---3168

□ **condition** [kən'dɪʃn] *n.* ①状况，状态 [同] state, case ②处境，境况，环境，情况 [同] circumstances ③条件 [同] requirement, terms ④疾病，病痛

搭 in good condition 处于良好状态; in poor condition 处于糟糕状态; in a critic/serious condition 处于病危状态; a heart condition 心脏病; under...conditions 在……情况下

例 The condition of the people could be elevated by a program of social reform. 人民的生活状况可以通过社会改革方案来改善。

---3169

□ **insight** ['ɪnsaɪt] *n.* 洞察力，洞悉，深刻见解

搭 a man of insight 有洞察力的人

例 Visiting the mountain villages gave me an insight into the lives of people who live there. 游览这些山村使我对当地居民的生活有了深刻的了解。

---3170

□ **chancellor** ['tʃɑːnsələ(r)] *n.* ①大臣，司法官 ②大学校长，学院院长

例 A famous economist has been appointed chancellor of the university. 一位著名经济学家被任命为这所大学的校长。

答案:

1. sharpened 译文：随着城市化的推进，贫富间的对立情绪也加剧了。

2. symptoms 译文：如果症状持续存在，一定要去看医生。

Unit 60

学前自测

1. New research shows that an excess of meat and salt can _____ muscles. (apply, precede, perpetrate, employ, contract)

2. The report says there is increasing _____ on the government from the group. (transportation, location, fossil, pressure, impulse)

----------3171

□ **union** ['juːniən] **n.** ① 社团，协会，联合会，工会 ② 联邦，联盟 [同] association, alliance ③结合，合并，联合 [同] joint ④结婚，婚姻 **a.** 协会的，联合会的，工会的

搭 union president 工会主席；in union 协调，一致；out of union 不协调，不一致

例 They're working for the union of the two companies. 他们正在为这两家公司的合并而努力。

----------3172

□ **specific** [spə'sɪfɪk] **a.** ①特定的，特有的 [同] special ② 明确的，具体的 [同] definite **n.** (pl.) 详情，细节

搭 specific to... 对……是特有的；at specific times 在特定时间；on a specific occasion 在特定场合

例 Feathers are a feature specific to birds. 羽毛是鸟类特有的特征。

----------3173

□ **dot** [dɒt] **n.** 点，小圆点，小数点 **v.** ①打点于 ②散布于，点缀

搭 a hillside dotted with wild flowers 开满野花的山坡；a lake dotted with boats 湖里的小船星罗棋布

例 The stars just look like thousands of tiny dots of light. 星星看上去就像成千上万的点点灯光。

----------3174

□ **pressure** ['preʃə(r)] **n.** ①按，压，挤 ②压力，压强 ③强制，压迫，紧迫，催促 **v.** 施压，强迫，迫使

搭 high/low pressure 高压 / 低压；stand the pressure 承受压力；under pressure 在压力下；pressure sb. for an answer 硬要某人做出回答；by pressure of sth. 通过……压力的作用

例 He's putting pressure on me to make a decision. 他在对我施加压力，逼我做出决定。

----------3175

□ **employ** [ɪm'plɔɪ] **v.** ①雇佣（人）[同] hire, engage ②用，使用（物）[同] use

例 More people are now employed in service industries than in manufacturing. 现在受雇于服务业的人比受雇于制造业的人多。

辨 employ:（正式、长时间）雇用。engage:（签约）聘用（从事服务工作）。hire:（临时、一次性）雇用，租用。

----------3176

□ **contract** ['kɒntrækt] **n.** 合同，契约 [同] agreement [kən'trækt] **v.** ①订合同，订契约 ②缩小，收缩 [同] compress [反] expand ③感染（疾病），染上（恶习）

搭 contract with 与……签合同；enter into/make a contract 达成一项合同；work under contract to them 按合同为他们工作；sign a contract 签合同

例 He's contracted a bad habit of smoking. 他染上了吸烟的坏习惯。

联 contraction **n.** 压缩，收缩

----------3177

□ **apply** [ə'plaɪ] **v.** ①(for)申请，请求 [同]implore ②应用，运用，实施 [同] employ, utilize ③涂，敷，施 ④专心于，致力于

搭 the capability to develop and apply computer technology 开发和应用计算机技术的能力；apply the brakes 踩刹车；apply oneself to the task with enthusiasm 满怀热情地投入到这项工作中

例 They decided to apply to the council for financial help with the renovations. 他们决定就维修一事向理事会申请资金帮助。

----------3178

□ **transportation** [ˌtrænspɔː'teɪʃn] **n.** ① 运输 ②运输工具

搭 public transportation 公共交通

例 The transportation of live animals is forbidden in

the country. 该国禁止运输活体动物。

················3179

□ **precede** [prɪ'siːd] *v.* ①（时间、顺序、位置）先于，在……（之）前 ②（级别、地位、重要程度）高于，比……重要

例 The solution of this problem precedes all other things. 这个问题的解决比其他事情都重要。

················3180

□ **fascinating** ['fæsɪneɪtɪŋ] *a.* ①迷人的，引人入胜的，令人着迷的 [同] charming

搭 a fascinating novel 引人入胜的小说；most fascinating scenery 非常迷人的风景

例 The book offers a fascinating glimpse of the lives of the rich and famous. 这本书使我们有机会一窥富人和名人生活中充满魅力的一面。

················3181

□ **perpetrate** ['pɜːpətreɪt] *v.* ①犯（罪行、错误等），施行（欺骗、谋杀等）②恶劣/愚蠢地做

搭 perpetrate atrocities 犯下暴行；perpetrate the robbery of a store 对商店进行抢劫；perpetrate a practical joke 搞恶作剧

例 Three businessmen were charged with perpetrating a massive insurance fraud. 三名商人被指控犯有大额保险金欺诈罪。

················3182

□ **location** [ləʊ'keɪʃn] *n.* ①地点，位置，场所 [同] place, site ②定位，测定，勘定 ③（电影的）外景拍摄地

搭 a hotel set in a beautiful location 周围环境优美的酒店；filmed on location in Ireland 在爱尔兰外景地拍摄的；shoot on location 拍摄外景

例 The museum is in a location overlooking the sea. 这家博物馆位于可以俯瞰大海的地方。

················3183

□ **naive** [naː'iːv] *a.* ①幼稚的，轻信的 [同] innocent [反] sophisticated ②天真的

例 She is a naive little girl, and she can't cheat you. 她是个天真的小女孩，不会骗你的。

················3184

□ **grid** [grɪd] *n.* ①铁栅，格栅，格子 ②高压输电网，电力网 ③（地图上的）坐标方格

搭 be divided into a grid of small squares 被分为小格子；the national grid 全国电网；a grid over a drain 下水道上的铁栅

例 A metal grid has been placed across the hole to stop people falling in. 一个金属格栅被置于洞上防

止人掉入。

················3185

□ **predict** [prɪ'dɪkt] *v.* 预言，预测，预告 [同] foretell, forecast

构 pre（在……前面）+ dict（说）→预言

例 Earthquakes can be predicted sometimes but so far we can't stop them. 有时候地震可以预测到，可是到目前为止还没有办法阻止地震发生。

联 prediction *n.* 预言；predictable *a.* 可预言的；predictability *n.* 可预言性

辨 predict: 预告，预测。forecast: 电视或广播预报天气。foretell: 未卜先知某事的发生。foresee: 先见之明，预见。prophesy: 权威性预言，圣人的预言。forewarn: 预先发警报。

················3186

□ **fossil** ['fɒsl] *n.* ①化石 ②老顽固 *a.* ①化石的 ②陈旧的，陈腐的，顽固的

搭 fossil insects 化石昆虫；the fossil imprint of a raindrop 雨点的化石痕迹；a fossil approach to teaching 陈旧僵化的教学方法；a fossil seashell 成化石的贝壳

例 The fossil birds may be a million years old. 这些化石鸟距今可能有 100 万年了。

联 fossilize *v.*（使）变成化石

················3187

□ **genuine** ['dʒenjuɪn] *a.* ①真的，非伪造的，非人造的 [同] actual, true [反] artificial ②真诚的，诚实的 [同] honest, sincere ③真的，真实的

构 genu（出生，产生）+ ine →产生的来源清楚→真的

搭 have a genuine affection for him 真心喜欢他；a nice, genuine man 友善真诚的人；take a genuine interest in poetry 对诗歌真的感兴趣

例 She has no doubts as to whether Tom was genuine. 她丝毫不怀疑汤姆的诚意。

················3188

□ **panic** ['pænɪk] *n.* 惊慌，惊恐，慌乱 [同] fright, dread, terror *v.*（使）恐慌，（使）惊慌失措

搭 a feeling of panic 恐慌情绪；cause panic 引起恐慌；in a panic 在惊慌中；get into a panic 陷入恐慌；panic alarm 紧急警报器

例 She went into a panic that she would forget her lines on the stage. 她慌张起来，怕自己在台上会忘词。

················3189

□ **sack** [sæk] *n.* ①麻袋，厚纸袋，大口袋 [同]

bag ②劫掠，洗劫 v. ①解雇，开除 ②劫掠，洗劫
搭 a sack of potatoes 一麻袋土豆；get the sack/be given the sack 被解雇，被开除；hit the sack 上床睡觉
例 The Prime Minister sacked a government official for corruption. 首相解雇了一名贪污腐败的政府官员的职务。

――――――――――――――――3190

□ **item** ['aɪtəm] n. ①条款，项目 ②一件，一项，一样 ③一条新闻，一则消息，（戏剧的）节目
搭 items of clothing 一件件衣服；household items 家居用品；an item of news 一条新闻；a long menu of about 40 items 大约有 40 个品种的长菜单
例 The most valuable item on show will be a Picasso drawing. 最贵重的展品将是毕加索的一幅素描作品。

――――――――――――――――3191

□ **groan** [grəʊn] v. ①呻吟，发哼声 ②发嘎吱声 ③被压弯，受重压 ④抱怨 ⑤呻吟着说，哼着说 n. ①呻吟，哼声 ②嘎吱声 ③抱怨
搭 a groan of disappointment 失望的哼哼声；let out a pitiful groan 发出令人悲悯的呻吟；groan in pain 痛苦地呻吟；the groan of the door 门的嘎吱声；groan about the high prices 抱怨物价太高
例 Consumers were groaning under the weight of high interest rates. 消费者被高利率压得透不过气来。

――――――――――――――――3192

□ **impulse** ['ɪmpʌls] n. ①冲动，突然的欲望，一时的念头 ②推动（力），驱动（力）③倾向，潮流，趋势 ④强烈的欲望，迫切的要求 ⑤脉冲，冲量 v. 推动
搭 act on impulse 凭冲动做事，意气用事；have an impulse to walk out 突然心血来潮想走出去；fight off the impulse to telephone her 竭力打消给她打电话的念头；the impulses in the 1920s 20 世纪 20 年代的潮流
例 My impulse is to sell up and go away. 我一时冲动，想变卖财产，然后走人。

――――――――――――――――3193

□ **attain** [ə'teɪn] v. ① 获得，取得，完成 [同] achieve, acquire ②达到，到达，成为
搭 attain success through diligence and toil 通过勤奋获得成功；attain a state of calmness and confidence 达到一种镇定自若、信心十足的状态；attain the age of 18 满 18 岁；attain the old age 步入老年

例 Man has no power within himself to attain to Buddhahood. 人自身没有能力达到佛的境界。

――――――――――――――――3194

□ **congratulate** [kən'grætʃuleɪt] v. ①祝贺，道喜 ②称赞，赞赏 [同] compliment
搭 congratulate sb. on/upon 祝贺某人；congratulate sb. on his foresight 赞扬某人有先见之明；congratulate sb. on passing the test 祝贺某人通过了考试；congratulate oneself 为自己庆幸
例 She congratulated them on the birth of their son. 她祝贺他们喜得贵子。

――――――――――――――――3195

□ **frank** [fræŋk] a. ①诚实的，坦率的，直率的 [同] outspoken, straightforward ②直截了当的，开诚布公的
搭 be frank with sb. about sth. 对某人坦白某事；to be frank 坦率地说，老实说
例 To be perfectly frank, I don't think she is fit for the job. 绝对坦诚地说，我认为她并不适合那份工作。
联 frankly ad. 直率地；frankness n. 直率

――――――――――――――――3196

□ **criminal** ['krɪmɪnl] n. 罪犯，犯人 a. ①犯罪的，有罪的 ②刑事的 ③应受责备的，愚蠢的
搭 a hardened criminal 冷酷无情的罪犯；criminal charges 刑事指控
例 When criminals are sentenced to prison, they should serve their sentences in full. 如果罪犯被判入狱，则应服满刑期。
联 criminal/civil law 刑 / 民法

――――――――――――――――3197

□ **punch** [pʌntʃ] v. ① 猛击 [同] hit, hammer ②按，敲击 ③打孔，穿孔 ④刺，戳 n. ①一拳，一击，猛击 ②冲压机，穿孔机，起钉器，起钉机 ③力量，感染力，说服力，效力
搭 punch sb. in the face/eye 一拳打在某人的脸上 / 眼部；punch a hole in the carton 在纸盒上戳个洞；punch tickets 检票；make two holes with a pole punch 用打孔器打两个洞；pack a punch 产生巨大影响，十分有效；punch in 键入，输入；punch your credit card number into the keypad 在键盘上键入你的信用卡号
例 After punching him on the chin, she hit him over the head. 一拳击中他的下巴后，她对着他的头又是一拳。

□ **undermine** [ˌʌndə'maɪn] **v.** ①暗中破坏，逐渐削弱 ②侵蚀……的基础 ③挖掘

例 In time the workers came to realize that strikes and undermining factory equipment did not do themselves good. 工人们终于明白了，罢工和破坏工厂设备并没有给自己带来好处。

····3198

□ **install** [ɪn'stɔːl] **v.** ①任命，任用，使就职 ②安顿，安置 ③安装，设置

搭 install a new assistant 任命一名新助手；install the software 安装软件

例 Martin installed his family in a modern villa. 马丁把家眷安顿在一幢现代化的别墅里。

····3199

□ **casualty** ['kæʒuəlti] **n.** ①伤亡（人员），受害者，牺牲品 ②不幸事故，意外事故 ③急诊室 [同] emergency room

搭 incur/suffer/take heavy/serious casualties 伤亡惨重；a traffic casualty 交通事故伤亡者；a casualty list 伤亡人员名单

例 The war produced many casualties in both sides. 战争给双方都造成了大量伤亡。

····3200

□ **wrestle** ['resl] **n.** ①摔跤，角力 ②搏斗，奋斗，苦干 **v.** ①与……摔跤，与……角力 ②(with, against) 斗争，竞争，奋斗，尽力对付

搭 wrestle sb. to the ground 把某人摔倒在地；wrestle with difficult economic problems 努力解决严重的经济问题；wrestle against poverty 与贫困做斗争；wrestle with an adversary 和对手角力；wrestle with a criminal 与犯罪分子搏斗

例 She seemed to be wrestling with some deep inner confusion. 她似乎正在同内心深处的某些困惑进行着斗争。

联 wrestler **n.** 角力者，摔跤运动员；wrestling **n.** 摔跤，角力

····3201

□ **generic** [dʒə'nerɪk] **a.** ①种类的，属的 ②普通的，通用的 ③非商标的，非专利的 **n.** ①通用术语，通称 ②非专利药

构 gen（种类）+ er + ic（……的）→种类的

搭 a generic term 通称；generic software 通用计算机软件；purchase low-cost generics 购买低价的非专利药

例 Asprin is a generic name. 阿司匹林系非商标名。

联 genetic **a.** 基因的，遗传的

····3202

····3203

□ **nursery** ['nɜːsəri] **n.** ①托儿所，保育室，保育院 ②婴儿室，儿童房 ③苗圃，育苗场 ④温床，滋生地

搭 go to nursery three days a week 每周上三天幼儿园

例 The garden, developing over the past forty years, includes a nursery. 这个有 40 年历史的花园有一个苗圃。

····3204

□ **frequent** ['friːkwənt] **a.** ①时常发生的，频繁的 ②经常的，惯常的 [同] usual, constant [fri'kwent] **v.** 常去，常到，时常出入于

搭 frequent showers 频繁的阵雨；a frequent visitor to the house 这家的常客；frequent Kenny's 时常光顾肯尼饭店

例 She gives frequent performances of her work. 她经常演出自己的作品。

联 frequently **ad.** 频繁地

····3205

□ **starve** [stɑːv] **v.** (使)挨饿，(使)饿死 [同] go hungry

搭 starve to death 饿死；be starved into surrender 受不了饥饿而缴械投降

例 When the rescuers arrived, the survivors were starving. 救援人员到达时，幸存者们已经饿得不行了。

····3206

□ **emphasize/se** ['emfəsaɪz] **v.** ①强调，重视 [同] underline, stress ②使突出 ③重读，加强……的语气

构 em（加强）+ phas（说）+ ise →强调

例 The new mayor of the city emphasized the importance of a clean environment. 这座城市的新市长强调了清洁环境的重要性。

····3207

□ **blend** [blend] **v.** ①(使)混合，(使)交融，调和 [同] mix [反] separate ②结合，融合 **n.** ①混合物 [同] mixture ②混合，交融

搭 blend all the ingredients together 把全部原料混合在一起；blend the butter with the sugar 把糖和黄油调匀；blend into the sky 与天空融为一体

例 These houses seem to blend well with their surroundings. 这些房子和周围环境似乎融为了一体。

横、武断地统治、控制。

———————————3208

□ **evaporate** [ɪ'væpəreɪt] *v.* ①（使）蒸发,（使）挥发 ②消失，不复存在

构 e（出）+ vapor（蒸汽）+ ate（使）→使蒸汽出去→蒸发

例 In the process of evaporating, liquid changes into gas. 在挥发的过程中，液体变成气体。

联 evaporation *n.* 蒸发; vapor *n.* 蒸汽

———————————3209

□ **spill** [spɪl] *v.*（使）溢出,（使）洒落, 泼出 [同] overflow *n.* 溢出，泄漏

例 I knocked a jug of cream over, but luckily it didn't spill. 我打翻了一罐奶油，幸运的是它没有泼出来。

———————————3210

□ **deputy** ['depjuti] *n.* ①副职，副手 [同] vice ②代表，代理人 [同] agent, representative *a.* 代理的，副的

搭 deputy director 副院长，副主任; deputy minister 副部长

例 Both men will act as deputy for Mr. Parsons. 两人都将担任帕森斯先生的代理人。

———————————3211

□ **squeeze** [skwiːz] *v.* ①挤，挤出，挤过 ②压榨，榨取 ③捏，握 [同] compress *n.* ①挤 ②握（手）③拮据，紧缺，经济困难

例 She gave the orange another squeeze and got more juice. 她再次挤压橘子，多弄出了一些橘子汁。

———————————3212

□ **govern** ['gʌvn] *v.* ①统治，治理，管理 [同] run, control ②支配，影响 [同] influence

例 They are fighting for the right to govern their own lives. 他们为拥有支配自己生活的权利而斗争。

联 government *n.* 政府; governing *a.* 统治的，管理的

辨 govern: 系统地、有组织地管理。rule: 强调专横、武断地统治、控制。

———————————3213

□ **unbiased** [ʌn'baɪəst] *a.* 无偏见的，公正的，不偏袒的

搭 an unbiased opinion 不偏不倚的意见; an unbiased witness 公正的证人

例 There is no clear and unbiased information available for consumers. 消费者没有清晰、公正的信息作为参考。

———————————3214

□ **antiquity** [æn'tɪkwəti] *n.* ①古代，古老 ②古人 ③古迹，古物

搭 in remote antiquity 在遥远的古代; a city of great antiquity 一座非常古老的城市; records left by antiquity 古人留下的文献

例 Under Chinese law, all antiquities discovered in China belong to the government. 按照中国法律，在中国发现的一切文物均归政府所有。

联 antique *a.* 古时的，古老的，陈旧的

———————————3215

□ **reconstruct** [ˌriːkən'strʌkt] *v.* ①重建，修复，再振兴 ②改造，改组 ③重现，使再现

搭 reconstruct the destroyed airport 重建被毁坏的机场; reconstruct the house 改建房屋; reconstruct an ancient vase 修复一个古花瓶; reconstruct the scene of a crime 重现作案场景

例 The government must reconstruct the shattered economy. 政府必须重振支离破碎的经济。

———————————3216

□ **shorthand** ['ʃɔːthænd] *n.* ①速记（法）②简略的表达方法

搭 a shorthand pad 速记本; do shorthand 做速记; shorthand typist 速记打字员

例 Their conversations were taken down in shorthand by a secretary. 他们的谈话由秘书速记下来。

联 shorthanded *a.* 人手不足的; short-term *a.* 短期的

答案：

1. contract 译文：新的研究发现，过量食用肉类和盐会引起肌肉萎缩。

2. pressure 译文：这篇报告称，政府面临的来自这一组织的压力越来越大。

Unit 61

学前自测

1. Genes determine the _____ of every living thing. (characteristics, bypasses, awards, directories, gorges)
2. The smell of roast beef _____ the air. (daunted, depleted, perplexed, appreciated, permeated)

--3217

□ **moderate** ['mɒdərət] **a.** ①中等的，一般的 [同] average ②温和的，稳健的 ③有节制的，适度的 [同] restrained, reserved **n.** 持温和观点者 ['mɒdəreɪt] **v.** （使）和缓，（使）减轻，（使）减弱
构 mod（适合）+ er + ate（……的）→适度的
搭 moderate weather 温和的天气；be moderate in views 持温和观点；(of) moderate distance 中等距离；(of) moderate size 中等尺寸，不大不小
例 Scientists now encourage moderate drinking, saying that it would do good to people's blood vessel and heart. 科学家们现在鼓励适度饮酒，称这对血管和心脏有好处。
联 moderation **n.** 适度，合理；moderately **ad.** 适度地，一般地

--3218

□ **headmaster** [ˌhed'mɑːstə(r)] **n.**（中小学）男校长
例 The headmaster had enough of them heaping all the blame on him. 校长受够了他们把所有的责任都归在他身上。
联 headmistress **n.**（中小学）女校长

--3219

□ **advice** [əd'vaɪs] **n.** ①建议，意见，忠告，劝告 [同] counsel, proposal ②通知
搭 give one's advice 给予建议；take one's advice 接受建议
例 I changed my diet on the advice of my doctor. 我听从医生的劝告改变了饮食。
辨 advice: 根据自己的经验、学识提出供人参考的意见。opinion: 个人的观点或想法。proposal: 正式提出的建议。suggestion: 为改进工作等而提出的建议。

--3220

□ **permeate** ['pɜːmieɪt] **v.** ①弥漫，遍布 ②渗入，渗透 [同] infiltrate, soak
构 per（贯穿）+ mea（通过）+ te →渗入

例 The room seems permeated with an artificial perfume rather than the smell of fresh flowers. 屋里散发的好像是人造香水气味，而不是鲜花的芳香。

--3221

□ **daunt** [dɔːnt] **v.** 使胆怯，使畏缩
例 He didn't seem daunted by the difficulties facing him. 他面对困难似乎并不畏缩。
联 dauntless **a.** 无畏的

--3222

□ **gorge** [gɔːdʒ] **n.** ①山峡，峡谷 ②狼吞虎咽，暴饮暴食 ③（要塞等的）狭长出入口 ④障碍物，路障，冰障 ⑤恶心，厌恶 **v.** ①狼吞虎咽，拼命地吃 ②吃饱
搭 rocky gorges and hills 岩石密布的峡谷和山丘；an ice gorge in a river 河道上的冰障；gorge to the bursting point 吃得肚皮撑破；gorge on food 吃得饱饱的；gorge oneself with cakes 用蛋糕把肚子填饱；gorge the bait 吞吃鱼饵
例 The only way to cross the gorge was over a wooden bridge. 过峡谷的唯一一条路是一座木桥。

--3223

□ **bypass** ['baɪpɑːs] **v.** ①越过，避开，置……于不顾 [同] avoid, ignore ②绕过，绕……走 **n.** ①（绕过市镇的）旁道，迂回道 ②分流术，旁通管
构 by（在旁边）+ pass（经过）→从旁边经过 →避开，绕过
搭 bypass the boss 绕过老板，不经老板同意；heart bypass surgery 心脏搭桥手术；bypass the law 规避法律；take a bypass 走旁道
例 If we bypass the town center we'll miss the rush hour traffic. 如果我们绕开市中心，就可以避免交通高峰时间的拥堵。

--3224

□ **characteristic** [ˌkærəktə'rɪstɪk] **a.**(of) 特有的，独特的，典型的 [同] typical, distinctive **n.** 特性，特征，特色 [同] feature, character
例 It is characteristic of wisdom not to do desperate things. 智者的特点是不做孤注一掷的事。

□ **directory** [dəˈrektəri] **n.** ①（规划、指令等）指南 ②通讯录，电话簿 ③目录 ④（美）董事会

搭 a directory of hotel 酒店名录；a business directory 工商行名录

例 You can look up her number in the telephone directory. 你可以从电话号码簿里查询她的号码。

............3226

□ **persist** [pəˈsɪst] **v.** ①(in) 坚持不懈，执意 [同] insist, stick to ②持续，继续存在 [同] go on, continue [反] desist

例 He persisted in doing early morning jogging rain or shine. 无论晴天雨天，他都坚持清晨小跑。

联 persistence **n.** 坚持，持续；persistent **a.** 坚持不懈的，持续的；subsist **v.** 生存；consist **v.** 由……组成

............3227

□ **deplete** [dɪˈpliːt] **v.** ①用光，耗尽 ②清空，倒空，排空

构 de（相反，除去）+ ple（满）+ te →与满相反 →清空

例 If we continue to deplete the Earth's natural resources, we will cause serious damage to the environment. 要是我们继续耗损地球的自然资源，环境会受到严重破坏。

............3228

□ **undergraduate** [ˌʌndəˈɡrædʒuət] **n.** 在校本科生，大学生 **a.** 在校本科生的，大学的

搭 an undergraduate course 大学本科生课程；undergraduate education/studies 大学本科教育 / 学业

例 Economics undergraduates are probably the brightest in the university. 经济学专业的本科生可能是大学里最聪明的学生。

联 graduate **n.** 大学毕业生；postgraduate **n.** 硕士生；graduate student 硕士生；doctoral student 博士生；postdoctoral student 博士后；an undergraduate student 大学生

............3229

□ **bore** [bɔː(r)] **v.** ①使厌烦，打扰 [同] bother, weary ②钻，凿，挖 [同] drill, punch **n.** ①令人厌烦的人 / 事，无趣的人，无聊的事 [同] nuisance ②探孔，钻孔，自流井，水井

搭 bore sb. to tears/death 使某人厌烦透顶；bore a correct-size hole 钻一个大小合适的孔

例 The presentation ceremony was rather a bore. 这个颁奖典礼相当无聊。

联 boredom **n.** 无聊；boresome **a.** 无聊的

辨 bore → bored, bored（使厌倦，钻孔）；bore → bear 的过去式（忍受，生育）

............3230

□ **cucumber** [ˈkjuːkʌmbə(r)] **n.** 黄瓜

例 I have a cucumber for breakfast every day. 我每天早晨吃一根黄瓜。

............3231

□ **perplex** [pəˈpleks] **v.** ①使困惑，使茫然，使费解 [同] baffle, bewilder ②使杂乱，使复杂化，使棘手

构 per（完全）+ plex（折叠）→完全折叠 →使杂乱

搭 be perplexed by a question 被难题所困；perplex the matter 使问题复杂化

例 He was perplexed by her contradictory behavior. 他被她自相矛盾的行为弄糊涂了。

联 perplexing **a.** 复杂的，令人困惑的；perplexity **n.** 困惑，混乱

............3232

□ **humidity** [hjuːˈmɪdəti] **n.** ①湿度 ②潮湿，湿气，水分含量 [同] moisture

例 I don't mind hot weather, but I hate this high humidity. 我不在乎炎热的天气，但是我讨厌这么高的湿度。

............3233

□ **layer** [ˈleɪə(r)] **n.** ①层 [同] film, coat ②层次，层级，分层 ③压条，压枝 **v.** ①分层放置 ②剪出层次

搭 a fresh layer of snow 一层新下的雪；deeper layers of meaning 更深层次的意义；layer the eggs in the box 把鸡蛋分层放入盒子中

例 It's freezing cold and the river has a thin layer of ice now. 天很冷，现在河里结了一层薄冰。

............3234

□ **appreciate** [əˈpriːʃieɪt] **v.** ①重视，赏识，欣赏 [同] cherish, value [反] depreciate ②认识到，领会，了解 [同] understand ③感谢，感激 [同] be grateful for ④增值，升值

搭 appreciate beautiful things 欣赏美好的事物；appreciate the beauty and subtlety of the language 体会这门语言的优美和精妙之处

例 I would appreciate it if you would provide further information. 如果你能提供更详细的资料，我将非常感谢。

······3235

□ **multiply** ['mʌltɪplaɪ] **v.** ①（使）增加，（使）繁殖 [同] increase, breed ②(by) 乘，相乘

构 multi（多的）+ ply（折叠）→多次折叠 →乘，增加

例 In warm weather these germs multiply rapidly. 在天气温暖时，这些细菌繁殖得很快。

联 add **v.** 加；minus **prep.** 减；divide **v.** 除（division）

······3236

□ **spite** [spaɪt] **n.** 恶意，怨恨 [同] grudge, ill will

例 The employee had spite against his boss. 这名雇员对老板怀恨在心。

······3237

□ **monopoly** [mə'nɒpəli] **n.** ①垄断，专卖②垄断物，垄断商品，专卖商品

构 mono（单个）+ poly（出售）→独享出售权 →垄断

例 As a measure to restrict smoking, plans were made for monopolies on tobacco. 为限制吸烟，制订了烟草专卖的计划。

······3238

□ **estimate** ['estɪmeɪt] **v.** 估计，估量，评价 [同] assess, evaluate ['estɪmət] **n.** ①估计，估量 [同] evaluation ②评价，看法 [同] judgment

例 The police estimated the number of demonstrators at about 3,000 though the organizers estimated it at 5,000. 尽管组织者估计示威人数达 5 000 人，但警方估计为 3 000 人。

联 underestimate **v.** 低估

······3239

□ **lexicographer** [ˌleksɪ'kɒɡrəfə(r)] **n.** 词典编纂者

构 lexico（词汇）+ grapher（画、写、描述的人）→词典编纂者

搭 The lexicographer made a speech on the compilation of the dictionary. 词典编纂者就这部词典的汇编发表了演讲。

······3240

□ **oppose** [ə'pəʊz] **v.** ①反对，反抗 [同] resist [反] support ②敌视，敌对 ③对照，对比

构 op（反）+ pos（放）+ e →反向放 →反对

例 The proposed new examination system has been vigorously opposed by teachers. 实行新的考试体制这一建议遭到教师们的强烈反对。

联 opposed **a.** 反对的，相反的，不同的，相对的；opposing **a.** 反对的，对立的；opposition **n.** 反对，

反抗，敌对，敌视

······3241

□ **depression** [dɪ'preʃn] **n.** ①抑郁，沮丧 [同] melancholy, sadness [反] cheerfulness ②不景气，萧条（期）③凹地，凹陷

搭 financial/economic depression 经济萧条；fall into depression 变得消沉

例 There was a depression in the sand where he had been lying. 他躺过的沙子上有处凹陷。

······3242

□ **glitter** ['ɡlɪtə(r)] **v.** ①闪闪发光，闪耀 ②（眼睛）发亮，闪光 **n.** ①闪光，灿烂的光辉 ②耀眼，辉煌

搭 the sea glittering in the sun 在阳光下闪闪发光的大海；glitter with lights 灯火辉煌

例 His eyes glittered with amusement. 他眼里闪耀着开心的光芒。

······3243

□ **justice** ['dʒʌstɪs] **n.** ①正义，公正 [同] fairness ②司法，法律制裁

构 just（正确的）+ ice →正义，公正

搭 do justice to 公平对待；bring sb. to justice 使某人受到法律制裁

例 To do her justice, we must admit that her intentions were good. 公平而论，我们必须承认她的用意是好的。

······3244

□ **military** ['mɪləteri] **a.** ①军事的，军用的 [反] civil ②军队的 **n.** (the~) 军队，武装力量，军方 [同] army, troops

构 milit（打架）+ ary（……的）→军事的

例 About 3,000 soldiers stationed on the military base. 大约有 3 000 名士兵驻扎在这个军事基地。

······3245

□ **enterprise** ['entəpraɪz] **n.** ①（艰巨的）事业，计划 ②企业或事业单位，公司 [同] business, company ③事业心，进取心，冒险精神 [同] ambition

搭 private enterprise 私营企业；spirit of enterprise 进取精神

例 They've shown a lot of enterprise in setting up this project. 他们在策划这项工程上显示了很强的冒险精神。

······3246

□ **natural** ['nætʃrəl] **a.** ①自然界的，天然的 [同] unrefined [反] artificial ②正常的，惯常的 ③出于

本性的，天赋的，天生的 [同] inborn, innate ④轻松自如的，不做作的 ⑤亲生的，有血缘关系的

搭 natural materials 天然材料；an impressive natural wonder 令人赞叹的天然奇观；have a natural talent for playing the piano 有弹奏钢琴的天赋；natural parents 生身父母

例 Anger is the natural response we experience when we feel frustrated. 愤怒是我们受挫时所做出的自然反应。

···········3247

□ **humble** ['hʌmbl] **a.** ①卑贱的，低下的 ②谦逊的 [同] modest [反] proud ③（指街道、房子等）简陋的，低劣的，不起眼的 **v.** ①轻易击败 ②使谦恭，使感到卑微

搭 in my humble opinion 依我之愚见；start one's career as a humble fisherman 从一名地位卑微的渔夫起家；men and women of humble backgrounds 草根们；a humble cottage 简陋的农舍

例 He was humbled by the child's generosity. 孩子的宽宏大量使他自惭形秽。

···········3248

□ **performance** [pə'fɔːməns] **n.** ①执行，履行 [同] execution ②表演，演出 ③性能，业绩，经济效益 ④学业成绩 [同] achievement, grade

搭 give a remarkable performance 表演令人惊叹；performance appraisal 绩效考核；performance bond 绩效奖金；performance targets 绩效目标

例 The company's poor performance has been blamed on the recession. 这家公司的不良业绩被归咎于经济的不景气。

···········3249

□ **hug** [hʌg] **v.** ①拥抱，搂抱 [同] embrace ②紧抱，怀抱 [同] clasp ③紧靠，紧挨 ④抱有，坚持（观点、偏见等）⑤（熊用前腿）把（人等）紧紧抱住 **n.** ①紧抱，拥抱 ②（熊用前腿）紧紧抱住 ③（摔跤中的）抓握

搭 hug each other 相互拥抱；hug the bag tightly 紧紧抱住包；hug the wall 紧贴着墙；hug one's idea 固执己见；hug oneself 深感侥幸，沾沾自喜

例 We always exchange hugs and kisses when we meet. 相遇时，我们总是相互拥抱接吻。

联 huggable **a.** 惹人喜爱的

···········3250

□ **entire** [ɪn'taɪə(r)] **a.** ①全部的，整个的 [同] whole, total ②完全的 ③未破损的，完整无缺的 [同] intact

搭 the entire world 整个世界；the entire time 一直

例 That fact alone changed the entire situation. 仅那个事实就改变了整个局面。

辨 entire:（事物保持原样，未被破坏）完好的，整个的。whole:（各部分完整无缺）完全的。total:（数量、程度）完全的，全部的。perfect:（具有各种优点）完美的，完善的。

···········3251

□ **crawl** [krɔːl] **v.** ①爬，爬行，匍匐行进，蠕动 [同] creep ②缓慢行进，费力前行 ③爬满，挤满 ④卑躬屈膝，谄媚巴结 **n.** ①爬行，缓慢行进 ②爬泳，自由泳

搭 the lawn crawling with ants 爬满蚂蚁的草地；crawl out of bed 从床上爬起来；crawl at ten miles an hour in some places 在某些路段以每小时 10 英里的速度缓慢行进；at a crawl 缓慢地；make one's flesh/skin crawl 使人起鸡皮疙瘩，使人震惊

例 He began to crawl on his hands and knees towards the door. 他开始手脚并用朝门口爬去。

···········3252

□ **formula** ['fɔːmjələ] （*pl.* formulas 或 formulae）**n.** ①原则，方案 ②公式，方程式 ③配方

构 form（形成）+ ula →公式

搭 the formula for……的公式；a secret formula 秘密配方

例 They've changed the formula of the washing powder. 他们已经改变了洗衣粉的配方。

···········3253

□ **worthy** ['wɜːði] **a.** ①实至名归的，当之无愧的，有价值的 ②值得尊敬的，可敬的 [同] admirable ③ (of) 值得……的，配得上的 [同] deserving

搭 a worthy target 有价值的目标；the worthy members of the community 团体中的德高望重者

例 The manager says the idea is worthy of consideration. 经理说这个想法值得考虑。

···········3254

□ **incidence** ['ɪnsɪdəns] **n.** 发生率

例 It is reported that there is a high incidence of heart disease among the middle-aged. 据报道，中年人患心脏病的概率很高。

···········3255

□ **incident** ['ɪnsɪdənt] **n.** ①发生的事 [同] occurrence ②事件，事变 [同] event ③摩擦，冲突 **a.** ①容易发生的，伴随而来的，难免的 ②附带的，附属的 ③外来的

构 in + cid（落下）+ ent（物）→落下的东西 →发生的事

搭 be incident to 易发生的，随着……而来的；misfortunes incident to the poor 穷人必然会遭到的种种不幸

例 A 26-year-old man was seriously injured in a shooting incident outside a pub on Saturday night. 星期六晚上，一名 26 岁的男子在一家酒吧外发生的一起枪击事件中严重受伤。

联 incidental *a.* 附带的，伴随的，偶然发生的

-----3256

□ **core** [kɔː(r)] *n.* ①果心 ②核心，要点 [同] heart, center

搭 to the core 透顶的，十足的；rotten to the core 腐败透顶

例 She's an American to the core. 她是地地道道的美国人。

辨 core:（苹果、梨等）果心。kernel:（核桃等）仁，果仁。stone:（枣、桃、梅等坚硬的）果核。

-----3257

□ **remove** [rɪ'muːv] *v.* ①除去，消除，去掉，删除 [同] displace ②搬迁，移开，移走 ③撤职，开除，解雇 [同] dismiss ④切除，摘除

搭 remove the stain 清除污渍；remove one's name from the list 从名单中删除某人的名字；remove three bullets from the wounds 从伤口取出三粒子弹

例 Her behavior did not help to remove his suspicion. 她的行为并不能打消他的疑虑。

辨 含义不同: move the book on the shelf（书还在架子上），remove the book on/from the shelf（书已拿走）。

-----3258

□ **embezzlement** [ɪm'bezlmənt] *n.* 贪污，滥用

例 He was arrested for embezzlement of company funds. 他因贪污公司资金被逮捕。

联 embezzle *v.* 贪污，滥用

-----3259

□ **award** [ə'wɔːd] *n.* ①奖，奖品，奖章 [同] prize, trophy ②赔偿金 ③（仲裁人的）裁决 *v.* ①颁发，授予 [同] grant, endow ②判罚 ③判给

搭 a pay award 工资裁定；award ceremony 颁奖典礼；award a penalty 判罚点球

例 He won the award for best actor in a comedy. 他获得了最佳喜剧片男主角奖。

辨 award: 授予，授奖。reward: 报答，酬谢 (reward sb. for)。

-----3260

□ **negotiate** [nɪ'gəʊʃieɪt] *v.* ①洽谈，协商，谈判 [同] confer, consult ②顺利通过，成功越过

例 The two countries are negotiating a halt to the arms race. 两国正协商停止军备竞赛。

-----3261

□ **source** [sɔːs] *n.* ①源（泉），发源地 ②来源，出处 [同] origin, derivation

搭 source of income 收入来源；at source 在源头处，在始发地；energy source 能源

例 The sharks are a source of worry to the swimmers. 鲨鱼是海上游泳者恐慌的根源。

辨 source : 源泉，源源不断的供给。origin : 来源，籍贯，出处，一次性提供。resource: 资源，财富，重在有用，可一次性提供，也可连续提供。

-----3262

□ **tenable** ['tenəbl] *a.* ①能防守的，守得住的 ②站得住脚的，合理的 ③可担任 / 保持的

搭 a scholarship tenable for four years 为期 4 年的奖学金

例 His theory is no longer tenable now that new facts have appeared. 现在出现了新事实，他的理论站不住脚了。

-----3263

□ **irritable** ['ɪrɪtəbl] *a.* ①易怒的，急躁的，暴躁的 ②过敏（性）的 ③应激（性）的

例 Be careful what you say – he's rather irritable today. 当心你说的话，他今天脾气很大。

联 irritability *n.* 易怒，过敏性；irritably *ad.* 易怒地，过敏地，兴奋地

答案:

1. characteristics 译文: 基因决定了每一种生物的特征。

2. permeated 译文: 空气中弥漫着一股烤牛肉的味道。

Unit 62

学前自测

1. She hardly seemed to notice my _____ . (crack, presence, treatise, flavor, centrifugal)
2. Fallen rock is _____ the progress of rescue workers. (edifying, utilizing, socializing, impeding, skimming)

□ **marginal** ['mɑːdʒɪnl] *a.* ①微量的，少量的，微小的 [同] slight, insignificant, minor ②被边缘化的，不重要的，微不足道的 ③写 / 记在页边空白处的，旁注的 ④边的，边缘的，边界的 ⑤边远的，贫瘠的 ⑥竞选双方票数接近的
搭 marginal improvement 微小的改善；a marginal impact 微乎其微的影响；marginal comments 页边评论；marginal lands 贫瘠的土地；marginal cost 边际成本
例 There has only been a marginal improvement in women's pay over the past few years. 女性的工资在过去几年中仅有小幅增长。
··········3265

□ **crack** [kræk] *n.* ①裂缝，裂口，缝隙 [同] split ②爆裂声，噼啪声，霹雳声 [同] explosion ③缺陷，瑕疵 ④挖苦话，俏皮话，笑话 *v.* ①（使）破裂，（使）裂开 [同] burst, split ②（使）噼啪地响，（使）发出爆裂声 ③重击，猛击，撞 ④破译，破解 ⑤（因压力而）吃不消，崩溃，瓦解
搭 the cracks in the wall 墙上的裂缝；crack one's head on the pavement 一头撞在人行道上；crack under pressure 在压力下屈服；crack jokes 说笑话；crack down (on) 对……采取严厉措施；crack up 发疯，发狂，捧腹大笑
例 Suddenly there was a loud crack and glass flew into the car. 突然啪的一声巨响，玻璃飞进了汽车内。
辨 crack: 破裂（未必破碎）。break: 破碎（into pieces）。crush: 碾碎。
··········3266

□ **periodical** [ˌpɪəri'ɒdɪkl] *n.* 期刊 [同] magazine, journal *a.* ①间歇的，周期性的，定期的 [同] periodic ②期刊的
搭 periodical checkups 定期检查；make periodical visits to the dentist 定期去看牙医；books and periodical publications 图书和期刊
例 She's been writing for several legal periodicals. 她一直为几家法律杂志撰稿。

联 monthly *n.* 月刊；biomonthly *n.* 双月刊；weekly *n.* 周刊；quarterly *n.* 季刊
··········3267

□ **impede** [ɪm'piːd] *v.* 阻碍，妨碍，阻止
搭 impede the progress of rescue workers 阻碍救援人员的工作进展
例 Although he is shy, it certainly has not impeded his career in any way. 虽然他很腼腆，但这肯定一点没有妨碍他的事业。
··········3268

□ **skim** [skɪm] *v.* ①撇（去）②掠过，擦过 ③浏览，略读 [同] scan
搭 skim over 从……表面掠 / 擦过；skim through 略读，翻阅
例 An eagle skimmed over my head and disappeared. 一只鹰从我头顶掠过，消失了。
··········3269

□ **authentic** [ɔː'θentɪk] *a.* ①正宗的，真正的 [同] genuine, real ②可靠的，可信的 [同] reliable, trustworthy
搭 authentic Italian food 正宗意大利食品；an authentic account of the war 对那场战争真实可信的描述
例 It is an authentic Roman statue, not a modern copy. 那尊罗马雕像是真品，不是现代的仿制品。
··········3270

□ **innocent** ['ɪnəsnt] *a.* ①(of) 清白的，无罪的，无辜的 [同] crimeless, guiltless ②天真的，幼稚的，单纯的 [同] childlike ③无害的，没有恶意的，无危险的 [同] harmless ④良性的 *n.* ①无罪的人，无辜者，天真无邪的人 ②幼稚的人，头脑简单者
搭 innocent women and children 无辜的妇女和儿童；an innocent face 天真无邪的脸；an innocent fun 无害的娱乐；play the innocent 装无知，装无辜
例 She was sure that the man was innocent of any crime. 她确信那个人是清白的，没有犯过任何罪。
··········3271

□ **presence** ['prezns] *n.* ①出席，到场，在场

②面前，周围 ③存在，势力 ④仪表，风度，威严 / 尊贵的气质 ⑤幽灵，鬼魂

搭 make your presence felt 使别人注意到自己；in the presence of sb. 在某人面前；presence of mind 镇定，沉着；feel comfortable in one's presence 在某人面前感到很舒服；military presence 驻军

例 Her Majesty later honored the headmaster with her presence at lunch. 后来女王殿下出席了午宴，令校长倍感荣幸。
································3272

□ **centrifugal** [ˌsentrɪˈfjuːgl] *a.* 离心的，离心力的 *n.* 离心机

例 The juice is extracted by centrifugal force. 果汁是通过离心力榨取的。

联 centrifuge *n.* 离心机 *v.* 用离心机分离
································3273

□ **long-term** [ˌlɒŋ ˈtɜːm] *a.* 长期的，长远的

搭 long-term plans 长远打算；a long-term solution to credit card fraud 解决信用卡诈骗的长远办法

例 He's concerned about the long-term effects of the explosion. 他对爆炸所产生的长期影响感到担忧。
································3274

□ **treatise** [ˈtriːtɪs] *n.* （专题）论文，专著

搭 a fifty-page long treatise on Chinese economic reform 一篇长达 50 页的关于中国经济改革的论文
································3275

□ **flavor/flavour** [ˈfleɪvə(r)] *n.* ① 滋味，味道 ②口味，风味 ③风格，特色，韵味 *v.* 调味

搭 add flavor to 增添味道，使有滋味；flavor of the mouth 红极一时的人物，风靡一时的事物；meat flavored with herbs 用香草调味的肉；highly flavored 辣的

例 His landscapes have a strong Italian flavor. 他的风景画带有强烈的意大利风格。
································3276

□ **odor/odour** [ˈəʊdə(r)] *n.* ①气味 ②气息，氛围

搭 in good odor 得宠，受欢迎；in bad odor 不得宠，不受欢迎；a characteristic taste and odor 独特的味道和气味

例 The taste is only slightly bitter, and there is little odor. 只是尝起来稍微有点苦，几乎没有什么气味。
································3277

□ **edify** [ˈedɪfaɪ] *v.* 启迪，陶冶，教诲，开导

例 In the 18th century art was seen, along with music and poetry, as something edifying. 在 18 世纪，人们认为美术和音乐、诗歌一样，能够起到教化作用。
································3278

□ **utilize/se** [ˈjuːtəlaɪz] *v.* 使用，利用

例 Minerals can be absorbed and utilized by the body in a variety of different forms. 人体可以通过很多不同形式吸收和利用矿物质。
································3279

□ **invader** [ɪnˈveɪdə(r)] *n.* 侵略者，入侵者，侵入物

搭 Heavy gunfire greeted the invaders. 迎接侵略者的是猛烈的炮火。

联 invade *v.* 侵略，入侵；invasion *n.* 侵略，入侵，侵袭，侵占
································3280

□ **passport** [ˈpɑːspɔːt] *n.* ①护照 [同] visa ②保障，手段

搭 a/the passport to sth. ……的保障，……的通行证；the passport to success 成功的保障

例 I met an Egyptian businessman traveling on a British passport. 我遇见了一位持英国护照的埃及商人。
································3281

□ **brunt** [brʌnt] *a.* 主要冲力，最沉重的打击，正面攻击

搭 bear/take the brunt of sth. 承受……的主要压力，首当其冲

例 Young people are bearing the brunt of unemployment. 失业对年轻人的冲击最大。
································3282

□ **probable** [ˈprɒbəbl] *a.* ①很可能的，极有可能的 ②很有可能入选的，很有可能获胜的

搭 the probable result 很可能的结果；a probable successor 最有可能的继承者

例 It is probable that the volcano will erupt again. 火山很可能再次爆发。
································3283

□ **meager/meagre** [ˈmiːgə(r)] *a.* ①不足的，贫乏的，微薄的 ②瘦的，消瘦的 ③单调的，没劲的

搭 meager food supply 食物供应不足；a meager yellow little woman 一个面黄肌瘦的小个子女人；a meager diet 单调的饮食

例 Staff were given a meager 2.5% pay rise. 员工们只得到少得可怜的 2.5% 的加薪。
································3284

□ **disorientate** [dɪsˈɔːrɪənteɪt] *v.* ①使迷失方向

②使困惑，使不知所措

例 They were disorientated by the smoke and were firing blindly into it. 他们被烟雾弄得晕头转向，只好朝里面胡乱开枪。

联 disorientating *a.* 使人迷失方向的；disorientation *n.* 迷失方向，迷惑，茫然

························3285

□ **marvelous** ['mɑːvələs] *a.* ①绝妙的，极好的，了不起的 ②非凡的，神奇的 ③不可思议的，出乎意料的

搭 marvelous weather 非常好的天气；do a marvelous job 干得漂亮；have a marvelous time 玩得尽兴；marvelous adventures 奇幻冒险

例 He realized that a marvelous opportunity had been squandered. 他意识到已经浪费了一个绝佳的机会。

························3286

□ **exploitation** [ˌeksplɔɪ'teɪʃn] *n.* ①剥削，压榨 ②开发，开采，利用

搭 the comprehensive exploitation of the earth's resources 对地球资源的全面开发利用；over-exploitation 过度开发

例 Extra payments should be made to protect the interests of the staff and prevent exploitation. 为了保护员工的利益，防止剥削，应该要求公司支付额外工资。

························3287

□ **catalog/catalogue** ['kætəlɒg] *n.* ①目录，目录簿 ②一系列（糟糕）事 [同] series

搭 a catalog of errors 一连串的错误；a catalog of disasters 一连串的灾难

例 A brilliant essay on this subject is included in the exhibition catalog. 展品目录中收入了一篇有关这个主题的精彩文章。

························3288

□ **favorite** ['feɪvərɪt] *a.* 最喜欢的，最喜爱的 *n.* ①最喜欢的人/物 ②夺冠热门

搭 a favorite color 最喜爱的颜色；an old favorite 经久不衰的事物，受人喜爱的旧事物

例 He celebrated their reunion by opening a bottle of his favorite champagne. 他开了一瓶他最喜爱的香槟来庆祝他们的重逢。

························3289

□ **condensation** [ˌkɒnden'seɪʃn] *n.* ①凝结，冷凝，凝聚 ②凝结物，冷凝物 ③节略，缩写本

例 A few pages further on you will find a condensation

of a book that offers ten ways to be a better manager. 再多看几页，你就会找到告诉你成为好经理的10种方法的一段节略。

························3290

□ **pollution** [pə'luːʃn] *n.* ①污染 ②污染物（质）

搭 environmental pollution 环境污染

例 He was horrified by all the pollution on the beach. 他对海滩上的种种污染物感到惊愕。

························3291

□ **color-blind** ['kʌlə blaɪnd] *a.* ①色盲的 ②没有种族成见的

搭 a color-blind anti-poverty program 没有种族偏见的扶贫项目

例 He said he wanted a color-blind government where everybody was treated the same. 他说他想要一个没有种族偏见的政府，这个政府对所有人都一视同仁。

························3292

□ **socialize/se** ['səʊʃəlaɪz] *v.* ①与人交往，参加社交活动 ②使社会化，使适应社会生活 ③使社会主义化

搭 socialize with old friends 与老朋友往来；a fully socialized system 完全社会主义制度化的体制；much socializing on campus 校园里的许多社交活动

例 It was an open meeting, where members socialized and welcomed any new members. 这是一次开放性的会议，在此成员们相互交流，并欢迎新成员的加入。

························3293

□ **analyze/se** ['ænəlaɪz] *n.* ①分析，剖析，细查 ②化验 ③进行精神分析

搭 have the tablets analyzed 对药片进行化验

例 The business at hand is to analyze financial performance. 目前要做的是对财务业绩进行详细分析。

联 analyst *n.* 分析者，分析家；analytical *a.* 分析的，善于分析的

························3294

□ **camel** ['kæml] *n.* ①骆驼 ②浮箱，浮筒 ③驼色，浅黄褐色 *a.* 驼色的，浅黄褐色的

搭 the world's largest population of wild camels 世界上最大的野骆驼种群

························3295

□ **artefact** ['ɑːtɪfækt] *n.* 人工制品，手工制品，手工艺品

搭 cultural artefact 文化产品

例 He has a large collection of aboriginal paintings and artefacts. 他有很多土著绘画和手工艺藏品。
....3296

□ **synchronize/se** ['sɪŋkrənaɪz] *v.* ①（使）同步，（使）同时发生，一起发生 ②使显示同一时间，校准

搭 synchronize the watch 对表

例 There have been a series of unexpected, synchronized attacks on the embassies. 各大使馆遭到了一系列同时发生的突然袭击。
....3297

□ **chemical** ['kemɪkl] *a.* ①化学的 ②含有化学物质的 *n.* 化学药品，化学制品

搭 chemical agent 化学试剂；chemical engineering 化学工程

例 The whole food chain is affected by the over-use of chemicals in agriculture. 整个食物链都因农业生产中化学品过度使用而受到影响。
....3298

□ **maximize/se** ['mæksɪmaɪz] *v.* 使最大化，达到最大限度

搭 maximize profits 实现利润最大化

例 Ensure that every child has a chance to maximize his/her potential. 确保每个孩子都有机会最大限度地发挥他 / 她的潜能。
....3299

□ **precipitation** [prɪˌsɪpɪ'teɪʃn] *n.* ①降水，降水量 ②沉淀 ③突发，仓促

搭 the precipitation of the economic crisis 经济危机的突发

例 Precipitation in this area often comes directly from the ocean. 这个地区的降水常常直接来自海洋。
....3300

□ **workforce** ['wɜːkfɔːs] *n.* ①劳动力，劳动人口 ②工人总数，员工总数

例 It is a country where half of the workforce is unemployed. 那是一个有一半劳动人口失业的国家。
....3301

□ **memorize/se** ['meməraɪz] *v.* 记住，熟记

搭 memorize a poem 背会一首诗

例 You do not need to memorize all the words in the book. 你不必记住这本书中所有的单词。
....3302

□ **laterality** [ˌlætə'rælɪti] *n.* 偏侧化（指大脑左右半球所控制的身体机能的差异）

联 lateral *a.* 侧面的 *n.* 侧翼，侧道；lateralize *v.* 把……移到一侧；laterally *ad.* 侧面地，侧向地
....3303

□ **climatic** [klaɪ'mætɪk] *a.* 高潮的，扣人心弦的

搭 a climatic battle 高潮对决

例 In the climatic scene of the film, Joan is burned at the stake. 在电影的高潮场面，贞德被绑在火刑柱上烧死。
....3304

□ **tortoise** ['tɔːtəs] *n.* ①乌龟 ②行动迟缓的人

例 The lawn is crawling with tortoises. 草坪上爬满了乌龟。
....3305

□ **laboratory** [lə'bɒrətri] *n.* ①实验室，研究室 ②化工厂，药厂 *a.* 实验室的，研究室的

搭 laboratory equipment 实验室设备；laboratory technician 化验员；laboratory school 实验学校
....3306

□ **decompression** [ˌdiːkəm'preʃn] *n.* 减压

搭 decompression chamber 减压舱，降压室 decompression sickness 减压病

联 decompress *v.* 减压，降压；decompressor *n.* 减压器，减压装置
....3307

□ **navigable** ['nævɪɡəbl] *a.* ①可通航的，适航的 ②可通行的，易用的

搭 the navigable portion of the Nile 尼罗河的可通航河段；a clear and navigable website 结构明晰、极易浏览的网站

例 This is the only navigable pass on the border. 这是边境上唯一可通行的关口。
....3308

□ **crystallize** ['krɪstəlaɪz] *v.* ①成形，明确，具体化 ②结晶，晶化

构 crystall（水晶，晶体）+ ize（使）→结晶，晶化

联 crystal *n.* 水晶；crystalline *a.* 晶状的，清澈的；crystallizer *n.* 使成形者，结晶器；crystallized *a.* 有糖衣的，裹有糖霜的
....3309

□ **imperil** [ɪm'perəl] *v.* 使陷入危险，危及

例 He imperiled the lives of other road users by his driving. 他的驾驶危及了其他行路者的安全。
....3310

□ **disempower** [ˌdɪsɪm'paʊə] *v.* 剥夺……的权力，使失去权威

例 She feels that women have been disempowered throughout history. 她认为在历史的长河中女性一直都是被剥夺权力的。

························3311

□ **migratory** ['maɪɡrətri] *a.* ①迁徙的，迁移的，移栖的，洄游的 ②流动的，游牧的

搭 natural migratory pattern 自然迁徙模式；migratory farm labor 流动的农业劳动力

例 She's been studying the migratory route of the swans. 她一直在研究天鹅的迁徙路线。

························3312

□ **lava** ['lɑːvə] *n.* 熔岩，岩浆，火山岩

搭 lava bed 熔岩层

························3313

□ **astound** [ə'staʊnd] *v.* 使震惊，使惊骇，使大吃一惊

例 She was overjoyed and astounded when she fell pregnant. 她得知自己怀孕时非常高兴，也非常吃惊。

························3314

□ **tick** [tɪk] *n.* ①嘀嗒声 ②一瞬间，一会儿 ③小记号，对勾 ④蜱 *v.* ①嘀嗒作响，发出嘀嗒声 ②做标记，打对勾

搭 in a tick 马上，立刻；put a tick near the correct answer 在正确的答案处打勾；tick in the appropriate box 在合适的方框中打勾；sit listening to the tick of the grandfather clock 坐着听落地大摆钟嘀嗒作响

例 His exercise books were full of well deserved red ticks. 他的练习本全是红勾，这是他应得的。

························3315

□ **disruption** [dɪs'rʌpʃn] *n.* 中断，打断，扰乱

例 The strike is expected to cause delays and disruption to flights from Paris. 预计罢工会导致来自巴黎的航班延误和中断。

联 disrupt *v.* 使中断，扰乱；disruptive *a.* 破坏性的，引起混乱的

························3316

□ **enroll/enrol** [ɪn'rəʊl] *v.* ①招收，招生 ②注册，登记

搭 enroll sb. with an art group 把某人招进一个艺术团体；be enrolled at a military academy 被一所军事学院录取；enroll as a member 登记加入，登记成为会员

例 She has gone to college to enroll on an art course. 她已经去大学注册学习一门艺术课程。

························3317

□ **conclusion** [kən'kluːʒn] *n.* ①结论，论断 ②结尾，结束，结束语 ③缔结 ④结果，结局

搭 reach/draw/come to/arrive at a conclusion 得出结论；the conclusion of a free-trade agreement 缔结自由贸易协议；bring sth. to a satisfactory conclusion 使某事有个圆满的结局

例 The court attempted to reach a conclusion in the face of contradictory evidence. 面对矛盾的证据，法庭试图得出一个结论。

························3318

□ **favor/favour** ['feɪvə(r)] *n.* ①帮忙，善举，恩惠 ②赞许，赞赏，支持 ③允许，许可 *v.* ①支持，赞成 ②偏爱，偏袒 ③有助于，有利于 ④习惯穿着，习惯穿戴

搭 do sb. a favor 帮某人的忙；ask a favor of sb. 请某人帮忙；look at sb./sth. with favor 以赞许的态度看待默认/某事；in favor of 赞成，支持；favor the youngest child in the family 偏爱家中最小的孩子；fortune favors the brave 天佑勇者

例 As a favor to my neighbor, I offered to pick his kids up from school. 我提出接邻居的孩子放学，算是帮他个忙。

答案：
1. presence 译文：她似乎没有注意到我在场。
2. impeding 译文：落下的石块阻碍了救援人员的工作进展。

Unit 63

学前自测

1. I prepared answers for the questions I expected to _____ in the interview. (alter, scatter, coexist, confront, inaugurate)

2. Soil _____ by rain and wind is a serious problem in this area. (horror, recipient, mercury, prerequisite, erosion)

------3319

□ **primitive** ['prɪmətɪv] *a.* ①原始的，早期的 ②简单的，粗糙的 [同] rough, simple ③基本的，公理的，自明的 ④自学而成的 *n.* ① 原始人，原始事物 ②早期艺术家 ③自学成才的艺术家

搭 primitive man 原始人；primitive accumulation 原始积累；primitive weapons 简陋的武器

例 This is my primitive idea, which I have already improved for several times. 这是我最初的意见，对于这个意见我已做了多次改进。

------3320

□ **alter** ['ɔːltə(r)] *v.* 改变，改动，变更，变化 [同] change, modify

搭 alter for the better 变好；alter for the bad 变坏；alter the date from...to... 将日期从……改到……

例 The waiter apologized and altered the figure on the bill. 侍者道了歉，修改了账单上的数字。

联 alteration *n.* 改变，更改；unaltered *a.* 不变的

辨 alter: 部分地、局部地改变、修改，没有变成另一物。change: 完全地、从根本上改变。transform: 事物本质发生变化。vary: 指不断地变化，由于变化而不同。比较：alter the design 修改设计（局部修改，用原设计），change the design 改变设计（摒弃原设计，改用另一个设计）。

------3321

□ **incorporate** [ɪn'kɔːpəreɪt] *v.* ①包含，加上，吸收 [同] absorb, assimilate ②合并,（使）并入 [同] combine

例 We have incorporated all your suggestions into the city planning. 我们已经把你所有的建议都纳入城市规划中了。

联 incorporation *n.* 结合，合并，公司；incorporator *n.* 合并者，公司创办人

------3322

□ **scatter** ['skætə(r)] *v.* ①撒，撒播 [同] disperse ②（使）散开，驱散，分散 [同] spread

例 My former college classmates are scattered the world over and seldom can I meet them now. 我原来的大学同学星散世界各地，现在很少能遇上他们了。

------3323

□ **delegate** ['delɪgət] *n.* 代表，代表团成员 [同] representative, deputy ['delɪgeɪt] *v.* ① 委派或选举……为代表 ②授（权）……，把……委托给

搭 the Chinese delegate to the UN 中国驻联合国代表

例 Delegates have voted in favor of the motion. 代表们已经投票赞成这项提议了。

------3324

□ **confront** [kən'frʌnt] *v.* ① (with) 遭遇，迎面遇到 [同] face, encounter ②勇敢地面对，正视 ③使对质，使当面对证

构 con（共同）+ front（额头，脸）→对撞额头→遭遇

搭 confront sb. with 使某人面对，使某人对质；be confronted with difficulties/competition 面临困难 / 遇到竞争

例 When the accused was confronted with the proof of his crime, he broke down and confessed. 当犯罪证据摆在被告面前时，他一下子垮了，认了罪。

------3325

□ **hire** ['haɪə(r)] *v./n.* 租用，雇用 [同] rent, employ

搭 hire a lawyer 雇律师；for/on hire 供出租，供租用

例 The car was on hire and had to be back the next day. 该车供出租，且须于第二天返还。

辨 hire: 租用车辆、设备等。let/rent: 出租房屋。

------3326

□ **decrepit** [dɪ'krepɪt] *a.* ①衰弱的，衰老的 ②陈旧的，年久失修的

搭 a decrepit old man 老翁；the decrepit economy 崩溃的经济；decrepit equipment 陈旧的设备

例 No one should have to live in a house that's so run-down and decrepit. 不能让人住在这样一座年

久失修的破房子里。

················3327

□ **avoid** [ə'vɔɪd] *v.* 避免，预防，避开 [同] evade, escape

例 She left the room to avoid having to speak to him. 她离开了房间，以免要和他说话。

联 avoidable *a.* 可避免的；avoidance *n.* 避免

辨 avoid: 躲开，避免。escape: 逃离，从……逃脱。evade: 用巧妙的方法躲避。

················3328

□ **horror** ['hɒrə(r)] *n.* ①恐怖，惊吓 [同] fear, dread ②使人感到恐怖的东西 ③令人不快的人 / 局面，厌恶，憎恶 ④讨厌鬼，坏蛋，顽皮的孩子

搭 have a horror of 讨厌，害怕；a horror film 恐怖电影；to one's horror 使某人感到恐惧的是；give sb. a thrill of horror 让人不寒而栗；overcome the horror of heights 克服恐高症

例 She cried out in horror when she saw the plane crash. 她看见飞机坠毁时，吓得喊叫起来。

················3329

□ **condemn** [kən'dem] *v.* ① 谴责 [同] blame [反] approve ②判……刑，宣告……有罪 [同] sentence, convict

例 Most people condemn violence of any sort as evil. 大多数人都把任何类型的暴力行为视作恶行加以谴责。

················3330

□ **descend** [dɪ'send] *v.* ①下来，下降，走下 [同] go down [反] ascend, rise ② (from) 起源（于），是……的后裔 ③ (on) 降临，来访 ④ (to) 把身份降至，沦为

例 Her family were descended from kings. 她的家族是皇族的后裔。

联 descent *n.* 下降；ascent *n.* 上升；ascend *v.* 攀登

················3331

□ **mingle** ['mɪŋgl] *v.* ①（使）混合，（使）相混 [同] mix up, combine ②相交往，相往来 [同] communicate

例 The two flavors mingle well. 两种味道很好地混合在一起。

················3332

□ **disagree** [ˌdɪsə'griː] *v.* ① (with) 不同意，有分歧 [同] differ ②不一致，矛盾，不符 [同] discord ③不适合

例 We always disagree with him about politics. 在政治问题上，我们和他总是意见不一致。

················3333

□ **erosion** [ɪ'rəʊʒn] *n.* ①腐蚀，侵蚀，磨损 [同] corrosion ②削弱，减少

例 Erosion by rain and wind has removed the valuable top soil of the land. 风雨的侵蚀已使那块土地宝贵的表层土丧失殆尽。

联 erode *v.* 腐蚀，削弱；corrode *v.* 腐蚀，侵蚀；corrosion *n.* 腐蚀，侵蚀

················3334

□ **ridiculous** [rɪ'dɪkjələs] *a.* 可笑的，荒谬的 [同] absurd

例 His ridiculous remark should not be taken as true. 不可把他荒唐的话信以为真。

················3335

□ **administration** [ədˌmɪnɪ'streɪʃn] *n.* ①管理，经营 [同] management ②管理部门，行政机关，政府 [同] department ③任期 *a.* ①管理的，经营的，行政的 ②政府的

搭 the routine work of administration 日常的行政工作；reduce administration costs 减少经营成本

例 During his administration the country underwent a radical process of change. 在他的任期内，国家经历了天翻地覆的变化。

联 administer *v.* 管理，掌管；administrative *a.* 管理上的；ministry *n.* 部；minister *n.* 部长

················3336

□ **humane** [hjuː'meɪn] *a.* ①仁慈，慈善的，人道的 ②人文的

搭 a humane warden 好心肠的看守；the humane treatment of prisoners 对俘虏的人道待遇；humane studies/learning 人文科学

例 I do not think it is humane to keep people alive with machines. 我认为用机器来维持人的生命是不人道的。

················3337

□ **extreme** [ɪk'striːm] *a.* ①末端的，尽头的 ②极度的，极端的 *n.* 极端，过分

搭 go to extremes 走极端；in the extreme 非常，极其；do things in extremes 做事走极端；in extreme danger 在极度危险中

例 She has been generous in the extreme. 她为人极为慷慨。

联 extremity *n.* 末端，极端

················3338

□ **boost** [buːst] *v.* ①提高，使增长 [同] raise ②推动，激励 [同] encourage, propel ③替……做

广告，宣扬 [同] propagandize *n.* ①提高，增长 [同] rise ②推动，激励

搭 boost the team's morale 提升团队的士气；boost sales 提高销售额；boost the economy 促进经济增长

例 The theater managed to boost its audience by cutting the price of tickets. 剧院通过降低票价设法增加了观众。

....3339

□ **exodus** ['eksədəs] *n.* 大批离去，成群外出

构 ex（出）+ od（路）+ us →走上外出的路 →大批离去

搭 a mass exodus from the stifling city heat to the beaches 离开闷热的城市去海滨的大批人群；an exodus from a political party 大批人中退出的一个政党

例 Every fine weekend there is a general exodus of cars from the city to the country. 每个晴朗的周末，都有大批汽车离开城市去郊外。

....3340

□ **coexist** [ˌkəʊɪɡ'zɪst] *v.* 共存，和平相处

构 co（共同）+ exist（存在）→共存

例 The two great powers coexisted for many years. 那两个大国和平共处了许多年。

....3341

□ **episodic** [ˌepɪ'sɒdɪk] *a.* ①插曲似的 ②短暂的，短促的 ③偶尔发生的，变化无常的

搭 an episodic reform 昙花一现的改革

例 She was episodic in her affections. 她的爱情不专一。

联 episode *n.* 插曲，片段

....3342

□ **prerequisite** [ˌpriː'rekwɪzɪt] *n.* 先决条件，前提，必备条件

例 Public support is a prerequisite for the success of this project. 公众支持是这个计划成功的必备条件。

....3343

□ **intellectual** [ˌɪntə'lektʃʊəl] *n.* 知识分子 [同] intellect *a.* ①智力的 [同] mental [反] physical ②显示智力的，能发挥才智的

例 He's quite bright but he's not what you would describe as intellectual. 他很伶俐，但不能说智商很高。

....3344

□ **personnel** [ˌpɜːsə'nel] *n.* ①（总称）人员，员工 [同] crew, staff ②人事部门，人事科

搭 cutbacks in personnel 裁员；head of personnel 人事处长

例 All personnel were told to attend an important meeting. 全体员工都被通知去参加一个重要会议。

联 personal *a.* 个人的，私人的；personality *n.* 人格，个性

....3345

□ **mercury** ['mɜːkjəri] *n.* ①水银，汞 ②(the M-) 水星 ③（温度计的）水银柱

例 The mercury kept rising and we were wet with sweat. 水银柱不断上升，我们汗流浃背。

....3346

□ **current** ['kʌrənt] *n.* ①（空气、水等）流 ②电流 ③趋势，倾向 [同] tendency, trend *a.* ①现时的，当前的 [同] present, temporary ②流行的，流传的 [同] widespread

搭 current affairs/events 时事；current money 通用的货币；current English 现代英语；the current of time 时代潮流；current account 活期存款；go/swim with the current 随波逐流；switch on/off the current 接通 / 切断电流

例 The media influence the current of thought. 传媒影响思想潮流。

联 currency *n.* 通货，货币，流通；concurrent *a.* 同时发生的

....3347

□ **guarantee** [ˌgærən'tiː] *n.* ①保证（书）②担保（人）③抵押品 *v.* 保证，担保 [同] assure

例 The TV set is guaranteed for five years. 这台电视机保修 5 年。

....3348

□ **premise** ['premɪs] *n.* ①前提，假设 ②（企业、机构等使用的）房屋连地基，经营场址，生产场所 [prɪ'maɪs] *v.* ①假定……为先决条件，作为……的前提 ②预先提到

构 pre（在前的）+ mis（放）+ e →放在前面的 →前提

例 The research project is based on the premise stated earlier. 这项研究计划基于早先提出的假设。

....3349

□ **attendance** [ə'tendəns] *n.* ①（总称）出席人数，出席者 ②(at) 出席，参加，[同] presence ③护理，照料

构 at + tend（伸展）+ ance（表状态）→伸展出去→出席

搭 take/check attendance 点名；attendance at the meeting 出席会议；attendance at a ceremony 出席典礼；in attendance on sb. 照顾某人

例 Attendance at school is required by law. 法律规定必须上学。

用 attendance（出席者）要用 small, large, fair, poor 修饰，不用 many 或 few。"出席会议的人很多。"要说：There was a large attendance at the meeting.

········3350

□ **grip** [grɪp] ***n.*** ①紧握，抓牢 ②掌握，控制 ***v.*** ①握紧，抓牢 ②吸引注意力 [同] hold, grasp

搭 have a grip on 抓住，吸引；get/take a grip on 抓住，控制

例 The picture gripped my imagination. 这幅画深深地吸引了我，使我浮想联翩。

········3351

□ **due** [djuː] ***n.*** ①应得的事物，应有的权利 ②(*pl.*) 应付款，税，会费 ③(*pl.*) 责任，义务 ***a.*** ①应得的，应付的 [同] deserved ②应有的，充分的，适当的 ③预期的，（车、船预订）应到的 [同] scheduled ***prep.*** 被欠，应得

搭 due to arrive at 11:25 预定于 11 点 25 分到达；the amount still due 尚欠额；become/come/fall due 期满，到期；be due five days' leave 应该得到 5 天的假期；due to 由于

例 Some areas, due to their severe weather conditions, are hardly populated. 由于严酷的天气状况，有些地区几乎无人居住。

········3352

□ **inductive** [ɪn'dʌktɪv] ***a.*** 使用归纳法的，归纳的

例 He used inductive reasoning to draw the conclusion. 他使用归纳推理得出这一结论。

········3353

□ **recipient** [rɪ'sɪpiənt] ***n.*** 接受者，接收者

例 The cut in government spending will affect income support recipients and their families. 政府开支的消减会影响收入补贴接受者及其家庭。

········3354

□ **interplay** ['ɪntəpleɪ] ***n./v.*** 相互影响，相互作用 [同] interact, interaction

构 inter（在……之间）+ play（扮演）→相互影响

例 The interplay of economic forces makes it difficult to predict accurately the likely effect of the changes. 经济力量的相互作用使得很难准确预测

这些变化可能产生的影响。

········3355

□ **engross** [ɪn'grəʊs] ***v.*** 使全神贯注，吸引（注意力）

搭 be engrossed by an interesting story 被一个有趣的故事迷住；be deeply/completely engrossed 沉醉其中

例 She was so engrossed in what she was doing that she didn't hear me come in. 她那么全神贯注地做着手头的事，我进来都没有听到。

联 engrossed ***a.*** 全神贯注的，专心致志的；engrossing ***a.*** 引人入胜的

········3356

□ **scholar** ['skɒlə(r)] ***n.*** ①学者 ②善于学习的人，好学的人

例 Mr. Miles is a distinguished scholar of Russian history and government. 迈尔斯先生是一位研究俄罗斯历史和政府体制的知名学者。

联 scholarly ***a.*** 学术的，有学问的；scholarship ***n.*** 奖学金

········3357

□ **maneuver/re** [mə'nuːvə(r)] ***n.*** ①（部队、舰艇的）机动，调动 ②策略，花招 [同] trick, tactic ③ (*pl.*) 演习 ***v.*** ①实施调动，进行演习 ②（敏捷或巧妙地）操纵，控制 ③用策略，耍花招，诱使

搭 a brilliant political maneuver 出色的政治手段；room for maneuver 回旋余地；maneuver the market 操控市场；maneuver the van carefully into the driveway 娴熟地驾驶小货车小心驶入车道

例 The ships maneuvered to block the channel. 军舰实施调动去封锁海峡。

········3358

□ **charter** ['tʃɑːtə(r)] ***n.*** ①宪章，共同纲领 ②特许状，许可证 ③（飞机、汽车、船等的）包租 [同] hire, rent ***v.*** 包租（飞机、汽车等）***a.*** 包租的，租用的

搭 charter flights 包机；a charter of human rights 人权宪章

例 They chartered a ship and sailed towards the island. 他们租了一条船向那个岛驶去。

········3359

□ **analysis** [ə'næləsɪs] ***n.*** ①分析 ②分解 [同] breakdown

搭 make an analysis of 分析；on/upon analysis 经过分析；in the final/last analysis 归根结底，总之

例 Chemical analysis showed a high content of copper. 化学分析显示铜的含量很高。

联 analysist *n.* 分析家

·····························3360

□ **vacuum** ['vækju:m] (*pl.*vacuums 或 vacua) *n.* ①真空 ②真空吸尘器 ③空虚，空白，真空般状态 *v.* 用吸尘器清扫

构 vacu（空的）+ um →真空

例 He tried to fill the power vacuum which the departed strongman had left. 他曾试图去填补那个铁腕人物死后留下的权力真空。

·····························3361

□ **melt** [melt] (melted, melted 或 molten) *v.* ①（使）融化，（使）熔化 [同] dissolve, fuse [反] freeze ②消散，消失

例 The ice on the lake melted away overnight. 湖面上的冰一夜之间全都融化了。

辨 melted: 融化了的（melted ice 融化的冰）。molten: 高温下熔化了的（molten steel 钢水）。

·····························3362

□ **violent** ['vaɪələnt] *a.* ①暴力引起的，强暴的 ②猛烈的，剧烈的，强烈的 [同] intense, fierce

例 A violent explosion was heard, deafening my ears. 我耳边传来一声震耳欲聋的猛烈爆炸。

·····························3363

□ **disseminate** [dɪ'semɪneɪt] *v.* 散布，传播 [同] spread

构 dis（分开）+ semin（种子）+ ate（表动词）→撒开种子 →散布

例 The project will serve as a model for disseminating knowledge in the Internet age. 该项目将作为互联网时代传播知识的范例。

联 dissemination *n.* 传播，散发

·····························3364

□ **route** [ru:t] *n.* ①路，路线，航线 [同] course, path ②途径，渠道 *v.* 安排路线，选路

搭 the best route to the Tower of London 去伦敦塔的最佳路线；bus routes to the city center 到市中心的公交路线；go the route 贯彻到底

例 Researchers are getting information through an indirect route. 研究人员正在从间接渠道获取信息。

辨 flight: 航空旅程。passage: 任意一段路程。trip: 短途旅程、赛程。journey: 长途旅程，通常指多种方式。route: 路线，通常不指距离。voyage: 航程，尤指海上的旅程。

·····························3365

□ **inaugurate** [ɪ'nɔ:gjəreɪt] *v.* ①开始，开展 [同] begin, introduce ②为……举行就职典礼，使……正式就任 ③为……举行开幕式，为……举行落成仪式

例 Many people gathered on the square to inaugurate the exhibition center. 许多人聚集在广场上，为展览中心举行落成典礼。

·····························3366

□ **nevertheless** [,nevəðə'les] *conj.* 仍然，然而，不过 *ad.* 仍然，不过 [同] however

例 She was busy, nevertheless she promised to tutor me in person. 她很忙，然而她还是答应亲自帮我辅导。

·····························3367

□ **constitute** ['kɒnstɪtju:t] *v.* ①组成，构成 [同] form ②设立，建立 ③被视为，被算作 ④任命，选派

构 con + stitut（建立，放）+ e →建立

搭 the people who constitute a jury 组成陪审团的人员；hardly constitute a victory 很难被视为一场胜利

例 People over sixty years old constitute 25 percent of the city's population. 60 岁以上的人占这座城市人口的 25%。

答案：

1. confront　译文：我准备好了这次面试中可能面对的问题的答案。

2. erosion　译文：风雨对土壤的侵蚀是这个地区的一个严重问题。

Unit 64

学前自测

1. Efforts to rescue the injured men have been _____ because of a sudden deterioration in weather conditions. (aggravated, surpassed, intensified, capsized, substituted)

2. The rule only applies to nationals of the country, as _____ from foreign visitors. (opulent, adverse, productive, arable, distinct)

··················3368

☐ **relation** [rɪ'leɪʃn] **n.** ①联系，关系，关联 [同] association ②亲属，亲戚 [同] relative, kin ③叙述，陈述

㩒 in relation to 有关，关于，涉及，与……相比较；relation between diet and health 饮食与健康的关系

例 The interpretation bore no relation to the actual words spoken. 这一阐释与实际说的话没有关联。

··················3369

☐ **plough** [plaʊ] **n.** ①犁 ②犁过的地 **v.** ①耕田，犁地 ②继续前进

㩒 plough ahead（不顾困难或阻挠）继续前进；plough into 撞上，把（大笔资金）投入；plough through 费力通过，艰难完成

例 Farmers start ploughing in the spring. 农民春天开始耕种。

··················3370

☐ **intensify** [ɪn'tensɪfaɪ] **v.**（使）加剧,（使）增强，强化 [同] heighten, aggravate

㩒 intensify the conflict 加剧冲突

例 The police have intensified their search for the drug smugglers. 警方加紧搜捕毒品走私犯。

··················3371

☐ **subscribe** [səb'skraɪb] **v.** ①(to) 同意，赞成 [同] agree ②(to, for) 捐款 ③(to, for) 订阅，订购（书籍等）[同] book, order ④签名 [同] sign

㩒 sub（下面）+ scrib（写）+ e →写下订单 →订购

例 He subscribed generously to the educational funds. 他向教育基金慷慨解囊。

··················3372

☐ **feed** [fiːd] (fed, fed) **v.** ①喂食，哺乳，喂奶 ②养活，供养 ③供应，提供，添加，放入 [同] supply ④满足，助长，加深 **n.** ①哺乳 ②食物，饲料，肥料 ③投料

㩒 feed on insects 以昆虫为食；feed the horse with/

on grass 用草喂马；feed the stove with coal 给炉子供煤；poultry feed 禽类饲料；be fed up (with) 厌烦

例 He knew almost nothing about handling and feeding a baby. 他对照料和喂养婴儿几乎一窍不通。

㬒 feeding **n.** 喂，加料；feedback **n.** 反馈

··················3373

☐ **aggravate** ['ægrəveɪt] **v.** ①加重，加剧，使恶化 [同] worsen, intensify ②激怒，使恼火 [同] irritate

㩒 ag（表加强）+ grav（重）+ ate（使）→使重 →加重

例 The lack of rain aggravated the already serious lack of food. 雨水少使原来就严重的粮食短缺问题更加严重。

··················3374

☐ **candidate** ['kændɪdət] **n.** ①申请求职者 [同] applicant ②投考者 ③候选人

㩒 presidential candidate 总统候选人；candidate for the post 该职位的候选人

例 He will be a candidate in the presidential election in the coming year. 他将是来年的总统候选人。

··················3375

☐ **negative** ['negətɪv] **a.** ①否定的 ②反面的，消极的 [同] reverse, passive ③负的，阴极的 [反] positive **n.** ①（照相的）负片，底片 ②负数

㩒 negative influence 负面影响

例 Many drugs have negative effects. 许多药品有副作用。

··················3376

☐ **cannon** ['kænən] **n.** 大炮，火炮 **v.** 开炮，炮轰 [同] bombard

㩒 load a cannon 装炮弹；five 60 millimeter cannon 5 门 60 毫米口径的大炮

例 A cannon ball exploded in the back yard. 一颗炮

弹在后院中爆炸了。

联 canon *n.* 规则，准则，圣典

--------3377

□ **statue** ['stætʃuː] *n.* 雕像，塑像

构 stat（站，立）+ ue →总是站着的 →雕像

例 They planned to erect a statue for the late president. 他们计划为已故总统竖一尊雕像。

辨 statue：雕像。status：身份。stature：身高。

--------3378

□ **benefit** ['benɪfɪt] *n.* ①益处，好处 [同] good, blessing ②救济金，保险金 *v.* 有益于，得益 [同] avail, profit

搭 benefit from/by 从……中受益；acquire great benefit 大受裨益；(be) of benefit to 对……有好处；for the benefit of 为了……的利益

例 More and more students are benefiting from this modern type of instruction. 这种现代化的教学模式正使越来越多的学生受益。

--------3379

□ **arrogance** ['ærəgəns] *n.* 傲慢，妄自尊大，自负

搭 the arrogance of those in power 那些当权者的狂妄自大

例 He has the self-confidence that is sometimes seen as arrogance. 他的自信有时看上去像是自负。

--------3380

□ **baffle** ['bæfl] *v.* ①使困惑，难住 [同] confuse, bewilder ②使挫折，阻碍 [同] set back, frustrate

例 The question baffled me completely and I couldn't answer it. 我完全被这个问题难住了，答不出来。

--------3381

□ **germinate** ['dʒɜːmɪneɪt] *v.* ①发芽，萌芽 ②形成，产生

构 germin（种子，幼芽）+ ate（表动词）→发芽

搭 germinate an idea 形成一种想法；germinate the seeds 使种子发芽

例 The possibility of organizing a fact-finding mission was germinating in his mind. 组织一个事实调查团的可能性正在他的头脑中酝酿。

--------3382

□ **legacy** ['legəsi] *n.* ①遗产，遗赠，遗赠物 ②（喻）遗产（指先人留下的精神或物质财富、影响）

搭 a rich legacy of literature 丰富的文学遗产；legacies that a great genius leaves to mankind 天才留给人类的遗产

例 Her parents have left her a small legacy. 她父母给她留下一笔不多的遗产。

--------3383

□ **assign** [ə'saɪn] *v.* ①(to) 指派，选派 [同] appoint ②分配，给予，布置（作业）[同] allot ③指定（时间、地点等）[同] designate

例 Guards were assigned to watch the hotel day and night. 警卫被指派日夜守卫那家旅馆。

--------3384

□ **expand** [ɪk'spænd] *v.* ①扩大，扩张，扩展 [同] broaden, swell [反] contract ②膨胀

例 They expanded their retail operations significantly last year. 他们去年大大扩展了他们的零售业务。

--------3385

□ **fold** [fəʊld] *v.* ①折叠，对折 [同] double [反] unfold ②交叠，交缠 ③抱，拥抱 ④包围，笼罩 *n.* ①褶，褶痕，褶缝，折页 [同] wrinkle ②山坳，山谷，凹地 ③一圈，盘绕 ④羊栏，羊圈 ⑤信徒

搭 fold the paper 折叠纸；fold flat 折平

例 Make sure the umbrella is dry before folding it. 切记雨伞干了再收拢起来。

--------3386

□ **arable** ['ærəbl] *a.* 可耕作的，可开垦的 *n.* 耕地

搭 arable land 可耕地；an arable farm 适于垦殖的农场

例 Our arable land is becoming less and less. 我们的耕地变得越来越少了。

--------3387

□ **clay** [kleɪ] *n.* 黏土，泥土 *a.* 黏土制的，含黏土的

搭 clay pots 黏土罐；clay road 土路

例 Clay can be used for making bricks and pots. 黏土可用来做砖和瓦罐。

--------3388

□ **mountainous** ['maʊntənəs] *a.* ①多山的，有山的 ②巨大的，高大的

搭 mountainous waves 滔天巨浪

例 The countryside round here is very mountainous. 这一带的乡村山很多。

联 mountainside *n.* 山腰；mountaineer *n.* 登山运动员；mountaineering *n.* 爬山，登山

--------3389

□ **conformity** [kən'fɔːməti] *n.* ①遵照 ②相似，符合，一致 ③顺从

搭 in conformity with local codes 遵从当地的法规；

behave in conformity with one's own beliefs 行为与自己的信念一致；conformity to social customs 顺从社会习俗

例 There is too much conformity in the design of these buildings. 这些建筑物的设计非常雷同。

---3390

□ **visual** ['vɪʒuəl] **a.** 视觉的，看得见的

构 vis（看）+ ual（有……性质的）→视觉的

搭 visual arts 视觉艺术；visual defects 视力缺陷

例 These animals have excellent visual ability. 这些动物具有很好的视力。

---3391

□ **capsize** [kæp'saɪz] **v.**（船等）倾覆，（使）翻转 [同] overturn

搭 capsize the yacht 使游艇倾覆；hit an iceberg and capsize 撞上冰山而倾覆

---3392

□ **applicant** ['æplɪkənt] **n.** 申请人，请求者

搭 an applicant for a position 求职者

例 The applicants have to fill out several forms. 申请人得填写几张表格。

---3393

□ **organism** ['ɔːgənɪzəm] **n.** ①生物，有机体 ②机体，有机组织

例 Our government organism is under reform. 我国政府组织正在改革之中。

---3394

□ **bargain** ['bɑːgən] **n.** ①（买卖等双方的）协议，交易 [同] deal, contract ②特价商品，便宜的东西 **v.** 讨价还价，谈（协定、合同的）条件 [同] negotiate

搭 a real bargain 买得合算；a bargain sale 廉价出售

例 When the middle-aged woman was bargaining with the pedlar, the thief stole her purse. 当那名中年妇女同小贩讨价还价时，一个小偷偷了她的钱包。

---3395

□ **productive** [prə'dʌktɪv] **a.** ①多产的，富饶的 [同] fertile ②富有成效的，有收益的 ③生产的，有生产力的

构 pro（向前）+ duct（拉）+ ive（……的）→拉向前的 →富有成效的

搭 productive force 生产力；be productive of 出现……的倾向，可能产生……的结果；a productive writer 多产作家；a productive meeting 成果丰

硕的会议

例 His work in office has not been very productive. 他在办公室的工作业绩不怎么样。

联 conductive **a.** 传导的

---3396

□ **surpass** [sər'pɑːs] **v.** ①超过，优于，多于 [同] exceed, excel ②超过……的界限，非……所能做到或理解

例 The director has really surpassed himself with this new film. 这位导演的这部新电影确实超过了他以往的水平。

---3397

□ **ability** [ə'bɪləti] **n.** ① 能力，本领 [同] capacity, competence [反] inability ②（pl.）才能，才识 [同] faculty

搭 ability for/in music 音乐才能；to the best of one's ability 尽力；beyond one's ability 力所不及

例 His depression has adversely affected his ability to judge between right and wrong. 他的抑郁影响了他辨别是非的能力。

辨 ability: **n.** 能力 → inability **n.** 无能。enable: **v.** 使能够 → unable **a.** 不能的。ability: 人的智力或体力，后接不定式、in 或 for。capacity: 接受、理解能力，吸收、容纳能力，可用于人或物，后接 for。

---3398

□ **hospitality** [ˌhɒspɪ'tæləti] **n.**（对客人的）友好款待，好客，殷勤

例 The mountain villagers are known for their hospitality and kindness. 这些山民以好客和善良而著称。

---3399

□ **zoological** [ˌzuːə'lɒdʒɪkl] **a.** 动物学的

搭 zoological research 动物学研究；zoological discoveries 动物学发现

例 She specializes in zoological classification. 她专门从事动物分类学方面的研究。

---3400

□ **meadow** ['medəʊ] **n.** 草地，牧场 [同] grassland, pasture

例 I lay on the meadow, watching the sheep freely feeding on grass. 我躺在草地上，看着羊群自由地吃草。

联 meadowy **a.** 牧草地的

辨 meadow: 草坪，草地。pasture:（大片的）放牧的牧场。prairie:（一望无际的）大草原。

lawn: 前庭后院的草坪，观赏用。grassland: 草地总称，尤指大片放牧用的草地。

3401

□ **analogy** [ə'nælədʒi] *n.* ①类似，相似 [同] resemblance, similarity ②比拟，类推

构 ana（并列）+ log（说话）+ y（表行为）→放在一起说→比拟

搭 by (way of) analogy 用类推的方法

例 There is an analogy between the way water moves in waves and the way light travels. 水波流动的方式与光的传播方式有相似之处。

3402

□ **trivial** ['trɪviəl] *a.* ①琐碎的，无足轻重的 [同] minor, petty ②普通的，平常的

搭 trivial details 琐碎的细节；the trivial matters in daily life 日常生活中的琐事

例 In that case, you are putting the trivial above the vital. 那样的话，你就是在本末倒置了。

3403

□ **substitute** ['sʌbstɪtuːt] *n.* (for) 代用品，代替者 [同] replacement *v.* 代替，代以 [同] replace

例 You are wise enough to substitute well-trained workers for untrained ones in the assembly line. 用训练有素的技工把未经专业培训的工人从装配线上换下来，你这样做很明智。

3404

□ **distinct** [dɪ'stɪŋkt] *a.* ① (from) 有区别的，不同的 [同] different ②清楚的，清晰的 [同] apparent, obvious ③明确的，显著的

搭 be distinct from 与……截然不同

例 Beer has a very distinctive smell; it's quite distinct from the smell of wine. 啤酒有种独特的气味，它和葡萄酒的气味完全不同。

3405

□ **adverse** ['ædvɜːs] *a.* ①不利的，有害的，不良的 [同] unfavorable ②（意见等）反对的 [同] opposing, hostile

构 ad（做）+ vers（转）+ e →转向的 →反对的

搭 the adverse effects of smoking 吸烟的不良影响；adverse weather conditions 天气状况不佳；ignore the adverse criticism 不顾负面的批评；have an adverse trade balance with Japan 与日本有贸易逆差

例 Don't do anything that is adverse to other's interests. 不要做有损他人利益的任何事情。

3406

□ **betray** [bɪ'treɪ] *v.* ①背叛，出卖 [同] desert, abandon ②失信于，辜负 ③泄露 [同] give away ④（非故意地）暴露，显露

搭 betray one's country 叛国；betray oneself 露出本来面目，原形毕露

例 He betrayed his friends by breaking his promises. 他违背了自己的诺言，失信于朋友。

联 betrayal *n.* 出卖，暴露；betrayer *n.* 背叛者，卖国者；traitor *n.* 卖国贼

3407

□ **adventurous** [əd'ventʃərəs] *a.* ①喜欢冒险的，有冒险精神的，有进取心的 ②充满危险的，刺激性的 ③有新奇内容的，有新鲜内容的

搭 an adventurous program 大胆新奇的计划；an adventurous life in the tropics 热带地区惊险刺激的生活；an adventurous menu 有新意的菜单

例 I think I'll try the snails for lunch — I'm feeling adventurous today. 我想我午餐要尝试一下蜗牛——我今天很想冒冒险。

3408

□ **excitement** [ɪk'saɪtmənt] *n.* ①兴奋，激动 ②刺激，骚动，煽动

搭 speak in excitement 话语激昂；feel no excitement over 对……无动于衷；in a state of excitement 激动不已；need some excitement in life 生活中需要一些刺激

例 She could barely contain her excitement as the thought of what lay ahead. 一想到将要发生的事，她就几乎无法掩饰内心的激动。

3409

□ **opulent** ['ɒpjələnt] *a.* ①富裕的，豪华的，奢侈的 [同] wealthy ②丰富的，大量的 [同] profuse

构 opul（财富）+ ent（……的）→富裕的

搭 an opulent lifestyle 奢侈的生活方式；an opulent hotel 豪华旅馆；opulent sunlight 充足的阳光

例 She lived in opulent comfort. 她过着阔绰舒适的生活。

联 opulence *n.* 富裕，丰富，大量

3410

□ **participation** [pɑːtɪsɪ'peɪʃn] *n.* 参与，参加，分享

搭 active participation 积极参与

例 Your participation in the debate would be welcome. 欢迎你参加辩论会。

□ **brood** [bruːd] *n.* ①（雏鸡等）一窝 ②（一个家庭的）全体孩子 [同] offspring *v.* ① (on, over, about) 担忧，沉思，忧思 ②孵蛋

搭 a brood of ducks 一窝小鸭；a brood of chickens 一窝小鸡；brood over/on/about 沉思，考虑；brood about the meaning of life 思考人生的意义

例 I guess everyone broods over things once in a while. 我想每个人偶尔都会想些心事。

---------3412

□ **swear** [sweə(r)] *v.* (swore, sworn) ①宣誓，发誓 ②诅咒，咒骂 ③坚决地说，保证说 *n.* ①宣誓，发誓 ②诅咒，骂人的话

搭 swear on a Bible 手按《圣经》发誓；swear revenge 发誓报仇；swear by 以……发誓

例 She swore on her honor that she had never seen the man. 她以自己的名誉发誓说她从没见过那个男人。

---------3413

□ **coincide** [ˌkəʊɪnˈsaɪd] *v.* ①巧合，同时发生 ② (with)（意见、见解等）相符，一致 [同] accord ③位置重合，重叠

构 co（共同）+ in（使）+ cid（切）+ e →共同切分 →一致

搭 coincide with 与……相符，与……一致；coincide in 在……方面一致

例 If the heavy rain coincided with an extreme high tide, serious flooding would have resulted. 如果暴雨和极大的潮汛同时发生的话，就会导致严重的洪灾了。

联 coincidence *n.* 巧合，相符，一致；coincident *a.* 巧合的，一致的

---------3414

□ **spice** [spaɪs] *n.* ①香料，调料 [同] dressing ②趣味，情趣 ③少许，些许 *v.* ①加香料，加调料 ②添加情趣 / 趣味

搭 want some spice in one's life 希望自己的生活有一点情趣；a spice of adventure 些许冒险的意味；a speech spiced with humor 幽默风趣的演讲

例 The aroma of meat and spices came from the kitchen. 从厨房飘来了肉和调料的芳香。

---------3415

□ **waterfront** [ˈwɔːtəfrʌnt] *n.* 水边地，滨水区，码头区 *a.* 水边地的，滨水区的，码头区的

搭 turn the waterfront area into a tourist destination 把滨水区变成一个旅游景点；on the waterfront 在码头区

例 He went for a stroll along the waterfront. 他去水滨散了一会步。

---------3416

□ **tend** [tend] *v.* ①易于，往往会 [同] be liable to ②照管，护理 [同] look after ③趋向，倾向

例 Interest rates are tending upwards/downwards. 利率有提高 / 下降趋势。

---------3417

□ **pregnant** [ˈpregnənt] *a.* 怀孕的，妊娠的 [同] expecting

构 pre（在前的）+ gn（出生）+ ant（……的）→尚未出生的 →怀孕的

搭 be pregnant with a child 怀上孩子

例 Pregnant women shouldn't do heavy physical labor. 怀孕妇女不能做重体力劳动。

---------3418

□ **behave** [bɪˈheɪv] *v.* ①表现，举止端正 [同] act, perform ②（机器等）运转 [同] operate, run ③（事物）做出反应，起作用

搭 behave oneself 举止得体；behave badly to sb. 待某人不好；behave kindly to sb. 对某人体贴

例 Just stop being naughty and behave yourself! 别再淘气了，规矩些!

---------3419

□ **accelerate** [əkˈseləreɪt] *v.*（使）加快，（使）增速 [同] speed up, quicken [反] delay, slow down

构 ac（加强）+ celer（速度）+ ate（使）→加快

例 They made a plan to accelerate the growth of tourism. 他们制订了一项促进旅游业发展的计划。

联 acceleration *n.* 加快，加速；accelerated *a.* 加快的；accelerative *a.* 加快的，加速的；accelerant *n.* 催化剂，加快进程的东西

答案:

1. intensified　译文：由于天气骤然变差，营救受伤人员的工作已加紧进行。

2. distinct　译文：这项规定只适用于本国公民，与外国游客（适用的规则）有所区别。

Unit 65

学前自测

1. She's so _____ that I can never understand what she's trying to say. (overdue, monumental, vague, prohibitive, comparable)

2. He never arrives on time; the _____ is that he feels the meetings are useless. (harmony, hinge, vacancy, intern, inference)

··········3420

□ **catastrophic** [ˌkætə'strɒfɪk] *a.* 大灾难的，灾难性的

搭 the catastrophic consequences of a war 战争的灾难性后果；a catastrophic illness 灾难性的疾病

例 An unchecked increase in the use of fossil fuels could have catastrophic result for the earth. 毫无节制地使用矿物燃料会给地球带来灾难性的后果。

··········3421

□ **assist** [ə'sɪst] *v.* ①帮助，协助，援助 [同] help, aid [反] hinder ②有助于，提供便利

搭 assist her with her chores 帮她做家务；assist the clients with home loan applications 帮助客户申请住房贷款

例 Salvage operations have been greatly assisted by the good weather conditions. 好天气为营救工作提供了很大的便利。

辨 assist: 被帮助者也参与的救助。aid: 多指经济上的援助。help: 普通用词。

··········3422

□ **overdue** [ˌəʊvə'djuː] *a.* ①过期的，逾期的，迟到的 ②期待已久的 ③逾期未还的

构 over（超过）+ due（预期的）→过期的

搭 ten minutes overdue 晚点 10 分钟

例 A charge of one dollar per day is made on all overdue books. 所有逾期未还的书都要罚款，每天一美元。

··········3423

□ **transform** [træns'fɔːm] *v.* ①使改观，改革 [同] reform ②变换，把……换成 [同] convert

构 trans（变换）+ form（形状）→变换

例 Our purpose is not to wipe out all criminals bodily but rather to transform them into useful members of the society. 我们的目的不是在肉体上消灭罪犯，而是把他们彻底改造成对社会有用的成员。

联 transformer *n.* 变压器；transformation *n.* 转变，

变形

··········3424

□ **appeal** [ə'piːl] *v.* ① (for, to) 呼吁，恳求 [同] implore, plead ② (against, to) 上诉，申诉 [同] plead ③ (to) 诉诸，诉请裁决或证实 [同] resort, turn to ④有吸引力，有感染力 [同] attract *n.* ①呼吁，恳求 [同] plea, application ②申诉，上诉 ③感染力，吸引力 [同] fascination, charm

搭 appeal to him for mercy 恳求他宽恕；appeal to the Supreme Court 向最高法院上诉；on appeal 在上诉中；right of appeal 上诉权

例 He will appeal to the government for financial support. 他将呼吁政府提供财政援助。

··········3425

□ **dearth** [dɜːθ] *n.* ①缺乏，不足 ②饥荒

搭 a dearth of corn 谷物供应不足；in time of dearth 荒年时

例 The factory's closure has been blamed on the dearth of orders for its products during the recession. 工厂的倒闭被归咎于经济衰退期间缺少产品订单。

··········3426

□ **vague** [veɪg] *a.* 含糊的，不明确的，模糊的 [同] obscure, faint

例 They were vague and evasive about their backgrounds. 他们对各自的背景含含糊糊，闪烁其词。

··········3427

□ **extracurricular** [ˌekstrəkə'rɪkjʊlə(r)] *a.* ①课外的，课程以外的 ②本职职务/日常工作以外的 *n.* 课外活动

构 extra（外面的）+ curricular（课程）→课外的

搭 extracurricular activities 课外活动；extracurricular athletics 课外体育活动

··········3428

□ **vanish** ['vænɪʃ] *v.* ①突然不见，消失 [同] disappear ②不复存在，绝迹 [同] die out

构 van（空）+ ish（使……）→消失

搭 vanish into nothing 化为乌有；vanish from sight 消失不见

例 Many types of animals have now vanished from the earth. 许多动物物种现在已经在地球上绝迹。

辨 vanish: 突然而神秘地消失，不留任何痕迹。disappear: 逐渐地或突然地、暂时地或永久地消失。

....3429

□ **cancel** ['kænsl] **v.** ①取消，废除 [同] call off, abolish ②抵消 ③删去，画掉 [同] erase, cross out

搭 cancel out 抵消，删去；cancel an appointment with sb. 取消和某人的约会

例 On account of the bad weather, I had cancelled the projected plan of camping out with some friends. 由于天气不好，我取消了原定的与一些朋友去野营的计划。

联 cancellation **n.** 取消，废除

....3430

□ **illusion** [ɪ'luːʒn] **n.** ①幻想，错误的观念 [同] fantasy [反] reality ②错觉，幻觉，假象 ③（使观众产生错觉的）魔术手法

例 He is always under the illusion that he will become known all over the world some day. 他整天幻想着有朝一日扬名天下。

联 elusion **n.** 逃避；allusion **n.** 提及，暗示；disillusion **v.** 使幻想破灭；illusionist **n.** 幻术师，魔术师

辨 illusion: 常指错误的思想、观点或感官错觉。imagination: 可指积极的想象或想象力。image: 指形象、头像、图像。allusion: 暗指，影射。

....3431

□ **concede** [kən'siːd] **v.** ①（不情愿地）承认，承认……为真或正确 [同] admit ②承认竞选／比赛失败 ③容许，授予，让与 ④妥协，让步

搭 concede without a contest 不战而降；concede defeat/mistakes 承认失败／错误

例 The defeated side had to concede some of their territory to the enemy. 战败的一方不得不把部分领土割让给了敌人。

联 accede **v.** 答应，同意；recede **v.** 后退；precede **v.** 先于，领先；cede **v.** 放弃，割让

....3432

□ **dupe** [duːp] **n.** 易受骗的人，易被愚弄的人，被人利用的工具 **v.** 欺骗，愚弄 [同] fool

搭 dupe sb. out of money 骗某人的钱；dupe sb. into signing a contract 哄骗某人签合同

例 She has been making you her dupe for much too long. 她一直在愚弄你，为时已久。

....3433

□ **friction** ['frɪkʃn] **n.** ①不和，抵触 ②摩擦（力）[同] rubbing

例 Border clashes have led to increased friction between the two countries. 边界冲突已导致两国间的更大摩擦。

....3434

□ **surveillance** [sɜː'veɪləns] **n.** 监视，盯梢

搭 keep...under surveillance 置于监视之下；electronic surveillance system 电子监视系统；a surveillance satellite 监视卫星；a surveillance camera 监视摄像机

例 They are calling for more surveillance of the nation's food supply. 他们呼吁对该国的粮食供应加强监督。

....3435

□ **ozone** ['əʊzəʊn] **n.** 臭氧

例 Scientists are worried about the hole in the ozone layer which appeared over Antarctic in the 1980s. 科学家们担心 20 世纪 80 年代出现在南极上空臭氧层中的那个洞。

....3436

□ **confine** [kən'faɪn] **v.** ①限制，使局限 [同] restrict [反] free ②使不外出，禁闭，监禁 ['kɒnfaɪn] **n.** (pl.) 界限，范围

搭 be confined to this area 局限于这个地区；be confined to bed with the flu 因患流感卧病在床

....3437

□ **interfere** [ˌɪntə'fɪə(r)] **v.** ① (with, in) 干预，介入 ②妨碍，干扰 [同] prevent

构 inter（在……之间）+ fer（带来）+ e →来到中间→介入

搭 interfere in 干涉／预；interfere with 妨碍，打扰

例 Don't interfere in matters that don't concern you. 不要介入与你无关的事。

联 interference **n.** 干涉，干扰

....3438

□ **monumental** [ˌmɒnju'mentl] **a.** ①纪念碑的，纪念性的 ②巨大的，重要的，不可估量的 ③非常的，极度的

搭 a monumental inscription 碑志；a monumental tree 参天大树；a monumental victory 历史性的胜利；monumental ignorance 极端无知；a monumental task 重大任务

例 The steps are flanked by monumental sculptures. 台阶两侧是一座座巨大的雕像。

---3439

☐ **prohibitive** [prəʊ'hɪbətɪv] *a.* ①禁止的，抑制的 ②（费用、价格等）变得负担不起的，过分高昂的

构 pro（在……前面）+ hibit（拿住）+ ive（……的）→提前拿住的 →禁止的

例 The cost of traveling to the island is prohibitive. 到那座岛旅游的费用令人不敢问津。

---3440

☐ **aerobics** [eə'rəʊbɪks] *n.* 有氧运动

构 aero（空气）+ bics（活动）→有氧运动

例 I take aerobics classes twice a week. 我每周上两次有氧运动课。

---3441

☐ **hinge** [hɪndʒ] *n.* 铰链，合叶 *v.* ①装铰链于，用铰链链接 ②依……而定，以……为转移 [同] depend on/upon

搭 hinge on/upon 取决于，以……为转移

例 The cupboard door is hinged on the right, so it opens on the left. 橱柜门是在右边装的铰链，所以要从左边开。

---3442

☐ **comparable** ['kɑːmpərəbl] *a.* ①(to) 比得上的 [反] incomparable ②(with, to) 可比较的，类似的 [同] similar [反] dissimilar

构 com（共同）+ par（相等）+ able（能……的）→能等同的 →比得上的

搭 comparable to 比得上的，与……相匹敌的；comparable with 可与……相比，类似的

例 The dinner is comparable to the best Chinese cooking. 这顿饭可与最好的中国烹饪媲美。

辨 comparable: 可比较的，比得上的。comparative: 比较的，相对的。

---3443

☐ **diameter** [daɪ'æmɪtə(r)] *n.* 直径

构 dia（穿过）+ meter（测量）→直径

例 The tree is two feet in diameter. 这棵树直径为 2 英尺。

---3444

☐ **magnetic** [mæg'netɪk] *a.* ①磁的，有磁性的 ②有吸引力的，有魅力的 [同] attractive

搭 magnetic field 磁场

例 He is the most magnetic male dancer in the Royal Ballet. 他是皇家芭蕾舞团最有魅力的男演员。

---3445

☐ **prevalent** ['prevələnt] *a.* 流行的，盛行的，普遍的 [同] popular

例 This attitude seems particularly prevalent among young people. 这种态度在年轻人中似乎特别流行。

---3446

☐ **extension** [ɪk'stenʃn] *n.* ①扩大，延伸，扩展 ②延长部分，扩大部分，扩建部分，延长线 ③延期，延长，放宽的期限 ④电话分机，分机号码

搭 the extension to the gallery 美术馆的扩建部分；sign a three-year extension to the contract 续签三年合同；get an extension in the bedroom 在卧室里装分机

例 I've applied for an extension to my visa. 我已经申请延长签证。

---3447

☐ **pine** [paɪn] *n.* 松树，松木 *v.* ①憔悴 ②渴望，向往

例 It is at this time of year that I start to pine for the snow-topped mountains. 每年这个时候，我就开始向往山顶上覆盖着白雪的高山。

---3448

☐ **harmony** ['hɑːməni] *n.* ①和谐，融洽，一致 ②（声）和声，和声学

搭 in harmony (with)（与……）协调一致，（与……）和睦相处；out of harmony with 同……不协调 / 不融洽；the harmony of sea and sky 海天一色

例 The measure to be taken is in harmony with the policy. 要采取的措施与政策是一致的。

---3449

☐ **inference** ['ɪnfərəns] *n.* ①推断结果，结论 [同] conclusion ②推论，推理，推断 [同] judgment

搭 arrive at an inference 得出结论；draw/make an inference from 由……推断出；the deductive inference 演绎推理；the inductive inference 归纳推理；make one's own inference 得出自己的结论

例 From her reply we drew the inference that she had already seen the document. 从她的回答中我们推断她已经看到了文件。

联 conference *n.*（正式）会议；reference *n.* 提及，参考

---3450

☐ **request** [rɪ'kwest] *v./n.* 要求，请求 [同] demand, appeal

例 You are requested to produce your ID card to board a plane or stay in a guest house. 登机或住宾馆都要出示身份证。

□ **prohibit** [prə'hɪbɪt] **v.** 禁止，不准 [同] forbid, ban

搭 prohibit smoking/spitting 禁止抽烟 / 吐痰

例 Swimming is prohibited in the lake because it provides the city with drinking water. 湖中禁止游泳，因为它向全城供应饮用水。

---- 3452

□ **erroneous** [ɪ'rəʊnɪəs] **a.** 错误的，不正确的

构 err（犯错）+ on + eous（……的）→错误的

搭 an erroneous assumption 错误的假设；erroneous ideas 错误的想法

例 He holds the erroneous belief that the more it costs the better it must be. 他持有错误的看法，认为价格越高东西越好。

联 erroneously **ad.** 错误地；erroneousness **n.** 错误

---- 3453

□ **gravel** ['grævl] [gravel(l)ed, gravel(l)ing] **n.** 碎石，沙砾 **v.** 给……铺碎石

例 A gravel path ran through the forest. 一条沙砾小路穿过森林。

---- 3454

□ **compress** [kəm'pres] **v.** 压紧，压缩 [同] condense, press **n.** ①敷布，压布 ②打包机

例 As there was only a little time left, he compressed his address into a quarter of an hour. 由于剩下的时间不多，他把他的演说压缩到一刻钟。

---- 3455

□ **opaque** [əʊ'peɪk] **a.** ①不透明的，不透光的 ②难理解的，晦涩的 [同] obscure

例 Her explanation of the problem was rather opaque. 她对这个问题的解释相当含糊。

---- 3456

□ **precision** [prɪ'sɪʒn] **n.** 精确（性），精密（度） [同] accuracy, exactness

搭 precision instruments 精度仪器；define a term with utmost precision 极其精确地给一个术语下定义

例 This high precision lathe operates in dust-free workshop. 这台高精度机床在无尘车间才能运作。

联 precisionism **n.** 精密主义；precisionist **n.** 精密主义者

---- 3457

□ **enrich** [ɪn'rɪtʃ] **v.** ①使富裕，使富有 ②充实，使丰富 ③使肥沃 ④装饰，美化 ⑤浓缩

搭 enrich one's cultural life 丰富文化生活；soil enriched with manure 施了肥的土壤；enrich the walls

with paintings 用油画装饰墙壁；enriched uranium 浓缩铀

例 The discovery of oil will enrich the nation. 石油的发现将使这个国家富裕起来。

---- 3458

□ **seam** [siːm] **n.** ①缝，接缝，焊缝 ②皱纹，疤痕 ③层，矿层 **v.** 缝合，接合

搭 burst at the seams 充满，挤满，挤破

例 Please sew the split seams of the shirt for me right now. 请马上替我把衬衫开缝缝合。

---- 3459

□ **repay** [rɪ'peɪ] **v.** ①归还，偿还 ②回报，报答

搭 repay one's hospitality 报答某人的款待；repay one's kindness 回报某人的好意

例 She had to sell her car to repay the loan from the bank. 她不得不卖掉汽车来偿还银行的贷款。

联 repayment **n.** 偿还；repayable **a.** 应付还的

---- 3460

□ **honor** ['ɒnə(r)] **n.** ① 光荣，荣幸，荣耀 ②正义感，道义，自尊 ③荣誉，勋章，奖章 ④名誉，声誉，信誉 ⑤ (H-) 阁下，先生 **v.** ①授予……荣誉，使增光 [同] glorify ②尊敬，敬重 [同] show respect to, admire ③执行，履行，施行

搭 in honor of sb./in sb.'s honor 为了向某人表示敬意；in honor of 为庆祝，为纪念；be honored with the Nobel Prize in Physiology or Medicine 获得诺贝尔医学或生理学奖；a richly deserved honor 完全应得的荣誉

例 It's a very flattering offer, and I'm honored by your confidence in me. 这个提议让我受宠若惊，能得到你的信任我感到很荣幸。

---- 3461

□ **numerous** ['njuːmərəs] **a.** 为数众多的，许多的 [同] many a, a great many, quite a number of

例 After numerous failures the inventer came up with a miraculous novelty. 经历了许许多多次失败之后，发明人想出了一个奇迹般的新奇玩意儿。

---- 3462

□ **vacancy** ['veɪkənsi] **n.** ①空，空白，空间 ②空缺，空职，空位，空房 ③（心灵、思想的）空虚，无知，失神

构 vac（空的）+ ancy（表状态）→空位

搭 no vacancy 客满；a vacancy in the office 办公室的空位

例 There are still some vacancies for students in science and engineering courses, but those in the arts and humanities have been filled. 理工科的学生还有一些空缺，不过人文科的学生已经满了。

联 vacantly *ad.* 空虚地，茫然若失地

---3463

□ **sensory** ['sensəri] *a.* 感觉的，感官的

构 sens（感觉）+ ory（……的）→感觉的

搭 a sensory organ 感觉器官；a sensory nerve 感觉神经

例 People have become more interested in sensory science. 人们对感官科学越来越感兴趣了。

联 sensual *a.* 官能的，肉体上的

---3464

□ **recommend** [ˌrekə'mend] *v.* ① 推荐，举荐 [同] commend, introduce ②劝告，建议 [同] suggest ③使受欢迎

搭 recommend sb. sth./sth. to sb. 向某人推荐某物；recommend sb. to do sth. 劝某人做某事

例 I highly recommend you to read this novel. 我强烈建议你好好读一读这部小说。

联 recommendation *n.* 推荐，介绍

---3465

□ **privacy** ['prɪvəsi] *n.* ①（不受干扰的）个人自由 ②隐私，私生活，私事

搭 one's right to privacy 隐私权；intrude on one's privacy 干涉某人的私事

例 Don't reveal your privacy to strangers, especially when you are traveling alone. 不要向陌生人透露私事，特别是在一个人外出旅行的时候。

---3466

□ **council** ['kaʊnsl] *n.* 委员会，理事会 [同] assembly, board

搭 the U.N. Security Council 联合国安全理事会；a student council 学生会；be in council 在开会中

例 The play is supported by a grant from the art council. 这部戏剧由艺术委员会出资赞助。

---3467

□ **inalienable** [ɪn'eɪliənəbl] *a.* 不可分割的，不能让与的，不可剥夺的

搭 an inalienable part of the territory of a country 一国领土不可分割的一部分；the inalienable rights of freedom 不可剥夺的自由权

---3468

□ **historic** [hɪ'stɒrɪk] *a.* 历史上著名的，有历史意义的

例 More money is needed for the preservation of historic buildings and monuments. 对具有历史意义的建筑和纪念碑的保护需要更多的资金。

---3469

□ **intern** ['ɪntɜːn] *n.* 实习生 [ɪn'tɜːn] *v.* ①拘留，扣押 ②软禁

搭 be interned in a camp 被拘留在一所营房里；intern belligerent ships 扣押交战敌国的船只

例 Students also work as interns for nearby companies. 学生也去附近公司当实习生。

联 internship *n.* 实习生的职位，实习期

---3470

□ **mixture** ['mɪkstʃə(r)] *n.* ①混合，混杂 ② 混合物，什锦 [同] combination

搭 a mixture of spices 香料混合物；speak in a mixture of English and French 说话时英语里夹杂着法语

例 She looked at him with a mixture of horror, envy and awe. 她看了他一眼，眼神里夹杂着恐惧、妒忌和敬畏。

---3471

□ **consumption** [kən'sʌmpʃn] *n.* ①消耗量，消费量 [同] expenditure [反] production ②消耗，消费，挥霍 ③结核病

例 Recent health reports have advised us to reduce fat consumption. 最近的健康报告建议我们减少脂肪消耗。

---3472

□ **wax** [wæks] *n.* 蜡，蜂蜡 *v.* ①给……上蜡 ②（月）渐圆，渐满 [反] wane

搭 wax and wane（月的）盈亏，圆缺，盛衰

例 She waxed the floor yesterday. 她昨天给地板上了蜡。

答案：

1. vague　译文：她说话含糊糊，我总也听不明白她想说些什么。

2. inference　译文：他从不准时到会，据此可以得出结论，他认为这些会议毫无用处。

Unit 66

学前自测

1. It's just the _____ of an idea, but I think we might make something out of it. (corps, urbanization, solidarity, germ, enclosure)

2. The political instability of the region has _____ investments by big companies. (duplicated, indicated, discouraged, allocated, motivated)

---------- 3473

□ **strain** [streɪn] **n.** ①拉紧，绷紧 [同] stretch, pull ②压力，负担 ③紧张，焦虑，疲惫 ④扭伤，拉伤 ⑤（常 *pl.*）旋律，曲调 ⑥品种，品系，家系 ⑦气质，个性特点 **v.** ①扭伤，拉伤，损伤 ②拉紧，绷紧 [同] tighten ③尽力，努力 [同] strive
搭 suffer from strain 精神紧张；under a lot of strain 承受着巨大压力；avoid muscle strain 避免拉伤肌肉
例 This policy puts a greater strain on the economic system than it can bear. 这项政策给经济体系带来了难以承受的更大压力。

---------- 3474

□ **miserable** ['mɪzrəbl] **a.** ①悲惨的，可悲的 [同] sad ②痛苦的，苦恼的，令人难受的 ③蹩脚的，糟糕的，少/小得可怜的 ④邋遢的，卑鄙的，可耻的
构 miser（同情）+ able（能）→能令人同情的 → 可悲的
搭 be miserable from/with cold and hunger 受饥寒之苦；a miserable defeat 惨败；a miserable villain 卑劣的恶棍；miserable living conditions 污秽的生活环境
例 Their happiness made Anne feel even more miserable. 他们的幸福让安妮更加感到痛苦。

---------- 3475

□ **urban** ['ɜːbən] **a.** 城市的，城镇的 [反] rural（农村的）
搭 urban development 城市发展；urban population 城市人口
例 In urban areas of industrializing nations, millions of people have no secure shelter. 在正处于工业化的国家的城市地区，千百万人没有安全的住所。
联 urbanization **n.** 城市化；urbanize **v.** 使城市化

---------- 3476

□ **motivate** ['məʊtɪveɪt] **v.** 作为……的动机，激励，激发 [同] encourage [反] discourage
构 mot（动）+ iv + ate（使）→使动起来 →激发
例 He is motivated by a desire to help people. 他这样做是出于帮助人的愿望。

---------- 3477

□ **germ** [dʒɜːm] **n.** ①微生物，细菌，病菌 [同] bacteria ②起源，萌芽，雏形 ③胚芽
例 Wash your hands so you won't get germs on the food. 洗洗手，这样你就不会把细菌带到食物上。

---------- 3478

□ **wagon** ['wægən] **n.** ①四轮货运车，四轮马车，篷车 ②手推服务车，手推车 ③铁路货车，客货两用车 **v.** 用四轮马车 / 货车运输
搭 grocery wagon 手推食品杂货车；a milk wagon 送奶车；hitch one's wagon to a star 胸怀大志；off the wagon 不再戒酒
联 coach **n.**（汽车拖的）活动房屋，长途公共汽车；stagecoach **n.** 驿站马车，公共马车

---------- 3479

□ **evolve** [ɪ'vɒlv] **v.** ①（使）进化，（使）演化 ②（使）发展，（使）演变 [同] develop
构 e（出）+ volv（转，滚）+ e →转出来 →进化，发展
例 This method of manufacture evolved out of a long process of trial and error. 这种生产方法是经过长期的试错逐步完善发展起来的。
联 evolution **n.** 进化；evolutionary **a.** 进化的

---------- 3480

□ **corps** [kɔː(r)] **n.** ①（单复同，复数读作 [kɔːz]）队，部队，军团 ②（从事同类专业工作的）一组
构 corp（身体）+ s →一组，队
搭 the press corps 记者团；the diplomatic corps 外交使团；a crops of nurses 一批护士
例 A medical corps has been sent to the flooded area. 一支医疗队已被派往洪涝灾区。

□ **dormancy** ['dɔːmənsi] *n.* ①休眠 ②不活动状态，不活动性
构 dorm（睡眠）+ ancy（表状态）→休眠
例 Some volcanoes have eruptive cycles followed by stretches of dormancy. 有些火山在喷发周期之后有持续的休眠期。

□ **skyscraper** ['skaɪskreɪpə(r)] *n.* 摩天大楼
构 sky（天空）+ scrape（摩擦）+ r →摩擦到天空→摩天大楼
例 It is an 80-storey skyscraper. 那是一幢 80 层的摩天大楼。

□ **grudge** [grʌdʒ] *v.* ① 勉强地给，舍不得 ②怨恨，嫌恶，嫉妒 *n.* 怀恨，怨恨，不满
搭 bear a grudge 怀恨在心，心怀不满；have a grudge against sb. 对某人怀恨在心
例 I always feel she has a grudge against me, although I don't know what wrong I've done her. 我总觉得她在怨恨我，但我不知道自己有什么事亏待了她。

□ **intensive** [ɪn'tensɪv] *a.* ①加强的，强化的，集中的 ②集约的，精耕细作的
搭 intensive /extensive reading 精读 / 泛读
例 It took me a two-week intensive course to pass my driving test. 我参加了两周的强化培训班才通过了驾驶考试。

□ **indicate** ['ɪndɪkeɪt] *v.* ①指出，标示，指示 ②（用姿态、目光等）表明，示意 [同] imply, denote
例 Please indicate which free gift you would like to receive. 请指出你愿意要哪种免费礼物。

□ **stiff** [stɪf] *a.* ①硬的，僵直的 [同] hardened ②不灵活的，难转动的 ③拘谨的，生硬的 [同] constrained, clumsy ④艰难的，费劲的，强烈的 ⑤烈性的 *ad.* ①完全地，十足地，极其，非常 ②僵硬地
搭 a stiff door handle 很紧的门把手；stiff competition 激烈的竞争；a stiff whisky 一杯烈性威士忌；a stiff wind blowing from the north 从北方吹来的一股强劲的风
例 The athlete was given a stiff punishment for using drugs. 这名运动员因服用毒品而受到了严厉处罚。

□ **urbanization** [ˌɜːbənaɪ'zeɪʃn] *n.* 都市化
例 Urbanization has become a global trend. 都市化已成为一个全球性的趋势。
联 urban *a.* 城市的；urbanize *v.* 使都市化

□ **allocate** ['æləkeɪt] *v.* 分配，分派，把……拨给 [同] assign
例 The fund was allocated among the various organizations concerned with the welfare of children. 这笔拨款在与儿童福利有关的组织之间分配。

□ **steam** [stiːm] *n.* ①（蒸）汽，水汽，雾气 ②力量，动力 *v.* ①冒蒸气 ②蒸煮 ③（火车、轮船）行驶
搭 steamed rice 蒸米饭；full steam ahead 进展迅速，全速前进
例 The bathroom was filled with steam. 浴室里充满了雾气。
辨 steam: 蒸汽，水蒸气，煮沸升起的气体状态。vapor: 蒸汽，气雾，不煮沸而在空气中呈雾状的气体状况。

□ **promotion** [prə'məʊʃn] *n.* ①提升，晋升，增长 ②（商品的）宣传，推销
搭 promotion of friendship 友谊的增进；get/obtain promotion 晋升；offer excellent promotion prospects 提供良好的晋升机会
例 There was a promotion in the supermarket and they were giving away free glasses of wine. 超市里有一个促销活动，免费赠送一杯杯葡萄酒。

□ **stable** ['steɪbl] *a.* 稳定的，安定的 [同] firm, steady *n.* 马厩，马棚
搭 a stable condition 情况稳定；stable, loving relationship 稳定的恋爱关系
例 Their marriage was in danger of breaking up last year but it seems quite stable now. 去年他们的婚姻处于破裂的危险中，但现在看上去相当稳定。

□ **fragment** ['frægmənt] *n.* 碎片，片段 *v.* （使）成碎片，使分裂
例 His day was fragmented by interruptions and phone calls. 他一天中有各种事情干扰，又有不断的电话，弄得时间支离破碎。
联 fragmentary *a.* 碎片的，不完全的；fragmentate

v. 裂成碎片

---------- 3493

□ **solidarity** [ˌsɒlɪ'dærəti] *n.* 团结，一致 [同] unity, cohesion

例 The lecturers joined the protest march to show solidarity with their students. 演讲者加入了抗议队伍，以显示他们与自己的学生团结一致。

---------- 3494

□ **loan** [ləʊn] *n.* ①贷款 ②暂借 *v.* 借出，贷给，贷款 [同] lend

搭 on loan 暂借，借出；loan application 贷款申请

例 These works of art are too brittle to be loaned out for exhibition. 这些艺术品太容易损坏，不能借出去展览。

---------- 3495

□ **prediction** [prɪ'dɪkʃn] *n.* 预言，预告，预测

搭 provide accurate long-term prediction 提供准确的长期预报；make an accurate earthquake prediction 做出精确的地震预报；environmental prediction 环境预报

例 To everyone's surprise, his prediction of the severe storm came true. 使人惊奇的是，他关于大风暴的预测是正确的。

联 predictive *a.* 预言性的，作为预料的

---------- 3496

□ **layout** ['leɪaʊt] *n.* ①布局，安排，设计 [同] arrangement, design ②规划，方案，构思 ③（书、报刊等的）版面设计，编排

搭 the road layout 道路的设计；the layout of rooms in a hotel 旅馆房间的布局；do layout for a magazine 为杂志设计版面

例 Application forms vary greatly in layout and length. 申请表格的格式和长度差别很大。

---------- 3497

□ **pattern** ['pætn] *n.* ①型，模式，样式 [同] style, fashion ②花样，图案 [同] design *v.* 仿制，使照……的样子 [同] imitate, copy

例 The railway system was patterned after the successful plan used in other countries. 这个铁路系统是根据其他国家所使用的成功方案仿制的。

联 patterned *a.* 有图案的，带花样的

---------- 3498

□ **slip** [slɪp] *v.* ①滑（倒），滑落 [同] lose balance ②溜走 [同] sneak ③下降，跌落 ④悄悄放进 *n.* 疏漏，差错

搭 a slip of the pen 笔误；a slip of the tongue 口误；

slip by 不知不觉过去；slip into 不知不觉养成……习惯；let slip 偶然泄露（秘密等）；slip up 失误，出差错

例 She slipped down on the slippery floor. 她在滑溜溜的地板上滑倒了。

联 slippery *a.* 光滑的，滑头滑脑的；slipper *n.* 拖鞋

---------- 3499

□ **enclosure** [ɪn'kləʊʒə(r)] *n.* ①围场，四周有篱笆或围墙等的场地 ②（信中的）附件

例 The envelope contains a letter and three pictures as an enclosure. 信封里有一封信，并附了三张照片。

---------- 3500

□ **joint** [dʒɔɪnt] *n.* ①骨节，关节，连接处 ②大块肉 *a.* ①连接的 ②共同的，共有的，联合的

搭 joint venture/business 合资企业；take joint action 采取联合行动；joint-stock company 股份公司；out of joint 脱臼，出了问题，处于混乱状态

例 The roof needs to be replaced because water has started to leak through the joints between the tiles. 屋顶需要更换了，因为水已经开始从瓦的接缝中渗漏进来。

---------- 3501

□ **discourage** [dɪs'kʌrɪdʒ] *v.* ①使泄气，使灰心 [反] encourage ②阻止，劝阻 [同] prevent

例 The thought of how much he had to do discouraged him. 想想得干多少工作，他就心灰意冷。

---------- 3502

□ **profound** [prə'faʊnd] *a.* ①深度的，深切的，深远的 ②知识渊博的，见解深刻的 [同] learned ③深邃的，渊博的

搭 a profound, original book 一本见解深刻、新颖的书；a man of profound ideas 思想深邃的人；profound respect 深深的敬意；profound relief 极大的宽慰；a profound sense of shame 深深的羞愧感

例 Einstein's profound theory of relativity could be understood by only a few people but it has become known all over the world. 爱因斯坦深奥的相对论只有少数几个人懂，但却在全世界广为人知。

---------- 3503

□ **threshold** ['θreʃhəʊld] *n.* ①门槛，门口 ②开端，起点 ③阀，限

搭 stop on the threshold 在门口停住；a 15% increase in the tax threshold 征税起点提高15%

例 Scientists are now on the threshold of a better

understanding of how the human brain works. 科学家对人类大脑工作机制的研究现在即将开启新篇章。

辨 on the threshold of: 即将开始。on the point of doing: 正要去做。on the verge of: 接近于，濒于。
·········3504

☐ **ignorant** ['ɪɡnərənt] *a.* (of) 不知道的 [同] unaware ②无知的，愚昧的 [同] uneducated, illiterate [反] educated

构 ig（不）+ nor（知道）+ ant（……的）→不知道的

例 Many teenagers are surprisingly ignorant about current politics. 许多青少年对时事政治表现出惊人的无知。
·········3505

☐ **construct** [kən'strʌkt] *v.* ①建造，构筑 [同] build, create [反] demolish ②对……进行构思，造（句）['kɒnstrʌkt] *n.* ①构造物，建筑物 ②构想，观念

例 The wall was constructed of concrete. 这堵墙用混凝土筑成。
·········3506

☐ **switch** [swɪtʃ] *v.* ①转变，改变，转换，转移 [同] shift ②互换，对调 ③开启，关掉 *n.* ①开关，电闸 ②转变，改变

搭 switch on（把开关）打开；switch off（把开关）关掉，切断；switch from... to... 从……转入／调动到

例 I was switched to work in a new subdivision in New York. 我被调往纽约一个新的分公司工作。

辨 turn on/off：煤气、水、电开关的开启、关闭；switch on/off：电器开关的开启／关闭。
·········3507

☐ **burst** [bɜːst] (burst, burst) *v.* ①爆炸，（使）爆裂 [同] break ②充满，挤满 ③突然打开，突然发作，突然发生 *n.* ①爆炸，爆裂，裂口 [同] bang, blast ②爆发，突发 ③齐射，连发齐射

搭 burst with happiness 满怀喜悦；burst out laughing 突然大笑；burst into laughter 突然大笑；burst into tears 突然哭起来；burst into song 突然唱起来；burst into flames 突然起火；a burst of machine-gun fire 一阵机枪扫射；in bursts 一阵阵地

例 She returned home to find a pipe had burst and the house was flooded. 她回到家，发现有条水管破裂，家里淹水了。
·········3508

☐ **duplicate** ['djuːplɪkeɪt] *v.* ①复制，复写，复印 [同] copy, double ②重复 ['djuːplɪkət] *n.* 完全一样的东西，复制品，副本，抄件 [同] copy, reproduction ['djuːplɪkət] *a.* 完全一样的，复制的

搭 a duplicate of the document 文件的副本

例 It is not the original, but a duplicate. 这不是原件，而是复制件。
·········3509

☐ **specification** [ˌspesɪfɪ'keɪʃn] *n.* ①规格，规格说明，详细计划 ②指定，指明，详述 ③说明书

搭 draw up specifications for a building 为一幢新楼房拟设计书；be manufactured to a high specification 按照高标准制造；the specification for one's consult 供参考的说明书

例 The designer drew up his specifications for the new car. 设计者为这种新汽车拟订了规格。
·········3510

☐ **graphic** ['ɡræfɪk] *a.* ①生动的，形象的 [同] vivid ②绘画的，文字的，图表的 *n.* 图，图表，图标

例 In the book there are graphic descriptions of the grassland. 书中有对草原景色的生动描写。
·········3511

☐ **caustic** ['kɔːstɪk] *a.* ①腐蚀性的 ②刻薄的，讥讽的 *n.* 腐蚀剂，烧碱

搭 caustic remarks 挖苦讽刺的言语

例 She's famous in the office for her caustic humor. 她在办公室里因为擅长说笑话挖苦人而出名。
·········3512

☐ **agenda** [ə'dʒendə]（单数形式为 agendum）*n.* ①事项，议题，计划 ②议事日程，议程（表）

搭 on the agenda 在议事日程中；set the agenda 确定议题，确定计划；be high on the agenda 是需要优先处理／考虑的问题

例 It's time for us to put the protection of wild life on the agenda. 是把保护野生生物提上日程的时候了。
·········3513

☐ **draft** [drɑːft] *n.* ①草稿，草案，草图 ②汇票 *v.* 起草，草拟 [同] design, draw up

例 Make a draft of the article and I'll check it before you write up the final copy. 先写成这篇文章的草稿，待我检查后，再最终定稿。
·········3514

☐ **acquaintance** [ə'kweɪntəns] *n.* ①认识，相识，了解 [同] knowledge, understanding ②相识的人，熟人

搭 make the acquaintance of sb.= make sb.'s acquaintance 结识某人；a speaking acquaintance 泛泛之交；a nodding/passing/bowing acquaintance 点头之交

例 That evening he made the acquaintance of a young actress. 那天晚上他结识了一名年轻的女演员。

联 acquaintanceship n. 结识

辨 acquaintance: 认识，熟人。intimate: 密友，至交。colleague: 同事。associate: 伙伴，合伙人。

....3515

□ **sociology** [ˌsəʊsiˈɒlədʒi] *n.* 社会学

构 soci（团体，结交）+ ology（学）→社会学

例 She specializes in the sociology of education. 她专门研究教育社会学。

....3516

□ **predatory** [ˈpredətri] *a.* ①（动物）食肉的，捕食其他动物为生的 ②（人）掠夺成性的，好色成性的

搭 predatory competitors 掠夺性竞争对手；look at sb. in a predatory way 以一种色狼般的眼神看着某人

例 The owl is a predatory bird which kills its prey with its claws. 猫头鹰是一种食肉鸟类，它用爪子杀死猎物。

....3517

□ **vegetation** [ˌvedʒəˈteɪʃn] *n.* （总称）植物，草木，植被

例 The rocky peaks of the mountain are not covered by any vegetation. 多石的山顶没有任何草木生长。

....3518

□ **creation** [kriˈeɪʃn] *n.* ① 创造，创作，创建 ② 宇宙，天地万物 [同] universe ③创造物，创作物，（智力、想象力的）产物，作品

搭 artistic creation 艺术创作

例 The bathroom is entirely my own creation. 这个浴室完全是我自己设计创作的。

联 creator *n.* 造物主

....3519

□ **crime** [kraɪm] *n.* ①罪，罪行，犯罪 ②罪过，罪恶，大错

搭 a minor crime 轻罪；the crime of murder 谋杀罪；

organized crime 有组织的犯罪活动

例 He has committed no crime and poses no danger to the public. 他没有犯罪，而且对公众也没有构成任何威胁。

....3520

□ **fuel** [ˈfjuːəl] *n.* ①燃料 ②刺激因素，火上浇油的事物 *v.* ①提供燃料，加燃料 ② 刺激，加速

搭 run out of fuel 燃料燃尽；add fuel to sth. 火上浇油；a fuel shortage 燃料短缺

例 The economic boom was fuelled by easy credit. 经济繁荣是受到了宽松信贷的刺激。

....3521

□ **biased** [ˈbaɪəst] *a.* 有偏见的，有成见的，偏袒一方的

搭 be biased against women 对妇女怀有偏见；biased towards researchers 向研究人员倾斜

例 The newspaper admitted it was guilty of biased reporting. 该报承认报道有失偏颇。

....3522

□ **cultural** [ˈkʌltʃərəl] *a.* ①文化的，文明的 ②艺术的，人文艺术的

搭 the cultural diversity of Europe 欧洲的文化多样性；cultural awareness 文化意识

例 These cultural differences have existed for decades. 这种文化差异已经存在几十年了。

....3523

□ **invoice** [ˈɪnvɔɪs] *n.* 发票，发货单 *v.* ①开发票 ②列入发货单

例 She invoiced me for the stationery. 她给我开了文具的发票。

....3524

□ **harbor/habour** [ˈhɑːbə(r)] *n.* ①海港，港口 ②躲避处，避风港 *v.* ①庇护，藏匿 ②心怀，怀有 ③使入港停泊

搭 harbor hopes of promotion 怀有晋升的希望；harbor a grudge against sb. 对某人怀恨在心

例 She led us to a room with a balcony overlooking the harbor. 她带领我们走进了一个房间，房间的阳台俯瞰着港口。

答案：

1. germ 译文：这只是一个初步的想法，但我认为我们可以把它发展成有用的东西。

2. discouraged 译文：这个地区的政治不稳定使得一些大公司打消了投资的念头。

Unit 67

学前自测

1. The governor's refusal to apply the law brought him into _____ with the federal government. (pollutant, approval, acupuncture, glue, conflict)

2. He isn't legally responsible for his nephew, but he feels he has a _____ obligation to help him. (hospitable, venomous, irrelevant, moral, spectacular)

---3525

□ **trace** [treɪs] **v.** ①查出，找到 ②追溯，探索 [同] track ③描摹 [同] sketch **n.** ①痕迹，踪迹 [同] trail ②微量，少许 [同] bit

例 Tourists tried to trace the river to its source. 旅游者设法追溯这条河的源头。

---3526

□ **conflict** ['kɒnflɪkt] **n.** ①争论，抵触，冲突 [同] quarrel, clash [反] harmony ②战斗，战争 [kən'flɪkt] **v.** 冲突，抵触，向左 [同] clash

搭 in conflict with 与……相冲突；conflict of interest 利益冲突

例 Your account of the cause of the war conflicts with what I have in the history book in front of me. 你对战争起因的说法与我面前这本历史书上写的不一致。

---3527

□ **occasion** [ə'keɪʒn] **n.** ①时刻，时候，场合 [同] situation ②时机，机会 [同] chance ③重大活动，特殊时刻，庆典 [同] ceremony ④理由

搭 occasion for ……的机会；on occasion 有时，偶尔；on one occasion 有一次，曾经；take that/this occasion 抓住时机；on the occasion (of) 在……场合下，正值……之际

例 It is always an important occasion for setting out government policy. 这历来都是阐明政府政策的重要时机。

辨 occasion: 结合具体场合，在一定原因、条件下的机会。opportunity: 良机 (good chance)，不一定人皆有之。chance: 侧重一次次机会或可能性 (possibility)。

---3528

□ **pollutant** [pə'lu:tənt] **a.** 污染物

例 Pollutants are constantly being released into the atmosphere. 污染物正在不断地排放到大气中去。

---3529

□ **overseas** [ˌəʊvə'si:z] **ad.** 在/向海外，在/向国外 **a.** (在) 海外的，(在) 国外的，(向/来自) 外国的 [同] foreign, abroad

搭 overseas Chinese 海外华侨；a student overseas (本国人) 在海外学习的留学生；an overseas student (外国人) 来国内就读的外国学生

例 With the improvement on their livelihood, more and more Chinese tourist lovers are planning overseas travel. 随着生活水平的提高，越来越多的中国旅游爱好者计划海外旅游。

辨 overseas: 在国外的，在海外的。foreign: 在国外的，外国的。abroad: 到国外，在国外，为副词，可作后置定语。

---3530

□ **tendency** ['tendənsi] **n.** 趋向，趋势 [同] inclination, trend

搭 have a tendency to/towards 有……的倾向

例 A lazy person has a tendency to leave today's work for tomorrow. 懒人有一种倾向，那就是把今天的活留到明天做。

---3531

□ **rival** ['raɪvl] **a.** ①竞争对手，对手 [同] competitor, opponent ②可与匹配的人或物 **a.** 竞争的，对抗的 [同] competitive **v.** ①与……竞争 [同] compete with ②与……匹配，比得上 [同] match

例 Few flowers can rival the beauty of peony. 没有几种花可与牡丹媲美。

---3532

□ **cope** [kəʊp] **v.** (with) (成功地) 应付，(妥善地) 处理 [同] deal with

搭 cope with 应付，处理

例 Jane felt unable to cope with driving in heavy traffic after the accident. 在那场事故之后，珍妮觉得自己无法在交通拥挤的情况下开车了。

辨 cope with: 成功地、有效地处理、对付，(机

会均等地）竞争、抗衡。deal with: 采取行动对付，不考虑是否成功。

............3533

□ **contrive** [kən'traɪv] *v.* ①设法做到 ②谋划，策划 [同] plot

例 Somehow she contrived to get tickets for the concert. 她不知怎的设法得到了音乐会的门票。

............3534

□ **brew** [bru:] *v.* ①酿造（啤酒）②冲泡（茶、咖啡等）③酝酿，即将发生 *n.* 冲泡或酿造的饮料

搭 the first brew of tea 头道茶；brew wine from rice 用米酿酒

例 The wine brewed from rice is not strong. 大米酿造的酒酒劲不大。

............3535

□ **entail** [ɪn'teɪl] *v.* 使人承担，使成为必要，需要 [同] involve

构 en（使……）+ tail（剪，割，切）→剪碎的东西让别人收拾 →使人承担

搭 entail inconvenience on sb. 给某人带来不便；entail enormous expense upon sb. 使某人花费巨大

例 The space exploration program entails the use of sophisticated technology. 这项航天探索计划需要使用复杂的技术。

............3536

□ **vulnerable** ['vʌlnərəbl] *a.* ①易受伤的，脆弱的 ②易受攻击的，难防御的 [同] susceptible

搭 be vulnerable to 易受……伤害的，易受……影响的

例 Tourists are more vulnerable to attack, because they don't know which areas of the city to avoid. 游客更容易受到攻击，因为他们不知道城里哪些地区不能去。

............3537

□ **spectacular** [spek'tækjələ(r)] *a.* ①壮观的，壮丽的，令人惊叹的 ②惊人的，急剧的 *n.* 盛大的表演，惊人之举

搭 spectacular success 成绩斐然；a spectacular rise in house prices 房价的急速上涨

例 There will be a spectacular display of fireworks in the park on the eve of National Day. 国庆节前夕公园将有壮观的烟火燃放表演。

............3538

□ **assume** [ə'sju:m] *v.* ①假定，设想，臆断 [同] presume, suppose ②承担，担任，就职 [同] undertake ③呈现，具有，采取 [同] take on ④夺

取，篡夺 ⑤假装，伪装

搭 assume responsibility for any mistake 为任何错误承担责任；assume office 就职；assume indifference 假装冷漠；assume an air of superiority 摆出一副高高在上的样子

例 The army has assumed control of the government. 军方夺取了政府的控制权。

............3539

□ **symbol** ['sɪmbl] *n.* ①符号，标志 [同] sign ②象征 [同] indication

搭 a symbol of 是……的象征；a symbol for 作为……的符号 / 标记 / 代号

例 Many people like white color as it is a symbol of purity. 许多人都喜欢白色，因为白色象征着纯洁。

联 symbolize *v.* 象征；symbolism *n.* 象征主义；symbology *n.* 象征学

............3540

□ **approval** [ə'pru:vl] *n.* ①赞成，同意 [同] consent, favour [反] disapproval ②批准，认可 [同] permission ③审核，审批 ④（商品）试用，包退包换

搭 get the committee's approval 获得委员会的批准；give one's approval to the scheme 对这一方案表示认可；on approval 满意付款，包退包换；ten days' approval 10 天的试用期；meet with widespread approval 获得广泛的赞同

例 We'll buy the new computer system as soon as we have the approval of the directors. 一旦董事予以批准，我们将立即购买新的电脑系统。

............3541

□ **extra** ['ekstrə] *a.* 额外的，外加的，附加的 [同] additional, surplus *ad.* ①额外地，另外 ②特别地，格外地，非常 [同] especially *n.* ①（常 *pl.*）额外的人手，额外的事物 ②额外的收费，额外收费的事物，另外收费的项目 ③临时演员，群众演员 ④上品，特级品

搭 work extra hard 工作格外努力；extra large size 超大号；pay extra 另外付钱；an extra to a newspaper 某报纸的号外

例 You may be charged 10% extra for this service. 这项服务会加收 10% 的费用。

............3542

□ **leap** [li:p] (leaped/leapt) *v.* ①跳，跃，跳动 [同] jump, spring ②急速行动，冲 *n.* ①跳，跳跃 ②激增，骤变

搭 by leaps and bounds 极其迅速地；a leap in the dark 轻率之举；look before you leap 三思而后行

例 On hearing the good news we leaped for joy. 一听到这个好消息，我们高兴得跳了起来。

⋯⋯3543

□ **severe** [sɪ'vɪə(r)] **a.** ①严重的，恶劣的，严酷的，严寒的 [同] grave ②严厉的，严肃的，苛刻的，严格的 [同] stern, strict ③朴素的，简洁的

搭 severe punishment 严惩；a severe shortage of food 严重的食品短缺；severe weather 恶劣天气；wear a severe expression 一脸严肃的表情

例 I think you were a little too severe with them. 我认为你对他们有点儿过于严厉。

⋯⋯3544

□ **consult** [kən'sʌlt] **v.** ①请教，商量 [同] advise ②查阅，查看 [同] refer to ③就诊

搭 consult with sb. about sth. 跟某人商量某事；consult a lawyer/teacher/dictionary 请教律师 / 请教老师 / 查阅词典

例 The President consulted with his advisors before making a speech to Parliament. 总统在向议会演说之前与顾问们交换了意见。

联 consultant **n.** 顾问

辨 consult: 宾语是权威性的词典、参考书、律师等比自己水平高的人或物。consult with: 宾语同自己在一个水平上。consult 可用 dictionary 作宾语，而 look up 则不能直接用 dictionary 作宾语，要说 look up a word in a dictionary。

⋯⋯3545

□ **fume** [fjuːm] **v.** ①(at, over, about) 发怒，发火 ②冒烟 / 气 / 汽，(烟气等) 冒出，散发 ③（用香或烟）熏 ④怒气冲冲地说（话）**n.** ①（常 pl.）烟，气，汽 ②愤怒，恼怒

搭 car exhaust fumes 汽车尾气

例 I saw her a week after they'd had the argument and she was still fuming. 我在他们吵架一个星期后看到了她，她还是怒气冲冲。

⋯⋯3546

□ **concern** [kən'sɜːn] **n.** ①关切的事，有关的事 ②关心，挂念 [同] care, anxiety ③关系，关联 ④公司，企业 **v.** ①涉及，有关于，影响 [同] involve, be about ②使关心，使担心，使挂念 [同] worry

搭 show concern for sb. 关心某人；be concerned with 与……有关；as concerns 关于；as/so far as...be concerned 就……而言，至于；concern oneself about/in/with 关心，挂念；be concerned about=concern oneself

about 关心，挂念

例 The boy's poor health concerned his parents. 这男孩健康不佳使他的父母担忧。

辨 concerned 作定语前后置含义不同：the concerned expression 关切的神情；people concerned 有关人员。

⋯⋯3547

□ **graduate** ['grædʒueɪt] **v.** ①毕业，获得学位 ②授予学位，准予毕业 ③逐渐变化，逐渐发展 ['grædʒuət] **n.** （大学）毕业生，研究生 ['grædʒuət] **a.** 毕业的，研究生的

搭 graduate top of the class 以全班第一的成绩毕业；graduate in medicine 医科毕业；graduate school（美）研究生院；graduate from/at 毕业于（某学校）

例 She graduated in English and Drama from Manchester University. 她毕业于曼彻斯特大学英语和戏剧专业。

联 graduation **n.** 毕业

⋯⋯3548

□ **irrelevant** [ɪ'reləvənt] **a.** (to) 不相干的，不相关的，不切题的，离谱的

例 These documents are largely irrelevant to the present investigation. 这些文件与目前的调查大都不相关。

联 irrelevance/irrelevancy **n.** 不恰当，无关系

⋯⋯3549

□ **concentrate** ['kɒnsntreɪt] **v.** ① (on) 全神贯注，全力以赴 ②集中，聚集 [同] focus, assemble ③浓缩 [同] compress **n.** 浓缩物，浓缩液

例 That's the way it is when you get involved in a love affair. It is hard to concentrate on books. 事情就是这样，当你坠入爱河时，很难把精力集中在学习上。

⋯⋯3550

□ **seep** [siːp] **v.** ①渗出，渗漏 ②渐渐消失 / 消耗

例 Water seeped in through a crack. 水从裂缝中渗入。

联 seepage **n.** 渗出，渗漏

⋯⋯3551

□ **algebra** ['ældʒɪbrə] **n.** 代数（学）

例 She taught algebra in the school. 她在学校里教代数。

联 algebraic **a.** 代数的

⋯⋯3552

□ **collect** [kə'lekt] **v.** ①聚集，集拢，收集，拾起 [同] gather, accumulate ②使镇静，控制 ③沉积，积聚，堆积 [同] pile ④筹款，募集 **a./ad.** 以被叫

方付费

搭 collect exercise books 收练习册；collect firewood 拾柴火；collect one's thoughts 整理思绪；collect the mail 收取邮件；collect antiques 收集古董；collect a child from school 从学校接回孩子；call collect 拨打对方付费电话

例 All you have to do is to collect tokens and exchange them for free books. 你所要做的就是收集代金券，换取免费图书。

辨 collect: 有计划、有选择地收集；gather: 广义，指"把……弄到一起"。

·····3553

□ **moral** ['mɒrəl] **n.** ① 道德（上）的 [反] immoral ② 有道德的，品行端正的 ③ 精神上的，心理上的，道义上的 **n.** ① 道德，伦理 ② 寓意

搭 moral character 品性；moral culture 德育；moral judgment 道德判断；an extremely moral woman 品行极为端正的女子；moral victory 精神上的胜利；moral support 道义上的支持

例 It's her moral obligation to tell the police what she knows. 把所知道的告诉警察，这是她道义上的责任。

联 morality **n.** 道德；moralist **n.** 道德说教者，卫道士；moralistic **a.** 说教的

·····3554

□ **hospitable** [hɒ'spɪtəbl] **a.** ① 友好的，好客的 [同] friendly ②（气候、土地）宜人的，适宜生长的 ③ (to)（对新思想等）愿意接受的，开放的

搭 hospitable environment 宜人的环境；a hospitable family 好客之家；a hospitable climate 宜人的气候；be most hospitable to fruit trees 非常适宜种植果树

例 The villagers were very hospitable to anyone who passed through. 村民对经过这里的任何人都热情款待。

·····3555

□ **glue** [gluː] **n.** 胶，胶水 **v.** ① 胶合，粘贴 [同] cement ② 紧附于

搭 glue oneself to 专注；mend the cup with glue 用胶粘杯子

例 We were glued to the television watching the election result come out. 我们目不转睛地看着电视，等待着选举结果。

·····3556

□ **odd** [ɑːd] **a.** ① 奇特的，古怪的 [同] strange,

queer ② 临时的，不固定的 [同] temporary ③ 单的，不成对的 [同] single [反] paired ④ 奇数的，单数的 ⑤ 挂零的，剩余的，余下的 **n.** (pl.) 可能性，机会

搭 50-odd years 50 多岁；an odd glove/shoe 单只的手套 / 鞋子；hire a couple of odd hands for the farm 为农场雇几名临时工

例 After he was laid off, he did odd jobs to support his family. 下岗后，他打零工供养一家。

·····3557

□ **deserve** [dɪ'zɜːv] **v.** 应得，应受，值得 [同] merit, be worthy

搭 deserve well of 应受优待；deserve ill of 应受惩罚；deserve to be punished 该罚；deserve to be rewarded 该奖；deserve attention 值得注意；deserve sympathy 值得同情；deserve praising=deserve to be praised 值得表扬

例 Rivers and lakes deserve our protection because we now have a global shortage of water. 江河湖海应受到我们的保护，因为我们现在正面临着全球化的缺水。

·····3558

□ **acupuncture** ['ækjupʌŋktʃə(r)] **n.** 针灸，针剂疗法

例 Acupuncture originated in China. 针灸起源于中国。

·····3559

□ **embrace** [ɪm'breɪs] **v.** ① 拥抱，怀抱 [同] hug ② 包括，包含 [同] include ③ 包围，环绕 [同] surround, circle **n.** 拥抱，怀抱

例 They greeted each other with a warm embrace. 他们互相问候，友好地拥抱了一下。

·····3560

□ **dolphin** ['dɒlfɪn] **n.** 海豚

例 We stood on the deck, watching a whale chasing the dolphins. 我们站在甲板上，观看一头鲸追逐着海豚。

联 seal **n.** 海豹；whale **n.** 鲸（鱼）；walrus **n.** 海象

·····3561

□ **formulate** ['fɔːmjuleɪt] **v.** ① 系统地阐述 / 表达 ② 规划（制度等），构想出（计划 / 建议等）

构 form（形式）+ ul + ate（使）→构成形式 →规划

搭 formulate a new system 规 划 新 的 制 度；formulate a new program 编制新程序；formulate principles 制订原则

例 He took care to formulate his reply very clearly. 他注意非常清楚地做出系统的回答。

联 formulation *n.* 格式化，公式化，构思

—————————————————————3562

□ **bankruptcy** ['bæŋkrʌptsi] *n.* 破产，倒闭

搭 be forced into bankruptcy 被迫破产

例 There has been a sharp increase in bankruptcies in the last two years. 近两年破产事件有大幅度的增加。

—————————————————————3563

□ **dull** [dʌl] *a.* ①乏味的，单调的 [同] boring ②（色彩等）不鲜明的，灰暗的，暗淡的 [同] dim ③（天气等）阴沉的 [同] cloudy, gloomy ④（声音等）低沉的，沉闷的 [反] sharp ⑤愚笨的，笨的 [同] stupid ⑥无精打采的，倦怠的，缺乏活力的 ⑦钝的 [反] sharp *v.*（使）朦胧，（使）变钝

搭 a dull lesson 无聊的课；dull students 迟钝的学生；dull hearing 听觉迟钝；dull weather 阴沉沉的天气

例 It is a very long document but there is scarcely a dull minute. 这部纪录片虽然很长，却鲜有索然无味之处。

—————————————————————3564

□ **content** ['kɒntent] *n.* ①内容 ②(*pl.*) 目录 ③含量，容量，成分 ④满足，满意 [kən'tent] *v.* 使满足，使满足 *a.* 满意的，满足的 [同] pleased, satisfied

搭 food with a high salt content 含盐量高的食物；in content 在满足之中；to one's heart's content 心满意足；be content with = content oneself with 满足于

例 He contented himself with his family and his love of nature. 家庭生活和对自然的热爱让他很满足。

辨 the content of the dictionary: 词典的内容；the contents of the dictionary: 词典的目录。

—————————————————————3565

□ **thesis** ['θiːsɪs] (*pl.* theses) *n.* ①论题，论点 [同] subject, theme ②论文，毕业论文 [同] essay, paper

例 He is writing his thesis on electrical engineering. 他在写电气工程方面的论文。

—————————————————————3566

□ **implement** ['ɪmplɪmənt] *n.* ①工具，用具 ②家具，装备，服饰 ③（合同等的）履行 ['ɪmplɪment] *v.* ①贯彻，实施，履行 [同] carry out ②完成，达到 [同] fulfil

构 im（进入）+ ple（满的）+ ment（表结果）→进入圆满 →贯彻

搭 writing implements 书写工具；implement a new system 实施新的制度

例 Ploughs and other agricultural implements were on display at the exhibition. 展览会上展出了犁以及其他一些农具。

—————————————————————3567

□ **venomous** ['venəməs] *a.* ①有毒的，分泌毒液的 ②恶毒的，恶意的 ③痛恨的，怨恨的

搭 a venomous poison 毒药；die from the bite of a venomous snake 死于毒蛇咬伤；hurl venomous attacks at each other 相互进行恶毒攻击；a venomous tongue 恶语伤人的舌头

例 The prisoner gave the judge a venomous look as she read out the verdict. 法官宣读判决书时，犯人恶毒地瞪了她一眼。

联 venom *n.* 毒液，恶毒，恶意

—————————————————————3568

□ **discover** [dɪ'skʌvə(r)] *v.* ①（通过研究、寻找后）发现，找到 ②识破，发觉 ③发掘（潜力）

搭 discover how to cultivate cereals 发现栽培谷物的方法；discover gold in the valley 在山谷中发现了金子

例 She did not live to discover the deception. 她至死都没有识破这个骗局。

辨 discover: 发现客观存在的东西；invent: 发明新的东西；find: 找到（某物）。

答案：

1. conflict 译文：州长拒绝实施这条法律，这导致了他与联邦政府的冲突。

2. moral 译文：他对他的侄子在法律上不必承担责任，但是他觉得在道义上自己有义务帮助他。

重点提分词

Unit 68

学前自测

1. The book tries to steer you through the _____ of alternative therapies. (gearing, herd, suction, totem, maze)
2. Companies with 50 or fewer employees would be _____ from the requirements. (underpinned, flustered, manicured, exempted, procured)

3569
- □ **self-reliance** [ˌself rɪˈlaɪəns] **n.** 自立，自力更生
  例 The Prime Minister called for more economic self-reliance. 首相呼吁加强经济上的自给自足。
  联 self-reliant **a.** 自立的，自力更生的

3570
- □ **anarchism** [ˈænəkɪzəm] **n.** 无政府主义
  例 Anarchism has led to a lot of social problems in the country. 无政府主义导致了这个国家的诸多社会问题。
  联 anarchist **n.** 无政府主义者 **a.** 无政府主义的

3571
- □ **exempt** [ɪgˈzempt] **a.** 被免除的，被豁免的 **v.** 免除，豁免
  例 He exempted the wounded soldier from drill. 他免除了这名受伤士兵的军中训练任务。

3572
- □ **mulberry** [ˈmʌlbəri] **n.** ①桑树，桑葚 ②深紫红色
  例 The silk is a fine, smooth material produced from the cocoons, made by mulberry silkworms. 丝绸是一种精致柔滑的材料，用桑树上的蚕织出的蚕茧制作而成。

3573
- □ **forelimb** [ˈfɔːlɪm] **n.** 前肢，上肢
  例 The bones of the horse's forelimbs were wounded. 马的前肢骨骼受了伤。

3574
- □ **oozy** [ˈuːzi] **a.** ①渗出的，潮湿的，湿淋淋的 ②泥泞的
  搭 an oozy mop 湿漉漉的拖把；a low oozy meadow 低洼泥泞的草地

3575
- □ **soggy** [ˈsɒgi] **a.** ①浸水的，湿透的，湿润的 ②未烤透的，有湿气的 ③沉闷的，乏味的
  搭 a soggy lawn 湿润的草地；soggy bread 未烤熟的面包；a soggy day 潮湿的一天；a soggy novel

枯燥无味的小说
  例 When I got home, I was soggy and depressed. 我回到家时，全身湿透，心情沮丧。

3576
- □ **abbey** [ˈæbi] **n.** ①修道院，教堂，大寺院 ②全院修士
  例 The King gave them a land on which to build an abbey. 国王给他们一块土地建造修道院。

3577
- □ **nitrogen** [ˈnaɪtrədʒən] **n.** 氮
  例 The tree dismantles the leaves' chlorophyll molecules and ship valuable nitrogen into the twigs. 树木会分解叶子里的叶绿素分子，并将有营养价值的氮元素运到枝条中去。

3578
- □ **gearing** [ˈgɪərɪŋ] **n.** 传动装置，齿轮装置
  例 It was kept in the upright position by a simple gearing system. 它由一个简单的齿轮装置垂直固定起来。

3579
- □ **bacteria** [bækˈtɪəriə] **n.** 细菌
  例 Keep the wound clean and try to prevent the growth of bacteria. 保持伤口清洁干净，防止细菌感染。

3580
- □ **heed** [hiːd] **n.** 留心，注意 **v.** 留心，注意，听从
  搭 heed people's worries and anxieties 关心人们的疾苦；pay no heed to warnings 不听警告；give heed to public opinion 重视舆论
  例 He was unlikely to give heed to advice from such a source. 他不可能听来自这种渠道的建议。

3581
- □ **utilitarian** [ˌjuːtɪlɪˈteəriən] **a.** ①实用的，有效用的 ②功利主义的，实利主义的
  搭 a utilitarian concept of education 功利主义的教育思想；for utilitarian purposes 为了功利主义的目的

□ **aqueduct** ['ækwɪdʌkt] *n.* ①导水管，水管，沟渠 ②高架桥，渡槽

構 aque=aqua（水）+ duct（引导）→导水管

例 The system of aqueducts carries water to the arid fields. 这套导水管系统将水输送到干旱的田地。

---3583

□ **underpin** [ˌʌndə'pɪn] *v.* ①支持，巩固，证实 ②加固，从下面支撑

構 under（在下面）+ pin（针）→针顶在下面 →支持

搭 underpin durable peace 巩固持久和平；underpin a thesis with evidence 用证据证明论点

例 A cut in interest rates would underpin the economy. 降低利率会巩固经济。

---3584

□ **herd** [hɜːd] *n.* ①兽群，牧群 ②民众，芸芸众生 ③大批，大量 *v.* ①聚集在一起，赶在一起，使聚拢 ②放牧

搭 a herd of elephants/deer 一群大象/鹿；the common herd 普通民众；herd sheep 牧羊

例 I seized her arm and steered her through the herd of revelers in the hall. 我抓住她的手臂，拉着她穿过在大厅里纵酒狂欢的人群。

---3585

□ **effortless** ['efətləs] *a.* 毫不费力的，轻而易举的

例 He scaled the wall with effortless ease. 他毫不费力地爬上了墙。

---3586

□ **inhospitable** [ˌɪnhɒ'spɪtəbl] *a.* ①不好客的，不友好的 ②不适于居住的

搭 an inhospitable climate 不宜人的气候

例 He trudged across some of the most inhospitable terrain in the world. 他艰难跋涉，穿越了世界上一些极其荒凉的地带。

---3587

□ **suction** ['sʌkʃn] *n.* ①吸，吸入，抽吸 ②吸力 *v.* 用吸力吸走

例 The vacuum cleaner picks up dirt by suction. 真空吸尘器凭吸力吸尘。

---3588

□ **pancreatic** [ˌpæŋkri'ætɪk] *a.* 胰，胰腺的

搭 pancreatic tissues/cancer 胰腺组织/癌

---3589

□ **inbuilt** ['ɪnbɪlt] *a.*（=built-in）①内置的，嵌入的 ②固有的，内在的，生来的

搭 a bedroom with inbuilt wardrobes 有壁橱的卧室；an inbuilt danger 潜在的危险；an inbuilt sense of humor 天生的幽默感

例 He has an inbuilt resistance to change. 他对变革有一种固有的抵触。

---3590

□ **attendant** [ə'tendənt] *n.* ①随员，助手，侍者 ②服务人员，工作人员 *a.* 伴随的，随之产生的

搭 a bride and her attendants 新娘和她的伴娘们

例 The town is trying to deal with the population boom and the attendant increase in traffic. 小镇正在努力解决人口激增和随之而来的交通拥堵问题。

---3591

□ **prodigy** ['prɒdədʒi] *n.* ①奇才，神童 ②奇事，奇物，奇观 ③怪事，怪物

例 The tennis prodigy is well on the way to becoming the youngest world champion of all time. 这个网球奇才很可能成为有史以来最年轻的世界冠军。

---3592

□ **anthropological** [ˌænθrəpə'lɒdʒɪkl] *a.* 人类学的

例 The anthropological concept of "culture" is an abstract concept. 人类学中的"文化"概念是一个抽象概念。

---3593

□ **impracticable** [ɪm'præktɪkəbl] *a.* ①不能实行的，行不通的 ②（人）手不灵巧的，不善于规划（或组织）的

例 Such measures would be highly impracticable and almost impossible to apply. 此类措施根本行不通，几乎不可能付诸实践。

---3594

□ **fluster** ['flʌstə(r)] *v.* 使紧张，使慌张，混乱 *n.* 紧张，心烦意乱

例 She didn't seem unduly flustered by his repeated interruptions. 他的不断插话似乎没有让她乱了方寸。

---3595

□ **totem** ['təʊtəm] *n.* ①图腾 ②象征，标志

例 Private jets are a totem of success among extremely wealthy people. 私人喷气式飞机在极其富有的人中是成功的象征。

□ **sighted** ['saɪtɪd] **a.** 看得见的，有视力的，不盲的

例 Blind and sighted children are taught in the same class. 失明和视力正常的儿童在同一个教室里上课。

---3597

□ **manicure** ['mænɪkjʊə(r)] **v.** ①修理指甲 ②修剪，修整

例 He spends his weekends working in his garden and manicuring his lawn. 他周末一般都在花园里干活并修剪草坪。

---3598

□ **primal** ['praɪml] **a.** ①最初的，原始的 ②主要的，根本的，首要的

构 prim（第一）+ al（……的）→最初的

搭 primal innocence 原始淳朴状态; primal necessity 基本必需品

例 We all have a subconscious primal need. 我们每个人都有潜意识的根本需求。

---3599

□ **ammonia** [ə'məʊniə] **n.** 氨，氨水

例 The compound of ammonia and formaldehyde supplies the additional formaldehyde necessary to form a thermosetting resin. 这种氨和甲醛的化合物为制成热固性树脂提供额外必要的甲醛。

---3600

□ **bolt** [bəʊlt] **n.** ①闩，插销 ②螺栓，螺钉 ③枪栓 ④突发，猛冲，逃跑 ⑤（液体等的）喷柱 **ad.** ①突然地，直接地 ②笔直地，不易弯地 **v.** ①闩上，锁上，固定 ②匆匆咽下，囫囵吞食 ③惊跑，脱缰，惊起逃窜 ④脱离（社会活动等），拒绝支持 ⑤脱口说出，急促地说

搭 slide a bolt in place 把插销插好; bolt out of the house 从屋内冲出去; bolt from the frontier 逃离边界; a bolt from/out of the blue 晴天霹雳，非常意外的事; a bolt of lightning 一道闪电

例 Don't bolt your food, or you'll get indigestion. 不要囫囵吞食，会消化不良的。

---3601

□ **alongside** [ə,lɒŋ'saɪd] **prep.** ①在……旁 ②与……同时 ③与……不相上下 **ad.** 在旁边

例 Her confidence will grow alongside her technique. 随着她的技术不断提高，她会愈发自信。

---3602

□ **stunning** ['stʌnɪŋ] **a.** ①惊人的，令人震惊的 [同] shocking ②打昏迷的，震耳欲聋的 ③绝妙的，极好的，绝色的 [同] magnificent

搭 deal a stunning blow to sb. 给某人以致命的一击; a stunning victory 大捷; a stunning female 绝色女子; a stunning discovery 惊人的发现

例 Our room had a stunning view of the lake. 从我们的房间能看见湖的美景。

---3603

□ **unprecedented** [ʌn'presɪdentɪd] **a.** ①史无前例的 ②无比的，空前的

例 Then came a period of unprecedented wealth and prosperity. 接着是一段空前的富裕和繁荣时期。

---3604

□ **trigonometry** [,trɪgə'nɒmətri] **n.** 三角学

构 tri（三）+ gon（角）+ o + metr（测量）+ y →三角学

例 They were at home in arithmetic and in some aspects of geometry and trigonometry. 他们熟知算术及某些几何学与三角学知识。

---3605

□ **phase** [feɪz] **n.** ①阶段，时期 ②相，相位 ③面，方面 **v.** ①使定相，使一致，使同步 ②分阶段进行/安排，逐步实施

搭 open a new phase 开创新阶段; in/at a crucial phase 处于紧急关头; a phased withdrawal 分阶段撤退; phase the price increases 逐步提高价格; in phase with 与……协调，与……同步; out of phase with 与……不协调，与……不同步

例 The first phase of renovations should be finished by January. 第一阶段的修复工作将在一月份之前完成。

---3606

□ **testimony** ['testɪməni] **n.** ①证词，证言 ②证据，证明 ③声明，宣言

例 These results are a testimony to her dedication to her work. 这些成果是她敬业精神的证明。

---3607

□ **headshot** ['hedʃɒt] **n.** ①大头照 ②个人简历

例 She was required to send a recent full-figure photo of herself, along with a headshot. 她被要求寄一张近期的全身照和一张头像照片。

---3608

□ **maze** [meɪz] **n.** ①迷宫曲径 ②错综，复杂（的事物）③混乱，迷惑，糊涂 **v.** 使迷乱，使惊呆，

使困惑

构 go through the maze of narrow streets 穿过弯弯曲曲的小街；be caught up in a maze of dreams 坠入乱梦；in a maze 不知所措

例 The children led me through the maze of alleys to the edge of the city. 孩子们带着我穿过迷宫般的小巷来到城郊。

·····3609

□ **composer** [kəmˈpəʊzə(r)] *n.* ①作曲家 ②作者，创作者

例 He's a student of a noted French composer. 他师从一位著名的法国作曲家。

·····3610

□ **stocking** [ˈstɒkɪŋ] *n.* 长袜，（女用）长筒袜

例 New man-made fibers, such as nylon, are now widely used in making stockings. 诸如尼龙这样的新人造纤维现在被广泛用于制作长袜。

·····3611

□ **cognitive** [ˈkɒɡnətɪv] *a.* 认识的，认知的

例 As children grow older, their cognitive processes become sharper. 随着孩子们越长越大，他们的认知过程变得更为敏锐。

·····3612

□ **weird** [wɪəd] *a.* ①奇怪的，古怪的，不寻常的 ②超自然的，神秘的，怪异的

搭 a weird story 怪诞不经的故事；a weird idea 怪念头；weird dance 奇怪的舞蹈

例 A really weird thing happened last night. 昨晚发生了一件非常奇怪的事。

·····3613

□ **rational** [ˈræʃnəl] *a.* 合理的，理性的，明智的，清醒的 [同] sensible

搭 rational explanation 合理的解释

例 Parents need to be fully informed so they can make a rational decision. 父母需要充分了解情况，这样才可以做出合理的决定。

·····3614

□ **campaigner** [kæmˈpeɪnə(r)] *n.* ①运动参与者 ②从军者，应征者

例 He's a well-known campaigner for human rights. 他是一位著名的人权运动活动家。

·····3615

□ **zest** [zest] *n.* ①热心，热情，兴味 ②风味，香味 ③柠檬皮 *v.* 调味，添趣，助兴

搭 add zest to the performance 给演出增添几分趣味；a youthful zest for life 青年人的勃勃生机

例 We'd hoped to recapture some of the zest and enthusiasm of youth at the reunion. 我们希望团聚时能重温一下青年时代的热情与活力。

·····3616

□ **neurological** [ˌnjʊərəˈlɒdʒɪkl] *a.* 神经系统的，神经病学的

搭 neurological disorders such as Parkinson's disease 帕金森病这类神经系统紊乱疾病

·····3617

□ **captivating** [ˈkæptɪveɪtɪŋ] *a.* 迷人的，令人着迷的

例 her captivating smile and alluring looks 她迷人的微笑和外貌；a captivating performance 引人入胜的表演

·····3618

□ **procure** [prəˈkjʊə(r)] *v.* ①获得，取得 ②引起，导致 ③实现，完成，达成 ④诱使（女性）卖淫

搭 procure military supplies 获得军需品；procure an agreement 达成协议

·····3619

□ **diplomatic** [ˌdɪpləˈmætɪk] *a.* ①外交的，外交人员的 ②有手腕的，有策略的，圆滑的，婉转的 [同] tactful ③仿真本的，不改原件的

搭 break/restore diplomatic relations 断绝/恢复外交关系；a diplomatic official 外交官员；give a diplomatic reply 回答得很圆滑

例 Everyone who is anyone in the diplomatic corps seems to be here. 外交使团里有头有脸的人物似乎都在这里了。

联 diplomacy *n.* 外交，手腕，手段

答案：
1. maze　译文：这本书旨在引导你在错综复杂的替代疗法中找到方向。
2. exempted　译文：员工人数不超过 50 人的公司可以不遵守这些要求。

Unit 69

学前自测

1. The investigators studied flight recorders _____ from the wreckage. (stomped, vaunted, peered, paraphrased, salvaged)

2. The creature has _____ permanently to the aquatic life of its ancestors. (unearthed, denuded, incarnated, trotted, reverted)

----3620

□ **incarnate** [ɪn'kɑːnət] **a.** ①化身的，具人形的 ②典型的，拟人化的 ['ɪnkɑːneɪt] **v.** ①使具人形，使成为化身 ②使具体化，体现 ③作为典型，代表

搭 stupidity incarnate 愚蠢的典型；incarnate the spirit of the times 体现时代精神

例 The media cast him as the devil incarnate. 媒体把他描述成魔鬼的化身。

联 incarnation **n.** 典型，化身

----3621

□ **eventually** [ɪ'ventʃuəli] **a.** 最后，终于，最终

[同] finally, at last

例 His activities eventually led him into politics. 他所从事的各种活动最终把他引入政坛。

----3622

□ **totemic** [təʊ'temɪk] **a.** ①图腾的 ②有象征意义的，象征的

搭 totemic images 图腾形象

----3623

□ **stamina** ['stæmɪnə] **n.** 耐力，毅力，持久力

例 He has enough stamina to finish the job. 他有足够的毅力来完成工作。

----3624

□ **tinkling** ['tɪŋklɪŋ] **a.** 发叮当声的，丁零作响的 **n.** 叮当声，丁零声

例 We strolled past tinkling fountains and perfumed gardens. 我们漫步经过泉水叮咚的喷泉和芬芳四溢的花园。

联 tinkle **v.** 发叮当/丁零声；tinkly **a.** 发叮当/丁零声的，细声细气的

----3625

□ **muslim** ['mʊzlɪm; 'mʌzlɪm; 'mʊslɪm] **n.** 穆斯林，伊斯兰教徒 **a.** 穆斯林的，伊斯兰教的

搭 the muslim faith 穆斯林的信仰；a devout muslim 虔诚的穆斯林

----3626

□ **trot** [trɒt] **n.** ①快步，疾走，小跑，慢跑 ②(pl.) 拉肚子，腹泻 **v.** ①小跑，慢跑，快步走 ②策马小跑 ③带领，陪伴

搭 set out on a trot 慢跑着出发；go for a trot 骑马小跑；trot down the road 沿路小跑而去；be kept on the trot 被弄得忙忙碌碌；read two books on the trot 连着读两本书；on the trot 忙碌，一个接一个地

例 The little boy trotted along after his mother. 小男孩在妈妈身后小步快跑着。

----3627

□ **stubby** ['stʌbi] **a.** ①短而粗的，矮壮的 ②浓密短硬的，硬鬃似的 ③又短又秃的

搭 stubby fingers 又粗又短的手指；a stubby figure 矮壮身材；a stubby pencil 秃铅笔头

----3628

□ **wrapper** ['ræpə(r)] **n.** ①包装纸，包装材料 ②封皮，护封

例 He emptied the sweet wrappers from the ashtray. 他把烟灰缸里的糖纸倒掉。

----3629

□ **narration** [nə'reɪʃn; næ'reɪʃn] **n.** ①讲述，叙述 ②解说，旁白

搭 first-person narration 第一人称叙述

例 They got a famous actor to do the narration for the documentary. 他们请了一位著名的演员为这部纪录片做解说。

----3630

□ **undue** [ʌn'djuː] **a.** ①过分的，过度的 ②不正当的，非法的 ③不适当的 ④未到期的

搭 make rude, undue remarks 讲话粗鲁且不适当；undue use of power 权力的滥用；treat the matter with undue haste 对事情操之过急；an undue debt 未到期债务

例 These requirements shouldn't cause you any undue burden. 这些要求不应该给你带来过度的

负担。

----------3631

- **diplomacy** [dɪ'pləʊməsi] **n.** ①外交，外交经历 ②手腕，手段，策略

  例 This is a situation that calls for tactful diplomacy. 这种情况需要的是圆滑的手腕。

----------3632

- **tenet** ['tenɪt] **n.** 信条，宗旨，教义，原则

  例 Non-violence and patience are the central tenets of their faith. 非暴力和忍耐是他们信仰的核心原则。

----------3633

- **stomp** [stɒmp] **v.** ①重踏，跺脚，重踩②跳顿足爵士舞 **n.** ①重踏，跺脚，重踩 ②顿足爵士舞

  搭 hear the child's stomp of feet coming downstairs 听到孩子下楼时的嗒嗒脚步声

  例 He stomped angrily out of the room. 他生气地跺着脚走出了房间。

----------3634

- **mummy** ['mʌmi] **n.** ①干尸，木乃伊 ②妈妈

  例 An Egyptian mummy was on display in the museum. 一具埃及木乃伊在博物馆里展出。

----------3635

- **characterization** [ˌkærəktəraɪ'zeɪʃn] **n.** ①人物塑造，性格描述，特征描述 ②性格化

  例 The writer's books have humor, good characterization and lively dialogue. 这位作家的书风趣幽默，人物塑造到位，而且对话生动。

----------3636

- **lookout** ['lʊkaʊt] **n.** ①监视台，瞭望哨，瞭望台 ②前景

  例 The mountain road had several lookouts where you could enjoy the view. 山路上有几个可以欣赏风景的瞭望台。

----------3637

- **vaunt** [vɔːnt] **v.** 吹嘘，自夸，炫耀

  搭 vault of/about one's ability 吹嘘自己的能力

  例 He likes to vaunt his achievements. 他喜欢吹嘘自己的成就。

----------3638

- **peer**① [pɪə(r)] **v.** ①仔细看，凝视 ②隐现，微现

  搭 peer through a crack in the door 通过门缝眯眼看；peer at the tag to read the price 细看标签上的价格

  例 He stood on the river bank peering up at the clear sky. 他站在河岸上，凝视着晴空。

----------3639

- **peer**② [pɪə(r)] **n.** ①同等地位的人，同辈，同龄人 ②（才能、学识等）相匹配的人 ③贵族，贵族院 **v.** 相当，相匹敌 **a.** ①贵族的 ②同等的，相匹敌的

  搭 a practical joker without a peer 盖世无双的恶作剧者；a peer of the realm 这个王国的贵族

  例 The defendant will be tried by a jury of peers. 这名被告将由与他地位相当的陪审团审讯。

----------3640

- **vantage** ['vɑːntɪdʒ] **n.** 优势，有利地位，良机

  搭 vantage ground 有利地位，优越地位；vantage point 有利地位、观点、看法

  例 From my vantage point on the hill, I could see the whole procession. 从山上的这个有利位置，我可以看到整个游行队伍。

----------3641

- **paradox** ['pærədɒks] **n.** ①似是而非的说法，似矛盾而正确的说法 ②悖论

  例 Death itself is a paradox, the end yet the beginning. 死亡本身是自相矛盾的，它既是结束也是开始。

----------3642

- **smallpox** ['smɔːlpɒks] **n.** 天花

  例 Smallpox is now very rare. 天花现在非常罕见。

----------3643

- **rattlesnake** ['rætlsneɪk] **n.** 响尾蛇

  例 Rattlesnakes are commonly found in African desert. 响尾蛇在非洲沙漠里很常见。

----------3644

- **follow-up** ['fɒləʊ ʌp] **n.** ①后续行动，跟进措施 ②续篇，续集 **a.** 后续的，跟进的

  例 Details will have to be finalized at a follow-up meeting. 细节还有待在后续会议上敲定。

----------3645

- **roughly** ['rʌfli] **ad.** ①粗略地，大体上，大约 ②粗暴地，粗鲁地 ③尖锐地，严厉地 ④粗糙地，不精致地

  搭 roughly speaking 粗略地说；close the door roughly 狠狠地把门关上；treat the prisoners roughly 粗暴地对待囚犯

  例 She was offended when he answered her roughly. 他回答时语气太严厉，她生气了。

----------3646

- **unearth** [ʌn'ɜːθ] **v.** ①发掘，挖掘 ②发现，揭露

搭 unearth buried treasure 发掘埋藏的宝藏

例 They unearthed the evidence that he accepted bribes. 他们发现了他受贿的证据。
···3647

□ **monolingual** [ˌmɒnəˈlɪŋgwəl] *a.* 只使用一种语言的，单语的 *n.* 只使用一种语言的人，单语词典

构 mono（单，单一）+ lingu（语言）+al（……的）→单语的

搭 a monolingual dictionary 单语词典；a monolingual country 只使用一种语言的国家
···3648

□ **supremacy** [suˈpreməsi] *n.* ①至高无上，最高权力，霸权 ②优势

搭 military/economic supremacy 军事 / 经济霸权；air/naval supremacy 制空权 / 制海权；gain supremacy over others 凌驾于他人之上
···3649

□ **glucose** [ˈgluːkəʊs; ˈgluːkəʊz] *n.* 葡萄糖

例 The medicine works interfering with the way cells process glucose. 这种药物通过影响细胞中葡萄糖的代谢过程而发挥作用。
···3650

□ **morphine** [ˈmɔːfiːn] *n.* 吗啡

例 The doctor used some doses of morphine to control the patient's pain. 医生用几剂吗啡为病人止疼。
···3651

□ **keyword** [ˈkiːwɜːd] *n.* 关键词，关键字

例 She typed the keyword 'medicine' into the search engine and pulled up a lot of results. 她在搜索引擎中输入关键词"医学"，得到了许多条结果。
···3652

□ **typically** [ˈtɪpɪkli] *ad.* ①通常，一般地 ②典型地，有代表性地 ③一贯地，不出所料地

例 Her pretty bedroom looks typically English. 她那漂亮的卧室具有典型的英国特征。
···3653

□ **morsel** [ˈmɔːsl] *n.* ①一点点，少量 ②一小口，一小份 ③（美味）小吃，佳肴 ④待解决的人 / 事，需忍受的人 / 事 *v.* 分成小片

搭 a morsel of fun 一点乐趣；morsels of news 点滴新闻；a dainty morsel 美味小吃；a tough morsel 很难对付的人

例 The captions offer only a morsel of background

information. 说明文字只给出了少量背景信息。
···3654

□ **paraphrase** [ˈpærəfreɪz] *v./n.* 解释，意译

构 para（在旁边）+ phrase（短语）→在短语的旁边 →释义

例 The teacher asked her to paraphrase the poem. 老师让她解释这首诗。
···3655

□ **quotation** [kwəʊˈteɪʃn] *n.* ①引语，引文，语录 ②引述，引证 ③报价，估价 ④行情，市场

例 She relied heavily on quotation in her essays, which made them less original. 她的文章过于倚重引述，使得原创性不足。
···3656

□ **lifespan** [ˈlaɪfspæn] *n.* ①寿命 ②使用期限，有效期

例 Most boilers have a lifespan of 15 to 20 years. 大多数热水器的使用期限为 15~20 年。
···3657

□ **mighty** [ˈmaɪti] *a.* ①强大的，强有力的 ②巨大的 *ad.* 非常

搭 a mighty empire 强大的帝国；a mighty famine 大饥荒

例 With a mighty leap, he jumped over the stream. 他用力一跳，越过了小溪。
···3658

□ **deviation** [ˌdiːviˈeɪʃn] *n.* ①偏向，偏差 ②偏离，背离

搭 a deviation from the truth 违背事实真相

例 A crime is a deviation from generally accepted behavior. 犯罪是背离公认行为规则的行为。
···3659

□ **glider** [ˈglaɪdə(r)] *n.* 滑翔机，滑翔员，滑翔物

例 A wooden artefact found in the tomb looks like a modern glider. 在墓中发现的一个手工制品看起来很像现代滑翔机。
···3660

□ **denude** [dɪˈnjuːd] *v.* ①剥光，使裸露，使光秃 ②剥夺，夺走 ③伐光树木

构 de（除去）+ nude（裸体）→剥光

搭 denude sb. of clothing 剥光某人的衣服；an area denuded of vegetation 失去植被的地区；be denuded of hope 失去希望

例 In such areas we see villages denuded of young people. 在这样的地区，我们发现村庄上已经没有了年轻人。

□ **light-year** ['laɪt jɪə(r); 'laɪt jɜː(r)] ***n.*** ① 光年 ②（常 *pl.*）极远的距离，长期

🔍 a star about 10 light-years away 大约 10 光年之遥的恒星；light-years ago 很久很久以前

📙 This new technology puts the company light-years ahead of its competitors. 这项新技术让公司遥遥领先于其他竞争对手。

-------- 3662

□ **hospice** ['hɒspɪs] ***n.*** 收容所，救济院，临终关怀医院

📙 He was placed in hospice care for the last three months. 他被安置在临终关怀医院，度过了生命的最后三个月。

-------- 3663

□ **populist** ['pɒpjəlɪst] ***n.*** 民粹党党员，民粹主义者 ***n.*** 民粹党的，民粹主义的

🔧 popul（人，平民）+ ist（人）→民粹党党员

📙 The country is promoting a populist approach to culture. 该国在文化上正在推行民粹主义。

🔗 populism ***n.*** 民粹主义，民粹论；populous ***a.*** 人口众多的，拥挤的

-------- 3664

□ **adherent** [əd'hɪərənt] ***n.*** 追随者，拥护者，信徒 ***a.*** 黏着的，黏附的

🔍 an adherent of realism 坚持现实主义的人；an adherent substance 黏性物质

📙 The idea is gaining more and more adherents. 这个观念正在赢得越来越多的拥护者。

🔗 adherence ***n.*** 坚持，依附，黏附；adhesion ***n.*** 黏附，黏合，依附，追随

-------- 3665

□ **bison** ['baɪsn] ***n.***（北美）野牛

📙 The bison has been able to spread as farming has left the hills. 由于农耕远离了山林，野牛的数量得以增长。

-------- 3666

□ **salvage** ['sælvɪdʒ] ***n.*** ① 打捞 ② 抢救 ***v.*** ① 抢救，打捞 ② 挽回，挽救 ***a.*** 抢救的，打捞的

🔍 salvage one's marriage/reputation 挽救婚姻 / 挽回名声

📙 Drivers hoped to salvage some of the sunken ship's cargo. 潜水员希望能抢救出沉船上的部分货物。

🔗 salvation ***a.*** 救助，救赎

-------- 3667

□ **vibration** [vaɪ'breɪʃn] ***n.*** ①振动，颤动，抖动 ②（钟的）摆动 ④感应，共鸣 ⑤（常 *pl.*）（一地的）环境，气氛

🔍 the vibration of the ground during an earthquake 地震时地面的震动；the vibration of human kinship 亲属间的心灵沟通；the vibrations of one's time 某人所处时代的环境

📙 I can feel the vibration on the violin string. 我能够感受到小提琴琴弦的振动。

-------- 3668

□ **biographer** [baɪ'ɒɡrəfə(r)] ***n.*** 传记作家

📙 The biographer was bitterly upset by what had happened. 这位传记作家对所发生的事感到非常难过。

-------- 3669

□ **creaky** ['kriːki] ***a.*** ①嘎吱作响的 ②老朽的，破旧的，摇摇欲坠的

🔍 creaky floorboards 嘎吱作响的地板；a creaky old house 摇摇欲坠的老屋

📙 The new governor promises to work to revive the state's creaky economy. 新州长承诺振兴该州摇摇欲坠的经济。

-------- 3670

□ **revert** [rɪ'vɜːt] ***v.*** ① (to) 回复，回返，复旧 ② (to) 重提，重想 ③（生）回复突变，返祖遗传 ④（地产、权利等的）归还，归属 ***n.*** 回归原来信仰的人

🔍 revert to money matters 重提钱的问题；revert to one's adolescence 回到青春期

📙 If he dies heirless, his land will revert to the State. 如果他死后无继承人，他的土地将归国家所有。

答案：
1. salvaged 译文：研究人员仔细研究了从飞机残骸中打捞出的黑匣子。
2. reverted 译文：这种生物经过回复突变，已经像祖先那样永久在水中生活了。

Unit 70

学前自测

1. For the past ten years her career has made its _____ progress towards Hollywood. (binding, monoglot, lumpy, communal, inexorable)

2. The oil price surge of recent weeks has _____ the latest falls in world market. (vaccinated, dissected, quirked, catalysed, infuriated)

-------3671
□ **philatelist** [fɪ'lætəlɪst] **n.** 集邮家，集邮爱好者
搭 a keen philatelist 一名集邮爱好者
联 philately **n.** 集邮

-------3672
□ **merrymaking** ['merimeɪkɪŋ] **n.** 尽情欢乐，行乐
例 The students lingered on merrymaking till midnight. 学生们尽情作乐到午夜。

-------3673
□ **vaccinate** ['væksɪneɪt] **v.** 接种疫苗，种痘
构 vaccin（牛）+ate（表动词）→接种牛痘→种痘
例 Children must be vaccinated against measles before attending school. 儿童上学前都必须接种麻疹疫苗。

-------3674
□ **crane** [kreɪn] **n.** ①鹤 ②起重机
例 The structure was lifted into position in four sections by crane. 这套建筑由起重机分四个部分吊装到位。

-------3675
□ **locomotive** [ˌləʊkə'məʊtɪv] **n.** 机车，火车头 **a.** ①运动的，活动的，移动的 ②机车的 ③（谑）旅行的，经常迁移的
搭 locomotive power 动力；in these locomotive days 在旅行盛行的时代
例 Steam locomotives pumped out clouds of white smoke. 蒸汽机车喷出一团团白烟。

-------3676
□ **peripherally** [pə'rɪfərəli] **ad.** ①次要地，附带地 ②向周围地，外围地
例 The condition allowed him only to see peripherally. 当时的情况只允许他向周边看一看。
联 peripheral **a.** 外围的，圆周的，外部的，次要的

-------3677
□ **thoroughgoing** [ˌθʌrə'gəʊɪŋ] **a.** ①彻底的，仔细的 ②完全的，十足的，彻头彻尾的 [同] out-and-out
搭 a thoroughgoing inspection 彻底的检查；a thoroughgoing conservative 一个十足的保守派；thoroughgoing incompetence 全然的无能；a thoroughgoing villain 十足的恶棍

-------3678
□ **physique** [fɪ'ziːk] **n.** 体格，体型
搭 a man of strong physique 体格健壮的男子
例 He was very handsome and had a powerful physique. 他长得十分帅气，并且体格健壮。

-------3679
□ **invective** [ɪn'vektɪv] **n.** 谩骂，咒骂，恶言，抨击
搭 face a torrent of invective 面对一顿痛骂；a speech filled with invective 充满猛烈抨击的演说
例 Crowley maintained a stream of invective and abuse against her. 克劳利对她进行了一连串的抨击和谩骂。

-------3680
□ **wildebeest** ['wɪldəbiːst] **n.** (=gnu) 角马，牛羚
例 He focused his attention on the phenomenon of wildebeest migration. 他把注意力集中在角马迁移这一现象上。

-------3681
□ **fairground** ['feəgraʊnd] **n.** 集市，露天商品展览会场，露天马戏场
例 The fairground was jammed with a noisy crowd of buyers and sellers. 集市上挤满了吵吵嚷嚷的买卖东西的人。

-------3682
□ **cheery** ['tʃɪəri] **a.** ①高兴的，活泼的 ②令人愉快的，明亮的，和蔼的
搭 a cheery view of the economic situation 对经济

形势的乐观看法; a cheery smile/greeting 亲切的微笑 / 问候

例 She was a bright, cheery person who always lived life to the full. 她是个开朗快乐的人，每一天都过得很充实。

············3683

□ **gag** [gæg] **n.** ①塞口物，马衔 ②对言论自由的压制 ③噱头，滑稽动作 / 场面 ④谎话，恶作剧，戏弄 ⑤惊险表演，绝技 **v.** ①塞住……的嘴，阻塞，封闭（阀门等），勒住马的衔 ②压制言论自由，使缄默 ③（使）窒息，（使）作呕 ④说笑话，插科打诨 ⑤畏缩不前

搭 put a gag on sb./sb.'s lips 禁止某人讲话; crack a few gags 说几句笑话; gag at the sight of food 一看到食物就想吐; gag with one's mates 和伙伴们说笑话

例 He was tied up and gagged and left in a locked room. 他被绑了起来，被用东西塞住了嘴，关在一间上了锁的房间里。

············3684

□ **competence** ['kɒmpɪtəns] **n.** ①能力，胜任，称职 ②权限，管辖权

搭 competence in handling money 理财的能力; communicative competence 交际能力

例 We've always regarded him as a man of integrity and high professional competence. 我们一向认为他是个品行端正、专业能力很强的人。

············3685

□ **mobilize** ['məʊbəlaɪz] **v.** ①动员 ②调动，鼓励起 ③使流通 ④使（变僵硬的骨）松动

搭 mobilize one's energy 鼓足劲; mobilize all reserve forces 动员全部后备兵力; mobilize public interest in the matter 鼓动起公众对这一问题的兴趣

例 The purpose of this journey is to mobilize public opinion on the controversial issue. 此行的目的就是动员公众对这一备受争议的问题发表意见。

············3686

□ **binding** ['baɪndɪŋ] **n.** ①捆绑 ②封皮，封面 **a.** ①有约束力的，必须遵守的 ②限制性的

搭 a legally binding contract 有法律约束力的合同

例 These books are noted for the quality of their paper and binding. 这些图书以纸质优良、封面精美而闻名。

············3687

□ **monoglot** ['mɒnəglɒt] **n.** 使用单一语言者

a. 使用单一语言的

构 mono（单一）+ glot（舌头）→使用单一语言者

例 Monoglot graduates face a bleak career future. 不会外语的毕业生面临着惨淡的就业前景。

············3688

□ **lumpy** ['lʌmpi] **a.** ①多块的 ②高低不平的，崎岖的 ③笨重的，动作笨拙的 ④波浪起伏的

搭 lumpy porridge/pudding 多块的粥 / 布丁; a lumpy bed 高低不平的床; swim in the lumpy bay 在波浪起伏的海湾游泳

············3689

□ **flaming** ['fleɪmɪŋ] **a.** ①燃烧的，冒火焰的 ②火焰似的，火红的，明亮的 ③热情的，激情的，激烈的，猛烈的 ④（强调愤怒的情绪）讨厌的，可恶的

搭 a flaming house 燃烧的房子; flaming youth 热血青年; flaming anger 怒火

例 The plane scattered flaming fragments over a large area. 飞机燃烧的碎片散落到大片区域里。

············3690

□ **thread** [θred] **n.** ①线，绳 ②段，细丝，线状物 ③主线，脉络，思路 ④（pl.）各组成部分 **v.** ①穿（针、线等），以线贯穿 ②穿过，通过，绕行，蜿蜒 ③缠绕，编织 ④使夹杂（条状物）⑤装胶卷，装录音带

搭 a thread of light 一线光; a thread of white smoke 一缕白烟; thread a camera 给照相机装上胶卷; thread through the marketplace 穿过市场; thread the path of a wood 穿过林间小道; dark hair threaded with silver 夹杂着银丝的黑发; hang by a thread 命悬一线，非常危急

例 She was quick to detect a thread of nervousness in his laughter. 她很敏锐，能觉察出他的笑声中带有一丝紧张不安。

············3691

□ **harass** ['hærəs; hə'ræs] **v.** ①不断侵扰，骚扰 ②折磨，困扰，使苦恼

搭 harass the villages along the coast 骚扰沿岸的村庄; harassed by anxiety 心急如焚

例 A woman reporter complained one of them sexually harassed her in the waiting room. 一名女记者投诉他们中有一人在候车室里对她进行性骚扰。

············3692

□ **agribusiness** ['ægrɪbɪznəs] **n.** 农业综合经营，农业企业集团

搭 Many of the old agricultural collectives are now being turned into agribusinesses. 过去的许多农业合作社正在变成农业企业集团。

··········3693

□ **newsroom** ['nju:zru:m; 'nju:zrʊm] *n.* 新闻编辑室

构 news（新闻）+ room（房间）→新闻编辑室

例 She has worked in the newsroom for 20 years. 她在新闻编辑室已经工作了 20 年。

··········3694

□ **dissect** [dɪ'sekt] *v.* ①解剖 ②剖析，详细分析 ③分成小块

构 dis（离开）+ sect（切）→解剖

例 He dissected a frog in biology class. 他在生物课上解剖了一只青蛙。

联 dissection *n.* 解剖，剖析；dissective *a.* 解剖的，剖析的

··········3695

□ **communal** [kə'mju:nl; 'kɒmjənl] *a.* ①公共的，共有的，公社的 ②平民的，大众的 ③不同种族的，种族间的

搭 communal property 共有财产；communal decision 共同决定；a communal bathroom 公共浴室；communal strife 种族冲突

例 Communal violence broke out in different parts of the country. 种族暴力冲突在全国各地爆发。

··········3696

□ **shuffle** ['ʃʌfl] *v.* ①拖着脚走，挪来挪去 ②变换位置，打乱顺序 ③马虎地 / 匆忙地做完 ④推开，推诿，掩盖起来 ⑤洗牌 ⑥ 笨手笨脚地穿 / 脱 ⑦跳步舞 *n.* ①曳行，曳步 ②搅乱，改组 ③杂乱的一堆 ④洗牌

搭 shuffle into the bathroom 拖着脚走进浴室；shuffle through one's work 敷衍了事做完工作；shuffle the Cabinet 改组内阁；shuffle the whole matter out of one's mind 把整件事情抛之脑后；a shuffle of papers 杂乱无章的一堆文件；shuffle off responsibility on to others 把责任推给别人

例 She stood there, shuffling her feet, waiting for the bus to come. 她站在那里等公共汽车，脚在地上挪来挪去。

··········3697

□ **feverish** ['fi:vərɪʃ] *a.* ①发热的，发烧的，热病的 ②极度兴奋的，狂热的，狂乱的 ③焦虑不安的，闹哄哄的 ④不稳定的，动荡的 ⑤闷热的

搭 in a feverish condition 在发烧；feel feverish

with success 因成功而感到极度兴奋；a feverish thirst 发烧引起的口渴；a feverish glance 火辣辣的目光；a burst of feverish activity 一阵紧张的忙乱

例 A feverish child refuses to eat and asks only for cold drinks. 发烧的孩子不愿意吃东西，只想喝冷饮。

··········3698

□ **temperate** ['tempərət] *a.* ①温带的，温和的 ②克制的，节制的，平和的

搭 temperate climate 温和的气候

例 His final report to the president was far more temperate and balanced than the earlier memorandum. 同之前的备忘录相比，他递交给总统的最后一份报告措辞更为温和、得体。

··········3699

□ **quadruple** ['kwɒdrʊpl] *a.* ①四倍的，四重的 ②四部分的，四方的 *ad.* 以四倍 *n.* 四倍 *v.*（使）成为四倍

构 quadru（四）+ ple（折叠）→折叠成四份 →变成四倍

搭 a quadruple alliance 四方联盟

例 The value of the stock has quadrupled in the past year. 去年这只股票的价值增长了三倍。

联 quadruplet *n.* 四胞胎

··········3700

□ **puppet** ['pʌpɪt] *n.* ①木偶 ②傀儡 *a.* ①木偶的 ②傀儡的

例 A new puppet government was installed, but many nations refused to recognize it. 一个新的傀儡政府成立了，但许多国家拒绝予以承认。

··········3701

□ **quirk** [kwɜ:k] *n.* ①怪癖，古怪的举动 ②急转，急弯，突发事件，无法预料的变化 ③俏皮话，遁词，含糊其词 ④狭凹槽，深槽 ⑤（书写）花体，花体字 *v.* ①使有狭凹槽 ②抽动，弯曲，扭曲 ③怪模怪样地说话

搭 a quirk in the road 路上的急转弯；a quirk of fate/fortune 命运的捉弄

例 Everyone has his little quirks. 人人都有自己的小怪癖。

··········3702

□ **online** [,ɒn'laɪn] *a.* 在线的，网上的

搭 buy books online 网上购书

例 He likes to engage in online chats. 他喜欢参与在线聊天。

---3703

□ **asynchronous** [eɪ'sɪŋkrənəs] *a.* 不同时的

例 They include dialogue, synchronous and asynchronous sound effects and music. 它们包括对话、同声音效与异声音效，以及音乐。

---3704

□ **suburban** [sə'bɜːbən] *a.* ①郊区的，市郊的 ②平淡无味的，呆板的

例 He drove away up the quiet suburban street. 他沿着郊区安静的街道行驶。

---3705

□ **hardship** ['hɑːdʃɪp] *n.* ①艰难，困苦，磨难 ②苦处，苦头

搭 bear hardship without complaint 毫无怨言地忍受苦难；the hardships borne by soldiers during a war 战时士兵们所吃的苦

例 The pleasures and hardships of pioneer life are conveyed in his new novel. 他新出版的小说描述了拓荒生活的欢乐和艰辛。

---3706

□ **formaldehyde** [fɔː'mældɪhaɪd] *n.* 甲醛

例 His major contribution to the field is his finding the method by which a reaction between phenol and formaldehyde could be controlled. 他在这个领域的主要贡献在于他发现了控制苯酚和甲醛之间化学反应的办法。

---3707

□ **gunpowder** ['gʌnpaʊdə(r)] *n.* 火药

例 He emptied gunpowder from the shell. 他把弹壳里的火药都倒了出来。

---3708

□ **transmission** [trænz'mɪʃn] *n.* ①传送，传递 ②传播，传染 ③播送，播放 ④传动装置，变速器

搭 world data transmission 全球数据传输；the transmission of knowledge/disease 知识/疾病的传播；transmission of electricity 输电

---3709

□ **impel** [ɪm'pel] *v.* 促使，驱使

例 He was impelled by a sense of adventure. 他受到了冒险精神的驱动。

---3710

□ **euthanasia** [ˌjuːθə'neɪziə] *n.* 安乐死

例 The doctor performed euthanasia on the suffering patient. 医生对受病痛折磨的病人实行了安乐死。

---3711

□ **impenetrable** [ɪm'penɪtrəbl] *a.* ①不能通过的，不能穿过的 ②难以理解的，费解的 ③不透明的 ④不受影响的

例 His philosophical work is notoriously impenetrable. 他的哲学著作出了名的晦涩难懂。

---3712

□ **fluid** ['fluːɪd] *n.* ①流体 ②流食，流质 *a.* ①易变的，不稳定的 ②流畅的，顺畅的 ③流体的，流质的

搭 long, fluid dress 飘逸的长裙

例 The situation is extremely fluid and it can be changing from day to day. 情况极不稳定，每天都可能变化。

联 fluidity *n.* 流畅，顺畅，易变，多变

---3713

□ **clique** [kliːk] *n.* 小集团，派系，私党

搭 a clique of speculators 投机商集团；a money clique 金融集团

例 She holds that the male clique holds back women in television. 她认为男性的集团阻碍了女性在电视业的发展。

---3714

□ **inexorable** [ɪn'eksərəbl] *a.* ①不可阻挡的，无法改变的 ②不为所动的，无动于衷的

例 There's a seemingly inexorable rise in unemployment. 失业率增长看起来无法阻挡。

---3715

□ **catalyse** ['kætəlaɪz] *v.* ①催化，促进 ②导致，促成

例 The technology bred of science has catalysed stupendous economic growth. 产生于科学的技术促成了巨大的经济发展。

联 catalytic *a.* 催化的，促进的；catalyst *n.* 催化因素，促进者

答案：

1. inexorable 译文：在过去的10年里，她的事业势不可挡地向好莱坞进军。

2. catalysed 译文：最近几周的油价暴涨导致了全球市场价格的下跌。

Unit 71

学前自测

1. Adding berries to the diet could delay the onset of the _____ diseases of ageing. (nifty, marine, degenerative, inept, muddy)

2. But still his grandfather behaved as if he were nothing more substantial than a _____. (tortoiseshell, tern, chromosome, freak, motorway)

----------3716

□ **foreshadow** [fɔːˈʃædəʊ] *v./n.* 预示，预兆
搭 foreshadow defeat 预示着失败；the foreshadow of rain 下雨的预兆
例 The disappointing sales figures foreshadow more redundancies. 销售数据令人失望，这预示着要裁掉更多的人。

----------3717

□ **motorway** [ˈməʊtəweɪ] *n.* 高速公路
例 The motorway is closed because of the heavy snow. 因为大雪，高速公路封闭了。

----------3718

□ **improper** [ɪmˈprɒpə(r)] *a.* ①不适当的，不合适的，错误的 ②违法的，不正当的
例 This is an improper diet for growing teenager. 这种饮食不适合处于发育期的青少年。

----------3719

□ **tonic** [ˈtɒnɪk] *n.* ①补药，滋补品 ②振奋精神的东西 ③主音，主调
例 His generous offer was a tremendous tonic for our morale. 他的慷慨捐献极大地鼓舞了我们的士气。

----------3720

□ **psychic** [ˈsaɪkɪk] *a.* ①通灵的，超自然的，能未卜先知的 ②精神的，心灵的，心理的 *n.* 巫师，通灵者
例 He declared his total disbelief in psychic phenomena. 他声称完全不相信超自然现象。

----------3721

□ **tern** [tɜːn] *n.* 燕鸥
例 This arctic tern is wounded and has lost the power of flight. 这只北极燕鸥受了伤，已经失去了飞行能力。

----------3722

□ **nobility** [nəʊˈbɪləti] *n.* ①贵族（阶层），贵族头衔 ②高贵，高尚

例 Despite the lack of formal power, the nobility was not powerless. 尽管没有正式的权力，贵族阶层并非无权。

----------3723

□ **whirlwind** [ˈwɜːlwɪnd] *n.* ①旋风，旋流 ②一连串纷乱的事情 ③风风火火的人
构 whirl（旋转）+ wind（风）→旋风
例 He had been swept aside in a whirlwind of reform and anarchy. 在改革和无政府状态交织的混乱风暴中，他被抛在了一边，无人理睬。

----------3724

□ **muddy** [ˈmʌdi] *a.* ①多泥的，泥泞的 ②黯淡的，灰暗的，（声音）重浊的 ③浑浊的 ④糊涂的 ⑤晦涩的，模糊不清的 ⑥下流的，低级趣味的 *v.* ①使粘上烂泥 ②使浑浊，使灰暗 ③弄糊涂，使显得难以理解 ④诽谤，破坏（名誉）
搭 a muddy path 泥泞的小路；muddy water 浑浊的水；muddy thinking 思想糊涂；muddy style of writing 晦涩的文笔；muddy pleasures 低级趣味；muddy a candidate's name 破坏候选人的名誉
例 After the heavy rain, the country road became very muddy. 大雨过后，乡村道路变得很泥泞。

----------3725

□ **downfall** [ˈdaʊnfɔːl] *n.* ①垮台，衰落 ②降落 ③暴雨
例 His lack of experience led to his downfall. 经验不足导致了他的垮台。

----------3726

□ **bowstring** [ˈbəʊstrɪŋ] *n.* 弓弦，绞索
例 Bowstring, fishing lines and paper can be made using silk. 弓弦、钓鱼线和纸都可以用丝绸来做。

----------3727

□ **fatten** [ˈfætn] *v.* ①使长胖，使长膘，育肥 ②使充实，使增长 ③使肥沃
例 The low costs of doing business abroad can fatten corporate profits. 在外国开展业务成本较低，可以

增加公司利润。
....3728

□ **propound** [prə'paʊnd] *v.* 提出，提议
例 The zoologist has propounded a general theory of the vocal sounds that animals make. 这位动物学家提出了一个关于动物发声的概括性理论。
....3729

□ **tortoiseshell** ['tɔːtəʃel; 'tɔːtəʃel] *n.* ①龟甲，玳瑁 ②蛱蝶
例 We have the pragmatic need to find acceptable substitutes for dwindling supplies of 'luxury' materials such as tortoiseshell and ivory. 我们需要找到实用的、可以接受的替代品来取代供给日益减少的龟甲和象牙之类的"奢侈品"。
....3730

□ **endurance** [ɪn'djʊərəns] *n.* ①持久，耐力 ②忍受，忍耐（力）
搭 beyond endurance 忍无可忍
例 Some experts believe that strengthening our emotional endurance is vital to a happy life. 一些专家认为，增强情感耐受力对拥有幸福至关重要。
....3731

□ **chromosome** ['krəʊməsəʊm] *n.* 染色体
构 chrom（颜色）+ o + som（体）+ e →染色体
例 Each cell of our bodies contains 46 chromosomes. 我们身体内的每一个细胞都含有 46 条染色体。
....3732

□ **slowdown** ['sləʊdaʊn] *n.* 减速，放慢，衰退
例 The business had a slowdown after the holidays. 假期过后，生意清淡了很多。
....3733

□ **nifty** ['nɪfti] *a.* ①敏捷的，机敏的 ②有用的，效果不错的 ③讨人喜欢的，时髦漂亮的
例 It was a nifty arrangement, a perfect partnership. 这是一个不错的安排，一个完美的合作关系。
....3734

□ **freak**[1] [friːk] *n.* ①畸形 ②不正常的事物，怪异的事物 ③把戏，玩笑，恶作剧 ④狂热爱好者，痴迷者 *a.* 反常的，怪异的 *v.* ①胡闹，开玩笑 ②产生幻觉，行为怪异 ③扰乱，激怒
搭 freak circumstance 反常的情况；a freak of nature 不正常的事物，畸形生物
例 Cold weather at this time of year is a real freak. 一年的这个时候天气这么冷真是稀奇。
....3735

□ **freak**[2] [friːk] *v.* 使带奇特斑点/条纹，使斑驳 *n.* 彩色斑点/条纹

例 Great splashes of color freaked the sky. 大片大片的色彩给天空抹上了奇异斑纹。
....3736

□ **marine** [mə'riːn] *a.* ①海洋的，海上的 ②海运的，航海的 ③海军的 *n.* ①海运业，航运 ②海军士兵，水兵
搭 marine exploration 海洋勘探；marine power 海军力量；marine products 海产品；breeding grounds of marine life 海洋生物的繁殖地；marine corps 海军陆战队
....3737

□ **academy** [ə'kædəmi] *n.* ①学院，研究院 ②（中等以上的）专门学校 ③学会 ④高等教育 ⑤（私立）中学，学堂 ⑥ (the A-)（柏拉图）学园，学院派
搭 Chinese Academy of Sciences 中国科学院；The Royal Academy 皇家学院；a military academy 军校；an academy of music 音乐学院
例 He studied at the naval academy for four years. 他在海军学院学习了四年。
....3738

□ **well-nourished** [wel 'nʌrɪʃt] *a.* 营养良好的
例 The researchers examined the children to find out how well-nourished they were. 研究人员检查了那些孩子，目的是了解他们的营养状况。
....3739

□ **sardine** [ˌsɑː'diːn] *n.* 沙丁鱼
例 A large crowd of reporters was crammed like sardines into a small room. 大批记者像沙丁鱼一样挤进了一个小房间。
....3740

□ **interference** [ˌɪntə'fɪərəns] *n.* 干涉，干扰
例 They have been accused of deliberately causing interference to transmissions. 他们被控蓄意干扰信号传输。
....3741

□ **newborn** ['njuːbɔːn] *a.* ①新生的 ②新兴的 *n.* 新生儿
搭 a newborn science 新兴科学
例 The equipment has saved the lives of a number of newborn children. 这些设备已经挽救了许多新生儿的生命。
....3742

□ **demographer** [dɪ'mɒgrəfə(r)] *n.* 人口统计学家
构 demo（人）+ grapher（写的人）→人口统计学
例 The demographer demolished a theory that had

gone unquestioned for years. 这位人口统计学家推翻了多年来一直未受质疑的一个理论。

.....................................3743

□ **canyon** ['kænjən] *n.* 峡谷，深谷
例 They took a circuitous route and crossed through the rugged canyons. 他们走了迂回路线，穿过了岩石丛生的峡谷。

.....................................3744

□ **denounce** [dɪ'naʊns] *v.* ①谴责，指责，痛斥 [同] condemn ②告发，控告 ③通知废除
搭 denounce an aggressive war 谴责侵略战争；denounce sb. for neglect of duty 指责某人渎职
例 The group denounced the failure by the authorities to take action. 该团体谴责当局没有采取行动。

.....................................3745

□ **arteriosclerosis** [ɑːˌtɪəriəʊsklə'rəʊsɪs] *n.* 动脉硬化
例 The regimen enables people to stay healthy longer, postponing age-related disorder such as diabetes, arteriosclerosis, heart disease and cancer. 这种养生法能够让人们长久保持健康，延缓老年疾病，诸如糖尿病、动脉硬化、心脏病以及癌症。

.....................................3746

□ **gratify** ['grætɪfaɪ] *v.* ①使满意，使满足 ②放纵，纵容
例 A guilty verdict would gratify the victim's relatives. 有罪判决会让受害者亲属满意。

.....................................3747

□ **catalyst** ['kætəlɪst] *n.* ①催化剂 ②促进者，促进因素
例 I very much hope this case will prove to be a catalyst for change. 我非常希望这起案件会成为变革的促进因素。
联 catalytic *a.* 催化的，促进的

.....................................3748

□ **rickety** ['rɪkəti] *a.* ①摇晃的，快散架的，岌岌可危的 ②病恹恹的
例 She climbed the rickety wooden stairway. 她爬上了摇摇晃晃的木楼梯。

.....................................3749

□ **amber** ['æmbə(r)] *n.* ①琥珀 ②琥珀色，黄色 ③（交通）黄灯 ④预示危险的信号 *a.* 琥珀色的，琥珀似的
例 A burst of sunshine sent a bean of amber light through the window. 破云而出的阳光透过窗户射入一缕琥珀色的光线。

.....................................3750

□ **humpback** ['hʌmpbæk] *n.* ①驼背 ②座头鲸 ③弓形桥，拱桥
例 Humpback whales track objects with vision underwater. 座头鲸利用视力在水下追踪猎物。

.....................................3751

□ **embarrassment** [ɪm'bærəsmənt] *n.* ①难堪，尴尬 ②令人难堪的事／人，使人为难的人 ③经济窘迫，拮据 ④极大数量
搭 an embarrassment of riches 多得难以选择的好东西
例 We apologize for any embarrassment this may have caused. 我们对由此可能造成的尴尬致歉。

.....................................3752

□ **suspenseful** [səs'spensfl] *a.* 悬疑的，令人紧张的
例 The suspenseful tension of music, arising out of our unfulfilled expectations, is the source of the music's feeling. 源于我们未实现的期望的音乐紧张感是乐感的来源。

.....................................3753

□ **melodic** [mə'lɒdɪk] *a.* ①音调优美的，悦耳的 ②旋律的
例 His songs are wonderfully melodic and tuneful. 他的歌旋律优美、悦耳动听。

.....................................3754

□ **degenerative** [dɪ'dʒenərətɪv] *a.* ①恶化的，日益严重的，衰退的，堕落的 ②（随着时间的推移）变性的，退化的
搭 a degenerative disease/disorder 变性疾病／退化性紊乱；a degenerative joint disease 关节变性病

.....................................3755

□ **proliferate** [prə'lɪfəreɪt] *v.* ①繁殖，繁衍 ②激增
构 proli（后代，子孙）+ fer（带来）+ ate（表动词）→带来后代 →繁殖
例 In recent years, commercial, cultural, travel and other contexts have proliferated between Europe and China. 近年来，欧洲和中国在商业、文化、旅游及其他领域的往来发展迅猛。

.....................................3756

□ **juggle** ['dʒʌgl] *v.* ①歪曲，篡改，颠倒 ②玩抛接，杂耍 ③同时应付，尽量兼顾
搭 juggle with figures 篡改数字
例 Many young women have to juggle families and

their careers. 许多年轻女性不得不兼顾家庭和事业。

......3757

□ **inept** [ɪ'nept] *a.* ①缺乏技巧的，无能的 ②不适当的，差劲的
例 He was completely inept at painting. 他在绘画方面完全不在行。

......3758

□ **underprivileged** [ˌʌndə'prɪvəlɪdʒd] *a.* 社会底层的，贫困的
搭 underprivileged students 贫困学生
例 We have to find ways to help the underprivileged. 我们必须找到帮助弱势群体的办法。

......3759

□ **narrowly** ['nærəʊli] *ad.* ①狭窄地 ②以毫厘之差，勉强地 ③严密地，仔细地，严格地 ④锲而不舍地，努力地
搭 narrowly escape injury 差点儿受伤；narrowly search a building 仔细搜查一座楼房
例 The study narrowly focuses on 30-year-old men. 这项研究仅限于 30 岁男性。

......3760

□ **mortify** ['mɔːtɪfaɪ] *v.* 使丢脸，使屈服，使痛心
搭 morti（死）+ fy（使）→ 使人去死 → 使痛心
例 It mortified me to have to admit that I'd never actually read the book. 让我感到难堪的是，我不得不承认自己实际上从未读过这本书。

......3761

□ **fine-tune** [ˌfaɪn 'tjuːn] *v.* 对……进行微调
例 We don't try to fine-tune the economy on the basis of short-term predictions. 我们不会根据短期预测微调经济。

......3762

□ **experimentation** [ɪkˌsperɪmen'teɪʃn] *n.* ①试验，实验，试验法 ②尝试，实践

搭 scientific experimentation with/on rats 在老鼠身上做的科学实验；experimentation with computer-assisted language learning 计算机辅助语言学习的实验

......3763

□ **estrangement** [ɪ'streɪndʒmənt] *n.* 疏远，不和
例 The visit will bring to an end years of estrangement between the two countries. 这次访问将结束两国多年来疏远的关系。

......3764

□ **bounty** ['baʊnti] *n.* ①慷慨，大方 ②奖励，奖金，赏金 ③丰富，富足
搭 summer's bounty of plump tomatoes 夏天圆滚滚的西红柿大丰收
例 The cottage is filled with a bounty of fresh flowers. 农舍开满了鲜花。

......3765

□ **mediocrity** [ˌmiːdi'ɒkrəti] *n.* ①平庸，平凡 ②庸人
例 He thought that he was a brilliant artist himself and that all his fellow painters were just mediocrities. 他认为自己是个了不起的艺术家，其他所有那些同行画家不过是些平庸之辈。

......3766

□ **centralize** ['sentrəlaɪz] *v.* 使……集中，集中控制
例 In the mass production era multinational firms tend to centralize their operations. 在大规模生产的时代，跨国公司一般都实行集约化经营。

......3767

□ **prelude** ['preljuːd] *n.* ①序曲，前奏 ②前奏，序幕，先声 *v.* 充当序曲，充当前奏，为开头
构 pre（前）+ lud（演奏）+ e →前奏
例 That first misunderstanding now seemed like a prelude to all the angry arguments which followed. 最初的那个误会现在看起来就像是后来愤怒争吵的前奏。

答案：
1. degenerative 译文：饮食中添加浆果可以延缓衰老引起的日益严重的多种病症。
2. phantom 译文：但他祖父的行动依旧像影子那样捉摸不定。

Unit 72

学前自测

1. He _____ his position in the appointment of party supporters to government jobs. (downshifted, shriveled, innovated, welded, misused)

2. The country has made enormous _____ economically but not politically. (rodents, contraptions, cataracts, strides, roadhogs)

3768

□ **worksheet** ['wɜːkʃiːt] **n.** ①活页练习题 ②工作草稿，工作记录表
例 Sometimes supplementary worksheets were distributed in class. 有时候，课堂上会发放补充的习题。

3769

□ **placebo** [plə'siːbəʊ] **n.** ①安慰剂 ②安抚的话，宽慰的事
例 A depressed patient may get some relief from a placebo. 抑郁症患者有可能从安慰剂中得到一些缓解。

3770

□ **veracity** [və'ræsəti] **n.** ①老实，诚实 ②准确性，精确性
例 He was shocked to find his veracity questioned. 发现自己的诚信受到了质疑，他十分震惊。

3771

□ **downshift** ['daʊnʃɪft] **v.** ①换低速挡 ②离职停薪，降格工作 **n.** ①换低速挡 ②下降，减少
例 Since last year there has been a downshift in productivity growth. 从去年开始，产能增长有所放慢。

3772

□ **rodent** ['rəʊdnt] **n.** 啮齿目动物 **a.** 啮齿目动物的
搭 nocturnal rodent 夜间活动的啮齿目动物

3773

□ **primeval** [praɪ'miːvl] **a.** 原始的，初期的，远古的 [同] primitive
搭 dense primeval forests 茂密的原始森林
例 He had a primeval urge to hit out at that which causes his pain. 他有一种迫切想要攻击令他痛苦的事物的原始冲动。

3774

□ **resounding** [rɪ'zaʊndɪŋ] **a.** ①巨大的，彻底的，令人瞩目的 ②响亮的，嘹亮的 ③回响的
搭 a resounding crash 响亮的碰击声；a resounding defeat 彻底的失败
例 The play was a resounding success. 这部戏剧是一个巨大的成功。

3775

□ **motorist** ['məʊtərɪst] **n.** 驾车人，司机
例 When our car broke down, we were helped by a passing motorist. 我们的汽车抛锚时，一名开车路过的人帮助了我们。

3776

□ **subspecies** ['sʌbspiːʃiːz] **n.** 亚种（群）
例 These ancestral tortoises settled on the individual islands, giving rise to at least 14 different subspecies. 这些乌龟祖先定居到各个岛上，繁衍出了至少14种不同的亚种群。

3777

□ **explicit** [ɪk'splɪsɪt] **a.** ①明确的，详述的 [同] clear, definite ②清晰的，毫不掩饰的 ③露骨的
例 He used his most explicit language to discuss the danger of war. 他用自己迄今最为明确的语言谈及战争的危险。

3778

□ **pre-school** ['priː skuːl] **a.** 学龄前的，入学前的
例 The report emphasized the value of pre-school education. 这份报告强调了学龄前教育的价值。
联 preschooler **n.** 学龄前儿童

3779

□ **narrate** [nə'reɪt] **v.** ①叙述，讲述 ②解说
例 The three of them narrated the same events from three perspectives. 他们三个人从三个不同的视角叙述了同一个事件。

3780

□ **alleged** [ə'ledʒd] **a.** ①宣称的，据传闻的，据称的 ②所谓的

例 A team was sent to investigate the alleged 'confession'. 一组人被派去调查那份所谓的"供状"。
............3781

☐ **contraption** [kən'træpʃn] *n.* 奇妙的装置，怪模怪样的玩意儿
搭 a bizarre contraption 一种奇怪的装置
............3782

☐ **oncologist** [ɒŋ'kɒlədʒɪst] *n.* 肿瘤学家
例 The oncologist claimed that the tumor in his lung was benign. 肿瘤学家称他肺中的肿瘤是良性的。
............3783

☐ **slot** [slɒt] *n.* ①窄缝，狭缝，投币口 ②（广播节目等的）一档 ③（飞机的）起降时间 ④位置，职位 ⑤（鹿的）足迹 *v.* ①插入 ②装配好 ③适应，适合 ④空出时间
搭 a coin slot in a vending machine 自动售货机上的投币口；broadcast in a prime-time slot 在黄金档播出
例 I dropped three coins in the slot. 我向投币口投了三枚硬币。
............3784

☐ **invariance** [ɪn'veərɪəns] *n.* 不变性，恒定性
例 These animals are notable for the invariance of their migration route. 这些动物因其不变的迁徙路线而引人注目。
............3785

☐ **zigzaggy** ['zɪɡˌzæɡɪ] *a.* ①曲折的，之字形的 ②锯齿形的
例 Their movements tend to be linear, not zigzaggy. 他们的行动路线是直线形的，不是之字形的。
............3786

☐ **categorical** [ˌkætə'ɡɒrɪkl] *a.* ①断然的，明确的 ②类别的，分类的
搭 categorical data 分类数据
例 He is quite categorical that the UN should only help the innocent civilian population. 他态度非常明确，认为联合国只应该帮助无辜的平民。
............3787

☐ **infest** [ɪn'fest] *v.* 大量滋生，大量出没于
搭 shark-infested water 鲨鱼经常出没的水域
例 The area was infested with insects. 这个地区滋生了大量害虫。
............3788

☐ **dissonant** ['dɪsənənt] *a.* ①不一致的，不和谐的 ②刺耳的
搭 dissonant views 不一致的观点；dissonant chords 不和谐的和弦
联 dissonance *n.* 不一致，不和谐，不协调
............3789

☐ **frenetic** [frə'netɪk] *a.* 发狂的，狂热的
例 This frenetic activity is the sign of a worried man. 这种发了疯的举动是一个人极度焦虑的表现。
............3790

☐ **descent** [dɪ'sent] *n.* ①走下，爬下 ②下降，降落 ③下坡路 ④血统，出身 ⑤倒退，衰落 ⑥蜂拥而至，突袭
搭 be of European descent 有欧洲血统
例 Passengers must fasten their seat belts prior to descent. 乘客在飞机降落之前必须系好安全带。
............3791

☐ **representation** [ˌreprɪzen'teɪʃn] *n.* ①代理，代表 ②描写，描绘，表现 ③代表团 ④陈述，表述 ⑤演出，表演
搭 parliamentary representation 议会代表
例 The clock in the painting is a symbolic representation of the passage of time. 画上的时钟象征着光阴的流逝。
............3792

☐ **submicroscopic** [ˌsʌbmaɪkrə'skɒpɪk] *a.* 亚微观的
例 According to the theory, the universe burst into being as a submicroscopic, unimaginably dense knot of pure energy. 根据这一理论，宇宙突然形成时，是一团亚微观的、密度无限的能量。
............3793

☐ **disadvantaged** [ˌdɪsəd'vɑːntɪdʒd] *a.* 社会地位低下的，处于不利地位的，经济条件差的
例 The charity provides school meals for disadvantaged children in some schools. 这家慈善机构为一些学校极其困难的学生提供校园餐。
............3794

☐ **shrivel** ['ʃrɪvl] *v.* 枯萎，皱缩
搭 shriveled leaves/grapes 蔫了的树叶 / 葡萄
例 The leaves shriveled up in the hot sun. 树叶在烈日下枯萎了。
............3795

☐ **cataract** ['kætərækt] *n.* ①大瀑布 ②白内障
构 cata（向下）+ ract（冲）→大瀑布
例 In one study, light smokers were found to be more than twice as likely to get cataracts as non-smokers. 一项研究发现，偶尔吸烟者患白内障的可能性是不吸烟者的两倍以上。

的标准在某种程度上是天生的。

---------3796

□ **pressing** ['presɪŋ] *a.* ①紧迫的，紧急的 ②热切的，坚持的 *n.* 挤，压，按，推

搭 a pressing need for more funds 迫切需要更多的资金

例 It is one of the most pressing problems facing the country. 这是该国面临的最紧迫的问题之一。

---------3797

□ **colonize** ['kɒlənaɪz] *v.* ①开拓殖民地，移居于殖民地 ②移植，移生 ③使聚居

例 The country was never colonized by European powers. 这个国家从未遭受过欧洲列强的殖民统治。

---------3798

□ **innovate** ['ɪnəveɪt] *v.* 革新，创新

例 The company plans to continue innovating and experimenting. 这个公司计划继续开展创新和实验。

---------3799

□ **unilateralism** [ˌjuːnɪˈlætrəlɪzəm] *n.* 单边主义

构 uni（单一）+ lateral（边的）+ ism（主义）→单边主义

例 The spokesman condemned the unilateralism on trade. 发言人谴责了贸易上奉行的单边主义。

---------3800

□ **subconscious** ['sʌbˌkɒnʃəs] *n.* 潜意识，下意识

构 subc（在下的）+ conscious（意识）→潜意识

例 A person's behavior can be influenced by urges that exist only in the subconscious. 一个人的行为可能会被仅存在于潜意识中的强烈欲望所影响。

---------3801

□ **zooplankton** ['zuːəˌplæŋktən; ˌzəʊəˈplæŋktən] *n.* 浮游动物

例 Zooplanktons in the ocean go upward by night to get food and downward by day to escape predators. 海洋里的浮游生物夜间游上来觅食，白天游下去躲开捕食者。

---------3802

□ **futurism** ['fjuːtʃərɪzəm] *n.* 未来主义

例 Futurism is an early twentieth-century movement in art. 未来主义是 20 世纪早期的一股艺术思潮。

---------3803

□ **hard-wired** ['hɑːd'waɪəd] *a.* ①硬连线的 ②固定的，与生俱来的

例 The rules for what is 'musical' are hard-wired in our brains to some degree. 我们头脑中关于"音乐"

---------3804

□ **roadhog** ['rəʊdhɒg] *n.* 挡道的司机，鲁莽的驾驶员

构 road（道路）+ hog（独占）→挡道的司机

例 The accident was caused by a roadhog. 这起事故是由一名鲁莽的驾驶员引起的。

---------3805

□ **weld** [weld] *v.* ①焊接，熔接 ②使结合，使成整体

例 It takes speed and skill to weld steel at this heat. 在这种高温下焊钢是需要速度和技术的。

---------3806

□ **deliberately** [dɪˈlɪbərətli] *ad.* ①故意地，蓄意地 [同] purposely ②从容地，不慌不忙地

例 The terms of the agreement was left deliberately vague. 协议的条款故意写得很含糊。

---------3807

□ **hieroglyph** ['haɪərəglɪf] *n.* ①象形文字，象形符号 ②难解的符号 / 文字

例 The original Egyptian hieroglyphs were pictures of things. 最初的埃及象形文字用图画来表示事物。

---------3808

□ **deceptive** [dɪˈseptɪv] *a.* 骗人的，诈欺的，误导人的

例 Appearances can be deceptive. 外表可能是靠不住的。

---------3809

□ **misuse** [ˌmɪsˈjuːz] *v.* ①滥用，误用 ②虐待，不公平对待 [ˌmɪsˈjuːs] *n.* 滥用，误用

例 She was charged with misusing company funds. 她被指控滥用公司资金。

---------3810

□ **handiwork** ['hændiwɜːk] *n.* ①手工制品，手工艺品 ②亲手做的事

例 The architect stepped back to admire his handiwork. 建筑师后退几步欣赏自己的手工艺品。

---------3811

□ **coffin** ['kɒfɪn] *n.* 棺材，灵柩 *v.* 装进棺材

搭 a nail in the coffin of sth. 导致某事 / 某物完结 / 失败的因素

---------3812

□ **thermoplastic** [ˌθɜːməʊˈplæstɪk] *n.* 热塑性材料 / 树脂

构 thermo（热的）+ plastic（塑料）→热塑性材料

例 Thermoplastic, like candlewax, melt when heated and can be reshaped. 热塑性材料，就像蜡烛一样，遇热时会熔融，可以被重新塑造形状。

··········3813

□ **penicillin** [ˌpenɪˈsɪlɪn] *n.* 青霉素，盘尼西林
例 The discovery of penicillin is a milestone in human history. 青霉素的发现是人类历史上的一个里程碑。

··········3814

□ **swollen** [ˈswəʊlən] *a.* ① 肿胀的，肿起的 ② 增大的，扩大的 ③ 涨满的，涨水的 ④ 浮夸的，夸大的 ⑤ 激动兴奋的，骄傲自负的
搭 swollen with cold 受冻肿起；a swollen river 涨水的河；a swollen opinion of oneself 自视过高；swollen by victory 被胜利冲昏头脑
例 His eyes were so swollen that he could hardly see. 他的双眼肿得几乎无法看东西了。

··········3815

□ **perceptual** [pəˈseptʃʊəl] *a.* 感知的，感觉的，知觉的
例 Some children come to school with more finely trained perceptual skills than others. 到了上学的年龄，有些孩子比其他孩子受过更好的训练，具有更强的感知能力。

··········3816

□ **bearing** [ˈbeərɪŋ] *n.* ① 轴承 ② 举止 ③ 忍受 ④ 支撑物 ⑤ 方向，方位 ⑥ 影响
例 Exercise has a direct bearing on how healthy you are. 锻炼直接影响你的身体状况。

··········3817

□ **prescriptive** [prɪˈskrɪptɪv] *a.* 规定的，指定的
搭 prescriptive teaching methods 规定的教学方法；prescriptive grammar 规定语法
联 prescriptively *ad.* 规定地，规范地，约定俗成地

··········3818

□ **stride** [straɪd] *n.* ① 大步，阔步 ② 步态，步伐，步幅 ③ 进展，进步，发展 *v.* ① 阔步行进，大踏步走 ② 跨越，跨坐，跨立
搭 stride to the platform 大步走向站台；walk with long strides 大步流星地走；make great strides towards self-sufficiency 在自给自足方面取得长足进步；stride a fence 跨坐在栅栏上
例 The stream was so narrow that we could easily stride over it. 小溪很窄，我们能很容易地跨过去。

··········3819

□ **modulate** [ˈmɒdjəleɪt] *v.* ① 调节，调整 ② 改变音量，使（嗓音）变柔和 ③ 吟咏，吟诵
构 mod（适合）+ ul + ate（使）→使适合→调节
例 These organs modulate the amount of salt in the body. 这些器官调节体内的盐量。

··········3820

□ **codify** [ˈkəʊdɪfaɪ] *v.* ① 编撰，整理 ② 依正式语言表述，使规范化 ③ 编成法典
例 The aim of early grammarians was to codify the principles of the language. 早期语法学家的目的是要把语言的规则编成法典。

··········3821

□ **firefly** [ˈfaɪəflaɪ] *n.* 萤火虫
例 Fireflies and some fish have the power to manufacture their own light. 萤火虫和一些鱼类能制造自己的光。

··········3822

□ **measly** [ˈmiːzli] *a.* ① 少的，小的，微不足道的 ② 无价值的，拙劣的，卑鄙的 ③ 麻疹的
搭 a measly performance 拙劣的表演；a measly portion 少得可怜的一点点
例 The average bathroom in the building measures a measly 3.5 square meters. 这幢大楼里浴室的平均面积只有微不足道的 3.5 平方米。

··········3823

□ **homicide** [ˈhɒmɪsaɪd] *n.* 杀人，凶杀 *a.* 杀人的，与杀人有关的
例 The police arrived at the scene of the homicide. 警察到达了凶杀现场。
联 homicidal *a.* 杀人的

答案：
1. misused　译文：他滥用职权，任命了党派的支持者担任政府工作。
2. strides　译文：该国在经济上取得了巨大的发展，但政治却跟不上去。

Unit 73

学前自测

1. The country _____ through several months of political uncertainty and economic chaos. (smudged, inhabited, lumbered, regained, razed)

2. Though they are _____ about the prospect they have not shown it. (psychedelic, patriarchal, refractive, aquatic, apprehensive)

···········3824

□ **granular** ['grænjələ(r)] *a.* 颗粒的，粒状的
搭 granular powder 粒状粉末

···········3825

□ **treacherous** ['tretʃərəs] *a.* ①背叛的，奸诈的，背信弃义的 ②危险的，不稳定的，不可靠的，变化莫测的
例 Even experienced navigators feared the treacherous currents. 就连经验丰富的航海者也害怕变幻莫测的水流。

···········3826

□ **psychedelic** [ˌsaɪkə'delɪk] *a.* ①有迷幻感的，致幻的，迷幻的 ②光怪陆离的
例 He described his research with psychedelic drugs and the experiences they triggered. 他描述了对迷幻药物及其带来的体验的研究情况。

···········3827

□ **hindsight** ['haɪndsaɪt] *n.* ①事后聪明，后见之明 ②（枪的）标尺，后瞄准器
例 With hindsight, I should have seen the warning signs. 事后想来，我是应该看见那些警示牌的。

···········3828

□ **ashore** [ə'ʃɔː(r)] *ad.* 上岸，上陆地，在岸上
例 His grandfather had gone ashore to spend the evening in a bar. 他祖父上了岸，在一家酒吧里过夜。

···········3829

□ **multitude** ['mʌltɪtjuːd] *n.* ①许多，众多，大量 ②大众，民众 ③人群，众多大人
搭 a novel that appeals to the multitude 一部为大众所喜爱的小说; for a multitude of reasons 由于种种原因
例 Addition to drugs can bring a multitude of serious problems. 毒瘾会带来许多严重问题。

···········3830

□ **psychodrama** ['saɪkəʊdrɑːmə] *n.* ①心理剧

②心理剧疗法
例 When we relive the event imaginatively, as in psychodrama, the details will come back readily. 当我们像在心理剧中那样充满想象地重温当时的事件时，这些细节很容易就会被回忆起来。

···········3831

□ **manicurist** ['mænɪkjʊərɪst] *n.* 美甲师，指甲护理师
构 mani（手）+ cur（照顾）+ ist（人）→照顾手的人 →美甲师
例 The manicurist manicured her nails. 美甲师给她的指甲做了护理。

···········3832

□ **patriarchal** [ˌpeɪtri'ɑːkl] *a.* ①家长的，族长的 ②父权的
构 patri（父亲）+ arch（统治）+ al（……的）→由父亲统治的 →父权的
例 To feminists she is a classic victim of the patriarchal society. 在女权主义者的眼中，她是一名典型的父权社会的受害者。

···········3833

□ **interactive** [ˌɪntər'æktɪv] *a.* ①互动的，交互的 ②合作的，相互交流的
搭 interactive media 互动媒体
例 This will make video games more interactive than ever. 这将使电子游戏的互动性更强。

···········3834

□ **template** ['templeɪt] *n.* ①样板，模版 ②范本，样例
例 Her career was my template for success in publishing. 她的职业生涯是我在出版业取得成功的样板。

···········3835

□ **cushioning** ['kʊʃnɪŋ] *n.* 软垫，缓冲物，减震材料

例 Running shoes have extra cushioning. 跑鞋有额外的减震衬垫。

---3836

□ **bias** ['baɪəs] **n.** ①偏见，偏袒 ②斜纹，斜线 ③倾向，趋势，爱好 ④偏性，偏差 **a.** 斜的，斜纹的 **ad.** 偏斜地，对角地 **v.** 使有偏见，影响
搭 have a bias against sb. 对某人有偏见；a strong liberal bias 浓厚的自由主义倾向；on the bias 斜裁（用于描述衣料的裁剪或缝纫方式）
例 There was no bias in favor of or against any particular school. 不存在对任何学校的偏见或偏袒。

---3837

□ **lexical** ['leksɪkl] **a.** ①词汇的 ②词汇表的，词典的
例 We chose a few of the commonest lexical terms in the languages. 我们选取了各语言里最为常见的几个词语。

---3838

□ **gimmick** ['ɡɪmɪk] **n.** 花招，把戏，噱头
例 The proposal to cut taxes was just an election gimmick to win voters. 减税提案不过是为了拉选票搞的竞选噱头。

---3839

□ **vulgarization** [ˌvʌlɡəraɪ'zeɪʃn] **n.** 低俗化，卑俗化，庸俗化
例 Such buildings have been criticized as an intolerable vulgarization. 这样的建筑被批评为无法忍受的庸俗。

---3840

□ **navigability** [ˌnævɪɡə'bɪləti] **n.** 适航性，耐航性
例 The project restored navigability across the country by connecting the two historic waterways. 这项工程通过连接两条历史上著名的水道，恢复了该国的适航性。

---3841

□ **berry** ['beri] **n.** 浆果，干果仁
例 Most birds eat nuts and berries. 大多数鸟类都吃坚果和浆果。

---3842

□ **mannerism** ['mænərɪzəm] **n.** ①习性，习惯 ②风格主义
例 He drummed his thumbs on the steering wheel, an irritating mannerism of his. 他用拇指不断敲击方向盘，这是他让人讨厌的习惯。

---3843

□ **refractive** [rɪ'fræktɪv] **a.** 折射的，有折射力的
例 The new glass recreated by him has a higher refractive index. 他重新制作的新玻璃有更高的折射率。

---3844

□ **manifold** ['mænɪfəʊld] **a.** ①多种的，多样的 ②多方面的 **n.** 多种，多方面
例 It is a good opportunity to exhibit his manifold talents. 这是一个展示他多方面才华的好机会。

---3845

□ **trolley** ['trɒli] **n.** ①（送食物、饮料等的）小车，手推车 ②无轨电车，有轨电车 [同] trolleybus, tram ③手摇车，架空电缆车 / 罐笼 **v.** ①用手推车运送 ②乘电车
搭 a supermarket trolley 超市手推车

---3846

□ **championship** ['tʃæmpiənʃɪp] **n.** ①锦标赛 ②冠军称号，地位 ③捍卫，拥护
构 champion（冠军）+ ship（地位）→冠军地位
例 It is a contest for the heavy weight championship of the world. 那是一场争夺世界重量级冠军的比赛。

---3847

□ **distress** [dɪ'stres] **n.** ①痛苦，苦恼，伤心 [同] anguish ②苦恼事，不幸，灾难 ③危难，困境 **v.** ①使痛苦，使难过，折磨 ②使筋疲力尽，使疼痛 **a.** 亏本出售的，廉价的
搭 in distress 处于痛苦中，处于危险中；sell sth. at distress prices 廉价出售某物
例 Jealousy causes distress and painful emotions. 嫉妒会导致苦恼和痛苦。

---3848

□ **blowhole** ['bləʊhəʊl] **n.** ①冰孔，冰窟窿 ②（鲸、海豚类的）呼吸孔，喷水孔 ③排气管，通气管
例 The area around the blowhole of the whale is particularly sensitive. 鲸的喷水孔周围的部分尤其敏感。

---3849

□ **chord** [kɔːd] **n.** ①和弦，和音 ②（数）弦
例 Many of the things she says will strike a chord with other young women. 她说的许多话都将引起其他年轻女子的共鸣。

---3850

□ **regain** [rɪ'ɡeɪn] **v.** ①取回，领回，收回，收复，恢复 ②回到，返回 **n.** ①取回，领回，收回，收复，恢复 ②取回量，恢复量

搭 regain health/strength 恢复健康 / 体力；regain political power 重新取得政权；regain one's stolen property 领回被窃财物；regain one's native country 返回故国

例 The actress has recently regained some of new former popularity. 这位女演员最近重新获得了一些昔日的人气。

....3851

□ **hydraulic** [haɪ'drɒlɪk] *a.* ①液压的，液力的 ②水力的，水压的

例 The ship has no fewer than five hydraulic pumps. 这条船上有不少于 5 个液压泵。

....3852

□ **conductance** [kən'dʌktəns] *n.* 电导，导电率，电导系数

例 The pupils in our eyes dilate, our blood pressure rises, and the electrical conductance of our skin is lowered. 我们眼中的瞳孔膨胀，血压升高，我们皮肤的电导率降低。

....3853

□ **aquatic** [ə'kwætɪk] *a.* ①水生的，水栖的，水生物的 ②水上的，水中的 ③与水有关的

搭 aquatic resources 水资源

例 The pond can support many aquatic plants. 这个池塘能维持许多水生植物的生长。

....3854

□ **diametrically** [ˌdaɪə'metrɪkli] *ad.* ①正好，完全（不同），截然（相反）②在直径方面

例 Husband and wife have diametrically opposite views on the matter. 夫妻俩对此事的看法大相径庭。

联 diametric *a.* 直径的，截然相反的

....3855

□ **pose** [pəʊz] *n.* ①姿态，姿势 ②仪态，装腔作势 *v.* ①摆好姿态，摆姿势 ②假装，装成 ③提出（问题）④引发，引起

搭 pose moral issues 引发道德问题

例 Before going into their meeting the six foreign ministers posed for photographs. 六位外交部部长在开始会晤之前摆好姿势合影留念。

....3856

□ **apprehensive** [ˌæprɪ'hensɪv] *a.* ①担忧的，疑惧的 ②善于领会的，能理解的，聪颖的 ③知晓的，认识的

搭 feel apprehensive for the safety of one's friends 担心朋友们的安全；an apprehensive scholar 聪颖

的学者；apprehensive of one's own folly 认识到自己的愚蠢

例 People are still apprehensive about the future. 人们仍然为未来担惊受怕。

....3857

□ **practitioner** [præk'tɪʃənə(r)] *n.* 从业者，执业者，实践者

搭 a legal practitioner 法律从业者

例 The doctor's retiring and they're looking for a new practitioner. 这位医生就要退休了，他们正在寻找一位新的执业医师。

....3858

□ **sidewalk** ['saɪdwɔːk] *n.* 人行道

例 Bicycles are not allowed on the sidewalk. 自行车不允许上人行道。

....3859

□ **foresighted** ['fɔːsaɪtɪd] *a.* 深谋远虑的，有先见之明的

构 fore（前）+ sight（看见，视力）+ ed（有……的）→有先见之明的

例 The measures taken turned out to be foresighted. 所采取的措施证明是有先见之明的。

....3860

□ **inhabit** [ɪn'hæbɪt] *v.* 居住于，栖息

例 The island is inhabited by many wild animals. 许多野生动物栖居在这个岛上。

....3861

□ **overpopulation** [ˌəʊvəˌpɒpju'leɪʃn] *n.* 人口过剩，人口过密

例 They are deeply concerned about the overpopulation in the world. 他们十分关注世界人口过剩的问题。

联 overpopulate *v.* 使人口过剩；overpopulated *a.* 人口过剩的

....3862

□ **hysteria** [hɪ'stɪəriə] *n.* ①歇斯底里，癔症 ②情绪爆发

例 A few of the women began to scream, and soon they were all caught in the hysteria. 其中几个女人开始尖叫，很快她们都变得歇斯底里。

....3863

□ **potent** ['pəʊtnt] *a.* ①有影响力的，有支配力的 [同] powerful, strong ②烈性的，效力强的

搭 a potent rival 强劲的对手；potent antibiotics/vaccine 有效力的抗生素 / 疫苗；a potent tea/drink 浓茶 / 烈酒

例 She saved her most potent argument for the end of the speech. 她将自己最有力的证据留在最后说。

——3864

□ **synchronous** ['sɪŋkrənəs] *a.* 同时的，同步的
搭 synchronous development/movements 同步发展 / 动作

——3865

□ **tardy** ['tɑːdi] *a.* ①缓慢的，拖拉的 ②延迟的，迟到的
搭 a tardy payment/arrival 延迟付款 / 抵达
例 He was tardy in filing the application. 他的申请提交晚了。

——3866

□ **lumber** ['lʌmbə(r)] *n.* ① 木材，木料 ②废旧家具 ③无用的材料，赘肉 *v.* ①使背负，使承担 ②伐木 ③慢慢吃力地移动，隆隆地（费力）行进
搭 lumber products/export 木材产品 / 出口
例 The truck lumbered across the parking lot toward the road. 卡车缓慢地穿过停车场驶向公路。

——3867

□ **unpalatable** [ʌn'pælətəbl] *a.* ①不可口的，不好吃的 ②难以接受的，让人不快的
例 A lump of dry, unpalatable cheese was all that remained in the cupboard. 橱柜里只剩下一块干巴巴、难以入口的奶酪。

——3868

□ **remnant** ['remnənt] *n.* ①剩余部分，残余部分 ②零头布，边角料
例 The remnants of a meal stood on the table. 吃剩的饭菜摆在桌子上。

——3869

□ **smudge** [smʌdʒ] *v.* ①弄脏，涂抹 ②变模糊，弄模糊 *n.* 污迹，污点
搭 smudges of blood 血迹
例 He smudged the picture with his dirty hands. 他用脏手把图片弄脏了。

——3870

□ **raze** [reɪz] *v.* 彻底摧毁，夷为平地，拆毁
例 The old factory was razed to make room for a parking lot. 这座老工厂被全部拆除，腾出地方建停车场。

——3871

□ **stakeholder** ['steɪkhəʊldə(r)] *n.* ①股东 ②利益相关者
例 They should gain support from the patients, the ultimate stakeholders. 他们应该得到病人——最终的利益相关者——的支持。

——3872

□ **infinite** ['ɪnfɪnət] *a.* ①无数的，不计其数的 ②无限的，无穷的 ③极其的 *n.* 无穷（大），无限
搭 the infinite reaches of space 浩瀚无垠的茫茫太空
例 Obviously, no company has infinite resources. 显然，没有哪家公司拥有的资源是无穷无尽的。

——3873

□ **bower** ['baʊə(r)] *n.* ①树荫，阴凉处 ②凉亭，村舍 ③弯腰 / 屈从的人，鞠躬的人
例 They are resting in the shade of the bower. 他们正在树荫下休息。

——3874

□ **thickness** ['θɪknəs] *n.* ①厚度 ②厚，厚实
例 There are a pile of boards of varying lengths and thicknesses in the yard. 院子里有一摞长短不一、厚度不同的板子。

——3875

□ **repatriation** [ˌriːpætrɪ'eɪʃn] *n.* ①（人）遣返回国 ②（钱）汇回本国
例 Repatriation efforts will be carried out next month. 遣返工作将在下个月进行。

——3876

□ **fin** [fɪn] *n.* ①鳍 ②鳍状物，翼
搭 shark fin 鱼翅

答案：
1. lumbered　译文：这个国家艰难地度过了数月的政治动荡和经济混乱。
2. apprehensive　译文：虽然他们对前景感到忧虑，但并没有表露出来。

Unit 74

学前自测

1. The superhero's only flaw is his inability to defeat his _____ enemy. (hydroelectric, phenolic, auditory, participatory, mortal)

2. Scientists have shown that _____ produces clear changes in the brain. (cetacean, authenticity, nicety, hypnosis, respite)

----------3877

□ **drudgery** ['drʌdʒəri] *n.* 苦工，差使，乏味的工作
例 Washing machines have taken the drudgery of washing clothes. 洗衣机承担了洗衣服这一辛苦乏味的工作。

----------3878

□ **neurologist** [njʊə'rɒlədʒɪst] *n.* 神经学家
例 Some neurologists hold that dreams are the disguised shadows of our unconscious desires and fears. 有些神经学家认为梦是我们不曾意识到的欲望和恐惧的潜在反应。

----------3879

□ **cetacean** [sɪ'teɪʃn] *n.* 鲸目类动物，鲸 *a.* 鲸目的
例 They examined the functioning of the senses in cetaceans, including whales and dolphins. 他们对鲸目动物的感官功能进行了测试，包括鲸和海豚。

----------3880

□ **hydroelectric** [ˌhaɪdrəʊ'lektrɪk] *a.* 水力电气的
构 hydro（水）+ electric（电的）→水力电气的
搭 hydroelectric power 水力发电

----------3881

□ **divergent** [daɪ'vɜːdʒənt] *a.* 相异的，分歧的
例 Father and son have divergent views on the question. 父子俩在这个问题上意见有分歧。

----------3882

□ **elude** [ɪ'luːd] *v.* ①逃避，躲避 ②不为……所记得 / 理解，难倒
搭 elude law 逃避法网；elude observation 遮人耳目
例 New ideas may forever elude him. 新点子可能永远与他失之交臂。

----------3883

□ **lunatic** ['luːnətɪk] *n.* ①疯子，精神错乱的人 ②蠢人，傻瓜 *a.* 疯狂的，极蠢的 [同] crazy, mad

搭 lunatic asylum 精神病院
例 The arms race is resuming on a scale more lunatic than ever. 军备竞赛卷土重来，其程度达到了史无前例的疯狂。

----------3884

□ **phenolic** [fɪ'nɒlɪk] *a.* ①酚的，苯酚的 ②酚醛树脂的
例 He embarked on research into phenolic resins when he was a young chemistry student. 他还是个年轻的化学系的学生时，就开始研究酚醛树脂。

----------3885

□ **alien** ['eɪliən] *a.* ①外国的，异域的 ②陌生的，与……格格不入的，与……不相容的 ③外星的，来自外星的
搭 an alien life form 一种外星生物
例 His work offers an insight into an alien culture. 他的作品让人们深入了解一种异域文化。

----------3886

□ **obsess** [əb'ses] *v.* ①使痴迷，使着迷 ②困扰，受困，心神不宁
搭 be obsessed by money 财迷心窍
例 She became more and more obsessed with the project. 她对这个项目越来越着迷。

----------3887

□ **phenomenal** [fə'nɒmɪnl] *n.* ①显著的，惊人的 ②现象的，可感知的
例 Exports of French wine are growing at a phenomenal rate. 法国葡萄酒的出口正以惊人的速度增长。

----------3888

□ **auditory** ['ɔːdətri] *a.* 听觉的，听力的
例 the limits of the human auditory range 人耳听觉范围的限度

----------3889

□ **unravel** [ʌn'rævl] *v.* ①拆散，拆开，松开 ②揭示，揭开 ③破裂，崩溃 ④变得清晰明了

例 She's trying to unravel the mystery of her husband's disappearance. 她正在试图解开丈夫失踪之谜。

──────── 3890

□ **participatory** [pɑːtɪsɪ'peɪtəri] *a.* 参与的，参加的，鼓励参与的
例 Women tend to be more participatory in their management style. 女性的管理风格往往具有更强的参与式特点。

──────── 3891

□ **volatile** ['vɒlətaɪl] *a.* ①易变的，多变的，不稳定的 ②暴躁的，爆发性的 ③易挥发的，易散发的 ④短暂的，片刻的，转瞬即逝的 ⑤活泼的，轻快的，无忧虑的 ⑥易引起的
搭 a volatile disposition 朝三暮四的脾性；volatile stock market 涨落不定的股市；a volatile temper 火暴脾气；a volatile beauty 红颜易逝的美人；a volatile mood 轻松愉快的心境
例 They were both too volatile not to have an occasional fight. 他们两人都性子暴躁，不时会打上一架。

──────── 3892

□ **generation** [ˌdʒenə'reɪʃn] *n.* ①一代人，同代人 ②同代，一代，一辈 ③产生，发生 ④生产，创造 ④生育，繁殖
搭 the next generation of computers 下一代计算机
例 This way of life will vanish within a few generations. 这种生活方式几代之内就会消失。

──────── 3893

□ **authenticity** [ˌɔːθen'tɪsəti] *n.* 真实性，准确性
例 The film's authenticity of details has impressed critics. 这部电影细节上的准确性给影评人留下了深刻的印象。

──────── 3894

□ **respite** ['respaɪt] *n.* ①暂停，中断 ②暂缓
例 There was absolutely no respite from the noise. 噪声从来没有间断过。

──────── 3895

□ **traverse** [trə'vɜːs] *v.* ①横穿，横越 ②横亘，横贯 ③详细讨论，全面研究 ④做 Z 字形攀登，横向攀爬 *n.* ①横档，横轴 ②障碍，阻碍物 ③栏杆，围屏 ④横行路，曲线航行
构 tra（横过）+ vers（转）+ e →横穿
搭 traverse the mountain ridge 横向攀爬山脊
例 The climbers made a dangerous traverse across the glacier. 登山者冒险穿过冰川。

──────── 3896

□ **weave** [wiːv] *v.* ①编织，纺织，织布 ②编造 ③迂回行进，穿行（以避开障碍）
搭 weave baskets/a tale 编篮子 / 故事
例 The young mother weaved every evening when the children were asleep. 每天晚上，当孩子们入睡后，这位年轻母亲就织布。

──────── 3897

□ **trainspotter** ['treɪnspɒtə(r)] *n.* ①机车狂热者 ②迷恋狂，有收集癖好的人
例 They saw a trainspotter jumping onto an old rumbling train. 他们看见一名机车狂热者跳上一列隆隆驶过的老火车。

──────── 3898

□ **Nazi** ['nɑːtsi] *n.* ①纳粹党人，纳粹分子 ②凶残的人
搭 Nazi ideology 纳粹主义意识形态
联 Nazism *n.* 纳粹主义

──────── 3899

□ **childcare** ['tʃaɪldkeə(r)] *n.* 托幼，儿童看护，儿童保育
例 People earning low wages will find it difficult to pay for childcare. 低收入人群会发现难以支付儿童看护费用。

──────── 3900

□ **resin** ['rezɪn] *n.* ①树脂，松香 ②树脂制品
例 He, a young chemistry student in Belgium, embarked on research into resins in 1855. 他当时是在比利时学习的一个年轻的化学系的学生，于 1855 年开始研究树脂。

──────── 3901

□ **nicety** ['naɪsəti] *n.* 细节，准确，精确
例 Our grandmother taught us the niceties of table manners. 祖母教我们餐桌礼仪的细节。

──────── 3902

□ **continuum** [kən'tɪnjuəm] *n.* 统一体，连续体，连续
例 All the organisms in any ecosystem are part of an evolutionary continuum. 生态系统中的所有生物都是进化连续体的一个环节。

──────── 3903

□ **standardize** ['stændədaɪz] *v.* 使标准化，统一化
例 standardized tests 标准化测试

──────── 3904

□ **intranet** ['ɪntrənet] *n.* 内联网

构 intra（内部）+ net（网）→内联网

例 They share the information through the company's intranet. 他们通过公司的内联网实现信息共享。

---------- 3905

□ **sperm** [spɜːm] *n.* 精液，精子

---------- 3906

□ **translucent** [trænz'luːsnt] *a.* ① 半 透 明 的 ②清澈的 ③真诚的，不加掩饰的，清楚易懂的

构 trans（穿过）+ luc（明亮）+ ent（……的）→ 光线能穿过的 →透明的

搭 translucent patriotism 真诚的爱国心；a translucent exposition 清楚易懂的论述

例 She had fair hair, blue eyes and translucent skin. 她金发碧眼，皮肤透亮。

---------- 3907

□ **aldehyde** ['ældɪhaɪd] *n.* 醛，乙醇

例 Phenolic resins are produced when phenol combines with an aldehyde. 苯酚和醛结合便产生了酚醛树脂。

---------- 3908

□ **secrete** [sɪ'kriːt] *v.* ①分泌 ②隐藏，藏匿

例 He secreted the gun in the kitchen cabinet. 他把枪藏在橱柜里。

联 secretion *a.* 分泌（物）

---------- 3909

□ **infallible** [ɪn'fæləbl] *a.* ①永无过错的，不会犯错的 ②万无一失的，肯定有效的，绝对可靠的 *n.* 一贯正确的人，绝对无误的事

例 Although he was experienced, he was not infallible. 尽管他经验丰富，但也有犯错的时候。

---------- 3910

□ **pillar** ['pɪlə(r)] *n.* ①支柱，柱子 ②柱状物 ③顶梁柱，栋梁，中坚，骨干，靠山 *v.* 以柱支撑

搭 a pillar of strength 精神支柱，强大靠山

例 My mother has been a pillar of the middle school. 我母亲一直是这所中学的顶梁柱。

---------- 3911

□ **spellbound** ['spelbaʊnd] *a.* ①入迷的，出神的 ②被符咒镇住的

例 He was in awe of her; she held him spellbound. 他对她十分敬畏，她令他着迷。

---------- 3912

□ **yarn** [jɑːn] *n.* ①纱，纱线 ②奇谈，奇闻怪事 *v.* ①用纱线包扎 ②讲故事

搭 yarn about one's past 讲有关自己过去的故事；spin a yarn 讲故事，编借口，胡诌

---------- 3913

□ **stunt** [stʌnt] *n.* ①发育不良，发育不全 ②特技，绝技，特技镜头 ③引人注目的花招，噱头 *v.* ①阻止，妨碍，使停止发育 / 发展 ②做惊人表演，表演绝技

搭 a political stunt 哗众取宠的政治噱头；stunt an airplane 驾机做特技表演

例 High interest rates have stunted economic growth. 高利率阻碍了经济的增长。

---------- 3914

□ **mortal** ['mɔːtl] *a.* ①终有一死的，不能永生的 ②世间的，尘世的 ③致命的，极其严重的 ④你死我活的，不共戴天的 ⑤极大的，极度的，想象得出的 *n.* ①人，普通人 ②非永生的生物

搭 a mortal wound/blow 致命的伤口 / 打击；mortal life 现世生活；a mortal shame 奇耻大辱；a life which transcends the mortal existence 超越凡尘的生命；be of no mortal use 全无用处

---------- 3915

□ **sexually** ['sekʃəli] *ad.* ①在性行为方面，与性有关地 ②性感地，撩人地，暗示性行为地

例 The film has sexually explicit scenes. 这部电影有一些露骨的性爱场面。

---------- 3916

□ **hypnosis** [hɪp'nəʊsɪs] *n.* ①催眠状态 ②催眠术

例 Under deep hypnosis, subjects can be carried back in memory to early childhood. 在深度催眠中，受试者可以重现幼年时期的记忆。

---------- 3917

□ **propeller** [prə'pelə(r)] *n.* ①螺旋桨，推进器 ②推动者，推进因素

例 A length of rope got caught in the boat's propeller. 轮船的螺旋桨被一节绳子缠住了。

---------- 3918

□ **beaver** ['biːvə(r)] *n.* 海狸

例 People discover that it is more lucrative to protect wild animals such as wolves, bears and beavers than to hunt them. 人们发现保护野生动物，如狼、熊、海狸等，比捕猎它们更有利。

---------- 3919

□ **uplifting** [ˌʌp'lɪftɪŋ] *a.* 令人振奋的，鼓舞人心的

搭 uplifting music 令人振奋的音乐

例 It is a charming, uplifting love story. 这是一个引人入胜、令人振奋的爱情故事。

□ **primacy** ['praɪməsi] *n.* ①首位，卓越，杰出 ②首主教的职责 / 身份 / 权力

例 She has established primacy in her field of study. 她确立了自己所研究领域中的主导地位。

───────────────────────────── 3921

□ **dictate** [dɪk'teɪt] *v.* ①口述，口授，听写 ②命令，强行规定 ③主宰，支配，影响

例 Everything he dictated was signed and sent out the same day. 他口授的所有内容都签了名并在当天就寄出了。

───────────────────────────── 3922

□ **laid-off** [leɪd ɒf] *a.* 被解雇的，下岗的

例 Federally funded training and free back-to-school programs for laid-off workers are under way. 由联邦政府资助、为下岗职工提供的培训和免费重返课堂项目正在实施。

───────────────────────────── 3923

□ **shimmer** ['ʃɪmə(r)] *v.* 闪烁，发出微光 *n.* 微光，闪光

搭 a shimmer of starlight 微弱的星光

例 The lights shimmered on the water. 水面上波光粼粼。

───────────────────────────── 3924

□ **burglary** ['bɜːgləri] *n.* 入室盗窃（罪）

例 There have been a number of burglaries in the area. 这个地区发生了几起入室盗窃案。

───────────────────────────── 3925

□ **debase** [dɪ'beɪs] *v.* 降低，贬损

构 de（下）+ bas（底部）+ e →降低

例 He said parliament and the process of democracy had been debased. 他说议会和民主进程都遭到了亵渎。

───────────────────────────── 3926

□ **whereby** [weə'baɪ] *conj.* 凭此，借以，由于

例 They created a program whereby single parents could receive greater financial aid. 他们制定了一个

方案，据此单亲父母可以得到更多的经济资助。

───────────────────────────── 3927

□ **sequential** [sɪ'kwenʃl] *a.* ①连续的、相继的、顺序的 ②作为结果产生的，随之而来的

搭 in sequential order 按顺序排列的；sequential sampling 顺序取样

───────────────────────────── 3928

□ **obstruction** [əb'strʌkʃn] *n.* ①障碍物，堵塞物 ②妨碍，阻挠 ③（体内的）梗阻 ④拖延

例 The program is being held up by bureaucratic incompetence and deliberate obstruction. 该计划由于官员不称职和故意阻碍而延期。

───────────────────────────── 3929

□ **innate** [ɪ'neɪt] *a.* ①天生的，与生俱来的 ②独有的

例 She has an innate sense of rhythm. 她天生就有节奏感。

───────────────────────────── 3930

□ **mule** [mjuːl] *n.* ①骡子 ②笨蛋，固执的人，执拗的人 ③杂交种动物 / 植物 ④毒品走私犯，越境运毒者

例 They hired two mules to carry the rubber out of the jungle. 他们雇了两头骡子把橡胶从丛林中运出来。

───────────────────────────── 3931

□ **sustenance** ['sʌstənəns] *n.* ①食物，生计，营养 ②支持，支撑 ③维持，持续 ④支撑物，维持物

搭 depend on the sea for sustenance 靠海为生

例 She draws spiritual sustenance from daily church attendance. 她每天去教堂做礼拜以获得精神寄托。

───────────────────────────── 3932

□ **psychological** [ˌsaɪkə'lɒdʒɪkl] *a.* ①心理的，精神的 ②心理学的 ③虚构的，想象的

例 John's loss of memory is a psychological problem, rather than a physical one. 约翰的失忆是一个心理问题，而非生理问题。

答案：
1. mortal 译文：这位超级英雄唯一的不足之处就是无法战胜他的死敌。
2. hypnosis 译文：科学家已经证实催眠可以让大脑产生明显的变化。

Unit 75

学前自测

1. His music _____ the benefits of electricity at the dawn of the 20th century. (coined, pinpricked, symbolized, hymned, streamlined)

2. Many deaf people have feelings of _____ and loneliness. (photosynthesis, polemic, assemblage, compactness, isolation)

--3933

□ **farfetched** [ˌfɑːˈfetʃt] *a.* 牵强的，不切实际的，不靠谱的

例 I think his predictions are farfetched. 我认为他的预言不靠谱。

--3934

□ **grammarian** [grəˈmeəriən] *n.* 语法学家

例 Only recently did grammarians begin a debate over noun cases in English. 直到最近，语法学家们才开始关于英语名词格的讨论。

--3935

□ **surmise** [səˈmaɪz] *v.* 推测，猜测

例 We can only surmise that it happened at night. 我们只能推测这件事发生在夜间。

--3936

□ **distressing** [dɪˈstresɪŋ] *a.* 令人痛苦的，令人难过的 [同] upsetting

例 Some viewers may find these scenes distressing. 有些观众可能会觉得这些场景令人难过。

--3937

□ **limpid** [ˈlɪmpɪd] *a.* ①清澈的，透明的 ②清晰的，简明的

搭 the limpid water of the stream 清澈的溪水；limpid prose 流畅的散文

--3938

□ **photosynthesis** [ˌfəʊtəʊˈsɪnθəsɪs] *n.* 光合作用

例 The rate of photosynthesis in a plant can be measured in this way. 可以用这种方式计量出植物中光合作用的速率。

--3939

□ **metabolic** [ˌmetəˈbɒlɪk] *a.* 新陈代谢的

例 Exercise can increase your metabolic rate. 运动可以提高新陈代谢率。

--3940

□ **ascent** [əˈsent] *n.* ①攀登，攀爬 ②提高，进步 ③上坡，上坡路

搭 toil up the dusty ascent 奋力爬上满是尘土的山坡

例 It would be wrong to portray his life as a calculated ascent to power at any cost. 如果把他的一生描绘成不惜以任何代价一心向上爬，那就错了。

--3941

□ **temptation** [tempˈteɪʃn] *n.* ①引诱，诱惑 ②诱惑物，有诱惑力的人

例 He has the strength to resist further temptation. 他能经得住更多的诱惑。

联 tempting *a.* 诱人的，吸引人的

--3942

□ **compelling** [kəmˈpelɪŋ] *a.* ①强制性的 ②令人信服的 ③激发兴趣的，有强烈吸引力的

搭 a compelling novel 引人入胜的小说；a compelling reason 令人信服的理由

例 Her eyes were her best feature, wide-set and compelling. 眼睛是她最完美的部位，眼距较宽，非常迷人。

--3943

□ **overwhelming** [ˌəʊvəˈwelmɪŋ] *a.* ①巨大的，压倒性的 ②令人不知所措的

搭 an overwhelming majority/success 压倒性的多数/胜利

例 She has an overwhelming desire to have a child. 她有着想要孩子的强烈愿望。

--3944

□ **uneven** [ʌnˈiːvn] *a.* ①不平的，不平坦的，凹凸不平的 ②不一致的，不稳定的 ③不规则的，不均匀的 ④不平均的 ⑤实力悬殊的，非势均力敌的

搭 an uneven contest 实力悬殊的比赛

例 She walked back carefully over the uneven ground. 她小心翼翼地从凹凸不平的地面上走回来。

--3945

□ **coin** [kɔɪn] *n.* ①硬币，钱币 ②有价值的东西

v. ①创造，杜撰，发明 ②铸（币）*a.* 硬币的

搭 the other/opposite side of the coin 事情的另一方面；a coin laundry 投币式洗衣机

例 The word 'lunatic' was coined to describe people who went mad at the full moon. 人们杜撰了 lunatic 这个词，用来形容月圆时发疯的人。

联 coinage *n.* 铸币，造币，创造，新创造的词语

·············· 3946

□ **hexa-** ['heksə] 六，有六个的

联 hexagon *n.* 六角形，六边形；hexadecimal *a.* 十六进制的 *n.* 十六进制

·············· 3947

□ **polemic** [pə'lemɪk] *n.* 争辩，辩论，论战

例 The book is both a history and a passionate polemic for tolerance. 这本书既是一部史书，也是一篇主张宽容的激情论辩。

·············· 3948

□ **bode** [bəʊd] *v.* 预示，预兆

搭 bode well/ill 主吉 / 主凶

例 The way the bill was passed bodes ill for democracy. 这个法案通过的方式对民主制来说是个坏兆头。

·············· 3949

□ **prolonged** [prə'lɒŋd] *a.* 延长的，长期的，持续很久的

搭 a prolonged drought 持续的干旱；a prolonged struggle 长期的斗争

·············· 3950

□ **viscous** ['vɪskəs] *a.* 黏的，黏性的，黏稠的

例 As the liquid cools, it becomes viscous. 这种液体冷却后会变黏稠。

·············· 3951

□ **maize** [meɪz] *n.* 玉米，苞谷

例 Vast fields of maize spread before us. 我们眼前展现出大片大片的玉米地。

·············· 3952

□ **corrosive** [kə'rəʊsɪv] *a.* ①腐蚀的 ②损害的 ③尖酸刻薄的

例 Stress and tension are the most corrosive enemies of health. 压力和紧张是健康最有害的敌人。

·············· 3953

□ **eloquent** ['eləkwənt] *a.* ①雄辩的，有说服力的 ②表达生动的

例 He made an eloquent plea for better understanding. 他很有说服力地请求加强理解。

联 eloquence *n.* 口才，雄辩；eloquently *ad.* 雄辩地，表达生动地

□ **assemblage** [ə'semblɪdʒ] *n.* ①人群，群众 ②组装，装配 ③聚集，集会 ④一批集合在一起的东西 ⑤装配艺术品

搭 a place of public assemblage 群众集会的场所；an assemblage of old junk cars 一堆废旧汽车

例 The goods are designed for easy assemblage. 这些商品经过设计，便于组装。

·············· 3955

□ **corresponding** [ˌkɒrə'spɒndɪŋ] *a.* 相应的，对等的，同期的

例 April and May sales this year were up 10 per cent on the corresponding period in 2020. 与 2020 年同期相比，今年 4 月和 5 月的销售额提高了 10%。

·············· 3956

□ **homogeneity** [ˌhɒmədʒə'niːəti; ˌhəʊməʊdʒə'niːəti] *n.* 同种，同性质，均一性

搭 racial/economic/cultural homogeneity 种族 / 经济 / 文化的同质性

·············· 3957

□ **compactness** [kəm'pæktnəs] *n.* 紧密，紧凑，小巧

例 The very compactness of the cottage made it all the more snug and appealing. 村舍小巧别致，显得更加舒适，更有魅力。

·············· 3958

□ **standstill** ['stændstɪl] *n.* 停顿，停止

例 The accident brought traffic to a standstill. 那场事故使交通陷入瘫痪。

·············· 3959

□ **legible** ['ledʒəbl] *a.* 清晰的，易读的

构 leg（读）+ ible（易……的）→易读的

例 His handwriting isn't very legible. 他的字迹不易辨认。

·············· 3960

□ **peddle** ['pedl] *v.* ①兜售，叫卖 ②宣扬，散播

例 His father peddled in the street, an occupation shared by many immigrants trying hard to make a living in a new land. 他的父亲沿街叫卖，这是许多在陌生土地上艰难谋生的移民所从事的职业。

·············· 3961

□ **antibacterial** [ˌæntibæk'tɪəriəl] *n.* 抗菌的 *n.* 抗菌剂，抗菌物质

构 anti（反对）+ bacterial（细菌的）→抗菌的

例 You'd better wash your hands with antibacterial soup. 你最好用抗菌皂洗手。

································3962

☐ **showcase** ['ʃəʊkeɪs] ***n.*** ①陈列柜，展示柜 ②展示场合

例 The festival remains a valuable showcase for new talent. 音乐节一直是新秀展示才华的宝贵场合。

································3963

☐ **cellulose** ['seljuləʊs] ***n.*** 纤维素

例 Some fungi can digest the cellulose in leaves. 一些真菌能够消化树叶中的纤维素。

································3964

☐ **streamline** ['striːmlaɪn] ***v.*** ①使成流线型 ②精简，简化

搭 a streamline car 流线型汽车

例 They're making efforts to streamline their normally cumbersome bureaucracy. 他们正在努力精简业已烦冗复杂的官僚体制。

································3965

☐ **informative** [ɪn'fɔːmətɪv] ***a.*** 提供信息的，增长知识的，增长见闻的

例 *Holidays That Don't Cost the Earth* is a lively, informative read. 《绿色环保的假期》是一本生动有趣、增长见闻的读物。

································3966

☐ **pinprick** ['pɪnprɪk] ***n.*** ①针孔，小孔 ② 小刺激，小烦恼 ***v.*** ①刺孔于 ②刺激，使烦恼

搭 a pinprick of light 一丝亮光

例 She looked up at me with pinpricks of sweat along her hairline. 她抬头看了我一眼，发际渗出细密的汗珠。

································3967

☐ **voracious** [və'reɪʃəs] ***a.*** ①贪婪的，渴求的 ②旺盛的，极大的

搭 a voracious book collector 如饥似渴的藏书家

例 He had a voracious appetite, stretching out his arms for any dish he fancied. 他很贪吃，只要是想吃的菜，就会伸手去拿。

联 voraciously ***ad.*** 贪婪地，渴求地

································3968

☐ **abolition** [ˌæbə'lɪʃn] ***n.*** 废除，废止，取消

搭 the abolition of subsidies 补贴的取消

例 They are calling for the abolition of the monarchy. 他们在呼吁废黜君主制。

································3969

☐ **facilitator** [fə'sɪlɪteɪtə(r)] ***n.*** 促进者，推动者，协调着

例 The scholar both participates in and acts as a facilitator in the collaborative program. 这位学者在这个合作项目中既是参与者，又是推动者。

································3970

☐ **compulsion** [kəm'pʌlʃn] ***n.*** ①强制，强迫 ②强制力，强迫力，强迫作用

构 com（加强）+ puls（冲，推）+ ion（表名词）→冲动

搭 act under compulsion 被迫行动；a compulsion neurotic 强迫性神经质者

例 Students learned more when they were in classes out of choice rather than compulsion. 学生自愿上课比被逼迫上课学到得更多。

································3971

☐ **annoying** [ə'nɔɪɪŋ] ***a.*** 恼人的，令人讨厌的

例 She's an old annoying busybody. 她是个讨人嫌的爱管闲事的人。

································3972

☐ **ligament** ['lɪɡəmənt] ***n.*** ①韧带 ②维系物，纽带

例 He suffered torn ligament in his knees. 他饱受膝盖韧带撕裂之苦。

································3973

☐ **perturbation** [ˌpɜːtə'beɪʃn] ***n.*** ①烦恼，不安，心绪不宁 ②干扰，动乱

例 Causing such a perturbation to Earth's life systems is likely to have huge consequences. 像这样扰乱地球的生命系统很可能会产生严重的后果。

································3974

☐ **inspirational** [ˌɪnspə'reɪʃənl] ***a.*** ①鼓舞人的，激励人的 ②激发灵感的，源于灵感的

例 As well as a fine defender, he was an inspirational captain. 他不仅是个优秀的防守队员，还是个很会激励大家的队长。

································3975

☐ **lush** [lʌʃ] ***a.*** ①葱郁的，葱茂的，茂盛的 ②奢华的，豪华的 ③（水果）多汁多肉的

搭 lush carpet/fabrics 奢华的地毯 / 布料；lush strawberries 果汁足的草莓

例 It is a rather pretty town, surrounded by lush fields and woods. 那是一个极美的小镇，被郁郁葱葱的田野和森林所环绕。

································3976

☐ **uncanny** [ʌn'kænɪ] ***a.*** ①出乎意料的，异于寻常的，不可思议的，惊人的 ②神秘的，离奇的，可怕的

例 He bore an uncanny resemblance to Dick. 他 的

长相与迪克惊人地相似。

----3977

- **ingenious** [ɪn'dʒiːniəs] *a.* ①巧妙的，有独创性的 ②聪颖的，足智多谋的
  搭 a truly ingenious invention 极其精巧的发明
  例 Cigarette firms have found ingenious ways round the advertising ban. 烟草公司找到了一些巧妙的方法绕过广告禁令。

----3978

- **physiognomy** [ˌfɪzi'ɒnəmi] *n.* ①相面术 ②面貌，面相，面容 ③外貌，地貌
  例 He had always believed strongly in physiognomy and his conclusions were rarely wrong. 他总是坚信相面术，而且他的结论很少出错。

----3979

- **hymn** [hɪm] *n.* ①赞美诗，圣歌 ②赞美，歌颂，颂歌 *v.* ①赞美，颂扬 ②用赞歌表达
  例 It is a hymn to freedom and rebellion. 这是对自由和反抗的歌颂。

----3980

- **mausoleum** [ˌmɔːzə'liːəm] *n.* 陵墓，陵园
  例 A monumental mausoleum lies behind the grand ceremonial buildings. 一座巨大的陵墓坐落于宏伟的仪式建筑的后面。

----3981

- **incarnation** [ˌɪnkɑː'neɪʃn] *n.* ①具人化，具形化 ②化身 ③典型，典范
  搭 previous incarnation 前世，前生
  例 The regime was the very incarnation of evil. 该政权完全是邪恶的化身。

----3982

- **matchmaker** ['mætʃmeɪkə(r)] *n.* ①媒人，红娘 ②牵线搭桥的人
  例 Some friends played matchmaker and had us both to dinner. 一些朋友充当媒人，把我们俩都请去赴宴。

----3983

- **isolation** [ˌaɪsə'leɪʃn] *n.* ①隔绝，孤立 ②孤寂，孤独

例 Because of its geographical isolation, the area developed its own unique culture. 由于地理上的隔绝，该地区发展出了自己独特的文化。

----3984

- **shortlist** ['ʃɔːtlɪst] *n.* 入围名单，候选名单 *v.* 列入入围名单
  例 The book is on the shortlist for the National Book Award. 该书入围了美国国家图书奖。

----3985

- **exponentially** [ˌekspə'nenʃəli] *ad.* 迅猛地，成几何级数地
  例 The quantity of pollutant has increased exponentially. 化学污染物的排放迅速增加了。

----3986

- **airborne** ['eəbɔːn] *n.* ①飞行中的，升空的 ②空降的，空运的 ③空气传播的，空气中的
  搭 airborne troops 空降兵
  例 Many people are allergic to airborne pollutants such as pollen. 许多人对空气中的花粉类污染物过敏。

----3987

- **homage** ['hɒmɪdʒ] *n.* ①尊敬，敬意 ②宣誓效忠
  例 These are wonderful films that pay homage to our cultural heritage. 这些是颂扬我们文化遗产的出色电影。

----3988

- **ember** ['embə(r)] *n.* 余火，余烬
  例 Here and there a still-smouldering ember was glowing red-hot. 四处还有未尽的余火烧得通红。

----3989

- **worthlessness** ['wɜːθləsnəs] *n.* 无价值，无用，一无是处
  例 He had feelings of worthlessness and inadequacy in such an environment. 在这样的环境中，他有种一无是处和难以胜任的感觉。

----3990

- **evenly** ['iːvnli] *ad.* ①均匀地，平均地，均等地 ②平稳地，平和地
  搭 divide the mixture evenly 把混合物等分成两份

答案：
1. hymned　译文：他的音乐赞颂了20世纪初电带来的好处。
2. isolation　译文：许多失聪人士都感到孤独寂寞。

Unit 76

学前自测

1. He is quite _____ in his comments, but what he says makes sense. (impractical, renowned, connotative, alphabetical, sparing)

2. She said that for over thirty years those feelings had lain deep in her _____. (dynamics, interaction, schism, psyche, pronghorn)

──3991

□ **fascism** ['fæʃɪzəm] *a.* 法西斯主义
例 He detected 'a certain fascism' in the terrorists' unwavering deep hatred of democracy. 他觉察到恐怖分子对民主强烈的刻骨仇恨中有"某种法西斯主义"。

──3992

□ **distaste** [dɪs'teɪst] *v.* 不喜欢，反感，厌恶 [同] hate, dislike *n.* 厌恶
搭 look at sb. with distaste 厌恶地看着某人
例 He professed a strong distaste for everything related to money. 他声称强烈厌恶与金钱有关的一切。

──3993

□ **selective** [sɪ'lektɪv] *a.* ①选择的，选择性的 ②挑剔的，认真挑选的
搭 selective breeding 选择性的养殖
例 The club is selective in choosing members. 这家俱乐部对成员的筛选很细致。

──3994

□ **horticulture** ['hɔːtɪkʌltʃə(r)] *v.* 园艺，园艺学
例 My father has a lively interest in horticulture. 我父亲对园艺学有着强烈的兴趣。

──3995

□ **dynamics** [daɪ'næmɪks] *n.* ①力学，动力学 ②(pl.) 动力 ③(pl.) 动态
搭 molecular/fluid dynamics 分子 / 流体力学；the dynamics of human behavior 人类行为的动力

──3996

□ **bottleneck** ['bɒtlnek] *n.* ①窄路，狭窄的街道 ②障碍，瓶颈 *v.* 阻碍，堵塞
例 The shortage of skilled workers is often a serious industrial bottleneck. 熟练工人的短缺常是严重的生产障碍。

──3997

□ **impractical** [ɪm'præktɪkl] *a.* ①不切实际的，不能实现的 ②无实践能力的，缺少常识的
例 Geniuses are supposed to be difficult, eccentric and hopelessly impractical. 天才通常都被认为难以相处、性情古怪且毫无动手能力。

──3998

□ **neuron** ['njʊərɒn] *n.* 神经元，神经细胞
例 Information is transferred along each neuron. 信息沿着每一个神经元传导。

──3999

□ **shoal** [ʃəʊl] *n.* ①鱼群 ②大量，大群 ③一片浅水，浅水处
例 Vast shoals of fish are being chased by sharks and whales. 大量的鱼群正受到鲨鱼和鲸的追逐。

──4000

□ **breakneck** ['breɪknek] *a.* ①会折断脖子的，非常危险的，极快的 ②极陡的
搭 breakneck rivalry between the two countries 两国间你死我活的竞争；breakneck stairs 很陡的楼梯
例 The country's economy has expanded at breakneck speed. 该国的经济以惊人的速度发展。

──4001

□ **institutionalize** [ˌɪnstɪ'tjuːʃənəlaɪz] *v.* ①使制度化 ②把（生活不能自理的人）收容在精神病院 / 养老院 / 孤儿院 ③使成为惯例
例 She saw herself as a failure and had been institutionalized once for depression. 她把自己看作一个失败者，曾一度因抑郁而被送入精神病院。
联 institutionalized *a.* 制度化的，成惯例的

──4002

□ **elitist** [eɪ'liːtɪst; ɪ'liːtɪst] *a.* 精英的，上层人士的
搭 an arrogant and elitist attitude 傲慢的精英主义态度
例 The legal profession is starting to be less elitist and more representative. 法律行业正变得更具平民性，不像从前那样精英化。

□ **ambivalent** [æm'bɪvələnt] *a.* 矛盾的，摇摆不定的

搭 ambivalent relationship 矛盾的关系

例 Like many people in the country, I am ambivalent about the monarchy. 像这个国家的许多人一样，我对君主制的态度是矛盾的。

联 ambivalence *n.* 矛盾态度，矛盾情绪

----4004

□ **displacement** [dɪs'pleɪsmənt] *n.* ①离开（家园），迁移 ②替代，取代，更换

搭 displacement of the earth's crust 地壳移位

例 The war has caused the displacement of thousands of people. 战争使成千上万的人背井离乡。

----4005

□ **interaction** [ˌɪntər'ækʃn] *n.* ①相互影响，相互作用 ②交流，沟通

例 There is a need for more interaction between parents and children. 父母和孩子之间需要更多的交流。

----4006

□ **opt** [ɒpt] *v.* 选择，做出抉择

搭 opt out of an activity 退出某活动

例 My parents left the choice of career to me, and I opted for law. 在选择职业问题上，我父母让我自己拿主意，我选择了法律。

----4007

□ **renowned** [rɪ'naʊnd] *a.* 有名的，著名的

例 He's renowned as a brilliant speaker. 他以口才出众著称。

----4008

□ **photographic** [ˌfəʊtə'græfɪk] *a.* ①摄影的，摄制的 ②真实的，逼真的

例 We have photographic evidence of who is responsible. 我们有责任人的影像证据。

----4009

□ **descriptivist** [dɪ'skrɪptɪvɪst] *a.* 描述主义者，描写主义者

例 The opposition between descriptivists and prescriptivists has often become extreme. 描述主义者和规范主义者之间的对立经常会变得非常极端。

联 prescriptivist *n.* 规范主义者

----4010

□ **arbitrary** ['ɑːbɪtrəri; 'ɑːbɪtri] *a.* 武断的，专断的，随意的

搭 an arbitrary decision 武断的决定；the arbitrary arrests of political opponents 对政敌的任意逮捕

联 arbitration *n.* 仲裁，调停

----4011

□ **radically** ['rædɪkli] *ad.* 根本地，彻底地，完全地

例 It is a radically new approach to the problem. 这是解决这个问题的全新方法。

----4012

□ **upbringing** ['ʌpbrɪŋɪŋ] *n.* 教养，养育，抚育

例 His grandmother saw to his upbringing. 他奶奶照料他长大成人。

----4013

□ **reckless** ['rekləs] *a.* 鲁莽的，不计后果的，无所顾忌的

搭 spend money with reckless abandon 花钱挥霍无度

例 She has gotten two tickets for reckless driving. 她因莽撞驾驶收到了两张罚单。

----4014

□ **schism** ['skɪzəm] *n.* 分裂，分歧，不和

例 The controversy created a schism in the party. 争论使党内产生了分裂。

----4015

□ **ubiquitous** [juː'bɪkwɪtəs] *a.* 无所不在的，随处可见的

例 Sugar is ubiquitous in the diet. 糖在饮食中随处可见。

----4016

□ **connotative** [kə'nəʊtətɪv] *a.* ①有隐含意义的，暗示的 ②（逻）内涵的

例 Music can refer to the real world of images and experiences—its connotative meaning. 音乐能够指代真实世界的图像和经历——它的隐含意义。

----4017

□ **measurement** ['meʒəmənt] *n.* ①测量，计量，估量 ②尺寸，长度 ③测量方法，测量材质

搭 chest/hip measurement 胸围／臀围

例 He took precise measurement of the windows and doors. 他对门窗进行了精确测量。

----4018

□ **pronghorn** ['prɒŋhɔːn] *n.* 叉角羚，麋鹿

例 American pronghorns move from a seasonal home area away to another home area and back again. 美洲叉角羚从一个季节性的家园迁移到另一个家园并返回。

----4019

□ **vendor** ['vendə(r)] *n.* 小贩，摊贩，销售商

搭 a hot dog vendor 卖热狗的小贩

---4020

□ **absurdity** [əb'sɜːdəti] **n.** 荒唐，荒谬
例 I am growing angry at the absurdity of the situation. 如此荒唐的情况使我感到越来越生气。

---4021

□ **tournament** ['tʊənəmənt] **n.** 联赛，锦标赛
例 She's an excellent tennis player who has won many tournaments. 她是一名优秀的网球运动员，已经多次赢得锦标赛冠军。

---4022

□ **surrender** [sə'rendə(r)] **v.** ①投降，屈服 ②放弃，交出，出示 **n.** ①投降，屈服，屈从 ②放弃，交出
搭 unconditional surrender 无条件投降
例 The terrorists surrendered to the police after about an hour. 恐怖分子大约一个小时后向警方投降了。

---4023

□ **regimen** ['redʒɪmən] **n.** ①养生之道，养生法 ②统治，管理
例 Whatever regimen has been prescribed should be rigorously followed. 不管制订什么样的养生之道，都要严格遵守。

---4024

□ **halo** ['heɪləʊ] **n.** ①光环，光轮，光晕 ②环，轮 ③光辉，荣光 **v.** 以光环围绕，形成晕状物
例 Her blond hair was haloed by the sun. 阳光在她的金发周围形成了一圈光晕。

---4025

□ **dignify** ['dɪgnɪfaɪ] **v.** ①使有尊严，使崇高 ②使变得重要，使……增光 ③抬高身价，美化
例 Tragic literature dignifies sorrow and disaster. 悲剧作品使悲观和灾难得到了升华。

---4026

□ **alphabetical** [ˌælfə'betɪkl] **a.** ①按字母顺序的 ②字母表的
例 The guests' names are listed in alphabetical order. 客人的名字按字母顺序排列。

---4027

□ **forage** ['fɒrɪdʒ] **n.** ①饲料 ②觅食 ③袭击，破坏 **v.** ①觅食，搜寻食物 ②袭击，破坏
例 Our ancestors lived in caves and survived by hunting and foraging for food. 我们的祖先住在山洞里，靠打猎和觅食生存下来。

---4028

□ **mimic** ['mɪmɪk] **v.** ①模仿，仿照 ②（外观）像，酷似 **n.** 善于模仿的人／物 **a.** 模仿的，模拟的，仿制的
例 Don't try to mimic anybody. You have to be yourself if you are going to do your best. 不要去模仿任何人。想做到最好就做你自己。

---4029

□ **stenographer** [stə'nɒgrəfə(r)] **n.** 速记员
构 steno（小，窄）+ graph（写）+ er →小写的人→速记员
例 He hired a stenographer to take dictation. 他雇了一名速记员做笔录。

---4030

□ **hull** [hʌl] **n.** ①船身，舱体 ②外壳，皮 **v.** ①除去……的外壳／皮／荚 ②穿透……的舱体
例 The peas were hulled by hand. 这些豌豆是手工去荚的。

---4031

□ **archipelago** [ˌɑːkɪ'peləgəʊ] **n.** ①群岛，列岛 ②多岛屿海
例 The Azores is a rugged, volcanic archipelago of islands. 亚速尔群岛是由地势起伏的火山岛组成的群岛。

---4032

□ **reprographic** [ˌriːprə'græfɪk] **a.** 复印（术）的，复制（术）的
例 These reprographic techniques allow the production of high-quality prints made exactly to the original scale. 这些复印技术可以复印出和原作一模一样的高质量的印刷品。

---4033

□ **fungus** ['fʌŋgəs] **n.** (*pl.* fungi) 菌类，蘑菇
例 They farmed fungi, captured slaves and engaged in child labor. 他们耕种真菌，抓捕奴隶，雇用童工。

---4034

□ **sparing** ['speərɪŋ] **a.** ①节约的，俭省的 ②谨慎的，有节制的 ③爱惜的，吝啬的 ④贫乏的，不足的
搭 sparing with one's words 说话很少
例 He has been very sparing with details about his personal life. 他一直不轻易细说自己的私生活。

---4035

□ **trove** [trəʊv] **n.** ①无主珍宝 ②宝藏，收藏品
例 The society's archives are a trove for scholars. 该

协会的档案对学者来说是个宝藏。

........................4036

□ **starboard** ['stɑːbəd] *n.* (船、飞机的) 右舷
例 The hull suffered extensive damage to the starboard. 船身右舷遭到重创。

........................4037

□ **anabolism** [ə'næbəlɪzəm] *n.* 合成代谢
例 Anabolism is one aspect of metabolism. 合成代谢是新陈代谢的一个方面。

........................4038

□ **psyche** ['saɪki] *n.* 心灵，灵魂，精神
例 His exploration of the myth brings insight into the American psyche. 他对这个神话的探讨揭示了美国人的心理。

........................4039

□ **arbitration** [ˌɑːbɪ'treɪʃn] *n.* ①仲裁，公断 ②调停
搭 go to arbitration 诉诸仲裁
例 The government was prepared to submit the dispute to arbitration. 政府准备将这一争端诉诸调停。

........................4040

□ **intricate** ['ɪntrɪkət] *a.* ①晦涩的，复杂的，难理解的，难分析的 ②复杂精细的 [同] complicated
搭 an intricate instrument 复杂精密的仪器; intricate directions 难懂的用法说明
例 A detective story usually has an intricate plot. 侦探小说通常有错综复杂的情节。

........................4041

□ **glaze** [gleɪz] *v.* ①装上玻璃 ②上釉 ③浇浆汁 ④上光 ⑤使变得呆滞 *n.* ①釉 ②浆汁 ③上光，打光
搭 glazed tiles 釉面瓷砖; an imposing glazed entrance 气势恢宏的玻璃入口
例 The piece would then be glazed and fired in the kiln. 这块之后会上釉并在窑中烧制。

........................4042

□ **cog** [kɒg] *n.* ①轮齿 ②不重要但又不可少的人 / 物 ③小船，小划艇 *v.* ①吻合，一致 ②以欺骗手段掷 (骰子)
搭 a cog in the machine/wheel 无足轻重的人物，小人物
例 He was sick of working for big organizations and being a small cog in a big machine. 他厌倦了为大机构工作，厌倦了在其中扮演无足轻重的角色。

........................4043

□ **expectant** [ɪk'spektənt] *a.* ①期待的，期望的 ②即将当爸爸 / 妈妈的
例 She turned to me with an expectant look on her face. 她转身面对我，脸上带着期待的表情。

........................4044

□ **originality** [əˌrɪdʒə'næləti] *n.* ①独创性，新颖 ②独创力，创造能力 ③原创作品
例 Her originality and inventiveness had always set her apart. 她的创造力和别出心裁总使她与众不同。

........................4045

□ **encyclopedic** [ɪnˌsaɪklə'piːdɪk] *a.* ①百科全书的 ②知识渊博的，百科全书式的，广博的
例 The event was described in encyclopedic detail. 这一事件被全方位、细致地进行了描述。
联 encyclopedia *n.* 百科全书

........................4046

□ **descendant** [dɪ'sendənt] *n.* ①后代，后裔，子孙 ②派生物，衍生物
例 They are the direct descendants of the original settlers. 他们是早期移民的嫡系后裔。

........................4047

□ **endangered** [ɪn'deɪndʒəd] *a.* 濒于灭绝的
例 The lizards are classed as an endangered species. 蜥蜴被列为濒危物种。

........................4048

□ **folklore** ['fəʊklɔː(r)] *n.* ①民间传说，民俗 ②民俗学
例 In Chinese folklore the bat is an emblem of good fortune. 在中国民间传说中，蝙蝠象征着"福"。

答案：
1. sparing 译文：他发表意见很谨慎，但说的话都很有道理。
2. psyche 译文：她说，30 多年来，那些感情深深藏在她的心中。

Unit 77

学前自测

1. The newspaper editorial caused a public _____ against such indifference. (gizmo, lynx, scapegoat, outcry, hormone)

2. Many many years ago, glaciers _____ much of our planet's water. (underscored, chronicled, yearned, articulated, imprisoned)

□ **off-the-cuff** [ˌɒf ðə 'kʌf] *a.* 未经准备的，当场的，即兴的
例 He made some off-the-cuff remarks during his presentation which was greeted with bursts of laughter. 他在报告中做了一些即兴评论，引来阵阵笑声。
——4050

□ **underscore** [ˌʌndə'skɔː(r)] *v.* ①画线于 ②强调，突出 ③提供伴奏乐
例 The survey underscored the need for constructive dialogue. 这个调查凸显了建设性对话的重要性。
——4051

□ **gizmo** ['ɡɪzməʊ] *n.* 小玩意儿，小发明
例 There's a plastic gizmo for holding a coffee cup on the shelf. 架子上有一个放置咖啡杯的塑料小玩意儿。
——4052

□ **stow** [stəʊ] *v.* ①堆垛，装载，装填 ②储藏，收藏 ③使暂宿，使暂留 ④停止，终止
搭 stow a trunk with clothes 把衣服装在箱子里；stow the patient in the emergency room 把病人暂留在急诊室；stow away 收藏，储藏，无票偷乘（船、飞机等）
例 Luggage may be stowed under the seat. 行李可以放在座位下面。
——4053

□ **chronicle** ['krɒnɪkl] *n.* ①编年史 ②叙述，记述 *v.* 写入编年史，记录
例 The article chronicles the everyday adventures of two bachelors in the tropical rain forest. 这篇文章记录了两名单身汉在热带雨林中每天的冒险生活。
联 chronicler *n.* 编年史作者，编年史学家
——4054

□ **yearn** [jɜːn] *v.* 渴望，盼望，思慕，向往

搭 yearn for home 想家；yearn towards a friend 思念一位友人；captives yearning for freedom 向往自由的囚徒
例 They yearn for the day when they can be together again. 他们渴望着能重逢的那一天。
——4055

□ **lynx** [lɪŋks] *n.* 山猫，猞猁
例 The lynx has a stubby tail. 山猫有着短而粗的尾巴。
——4056

□ **confound** [kən'faʊnd] *v.* ①使惊讶，使困惑 ②证明……有错 ③可恶，该死（用作感叹词表达恼怒）
例 Investors were confounded by the conflicting reports. 投资者被相互矛盾的报告弄糊涂了。
——4057

□ **sonar** ['səʊnɑː(r)] *n.* 声呐，声波定位器
例 The sonar systems revealed a large, unusually shaped object. 声呐系统发现了一个巨大的、形状不寻常的物体。
——4058

□ **sophistication** [səˌfɪstɪ'keɪʃn] *n.* ①先进，尖端，精密，复杂，高级（性）②老于世故，矫揉造作 ③有教养，温文尔雅 ④诡辩，论谬
搭 have a university bred sophistication 受过大学教育而文质彬彬；the level of sophistication 老练程度
例 The military machinery will grow in sophistication and destructive power. 军事装备将变得越来越先进，破坏力越来越大。
——4059

□ **flowery** ['flaʊəri] *a.* ①有花饰的 ②似花的，多花的，芬芳的 ③华丽的，绚丽的 ④辞藻华丽的
搭 flowery scent 花香；a flowery speech 辞藻华丽的演说；a flowery fabric 有花卉图案的织品

例 He thought he caught the faintest drift of her flowery perfume. 他觉得他隐约闻到了她身上香水的花香味。

—————4060

□ **comeback** ['kʌmbæk] *n.* ①复出，东山再起 ②复兴，重新流行 ③回答，反驳

例 He plans a political comeback, saying he will run for congress. 他计划重返政坛，并表示将参选国会议员。

—————4061

□ **scapegoat** ['skeɪpɡəʊt] *n.* 替罪羊

例 The CEO was made the scapegoat for the company's failures. 公司生意失败，首席执行官成了替罪羊。

—————4062

□ **drab** [dræb] *a.* ①不鲜亮的，暗淡的 ②单调的，无生气的，枯燥的 ③浅褐色的，黄褐色的 *n.* ①褐色布，灰色布 ②黄褐色，灰黄色 ③单调乏味，无生气

搭 a drab life 单调的生活；a drab building 色调灰暗的建筑物

例 The rest of the day's activities often seemed drab and depressing. 每天剩下的其他活动通常似乎都很枯燥，很压抑。

—————4063

□ **articulate** [ɑːˈtɪkjuleɪt] *v.* ①清晰地吐（字），清晰地发（音），清楚地讲话 ②清楚地说明／表达 ③使成为系统的整体，使相互连贯 [ɑːˈtɪkjələt] *a.* ①发音清晰的，可听懂的，有说话能力的 ②口齿伶俐的，善于表达的 ③有明显特征的，清晰的

搭 an articulate young woman 口齿伶俐的年轻女子；a series of articulate sounds 一连串清晰的声音；an articulate argument 清楚而有力的论点；an articulate period of history 独特的历史时期

例 Articulate speech is essential for a teacher. 对教师来讲，口齿清晰是必不可少的。

—————4064

□ **oncoming** ['ɒnkʌmɪŋ] *a.* 即将到来的，迎面驶来的 *n.* 来临

例 Three people in the oncoming car were also hurt. 迎面驶来的那辆车里的三个人也受了伤。

—————4065

□ **pigment** ['pɪɡmənt] *n.* ①颜色，涂料 ②色素，色质 *v.* 着色，染色

例 The Romans used natural pigments on their fabrics and walls. 古罗马人在织物和墙壁上使用天然颜料。

□ **one-off** [ˌwʌn 'ɒf] *a.* 一次性的，唯一的 *n.* ①一次性事物 ②才子，能人

搭 special one-off prices 一次性特价

例 Our survey revealed that these allergies were mainly one-offs. 我们的调查显示，这些过敏反应基本上都是一次性的。

—————4067

□ **enterprising** ['entəpraɪzɪŋ] *a.* ①有创业精神的，有胆识的 ②有冒险精神的，有开拓精神的

例 She is an enterprising young businesswoman who is involved in a lot of activities. 她是一位有开拓精神的年轻女商人，业务活动众多。

—————4068

□ **outburst** ['aʊtbɜːst] *n.* ①爆发，迸发 ②激增，激化 ③爆炸，喷发

搭 an outburst of public indignation 公愤的爆发；a volcanic outburst 火山喷发

例 He later apologized for his outburst of anger. 他后来为自己突然发怒道了歉。

—————4069

□ **tortuous** ['tɔːtʃuəs] *a.* ①弯弯曲曲的，蜿蜒的 ②居心叵测的，狡猾的，不正直的 ③转弯抹角的，绕圈子的，复杂的，曲折的

搭 a tortuous mountain route 蜿蜒的山路；a tortuous politician 狡猾的政客；tortuous negotiations lasting for months 历时数月的曲折谈判

例 These negotiations are long and tortuous. 这些谈判漫长而曲折。

—————4070

□ **outlandish** [aʊt'lændɪʃ] *a.* ①奇异的，怪异的 ②异国风格的，外国腔的 ③偏僻的，偏远的

搭 outlandish manners 怪模怪样；an outlandish way of talking 说话的外国腔；an outlandish place 穷乡僻壤

例 They appeared at parties in outlandish clothes. 他们身着奇装异服在各种聚会上露面。

—————4071

□ **expedite** ['ekspədaɪt] *v.* ①迅速执行／完成，促进，加速 ②发出，发送 *a.* ①不受限制的，不受妨碍的 ②机警的，敏捷的 ③快速的，可马上使用的，实用的

搭 expedite the repairs of the house 加快房屋的维修工作；use computers to expedite mail delivery 使用计算机以迅速投递邮件

例 He tried to help us expedite our plan. 他尽力帮助我们加快实现我们的计划。

□ **hormone** ['hɔːməʊn] *n.* 荷尔蒙，激素
例 Caloric-restricted monkeys have lower body temperature, so that they retain more youthful levels of certain hormones that tend to fall with age. 限食的猴子有较低的体温，从而使得随着年龄增长而降低的荷尔蒙在它们身上维持在更加年轻时的水平。

····4073

□ **conservationist** [ˌkɒnsəˈveɪʃənɪst] *n.* 自然资源保护者，生态环境保护主义者 [同] environmentalist
例 Conservationists protested against the uncontrolled coal digging. 自然环境保护者抗议无节制的煤矿开采。

····4074

□ **outcry** ['aʊtkraɪ] *n.* ①喊叫，呼喊，喧嚷 ②大声疾呼，强烈抗议 / 反对 ③拍卖，喊价 *v.* 喊叫，叫声压倒
搭 an outcry of despair 绝望的号叫；a public outcry over the price rise 公众对物价上涨的强烈抗议
例 The killing caused an international outcry. 杀戮事件引起了国际社会的强烈抗议。

····4075

□ **saga** ['sɑːgə] *n.* ①传奇小说，英雄传说，传奇故事 ②一连串事件
例 It is a saga of a shipwrecked crew. 这是一个讲述遇难船只上的船员经历的传奇故事。

····4076

□ **imprison** [ɪmˈprɪzn] *v.* ①关押，囚禁 ②禁锢，限制，束缚
搭 imprison oneself in the room 把自己关在房间里；imprison the minds of the young 束缚青年人的思想
例 He threatened to imprison his political opponents. 他威胁要把政敌关进牢房。

····4077

□ **payoff** ['peɪɒf] *n.* ①工资发放，支付时间，付清 ②结果，结局，报偿，报应，惩罚 ③贿赂 ④（故事等的）高潮 ⑤决定性因素 / 事件
搭 a payoff of years of hard work 多年来辛勤努力的结果；reach the payoff 达到高潮；accept illegal payoffs 接受非法贿赂
例 Such work may indeed be tedious, but its payoff could be big. 这种工作可能实在单调乏味，但它的报酬会很高。

····4078

□ **bravery** ['breɪvəri] *a.* 勇敢，勇气，无畏

例 He deserves the highest praise for his bravery. 他的勇敢行为应该得到高度的赞扬。

····4079

□ **investigation** [ɪnˌvestɪˈgeɪʃn] *n.* 调查，调查研究
搭 under investigation 在调查中，受到调查；carry out investigations 进行调查；make/do/conduct/open an investigation on/into/about the case 对这个案件着手调查
例 Investigations are continuing into the cause of his death. 关于他死因的调查仍在继续。

····4080

□ **circuitous** [səˈkjuːɪtəs] *a.* ①迂回的，绕行的 ②拐弯抹角的
搭 a circuitous path 迂回的小路
例 The cab driver took them on a circuitous route to the police station. 出租车司机载着他们绕了个弯才到警察局。

····4081

□ **interminable** [ɪnˈtɜːmɪnəbl] *a.* 无休止的，没完没了的，冗长不堪的
搭 an interminable meeting 没完没了的会议；an interminable speech 冗长不堪的讲话

····4082

□ **commemorate** [kəˈmeməreɪt] *v.* ①纪念 ②庆祝
搭 commemorate a holiday/a victory 庆祝节日/胜利
例 One room contained a gallery of paintings commemorating great moments in modern Chinese history. 一个房间里陈列着许多画作，纪念中国现代史上的一些精彩瞬间。

····4083

□ **accomplished** [əˈkʌmplɪʃt] *n.* ①娴熟的，高造诣的，熟练的 ②非常优秀的，技艺高超的
搭 an accomplished artist 造诣高的艺术家；an accomplished performance 精彩的表演
例 He is one of the school's most accomplished graduates. 他是这所学校最优秀的毕业生之一。
联 accomplishment *n.* 成就，成绩，完成，实现

····4084

□ **futurist** ['fjuːtʃərɪst] *n.* 未来派艺术家，未来主义者 *a.* 未来派的
例 A futurist gave us a lot of fast talk about how he was going to solve all of our problems. 一位未来主义者滔滔不绝地大谈自己打算如何解决我们所有的问题。

····4085

□ **calculus** ['kælkjələs] *n.* ①微积分（学）

②结石

构 calc（石头）+ ulus（小）→小石头 →结石

例 She was sent to the hospital because of calculus. 她因结石病被送了医院。

·····4086

□ **stead** [sted] ***n.*** 代替

搭 in one's stead/in stead of 代替

例 One empire died, and another rose in its stead. 一个帝国灭亡了，另一个取而代之。

·····4087

□ **peek** [pi:k] ***v.*** ①偷看，偷窥 ②看一眼，瞥 [同] glance ③（微微地）露出 ***n.*** 偷偷的一看，一瞥

搭 take a peek at the list 扫视了一下单子

例 They caught him peeking through the hole at what was going on in the room. 他正从孔眼偷看房间里发生的事情时，被他们抓个正着。

·····4088

□ **adjudicate** [ə'dʒu:dıkeıt] ***v.*** 判决，裁定

例 The court adjudicated upon the case. 法院判决了该案。

·····4089

□ **postulate** ['pɒstjuleɪt] ***v.*** ①假设，假定 ②要求 ['pɒstjulət] ***n.*** 假设，假定

例 Scientists have postulated a missing link to account for the development of human beings from apes. 科学家们假设了一种过渡动物来解释从猿到人的演化过程。

·····4090

□ **wharf** [wɔ:f] (*pl.* wharfs 或 wharves) ***n.*** 码头，停泊处

例 The cargo on the wharf is the first of two shipments of chemical waste. 码头上是两船化学废物的第一批。

·····4091

□ **dislocate** ['dısləkeıt] ***v.*** ①使改变位置 ②使脱位，脱臼 ③扰乱，使混乱 [同] disrupt

构 dis（不）+ loc（地方）+ ate（表动词）→没在位置上 →脱臼

搭 dislocate the transport system 使运输系统严重混乱；dislocate the supply lines 扰乱补给线

例 She dislocated her knees falling down some steps.

她从几级台阶上跌下来，膝部脱臼。

·····4092

□ **subdue** [səb'dju:] ***v.*** 使屈服，压服，制伏

例 The fire burned for eight hours before the fire crews began to subdue it. 大火烧了八个小时后，消防队才将其扑灭。

联 subdued ***a.*** 柔和的，压抑的，沉静的

·····4093

□ **jeer** [dʒɪə(r)] ***v./n.*** 嘲笑，嘲弄，奚落 [同] mock, taunt

搭 jeer at sb. for being a sluggard 嘲笑某人是懒汉；jeer at the misfortunes of others 嘲笑他人的不幸；jeer off an idea 对一个主意付诸一笑

例 The people at the back of the hall jeered at the speaker. 大厅后座的人嘲笑了演讲者。

·····4094

□ **navigate** ['nævɪgeɪt] ***v.*** ①航行，横渡（河、海等）②导航，领航，指引，指导 ③行进，走过，经过

构 nav（船）+ ig（开动）+ ate（表动词）→开动船只 →航行

例 Radio signals are used for navigating both ships and aircraft. 无线电信号用于船舶和飞机的导航。

联 navigation ***n.*** 航行，导航；navigable ***a.*** 可通航的，适于航行的

·····4095

□ **caste** [kɑ:st] ***n.*** ①（印度社会的）种姓，种姓制度 ②等级，社会集团，等级地位

搭 lose caste 失去社会地位；a caste system 等级制度

例 He was born into the lowest caste. 他出生于最低贱的种姓。

·····4096

□ **spontaneous** [spɒn'teɪnɪəs] ***a.*** ①自发的，无意识的 [同] automatic ②自然的，天真率直的

例 The eruption of volcano was spontaneous. 火山爆发是自发性的。

·····4097

□ **transfusion** [træns'fju:ʒn] ***n.*** 输血

例 The driver lost a lot of blood as a result of the accident so he was rushed to hospital for transfusion. 这名驾驶员在车祸中失血过多，被紧急送往医院进行输血。

答案：

1. outcry 译文：报纸社论唤起了公众对这种冷漠的大声抗议。

2. imprisoned 译文：许多许多年以前，冰川把我们这个星球的大部分水源都堵塞了。

Unit 78

学前自测

1. Prior to the 19th century, there were almost no channels of social _____. (misgiving, frolic, pigment, episode, mobility)

2. Last August he _____ a meeting of his closest advisers (wielded, waded, aroused, convened, drained)

□ **anew** [ə'nju:] *ad.* 再次，重，又

例 The film tells anew the story of his rise to fame and power. 这部电影再次讲述了他成名与得势的故事。

----4099

□ **wield** [wi:ld] *v.* ①运用，行使（权力等），施加（影响等），支配②控制，手持（武器等），使用，操纵

例 You should wield greater power in determining. 在做决定时，你应该行使更大的权力。

----4100

□ **misgiving** [ˌmɪs'ɡɪvɪŋ] *n.* 疑虑，担忧 [同] doubt, worry

例 The plan seemed to be utterly impractical and I was filled with misgivings about it. 这项计划似乎完全不切实际，我对此充满疑虑。

----4101

□ **infernal** [ɪn'fɜ:nl] *a.* 地狱的，地狱般的，坏透的

搭 infernal weather 坏透的天气

例 He described a journey through the infernal world. 他描绘了穿越阴间世界的历程。

----4102

□ **filial** ['fɪlɪəl] *a.* ①子女的②孝顺的

构 fil（儿子）+ ial（……的）→ 儿子的 → 子女的

搭 filial obedience 孝道；filial affection 孝心；filial respect 子女对父母的尊敬

例 Filial piety is considered the first virtue in Chinese culture. 孝是中国文化中的第一美德。

----4103

□ **mobility** [məʊ'bɪləti] *n.* ①流动性，可动性，能动性②易变性，灵活性，适应性③机动性，运动性④迁移，迁移率

搭 the mobility of the arm 手臂的灵活性；labor mobility 劳动力的流动性；the mobility of one's

---

face 某人多变的面部表情

例 For children from poorer families, the main hope of social mobility is through education. 对于贫困家庭的孩子来说，出人头地的主要希望就是通过教育。

----4104

□ **frolic** ['frɒlɪk] *n.* ①欢乐，嬉戏 [同] gaiety, fun ②欢乐的聚会③调情 *v.* 嬉戏，作乐

搭 have a frolic on the lawn 在草地上嬉戏；frolic in the garden 在花园里快乐地嬉戏

例 We walked down to the sea where a group of suntanned children were frolicking on the beach. 我们走到海边，那里有一群晒得黑黑的小孩在海滩上嬉闹。

----4105

□ **wade** [weɪd] *v.* 蹚水，涉水，蹚过（河等）

例 The river was full but we managed to wade across. 河里涨满了水，但我们还是涉水而过。

----4106

□ **dapper** ['dæpə(r)] *a.* ①衣冠楚楚的②活泼敏捷的

搭 a dapper young man 衣冠整齐的年轻人；a dapper wave of the hand 洒脱的一挥手

例 Peter is a dapper detective in the novel. 彼得是这部小说中一名衣冠楚楚的侦探。

----4107

□ **flighty** ['flaɪti] *a.* ①爱怪想的，喜欢幻想的②轻浮的，反复无常的③迅速的，敏捷的

搭 a flighty woman 轻浮的女人

----4108

□ **dispassionate** [dɪs'pæʃənət] *a.* 不动感情的，冷静的，公平的

搭 a dispassionate observer 态度客观的观察员；be dispassionate about one's promotion to professorship 对被提升为教授无动于衷

例 In all the media hysteria there was one journalist whose comments were clear-sighted and

dispassionate. 在整个媒介发热冲动之时，有一名记者的评论判断清晰，公平冷静。
.......................4109

□ **arouse** [ə'raʊz] *v.* ①引起，激起，唤起 [同] rouse, evoke ②唤醒 [同] waken, awaken
例 Her behavior aroused the suspicions of the police. 她的行为引起了警方的怀疑。
.......................4110

□ **convene** [kən'viːn] *v.* ①召集，召唤 [同] call, gather ②传（被告等）[同] summon ③开会，集会
例 The President convened the ministers to discuss the matter. 总统召集部长们来讨论这个问题。
.......................4111

□ **episode** ['epɪsəʊd] *n.* ①（一连串事件中的）一个事件 [同] event ②（剧本、小说等中的）插曲，片段，（连续剧的）一集 ③（病症的）发作
搭 a TV film series of 80 episodes 一部 80 集电视连续剧
例 This latest episode in the fraud scandal has shocked a lot of people. 最近这起诈骗丑闻中发生的事件令许多人震惊。
.......................4112

□ **drain** [dreɪn] *n.* ①耗竭，消耗 [同] exhaust ②排水沟，排水管，阴沟 [同] trench *v.* ①排出沟外，排去……的水 ②渐渐耗尽，减少
例 The chance of better pay and advantage drained away capable men from the northern provinces. 更为丰厚的收入和优越的条件吸引走了北部省份的许多优秀人才。
联 drainer *n.* 下水道装置，滤水器；drainable *a.* 可排水的
.......................4113

□ **sterile** ['steraɪl] *a.* ①不生育的 [同] infertile ②贫瘠的 [同] barren ③消过毒的，无菌的 ④枯燥乏味的，刻板的 ⑤无结果的
搭 a sterile seed 不育种子；sterile soil 贫瘠的土壤；a sterile sheet 消过毒的床单；a sterile discussion 毫无结果的讨论
例 Because of exposure to dangerous radiation, the woman became sterile. 由于暴露在危险的辐射中，那个女人失去了生育能力。
联 sterilize *v.* 使无菌，使绝育；sterility *n.* 不育，乏味
.......................4114

□ **fumble** ['fʌmbl] *v.* ①瞎摸，乱找 ②弄糟，失

误，不成功 ③失球
例 She fumbled about in her handbag, looking for her key. 她在手提包里摸着找钥匙。
.......................4115

□ **sting** [stɪŋ] （stung, stung) *v.* ①刺，蜇，叮 [同] bite ②（被）刺痛，激怒 *n.* 刺（痛），剧痛
例 The mixture of industrial pollution and dust stung her eyes. 工业污染和尘土的混合物刺痛了她的眼睛。
.......................4116

□ **archaeologist** [ˌɑːkiˈɒlədʒɪst] *n.* 考古学家
例 The archaeologist unearthed these ruins six feet below the surface. 这位考古学家从地下六英尺处发掘出了这些遗迹。
.......................4117

□ **strait** [streɪt] *n.* 海峡，狭窄的水道 *a.* 狭窄的
例 The Bering Straits separates Asia and America. 白令海峡隔开了亚洲和美洲。
.......................4118

□ **flunk** [flʌŋk] *v.*（使）不及格，通不过（考试）
搭 flunk chemistry examination 化学考试不及格；flunk in an examination 考试不及格；flunk out（因不及格而）退学
例 He flunked the first test but fortunately passed the second. 他第一门考试没通过，但幸运地通过了第二门。
.......................4119

□ **foe** [fəʊ] *n.* ①敌人，仇敌，敌国 ②（比赛、竞赛的）对手，竞争者 ③反对者，危害物
搭 a political foe 政敌；a deadly/bitter foe 死敌；a foe to progress 反对进步的人
例 The two countries have united against their common foe. 那两个国家联合起来对抗他们共同的敌人。
.......................4120

□ **apex** ['eɪpeks] *n.* ①顶，顶点 ②顶峰，最高点
搭 the apex of a house 房子的顶部；the apex of the organization 该机构的顶层
例 He reached the apex of his career during that period. 在那一时期，他处于一生事业的顶峰。
.......................4121

□ **postwar** [ˌpəʊst'wɔː(r)] *a.* 战后的 [反] prewar
搭 the postwar period 战后时期；postwar rationing 战后配给制

──────4122
- **stroll** [strəʊl] **v./n.** 散步，闲逛，溜达
  搭 stroll the street 逛大街；go for/take a stroll 出去溜达一阵
  例 I strolled along the beach at dusk. 黄昏时分，我沿着海滩漫步。

──────4123
- **jolt** [dʒəʊlt] **v.** ①（使）震动，（使）摇动 ②使震惊 **n.** ①震动，颤动，颠簸 ②震惊
  例 As the plane touched the ground, there was a massive jolt and we were thrown forward. 飞机着陆时猛地颠簸，我们猛地向前一冲。

──────4124
- **ingratiate** [ɪn'greɪʃɪeɪt] **v.** (~oneself) 逢迎，讨好
  构 in（使）+ grat（感激）+ iate →使别人感激自己 →逢迎
  搭 ingratiate oneself with the clients 逢迎主顾
  例 He's always trying to ingratiate himself with people in authority. 他总是设法讨好当权者。

──────4125
- **auxiliary** [ɔːg'zɪliəri] **a.** ①辅助的，补助的 [同] supplementary, secondary ②备用的，后备的
  例 Auxiliary airport staff are clearing the runway of snow. 机场辅助人员正在清理跑道上的积雪。

──────4126
- **intoxicate** [ɪn'tɒksɪkeɪt] **v.** ①（酒）使醉 ②使极为兴奋，使激动不已
  例 He was fined for driving while intoxicated. 他因酒驾被罚款。

──────4127
- **rebound** [rɪ'baʊnd] **v.** ①弹回，跳回，反弹 ②（价格、数量等下跌后的）回升 ['riːbaʊnd] **n.** 反弹，弹回
  构 re（往后）+ bound（跳）→跳回
  搭 rebound on/upon sb.（有害行为）自作自受，自食其果；on the rebound（关系破裂后）在心灰意冷之时
  例 Share prices rebounded today after last week's falls. 股票价格在上周下跌后今又回升了。

──────4128
- **affiliate** [ə'fɪlieɪt] **v.** 使隶属/附属于 [同] be attached to [ə'fɪliət] **n.** 附属机构，分公司 [同] branch
  例 The medicine company is affiliated to a large joint venture. 这家医药公司隶属于一家大型合资企业。

──────4129
- **integrity** [ɪn'tegrəti] **n.** ①正直，诚实，诚恳 [同] honesty, virtue ②完整，完全，完整性 [同] completeness
  例 No one doubted that the president was a man of the highest integrity. 没有人怀疑董事长是个光明磊落的人。

──────4130
- **hobble** ['hɒbl] **v.** ①跛行，一瘸一拐 [同] limp ②摇晃不稳地行进，结结巴巴地说 ③束缚，阻碍，妨碍 **n.** ①跛行 ②束缚物，阻碍因素 ③马脚绊
  搭 hobbles to one's ambition 实现雄心大志的阻碍
  例 He twisted an ankle and hobbled off the field. 他扭了脚踝，一瘸一拐地下了球场。

──────4131
- **fabric** ['fæbrɪk] **n.** ①织物，织品，布 [同] cloth, textile ②构造，结构，组织 [同] texture, structure
  例 Unhappiness was woven into the natural fabric of people's lives. 苦恼交织在人们的日常生活中，是其自然的组成部分。

──────4132
- **gaunt** [gɔːnt] **a.** ①瘦削的，憔悴的 ②荒凉的，令人生畏的 **v.** 使消瘦，使憔悴
  搭 a gaunt face 憔悴的脸；a gaunt place 荒凉的地方；a body gaunted by diet 因节食而消瘦的身体
  例 The house looked gaunt and unwelcoming. 这房子看上去很荒凉，让人望而却步。

──────4133
- **hack** [hæk] **v.** ①劈，砍 ②开辟，劈出 ③（俚）对付，应对 ④（俚）忍受，容忍 ⑤非法入侵计算机 **n.** ①黑客 ②蹩脚记者 ③砍
  搭 hack away at the ice 凿冰；hack off a large chunk of meat 砍下一大块肉；hack one's way through the bushes 在灌木丛里劈出一条路；hack meat into bits 把肉切碎；hack off dead branches 砍下枯枝；hack computer and cellular telephone networks 非法闯入计算机和移动电话网络；hack private information from computers 从计算机中盗取个人资料；hack into a banker's computer 非法侵入一家银行的计算机；computer hacking 计算机黑客
  例 One of the police officers was hacked to death by the mob. 警察中有一人被暴民砍死。

―――――――――4134

□ **ecstasy** ['ekstəsi] *n.* ①强烈的感情，狂喜 ②(E) 摇头丸，迷幻药

例 The children were in ecstasies when he told them about the holiday. 当他告知孩子们要去度假时，他们都欣喜若狂。

―――――――――4135

□ **rhythmic(al)** ['rɪðmɪk(əl)] *a.* ①有节奏的，有韵律的，有节律的 ②按节拍的 ③节奏的，韵律的

搭 the rhythmic beating of the heart 心脏有节律的跳动；the rhythmic courses of nature 大自然有节律的发展过程；an excellent rhythmic sense 出色的节奏感

例 The rhythmic sound of the train sent her to sleep. 火车有节奏的响声使她睡着了。

联 rhythm *n.* 节奏，节律

―――――――――4136

□ **vagrant** ['veɪgrənt] *n.* 流浪者，漂泊者 *a.* ①流浪的，游民的 ②无定向的，无常的

构 vag（漫游）+ rant →流浪者

搭 a vagrant musician 流浪乐师；vagrant habits 游民习性；a band of vagrants 一群流浪汉

例 A vagrant current carried off his raft. 一股无定向的激流把他的筏子冲走了。

―――――――――4137

□ **methodology** [ˌmeθə'dɒlədʒi] *n.* ①教学法，方法论 ②（某一学科的）一套方法

例 The two teachers use very different methodologies. 这两名教师使用极为不同的教学法。

联 methodological *a.* 方法的；methodologically *ad.* 用方法论；methodologist *n.* 方法论学者

―――――――――4138

□ **oblige** [ə'blaɪdʒ] *v.* ①迫使 [同] force, compel ②施恩于，帮……的忙 [同] do sb. a favor ③使感激 [同] be grateful to

例 I am obliged to you for the generous support to my project. 我十分感激你对我的项目的大力支持。

―――――――――4139

□ **album** ['ælbəm] *n.* ①相册，邮票簿 ②唱片，专辑

搭 a photo album 影集；a large collection of albums 大量唱片；bring out a new album 推出一张新专辑

―――――――――4140

□ **toss** [tɒs] *v.* ①扔，抛，掷 [同] throw ②猛抬（头）③拌（食品）④ (up)（打赌等时）掷（钱币）⑤使摇动，使颠簸，翻来覆去 [同] sway, rock *n.* ①掷钱币来决定 ②猛甩头

例 He tossed and turned all night, fearing that his son would get involved in the case. 他整夜翻来覆去睡不着，担心儿子会卷入这个案子中。

―――――――――4141

□ **hanker** ['hæŋkə(r)] *v.* 渴望，热切希望 *n.* 渴望，期望

搭 hanker for/after friendship 渴望友谊；hanker after the past 怀念过去；hanker to do a bit of acting 十分希望能上台演戏

例 Even after all these years I still hanker for a sports car. 尽管过了这么多年，我仍然希望得到一部跑车。

―――――――――4142

□ **destitute** ['destɪtjuːt] *a.* ① (of) 毫无的，没有的 [同] lacking ②穷困的，赤贫的 *n.* 赤贫的人

构 a man destitute of experience 毫无经验的人；a house destitute of laughter 没有欢乐的家庭；the destitute 赤贫者

例 The floods have left thousands of people in the area destitute. 洪水已经使该地区成千上万的人一贫如洗。

―――――――――4143

□ **martial** ['mɑːʃl] *a.* ①军事的，战争的 ②好战的

例 It is a country with strong martial tradition. 这是一个有着浓厚尚武传统的国家。

答案：
1. mobility　译文：在 19 世纪之前，几乎不存在社会流动的渠道。
2. convened　译文：去年八月，他召集自己最亲近的顾问开了一次会议。

Unit 79

1. The new law was not meant to _____ on the rights and fundamental freedom of people. (cram, oscillate, impinge, materialize, idolize)

2. They are complaining of _____ in pay, conditions, and promotion prospects. (disparities, icons, assortments, guardians, additives)

····4144

□ **olive** ['ɒlɪv] *n.* ①橄榄，橄榄树 ②橄榄枝，和解的愿望 *a.* 橄榄色的
例 We had a wonderful view of the olive groves from the hotel. 从旅馆望出去，我们可以看见橄榄林的美景。

····4145

□ **disparity** [dɪ'spærəti] *a.* 不同，不等，差异，悬殊
搭 the wide disparity between rich and poor 贫富悬殊
例 In the competition there was a huge disparity between the best and the worst performances. 比赛中最好的和最坏的表演之间相差悬殊。

····4146

□ **imagery** ['ɪmɪdʒəri] *n.* ①像，塑像（术），雕像（术）②意象
搭 the imagery in the poem 这首诗中的意象

····4147

□ **conscience** ['kɒnʃəns] *n.* 良知，良心 [同] ethics, morals
搭 for conscience's sake 为了问心无愧
例 I couldn't do such a wicked thing in all conscience. 凭良心，我可不做这缺德事。

····4148

□ **espionage** ['espiənɑːʒ] *n.* 间谍行为，间谍活动
例 Industrial espionage is the stealing of information about another firm's business. 工业间谍活动指的是偷窃别家公司的业务情报。

····4149

□ **grievous** ['griːvəs] *a.* ①难忍受的，极痛苦的 ②极严重的，极恶的 ③令人悲伤的，充满悲痛的
构 griev（重）+ ous（……的）→令人悲伤的
搭 a grievous injury 重伤；grievous taxes 重税；a

grievous crime 滔天罪行；a grievous cry 痛哭；a grievous mistake 大错
例 The economic situation was grievous. 经济形势极为严峻。

····4150

□ **icon** ['aɪkɒn] *n.* ①偶像，崇拜对象 ②（东正教）圣像 ③图像，图示
例 Marilyn Monroe is still an icon for many young people. 玛丽莲·梦露现在仍然是许多年轻人的偶像。

····4151

□ **gist** [dʒɪst] *n.* ①主旨，要点 ②依据，根据
搭 the gist of a report 报告的主旨；the gist of those conclusions 那些结论的要点；provide gist for sb. 为某人提供依据
例 I haven't time to read the documen. Can you give me the gist of it? 我没时间看这份文件，你能把要点告诉我吗？

····4152

□ **impinge** [ɪm'pɪndʒ] *v.* ①打击，冲击，撞击 ②（on, upon）侵犯 [同] encroach ③（on, upon）起作用，影响
构 im（向……内）+ ping（强加）+ e →向内强加 →侵犯，影响
搭 impinge on one's rights 侵犯某人的权利；impinge upon one's imagination 触发想象力；impinge on one's time 侵占某人的时间
例 The government's spending limits will seriously impinge on the education budget. 政府对开支的限制会严重影响教育经费。

····4153

□ **oscillate** ['ɒsɪleɪt] *v.* ①（使）摆动，（使）振荡 [同] swing ②动摇，犹豫 [同] hesitate, waver ③上下波动
构 oscill（摆动）+ ate（表动词）→摆动
例 Their emotions were oscillating between

desperation and hope. 他们的情感在绝望和希望之间波动着。

----4154

□ **assortment** [ə'sɔːtmənt] **n.** ①分类 ②各种各样 ③什锦

搭 an assortment of tools 各种各样的工具；a rich assortment of goods 一批品种齐全的货物；an assortment of sweets 什锦糖果；an assortment of friends 一大批形形色色的朋友

例 The assortment of so many letters would take a long time. 把这么多信件分类需要很长的时间。

联 assort **v.** 分类；assorted **a.** 分类的，各色各样的

----4155

□ **hallucination** [hə,luːsɪ'neɪʃn] **n.** 幻觉，妄想，错觉

例 The patient complained of pains in the head, dizziness and hallucination. 病人诉说头痛、头晕以及产生幻觉。

----4156

□ **nuance** ['njuːɑːns] **n.**（意义、颜色等的）细微差别

例 The painter has managed to capture every nuance of the lady's expressions. 画家成功地描绘了这位女士表情的每一个细微之处。

----4157

□ **materialize** [mə'tɪərɪəlaɪz] **v.** ①使具体化，实现 ②（使）显形，（使）突然出现

搭 materialize an idea with words 用语言来表达思想；a plan that never materialized 从未实现的计划

例 He drove through the woods and suddenly a brightly lighted hotel materialized. 他驱车穿过树林，眼前突然出现了一家灯火通明的旅馆。

----4158

□ **idolize** ['aɪdəlaɪz] **v.** 崇拜偶像，极度爱慕，宠爱

搭 the child idolized by his parents 深受父母宠爱的孩子

例 The film fans idolize her and will hear no criticism of her. 影迷们崇拜她，听不得一点对她的批评。

----4159

□ **deluxe** [dɪ'lʌks] **a.** 高级的，豪华的，奢华的 **ad.** 豪华地

搭 a deluxe edition 豪华版，精装本；a deluxe life 豪华的生活

例 We've booked a week's holiday in a deluxe hotel in London. 我们已经预定伦敦的一家豪华旅店来休假一周。

----4160

□ **scaffolding** ['skæfəldɪŋ] **n.** ①脚手架 ②骨架，论据

搭 go up ladders and walk about scaffoldings 爬上梯子在脚手架间走来走去；use the epic as a scaffolding for the novel 用史诗故事作为这部小说的基本框架

----4161

□ **meek** [miːk] **a.** ①温顺的 [同] mild, tame ②逆来顺受的，无骨气的 ③不湍急的，和缓的，不猛烈的

搭 as meek as a lamb 像羔羊一样温顺；a meek river 水流和缓的河

例 When the report was published, various environmental groups criticized it for being too meek. 报告发表后，许多环保组织批评它过于温和。

----4162

□ **cram** [kræm] **v.** ①塞入，填塞 ②(with) 塞满 ③（为考试而）死记硬背功课，临时准备应考

搭 cram the children into the back of the car 把小孩塞进车后座；be crammed with people 挤满了人

例 She crammed so many clothes into the suitcase that it wouldn't close. 她把许多衣服都塞进手提箱，结果关不上了。

----4163

□ **bombard** [bɒm'bɑːd] **v.** ①炮击，轰炸 ②痛斥，向……不断提出问题

构 bomb（轰击）+ ard →炮击，轰炸

搭 bombard a castle 炮击一座城堡；be bombarded with questions 被连珠炮似的问了许多问题

----4164

□ **chaste** [tʃeɪst] **a.** ①贞洁的 ②独身的，未婚的 ③纯洁的，高雅的 ④朴素的，淡泊的，朴实的

搭 remain chaste in mind 保持思想上的纯洁；a chaste conversation 高雅的交谈；chaste poetry 朴实无华的诗歌；chaste white snow 洁白的雪

例 She lived a chaste life. 她过着简朴的生活。

联 chasten **v.** 使纯洁，使朴实无华

----4165

□ **syndicate** ['sɪndɪkət] **n.** ①辛迪加，企业联合组织 ②辛迪加稿件，报刊辛迪加 ③（促进某一特定事业的）私人联合会 ['sɪndɪkeɪt] **v.** ①组成辛迪加，置于辛迪加管理之下 ②通过稿件辛迪加

在许多家报纸上同时发表

搭 a news syndicate 新闻稿件辛迪加；syndicate a number of newspapers 把几家报纸组成辛迪加

例 His column is syndicated throughout America. 他的专栏文章由报业辛迪加出售给美国全国各地的报刊同时发表。

---4166

□ **cramp** [kræmp] *n.* ①痉挛，抽筋 ②铁箍，夹子 *v.* ①限制，阻碍 ②以铁箍扣紧

例 The swimmer suddenly got cramps and had to be lifted from the water. 游泳者忽然抽筋，只好从水中把他救上来。

---4167

□ **engulf** [ɪn'gʌlf] *v.* ①吞没，使陷入 ②大口吞食

构 en（进入）+ gulf（深渊）→进入深渊→吞没

搭 engulf oneself in studies 埋头学习；be engulfed by drifting sands 为流沙所淹没

例 An almost unbearable loneliness engulfed her. 她陷入了一种几乎无法忍受的寂寞之中。

---4168

□ **uncouth** [ʌn'ku:θ] *a.* ①笨拙的，不雅的，粗野的，粗鲁的 [同] barbaric, coarse, rustic ②不文明的，不舒服的 ③人迹罕至的，荒凉的

搭 a large, uncouth man 魁梧而笨拙的粗汉；uncouth manners 粗野的态度；rough and uncouth conditions 简陋艰苦的环境；an uncouth forest 人迹罕至的森林

例 All those people were aggressive and uncouth. 所有那些人都是好斗而粗野的。

---4169

□ **triumph** ['traɪʌmf] *n.* ①胜利，成功 [同] victory ②非凡的成功，杰出的成就 ③（胜利或成功的）喜悦 *v.* 得胜，获胜，成功 [同] win

搭 return in triumph 凯旋；a smile of triumph 欣喜的笑容；triumph over one's weaknesses 克服自己的弱点

例 This machine is a triumph of advanced technology. 这部机器是先进技术的杰出成果。

---4170

□ **guardian** ['gɑ:diən] *n.* ①保护人，看家者，守护者 ②（律）监护人

例 Parents are the legal guardians of their children. 父母是孩子的法定监护人。

联 ward *v.* 受监护人

---4171

□ **scowl** [skaʊl] *v.* 怒视，生气地皱眉 *n.* 不悦之色，怒容

例 The boy scowled at her and reluctantly followed her back home. 男孩对她露出不悦之色，很不情愿地跟着她回家了。

---4172

□ **orient** ['ɔ:rient] *v.* ①使适应，使熟悉情况或环境 ②(to, toward) 使朝向，以……为方向或目标 *n.* [the O-] 东方，亚洲（尤指远东），东半球

构 ori（升起）+ ent（的）→太阳升起的地方 →东方

例 Vocational education is oriented to the training of technical personnel to serve various businesses and trades. 职业教育的方向是培养服务于各行各业的技术人员。

---4173

□ **induct** [ɪn'dʌkt] *v.* ①使正式就职 [同] inaugurate ②吸收……为会员，征召……入伍 [同] enrol ③ (to, into) 使入门 ④引导，带领 ⑤归纳

构 in（内，入）+ duct（引导）→引导入内 →吸收……为会员

搭 be inducted as president of the college 正式就任学院院长；be inducted into a society 被吸纳为协会会员；be inducted into the army 被征召入伍；induct the youngsters into the secrets of the trade 向年轻人传授这一行业的秘诀；induct sb. into a seat 引领某人入座

例 He was inducted into the office of governor. 他正式就任州长之职。

联 induction *n.* 任职，成为会员，征召；inductive *a.* 引入的，归纳的

---4174

□ **cathedral** [kə'θi:drəl] *n.* 大教堂，教区总教堂

例 The cathedral contains the throne of the bishop of that area. 大教堂里有那个教区主教的宝座。

---4175

□ **rapt** [ræpt] *a.* ①痴迷的，狂喜的 [同] enchanted ②全神贯注的，出神的 [同] absorbed, engrossed

搭 be rapt with joy 欣喜若狂；be rapt in one's work 专心致志地工作；listen with rapt attention/in rapt silence 全神贯注地 / 屏息肃静地倾听；sit with a rapt expression reading a book 坐着专心读书；be rapt to the seventh heaven 飘飘然置身于无上幸福

例 He sat in his sunny doorway, rapt in reverie. 他坐在洒满阳光的门口，出神地冥想。

....4176

□ **lucrative** ['lu:krətɪv] *a.* 赚钱的，利润丰厚的

构 lucr（受益，得益）+ ative（表倾向）→ 赚钱的

例 He has a lucrative business selling leather goods. 他做皮货生意，利润丰厚。

....4177

□ **novelty** ['nɒvlti] *n.* ①新颖，新奇性 ②新奇的事物 ③新颖小巧而价廉的物品

例 At first I enjoyed all the parties, but the novelty soon wore off. 起初，我喜欢参加所有的社交聚会，但这种新奇感很快就消失了。

....4178

□ **mar** [mɑ:(r)] *v.* ①损坏，毁坏 ②扫兴 *n.* 污点，瑕疵

搭 mar the process of peace 破坏和平进程；mar the scenic beauty 使风景大为减色

例 It was a beautiful nice day, marred only by a little argument in the car on the way home. 今天过得不错，只是回家路上在车里发生了些争吵令人扫兴。

....4179

□ **defuse** [di:'fju:z] *v.* ①拆除引信 ②缓和，平息 [同] pacify

构 de（去除）+ fuse（导火线）→ 拆除引信

例 The two groups will meet next week to try to defuse the tension. 这两个小组下周将会面，试图缓和紧张局面。

....4180

□ **temporal** ['tempərəl] *a.* ①尘世的，世俗的，俗家的 ②时间的

例 Temporal power and wealth are more important to many people than a spiritual promise of life after death. 现世的权力和财富对许多人来说比死后精神的永生更重要。

....4181

□ **scoff** [skɒf] *n./v.* 嘲弄，嘲笑，讥笑

例 The Prime Minister scoffed at the rumor that he was about to resign. 首相对于他将辞职的传闻嗤之以鼻。

....4182

□ **blanch** [blɑ:ntʃ] *v.*（使）变白

构 blanc（白）+ h →变白

搭 blanch with anger（脸）气得煞白

例 Old age blanched his hair. 他已入耄耋之年，白发苍苍。

....4183

□ **transfigure** [træns'fɪgə(r)] *v.* ①使变形，使改观 ②美化，使变得完美

构 trans（改变）+ figure（形象）→使变形

搭 be transfigured by love 爱情使得容光焕发

例 Her face, as she looked down at the baby, was transfigured with tenderness. 当她向下凝视宝宝时，她的脸变得柔和亲切。

....4184

□ **additive** ['ædətɪv] *a.* ①添加的，附加的 ②累积的 *n.* 添加物，添加剂

搭 food additive 食物添加剂

例 The progress is additive. 这个过程是累加的。

....4185

□ **burial** ['beriəl] *n.* 葬，掩埋，葬礼 [同] funeral

例 The late president's burial was a worldwide event. 那位已故总统的葬礼令全球瞩目。

....4186

□ **spatial** ['speɪʃl] *a.* ①空间的 ②存在 / 发生于空间的

搭 the spatial awareness 空间感；spatial exploration 太空探险

例 This part of the brain judges the spatial relationship between objects. 大脑的这一部分判断事物之间的空间关系。

答案：

1. impinge   译文：这项新法律的本意不是侵犯人们的权利和基本自由。

2. disparities   译文：他们在抱怨收入、工作条件以及晋升机会的差距。

Unit 80

学前自测

1. Such a move would violate the Constitution and _____ anti-foreigner sentiment. (depreciate, prowl, intersperse, wrench, inflame)

2. It exposes the _____ of short-term industrial gain at long-term environmental expense. (fallacy, buffer, infancy, redress, manuscript)

----4187

□ **rumble** ['rʌmbl] *v.* ① 发出轰隆隆的响声 ②发现……的真相，觉察 *n.* 隆隆声，辘辘声
例 We could hear the rumble of distant thunder. 我们能够听到远处的隆隆雷声。

----4188

□ **depreciate** [dɪ'priːʃieɪt] *v.* ① 贬值，跌价，减值 ②贬低，轻视
例 The value of that house has depreciated because of the new factory that has been built next to it. 这栋房子因为挨着它建起来的新工厂而贬值了。

----4189

□ **impending** [ɪm'pendɪŋ] *a.* 即将发生的，逼近的
搭 impending doom 大难临头；an impending economic crisis 日益逼近的经济危机
例 People out at sea had been warned of the impending storms. 在海上的人曾被警告即将有风暴。

----4190

□ **monolithic** [ˌmɒnə'lɪθɪk] *a.* ①独块巨石的 ②整体式的 ③坚如磐石的，庞大的 ④单片的，单块的
构 mono（单个的）+ lith（石头）+ ic（……的）→独块巨石的
搭 a monolithic concrete wall 整体式混凝土墙；monolithic unity 磐石般团结；a monolithic calm 坚如磐石的沉着

----4191

□ **inflame** [ɪn'fleɪm] *v.* ①（使）燃烧，使赤红如火 ②使极度激动，使愤慨 ③激起（欲望），加剧
构 in（进入）+ flame（火焰）→进入火焰 →燃烧
搭 inflame nationalist feelings 煽动民族主义情绪；inflame sb. with anger 激起某人的愤怒
例 Reducing the number of staff is certain to inflame the uneasy mood in the factory. 裁减人员一定会加剧工厂里的不安情绪。

----4192

□ **hector** ['hektə(r)] *n.* 虚张声势的人，恃强凌弱者 *v.* ①虚张声势，戏弄 ②威吓，欺凌 [同] bully, intimidate
搭 a hectoring tone of voice 威吓的口吻
例 Audiences do not want to be hectored by the aggressive, unsympathetic speaker. 观众不想让咄咄逼人、无同情心的演讲者威逼。

----4193

□ **buffer** ['bʌfə(r)] *n.* ①缓冲器 ②起缓冲作用的人 ③（电脑的）缓冲存储器 ④老头 *v.* 缓和，缓冲，保护
搭 a useful buffer in time of need 可解燃眉之急
例 Friends are excellent buffers in times of crisis. 朋友是极好的缓解危机的人。

----4194

□ **infancy** ['ɪnfənsi] *n.* ①婴儿期，幼年 ②初期，幼稚阶段
搭 from infancy to old age 从幼年到老年；die in infancy 幼年夭折
例 Nanotechnology is still in its infancy. 纳米技术仍处于初创阶段。

----4195

□ **prowl** [praʊl] *v.* ①潜行，巡行，搜寻 ②徘徊，闲逛 *n.* 徘徊，潜行
搭 prowl at night 在夜晚徘徊；on the prowl 在潜行，在徘徊
例 I prowled around a farmer's field admiring the bridge. 我在一名农夫的田地里徘徊，欣赏着那座桥。

----4196

□ **majestic** [mə'dʒestɪk] *a.* ①威严的，庄严的 ②崇高的，壮丽的，雄伟的
搭 majestic manners 庄重的举止；majestic mountains

巍峨的群山

例 The majestic mountain scenery will leave you breathless. 壮丽的山景会令你屏息神往。

·······4197

□ **fallacy** ['fæləsi] *n.* ①谬论，错误思想 ②不合逻辑，错误推理

搭 logical fallacies 逻辑推理错误

例 It's a popular fallacy that success always brings happiness. 成功总能带来幸福，这是一种非常流行的谬论。

联 fallacious *a.* 错误的；fallaciousness *n.* 荒谬，错误

·······4198

□ **dissociate** [dɪ'səʊsieɪt] *v.* （把）分开，（使）分离，（使）脱离

构 dis（不）+ soci（同伴）+ ate（使……）→不成为伙伴 →分离

例 The author never dissociated his characters from their social context. 这位作家从不把他笔下的人物同他们的社会环境分开考虑。

·······4199

□ **intersperse** [ˌɪntə'spɜːs] *v.* ① (with, among) 散布，散置 ② (with) 点缀 [同] dot

构 inter（在……中间）+ spers（播撒）+ e →播撒在中间 →点缀

搭 peach trees interspersed with willows 柳树中间夹杂着桃树；be interspersed with beds of flowers 点缀着一座座花坛；be interspersed with brief and witty speeches 穿插着简短、诙谐的话

例 The documentary intersperses the author's own experience of travel in the area with recent news pictures. 这部纪录片在作者本人在这一地区的亲身经历之中穿插了一些最新的新闻照片。

·······4200

□ **plead** [pliːd] *v.* (pleaded/pled) ①恳求，祈求，央求 ②提出……作为借口，以……为理由 ③辩护，申辩 ④承认，认罪

搭 plead innocence 申辩自己是清白的；plead for forgiveness 请求原谅；plead not guilty to the charge 不服指控

例 A middle-aged woman climbed onto the tank to plead with the soldiers not to shoot. 一名中年妇女爬上坦克，恳求士兵们不要开火。

·······4201

□ **carbohydrate** [ˌkɑːbəʊ'haɪdreɪt] *n.* ①碳水化合物，糖类 ②含碳水化合物的事物（如米饭、面包等）

构 carbon（碳）+ hydr（水）+ ate（表化学名词）

→碳水化合物

例 Bread, potatoes and rice are all high in carbohydrates. 面包、土豆和大米都是高碳水化合物。

·······4202

□ **redress** [rɪ'dres] *v.* ①纠正，矫正 ②平反，洗雪，革除 ③补偿，补救 ④恢复，使平衡 *n.* ①纠正，矫正 [同] remedy, correction ②平反，洗雪，革除 ③补偿，补救

搭 redress an error 矫正错误；redress a mishandled case 平反昭雪；redress the wrong done to sb. 洗雪某人承受之冤；redress social abuses 革除社会弊端；redress the harm 补偿伤害；seek redress for grievances 寻求昭雪冤屈；a villain without redress 不可挽救的恶棍

例 The new president promised to redress corruption in the government. 新总统承诺革除政府内部的腐败。

联 re-dress *v.* 重新穿衣

·······4203

□ **fissure** ['fɪʃə(r)] *n.* ①裂缝，裂隙 [同] crack ②分歧

构 fiss（裂开）+ ure →裂缝

搭 a fissure in a rock 岩石上的裂缝；the serious fissure in the party 党内的严重分歧

·······4204

□ **wrench** [rentʃ] *v.* ①猛拧，猛扭 [同] twist ②挣脱 [同] escape ③使扭伤 [同] sprain *n.* ①扳手 ②（离别等的）痛苦，难受 [同] pain ③猛扭，猛拉

例 He gave a wrench at the door knob. 他猛地扭了一下门的把手。

·······4205

□ **gape** [geɪp] *v.* ①张口，打哈欠 ②裂开，张开 ③ (at) 目瞪口呆地凝视 *n.* ①张口，哈欠 ②豁口 ③目瞪口呆

搭 gape open 张开，敞开；a gaping hole 大洞；give a gape 打哈欠；a gape in the seams 缝隙上的一个口子

例 She gaped in astonishment at the scene. 她对眼前的景象惊讶得目瞪口呆。

·······4206

□ **restless** ['restləs] *a.* ①焦躁不安的 ②得不到休息的，永不安静的，受骚扰的 ③多变的，不知满足的

搭 restless pacing up and down 焦躁地来回踱步；spend a restless night 度过一个不眠之夜；a restless mind 探索不止的头脑

例 The animals grew restless as if in anticipation of an earthquake. 各种动物都变得焦躁不安，像是感觉到了地震即将发生。

......4207

□ **kindle** ['kɪndl]　v. ①点燃，开始燃烧 ②激起（兴趣等）

搭 kindle the fire 点着火；kindle one's interest 激发某人的兴趣

例 Her imagination was kindled by the exciting stories her grandmother told her. 她的想象力被奶奶给她讲的精彩故事点燃了。

......4208

□ **wrest** [rest]　v. ①扭，拧 ②强夺，抢夺 ③辛苦谋求，努力取得 ④曲解，歪曲 [同] distort n. 扭，拧

搭 wrest the control of the company 夺得公司的控制权；wrest power away from 从……夺走权力；wrest a knife from a child 夺下孩子手中的刀；wrest one's words 歪曲某人的话

例 For centuries, farmers have wrested a living from these barren hills. 几个世纪以来，农民们在这些贫瘠的小山上辛苦谋得一条生路。

......4209

□ **shudder** ['ʃʌdə(r)]　v. ①（因恐惧、寒冷等）发抖，战栗，颤抖 ②震动 n. ①发抖，战栗，震动 ②(pl.) 恐惧感，厌恶感

例 I heard a massive explosion and the ground shuddered beneath me. 我听到巨大的爆炸声，脚下的地面都在震动。

......4210

□ **manuscript** ['mænjuskrɪpt]　n. ①手稿，手写本，手抄本 ②原稿，原件，初稿 ③手写形式，手写 a. ①手书的，手写的，手稿的，手抄的 ②未封印的，原稿的，初稿的，原件的

构 manu（手）+ script（写）→手写

搭 medieval manuscript 中世纪手稿；the original manuscript 原始稿；the final manuscript 完成稿；manuscript name 手写签名

例 I read the book in manuscript before any changes were made. 我读过那本书未修改的原稿。

......4211

□ **reflection** [rɪ'flekʃn]　n. ①映象，倒影 [同] image ②反射 ③反映，表达 ④非议，批评 ⑤深思，考虑，反省

搭 on reflection 经再三思考；without reflection 轻率地

例 A high crime rate is a reflection of an unstable society. 犯罪率高是社会不稳定的反映。

联 reflectional a. 反映的，反射的；reflectionism n. 反映论

......4212

□ **knack** [næk]　n. ①诀窍，技能，本领 ②习性，癖好

搭 a knack for trade 做买卖的诀窍；a knack of versification 作诗的技巧

例 He has the knack of making friends wherever he goes. 他有一种能到处交朋友的本领。

......4213

□ **wobble** ['wɒbl]　v. ①摇晃，摇摆 [同] falter, stumble ②抖动，颤动 [同] shake ③犹豫 [同] hesitate n. ①摇晃，摇摆 ②抖动，颤动

搭 wobble on wages policy 在工资政策上摇摆不定

例 You'll spill my coffee if you wobble the table like that! 如果你那样摇晃桌子的话，就会泼了我的咖啡！

......4214

□ **turtle** ['tɜːtl]　(pl. turtles 或 turtle) n. 龟，海龟，鳖

例 He caught six turtles in the morning. 他上午捉了6只鳖。

......4215

□ **abject** ['æbdʒekt]　a. ①凄苦可怜的 ②蹩脚的，糟透的 ③可鄙的，卑鄙的 ④奴性的，自卑的

搭 abject poverty 赤贫；an abject performance 拙劣的演出；an abject coward 可鄙的懦夫；abject submission 奴颜婢膝；in an abject way 自卑地

......4216

□ **languid** ['læŋgwɪd]　a. ①软弱无力的，倦怠的 ②没精打采的，不活跃的，呆滞的 [同] listless

搭 a languid wave of the hand 懒洋洋地挥一挥手

例 The hot summer makes him feel languid. 炎夏使他感到倦怠乏力。

联 languish n. 衰弱无力，松弛

......4217

□ **ample** ['æmpl]　a. ①足够的，充裕的，丰富的 [同] abundant, plentiful ②宽敞的，面积大的 [同] spacious

搭 an ample biography 材料详实的传记；an ample lawn 大草坪；offer ample recreation 提供充分的娱乐活动

例 You'll have ample opportunity to ask questions

after his speech. 等他演讲结束，你们会有充分的机会提问。

---- 4218

□ **scrutinize/se** ['skru:tənaɪz] *v.* 细看，细阅，详审
例 The customs officer scrutinized his face for any signs of nervousness. 海关官员仔细审视他的脸，看看有没有紧张不安的迹象。

---- 4219

□ **enzyme** ['enzaɪm] *n.* 酶，酵素
构 en（在……内）+ zym（酵母）+ e →把酵母放在内 →酵素
例 Some enzymes are used in the synthesis of antibiotics. 一些酶用于抗生素的合成。

---- 4220

□ **meander** [mi'ændə(r)] *v.* ①蜿蜒，迂回曲折地前进 ②漫步，闲逛 [同] ramble ③漫谈，闲聊 [同] chat *n.* ①迂回曲折的进程，迷宫 ②漫步，闲逛，漫谈 ③ (*pl.*) 曲流，河曲
搭 meander around the streets of the old town 在古镇上闲逛；meander through rich farmlands 蜿蜒流过富饶的农田；stroll along the meandering bank 沿着蜿蜒的河岸散步
例 The stream meanders in a leisurely way through the valley. 小溪蜿蜒曲折，缓缓流过山谷。

---- 4221

□ **arrest** [ə'rest] *v.* ①逮捕，拘留，扣留 ②阻止，抑制 ③吸引 *n.* ①逮捕，拘留 ②停止
搭 arrest the decline 制止衰退；under arrest 被捕的，在押的
例 The beauty of the style of the book arrested the reader. 这本书优美的笔调把读者的注意力吸引住了。

---- 4222

□ **mollify** ['mɒlɪfaɪ] *v.* ①使平息，抚慰 [同] appease ②使变轻，使变温柔 ③缓和，减轻
构 moll（柔软）+ ify（使……）→使柔软 →抚慰
搭 mollify an enraged person 劝慰发火的人；mollifying remarks 安慰的话；mollify one's fury 平息某人的怒气；mollify one's demands 降低要求
例 A shorter working week has been proposed to mollify the effects of the new working arrangements. 一个较短的工作周被建议用来缓和新的工作安排带来的影响。

---- 4223

□ **woo** [wu:] *v.* ①追求，追逐 ②招致，引起 [同] incur ③争取，努力说服 ④求爱，求婚 *n.* 求爱，求婚
搭 woo fame and fortune 追名逐利；woo one's own destruction 招致身败名裂；woo the voters before an election 选举前争取选民；woo sb. with flowers and expensive presents 用鲜花和贵重礼物向某人求婚
例 The airline has been offering discounted tickets to woo passengers away from their competitors. 这家航空公司一直提供特价机票，以便将乘客从竞争对手那里争取过来。

---- 4224

□ **beckon** ['bekən] *v.* ①示意，吩咐，召唤 ②吸引，引诱 [同] lure *n.* 点头，手势
构 beck（示意，吩咐）+ on →示意，吩咐
搭 beckon men into the calm of the absolute and eternal 吸引人们沉浸于绝对和永恒的宁静世界；a beckoning wonderful future 召唤人的美好未来
例 The customs official beckoned the woman with the large suitcase to his counter. 海关官员示意那个提着大箱子的女人到他柜台前去。

答案：
1. inflame　译文：这一行动不仅违反宪法，还会激起更严重的排外情绪。
2. fallacy　译文：它暴露了以长期的环境破坏来换取短期工业收益的错误思想。

Unit 81

学前自测

1. The leaves created a dense _____ that cut out much of the light. (mast, tornado, squint, lapse, canopy)
2. Many of these ideas are now being incorporated into _____ medical treatment. (gaseous, impregnable, fraternal, orthodox, dainty)

--4225

□ **gaiety** ['geɪəti] **n.** 欢乐，高兴
搭 an air of forced gaiety 强作欢快的样子；the gaiety of music 欢乐的音乐
例 As the effects of the drink gradually wore off, the mood of gaiety evaporated. 当酒劲慢慢过去，欢乐的情绪也消散了。

--4226

□ **mast** [mɑːst] **n.** ①桅杆，船桅，旗杆 ②柱，杆 ③（广播、电视的）天线杆
搭 before the mast 当水手
例 During the storm, the crew of the ship clung to the mast to stop themselves from being washed. 风暴中，船员紧抓着船桅，以防被冲走。

--4227

□ **orthodox** ['ɔːθədɒks] **a.** ①正教（会）的，东正教（会）的 ②公认的，通用的，常规的 ③正统的，正宗的，传统的
构 ortho（正的，直的）+ dox（观点）→正统的
例 The orthodox Chinese medicine uses medicinal herbs, acupuncture treatment, Chinese massage, etc. to treat patients. 正统的中医用中草药、针刺疗法、推拿等来医治病人。

--4228

□ **canopy** ['kænəpi] **n.** ①华盖，顶篷，林冠，树荫 ②蚊帐，（飞机的）座舱罩，（降落伞的）伞衣 ③天空，天穹 **v.** 遮盖，掩饰，笼罩
搭 a stripped canopy 条纹天篷；a canopy of apple trees 一片苹果树树荫；the wild blue canopy above 头顶上的茫茫苍穹；canopied by stately trees 被高大的树木遮掩着；landscape canopied by mist 影影绰绰的雾罩山水
例 The canopy of a tropical rain forest is home to many thousands of species of animals. 热带雨林的林冠是数千种动物的家园。

--4229

□ **rue** [ruː] **v./n.** 后悔，悔恨，懊悔 [同] regret

搭 rue the loss of the opportunity 后悔失去了机会
例 You'll live to rue the day you said that to me. 总有一天你会后悔对我说了那些话的。

--4230

□ **tornado** [tɔː'neɪdəʊ] （pl. tornados 或 tornadoes）**n.** 龙卷风
例 The tornado destroyed many buildings in the area. 龙卷风摧毁了该地区的许多建筑物。

--4231

□ **anesthetic** [ˌænəs'θetɪk] **a.** ①麻木的 ②麻醉的 **n.** 麻醉药
搭 be under an anesthetic 在麻醉的状态中
例 She seemed unmoved and quite anesthetic to his presence. 她显出无动于衷的样子，对他的在场持漠然态度。
联 anesthetics **n.** 麻醉药

--4232

□ **pique** [piːk] **n.** 激怒，赌气 **v.** ①使生气，激怒 ②激起，引起，使兴奋
搭 pique one's curiosity 激发某人的好奇心
例 She piqued him by refusing his invitation. 她拒绝了他的邀请，这使他很生气。

--4233

□ **squint** [skwɪnt] **v.** ①眯着眼看，眨（眼）②斜视，瞟 **n.** ①眯眼，一瞟 ②斜视，斜眼 ③偏向，倾向 **a.** ①斜视的，斜眼的 ②斜的
搭 squint at the departure board 眯着眼看出发时刻表；squint one's eyes at 对……眨眨眼；narrow one's eyes to a squint 把眼睛眯成一条缝；a squint towards radicalism 激进主义倾向；squint eyes 斜视眼
例 As a child he wore thick glasses and had a bad squint. 他是个孩子，却戴着厚眼镜，且斜视得厉害。

--4234

□ **Buddhist** ['bʊdɪst] **n.** 佛教徒 **a.** 佛的，佛教的
搭 Buddhist monks 和尚；Buddhist music 佛教音乐

----4235

□ **undulate** ['ʌndjuleɪt] *v.* ①(使)波动,(使)起伏, 荡漾 ②忽高忽低, 忽大忽小 [同] fluctuate *a.* 波浪形的

搭 a field of wheat undulating in the breeze 在微风中起伏的麦田; the undulate margin of a leaf 叶的波状边缘

例 As we travel south, the countryside begins to undulate as the rolling hills sweep down to the riverbanks. 我们一路南行, 乡间开始变得起伏不平, 绵延的山峦一直延伸到河岸。

----4236

□ **rating** ['reɪtɪŋ] *n.* ①品级, 评定结果, 评分 ②房地产税额 ③等级, 级别 ④(节目的)收听率, 收视率 ⑤海军士兵, 水手

搭 fall in the ratings 收视率下降; set excellent rating 收视率很高

例 The government's rating in the opinion polls sank to an all-time low. 在民意测试中, 人们对政府的评价降到了有史以来最低点。

----4237

□ **lapse** [læps] *v.* ①(时间)流逝, 过去 ②退步, 陷入, 倒退 ③(到期)终止, 失效, 丧失 ④(from)背离正道, 偏离标准 *n.* ①失效, 过失, 小毛病 ②行为失检, 偏离正道, 背弃信仰 ③(时间)流逝, 推移

搭 a lapse of tongue/pen 口误 / 笔误; with the lapse of time 随着时间的流逝; a sudden lapse of confidence 信心的突然丧失; lapse into bad habits 沾染坏习惯

例 No one could think of anything more to say, and the meeting lapsed into silence. 没人想得出再说些什么, 会议陷入了沉默。

----4238

□ **fraternal** [frə'tɜːnl] *a.* ①兄弟的, 兄弟般的 ②兄弟会的

构 frater(兄弟)+ nal →兄弟的

搭 fraternal affection 兄弟情谊; fraternal atmosphere 友好气氛

例 The president's official visit marked the start of a more fraternal relationship between the two countries. 总统的正式访问标志着两国间更亲密的兄弟关系的开始。

----4239

□ **expropriate** [eks'prəʊprieɪt] *v.* ①征用, 没收 ②剥夺……所有权, 侵占

构 ex(出)+ propr(固有的)+ iate(使……)→

使失去固有的 →征用

搭 expropriate land for a park 征用土地建公园; expropriate one's property 没收某人的财产; expropriate one's ideas for one's article 剽窃他人的主意写文章

例 He threatened to expropriate the landowners from their estates. 他威胁要剥夺土地所有者的产业。

----4240

□ **dainty** ['deɪnti] *a.* ①秀丽的, 娇美的, 优雅的 ②小巧的, 精致的 ③文雅的, 高雅的 [同] elegant ④(食物)可口的, 精美的 ⑤过分讲究的, 挑剔的 *n.* ①美味食品, 珍馐佳肴 ②珍品

搭 dainty cakes 精致的糕点; dainty spring flowers 娇艳的春花; a dainty teacup 精美的茶杯; a dainty dish 一盘佳肴

例 She was a little, dainty child, unlike her sister who was large and had big feet. 她是个娇小的孩子, 不像她姐姐那样高大, 有一双大脚板。

----4241

□ **vicissitude** [vɪ'sɪsɪtjuːd] *n.* ①多变, 变化无常 ②变迁, 推移

搭 the vicissitude of the sea 大海的无穷变化; the vicissitude of weather 天气的变化无常; the vicissitude of night and day 昼夜的交替; the vicissitude of life 人生的兴衰

----4242

□ **impregnable** [ɪm'pregnəbl] *a.* ①攻不破的, 固若金汤的 ②不可压倒的, 不可动摇的, 坚定不移的 ③驳不倒的

搭 an impregnable bulwark 坚不可摧的堡垒; an impregnable belief 坚定不移的信念; impregnable self-confidence 不可动摇的自信; an impregnable argument 驳不倒的论点

例 Three championship titles in one year has put this top-class golfer in an impregnable position. 一年中的三个冠军头衔使这名顶级高尔夫选手立于不败之地。

----4243

□ **nostalgic** [nɒ'stældʒɪk] *a.* ①思乡的 [同] homesick ②怀旧的, 念旧的

搭 a nostalgic film 怀旧影片

例 I have a nostalgic longing for the town where I spent my childhood. 我对那座小城有一种怀旧的向往, 在那里我度过了童年时代。

----4244

□ **gaseous** ['gæsiəs] *a.* ①气味的, 气态的 ②不

具体的，无实质的

搭 water in its gaseous state 气态水；unconnected gaseous information 互不相连而又无实质内容的资料

例 Jupiter is a large, gaseous planet. 木星是一个巨大的气态行星。

----------4245

□ **abase** [ə'beɪs] *v.* 使谦卑，降低身份 / 地位 [同] degrade

例 The president was not willing to abase himself before the nation. 总统不愿意在全国人民面前降低自己的威信。

----------4246

□ **preservative** [prɪ'zɜːvətɪv] *a.* ①保护性的②有助于保存的，防腐性的 *n.* ①防腐剂②起维护作用的原则 / 因素

搭 be treated with preservative 经防腐处理；need for preservative action 争取保护措施的必要性；food preservative 食用防腐剂

例 This bread is completely free from artificial preservatives. 这种面包绝对不含人工防腐剂。

联 preserve *v.* 保护，维护

----------4247

□ **gripe** [graɪp] *v.* ①惹烦，激怒 [同] irritate②抱怨，发牢骚 [同] complain ③患肠 / 胃绞痛 *n.* ①抱怨，牢骚②肠绞痛，胃绞痛

搭 a gripe session 提意见座谈会；have nothing to gripe about 没有什么抱怨的

例 Her main gripe is that she's not being trained properly. 她主要的抱怨是她没有受到良好的训练。

----------4248

□ **sag** [sæg] *v.* ①下垂，下弯，下陷②跌价，减少，降低

例 The branch sagged under the weight of apples. 树枝在苹果的重压下弯曲了。

----------4249

□ **vie** [vaɪ] *v.* 竞争，相争 [同] contend, contest, rival

搭 vie with sb. for the first place 与某人竞争第一名

例 Six candidates are currently vying for the Democratic presidential nomination. 目前有六名候选人在竞争民主党总统候选人提名。

----------4250

□ **relapse** ['riːlæps] *v.* ①(into) 重新陷入，恢复，故态复萌②（病）重新发作 *n.* ①重陷，重犯，

故态复萌②（旧痛的）复发

构 re（再，又）+ laps（滑）+ e →再次下滑 →重新陷入

搭 relapse into moody silence 再次陷入郁郁寡欢的沉默之中；relapse into old bad habits 重新染上旧有的恶习；relapse into a life of crime 重新干起犯罪勾当；a relapse into poverty 重陷贫穷；suffer a relapse of heart ailment 心脏病复发

例 She was looking quite healthy on Friday, but she suffered a relapse over the weekend. 她星期五看上去很健康，但周末却旧痛复发。

----------4251

□ **hardy** ['hɑːdi] *a.* ①能吃苦耐劳的，强壮的②（植物）耐寒的

例 A few hardy souls continue to swim in the sea even in the middle of winter. 一些坚强的人甚至于在隆冬时节仍继续在海中游泳。

----------4252

□ **peruse** [pə'ruːz] *v.* ① 详细阅读 ②随便翻阅，浏览 ③仔细观察，仔细研究，仔细考虑

例 He sat there perusing until he was ready to speak. 他坐在那里一个劲儿苦思冥想，直到打好腹稿准备发言。

联 perusal *n.* 细读，浏览

----------4253

□ **regime** [reɪ'ʒiːm] *n.* 政治制度，政权

构 reg（统治）+ ime →政权

例 People hope that things will change under the new regime. 人们希望在新政权治理下情况会好转。

----------4254

□ **nomad** ['nəʊmæd] *n.* ①游牧部落的人 ②流浪者 *a.* 游牧的，流浪的

例 Nomads travel these arid regions with their camel herds. 游牧民族带着他们的骆驼群在这些不毛之地漫游。

----------4255

□ **ruffle** ['rʌfl] *v.* ①使……起伏不平，弄皱，使起涟漪②扰乱，打乱，波动 [同] disturb, agitate ③生气，烦恼，发脾气④洗（牌），急速翻动（书页等）⑤饰……褶边 ⑥（鸟）竖起（羽毛）*n.* ①皱，涟漪，波纹②扰乱，打扰，激动，生气③混乱，忙乱④褶裥饰边

搭 ruffle up the bed 弄皱床铺；ruffle the surface of the lake （风）吹皱湖面；ruffle (up) its feather in alarm （鸟）惊吓得竖起羽毛；ruffle the pages of the notebook 急速翻动笔记本

例 His intrusion ruffled her placid mind. 他的闯入扰乱了她平静的心境。

·········4256

□ **cuddle** ['kʌdl] ***v./n.*** 搂抱，拥抱，依偎

搭 cuddle up together 依偎在一起；cuddle against one's mother 依偎着母亲

例 She cuddled the baby and eventually it stopped crying. 她搂着孩子，渐渐地孩子不哭了。

·········4257

□ **assent** [ə'sent] ***v./n.*** 同意，赞成

搭 assent to one's request 同意某人的请求；give one's assent to a proposal 对某人的建议表示同意；with one assent 一致同意；by common assent 经一致同意

例 He lowered his head in assent. 他低下头来表示同意。

·········4258

□ **bland** ['blænd] ***a.*** ①（食物）淡而无味的 ②平和的，温和的，无动于衷的

例 I find the chicken a little bland. 我发现鸡肉有点清淡。

·········4259

□ **civilian** [sə'vɪlɪən] ***n.*** 平民，百姓 ***a.*** 平民的，民用的，民众的 [反] military

构 civil（市民的）+ ian →平民

例 When soldiers are on leave, they tend to wear civilian clothes rather than their military uniforms. 士兵休假时往往穿便服而不是穿军装。

·········4260

□ **proponent** [prə'pəʊnənt] ***n.*** 提倡者，倡导者，辩护者

构 pro（在……前面）+ pon（放）+ ent（人）→处在前面的人 →倡导者

搭 proponents of future "big science" 未来"大科学"的鼓吹者；the leading proponent of neoclassicism

新古典主义的主要倡导者

例 He's one of the leading proponents of capital punishment. 他是死刑最主要的支持者之一。

·········4261

□ **drench** [drentʃ] ***v.*** ①使湿透，浸湿 ②使充满，覆盖 ***n.*** ①浸，湿透 ②滂沱大雨

搭 be drenched in blood 浸在血泊中；a garden drenched by rain 被雨水浸泡的花园；a mind drenched with stories 装满故事的脑子；a drench of rain 瓢泼大雨；under the drench of dew 被露水打湿

例 Sweat drenched his body. 汗水浸透了他的全身。

·········4262

□ **hammer** ['hæmə(r)] ***n.*** 锤，榔头 ***v.*** ①锤击，敲打 [同] hit, strike ②锻造

例 I was woken up suddenly by the sound of someone hammering on the front door. 我突然被前门上重重的敲击声吵醒。

·········4263

□ **abdicate** ['æbdɪkeɪt] ***v.*** ①退位，辞职 ②放弃

构 ab（脱离）+ dic（说话，命令）+ ate（表动词）→不再命令 →退位

搭 abdicate an opinion 放弃一种意见；abdicate one's throne 退位

例 She abdicated her right to a share in the profits. 她放弃了分享利润的权利。

·········4264

□ **jab** [dʒæb] ***v.*** ①刺，戳，捅 ②猛击，打击 ③作皮下注射 ***n.*** ①刺，戳，捅 ②攻击，打击，刺激

搭 jab sb. in the thigh 戳某人的大腿；jab a finger at sb. 用手指戳某人；jab sb. with a knife 用刀刺某人；a personal jab 人身攻击；jab the needle in(to) one's arm 将针头刺入某人的手臂

例 She gave me a sharp jab in the ribs with her elbow to stop me from saying any more. 她用肘猛捣了我一下我的肋骨，不让我继续说下去。

答案：

1. canopy　译文：树叶形成浓密的冠层，挡住了大部分光线。

2. orthodox　译文：现在这些观念中有许多正被吸收进常规医疗。

Unit 82

学前自测

1. The old man lived on a remote island with coconut palms _____ it. (doting, rinsing, simmering, imprinting, fringing)
2. In those years, it was a _____ to see people collapsing from hunger in the streets. (vicinity, riot, byproduct, commonplace, statuary)

----------4265

□ **undercover** [ˌʌndəˈkʌvə(r)] *a.* 秘密的，暗中进行的，隐藏的 *ad.* 暗中，秘密地
构 under（在……下）+ cover（覆盖）→在……覆盖下 →秘密的
搭 an undercover police operation 警方的秘密行动；an undercover detector 便衣侦探；an undercover agent 秘密特工；undercover payments 暗中付的钱
例 He was working undercover at the time— gathering evidence on a drug ring. 那时他从事着秘密工作——收集一个贩毒团伙的证据。

----------4266

□ **dote** [dəʊt] *v.* 溺爱 [同] spoil
搭 dote on/upon 溺爱，宠爱；a doting father 溺爱的父亲
例 He dotes on the new baby. 他很溺爱新生的婴儿。

----------4267

□ **arson** [ˈɑːsn] *n.* 纵火（罪），放火（罪）
例 A supermarket was burnt out in downtown area last night, and the police suspect arson. 昨天夜里市中心有一家超市被烧毁，警方怀疑有人纵火。

----------4268

□ **vicinity** [vəˈsɪnəti] *n.* 周围地区，邻近地区，邻近，附近 [同] proximity, neighborhood
搭 in the vicinity (of) 在……附近，接近
例 Two blocks ahead, you'll see two hotels in close vicinity. 向前两个街区，你就会看到两家毗邻的旅馆。

----------4269

□ **rinse** [rɪns] *v.* 漂洗，冲洗，把……冲洗掉 *n.* ①漂洗，冲洗 ②染发剂
例 There was no soap, so I just quickly rinsed my hands with water. 因为没有肥皂，我只是用水匆匆冲洗了一下手。

----------4270

□ **allot** [əˈlɒt] *v.*（为特定目的而）分配，摊派，拨给
例 He's not satisfied with the role he's been allotted in the office. 他对在办公室里被分配的角色不满意。

----------4271

□ **riot** [ˈraɪət] *n.* ①暴乱，骚乱 ②（色彩、声音等）极度丰富 ③狂欢，喧闹，放纵 *v.* ①聚众闹事 ②把（金钱、时间等）浪费在放荡的生活上
搭 be drowned in riot 沉浸在狂欢中；riot one's life out 一生过放荡的生活；a riot of sounds 各种嘈杂的声音
例 The protest march developed into a riot. 抗议游行发展成为一场暴乱。

----------4272

□ **simmer** [ˈsɪmə(r)] *v.* 炖，煨，慢慢地煮 *n.* 炖，煨，文火
例 Leave the beef simmer for a few more minutes. 让牛肉再炖几分钟。

----------4273

□ **demoralize** [dɪˈmɒrəlaɪz] *v.* ①使道德败坏，使腐化 ②使士气低落，使泄气 [同] dispirit ③使陷入混乱
构 de（去掉）+ moral(e)（士气）+ ize（使……）→使士气低落
搭 demoralize the stock market 使股市陷入一片混乱
例 Losing several matches in succession had completely demoralized the team. 连续几场比赛失利完全摧垮了该队的士气。

----------4274

□ **cavalry** [ˈkævlri] *n.*（常 sing.）①骑兵（部队）②机械化部队
例 The cavalry was/were advancing. 骑兵正在挺进。

---4275

☐ **stifle** ['staɪfl] **v.** ①使窒息，闷死 ②抑制，阻止，压制

例 They were stifled by the smoke. 烟雾使他们窒息。

---4276

☐ **ravish** ['rævɪʃ] **v.** ①使狂喜，使陶醉，使销魂 ②抢夺，抢掠 ③强奸

构 rav（捕，抢夺）+ ish（使……）→抢夺

搭 be ravished by one's beauty 为某人的美貌所陶醉；the ravishing countryside 迷人的乡间

例 He was utterly ravished by the way she smiled. 他被她的微笑完全迷住了。

---4277

☐ **abrupt** [ə'brʌpt] **a.** ①突然的，仓促的 [同] sudden ②（举止、言谈等）唐突的，鲁莽的

例 The train came to an abrupt stop, making many passengers fall off the seats. 火车突然停住了，使许多旅客从座位上摔了下来。

---4278

☐ **sparse** [spɑːs] **a.** ①稀少的，稀疏的 ②稀薄的，很少的，不足的

搭 sparse white hair 稀疏的白发；a sparse crop in the field 地上稀稀拉拉的庄稼；sparse air 稀薄的空气

例 Our information on the event is still rather sparse. 我们对这件事所知道的情况仍然很少。

---4279

☐ **motto** ['mɒtəʊ] **n.** 座右铭，箴言，警句 [同] maxim, adage

例 His family motto is "God helps those who help themselves". 他家族的座右铭是"自助者天助"。

---4280

☐ **salient** ['seɪliənt] **a.** 显著的，突出的

构 sali（跳）+ ent（……的）→跳出来的→突出的

例 The article presented the salient facts of the dispute clearly and concisely. 文章清楚而简洁地介绍了争论的主要事实。

---4281

☐ **readily** ['redɪli] **ad.** ①迅速地，敏捷地 ②容易地 ③乐意地

例 The facts may be readily ascertained. 事实不难查明。

---4282

☐ **portray** [pɔː'treɪ] **v.** ①描写，描绘 [同] describe, depict ②扮演，表演，饰演 [同] show, play, act

例 The picture portrays a beautiful young woman and her pet dog. 这幅画描绘了一名美貌少妇和她的爱犬。

---4283

☐ **commonplace** ['kɒmənpleɪs] **a.** 平庸的，普通的 [同] common **n.** 寻常的事物，平庸的东西

例 It is believed that soon it will be commonplace for people to travel to the moon. 相信不用多久，人们去月球旅行会变成平常事。

---4284

☐ **byproduct** ['baɪprɒdʌkt] **n.** ①副产品 ②意外收获，额外收获，附带的结果

例 Silver is often obtained as a byproduct during the separation of lead from rock. 在从岩石中分离出铅的过程中，往往会得到银这个副产品。

---4285

☐ **imprint** [ɪm'prɪnt] **v.** ①印，盖印 ②(on, in) 铭刻，牢记 ③赋予（特性等）['ɪmprɪnt] **n.** ①印痕，印迹 ②特征，标志 ③出版事项，版本说明

构 im（在上）+ print（印）→印在上面→盖印

搭 imprint a paper with a seal 在文件上盖章；imprint on one's memory what one has seen and heard 将所见所闻铭记于心；the imprint of defeat 失败的标记；bear a sort of regional imprint 具有某种地方特色

例 He imprinted his own personality on all his works. 他的作品都带有他本人的鲜明个性。

---4286

☐ **documentary** [ˌdɒkju'mentri] **a.** ①文件的，文书的，公文的 ②纪实的 **n.** 纪录片，纪实性电视片

搭 documentary proof/evidence 书面证明；documentary film 纪录片；a documentary history of English 英国史资料汇编

例 They showed a documentary on animal communication. 他们放了一部有关动物信息交流的纪录片。

---4287

☐ **tinge** [tɪnʒ] **n.** 轻淡的色调，淡淡的情感，一点点 **v.** ①着淡色于 ②使带有……感情

例 The Grand Canyon is often tinged pink and purple by the early morning sun. 清晨的太阳常常把大峡谷染成粉红色和淡紫色。

---4288

☐ **mash** [mæʃ] **v.** 把……捣成泥状 **n.** 糊状物，马铃薯泥

例 Mash the potatoes and then mix them in the butter, onions and garlic. 捣碎土豆，拌入黄油、洋葱和大蒜。

················4289

□ **blockade** [blɒ'keɪd] *n.* ①封锁 ②障碍物，屏障 *v.* 封锁

例 There is still some hope that the economic blockade will work and make military intervention unnecessary. 经济封锁将会起作用的希望仍然存在，这将使军事干预失去必要性。

················4290

□ **husbandry** ['hʌzbəndri] *n.* ①耕种，务农 ②畜牧业 ③节约，节俭

例 The old man is a good hand at crop husbandry. 这位老人是种庄稼的能手。

················4291

□ **prosperity** [prɒ'sperəti] *n.* 兴旺，繁荣 [同] boom

例 The prosperity of the market reflects our booming economy. 市场的繁荣反映了我们欣欣向荣的经济。

················4292

□ **recompense** ['rekəmpens] *v.* ①报酬，酬谢，回报 ②惩罚 ③赔偿，补偿 *n.* ①报酬，答谢，酬金 ②赔偿，补偿

构 re（重新）+ compense（补偿）→赔偿

搭 recompense sb. for his/her trouble 酬谢某人费心出力；recompense good with evil 以怨报德；recompense sb. for his/her misdeeds 惩罚某人的恶行；work hard without recompense 无报酬地辛勤工作；receive $ 2,000 in recompense/as a recompense for the damage 收到 2 000 美元作为损坏赔偿

例 I gave her some flowers and chocolate as recompense for looking after my child while I was away. 我送给她一些花和巧克力，酬谢她在我不在时对我孩子的照顾。

················4293

□ **ulcer** ['ʌlsə(r)] *n.* 溃疡

例 She got a lot of mouth ulcers. 她口腔溃疡很严重。

联 ulceration *n.* 溃疡；ulcerated *a.* 患溃疡的

················4294

□ **tack** [tæk] *n.* ①大头钉，图钉 ②航行方向，航向 ③思路，方针，政策 ④杂物，破烂 *v.* ①把……钉上，把……固定住 ②（使）（帆船）抢风航行

搭 tack slowly back to harbor 慢慢航行回港；change tack 改变策略，改弦更张；tack a notice to the door 把一张字条钉在门上

例 The speaker suddenly changed tack and let us all rather confused. 演讲人突然改变了思路，把我们都搞糊涂了。

················4295

□ **fringe** [frɪnʒ] *n.* ①（头发的）刘海 ②饰边，流苏 ③边缘，外围 [同] border, edge *a.* 附加的，额外的 *v.* 作为……的边缘，是……的外围

例 We are at present exploring the fringe of the enormous field. 目前我们正在探索这一广阔领域的边缘。

················4296

□ **molest** [mə'lest] *v.* ①妨碍，干扰 [同] bother, annoy ②调戏，猥亵

例 The woman complained that she had been molested in the park. 那名女人诉说在公园里遭到了性骚扰。

················4297

□ **enliven** [ɪn'laɪvn] *v.* ①使有生气，使活跃，使生动活泼 ②使快活，使愉快

搭 enliven all nature 使大自然生机勃勃；a newly-enlivened stock market 新近活跃起来的证券市场

例 The conversation was enlivened with jokes. 谈话因夹杂了笑话而显得活跃起来。

················4298

□ **despise** [dɪ'spaɪz] *v.* 鄙视，看不起 [同] look down upon

例 It is folly to despise counsel. 不听忠告是愚蠢的。

················4299

□ **oppress** [ə'pres] *v.* ①压迫，压制 ②使（心情）沉重，使烦恼 [同] worry, torture

例 Strange dreams and nightmares oppressed her. 怪梦和噩梦使她烦恼不安。

联 oppression *n.* 压迫，压制，压抑；oppressive *a.* 压迫的，压制的，难以忍受的

················4300

□ **bust** [bʌst] *n.* ①半身塑像，胸像 ②（妇女的）胸围 *v.* （使）爆裂，打破，打碎 [同] explode, break

例 She's got a 34-inch bust. 她的胸围是 34 英寸。

················4301

□ **intermingle** [ˌɪntə'mɪŋgl] *v.* （使）混合,（使）掺和

搭 intermingle the ingredients 混合各种配料；

intermingle one with another 把一物同另一物混合起来

例 Fact and fiction are intermingled throughout the book. 事实和虚构在整部书中交织在一起。

―――――――――――――――――――――――4302

□ **crumble** ['krʌmbl] *v.* ①弄碎，破碎 ②崩溃，瓦解

例 As the years passed, the old church crumbled. 随着岁月的流逝，老教堂倒塌了。

―――――――――――――――――――――――4303

□ **statuary** ['stætʃuəri] *n.* ①（总称）塑像，雕像 ②塑像术，铸像术 ③雕塑家 *a.* 雕塑的

搭 some magnificent Roman statuary 几尊雄伟的罗马雕像；statuary art 雕塑艺术

联 statue *n.* 雕像

―――――――――――――――――――――――4304

□ **thump** [θʌmp] *v.* ①锤击，重击 ②发出重击声，砰然作响 *n.* 重击，捶打，揍

例 She thumped the heavy bag down on the floor. 她将沉甸甸的包重重地扔在地上。

―――――――――――――――――――――――4305

□ **artifice** [ɑːtɪfɪs] *n.* ①奸计，诡计 ②妙计，窍门

例 The use of mirrors in a room is an artifice to make the room look larger. 在房间里装几面镜子是使空间显得更为宽敞的妙计。

―――――――――――――――――――――――4306

□ **stun** [stʌn] *v.* ①把……打昏，使昏迷 ②使震惊，使目瞪口呆 [同] astound

例 The man's sudden appearance at the party 10 years after running away from home stunned everybody. 那个人离家出走十年之后突然出现在晚会上，这使每个人都大为震惊。

―――――――――――――――――――――――4307

□ **accede** [ək'siːd] *v.* ①答应，同意 ②加入，参加 [同] join ③即位，就任

构 ac（靠近）+ ced（走）+ e →走近 →即位

搭 accede to a request 答应请求；accede to a treaty 加入一项条约；accede to the presidency 就任总统

例 She acceded under pressure. 她在压力下同意了。

□ **masquerade** [ˌmæskə'reɪd] *n.* ①假面舞会，化装舞会 ②伪装，假扮，欺骗 *v.* ①参加假面舞会 ②假冒，假扮

搭 strip off one's masquerade 剥去某人的伪装；under an assumed masquerade 以假名冒充

例 In this business there are a lot of unqualified people masquerading as experts. 在这一行，许多不称职的人都假冒专家。

―――――――――――――――――――――――4309

□ **expunge** [ɪk'spʌndʒ] *v.* ①除去，删去，省略 [同] delete, cancel ②擦去，抹去 ③消灭，歼灭

构 ex（出）+ pung（刺）+ e →挑出刺 →除去

搭 expunge a name from a list 把一个名字从名单上除去；expunge the shame 洗刷耻辱

例 She has been unable to expunge the details of the accident from her memory. 她无法从记忆中抹去那次事故的种种细节。

―――――――――――――――――――――――4310

□ **retard** [rɪ'tɑːd] *v.* 使减速，阻滞，延迟

例 Icy roads retarded their progress through the mountains. 结冰的道路减慢了他们前往山中的进程。

―――――――――――――――――――――――4311

□ **parachute** ['pærəʃuːt] *n.* 降落伞 *v.* 空投，空降

搭 parachute supplies to the troops 给部队空投补给品；parachute into the town 跳伞进入那座小镇

例 Thousands of soldiers had already been parachuted behind enemy lines. 数千名士兵已经空投到敌军后方。

联 parachutist *n.* 跳伞运动员

―――――――――――――――――――――――4312

□ **expound** [ɪk'spaʊnd] *v.*(on) 详细阐述，解释

例 He expounded for some hours on his theories about the international trade. 他用了几个小时阐述他对国际贸易的看法。

―――――――――――――――――――――――4313

□ **growl** [graʊl] *v.* 低沉地怒吼，咆哮 *n.* 低沉的怒吼声，咆哮

例 The sergeant growled out his commands to the troops. 中士咆哮着向部队发出命令。

答案：

1. fringing 译文：那位老人住在四周满是椰子树的偏僻岛屿上。

2. commonplace 译文：在那些年里，人们饿倒街头的事屡见不鲜。

Unit 83

学前自测

1. The most _____ feature of the list is that there are no women on it. (forbidding, mobile, akin, noteworthy, lukewarm)
2. Recent excavations _____ to the presence of cultivated inhabitants on the hill during that period. (soothe, liquidate, digress, meddle, testify)

---4314

□ **emancipate** [ɪ'mænsɪpeɪt] **v.** 解放，使不受束缚

构 e + man（手）+ cip（抓）+ ate（使）→把被抓的手放下 →使不受束缚

例 This new machine will emancipate us from all the hard work we once had to do. 这部新机器会使我们从过去不得不干的繁重劳动中解脱出来。

---4315

□ **soothe** [suːð] **v.** ①安慰，使平静 ②减轻，缓和（痛苦、困难等）

例 I've managed to soothe her down a bit, but she's still pretty annoyed. 我想方设法使她平静了一点，可她还是很恼怒。

---4316

□ **hoax** [həʊks] **n.** 骗局，恶作剧，玩笑 **v.** 欺骗，戏弄 [同] deceive

搭 play a hoax on sb. 戏弄某人；hoax calls 恶作剧电话；bomb hoax 炸弹恐吓

例 The area was cleared of people but the telephone warning turned out to be a hoax. 该地区的人都被疏散了，但结果警告电话却是个骗局。

---4317

□ **cult** [kʌlt] **n.** ①异教团体，教派 ②狂热，崇拜 ③崇拜对象，崇拜者，迷信者 ③（艺术等的）时尚，偶像 **a.** 受特定群体欢迎的，作为偶像崇拜的

搭 the personality cult 个人崇拜；a cult film 风靡一时的电影

例 Her novels attracted an enthusiastic cult. 她的小说吸引了一群狂热的读者。

---4318

□ **liquidate** ['lɪkwɪdeɪt] **v.** ①清偿，清理，清算（破产企业）②消除，杜绝 ③杀戮，清洗 ④变换成现金，变卖 ⑤说明，阐明 [同] expound

构 liquid（清澈的）+ ate（使……）→弄清 →说明，阐明

搭 liquidate the national debt 偿清国债；liquidate a partnership 断绝合伙关系；liquidate the meaning 说明意义

例 Without government assistance the bank will have to liquidate. 如果没有政府援助的话，这家银行将不得不破产清算。

---4319

□ **testify** ['testɪfaɪ] **v.** ①（for, to, against）作证，证明 ②表明，说明 [同] indicate, prove

例 He agreed to testify on behalf of the accused man. 他同意为被告作证。

---4320

□ **noteworthy** ['nəʊtwɜːði] **a.** 值得注意的，显著的

构 note（注意）+ worthy（值得的）→值得注意的

搭 noteworthy conclusions 很有见地的结论

例 There is nothing particularly noteworthy in this report. 这份报告中没有特别值得注意的内容。

---4321

□ **artillery** [ɑː'tɪləri] **n.** ①（总称）炮，大炮 ②（总称）炮兵部队，炮兵

例 Naval gunfire and ground-based artillery are generally less accurate than many aircraft-borne weapons. 舰炮和陆炮在精确度上一般不如许多空投武器。

---4322

□ **glee** [gliː] **n.** ①欢乐，高兴 ②三部／三部以上重唱歌曲

搭 laugh with glee 欢快地大笑；in great/high glee 欢天喜地

例 When the check arrived, he hugged me in glee. 当支票送到时，他欣喜地拥抱我。

联 gleeful *a.* 欢乐的，高兴的

---4323

□ **spotlight** ['spɒtlaɪt] (spotlighted/spotlit) *n.* ①聚光灯 ②公众的注意 *v.* ①用聚光灯照明 ②使公众注意

例 He delivered the whole of the speech at the front of the stage, illuminated by a spotlight. 他在台前做了全部演讲，聚光灯把他照得通亮。

---4324

□ **digress** [daɪ'gres] *v.* ①(from) 离题 ②转向，背离

构 di（离开）+ gress（走）→走离 →离题

搭 digress from the point at issue 从争议点岔开

例 The lecturer temporarily digressed from what he was saying to answer a question from a member of the audience. 演讲者暂时岔开他正在说的，回答来自一位听众的问题。

---4325

□ **rove** [rəʊv] *v.* ①流浪，漫游 [同] roam, ramble ②环顾，扫掠 ③（思想、感情）转移不定 *n.* ①流浪，漫游 ②环顾

搭 rove around the room 环顾房间；rove over sea and land 在海上及陆上漂泊；rove the woods 漫游森林

例 He spent most of his life roving the world in search of fortune. 他的一生大部分时间都在世界上流浪，以寻找好运。

---4326

□ **meddle** ['medl] *v.* ①(in, with) 干涉，插手，好管闲事 ②(with) 胡乱摆弄，瞎弄

构 med=medi（中间）+ dle →插在中间 →插手

搭 meddle in one's affairs 干涉某人的事

例 This experience should have taught him what happens when you meddle with things you don't understand. 这次经历应该使他明白，插手自己一窍不通的事情的危害是什么。

联 meddler *n.* 爱管闲事的人

---4327

□ **rattle** ['rætl] *v.* ①（使）咯咯作响，（使）发出连续而短促的声响 ②咔嗒咔嗒地快速移动 ③使担心，使慌乱 *n.* ①咯咯声，嘎嘎声 ②拨浪鼓 ③（响尾蛇尾部的）响环

例 The cups rattled as the waitress laid the table. 女服务员摆酒席时，杯子发出了叮当的声响。

---4328

□ **hurtle** ['hɜːtl] *v.* ①猛冲，猛击 ②猛烈碰撞 ③鸣响，回荡 ④发出巨大的响声急进

搭 a highspeed train hurtling past 轰隆隆疾驰而过的高速火车

例 He was hurtling along a country road on a horse. 他骑着马在乡间小路上飞驰。

---4329

□ **dexterity** [dek'sterəti] *n.* ①灵巧，熟练，敏捷 ②聪明，机敏

构 dexter（右）+ ity（表性质）→像右手一样 →灵巧

搭 dexterity with the pen 文思敏捷

例 With all the dexterity of a politician, he answered the journalists' questions to his own advantage. 他以一个政客所有的敏捷才思，以对自己有利的方式回答了记者们对他的提问。

---4330

□ **vanquish** ['væŋkwɪʃ] *v.* ①征服，击败，战胜，消灭 [同] conquer, crush ②克服，抵制 [同] overcome, prohibit

搭 the vanquished army 被打败的军队；vanquish one's fears 克服恐惧

例 Many of the diseases that have affected society 100 years ago have now been vanquished. 许多100年前危害社会的疾病如今已经被消灭了。

---4331

□ **devour** [dɪ'vaʊə(r)] *v.* ①吞食，狼吞虎咽地吃 ②（感情）充满，占据……全部注意力

例 He's a very keen reader—he just devours one book after another. 他是个读书狂——他就是一本接一本如饥似渴地读。

---4332

□ **mobile** ['məʊbaɪl] *a.* ①运动的，活动的，可动的 ②流动的，机动的 ③多变的，易变的 [同] flexible, changeable *n.* ①移动电话 ②汽车 [同] auto, automobile

构 mob（动）+ ile →运动的

例 A mobile medical team regularly visits the small village at top of the mountain. 有个巡回医疗队定期去山顶的小村庄探视。

联 mobilization *n.* 动员；mobility *n.* 运动性，流行性

辨 mobile: 位置可以自由移动的；moving: 动人的，正在移动的；movable: 可以被移动 / 挪开的。

---4333

□ **vitalize** ['vaɪtəlaɪz] *v.* ①使有生命 ②使有生机，使有生气 [同] energize, invigorate ③生动描绘

搭 vitalize the patriotism of a people 激起一个民族的爱国情绪

联 vitality *n.* 生命力，生机

----------4334

☐ **squeak** [skwi:k] *v.* ①短促地尖叫，吱吱叫，吱嘎作响 ②侥幸成功，勉强通过 *n.* 吱吱的叫声

例 When she went down into the basement, she heard the sound of mice squeaking. 她下到地下室时，听到了老鼠的吱吱叫声。

----------4335

☐ **dilemma** [dɪ'lemə] *n.* （进退两难的）窘境，困境，进退维谷

例 He was in a dilemma as to whether to stay at school or get a job. 他进退两难，不知该留在学校读书还是找份工作。

----------4336

☐ **veritable** ['verɪtəbl] *a.* 名副其实的，十足的，真正的，确实的 [同] authentic, real

搭 veritable proof 确凿的证据；a veritable living museum of architecture 一座活生生的建筑艺术博物馆

例 My garden had become a veritable jungle by the time I came back from holiday. 我度假回来时，我的花园已经成了一个不折不扣的丛林。

----------4337

☐ **akin** [ə'kɪn] *a.* ①同类的，近似的 ②姻缘的，有血缘关系的

搭 words akin in form but different in meaning 形同异义的词；be closely akin to sb. 与某人是近亲

例 Training pet animals is somewhat akin to training children. 驯养爱畜与教育孩子有些相似。

----------4338

☐ **protocol** ['prəʊtəkɒl] *n.* ①礼仪，外交礼节 ②协议，规约

例 Protocol demands that the queen meet him at the airport. 按照外交礼仪，女王应该到机场迎接他。

----------4339

☐ **anguish** ['æŋgwɪʃ] *n.* （尤指精神上的）极度痛苦，剧痛 *v.* 使极度痛苦，感到极度痛苦

例 In her anguish she forgot to leave a message. 由于痛苦至极，她忘了留下口信。

----------4340

☐ **lukewarm** [ˌlu:k'wɔ:m] *a.* ①微温的，不冷不热的 ②不热情的，冷漠的

构 luke（冷淡的）+ warm（温暖的）→微温的

搭 lukewarm water 温水；a lukewarm person 冷漠的人；the lukewarm atmosphere 冷漠的气氛；be lukewarm to the new projects 对新项目不热心

例 The baby's food needs to be heated until it's just lukewarm. 婴儿食物必须加热至温热。

----------4341

☐ **bakery** ['beɪkəri] *n.* 面包厂，面包店，面点房

例 A smell of bread drifted from some distant bakery. 从远处的某个面点房飘来一阵面包味。

----------4342

☐ **suspense** [sə'spens] *n.* ①悬挂 ②挂虑，不安

搭 wait in suspense 不安地等待；full of suspense 充满悬念

例 She kept him in suspense for several days before she said she would marry him. 在她告诉他愿意嫁给他之前，她让他担心了好几天。

----------4343

☐ **presumption** [prɪ'zʌmpʃn] *n.* ①推定，认定，假定 ②冒昧，专横

例 Some of his colleagues objected to his presumption in him. 有些同事对他身上的那种傲慢劲很反感。

----------4344

☐ **flake** [fleɪk] *n.* ①小薄片 ②古怪的人 *v.* 剥落，雪片似的飘落

例 He decided to redecorate the room because flakes of paint kept coming off the walls. 他决定重新装饰房间，因为墙上的油漆不断剥落。

----------4345

☐ **landslide** ['lændslaɪd] *n.* ①山崩，崩塌 ②一面倒的胜利 ③劈头盖脸的大量 *v.* ①发生山崩 ②以压倒性优势获胜

搭 win/lose the election by a landslide 在竞选中大获全胜 / 一败涂地

例 Many houses were destroyed in the landslide that followed the torrential rains. 暴雨过后的塌方使许多房屋被毁。

----------4346

☐ **mediate** ['mi:dieɪt] *v.* ①调解，斡旋，充当中间人 ②促成（某种结果）*a.* ①间接的，有间接关系的 ②通过中介机构的

构 medi（中间）+ ate →调解

例 The teachers and parents couldn't agree and she had to mediate between them. 老师和父母意见不合，她只能从中斡旋。

----------4347

☐ **languish** ['læŋgwɪʃ] *v.* ①（长期）受苦，受

折磨 ②变得衰弱，失去活力，（花等）凋谢 ③（为博人同情或惹人爱怜而）露出忧伤的神色

搭 languish from lack of water（花）因缺水而枯萎

例 He has been languishing in jail for the past ten years. 过去 10 年里，他一直在监狱里受折磨。

联 languishment *n.* 衰弱，脉脉含情的样子；languishingly *ad.* 渐渐变弱地，脉脉含情地

----------4348

□ **renounce** [rɪ'naʊns] *v.* ①声明放弃，摒弃，弃绝 ②宣布中止，宣布与……断绝关系，拒绝承认

搭 renounce one's citizenship 声明放弃国籍；renounce one's claim to an inheritance 声明放弃对一笔遗产的继承权；renounce smoking and drinking 戒烟戒酒；renounce one's wicked son 与劣子脱离关系

例 Her ex-husband renounced his claim to the family house. 她的前夫声明放弃房屋的所有权。

----------4349

□ **nip** [nɪp] *v.* ①夹住，掐住，咬住 ②夹断，掐断，咬断 ③折损，使夭折 ④使冻伤 ⑤偷 ⑥棋高一筹，胜过 ⑦小口小口抿（酒）*n.* ①一夹，一掐，一咬 ②夹断，掐断，咬断 ③一小截，一小份 ④刺骨，寒冷，严寒 ⑤尖刻的话，刺鼻的气味 ⑥一小口（酒），一抿，一呷

搭 nip flowers from the branch 从树杈上摘花；nip a conspiracy in its infancy 把阴谋扼杀在萌芽之中；a nip of cheese 一小份奶酪；go out for a nip of fresh air 出去吸口新鲜空气；nip in the bud 消灭于萌芽状态；a nip of gin 一口杜松子酒

例 I gave my thumb quite a nip when the pliers slipped. 钳子打滑时，把我的大拇指狠狠夹了一下。

----------4350

□ **forge** [fɔːdʒ] *v.* ①锻造，锤炼 [同] hammer ②伪造（货币、文件等），假冒 *n.* ①锻工车间 ②锻炉

例 He was sent to prison for forging money. 他因伪造货币被关进了监狱。

----------4351

□ **explicable** [ɪk'splɪkəbl] *a.* 可解释的，可阐明的 [同] explainable

例 Under the circumstances, what he said was quite explicable. 在这种情况下，他的话是可以理解的。

----------4352

□ **futility** [fjuː'tɪləti] *n.* ①无益，无用 ②无意义，无聊

搭 realize the futility of doing sth. 领悟到做某事是无用的；the futility of life 人生的空虚

例 He considers such things as parties and games as futilities. 他认为舞会和比赛这些事毫无意义。

----------4353

□ **imbibe** [ɪm'baɪb] *v.* ①喝，饮 [同] drink ②吸收，接收 [同] absorb

构 in（内，里）+ bib（喝）+ e →喝进去 →吸收

搭 imbibe intoxicating liquor 饮烈酒；imbibe freely of champagne 痛饮香槟酒

例 A sponge imbibes moisture. 海绵吸收水分。

----------4354

□ **forbidding** [fə'bɪdɪŋ] *a.* ①严峻的，令人生畏的，险恶的 ②令人讨厌的

搭 a forbidding task 讨厌的工作；a forbidding coast 险峻的海岸；forbidding clouds 险恶峥嵘的云

例 The headmaster seems stern and forbidding. 校长看起来很严厉，令人望而生畏。

----------4355

□ **convulse** [kən'vʌls] *v.* ①使猛烈震动，震撼 [同] agitate ②使惊厥，使抽搐 ③使前俯后仰，（使）抖动

搭 convulse in/with laughter 笑得前俯后仰；be convulsed with sobs 抽泣

例 The injured animal lay by the side of the road, convulsing in pain. 受伤的动物躺在路边，痛苦地抽搐着。

答案：
1. noteworthy 译文：这个名单最值得注意的特征就是没有任何女性。
2. testify 译文：最近的几次发掘证实了在那个时期这座山上有农耕人口居住过。

Unit 84

学前自测

1. The health center has been criticized for being too _____. (egalitarian, autonomous, fanatic, omniscient, impersonal)
2. Every room of the hotel offers a comfortable, relaxed _____. (sprint, havoc, highbrow, ambience, allegation)

--4356

□ **appraise** [ə'preɪz] **v.** ①评价，鉴定 ②估计，估价
例 He coolly appraised the situation, deciding which person would be most likely to succeed. 他冷静地估判着形势，判断哪个人最可能成功。

--4357

□ **squabble** ['skwɒbl] **v.** 争吵 **n.** 争吵，口角 [同] quarrel
搭 a squabble over money 为了金钱而发生的争吵
例 She squabbled with her boss about/over who would pay the bill. 她与老板就谁付账的问题发生了争吵。

--4358

□ **apprentice** [ə'prentɪs] **n.** ①学徒，徒弟 ②初学者，生手 **v.** 使当学徒
例 The boy's parents apprenticed him to a doctor. 这男孩的父母送他去跟一名医生当学徒。

--4359

□ **wreck** [rek] **v.** ①破坏，毁坏 [同] ruin, destroy ②造成……失事，使遇难 **n.** ①失事，失事船或飞机，残骸 ②精神或身体已垮掉的人
搭 go to wreck 遭到毁灭；make a wreck of one's life 毁掉某人的一生
例 Our greenhouse was wrecked in last night's storm. 我们的暖房在昨晚的暴风雨中被毁坏了。

--4360

□ **chimpanzee** [ˌtʃɪmpæn'zi:] **n.** 黑猩猩
例 Chimpanzees are thought to be the most intelligent of the apes. 黑猩猩被认为是猿类中最聪明的。

--4361

□ **sprint** [sprɪnt] **v.** 冲刺，全速奔跑 **n.** ①短距离的全速奔跑，冲刺 ②短时间的紧张活动
搭 break into a sprint 突然奔跑起来；sprint for the finishing line 向终点线冲刺；a sprint at the finish 近终点时的冲刺

例 She put on a marvellous sprint down the last two hundred meters. 她在最后 200 米时的冲刺十分精彩。

--4362

□ **abreast** [ə'brest] **ad.** ①并列，并排 ②不落后，与……并进
构 a + breast（胸）→胸和胸并排 →并排
搭 keep abreast of 跟上，不落后
例 Read the papers if you want to keep abreast of the times. 如果你想跟上时代，那就要读报纸。

--4363

□ **profiteer** [ˌprɒfɪ'tɪə(r)] **n.** 奸商，牟取暴利者 **v.** 牟取暴利，获得暴利
构 profit（利润）+ eer（人）→只追求利润的人 →奸商
搭 a war profiteer 发战争财的人
例 Those hoarders profiteered enormously. 那些囤积者大发不义之财。

--4364

□ **egalitarian** [iˌɡælɪ'teəriən] **a.** 平等主义的，主张人人平等的 **n.** 平等主义者
构 egalit（平等的）+ arian →平等主义的
联 egalitarianism **n.** 平等主义

--4365

□ **autonomous** [ɔː'tɒnəməs] **a.** ①自治的 ②独立自主的
搭 autonomous region 自治区
例 School governors are legally autonomous. 学校董事在法律上是自主的。

--4366

□ **convoy** ['kɒnvɔɪ] **n.** 船队，车队，护卫车队，护航舰队 **v.** 护卫，护送
搭 under convoy 在护送下
例 A convoy of trucks containing food supplies has been sent to the area worst hit by famine. 一支满载食物的车队正开往饥荒最严重的地区。

----4367

□ **ambience** ['æmbiəns] *n.* 气氛，环境，格调
[同] atmosphere

构 ambi（周围的）+ ence（表名词）→周围的东西→环境

例 They created a pleasant ambience in the office. 他们在办公室里营造了一种愉快的氛围。

联 ambient *a.* 周围的，环抱的

----4368

□ **fanatic** [fə'nætɪk] *n.* 狂热者，盲信者 *a.* 狂热的，入迷的

例 The temple was torn down by a crowd of religious fanatics. 那座寺庙被一群狂热的宗教信徒拆毁了。

----4369

□ **havoc** ['hævək] *n.* 混乱，毁灭

例 A scene of havoc met their eyes when they opened the door. 他们打开门时，混乱的景象进入眼帘。

----4370

□ **interlock** [ˌɪntə'lɒk] *v.*（使）连锁，（使）连结，（使）互相扣住 *n.* 连锁，连接 *a.* 连锁的，连结的

例 The branches of the trees interlock to form a natural archway. 树枝纠结相连，形成一道天然的拱门。

----4371

□ **heartrending** ['hɑːt.rendɪŋ] *a.* 令人心碎的，使人悲痛的 [同] heartbreaking

构 heart（心）+ rending（撕碎）→令人心碎的

搭 heartrending experience 令人痛苦的经历

例 The pictures of starving children in the newspaper were absolutely heartrending. 报纸上刊登的饥饿儿童的照片实在令人心碎。

----4372

□ **wrath** [rɒθ] *n.* 愤怒，狂怒，盛怒 [同] fury, rage

例 He left home to escape his father's wrath. 他离开了家，以逃避他父亲的盛怒。

----4373

□ **misguided** [ˌmɪs'ɡaɪdɪd] *a.* 有错误思想指引的，不明智的，被引入歧途的

例 The company is blaming its disappointing performance on the misguided business plan. 这家公司将它令人失望的表现归咎于由错误思想引导的经营计划。

----4374

□ **neon** ['niːɒn] *n.* ①氖 ②霓虹灯

例 Neon lighting is in common use here. 霓虹灯在这里被广泛使用。

----4375

□ **highbrow** ['haɪbrau] *n.* 文化修养/趣味很高的人，高雅人士 *a.* ①文化修养很高的，阳春白雪的 ②不真实的，不现实的 *v.* 卖弄学问

搭 highbrow music 高雅音乐；highbrow programs 高雅的节目

例 The TV company specializes in making arts shows for highbrows. 这家电视公司专门为趣味高雅的人制作艺术节目。

----4376

□ **ejaculate** [ɪ'dʒækjuleɪt] *v.* ①突然说出，喊出 ②射出，排放出，射精 [同] eject, discharge

构 e（出）+ jacul（喷射）+ ate（表动词）→射出

例 The seagulls ejaculated from time to time. 海鸥时不时发出凄厉的叫声。

----4377

□ **recline** [rɪ'klaɪn] *v.* ①（使）斜倚 ②（使）躺下 ③依靠，依赖

构 re（向后）+ clin（倾斜）+ e →向后斜 →斜倚

搭 recline against a fence 斜倚围栏；recline on a sofa 躺在沙发上；recline one's head on a pillow 把头靠在枕上；recline upon the grass 躺在草地上

例 You shouldn't recline too much on your parents. 你不应该过多地依赖父母。

----4378

□ **pacify** ['pæsɪfaɪ] *v.* ①使平静，使安静 ②平息，绥靖，使实现和平 ③使服从，使属从 [同] subjugate

构 pac（和平，平静）+ ify（使……）→使和平 →使平静

搭 pacify the quarreling children 使争吵的孩子们安静下来；pacify a crying baby 哄啼哭的婴儿；pacify the commotion 平息叛乱

例 A UN force has been sent to try to pacify the area worst affected by the civil war. 一支联合国部队已被派出，来设法稳定最受内战之苦的地区。

----4379

□ **recall** [rɪ'kɔːl] *v.* ①回忆起，回想起 [同]remember ②召回，叫回 ③收回，撤销 [同] withdraw, call back

例 The old man recalled the city as it had been before the war. 老人回想起这座城市战前的样子。

辨 recall: 提取信息过程，追忆出，想起来。remember: 记住，自然而然想起。recollect: 较为正式的说法，追忆起，想起来。

---4380

□ **shovel** ['ʃʌvl] [shovel(1)ed, shovel(1)ing] *n.* 铲子，铁锹 *v.* ①铲起，铲走 ②把……大量放入
搭 take a shovel of coal into the fire 把一铲煤抛入火中；shovel the snow off the path 把小路上的雪铲除；shovel cake into one's mouth 往嘴里塞蛋糕
例 The builders used shovels to put the sand and rubbish into the hole they had dug. 建筑工人用铲子将沙子和垃圾填入他们挖的坑中。
联 shovelful *n.* 满铲，一铲的量

---4381

□ **defame** [dɪ'feɪm] *v.* 诽谤，中伤 [同] slander
构 de（去掉，取消，毁）+ fame（名声）→使名声毁坏 →诽谤
例 Many people thought that the book defamed Islam. 许多人认为那本书中伤了伊斯兰教。

---4382

□ **allegation** [ˌælə'geɪʃn] *n.* ①断言，陈述，宣称 ②指控，申辩
例 They made serious allegations that he was a thief. 他们郑重其事地断言他是贼。

---4383

□ **pervert** [pə'vɜːt] *v.* ①使堕落，使变坏，使反常 [同] corrupt, debase ②歪曲，曲解 [同] distort ③误用，滥用 ④使左右颠倒 ['pɜːvɜːt] *n.* ①走上邪路者 ②背叛者，变节者，性变态者
构 per（完全）+ vert（转）→使转离正途 →使堕落
搭 accuse sb. of perverting youth 控告某人腐蚀青年；pervert one's talents 虚费才华；pervert one's powers 滥用职权；pervert the course of justice 枉法
例 His original ideas have been shamelessly perverted by politicians for their own purposes. 他原本的想法被政客们为各自的目的无耻地歪曲了。

---4384

□ **omniscient** [ɒm'nɪsiənt] *a.* 无所不知的，全知的 *n.* 无所不知者
构 omni（全）+ sci（知道）+ ent（……的）→全知的
搭 be omniscient in everything 事事通晓
例 Medical knowledge has expanded so much over the past century that it's impossible for the doctors to be omniscient. 医学知识在过去的一个多世纪里

增加了很多，现在的医生不可能无所不知。

---4385

□ **ardent** ['ɑːdnt] *a.* ①热心的，热情的，强烈的 ②灼热的，发光的
搭 an ardent kiss 热吻；her ardent eyes 她那灼热的眼神
例 He's an ardent supporter of the local football team. 他是本地足球队的热情支持者。

---4386

□ **impersonal** [ɪm'pɜːsənl] *a.* ①非个人的，不受个人情感 / 偏见影响的，客观的 ②没有人情味的，冷淡的 ③不作为人存在的，不具人格的 ④（动词，代词）非人称的，无人称的
搭 the impersonal and impartial point of view 公正、客观的看法；an impersonal tone 冷淡的语气；an impersonal verb 非人称动词；an impersonal pronoun 非人称代词
例 She was impersonal, with her head high up and a touch-me-not expression frozen on her face. 她很冷淡，头总是抬得高高的，脸上一副别碰我的冰冷表情。
联 impersonality *n.* 客观；impersonally *ad.* 客观地

---4387

□ **contention** [kən'tenʃn] *n.* ①争论，争辩 [同] contest, struggle ②论点
例 We are in trouble; this is no time for contention. 我们处境很困难，现在不是争论的时候。

---4388

□ **monarchy** ['mɒnəki] *n.* 君主国，君主制
构 mon（单个）+ archy（统治）→君主制
例 Britain is a constitutional monarchy. 英国是君主立宪制国家。

---4389

□ **surplus** ['sɜːpləs] *n.* ①过剩，剩余物 [同] excess ②盈余，顺差 *a.* 过剩的，多余的 [同] excessive
例 There is a surplus of staff in some departments in the company. 公司里有些部门人员过剩。

---4390

□ **blossom** ['blɒsəm] *n.*（尤指果树的）花 *v.* ①（植物）开花 ②(out, into) 发展，长成 [同] develop, grow
例 It is springtime now and all the peach trees in the garden are in full blossom. 现在是春天了，花园里所有的桃花都盛开了。

□ **hygiene** ['haɪdʒiːn] *n.* ①卫生学，保健学 ②卫生，公共卫生

例 He doesn't care much about personal hygiene. 他不怎么注意个人卫生。

□ **confederacy** [kən'fedərəsi] *n.* ①同盟，联盟 ②联邦 ③密谋，密谋勾结

构 con（共同）+ feder（联盟）+ acy →联盟

搭 in close confederacy with 与……联盟 / 勾结

□ **premiere** ['premieə(r)] *n.* ①首次公演，首次展出 ②女主角 *a.* ①首次的，最早的 ②首位的，首要的 [同] principal *v.* ①首次上演 ②首次露面

搭 a movie premiere 电影的首映；a premiere performance 首次演出；have the world premiere at Paris 在巴黎全球首映

例 The new movie is premiering next month. 这部新影片将在下月首次放映。

□ **irk** [ɜːk] *v.* 使厌烦，使恼恨 *n.* 厌烦，恼恨

搭 restrictions that irk buyers 使顾客恼怒的种种限制；a big irk 一件极令人烦心的事

例 The negative reply to my complaint really irks me. 对我投诉的否定回答真的令我心烦。

□ **rend** [rend] *v.* ①撕裂，扯碎 ②分裂，使分崩离析 ③抢走，撕下 ④刺耳，划破 ⑤困扰，使烦恼 [同] vex

搭 rend sth. apart 把某物撕开；a nation rent by the civil war 一个因内战而分裂的国家；rend a province from the empire 从帝国版图中强行割去一个省；rend off a ripe fruit 摘下一个成熟的果子；rend the serenity 打破安静；a mind rent by doubt 一颗为疑虑困扰的心

例 She screamed and wept and rent her garments into pieces. 她尖叫着，哭泣着，把衣服撕成了碎片。

□ **delve** [delv] *v.* ①探索，钻研 ②搜索，翻查 ③挖，掘 [同] dig *n.* ①挖掘 ②凹陷

搭 delve deep into one's past 深究一个人的过去；delve many libraries for a book 在多家图书馆查找一本书；delve into one's pocket 在口袋中摸索

例 She was tired of journalists digging and delving into her private life. 她厌倦了新闻记者对她的私生活的刨根问底。

□ **remain** [rɪ'meɪn] *v.* ①仍然是，依旧是 ②留下，逗留，停留 [同] stay, leave ③剩余，余留 ④留待，尚待 *n.(pl.)* ①剩余物，残余 ②残骸，遗体 ③遗迹

例 The pollution of water in this area still remains to be solved. 这个地区的水污染问题尚待解决。

□ **harrow** ['hærəʊ] *n.* 耙 *v.* ①耙（地）②弄伤，使受伤 [同] hurt ③使痛苦，折磨 [同] torment

搭 harrow one's feelings 伤某人的感情；be harrowed with grief and anxiety 既伤心又着急；under the harrow 受折磨，在苦恼中

例 She came back from the hospital with a harrowed expression on her face. 她从医院回来，脸上带着痛苦的表情。

□ **frigid** ['frɪdʒɪd] *a.* ①寒冷的，凛冽的 ②冷漠的，呆板的，拘谨的 ③索然无味的

构 frig（冷）+ id →寒冷的

搭 a frigid atmosphere 拘谨的气氛；a frigid stare 呆滞的眼神；a frigid story 平淡无奇的故事

例 She gave him a frigid look. 她冷冷地看了他一眼。

□ **pyramid** ['pɪrəmɪd] *n.* ①（几何学中的）锥体 ②金字塔 ③锥形建筑，锥形物

例 A pyramid of stones marked the spot. 那个地点用一堆金字塔形状的石头体做了标记。

答案：
1. impersonal　译文：人们批评公共医疗服务机构太没有人情味。
2. ambience　译文：这家旅馆的每间客房都给人一种舒适轻松的氛围。

Unit 85

学前自测

1. The civil-rights act protects people from wilful _____ of constitutional rights. (complexion, trickle, spout, residue, deprivation)

2. Occasionally friends will join in, _____ remarks at the probable worth of the article. (tricking, conferring, scrawling, entreating, interposing)

----4401

□ **frenzy** ['frenzi] *n.* 狂乱，疯狂，狂热 *v.* 使发狂，使狂怒

搭 be in a frenzy 发狂

例 They whipped up nationalist frenzy among the excitable crowds. 他们在容易激动的群众中煽起民族主义的狂热。

----4402

□ **annex** [ə'neks] *v.* ①附加，添加 ②并吞，兼并，霸占（领土、小国等）③把……作为附录 ④盖（印章），签（名）

例 They annexed a clause to the contract. 他们在合同上附加了一项条款。

----4403

□ **interpose** [ˌɪntə'pəʊz] *v.* ①（使）插入，（使）干预，调停 ②提出，插嘴

构 inter（在……中间）+ pos（放）+ e →放在中间 →插入

搭 interpose a barrier between 在……中间设置障碍；interpose an objection 提出异议；interpose a veto 行使否决权

例 The neighboring countries should assemble an armed peace force to interpose between the warring fractions. 邻近国家应该组建一支武装和平部队，对交战的派系进行干预。

----4404

□ **onset** ['ɒnset] *n.* ①开始 ②攻击，袭击 [同] attack

搭 the onset of the enemy 敌人发起的进攻；the onset of spring 春天伊始；the onset of a nasty cold 重感冒的发作

例 The negotiators have given up hope of signing a peace settlement before the onset of winter. 谈判人员已放弃在冬天开始之前签署和平协议的希望。

----4405

□ **astrophysics** [ˌæstrəʊ'fɪzɪks] *n.* 天体物理学

构 astro（星）+ physics（物理学）→天体物理学

联 astrophysicist *n.* 天体物理学家；astrospace n 星际空间

----4406

□ **confer** [kən'fɜː(r)] *v.* ①商谈，商议 [同] consult ②授予，赋予 [同] award

例 The directors are still conferring on the expansion of the company. 董事们仍在商议有关公司扩张的问题。

----4407

□ **deprivation** [ˌdeprɪ'veɪʃn] *n.* ①夺去，剥夺 ②丧失，损失，匮乏

例 There were food shortages and other deprivations during the Civil War. 内战期间食物短缺，其他必需品也极为匮乏。

----4408

□ **Protestant** ['prɒtɪstənt] *n.* 新教徒 *a.* 新教的

搭 the divisions between Catholics and Protestants 天主教徒和新教徒的种种分歧

----4409

□ **inveterate** [ɪn'vetərət] *a.* ①根深蒂固的，顽固不化的 [同] chronic ②怀有宿怨的，势不两立的

构 in（进入）+ veter（老）+ ate（……的）→进入时间久的 →根深蒂固的

搭 one's inveterate wishes 夙愿；an inveterate smoker 烟瘾很大的人；an inveterate conservative 顽固不化的保守派；feel inveterate against sb. 对某人怀有很深的偏见

例 In international politics, inveterate enemies can become allies almost overnight. 在国际政治中，宿敌几乎可以在一夜之间化为盟友。

----4410

□ **complexion** [kəm'plekʃn] *n.* ①皮肤，面色，气色 ②情况，局面 ③特征，性质

搭 a dark complexion 黝黑的皮肤；a fair complexion

白皙的肤色；a smooth complexion 光滑的皮肤；a spotty complexion 有斑点的皮肤；have a rough complexion from the weather 饱经风霜，皮肤粗糙；put/throw a whole new complexion on the situation 使局势得以彻底改变

例 The election has completely changed the country's political complexion. 这次选举彻底改变了这个国家的政治格局。

联 complexioned **a.** 有……脸色的

················4411

□ **scrawl** [skrɔːl] **v.** 潦草地写，乱涂，涂写，涂画 **n.** 潦草的笔迹，乱涂抹的画，涂鸦

搭 scrawl a note 草草写一张纸条

例 The walls of the cell were covered with the scrawls of the prisoners that had been held there over the years. 牢房的墙上涂满了多年来关在里面的囚犯的乱涂乱画。

················4412

□ **entreat** [ɪn'triːt] **v.** 乞求，请求，恳求

例 She would spend every meal time entreating the child to eat vegetables. 她每顿饭的工夫都是在求孩子吃蔬菜上。

联 entreaty **n.** 请求，恳求

················4413

□ **sermon** ['sɜːmən] **n.** ①（基督教的）讲道，布道 ②训诫，说教

例 Today's sermon was on the importance of compassion. 今天的布道是关于同情的重要性。

················4414

□ **presage** ['presɪdʒ] **n./v.** ①预言，预兆 ②预感，预知

构 pre（预先）+ sag（圣人）+ e →预言

搭 the presage of a storm 风暴的前兆；the presage of the spring 春天的预兆

例 The change could presage serious problems. 这一变化可能预示着严重的问题。

················4415

□ **zoom** [zuːm] **v.** ①迅速移动，嗡嗡地飞驰，隆隆地疾行 ②陡升，激增 ③（摄影机）变焦，拉镜头，拉近，推进 **n.** ①运载工具迅速移动（的隆隆声）②可变焦距镜头

例 He went zooming down the ski slopes. 他飞速冲下滑雪斜坡。

················4416

□ **unyielding** [ʌn'jiːldɪŋ] **a.** ①不易弯曲的，坚挺的 ②坚定的

搭 unyielding determination 坚定不移的决心

················4417

□ **spout** [spaʊt] **v.** ①喷出，涌出 ②喋喋不休地说，滔滔不绝地谈 **n.** ①管口，喷口，（容器的）嘴 ②水柱，喷水

例 A statue of an open-mouthed young boy spouts a jet of water into the air. 一座张嘴少年雕像向空中高高喷射出一道水柱。

················4418

□ **outdated** [ˌaʊt'deɪtɪd] **a.** 过时的，陈旧的

例 Nowadays this technique is rather outdated. 这项技术现在相当过时了。

················4419

□ **trickle** ['trɪkl] **v.** 一滴一滴地流，涓涓地流 **n.** 涓滴，细流

例 She felt a tear escape and trickle warmly down her face. 她感到眼泪夺眶而出，热乎乎地淌过脸颊。

················4420

□ **sneer** [snɪə(r)] **v.** ①嘲笑，冷笑，讥笑 ②(at) 冷笑着说，轻视 **n.** 嘲笑，讥笑

例 She'll probably seer at my new shoes because they're not leather. 她也许会嘲笑我的新鞋，因为它们不是皮的。

················4421

□ **threadbare** ['θredbeə(r)] **a.** ①穿旧的，露底的，破旧的 [同] shabby ②衣衫褴褛的 ③贫乏的，贫穷的 ④老一套的，乏味的

搭 wear a threadbare coat 穿着破旧的外衣；a threadbare beggar 衣衫褴褛的乞丐；a threadbare existence 贫穷的生活；a threadbare argument 老掉牙的论点

例 The very phrases were worn so threadbare that they evoked no image. 这些词语已经被用烂了，再也不能引起生动鲜明的形象了。

················4422

□ **residue** ['rezɪdjuː] **n.** 残留物，残渣，残余 [同] remainder

搭 the residue of war 战争的后遗症；a last residue of prudence 最后的一点谨慎

例 Residue of pesticides can build up in the soil. 残余的杀虫剂会在土壤中积聚。

················4423

□ **condescend** [ˌkɒndɪ'send] **v.** ①俯就，屈尊 ②带有优越感地对待 ③自我贬抑，堕落

构 con（加强）+ de（向下）+ scend（爬）→向下

爬 →俯就

搭 not like being condescended to 不喜欢别人用优越态度对待

例 The director condescended to take advice from the actors and actresses. 导演放下架子接受演员们的意见。

---- 4424

□ **amiable** ['eɪmiəbl] *a.* 和蔼的，可亲的，宜人的

例 So amiable was the mood of the meeting that a decision was soon reached. 会议的气氛十分和谐，因此很快就达成了协议。

---- 4425

□ **besiege** [bɪ'siːdʒ] *v.* ①围攻，围困 ②包围，围在……周围 ③烦扰，困扰

例 The city had been besieged for two months but still resisted the aggressors. 这座城市已经被围困了两个月，但仍在抵抗着侵略者的攻击。

---- 4426

□ **implore** [ɪm'plɔː(r)] *v.* 恳求，哀求，乞求

搭 implore aid from sb. 乞求某人援助；implore one's forgiveness 恳求宽恕

例 He implored his parents not to send him abroad. 他恳求父母不要把他送到国外去。

联 imploring *a.* 恳求的，哀求的；imploringly *ad.* 恳求地，哀求地

---- 4427

□ **mandate** ['mændeɪt] *n.*（常 sing.）①授权，委任 ②命令，指示 ③托管地 *v.* ①授权于 ②把（某地）托管别国管理

例 There is concern that the latest wave of bombing has exceeded the United Nations mandate. 有人担心最新一轮的轰炸已超出了联合国的授权。

---- 4428

□ **extradite** ['ekstrədaɪt] *v.* 引渡

例 He was arrested in India and extradited to America to stand trial for murder. 他在印度被捕，被引渡到美国以谋杀罪受审。

---- 4429

□ **marvel** [mɑːvl] *n.* 令人惊奇的人 / 事，奇迹，奇观，奇人 *v.* ①（使）感到惊讶，感叹，赞叹 ②对……感到好奇（常接 how, why 引导的从句）

搭 the marvels of science 科学的奇迹；do marvels 创造奇迹；expect marvels 盼望出现奇迹

例 She marveled at the improvement in our work. 她对我们工作中的改进感到很惊奇。

---- 4430

□ **kin** [kɪn] *n.* ①（总称）家属，亲属 ②家属关系，亲属关系 ③家族，门第 ④同类的人 / 物 *a.* ①有亲属关系的 ②(to) 同类的，同质的，相近的

例 All his kin were present at his mother's funeral. 他所有的亲属都参加了他母亲的葬礼。

---- 4431

□ **decode** [diː'kəʊd] *v.* ①理解（难懂之事）②解码，译码

搭 decode the enemy's telegram 破译敌人的电报

例 Decoding the painting is not difficult once you know what the component parts symbolize. 一旦了解各组成部分象征什么，理解这幅画就不难了。

---- 4432

□ **ignite** [ɪg'naɪt] *v.* ①点燃，使燃烧，着火 ②使激动，激起，引发

例 The fuel spontaneously ignites because of the high temperature and pressure. 燃料因高温和高压而自燃。

---- 4433

□ **barter** ['bɑːtə(r)] *v.* ①做易货贸易，做物物交换 ②讨价还价 *n.* 易货贸易，物物交换，交换品

搭 barter furs for guns 以毛皮交换枪支；barter with a tax driver 同出租车司机讨价还价；barter away one's soul for wealth 为财富出卖灵魂

例 They bartered farm products for machinery. 他们用农产品交换机器。

---- 4434

□ **medicate** ['medɪkeɪt] *v.* ①用药物治疗 ②加药于，敷药于

搭 medicate a cold 用药物治感冒；medicated tissues 加入药物的餐巾纸

联 medication *n.* 专用药物

---- 4435

□ **pendulous** ['pendjələs] *a.* ①下垂的，悬垂的 ②摆动的，震荡的 ③动荡的，不定的

构 pend（悬挂）+ ulous（表倾向）→悬垂的

搭 pendulous blossoms 低垂的花朵；a stout, gloomy man with a pendulous lower lip 下唇松垂、一脸阴郁的胖男人

联 pendulum *n.* 钟摆

---- 4436

□ **redolent** ['redələnt] *a.* ①香的，芬芳的 [同] aromatic, scented ②有强烈气味的 ③使人联想起……的，充满……气氛的

构 red（加强）+ ol（气味）+ ent →有强烈气

味的

搭 be redolent with manly scents 充满了男人气味；an image redolent of old leather, old money and class 使人联想起旧皮革、旧钞票和等级的形象；be redolent of the smell of liquor 有浓烈的酒气；a cathedral redolent of Russia's past 使人联想起俄罗斯的过去的大教堂；an old house redolent with mystery 充满神秘气氛的古宅

例 The mountain air was redolent with the scent of pine needles. 山上的空气充满了松针的芳香气息。

..........4437

□ **captivate** ['kæptɪveɪt]　*v.* 迷住，迷惑，蛊惑

例 He was captivated with her charm. 他被她的魅力迷住了。

..........4438

□ **implicit** [ɪm'plɪsɪt]　*a.* ①不言明的，含蓄的 [反] explicit ② (in) 内涵的，固有的 ③无疑问的，无保留的

例 She has implicit trust in the doctor. 她对这位医生完全信任。

..........4439

□ **rustle** ['rʌsl]　*v.* (使) 沙沙作响 *n.* 沙沙声，窸窣声

搭 the rustle of the leaves 树叶的沙沙声；rustle the papers 哗哗地翻动着文件

例 Her long silk skirt rustled as she walked. 她走动时，她的绸子长裙窸窣作响。

..........4440

□ **exalt** [ɪg'zɔːlt]　*v.* ①提升，提拔，提高（荣誉 / 品质等）②颂扬，吹捧 ③活跃……的思维，激发……的想象力 ④加深（色彩等）

搭 be exalted to the position of president 提拔为校长；exalt a friend 提拔一个朋友

例 The musician was exalted for his excellent performance. 这位音乐家因精湛的表演而大受赞扬。

联 exalter *n.* 颂扬者；exaltation *n.* 提升，提拔；exalted *a.* 高贵的，崇高的

..........4441

□ **incite** [ɪn'saɪt]　*v.* 刺激，激起，激励，煽动

搭 incite resentment 激起怨愤；incite to crime and violence by words 教唆犯罪和暴乱

例 He was charged with inciting the crowd to rebel. 他被指控煽动群众叛乱。

..........4442

□ **arch** [aːtʃ]　*n.* ①拱，拱门，拱架结构 ②拱形，拱形物 *v.* ①（使）成弓形，拱起，呈弧形前进 ②用拱覆盖，横跨

搭 an arch roof 拱形屋顶；the Arch of Triumph 凯旋门；the trees arching overhead 在头上形成拱顶的树木

例 The gale arched the trees over the path. 大风把树吹得弯向小路。

..........4443

□ **hectic** ['hektɪk]　*a.* 繁忙的，闹哄哄的，手忙脚乱的

例 This morning there was a hectic trading on the stock exchange. 今天上午证券交易所的业务十分繁忙。

..........4444

□ **aggregate** ['ægrɪgeɪt]　*v.* ①聚集，积聚 [同] gather, assemble ②总计 [同] total, add up to ['ægrɪgət] *n.* ①总数，合计 ②聚集体，集成体 ['ægrɪgət] *a.* 聚合的，集合的，合计的

构 ag（加强）+ greg（团体）+ ate（表动词）→加强团体→聚集

搭 an aggregate of information 一批资讯；the aggregate number of unemployed 失业总人数；in (the) aggregate 总数，作为总体

例 He purchased an aggregate of 3,000 shares in the company. 他总计购买了这家公司 3 000 股股票。

答案：

1. deprivation　译文：公民权利法令保障了人们的宪法权利不会被任意剥夺。

2. interposing　译文：朋友们偶尔也会插插话，就这篇文章的可能价值谈谈意见。

Unit 86

学前自测

1. In a large city you're almost certain to find a physician with whom you are _____ and feel comfortable. (bovine, arid, compatible, callow, pastoral)

2. Education remains the best way of _____ the underprivileged. (gabbling, juxtaposing, interluding, defiling, empowering)

---4445

□ **superiority** [suːˌpɪəriˈɒrəti] **n.** 优越（性），优等

例 The new design has much greater superiority over the previous ones. 这种新设计的优越性大大超出以往几个。

---4446

□ **prophecy** [ˈprɒfəsi] **n.** ①预言，预测 ②预言能力

例 The teacher's prophecy that the boy would become famous was later fulfilled. 这位老师说那男孩会成名的预言后来果然应验了。

---4447

□ **empower** [ɪmˈpaʊə(r)] **v.** ①授权给 ②使强大，使有掌控力

构 em（进入）+ power（权力）→授权给

例 The new law empowered the police to search private houses. 这项新法律给予警方搜查私人住宅的权力。

---4448

□ **bovine** [ˈbəʊvaɪn] **a.** ①牛的 ②迟钝的，有耐性的 ③呆头呆脑的 **n.** 牛

构 bov（牛）+ ine（具有……性质的）→牛的

例 He was a gentle, rather bovine man. 他是一个文雅、有耐性的人。

---4449

□ **gabble** [ˈgæbl] **v.** ①急促而含混地说 ②说废话，说蠢话 ③咯咯叫，嘎嘎叫 **n.** ①急促不清的话 ②废话 ③咯咯叫，嘎嘎叫

搭 gabble away 没完没了地说废话；a gabble of conversation 一阵急促不清的谈话声

例 He gabbled his speech and I found parts of it quite difficult to understand. 他说得又急又不清楚，有些部分我很难听明白。

联 gab **v.** 空谈，瞎扯

---4450

□ **arid** [ˈærɪd] **a.** ①干旱的，干燥的 ②枯燥的

例 The desert is so arid that nothing can grow there. 沙漠里极其干旱，什么东西也无法生长。

---4451

□ **blockage** [ˈblɒkɪdʒ] **n.** ①封锁 ②阻塞，堵塞

搭 a blockage in the drainpipe 排水管堵塞

联 blockade **n./v.** 封锁，阻塞

---4452

□ **acquiescence** [ˌækwiˈesns] **n.** 默许，默认

搭 acquiescence in/to the demand 对要求的默认；with acquiescence of one's mother 经过母亲的默许

联 acquiescent **a.** 默许的，默认的

---4453

□ **juxtapose** [ˌdʒʌkstəˈpəʊz] **v.**(to, with) 并列，并置

构 juxta（接近）+ pos（放）+ e →并列

搭 juxtapose two adjectives 把两个形容词并置

例 Pain has been juxtaposed to pleasure as a form of emotion. 痛苦一直被作为一种情感形式与欢乐相提并论。

---4454

□ **lurch** [lɜːtʃ] **n.** ①突然倾斜，颠簸，摇晃 ②蹒跚的步态 ③倾向，趋向，爱好 ④一败涂地 **v.** ①突然倾斜，左右晃动 ②蹒跚而行 [同] stagger ③潜行，暗中潜伏

搭 lurch down the street 摇摇摆摆走过街头；given a sudden lurch 突然摇晃起来；walk with a lurch 步履蹒跚；lurch sideways 突然歪向一边；leave...in the lurch 弃……于危难之中；lie at/on the lurch 潜伏着

例 The train lurched forward and some of the people standing fell over. 火车突然向前晃动，一些站着的人摔倒了。

---4455

□ **worship** [ˈwɜːʃɪp] **n.** ①崇拜，崇敬 ②敬奉，

拜礼 v. ①崇拜，崇敬 [同] honor, adore ②敬奉，信奉，拜神 ③做礼拜

搭 an object of worship 崇拜的对象；the worship of the dollar 美元崇拜；do worship 拜神

例 Christian worship usually takes place on a Sunday. 基督徒通常在周日做礼拜。

4456

□ **compatible** [kəm'pætəbl] *a.* ①能兼容的，可并存的 ②能和睦相处的，合得来的，和睦的 [同] agreeable [反] contradictory ③一致的，适合的

例 The new laws don't seem compatible with the government's whole policy on education. 新的法律似乎同政府的整个教育政策不相协调。

4457

□ **adept** [ə'dept] *a.* (in, at) 熟练的，擅长的，内行的 *n.* 行家，熟手

构 ad + ept（适合）→适合的 →擅长的

例 She's very adept at/in making people feel at their ease. 她非常善于使人放松下来。

联 adeptly *ad.* 熟练地，擅长地

4458

□ **oasis** [əʊ'eɪsɪs] *n.* ①绿洲 ②令人欣慰的事物，安全的地方

搭 a cultural oasis on the western frontier 西部边远地区的文化绿洲

例 The town is an oasis of peace and sanity amid the chaos of the rest of the country. 在这个混乱的国家中，这座小城是一块和平洁净的绿洲。

4459

□ **pastoral** ['pɑːstərəl] *a.* ①牧（羊）人的 ②畜牧的，用作牧场的 ③田园风光的，乡村的，纯朴的 ④牧师的，牧师职务的 *n.* ①田园，田园诗，牧歌 ② 牧师

搭 a charming pastoral scene 迷人的田园风光；a pastoral symphony 田园交响乐；pastoral joys of country life 乡村生活的田园之乐；pastoral people 牧民；pastoral economy 畜牧经济

例 The painting shows a typical idyllic pastoral scene of shepherds watching over their grazing sheep. 这幅画展现了一种典型的田园景象——牧人看着正在吃草的羊。

联 pastoralism *n.* 田园风味，牧歌体；pastorally *ad.* 田园风光般地，牧歌般地

4460

□ **remunerate** [rɪ'mjuːnəreɪt] *v.* 酬报，偿还，赔偿 [同] reward

构 re（回报）+ muner（礼物）+ ate（表动词）→回报人礼物 →酬报

搭 remunerate sb. for his/her toil 报偿某人的辛劳；remunerate sb. for his/her loss 赔偿某人的损失

例 He is poorly remunerated for all the hard work he does. 他做的工作很辛苦，但报酬很低。

4461

□ **interlude** ['ɪntəluːd] *n.* ①插曲，间歇，间歇 ②幕间节目，幕间表演 *v.* ①插入，介入 ②使中断

构 inter（中间）+ lud（玩耍）+ e →插曲

搭 an interlude in the main business of one's life 人生主要经历中的一段插曲；an interlude of sunshine between two showers 两次阵雨之间一段出太阳的时间

例 Play resumed after a brief interlude. 短暂的幕间休息后，演出继续。

4462

□ **porcelain** ['pɔːsəlɪn] *n.* 瓷，瓷器

例 These tea cups are made of porcelain. 这些茶杯是瓷制的。

4463

□ **vault** [vɔːlt] *n.* ①保险库，金库 ② 地窖，（教堂下面的）墓穴 ③（教堂等的）拱顶 ④撑物跳跃 *v.* 跳跃，跃过

例 In the robbery, the bank vaults were completely emptied and they lost most of their files and records. 在这起盗窃案中，这家银行的金库被洗劫一空，大部分文件和档案都已丢失。

4464

□ **callow** ['kæləʊ] *a.* ①稚嫩无经验的 ②发育未全的，羽毛未丰的 *n.* 幼虫

搭 a callow young man 乳臭未干的小伙子；callow optimism 天真幼稚的乐观主义

例 Mark was just a callow boy of sixteen when he arrived in London. 马可到达伦敦时，只是个没经验的 16 岁少年。

4465

□ **ominous** ['ɒmɪnəs] *a.* ①不祥的，不吉的 ②(of) 预示的，预兆的

搭 ominous silence 不祥的沉默；an ominous sound 不祥的声音；be ominous of disaster 预示灾祸

例 The company's disappointing sales figures are an ominous sign of worse things to come. 这家公司令人失望的销售数额是个不祥的征兆，预示着将有更糟的事情发生。

联 omen *n.* 预兆，征兆

·····4466

□ **cranky** ['kræŋki] *a.* ①古怪的，怪癖的 [同] queer, eccentric ②暴躁的，脾气坏的 ③损伤的，受伤的，有毛病的 ④弯弯曲曲的

搭 a cranky image 古怪的形象；his cranky knee/elbow 他受伤的膝盖 / 肘部

例 He'd been up late the night before and was very cranky in the morning. 他昨夜睡得很晚，早上起来脾气很不好。

·····4467

□ **sneaker** ['sni:kə(r)] *n.* ①橡胶底帆布鞋，胶底运动鞋 ②鬼鬼祟祟的人，卑鄙的人

例 Father bought me a pair of sneakers. 父亲为我买了一双胶底运动鞋。

·····4468

□ **concord** ['kɒŋkɔːd] *n.* ①和睦，友好（关系）②条约，协约，协定 ③（思想，观念）一致，和谐 ④（语法中人称、数、性等的）一致，一致关系

构 con（共同）+ cord（心脏）→有着共同的心 →一致，和谐

搭 the concord of husband and wife（夫妻间的）琴瑟和鸣；live in concord 和睦相处

例 These neighboring states have lived in concord for centuries. 这些邻国已和睦相处了几个世纪。

·····4469

□ **defile** [dɪ'faɪl] *v.* ①弄脏，污损，污染 ②破坏，腐蚀，亵渎，玷污 ③以单列 / 纵队行进 *n.* ①隘路，狭径 ②纵列行进

构 defile the holy place 玷污圣地；defile the street with litter 垃圾弄脏街道；rivers defiled by waste from factories 被工厂污水污染的河流；defile the mind 腐蚀思想；defile one's reputation with rumors 以流言蜚语破坏某人的名声

例 The beautiful city has been defiled by some ugly buildings. 这座美丽的城市被某些丑陋的建筑物玷污了市容。

·····4470

□ **wane** [weɪn] *v.* ①缩小，减少 ②（月亮）亏 ③衰减，衰退 ④减弱，缓和，变暗淡 ⑤接近尾声 *n.* ①减少，减退，衰退，没落，缓和 ②（生命、时期等的）尾声 ③月亏

搭 one's waning years 风烛残年；the wane of a pleasant evening 美好的夜晚即将过去；on the wane 在减少，在衰退，（月亮）正在亏缺；strength

on the wane 每况愈下的体力

例 I stood in the waning light watching the final rays of the sun. 我站在越来越暗淡的光线中观看落日的余晖。

·····4471

□ **disguise** [dɪs'gaɪz] *v.* ①假扮，化装 [同] pretend ②伪装 ③掩饰，掩盖 [同] pretend *n.* 伪装，掩饰

搭 in disguise 伪装，假扮

例 The detective disguised himself as a tea trader. 那名侦探把自己装扮成茶叶商。

·····4472

□ **annihilate** [ə'naɪəleɪt] *v.* ①消灭，歼灭，毁灭 [同] demolish ②取消，废弃，使无效

构 an（接近）+ nihil（无）+ ate（使……）→使接近没有 →消灭

搭 annihilate the intruders 歼灭入侵者；annihilate one's ambition 使某人的勃勃雄心成为泡影；annihilate the opponent 彻底击败对手

例 The human race has today the means of annihilating itself. 人类今天已经拥有能毁灭自己的手段。

·····4473

□ **rut**① [rʌt] *n.* ①刻板乏味，一成不变，老一套 ②车辙，凹槽，沟 *v.* 形成车辙，留下深痕 / 坑

搭 in a rut 墨守成规，一成不变；get into a rut/get stuck in a rut 陷入老一套；the deep ruts left by the trucks' heavy wheels 卡车沉重的轮子留下的深深的车辙

例 The farm carts have worn ruts in the lane. 农场的大车在小道上压出条条车辙。

·····4474

□ **rut**② [rʌt] *n.* 发情（期），动情（期）*v.* 发情，动情

例 When the male deer is in rut it may fight its rivals for the females. 当雄鹿处于发情期，它会和对手搏斗争夺雌鹿。

·····4475

□ **starch** [stɑːtʃ] *n.* ①淀粉 ②含淀粉的食物 *v.* 给……上浆，浆洗

例 You're getting fat; you should avoid eating sugar and starches. 你变胖了，应避免吃糖和含淀粉的食物。

·····4476

□ **quail** [kweɪl] *n.* ①鹌鹑 ②姑娘，少妇 *v.* ①害怕，胆怯，畏缩 ②弯曲，颤动 ③衰败，垮掉

搭 quail at the howl of wolves 听到狼嚎心里发毛；quail at the thought of 想到……就不寒而栗

例 I was quailing with fear as I opened the envelope containing my exam results. 我打开装着考试成绩的信封时，心里战战兢兢。

---------- 4477

□ **antagonistic** [æn͵tæɡə'nɪstɪk] *a.* 对抗的，敌对的 [同] opposed, adverse

例 The directors are taking an unnecessarily antagonistic approach towards these negotiations. 董事们在这些谈判项目上采取了一种不必要的对抗态度。

联 antagonize *v.* 对抗，树敌；antagonist *n.* 对手，敌手

---------- 4478

□ **coil** [kɔɪl] *n.* ①（一）卷，（一）圈 ②线圈 ③圈形，环形 ④宫内节育环 *v.* ①卷，盘绕 [同] wind, curl ②蜿蜒

搭 a coil of wire 一卷金属线；coil around the tree 缠绕在树上；a loose coil of hair 蓬松的卷发；white smoke coiling from the chimney 从烟囱里袅袅升起的白烟

例 Louisa was dancing, her skirt flying out and coiling around her feet. 路易莎翩翩起舞，裙摆时而肆意飞扬，时而盘绕脚边。

---------- 4479

□ **mania** ['meɪnɪə] *n.* ①躁狂 ②狂热 [同] madness ③癖好

例 He has a mania for drinking. 他嗜酒成癖。

---------- 4480

□ **affinity** [ə'fɪnəti] *n.* ①近似，相似（性）②(to, for, with) 喜好，喜爱，亲近感 ③姻亲关系，亲密关系

搭 the strange affinity between man and nature 人和自然之间奇特的亲近感；have a natural affinity for water 生性爱水

例 People really feel an affinity for dolphins and want to help them. 人们的确非常喜欢海豚，并想

帮助它们。

---------- 4481

□ **technique** [tek'niːk] *n.* ①技术，技能 [同] skill ②技巧，手艺

例 Students ought to improve their study techniques if they want to achieve better grades. 学生如果想有更好的学习成绩，就得改善学习技巧。

---------- 4482

□ **evict** [ɪ'vɪkt] *v.* ①驱逐，逐出 [同] expel ②追回（财产等）

搭 be evicted from the house for not paying the rent 因不付房租而被赶出屋子

例 He was evicted from the pub for drunken and violent behavior. 他因喝醉了酒行为粗暴而被逐出酒吧。

---------- 4483

□ **lean** [liːn] *a.* ①（人或动物）瘦的，脂肪少的 ②萧条的，不景气的，困苦的 ③节约的，高效的，精简的 ④紧凑的，简约的 *v.*（leaned 或 leant）①斜，倾斜 ②(on) 倚，靠，使倚靠 ③屈身，弯身

搭 lean to one side 向一边倾斜；lean the bike against the tree 把自行车靠在树上；lean meat 瘦肉；in the lean years 年景不好时；lean and muscular 精瘦而强壮

例 I'm being very careful to sit up straight and not lean too far to the right or left. 我现在非常注意要坐得笔挺，不东倒西歪。

---------- 4484

□ **ornate** [ɔː'neɪt] *a.* ①奢华的，奢侈的 ②（文体）辞藻华丽的

构 orn（装饰）+ ate（……的）→用于装饰的→奢华的

搭 an ornate ceiling 装饰华丽的天花板；an ornate style of writing 华丽的文体

例 The gold frame is much too ornate for that simple picture. 那幅很普通的画用金框装饰过于华丽了。

答案：
1. compatible 译文：在大城市，基本上肯定可以找到既和你谈得来，又让你觉得舒服的医生。
2. empowering 译文：教育仍然是帮助弱势群体变强大的最佳途径。

Unit 87

学前自测

1. Unfortunately, on Friday night he showed neither _____ nor dignity. (circular, wince, decency, woe, syndicate)
2. There spread before him an endless fascinating _____ of snow peaks and shadowed valleys. (void, slur, warranty, epithet, vista)

----------4485

□ **indelible** [ɪn'deləbl] *a.* ①难以去除的，洗不掉的，擦不掉的 ②持久的
构 in（不）+ de（消失）+ li=liv（石灰）+ ble → 用石灰无法去掉的 →擦不掉的
搭 make an indelible mark on 留下深深的印记；have an indelible memory of 有忘不了的回忆；an indelible evidence 不可磨灭的证据；an indelible impression 不可磨灭的印象
例 The blood had left an indelible mark on his coat. 血液在他的外套上留下了洗不掉的痕迹。

----------4486

□ **vicarious** [vɪ'keəriəs] *a.* ①代替的，取代的 ②代理的，代表的 ③从他人的经验中获得的，通过他人经验感受的
搭 vicarious punishment 代受惩罚；a vicarious agent 代替人；hope for vicarious satisfaction through one's children 希望通过孩子获得成功的满足
例 There's certain vicarious pleasure in reading books about travel. 阅读游记书籍有某种身临其境的乐趣。
联 vicar *n.* 教区牧师

----------4487

□ **syndicate** ['sɪndɪkət] *n.* 辛迪加，商业集团，企业联合组织 ['sɪndɪkeɪt] *v.* 把……组成辛迪加，把……置于辛迪加管理之下
例 Our companies formed a syndicate to bid for the new contract. 我们各家公司组成了财团，以便竞争那份新合同。

----------4488

□ **wholesale** ['həʊlseɪl] *n.* 批发 *a.* ①批发的 ②大批的，大规模的 ③不分青红皂白的 *ad.* ①用批发方式，以批发价 ②大批地，大规模地 *v.* 批发，成批出售
搭 a wholesale dealer 批发商；wholesale price 批发价；wholesale and retail distribution 批发和零售销售；the wholesale slaughter of innocent people 对

无辜民众的大屠杀；buy goods wholesale 批量购进货物；send out Christmas cards wholesale 大量寄出圣诞卡；at wholesale 以批发价；by wholesale 成批地，以批发价
例 If you like, I can get that camera you want cheaper for you wholesale. 如果你愿意，我可以把你想要的那台照相机按批发价便宜卖给你。
联 retail *n.* 零售

----------4489

□ **carefree** ['keəfriː] *a.* ①无忧无虑的，逍遥自在的 ②不负责任的，不顾后果的
搭 be carefree with one's money 花钱大手大脚

----------4490

□ **pester** ['pestə(r)] *v.* 不断打扰，烦扰，纠缠
例 Her children are always pestering her to buy them sweets. 她的孩子总是缠着她给他们买糖吃。

----------4491

□ **circular** ['sɜːkjələ(r)] *a.* ①圆形的，环状的 [同] round ②循环的，兜圈的 *v.* 印制的广告，通知，传单
例 I took a circular walk along the city wall. 我沿着城墙作环城散步。

----------4492

□ **relish** ['relɪʃ] *n.* ①享受，美味，滋味，乐趣 ②开胃小菜，调味品 *v.* ①享受，爱好，喜欢 [同] appreciate ②指望，期待 ③ (of) 有……风味
搭 relish a challenge 喜欢挑战；drink up the wine with relish 津津有味地把酒喝完
例 I had enjoyed writing the first book, and relished the thought of working on the second. 我写第一本书时很开心，期待着写第二本。

----------4493

□ **decency** ['diːsnsi] *n.* ①合适，得体 ②宽容，大方 ③正派，庄重，端庄，高雅，体面 ④礼仪，行为准则
搭 the norms of human decency 人类尊严的准则；a remark too rude for decency 不得体的粗鲁话；a

breach of decency 失礼；observe the decencies 遵守规矩

例 His sense of decency and fair play made him refuse the offer. 他的正直感和公平竞争意识使他拒绝了这一提议。

---------------------------------4494

□ **wince** [wɪns] *v./n.* ①畏缩，退缩 ②脸部肌肉抽搐，皱眉蹙眼

搭 bear pain without wincing 毫不畏惧地忍受痛苦

例 Her smile became a wince as pain stabbed through her. 疼痛钻心时，她的笑容消失了，变得皱眉蹙额。

---------------------------------4495

□ **refute** [rɪ'fjuːt] *v.* 驳斥，驳倒

例 The lawyer used the new evidence to refute the charges and clear the defendant. 律师用新的证据驳倒了指控，为被告洗清了罪名。

---------------------------------4496

□ **woe** [wəʊ] *n.* ①悲伤，哀愁 ②困境，灾难

搭 a face of woe 悲苦的面容；economic woes 经济困难；weal and/or woe 祸福，甘苦；in weal and woe 同甘苦共患难

例 He told me a real tale of woe about how he had lost both his job and his house in the same week. 他给我讲了一件关于他是如何在一周内既失去工作也失去房子的伤心事。

---------------------------------4497

□ **vista** ['vɪstə] *n.* ①远景，长条形景色 ②狭长通道 ③界限，范围 ④前景，展望

构 vis（看）+ ta→远景

搭 a rolling vista of hills 群山连绵起伏的景色；a shady vista of elms 荫凉的榆树林荫道；forgotten vistas 忘却了的往事；the long vista of years ahead 对未来漫长岁月的展望

例 As a leader, he opened up exciting vistas of global cooperation. 作为领导人，他开启了全球合作的美好远景。

---------------------------------4498

□ **disavow** [ˌdɪsə'vaʊ] *v.* ①否认，不承认 ②拒绝接受，拒绝对……承担责任

构 dis（不）+ avow（承认）→不承认

搭 disavow a proposal 拒绝接受一项建议

例 He publicly disavowed any connection with terrorist groups. 他公开否认与恐怖团体有任何干系。

---------------------------------4499

□ **void** [vɔɪd] *a.* ①无效的 [同] invalid ②没有的，缺乏的 [同] devoid, scant *n.* ①空虚感，寂寞感 ②真空，空白 *v.* 使无效

例 He bragged about his "invention", which all of us consider void of practical value. 他鼓吹自己的"发明"如何如何，而我们都认为它没有实用价值。

---------------------------------4500

□ **slur** [slɜː(r)] *n./v.* 诋毁，诽谤

例 Her letter contained several outrageous slurs against/on her former colleagues. 她的信中有好几处恶意诋毁她以前同事的话。

---------------------------------4501

□ **tumble** ['tʌmbl] *v.* ①跌倒，摔下，滚下 [同] fall ②翻滚，打滚 ③（价格等）暴跌 ④ (into, upon) 偶然遇见 *n.* 摔倒，跌倒

例 They jumped out just before their car tumbled down the mountainside. 在汽车坠下山坡之前，他们及时跳了出来。

---------------------------------4502

□ **consul** ['kɒnsl] *n.* ①领事（官员）②执政官

搭 an acting/honorary consul 代理 / 名誉领事

例 He consulted the consul on the matter. 他就那件事征求了领事的意见。

联 consular *a.* 领事的；consulate *n.* 领事馆，领事权限，领事职位

---------------------------------4503

□ **warranty** ['wɒrənti] *n.* ①承诺，保证，担保 ②保证书，担保书，保修单，保用单

例 The computer will be repaired without charge because it's still under warranty. 这台计算机将免费修理，因为还在保修期内。

---------------------------------4504

□ **arduous** ['ɑːdʒuəs] *a.* ①费力的，艰巨的，艰苦的 ②难攀登的，陡峭的

搭 arduous training 艰苦的训练；make an arduous effort 付出很大的努力；an arduous hill 陡峭的山

例 The long and arduous climb exhausted them all. 漫长而吃力的攀登使他们都精疲力竭。

---------------------------------4505

□ **stratum** ['strɑːtəm] *n.* (*pl.* strata 或 stratums) ①（材料、大气等的）层 ②地层，岩层 ③社会阶层

搭 a stratum of sand 沙层；the deep stratum of the skin 皮肤的深层；people from all social strata 来自

社会各阶层的人

例 The report shows that drugs have penetrated every stratum of society. 这份报告表明毒品已渗透到了社会的各个阶层。

·········4506

□ **intermittent** [ˌɪntəˈmɪtənt] *a.* 间歇的，断断续续的，周期性的

例 Tomorrow will be sunny in the south, but there will be intermittent rain in the north. 明天南部地区晴朗，但北部地区会有间歇雨。

联 intermit *v.* 暂停，中断

·········4507

□ **tremulous** [ˈtremjələs] *a.* ①震颤的，战栗的 ②胆小的，害怕的 ③过敏的，容易激动的

搭 the tremulous flutter of leaves 树叶的颤动

例 He is tremulous to unfavorable criticism. 他听到逆耳的批评容易激动。

·········4508

□ **obsolete** [ˈɒbsəliːt] *a.* 过时的，废弃的，淘汰的 *v.* 淘汰，废弃 *n.* 已废弃的东西，废词

搭 obsolete news 过时的新闻；obsolete skills 过时的技巧

例 Gas lamps became obsolete when electric lighting became possible. 有了电灯之后煤气灯就被淘汰了。

·········4509

□ **brusque** [bruːsk] *a.* 粗鲁的，简慢的，生硬无理的

搭 be brusque with a friend 怠慢一个朋友；a brusque impatient manner 粗鲁而不耐烦的态度

·········4510

□ **counterbalance** [ˌkaʊntəˈbæləns] ①平衡（力），均衡（力）②抵消（因素）*v.* 使平衡，抵消，补偿

例 His cool judgment was a counterbalance to her impulsiveness. 他的冷静判断对她的冲动起着抵消作用。

·········4511

□ **declaim** [dɪˈkleɪm] *v.* ①慷慨陈词，激辩 ②（激烈地）公开抨击，申斥 ③朗诵

搭 declaim against soaring prices 猛烈抨击物价飞涨；declaim one's views 高谈阔论发表意见；declaim love lyrics 朗诵爱情诗

·········4512

□ **epithet** [ˈepɪθet] *n.* ①表述短语 ②别称，绰号，诨名

搭 coin an epithet 取绰号

例 No one could have denied to him the epithet of "handsome". 没有人能够拒绝用"英俊"形容他。

·········4513

□ **dip** [dɪp] *v.* ①浸，蘸 ②把（手）伸入，舀取 ③减少，下降 ④下沉，落下 ⑤倾斜，向下伸展 ⑥给（动物，特别是绵羊）洗药浴 ⑦把（汽车前灯的）远光调为近光 ⑧扒窃 *n.* ①浸，蘸 ②游泳，洗澡 ③浸液，溶液 ④倾斜，斜度 ⑤减少，下降 ⑥舀出物，舀取/汲取的量 ⑦涉猎，涉足 ⑧凹地，凹陷

搭 dip soup from a bowl 从碗里舀汤；have/take a dip 游一会儿泳；a dip in the seat 座位上的凹陷；dip into ancient history 涉猎古代史

例 He dipped his hand into the jar and snatched a handful of cookies. 他把手伸进广口瓶，掏出一把小饼干。

·········4514

□ **equinox** [ˈekwɪnɒks] *n.* ①二分时刻，昼夜平分时 ②二分点（指春分点或秋分点）

构 equi（相等的）+ nox（夜）→与夜相等 →昼夜平分时

搭 spring equinox 春分；autumn equinox 秋分

·········4515

□ **fitful** [ˈfɪtfl] *a.* ①断断续续的，间歇的，一阵阵的 ②不安定，不稳定的

搭 a fitful conversation 断断续续的谈话；a fitful breeze 一阵阵的微风；a fitful life 不安定的生活

·········4516

□ **hoodwink** [ˈhʊdwɪŋk] *v.* 欺诈，哄骗，蒙蔽

[同] cheat, deceive

例 Many people are hoodwinked by the so-called beauty industry. 许多人被所谓的美容业欺骗了。

·········4517

□ **floppy** [ˈflɒpi] *a.* 松软的，松松垮垮的，下垂的

搭 a dog with floppy ears 耷拉着耳朵的狗

例 This material is too floppy for an overcoat. 这料子太软，不适合做大衣。

·········4518

□ **indistinct** [ˌɪndɪˈstɪŋkt] *a.* ①看不清的，模糊的，难以辨认的 ②听不清的，含糊不清的

搭 the instinct murmur of voices 难以听清的窃窃私语；indistinct memory 模糊的回忆

例 The shadow made his features indistinct. 在阴影里他的五官看不清楚。

☐ **strut** [strʌt] *v.* ①趾高气扬地走，昂首阔步 ②膨胀，肿胀，鼓起 ③支撑 ④炫耀，卖弄 ⑤跳花式漫步舞 *n.* ①趾高气扬的步态，昂首阔步 ②支撑，支柱，支杆 ③花式漫步舞
🔍 strut one's accomplishments 卖弄才艺；a cottage supported on struts 用支柱撑着的小屋
📝 He struts around the town like he owns the place. 他在城里大摇大摆地晃荡，好像这是他的地盘。

....4520

☐ **yellowish** ['jeləʊɪʃ] *a.* 淡黄的，微黄的
🔍 yellowish green 黄绿色；yellowish brown 土黄色

....4521

☐ **acquiesce** [ˌækwi'es] *v.* 同意，默许，顺从
📝 He has gradually acquiesced to the demands of the opposition. 他渐渐默许了反对派的要求。
🔗 acquiescent *a.* 顺从的，默许的

....4522

☐ **bronze** [brɒnz] *n.* ①青铜 ②青铜制品，青铜塑像，铜制奖章 ③青铜色，古铜色 *a.* ①青铜制品的 ②青铜色的，古铜色的 *v.* ①晒成古铜色 ②镀青铜
🔍 a statue cast in bronze 青铜雕塑；the bronze age 青铜时代
📝 She won a bronze in skiing. 她在滑雪比赛中获得了铜牌。

....4523

☐ **causal** ['kɔːzl] *a.* 原因的，构成原因的，说明原因的
🔍 the causal agent of a disease 病因；a causal relationship 因果关系
📝 He stresses that it is impossible to prove a causal link between the drug and the deaths. 他强调，不可能证明该药物与这几起死亡事件存在因果关系。

....4524

☐ **feat** [fiːt] *n.* ①功绩，业绩，壮举 ②武艺，技艺
🔍 feats in/of arms 武功；feats of an acrobat 杂技演员的身手；no mean feat 不是一般的成就

....4519

📝 The construction of the bridge was a brilliant feat of engineering. 这座桥的建造是一项了不起的工程壮举。

....4525

☐ **woodcut** ['wʊdkʌt] *n.* 木版画，木刻
📝 He bought a collection of fine woodcuts. 他买了一套精美的木版画。

....4526

☐ **taper** ['teɪpə(r)] *v.* ①变得尖细，成锥形 ②逐渐减弱，逐渐减少 *n.* ①细枝小蜡烛 ②纸媒，点火木片 ③微弱的光 ④渐减，减弱 ⑤尖塔，方尖塔 *a.* ①一头逐渐尖细的，锥形的 ②分级的
🔍 taper the end of a fence post with an axe 用斧头把篱笆桩的一头削尖；taper fingers 尖细的手指；taper freight rates 货物分级运价表；taper off/down （使）逐渐减少 / 减弱
📝 There are signs that inflation is tapering. 有迹象表明通货膨胀在逐渐下降。

....4527

☐ **dilate** [daɪ'leɪt] *v.* ①扩张，扩大，膨胀 ②详述，铺叙
🔍 dilated by heat 受热膨胀；dilate on the recent achievements 详述最近的成就
📝 Exercise dilates blood vessels on the surface of the brain. 运动会使大脑表面的血管扩张。

....4528

☐ **immobile** [ɪ'məʊbaɪl] *a.* ①静止的，不动的 ②不活动的，固定的
🔍 sit immobile at the wheel 一动不动地坐在方向盘后面
📝 Joe remained as immobile as if he had been carved out of rock. 乔一动不动，就好像他是石头刻出来的。

....4529

☐ **dramatically** [drə'mætɪkli] *ad.* ①巨大地，显著地 ②戏剧性地，夸张做作地
📝 Employment possibilities have increased dramatically in the past five years. 就业机会在过去五年中大幅增长。

答案：
1. decency 译文：不幸的是，在周五晚上，他表现得既不得体又不庄重。
2. vista 译文：映入他眼帘的是一望无际的雪峰幽谷构成的迷人景色。

Unit 88

学前自测

1. The scenes of torture produce a feeling of _____ in most viewers. (eccentricity, mutability, orthography, heyday, revulsion)

2. Events _____ to produce great difficulties for the new government. (dissuaded, doodled, spluttered, conspired, flinched)

□ **artificially** [ˌɑːtɪˈfɪʃəli] *ad.* 人工地，人为地，不自然地

例 Food prices are being kept artificially low. 食品价格正被人为控制在低水平。

······4531

□ **downscale** [ˌdaʊnˈskeɪl] *v.* 缩小，减少 *a.* 廉价质次的，低档的

构 down（向下）+ scale（规模）→缩小

搭 downscale shoppers looking for a low price 专挑便宜货的低档顾客

例 The festival will have to be downscaled this year. 今年不得不缩小节目活动的规模。

······4532

□ **entangle** [ɪnˈtæŋgl] *v.* ①缠住，套住 ②使卷入，使陷入 ③弄乱，使错综复杂

搭 entangled by intrigue 陷入了阴谋圈套；get entangled in weeds 被水草缠住；entangle the question further 使问题更加复杂

例 Warning devices are needed to prevent dolphins and whales from becoming entangled in the nets. 需要安装警示标志以防海豚和鲸鱼被网缠住。

······4533

□ **disproportionate** [ˌdɪsprəˈpɔːʃənət] *a.* 不成比例的，不相称的，不均衡的

搭 a disproportionate share 不成比例的一份

例 The sentence is totally disproportionate to the offence. 这一量刑与所犯罪行完全不相称。

······4534

□ **mutability** [ˌmjuːtəˈbɪləti] *n.* 可变性，易变性

构 mut（变）+ ability（能力）→易变性

例 Meteorologists can't explain the weather's mutability in this area. 气象学家不能解释这个地区气候的易变性。

······4535

□ **orthography** [ɔːˈθɒgrəfi] *n.* ①正确拼写，拼字，拼写法 ②书写系统

构 ortho（正确的）+ graphy（写）→正确拼写

例 The two-volume work sets the orthography, regulates the structures and ascertains the meanings of English words. 这部两卷本的著作确定了拼写法，规范了句式，确定了英语单词的含义。

······4536

□ **porpoise** [ˈpɔːpəs] *n.* 海豚，鼠海豚

例 Most dolphins and porpoises have stereoscopic vision forward and downward. 很多海豚和鼠海豚有向前及向下的立体视觉。

······4537

□ **infuriate** [ɪnˈfjʊərieɪt] *v.* 激怒，使大怒

例 His arrogance infuriates me. 他的傲慢使我大为恼火。

······4538

□ **proscribe** [prəˈskraɪb] *v.* ①谴责，禁止 ②放逐，充军

例 They are proscribed by federal law from owning guns. 根据联邦法律的规定，他们不准拥有枪支。

······4539

□ **revulsion** [rɪˈvʌlʃn] *n.* ①突变，剧变 ②厌恶，反感，憎恶 ③抽回，收回，撤回

搭 a revulsion of public opinion 舆论的突然转向；fill her with revulsion 使她满怀反感；the revulsion of capital from a company 从一家公司抽回资金

例 News of atrocities produced a wave of anger and revulsion. 对于暴行的报道激起了愤怒和憎恶的浪潮。

······4540

□ **eccentricity** [ˌeksenˈtrɪsəti] *n.* ①古怪，怪癖 ②偏心，离心

例 She is unusual to the point of eccentricity. 她特立独行到了古怪的地步。

······4541

□ **duplication** [ˌdjuːplɪˈkeɪʃn] *n.* ①复印，复制

②重复

搭 needless duplication of work 无谓的重复劳动

例 Some are exact duplications of items on display in the museums. 有些是和博物馆的展品一模一样的复制品。

----4542----

□ **profuse** [prə'fjuːs] **a.** ①大量的，丰富的 ②一再的，过多的

搭 profuse bleeding/sweating 大出血 / 大汗淋漓

例 Then the policeman recognized me, breaking into profuse apologies. 然后，这名警察认出了我，突然开始一个劲地道歉。

----4543----

□ **sigh** [saɪ] **v.** ①叹息，叹气 ②悲鸣，呜咽 ③渴望，思慕，怀念 **n.** 叹息，叹气

搭 sigh with relief 如释重负地舒了口气

例 The wind sighed through the valley. 风从山谷中呼啸而过。

----4544----

□ **manifestation** [ˌmænɪfe'steɪʃn] **n.** ①表现，显示 ②迹象 ③显灵

例 These latest riots are a clear manifestation of growing discontent. 最近发生的这些骚乱是不满情绪日益增长的明显表现。

----4545----

□ **pronounced** [prə'naʊnst] **a.** 显著的，明显的，浓重的

例 There has been a pronounced improvement in her condition. 她的病情有明显的好转。

----4546----

□ **parch** [pɑːtʃ] **v.** ①使干涸，使焦干 ②使干渴 ③烘焙

搭 a hill of parched brown grass 满山的褐色枯草

例 The clouds gathered and showers poured down upon the parched earth. 乌云聚涌，倾盆大雨落在焦干的大地上。

----4547----

□ **wait-and-see** [weɪt ənd siː] **a.** 观望的

例 Nowadays, people are still taking a wait-and-see attitude towards the future of euthanasia. 当下，人们对安乐死的前景仍然抱着一种观望的态度。

----4548----

□ **trance** [trɑːns] **n.** ①昏睡状态，恍惚，半睡半醒 ②狂喜，心碎神迷 ③出神，发呆

搭 in a trance 处于昏睡状态，处于催眠状态

例 She went into a deep hypnotic trance. 她陷入了深度催眠的恍惚状态。

----4549----

□ **narrative** ['nærətɪv] **n.** ①叙述，讲述，讲故事 ②记叙文 **a.** ①叙事的，记述的 ②叙事体的

例 He's writing a detailed narrative of his life on the island. 他正在写一篇记叙文，详细记述自己在岛上的生活。

----4550----

□ **chargeable** ['tʃɑːdʒəbl] **a.** ①应付费的，应入账的 ②应纳税的 ③可被指控的

例 The day of departure is not chargeable if rooms are vacated by 12∶00 noon. 如果中午 12 点之前退房，离开的这天是不收费的。

----4551----

□ **futurologist** [ˌfjuːtʃə'rɒlədʒɪst] **n.** 未来学家

例 It is a question that fascinates both biologists and futurologists. 这是一个微生物学家和未来学家都感兴趣的问题。

----4552----

□ **unstreamed** [ʌn'striːmd] **a.** （学生）不按智力分组 / 分班的

例 Those classes are large and usually unstreamed. 那些班级很大，通常不是按智力分班的。

----4553----

□ **tort** [tɔːt] **n.** 侵权行为

例 She won the tort lawsuit and got two million dollars as compensation. 她赢了这场侵权诉讼，获得了 200 万美元的赔偿。

----4554----

□ **phantom** ['fæntəm] **n.** ①幽灵，鬼魂 ②幻觉，幻象，化身，影子 ③令人恐惧的事，骇人的想法 ④有名无实的人 / 事物 **a.** ①幽灵的，鬼魂的 ②幻觉的，幻象的，③有名无实的，虚假的 ④虚无缥缈的，捉摸不定的

搭 a phantom army/company 幽灵部队 / 影子公司；phantoms of evil 邪恶的化身；the phantoms of things past 往事的影子；a phantom phone 来路不明的电话；a phantom regime 伪政权

例 They disappeared in the dark like two phantoms. 他们像两个幽灵似的在黑暗中消失了。

----4555----

□ **chlorophyll** ['klɒrəfɪl] **n.** 叶绿素

例 Chlorophyll captures sunlight and converts that energy into new building materials for the tree. 叶绿素捕捉阳光，并且将那种能量转化为树木用以自我建设的新材料。

----4556----

□ **heyday** ['heɪdeɪ] **n.** 壮年，全盛期

例 In its heyday, the show was watched by millions. 在该节目的鼎盛期，收看的观众数以百万计。
····4557

□ **splutter** ['splʌtə(r)] **v.** ①喷溅唾沫 / 食物 ②气急败坏地说话，语无伦次地说 ③（液体）溅泼，噼啪作响地喷射 **n.** ①喷溅出的唾沫 / 食物 ②气急败坏说的话，语无伦次的话 ③噼啪声，毕剥声
搭 ink spluttering out of the pen 从钢笔里溅出的墨水
例 Outraged citizens spluttered about how disgraceful this was. 愤怒的市民气急败坏地说这件事是多么不光彩。
····4558

□ **ready-made** [ˌredi'meɪd] **a.** ①现成的，做好的 ②老一套的，陈旧的
搭 ready-made clothing/meals 成衣 / 现成的饭菜
例 The ready-made bedcovers cost from 20 dollars. 现成的床罩定价从 20 美元起。
····4559

□ **linear** ['lɪniə(r)] **a.** ①线的，直线的 ②以线条展现的 ③线性的，不间断的 ④线状的，细长的
例 Her novel subverts the conventions of linear narrative. 她的小说颠覆了线性叙述的传统。
····4560

□ **calamity** [kə'læməti] **n.** 灾难，灾祸，（巨大的）不幸，厄运
例 It would be a calamity for these people if the rains failed yet again. 如果再不下雨，这对这些人而言将是一场灾难。
····4561

□ **bluff** [blʌf] **v.** 虚张声势地恐吓，欺骗 **n.** 虚张声势（者），吓唬 **a.**（人或其态度）率直的，爽快的，粗率的
例 She bluffed the doorman into thinking that she was a reporter. 她装模作样，骗得守门人以为她是一位记者。
····4562

□ **crab** [kræb] **n.** ①蟹，蟹肉 ②脾气坏的人，满腹牢骚的人 **v.** 抱怨，发牢骚
例 We walked along the beach collecting small crabs in a bucket. 我们沿着海岸一路捡小蟹放进桶里。
····4563

□ **dissuade** [dɪ'sweɪd] **v.** 劝阻，阻止
构 dis（分离）+ suad（说服）+ e →说服某人使其脱离 →劝阻
搭 dissuade sb. from sth./doing sth. 劝人不做某事；

dissuade an action 劝阻某一行动
例 He wrote an article to dissuade people from the use of tobacco. 他写了一篇劝人勿吸烟的文章。
····4564

□ **shear** [ʃɪə(r)] **v.** (sheared, shorn/sheared) ①用剪刀剪（羊毛等），修剪（树木等）②剪……的卷毛，剪……的卷发 **n.** ①（常 pl.）大剪刀，剪切机 ②剪，切，割，修剪
搭 shear wool from the sheep 剪去羊身上的毛；shear a sheep 剪羊毛；shear a lawn 修剪草坪；have one's hair shorn 剪头发；a pair of shears 一把大剪刀
联 shearer **n.** 剪羊毛的人
····4565

□ **monetary** ['mʌnɪtri] **a.** 货币的，金钱的，金融的
例 The new government will introduce widespread changes in the monetary system. 新政府将大规模改革货币体制。
····4566

□ **ranch** [rɑːntʃ] **n.** 大牧场，农场
搭 ranch hands 牧场工人
例 He went to work on the ranch. 他去牧场上干活。
联 rancher **n.** 牧场主
····4567

□ **doodle** ['duːdl] **v.** ①乱涂，乱画 ②闲逛，闲混 **n.** ①乱涂出来的东西 ②蠢人
搭 doodle a picture 信手涂出一张画；doodle on a pad talking on the phone 打电话时在一本便笺簿上信手乱涂乱画
例 For the last five years he has been doodling at an autobiography. 过去五年，他一直在写自传混日子。
····4568

□ **clement** ['klemənt] **a.** ①仁慈的，宽厚的 ②（性情，天气）温和的
搭 clement weather 温和的气候；a clement autumn day 温和的秋日；a clement judge 仁慈的法官
例 It's very clement for the time of year. 一年的这个时候天气非常舒适。
····4569

□ **conspire** [kən'spaɪə(r)] **v.** ①密谋，共谋，搞阴谋 ②合作，协力，共同导致
构 con（共同）+ spir（呼吸）+ e →一个鼻孔出气 →搞阴谋
例 The weather had conspired to ruin their day out—rain, then a raging wind and on the way home a storm. 大雨，狂风，加上回家路上的暴风雨——

坏天气似乎存心凑在一起，破坏他们的外出。

------4570

□ **plank** [plæŋk] *n.* ①（厚）木板，板条 ②（政党的）政纲条目，政策要点

例 We used a plank to block the garden gate. 我们用一块厚木板堵住花园门。

------4571

□ **lobster** ['lɒbstə(r)] *n.* 龙虾，龙虾肉

例 Lobsters are grey in color when they're alive, but turn pink when they're cooked. 龙虾活着的时候呈灰色，煮熟之后变成粉红色。

------4572

□ **equable** ['ekwəbl] *a.* ①稳定的，平和的，宁静的 ②不易激怒的，性情温和的

构 equ（平等）+ able（……的）→能够平等的 →平和的

搭 an equable climate 温和的气候；an equable gaze 平静的注视；an equable mind 平静的心境；an equable little animal 温顺的小动物

例 Graham has a fairly equable temperament and I haven't often seen him really angry. 格雷厄姆的性情相当温和，我很少见他真的发脾气。

------4573

□ **cement** [sɪ'ment] *n.* ①水泥 ②胶合剂 *v.* ①粘牢，胶合 ②在……上抹水泥 ③巩固，使团结

搭 cement a broken plate 胶合碎盘子

例 This agreement has cemented our friendship. 这项协议巩固了我们的友谊。

------4574

□ **flinch** [flɪntʃ] *v./n.* 退，退缩，畏缩

搭 flinch at pain 因痛而畏缩；flinch from difficulty/danger 面临困难/危险而退缩

例 She flinched as the doctor touched her wounded arm. 医生碰了碰她的伤臂，她痛得向后一缩。

------4575

□ **catalog(ue)** ['kætəlɒg] *n.* 目录（册）[同] index, register *v.* 将……编入目录，将（书籍、资料等）编目分类

例 Many plants become extinct before they have even been cataloged. 许多植物还没有被编目归类就已经灭绝了。

联 contents *n.*（书前的）目录；prologue *n.* 序

epilogue *n.* 后记

------4576

□ **Medicare** ['medɪkeə(r)] *n.*（美国、加拿大等的）国家医疗保险制度

搭 the Medicare treasury 老年医疗保险基金

------4577

□ **adroit** [ə'drɔɪt] *a.* ①灵巧的 ②机敏的，精明的

搭 be adroit with one's hands 双手很灵巧；an adroit excuse 巧妙的借口；an adroit lawyer 精明干练的律师；adroit in posing questions 善于提问题

例 She has never been adroit at concealment. 她从来不善于隐瞒。

------4578

□ **bliss** [blɪs] *n.* ①极乐，狂喜，福佑 ②天堂，乐园

例 It's bliss to lie back and just forget all about your worries. 能安闲地休息并忘记所有的忧虑是最大的幸福。

------4579

□ **muse** [mjuːz] *n.* ①缪斯，女神 ②灵感 *v.* ①(on, upon, about) 沉思，冥想 ②若有所思地凝望

搭 be lost in muse 陷入沉思；muse upon a distant view 若有所思地凝望着远处的景色

例 He mused about the possibility of genetic manipulation. 他沉思着基因控制的可能性。

------4580

□ **console** [kən'səʊl] *v.* 安慰，慰问 [同] soothe, calm

例 You have indeed failed in the experiment, but you can at least console yourself with the thought that you did your best. 这次试验的确失败了，但至少可以聊以自慰的是你已经尽力了。

------4581

□ **strew** [struː] *v.* ①撒，撒播 [同] scatter ②点缀，散布于 [同] dot ③传布，散播 [同] spread

搭 strew seeds in the garden 在园子里播种；a path strewn with sand 洒满沙子的小路；strewn with difficulties 布满了困难；strew rumors 散布谣言

例 The local residents complained that the park was strewn with litter after the concert. 当地居民抱怨音乐会后的公园里到处散落着垃圾。

答案：
1. revulsion 译文：这些严刑拷打的场面让大多数观众深为反感。
2. conspired 译文：各种事件凑在一起，给新政府带来了很大的困难。

Unit 89

学前自测

1. I kept looking at my watch, but he couldn't take a _____, and it was after midnight before he left. (stricture, predecessor, caption, backdrop, hint)

2. His successful negotiations with the Americans helped to _____ his position in the government. (decoy, flick, lavish, consolidate, loiter)

---4582

□ **corrugate** ['kɔːrʊɡeɪt] *v.* 起皱，起波纹 *a.* 皱的，起皱的
构 cor（一起）+ rug（皱）+ ate（表动词）→起皱
例 He corrugated his brows in thought. 他皱着眉头沉思。

---4583

□ **inscrutable** [ɪn'skruːtəbl] *a.* 不可理解的，谜一样的
例 She looked up at me with inscrutable eyes. 她抬起一双神秘莫测的眼睛望着我。

---4584

□ **stricture** ['strɪktʃə(r)] *n.* ①指责，非难，苛评 [同] censure ②限制，束缚
搭 strictures against bribe-taking 对受贿行为的抨击；relax strictures on emigration 放宽对移居国外的限制；moral strictures 道德上的约束
例 The government remained unmoved by the stricture on its handling of the crisis. 面对民众对其在处理危机上的谴责，政府无动于衷。

---4585

□ **prosecute** ['prɒsɪkjuːt] *v.* ①公诉，告发，检举 ②执行，继续从事
例 Most of the civil servants involved in the affair have been prosecuted and dismissed. 大多数牵涉在这个事件中的公务员都被起诉并被撤了职。

---4586

□ **aspirin** ['æsprɪn] *n.* 阿司匹林
搭 aspirin overdose 阿司匹林服用过量；take a couple of aspirin(s) 服几粒阿司匹林

---4587

□ **covert** ['kʌvət] *a.* 隐蔽的，掩饰的，秘密的，偷偷摸摸的 *n.* 隐蔽（处），掩饰，遮蔽物
搭 take covert action 采取秘密行动；with covert malice 以隐怀的恶意；in covert conversation 在窃窃私语中；fire from covert 从掩蔽处射击
例 The murdered soldier belonged to an army unit which specializes in covert operations. 被害士兵属于一个专门从事秘密军事行动的军队组织。

---4588

□ **aboveboard** [əˌbʌv 'bɔːd] *a./ad.* 坦率的 / 地，光明正大的 / 地
搭 be open and aboveboard with sb. 开诚布公地对待某人
例 The deal was completely open and aboveboard. 这一交易完全是光明正大的。

---4589

□ **consolidate** [kən'sɒlɪdeɪt] *v.* ①巩固，加强 [同] strengthen, harden ②把……联合为一体，合并 [同] integrate
构 con（表加强）+ solid（结实）+ ate（使）→使结实 →巩固
例 They consolidated three small companies into a large one. 他们把三家小公司合并成为一家大公司。

---4590

□ **predecessor** ['priːdəsesə(r)] *n.* ①前任，前辈 ②原先的东西
构 pre（在前的）+ de + cess（走）+ or（人）→走在前面的人 →前任
搭 adopt the opinions of one's predecessors 拾人牙慧
例 This is the fifth plan we've made and it's no better than any of its predecessors. 这是我们拟定的第五版计划，但并不比以前的任何一版好。

---4591

□ **nag** [næɡ] *v.* ①唠叨，抱怨不停 ②不断引起苦恼，折磨，困扰 *n.* 不断指责，唠叨不休
搭 nag about high grocery prices 抱怨食品价格昂贵；nag sb. to death 唠叨不停使人烦得要命
例 The way she keeps on nagging about the smallest things really gets on my nerves. 她总为鸡毛蒜皮的事喋喋不休，真叫我心烦。

□ **hoary** ['hɔːri] *a.* ①（毛发）灰色的，须发已白的 [同] grey ②陈旧的，古老的，久远的

搭 a few hoary old jokes 几个老掉牙的笑话；the hoary heads 皓首；hoary traditions 古老的传统；the hoary walls of the castle 城堡的古墙

例 A hoary old man slowly opened the creaking door. 一个头发灰白的老人慢慢打开了嘎吱作响的门。

4593

□ **multiplicity** [ˌmʌltɪ'plɪsəti] *n.* 多样性，多重性

搭 the multiplicity of nature 大自然的多样性；a multiplicity of duties 繁多的职责

联 multiple *a.* 多种多样的

4594

□ **stature** ['stætʃə(r)] *n.* ①身高，身材 ②高度，境界，高度水平

构 stat（站）+ ure（状态）→身高

搭 moral stature 道德境界；an achievement of international stature 具有国际水平的成就；a man of stature 堂堂君子

例 He was rather small in stature. 他的身材相当矮小。

4595

□ **conspicuous** [kən'spɪkjuəs] *a.* 显眼的，显著的，惹人注目的

构 con（全部）+ spic（看）+ uous（……的）→全都能看见的→显眼的

例 He tried not to look conspicuous and moved slowly along the back of the room. 他沿着房间后部慢慢移动，尽量不使自己显眼。

4596

□ **decoy** [dɪ'kɔɪ] *v.* 引诱，诱骗 [同] lure *n.* ①假鸟，诱兽 ②诱饵，诱惑物，诱饵导弹

搭 decoy the birds within range 把鸟诱至射程内；decoy sb. away from the house 把某人诱出房子；a decoy ship 伪装舰船

例 They decoyed him into a dark lane. 他们诱骗他走进一条黑黝黝的巷子。

4597

□ **flick** [flɪk] *v.* ①晃动，舞动，拍动 ②轻打，轻弹，轻拂 ③（快速地）按（开关）*n.* 轻打，轻拂

搭 flick the light switch on/off 打开 / 关上灯开关；flick the dust from one's coat 掸掉外套上的灰尘；flick through a magazine 翻阅一本杂志

例 Cows give flicks of their tails to brush away flies that are annoying them. 奶牛拂动尾巴驱赶骚扰它们的苍蝇。

4598

□ **spatter** ['spætə(r)] *v.* ①溅，洒，溅污 [同] spray ②阵雨般地射击 ③污蔑，中伤 *n.* ①溅，洒，泼溅的污迹 ②少量

搭 spatter mud over one's clothes 溅一身泥；a paint-spattered shirt 油漆斑斑的衬衫；spatter water on the ground 在地面上洒水；spatter one's good reputation 中伤某人的清名；grease spatters 油迹；a spatter of applause 稀稀落落的掌声

例 He could hear raindrops spattering on the roof of the caravan. 他能听见雨滴溅落在大篷车车顶的声音。

4599

□ **whim** [wɪm] *n.* ①一闪而过的念头，怪念头 [同] caprice ②冲动

搭 have/take a whim for doing sth. 突发奇想做某事；do sth. on (a) whim 一时心血来潮做某事；be governed by whim 受冲动支配

例 Government policy changes at the whim of the president. 总统冒出个什么新想法，政府的政策就随着改变。

联 whimsical *a.* 古怪的，异想天开的；whimsy *n.* 古怪

4600

□ **squat** [skwɒt] *v.* ①蹲，蹲坐 ②坐落，占位置 ③擅自占用土地 / 空屋 *a.* ①蹲着的，蹲坐的 ②低矮的，矮胖的 *n.* ①蹲，蹲坐，蜷伏 ②（小动物的）窝

搭 squat on one's heels/haunches 蹲着；sit squat around the fire 围着火盘腿 / 席地而坐；a squat teapot 大肚茶壶

例 She was shown around the sports club by a squat man. 她由一个矮胖的男人领着参观了体育俱乐部。

4601

□ **haunt** [hɔːnt] *v.* ①（鬼魂等）常出没于 ②使苦恼，使担忧 [同] annoy, worry ③（思想、回忆等）萦绕在心头，缠绕 *n.(pl.)* 常到之处，出没处

例 This cafe used to be one of my favorite haunts. 这家咖啡馆从前是我常去的地方之一。

4602

□ **smuggle** ['smʌgl] *v./n.* 走私，偷运，偷带

例 They were caught on the spot smuggling cultural relics abroad. 他们在偷运文物出国时当场被捕。

---4603

□ **backdrop** ['bækdrɒp] *n.* 背景，幕布
搭 a backdrop of war 战火纷飞的年代；the backdrop for the story 故事中的背景
例 A moonlit sky was painted on the backdrop for the second act of the ballet. 芭蕾舞剧第二幕的背景幕布上画的是月光朦胧的夜空。

---4604

□ **inanimate** [ɪn'ænɪmət] *a.* ①无生命的，非动物的 ②死了的，失去知觉的 ③无生气的，单调的 [同] dull
构 in（无）+ anim（生命）+ ate（……的）→无生命的
搭 an inanimate object 无生命物体；an inanimate conversation 沉闷的谈话；an inanimate scene 单调的景色；an inanimate expression 没精打采的表情
例 The lifeguard pulled the inanimate body out of the river. 救生员把不省人事的躯体从河中拖了上来。

---4605

□ **caption** ['kæpʃn] *n.* ①（章、节等的）标题，（图片）说明文字 [同] title ②（电影）字幕
构 cap（拿，抓）+ tion（表名词）→抓住主要内容→标题
例 She didn't understand the drawing until she read the caption. 她看了说明文字后才看懂了那幅画。

---4606

□ **lavish** ['lævɪʃ] *a.* ①过于丰富的，无节制的，大量的 ②过分慷慨的，非常大方的，浪费的，滥花的 *v.*(on, upon) 挥霍，浪费，滥施
构 lav（冲洗）+ ish（……的）→花钱如流水的 →浪费的
例 He lavished most of his fortune on impractical business ventures. 他把大部分财产滥用于不切实际的冒险生意上。

---4607

□ **prompt** [prɒmpt] *v.* ①促使，推动 [同] urge ②引起，激起 *a.* 敏捷的，及时的，迅速的 [同] instant *n.* ①催促，提醒 ②（对演员的）提白，提词
例 She gave a prompt answer to my question. 她针对我的质问给出了迅速的回答。

---4608

□ **foist** [fɔɪst] *v.* ①采用欺骗手段出售（假货、劣货等）②(into) 偷偷加进 ③(on) 把……强加于，把……塞给
搭 foist costly and inferior goods on the customers 把质次价高的商品卖给顾客；foist subversive ideas into a book 把颠覆思想偷偷塞进书中；a problem foisted on society 强加于社会的问题
例 She said that parents should not try to foist their values on their children. 她说父母们不应该试图把他们的价值观念强加给他们的孩子。

---4609

□ **qualm** [kwɑːm] *n.* ①疑惧，疑虑 ②内疚，良心责备 ③突发，一阵
搭 have no qualms about 对……不感到良心不安；suffer many a qualm of conscience 很受良心的责备；a little qualm of homesickness 油然而生的思乡之情；a qualm of tenderness 一股温情
例 Many parents have occasional qualms about whether they're doing the best thing for their children. 许多家长时而对于他们是不是在做最有利于孩子的事情有疑惑。

---4610

□ **hint** [hɪnt] *n.* ①暗示，示意 ②迹象，线索 [同] clue ③（*pl.*）注意事项，建议 [同] advice ④一丝，少许 *v.* 暗示 [同] suggest, imply
搭 take a hint 领会，明白；let fall/drop/give a hint 暗示，示意，露口风
例 My friend dropped a hint which led me to think that they would accept the conditions. 我的朋友给我的暗示使我想到他们愿意接受这些条件。

---4611

□ **revere** [rɪ'vɪə(r)] *v.* 尊崇，尊敬
例 We all revere Shakespeare's plays as great literature. 我们都将莎士比亚的戏剧尊崇为伟大的文学作品。
联 reverence *n.* 尊崇，尊敬；reverent *a.* 尊敬的，虔诚的；reverential *a.* 对……尊敬的，可敬的

---4612

□ **hilarious** [hɪ'leəriəs] *a.* ①欢闹的，狂欢的 ②引人发笑的，滑稽的
构 hilar（高兴）+ ious（……的）→欢闹的
搭 a hilarious party 欢闹的聚会；a hilarious story 滑稽的故事
联 hilarious *n.* 狂欢，欢闹

---4613

□ **loiter** ['lɔɪtə(r)] *v.* ①闲逛，游荡，徘徊 ②消磨时光，混日子
搭 loiter about the town center 在市中心闲逛；loiter away the whole afternoon 消磨掉整个下午

例 He loitered about the station, looking in the bookshop and watching the departure board. 他在车站附近溜达，逛逛书店，看看车站发车时间布告栏。

---4614

□ **canvass** ['kænvəs] *v.* ①游说，拉选票，征求（意见、订户等）②请求 ③检查，查问，查点（选票）④（详细）讨论 *n.* ①游说，拉选票 ②检查，调查 ③（上门）兜售 ④（详细）讨论

搭 canvass votes for the Democratic Party 为民主党拉选票；canvass opinions from the general public 广泛征求公众意见；canvass support for a motion 请求支持一项动议；canvass the votes cast 检查选票；canvass a plan 讨论一个计划；go canvassing 游说；canvass for a newspaper 征求报纸订户

例 The council has been canvassing the local people to get their thoughts on the proposed housing development. 地方议会查问了当地民众，以获得他们对计划中的住宅项目的想法。

---4615

□ **muster** ['mʌstə(r)] *v.* ①召集（士兵、船员等），点名 ②鼓起（勇气等），激起（感情等），调动（积极性）*n.* ①集合，检阅 ②集会，聚集

搭 muster the troops 召集军队；muster the ship crew 对全体船员点名；stand muster 接受检阅；pass muster 通过检查，被认为合格

例 He managed to muster (up) his courage to ask her to the cinema. 他终于鼓起勇气请她去看电影。

---4616

□ **cradle** ['kreɪdl] *n.* ①摇篮 ②策源地，发源地 [同] source, origin *v.* 轻轻地抱，捧

搭 the cradle of western culture 西方文化的发源地；from the cradle to the grave 从生到死；cradle the baby in one's arms 轻轻抱着婴儿

例 It is generally believed that China is the cradle of Eastern civilization. 人们普遍相信，中国是东方文明的发源地。

---4617

□ **ooze** [uːz] *v.* ①渗出，冒出 ②（希望等）渐渐消失 ③（秘密等）泄露 ④充满，洋溢 ⑤慢慢行进 *n.* ①渗流，分泌 ②淤泥，稀泥，沼泽

搭 blood oozing from the wound 从伤口渗出的血；a writing that oozes with hostility 充满敌意的文章；popular songs which ooze optimism 洋溢着乐观主义的流行音乐

例 Sweat oozed from his forehead and trickled down his cheeks. 汗珠从他的额头上冒出来，慢慢顺面颊淌下。

---4618

□ **banal** [bə'nɑːl] *a.* 陈腐的，平庸的，无聊的 [同] commonplace, insipid

搭 a banal lecture 平庸的演讲；banal food 无特色的菜

例 He just sat there making banal remarks all evening. 他整晚都坐在那里说些无聊的话。

联 banality *n.* 平庸，陈腐

---4619

□ **immerse** [ɪ'mɜːs] *v.* ①(in) 使浸没，使浸透 ②(in) 使深陷于，使沉浸于，使专心于 ③嵌，埋入

例 He got some books out of the library and immersed himself in Jewish history and culture. 他从图书馆借了一些书，使自己沉浸在犹太历史和文化中。

---4620

□ **purge** [pɜːdʒ] *v.* ①清除，清洗 ②涤除（邪念等）*n.* 清除（异己等），肃清

例 The new president has promised to purge the police force of corruption. 新任总统保证清除警察队伍中的腐败现象。

答案：
1. hint　译文：我不时地看手表，但他就是不领会这个提示，一直待到午夜之后才离开。
2. consolidate　译文：他同美国人的成功谈判帮助他巩固了在政府中的地位。

Unit 90

学前自测

1. They accused him of trying to _____ money with menaces. (waver, deviate, signify, stray, extort)
2. Parents have the greatest _____ effect on their children's behavior. (offshore, inadvertent, illiterate, formative, senile)

----4621

□ **disclaim** [dɪs'kleɪm] *v.* ①放弃 [同] renounce ②否认，拒绝承认 [同] deny
构 dis（不）+ claim（要求）→不要求→放弃
例 He disclaimed all responsibility for this accident. 他否认对这起事故负有任何责任。

----4622

□ **haggard** ['hægəd] *a.* ①憔悴的，形容枯槁的 [同] gaunt ②发狂似的，不驯服的 *n.* 不驯的鹰，悍鹰
例 She was looking a bit haggard as if she hadn't slept for days. 她看上去有点憔悴，好像几天没睡觉了。

----4623

□ **extort** [ɪk'stɔːt] *v.* ①敲诈，勒索，逼取 ②侵占，侵吞 ③牵强地引出/推断出
构 ex（出）+ tort（扭曲）→扭曲使出来→敲诈
搭 extort bribes from sb. 向某人勒索贿赂；extort a confession from sb. 逼取某人的招供；extort a meaning from a word 牵强地解释一个词
例 They accused him of trying to extort money with menaces. 他们控告他企图通过恐吓勒索钱财。

----4624

□ **deviate** ['diːvieɪt] *v.*(from) 背离，偏离 [同] stray, diverge
搭 deviate from the rule/principle 违背规则/原则；deviate to minor issues 偏离到次要问题上

----4625

□ **utter** ['ʌtə(r)] *v.* 发出（声音），说
例 He uttered the truth but few would believe him. 他讲的是真话，可是没有多少人相信他。
联 utterance *n.* 发声，表达，言辞，言语

----4626

□ **dispose** [dɪ'spəʊz] *v.* ①排列，布置 [同] arrange ②使倾向于，使有利于 ③(of) 去掉，除掉，处理，解决 [同] get rid of
例 Deep in debt, the family was forced to dispose of most of its possessions. 这家人债台高筑，被迫变卖掉了大部分家产。

----4627

□ **waver** ['weɪvə(r)] *v.* ①摇摆，摇晃 ②犹豫，踌躇
搭 waver between accepting and refusing 在接受和拒绝之间犹豫不决；never waver in one's loyalty 忠诚不移
例 The flame wavered and then went out. 火焰摇曳了几下就熄灭了。

----4628

□ **insanity** [ɪn'sænəti] *n.* 疯狂，精神错乱
搭 temporary insanity 一时精神错乱；a family history of insanity 家族精神病史；suffer from periodic bouts of insanity 患周期性精神病
例 He was found not guilty of murder by reason of insanity. 他因为精神失常而未被判决犯有杀人罪。

----4629

□ **suspension** [sə'spenʃn] *n.* ①暂停，终止 [同] halt ②暂令停止参加，暂时剥夺 ③（汽车等防止振动、颠簸的）悬架，悬挂结构
搭 suspension of arms 停战；suspension of payment 暂停付款
例 In the suspension of waiting for an answer, I had another job interview, which was a success. 在等待答复期间，我又进行了一次求职面试，这次很成功。

----4630

□ **defraud** [dɪ'frɔːd] *v.* 欺骗，诈取 [同] cheat
搭 defraud the customers 欺骗顾客；with intent to defraud 蓄意诈骗
例 They are both charged with conspiracy to defraud an insurance company of two million dollars. 他们

两人都因密谋诈取一家保险公司的 200 万美元而遭指控。

..........4631

☐ **errand** ['erənd] *n.* ①差役，跑腿 ②（特殊的）使命，任务

例 The children are old enough now to run on errands to the shops. 孩子们大了，现在已经能跑腿去商店了。

..........4632

☐ **trudge** [trʌdʒ] *v.* 步履沉重地走，艰难地走，跋涉 *n.* 跋涉，长途疲劳的步行

搭 trudge through the deep snow 在雪地里深一脚浅一脚地走；trudge through the moor 费力地穿越旷野

例 We trudged along the muddy path to the top of the hill. 我们沿着泥泞的小路步履艰难地爬上山顶。

..........4633

☐ **harp** [hɑːp] *n.* 竖琴 *v.* 唠叨，不停地说

例 Don't keep harping on like that. 别那样唠叨个没完。

..........4634

☐ **compliance** [kəm'plaɪəns] *n.* ①服从，遵从 ②顺从，屈从，附和

例 I don't think punishment is always a good way of getting children's compliance. 我认为惩罚不总是能使孩子们听话的好方法。

..........4635

☐ **biomedical** [ˌbaɪəʊ'medɪkl] *a.* 生物医学的

例 Some Chinese scholars have made a breakthrough in the biomedical field. 一些中国学者在生物医学领域取得了突破。

..........4636

☐ **inoculate** [ɪ'nɒkjuleɪt] *v.* ①注射预防针 ②灌输，移入

搭 inoculate a child against polio 给一个孩子注射小儿麻痹症预防针

例 His parents inoculated him with a strong desire for knowledge. 他父母灌输给了他强烈的求知欲。

..........4637

☐ **implant** [ɪm'plɑːnt] *v.* ①嵌入，埋置 ②灌输，注入，使充满 ③植入，移植 *n.* 植入物，植入片

搭 implant good habits in children 循循善诱地使孩子养成良好习惯；implant a plastic heart into the body of a calf 把塑料心脏植入小牛体内

例 She has had a liver implanted. 她接受了肝移植手术。

..........4638

☐ **cession** ['seʃn] *n.* ①割让，转让 ②让与物，转让物

搭 act of cession 转让行为

联 cede *v.* 割让，放弃；cesser *n.* 终止，结束；cessation *n.* 停止，中断

..........4639

☐ **spew** [spjuː] *v.* ①呕出 [同] vomit ②喷出，放出，涌出，渗出 *n.* 呕吐物，喷出物

搭 spew one's vomit onto the road 呕吐在路面上；tens of thousands of gallons of oil spewing into the sea 成千上万加仑涌入海中的油；spew black smoke 冒出黑烟

例 Water spewed slowly from the soil. 水从土中慢慢渗出。

..........4640

☐ **discern** [dɪ'sɜːn] *v.* ①看出，认出，发现 [同] perceive, figure out ②辨别，识别 [同] distinguish

例 The well-educated young people are able to discern good from evil even in this complicated society. 即使在这个复杂的社会里，受过良好教育的青年也能够识别善恶。

..........4641

☐ **headway** ['hedweɪ] *n.* ①前进，进展，进步 [同] progress ②（车、船、飞机之间的）间隔时间，间隔距离

搭 make headway 前进，取得进展；make little/no headway 未取得进展

例 The ship could make no headway in the rough sea. 船在惊涛骇浪中无法前进。

..........4642

☐ **signify** ['sɪɡnɪfaɪ] *v.* ①象征，标志，代表 ②表示，表明，示意 [同] mean ③有重大意义，要紧

搭 signify a fundamental change in his attitude 表明他的态度有了彻底的转变

例 Red often signifies danger. 红色通常标志着危险。

·······4643

□ **pendulum** ['pendjələm] **n.** ①摆，钟摆 ②摇摆不定的事态或局面

例 The pendulum in the grandfather clock swings back and forth. 那座落地钟里的钟摆来回摆动。

·······4644

□ **senile** ['si:naɪl] **a.** 老年的，衰老的，老态龙钟的 **n.** 老年人，衰老者

构 sen（老）+ ile（……的）→衰老的

搭 go senile 老了；senile weakness 年老体弱；senile diseases 老年病；care for one's senile mother 照顾年老体衰的母亲

例 He was too senile to stand trail as a war criminal. 他衰老得无法作为战犯接受审讯。

·······4645

□ **offshore** [ˌɒfˈʃɔː(r)] **a.** ①向海的，离岸的 ②近岸的，近海的 ③海外的，外国的 **ad.** 向海，离岸 **prep.** 离……的岸

搭 an offshore breeze 吹向海洋的微风；offshore engineering 近海工程；offshore banking 海外银行业务；offshore loans 国外贷款

例 When they hit the rocks, they were just 500 yards offshore. 他们触礁时离海岸仅有 500 码。

·······4646

□ **stray** [streɪ] **v.** ①走失，迷路 ②分心，走神，离题 [同] deviate **a.** ①迷路的，走失的 ②孤立的，零星的 **n.** 走失的家畜

搭 stray from/off the right path 偏离正道

例 The pigs strayed into his vegetable garden and made a mess there. 猪闯进他的菜园子，弄得那里一塌糊涂。

·······4647

□ **formative** ['fɔːmətɪv] **a.** ①形成的，成长的，发展的 ②造型的，塑造的，构形的 [同] shaping, molding

搭 the formative influence of parents 父母对孩子性格形成的影响；a child's formative years 儿童的性格形成时期；formative tissue 形成组织

例 The complicated negotiations are still in a formative stage. 复杂的谈判尚处于开始阶段。

·······4648

□ **manifesto** [ˌmænɪˈfestəʊ] **n.** 宣言，声明 **v.** 发表宣言

搭 issue a manifesto 发表一项宣言；one's election manifesto 某人的竞选宣言

例 In the UK, the main political parties each produce a manifesto before the general election. 在英国，各大政党在大选之前都要发表一项宣言。

·······4649

□ **illiterate** [ɪˈlɪtərət] **a.** ①不认字的，文盲的 ②受教育程度不高的 **n.** 文盲，无知的人

构 il（不）+ liter（文字）+ ate（……的）→文盲的

例 A surprising percentage of the population are illiterate. 人口中文盲的比例令人吃惊。

联 illiteracy **n.** 文盲

·······4650

□ **wither** ['wɪðə(r)] **v.** ①（使）干枯，（使）枯萎，（使）凋谢 ②(up, away)（使）萎缩，衰落，衰退 ③使畏缩，使难堪

例 The hot dry wind withered the crops. 炎热干燥的风使庄稼都枯萎了。

·······4651

□ **coy** [kɔɪ] **a.** ①害羞的，腼腆的，忸怩作态的 [同] shy ②含糊其词的，不愿表态的 ③安静的，寂静的

搭 a coy maiden 娇羞的少女；reply in a coy voice 用一种腼腆的声音回答

例 He called for a change of leadership but remained coy about his own intentions. 他要求改换领导人，但对自己的企图却含糊其词。

·······4652

□ **inadvertent** [ˌɪnədˈvɜːtnt] **a.** ①漫不经心的，粗心大意的 [同] careless ②非故意的，因疏忽造成的 [同] unintentional

构 in（不）+ advertent（注意的，留心的）→漫不经心的

搭 an inadvertent remark 漫不经心的话；some inadvertent errors 一些因疏忽而造成的错误

例 All authors need to be wary of inadvertent plagiarism of other people's work. 所有的作者都要注意不要在无意中抄袭了他人的作品。

·······4653

□ **retreat** [rɪˈtriːt] **n.** ①退却，撤退 [同] withdrawal ②逃避，退缩 ③隐退处，静居处 [同] resort **v.** ①退却，撤退 [同] withdraw ②逃避，退缩

构 re（后）+ treat（=tract 拉）→向后拉 →撤退

例 Under the attack of troops on three sides, the enemy began to retreat. 在三面包抄的攻击之下，敌军开始撤退。

···4654

□ **blot** [blɒt] ***n.*** ①（尤指墨水的）污点，污渍 ②（品行的）污点，缺点，瑕疵 ***v.*** ①把……弄脏，污染 ②用吸墨纸吸干

搭 a blot on one's character 人品上的一个污点；blot one's copybook 玷污某人的名声，断送机会；a blot on the landscape 破坏风景的东西；a blot of ink on the paper 纸上一点墨水渍；wipe out a blot 抹去污渍；blot out 遮蔽，抹掉，杀掉，毁灭

例 His homework was badly written and covered in ink blots. 他的家庭作业写得很差劲，而且洒满了墨水渍。

答案：
1. extort　译文：他们控告他企图通过恐吓勒索钱财。
2. formative　译文：父母对孩子的行为有最深远的塑造力。

词汇索引

A

appetite (1230)
applaud (2550)
appliance (2798)
applicant (3392)
application (2084)
apply (3177)
appoint (1516)
appointment (3040)
apportion (0657)
appraisal (0949)
appraise (4356)
appreciate (3234)
apprehensive (3856)
apprentice (4358)
approach (2820)
appropriate (2081)
approval (3540)
approve (1091)
approximate (1882)
approximately (1189)
apt (2456)
aptitude (2138)
aquarium (0365)
aquatic (3853)
aqueduct (3582)
arable (3386)
arbitrary (4010)
arbitration (4039)
arboreal (1136)
arcade (0772)
arch (4442)

archaeologist (4116)
archipelago (4031)
architect (2840)
architecture (0852)
archive (2112)
ardent (4385)
arduous (4504)
argument (2693)
arid (4450)
aridity (0035)
arithmetic (0110)
arousal (0305)
arouse (4109)
arrange (3135)
arrangement (1224)
array (1087)
arrest (4221)
arrogance (3379)
arson (4267)
artefact (3295)
arteriosclerosis (3745)
artery (3123)
arthritis (0037)
articulate (4063)
artifice (4305)
artificial (1082)
artificially (4530)
artillery (4321)
ascend (1152)
ascent (3940)
ascertain (3138)

ascribe (1367)
ash (0818)
ashore (3828)
aspect (0445)
aspiration (1637)
aspire (2101)
aspirin (4586)
assault (1268)
assemblage (3954)
assemble (1561)
assent (4257)
assert (2876)
assess (1375)
assessment (2248)
asset (1236)
assign (3383)
assignment (0405)
assimilate (3094)
assimilation (0380)
assist (3421)
assistance (0080)
assistant (2810)
assistantship (0200)
associate (1959)
association (2030)
assortment (4154)
assume (3538)
assumption (2964)
assurance (1564)
assure (1033)
asthma (0544)

astonish (1981)
astound (3313)
astray (1399)
astrologer (0478)
astrology (0148)
astronomy (2002)
astrophysics (4405)
asymmetry (0480)
asynchronous (3703)
athlete (3125)
atmosphere (2697)
atmospheric (2453)
atomic (2446)
attach (1605)
attack (0703)
attain (3193)
attainable (0805)
attempt (1194)
attend (1687)
attendance (3349)
attendant (3590)
attention (0460)
attentive (0604)
attitude (1617)
attract (0898)
attraction (2889)
attractive (3150)
attribute (2333)
audacious (3121)
audio (1436)
audit (1550)

audition (2891)
auditorium (1453)
auditory (3888)
augment (1472)
authentic (3269)
authenticate (1362)
authenticity (3893)
authority (1217)
authorize/se (1364)
autobiography (2685)
autocratic (0536)
autoimmune (0593)
automatically (0633)
autonomous (4365)
autonomy (1704)
auxiliary (4125)
avail (1328)
availability (2408)
available (1947)
avalanche (1715)
avenge (1493)
avenue (2749)
average (0292)
aviation (2007)
avoid (3327)
award (3259)
aware (2317)
awful (0355)
axis (0160)
axle (0229)

B

bachelor (1549)
backbone (0295)
backdrop (4603)
background (0446)
bacteria (3579)
bacterial (0350)
badge (2414)
badminton (0139)
baffle (3380)
bakery (4341)
balance (0580)
balcony (0746)
bamboo (0429)
banal (4618)
band (2059)

bankrupt (0999)
bankruptcy (3562)
banner (0808)
bar (1283)
barbaric (0114)
barbecue (1117)
bare (1616)
barely (0448)
bargain (3394)
barge (2546)
bark (0424)
baron (0537)
barrage (0312)
barrel (1538)
barren (3082)

barrier (1533)
barter (4433)
batch (1266)
battery (2707)
bay (0176)
bead (1618)
beam (0916)
bearing (3816)
beaver (3918)
beckon (4224)
beehive (0409)
beforehand (1495)
begrimed (0232)
begrudge (1796)
behalf (1801)

behave (3418)
belief (0988)
belt (0186)
beneath (0130)
beneficial (0954)
benefit (3378)
benevolent (2493)
bent (0467)
bereave (1835)
berry (3841)
besiege (4425)
bet (1040)
betray (3406)
beverage (1247)
beware (2700)

bewilder (1403)
bias (3836)
biased (3521)
bibliography (0913)
bid (2424)
bilateral (1699)
bilingual (1807)
bin (2247)
bind (1334)
binding (3686)
binocular (0015)
biodiversity (0406)
biographer (3668)
biography (1541)
biological (2008)

C

construction (1768)
consul (4502)
consulate (2903)
consult (3544)
consultant (0506)
consumer (0836)
consumption (3471)
contact (2010)
contain (1583)
contaminant (2718)
contaminate (2890)
contemplate (1537)
contemporary (1818)
contempt (2103)
content (3564)
contention (4387)
contest (1783)
continent (1373)
continental (0985)
contingency (0529)
continually (0297)
continuity (2618)
continuous (2713)
continuum (3902)
contract (3176)
contradict (2706)
contradiction (2635)
contraption (3781)
contrary (1060)
contrast (1845)
contribute (1853)
contrive (3533)
controversial (2971)
controversy (2438)

convection (0874)
convene (4110)
convenience (1543)
convenient (1379)
convention (0888)
conventional (1545)
conversation (2243)
converse (1414)
conversely (0498)
conversion (1832)
convert (2497)
convey (0211)
conviction (2425)
convince (1491)
convoy (4366)
convulse (4355)
cookery (0556)
cooperate (2777)
cooperation (1631)
cooperative (2602)
coordinate (0929)
coordinator (0299)
cope (3532)
coral (2292)
cord (1418)
core (3256)
cork (0540)
corporal (2319)
corporate (2948)
corps (3480)
corpus (0601)
correlation (1636)
correspond (1209)
correspondence (1416)

corresponding (3955)
corridor (0120)
corrode (3012)
corrosive (3952)
corrugate (4582)
corrupt (2818)
cosmic (0259)
cosmopolitan (2710)
cosset (0273)
costume (3143)
cosy (1081)
council (3466)
counsel (1588)
counsellor (1069)
counter (2869)
counterbalance (4510)
counterpart (2177)
counterproductive (0661)
county (0370)
couple (1601)
coupon (3119)
courageous (1662)
course (0915)
courtship (0719)
cover (2270)
coverage (1462)
covert (4587)
coy (4651)
crab (4562)
crack (3265)
cradle (4616)
craft (1689)
cram (4162)

cramp (4166)
crane (3674)
crank (2992)
cranky (4466)
crash (1055)
crater (1469)
crawl (3251)
creaky (3669)
create (2886)
creation (3518)
creative (0742)
credential (0567)
credibility (0759)
credible (1181)
credit (1350)
creep (1945)
crescent (1531)
crew (2066)
cricket (0466)
crime (3519)
criminal (3196)
crisis (1162)
crisp (3048)
criterion (2620)
critic (1129)
critical (2580)
criticize/se (0454)
crockery (0870)
crocodile (3147)
crossword (0437)
crowded (0269)
crown (0666)
crucial (1948)
crude (1539)

cruel (1384)
cruise (1035)
crumble (4302)
crusade (0699)
crush (3081)
crushing (0428)
crust (3014)
crystallize (3308)
cube (2145)
cucumber (3230)
cuddle (4256)
cue (1804)
cuisine (1404)
culminate (2923)
cult (4317)
cultivate (3021)
cultivation (2623)
cultural (3522)
cumulative (1733)
curative (0302)
curb (1024)
curiosity (1079)
curious (1500)
curly (0837)
currency (1119)
current (3346)
currently (0049)
curriculum (2631)
curry (0559)
curtail (2139)
curtain (1489)
cushioning (3835)
cylinder (2033)

D

dainty (4240)
dairy (1374)
damage (1100)
damp (2224)
dangle (0250)
dapper (4106)
darkroom (0867)
dash (1343)
data (1514)
database (0469)
daunt (3221)
dazzle (0959)

deadline (1732)
dealer (1730)
dean (0835)
dearth (3425)
debase (3925)
debate (2049)
debris (2376)
debt (2385)
decade (2387)
decapitate (0812)
decay (2960)
deceive (1419)

decency (4493)
decent (1748)
deception (0528)
deceptive (3808)
decibel (0484)
decimal (0393)
decimeter/re (0391)
decipher (3098)
decisive (3010)
declaim (4511)
declaration (1434)
declare (2271)

decline (2624)
decode (4431)
decompose (2350)
decompression (3306)
decorate (2174)
decoration (0450)
decorator (0006)
decouple (0008)
decoy (4596)
decrease (0957)
decrepit (3326)
dedicate (1911)

deduce (1672)
deem (1925)
defame (4381)
defeat (1019)
defect (2899)
defence/se (2924)
defendant (0481)
deficiency (2525)
deficit (2149)
defile (4469)
define (2040)
definite (1080)

definition (1743)
deflect (0921)
defraud (4630)
defuse (4179)
degenerate (1468)
degenerative (3754)
degrade (2070)
delay (2096)
delegate (3323)
deliberate (2287)
deliberately (3806)
delicate (2068)
delinquency (0801)
delinquent (0279)
deliver (0982)
delivery (0296)
delta (3051)
deluxe (4159)
delve (4396)
demand (1341)
demerit (0676)
democratic (2046)
demographer (3742)
demographic (0314)
demolish (1376)
demolition (0357)
demonstrate (2062)
demonstration (0382)
demoralize (4273)
denomination (2702)
denounce (3744)
dense (3056)
density (1050)
denude (3660)
deny (2450)
depart (0901)
departmental (0576)
departure (1757)
depend (3118)
depict (1941)
deplete (3227)
depletion (2574)
deploy (1053)
deposit (2457)
depreciate (4188)
depress (1943)
depression (3241)
deprivation (4407)
deprive (1127)

deputy (3210)
derelict (1486)
derive (2636)
descend (3330)
descendant (4046)
descent (3790)
describe (2908)
descriptivist (4009)
desert (2366)
deserve (3557)
design (2416)
desirable (2596)
desire (1623)
desperate (1488)
despise (4298)
despite (2108)
despoil (2592)
destination (1332)
destiny (1353)
destitute (4142)
destruction (2791)
destructive (2477)
detail (1499)
detect (1875)
detective (2521)
deter (2091)
detergent (1211)
deteriorate (1014)
deterioration (1204)
determine (2022)
detour (0939)
detract (2018)
detrimental (1627)
devalue (0834)
devastate (1752)
devastating (2475)
develop (2509)
deviance (0414)
deviate (4624)
deviation (3658)
device (0993)
devise (2423)
devote (3058)
devour (4331)
dexterity (4329)
diagram (1755)
dialect (2603)
diameter (3443)
diametrically (3854)

dictate (3921)
dictation (2560)
diesel (2146)
dietary (1929)
differentiate (2793)
diffuse (1102)
digest (2910)
digestive (1736)
digital (0334)
dignify (4025)
digress (4324)
dilate (4527)
dilemma (4335)
dimension (0945)
dimensional (2717)
diminish (2845)
dioxide (3153)
dip (4513)
diploma (3091)
diplomacy (3631)
diplomatic (3619)
direction (1599)
directory (3225)
disable (2658)
disadvantage (1413)
disadvantaged (3793)
disagree (3332)
disappointing (0082)
disapprove (0285)
disapproving (0412)
disastrous (1919)
disavow (4498)
discard (2999)
discern (4640)
discerning (0217)
discharge (1317)
discipline (2192)
disclaim (4621)
disclose (2687)
discontinue (0591)
discount (2851)
discourage (3501)
discourteous (1273)
discover (3568)
discovery (2511)
discredit (1527)
discrepancy (2699)
discretion (2032)
discriminate (1477)

disdain (2920)
disempower (3310)
disenchantment (0722)
disfigure (0574)
disguise (4471)
disharmony (0262)
disillusion (2956)
disillusionment (0239)
disintegrate (2608)
dislocate (4091)
dismantle (1442)
dismiss (3162)
disobey (0750)
disorder (2482)
disorientate (3284)
disparage (2805)
disparity (4145)
dispassionate (4108)
dispense (1244)
dispenser (0832)
dispersal (0403)
dispiriting (0764)
displace (1481)
displacement (4004)
display (2983)
disposable (0570)
disposal (2828)
dispose (4626)
disproportionate (4533)
dispute (2584)
disqualify (0266)
disregard (2121)
disrespectful (0701)
disrupt (1660)
disruption (3315)
disruptive (0984)
dissatisfied (0433)
dissect (3694)
disseminate (3363)
dissemination (0106)
dissertation (1146)
dissociate (4198)
dissolve (2151)
dissonant (3788)
dissuade (4563)
distance (1932)
distaste (3992)
distill (1025)
distinct (3404)

distinctive (2587)
distinguish (1295)
distort (3022)
distortion (0810)
distract (1852)
distraction (0639)
distress (3847)
distressing (3936)
distribute (1059)
distribution (1530)
district (2235)
disturb (3047)
disturbance (1290)
diverge (2946)
divergent (3881)
diverse (1075)
diversify (3043)
diversion (2320)
diversity (1972)
divert (2605)
divide (2799)
dividend (1871)
divine (2334)
division (3072)
divisional (0879)
dizziness (0641)
dizzy (0947)
dock (1195)
doctoral (0401)
doctorate (0328)
document (2674)
documentary (4286)
documentation (0643)
dolphin (3560)
dome (1651)
domestic (1044)
domesticate (2186)
dominant (1558)
dominate (2652)
domination (0932)
donate (1745)
donation (1254)
doodle (4567)
doom (0255)
dormancy (3481)
dormant (2352)
dormitory (2241)
dose (2250)
dot (3173)

dote (4266)
downfall (3725)
download (0104)
downpour (0509)
downscale (4531)
downshift (3771)
downsize (0597)
drab (4062)

draft (3513)
drain (4112)
drainage (1097)
dramatic (2240)
dramatically (4529)
drawback (0844)
dreadful (0088)
dredge (2269)

drench (4261)
drill (3030)
droplet (0325)
drought (2473)
drudgery (3877)
drum (1844)
drunkard (0548)
dubious (1142)

due (3351)
dull (3563)
dump (0316)
dupe (3432)
duplicate (3508)
duplication (4541)
durable (2656)
duration (0912)

dusk (1869)
dwell (1090)
dweller (1664)
dwindle (2182)
dynamic (1277)
dynamics (3995)
dystrophy (0436)

E

earthquake (0327)
earthwork (0201)
earthworm (0761)
eccentric (2197)
eccentricity (4540)
ecliptic (0435)
eco-friendly (0136)
ecological (2926)
ecology (0996)
economic (3057)
ecosystem (2583)
ecstasy (4134)
edible (1560)
edify (3277)
effect (1121)
effective (1846)
efficiency (2953)
efficient (1389)
effort (3141)
effortless (3585)
egalitarian (4364)
ejaculate (4376)
eject (1955)
ejection (0621)
elaborate (1594)
elaboration (0583)
elastic (0726)
elbow (1018)
electrical (3104)
electronic (2915)
element (2784)
elevate (1587)
elicit (0505)
elicitation (0539)
eligible (3107)
eliminate (2701)
elite (3159)
elitist (4002)

eloquent (3953)
elucidate (0024)
elude (3882)
elusive (2338)
emancipate (4314)
embankment (0275)
embark (1891)
embarrassment (3751)
embassy (2153)
embed (0937)
ember (3988)
embezzlement (3258)
embody (2100)
emboss (0763)
embrace (3559)
embryo (0909)
emerge (2883)
emergency (1165)
emeritus (0249)
eminence (0853)
eminent (3042)
emission (1116)
emit (1670)
emotion (2847)
emotional (0033)
emperor (0113)
emphasis (2807)
emphasize/se (3206)
empire (0090)
empirical (1663)
employ (3175)
empower (4447)
emulate (1173)
enable (1484)
enact (1307)
encapsulate (0595)
encase (0351)
enclose (2518)

enclosure (3499)
encode (1122)
encompass (2316)
encounter (2689)
encourage (1309)
encroach (2277)
encyclopedic (4045)
endanger (3027)
endangered (4047)
endeavor/our (0132)
endorse (2621)
endurance (3730)
endure (1812)
energetic (0419)
enforce (2516)
enforcement (2157)
enfranchise (0100)
engage (2829)
engross (3355)
engulf (4167)
enhance (0967)
enhancer (0665)
enigma (1322)
enjoyable (0685)
enlarge (2272)
enlighten (2972)
enlist (2279)
enliven (4297)
enormous (1378)
enquire/inquire (2193)
enquiry/inquiry (1677)
enrich (3457)
enroll/enrol (3316)
enrolment (1570)
enshrine (0667)
enshroud (0461)
enslave (0527)
ensue (1584)

ensure (2650)
entail (3535)
entangle (4532)
enterprise (3245)
enterprising (4067)
entertain (2870)
entertainment (1216)
enthusiasm (0372)
enthusiastic (2892)
entice (1706)
entire (3250)
entitle (3008)
entreat (4412)
entrepreneur (2985)
entrepreneurial (0774)
entrust (1250)
entwine (2768)
environment (2393)
envisage (1682)
enzyme (4219)
epidemic (1319)
episode (4111)
episodic (3341)
epithet (4512)
epitomize (0860)
equable (4572)
equal (1834)
equation (0423)
equator (1634)
equinox (4514)
equip (1206)
equipment (1292)
equity (2982)
equivalent (2727)
era (1935)
erode (1885)
erosion (3333)
errand (4631)

erroneous (3452)
erupt (0819)
eruption (0085)
eruptive (0894)
escalate (3130)
escalator (0749)
espionage (4148)
essay (2888)
essence (2963)
essential (2545)
establish (2102)
estate (2360)
esteem (1397)
estimate (3238)
estrange (2668)
estrangement (3763)
estuary (0741)
eternal (1439)
ethereal (1030)
ethical (0167)
euthanasia (3710)
evacuate (2543)
evaluate (1887)
evaluation (1860)
evaporate (3208)
evenly (3990)
event (2442)
eventually (3621)
evict (4482)
evidence (3029)
evoke (1596)
evolution (3052)
evolve (3479)
exacerbate (2904)
exact (2175)
exaggerate (2831)
exalt (4440)
examine (2590)

excavate (1697)
excavation (0710)
exceed (1608)
excellent (1857)
except (2113)
exception (2725)
exceptional (2536)
excessive (2664)
exchange (1269)
excitement (3408)
exclude (1644)
exclusive (1006)
exclusively (0883)
excreta (0251)
excrete (0841)
excursion (0907)
excusable (0715)
execute (1305)
execution (0579)

exemplify (1666)
exempt (3571)
exhale (2819)
exhaust (2168)
exhaustible (0092)
exhaustion (1589)
exhaustive (0410)
exhibit (1686)
exhibition (2134)
exhilaration (1649)
exile (2065)
exist (0389)
existence (1154)
exodus (3339)
exorbitant (0971)
exotic (1333)
expand (3384)
expansion (2170)
expectancy (2600)

expectant (4043)
expectation (2429)
expedite (4071)
expedition (1449)
expel (2834)
expense (1944)
experimentation (3762)
expire (2825)
expiry (0055)
explicable (4351)
explicit (3777)
explode (3055)
exploit (1761)
exploitation (3286)
exploitative (0290)
exploratory (0707)
explore (1188)
explorer (0806)
explosive (0142)

exponentially (3985)
export (2683)
expose (0902)
exposure (1345)
expound (4312)
express (1881)
expressly (1171)
expropriate (4239)
expunge (4309)
extend (1022)
extendable (0303)
extension (3446)
extensive (2051)
extent (1118)
exterior (1766)
external (0048)
externally (0631)
extinct (2180)
extinction (2902)

extinguish (2551)
extinguisher (0600)
extol (2476)
extort (4623)
extra (3541)
extract (1979)
extracurricular (3427)
extradite (4428)
extraordinary (2470)
extravagance (2789)
extravagant (1874)
extreme (3337)
extremely (0468)
extrovert (0102)
extrude (0670)
extrusion (0479)
exuberant (0525)

F

fabric (4131)
fabrication (0045)
fabulous (1909)
facade (0496)
facial (1036)
facilitate (3068)
facilitator (3969)
facility (2341)
facsimile (0560)
factual (1953)
faculty (2222)
fade (1492)
fair (1089)
fairground (3681)
fairly (0903)
faith (2732)
fake (1402)
fallacy (4197)
fallow (1840)
familiarize (0197)
fanatic (4368)
fancy (2043)
fantastic (0034)
fantasy (1387)
fare (2171)
farewell (1805)
farfetched (3933)

fascinate (2684)
fascinating (3180)
fascism (3991)
fashion (2314)
fasten (1263)
fatal (1138)
fate (1573)
fatigue (2835)
fatten (3727)
fault (1261)
faulty (1744)
fauna (2612)
favor/favour (3318)
favorite (3288)
feasible (1452)
feat (4524)
feather (0843)
feature (1161)
federal (3133)
federation (1569)
feeble (0158)
feed (3372)
feedback (0859)
fellowship (0021)
female (2185)
feminism (0573)
feminist (0126)

ferry (2486)
fertile (1770)
fetching (0893)
feverish (3697)
fiber/fibre (0531)
fickle (2504)
fiction (1070)
fieldwork (0731)
fierce (3026)
figure (2897)
filial (4102)
filter (1632)
fin (3876)
finale (0655)
finance (2657)
financial (0687)
fine-tune (3761)
fingerprint (0756)
finite (1647)
firefly (3821)
firm (1877)
fissure (4203)
fitful (4515)
fitness (0632)
fitting (1190)
flake (4344)
flame (1787)

flaming (3689)
flap (1762)
flash (1210)
flask (1291)
flat (2302)
flavor/flavour (3275)
flaw (2515)
flee (1820)
fleet (0899)
flexibility (0791)
flexible (1282)
flexitime (0524)
flick (4597)
flicker (2239)
flight (1696)
flighty (4107)
flimsy (0177)
flinch (4574)
flint (0653)
flip (2775)
floppy (4517)
flora (1609)
floral (3142)
flourish (3088)
flowery (4059)
fluctuate (1312)
fluctuation (1267)

fluency (0671)
fluid (3712)
flunk (4118)
flush (3005)
fluster (3594)
flutter (2838)
foam (2324)
focus (1816)
foe (4119)
foetus (0784)
foil (1825)
foist (4608)
fold (3385)
folklore (4048)
follow-up (3644)
forage (4027)
forbidding (4354)
force (1606)
forecast (2478)
foreland (0878)
forelimb (3573)
foremost (2061)
foresee (2257)
foreseeable (0849)
foreshadow (3716)
foresighted (3859)
forfeit (2167)

G

H

hard-wired (3803)　heartless (0702)　high-tech (0441)　homicide (3823)　humane (3336)
hardship (3705)　heartrending (4371)　highbrow (4375)　homogeneity (3956)　humanistic (1824)
hardy (4251)　hectare (2291)　highland (2358)　homogeneous (1383)　humanity (2163)
harmonious (0781)　hectic (4443)　highlight (2355)　honor (3460)　humble (3247)
harmony (3448)　hector (4192)　highway (2165)　hoodwink (4516)　humid (2069)
harness (2432)　heed (3580)　hike (2169)　hook (0125)　humidity (3232)
harp (4633)　height (2966)　hilarious (4612)　horizon (1063)　humor/humour (0455)
harridan (0210)　heighten (1444)　hinder (2037)　horizontal (2280)　humpback (3750)
harrow (4398)　heir (0931)　hindsight (3827)　hormone (4072)　hurdle (2555)
harsh (2954)　helicopter (0154)　hinge (3441)　horrify (1120)　hurl (1198)
hassle (1108)　helix (0098)　hint (4610)　horror (3328)　hurricane (1698)
hasty (1724)　hemisphere (3066)　hinterland (0775)　horticulture (3994)　hurtle (4328)
hatch (2137)　hence (2651)　hire (3325)　hose (1241)　husbandry (4290)
haul (1776)　herbal (0343)　historian (0855)　hospice (3662)　hybrid (0007)
haunt (4601)　herbivore (1888)　historic (3468)　hospitable (3554)　hydraulic (3851)
havoc (4369)　herd (3584)　hitherto (2232)　hospitality (3398)　hydroelectric (3880)
hawk (1455)　herdsman (0411)　hive (2839)　host (1164)　hygiene (4391)
hazard (2090)　hereditary (1597)　hoary (4592)　hostel (0534)　hymn (3979)
hazardous (1440)　heritage (0923)　hoax (4316)　hostile (3069)　hypnosis (3916)
headline (1821)　hesitate (2370)　hobble (4130)　hostility (2694)　hypnotic (0105)
headmaster (3218)　hesitation (2975)　hockey (2968)　household (2127)　hypothesis (1810)
headquarters (1703)　hexa- (3946)　holistic (0543)　hover (1061)　hypothetical (1148)
headshot (3607)　heyday (4556)　hollow (2644)　however (1366)　hysteria (3862)
headway (4641)　hiccup (1447)　homage (3987)　huddle (2797)
heal (1502)　hide (3041)　homesick (0175)　hug (3249)
healing (0809)　hierarchy (2578)　homespun (0532)　hull (4030)
heap (1694)　hieroglyph (3807)　homestay (0046)　hum (0926)

I

icon (4150)　imagery (4146)　impending (4189)　impress (1064)　incarnation (3981)
ideal (1201)　imagination (2570)　impenetrable (3711)　impression (2117)　incendiary (1906)
identical (1763)　imaginative (0989)　imperil (3309)　impressive (3006)　incentive (0079)
identifiable (1995)　imagine (1240)　impersonal (4386)　imprint (4285)　incidence (3254)
identification (0094)　imbibe (4353)　impetus (1111)　imprison (4076)　incident (3255)
identify (1864)　imitate (1393)　impinge (4152)　improper (3718)　incinerate (0831)
identity (1532)　imitation (1381)　implant (4637)　improve (1723)　incinerator (0720)
idolize (4158)　immediately (0463)　implement (3566)　improvement (2147)　incite (4441)
ignite (4432)　immense (1598)　implication (2575)　impulse (3192)　inclination (1624)
ignorance (1562)　immerse (4619)　implicit (4438)　inactive (0689)　include (1695)
ignorant (3504)　immigrant (1360)　implore (4426)　inadequate (2439)　inclusive (1862)
ignore (1073)　immigration (0319)　impose (2204)　inadvertent (4652)　incoming (0725)
illegal (2494)　immobile (4528)　impossible (1205)　inalienable (3467)　incompatible (3144)
illiterate (4649)　immune (3140)　impoverish (2227)　inanimate (4604)　incongruity (1445)
illuminate (1330)　impact (2487)　impoverished (0891)　inaugurate (3365)　incongruous (0936)
illusion (3430)　impair (2950)　impracticable (3593)　inborn (2394)　incorporate (3321)
illustrate (1008)　impart (2238)　impractical (3997)　inbuilt (3589)　incredible (2307)
illustration (0549)　impede (3267)　imprecise (2122)　incapacitate (1559)　inculcate (2115)
image (2767)　impel (3709)　impregnable (4242)　incarnate (3620)　incur (2981)

J

K

keen (3157)

keystone (0798)

keyword (3651)

kidney (2529)

kin (4430)

kindergarten (1513)

kindle (4207)

kit (0311)

knack (4212)

kneel (0714)

knob (0261)

kung fu (0245)

L

label (2484)

labor (0958)

laboratory (3305)

lack (1323)

lag (1851)

laid-off (3922)

landfill (0555)

landmark (1960)

landscape (1475)

landslide (4345)

landward (0743)

lane (2152)

languid (4216)

languish (4347)

lapse (4237)

large-scale (0745)

larval (0713)

laser (3050)

latent (2293)

lateral (2655)

laterality (3302)

latitude (2638)

launch (1777)

laundry (1700)

lava (3312)

lavatory (1220)

lavish (4606)

lawsuit (1841)

lax (1226)

layer (3233)

layout (3496)

lead (1361)

leadership (2017)

leaflet (1823)

leak (2225)

lean (4483)

leap (3542)

lease (2994)

leather (0323)

lecture (2335)

legacy (3382)

legal (2249)

legible (3959)

legislation (1685)

legislative (2806)

legitimacy (2296)

legitimate (1193)

legitimize (3151)

leisure (2918)

lenient (2849)

lens (0287)

lethal (1511)

leukemia (0740)

level (1940)

lever (0706)

lexical (3837)

lexicographer (3239)

liaise (0014)

liaison (0248)

libel (0141)

liberty (2646)

license/ce (0842)

lifespan (3656)

ligament (3972)

light-year (3661)

likelihood (1012)

limb (1078)

lime (0097)

limestone (2264)

limitation (1207)

limited (0857)

limp (0955)

limpid (3937)

linear (4559)

linen (0117)

linger (2678)

linguistic (2001)

link (1554)

liquidate (4318)

liquor (0499)

literacy (3031)

literal (2692)

literate (2024)

literature (1311)

litter (0991)

livelihood (1016)

liver (0356)

livestock (2076)

load (1359)

loan (3494)

loath (0190)

lobby (0492)

lobster (4571)

locality (2676)

locate (2979)

location (3182)

locomotive (3675)

log (3092)

logic (2156)

loiter (4613)

long-term (3273)

longitude (0986)

longitudinal (0501)

lookout (3636)

loop (0152)

loose (3046)

lounge (1957)

lower (2901)

loyalty (0101)

lucrative (4176)

luggage (2522)

lukewarm (4340)

lull (1826)

lumber (3866)

lumpy (3688)

lunar (1849)

lunatic (3883)

lurch (4454)

lush (3975)

luxuriant (2561)

luxury (1478)

lynx (4055)

M

machinery (1179)

magic (1836)

magma (0198)

magnet (2759)

magnetic (3444)

magnificent (3093)

magnify (1633)

magnitude (2691)

mainly (0551)

mainstream (0159)

maintain (1910)

maintenance (1349)

maize (3951)

majestic (4196)

major (2673)

majority (1611)

malevolent (0253)

mall (1336)

malleable (0333)

maltreat (0623)

mammal (1071)

management (2833)

managerial (0794)

mandarin (2073)

mandate (4427)

maneuver/re (3357)

mania (4479)

manicure (3597)

manicurist (3831)

manifest (1661)

manifestation (4544)

manifesto (4648)

manifold (3844)

manipulate (1398)

manipulative (0890)

mannerism (3842)

manor (0669)

mansion (1182)

mantle (0362)

manual (0558)

manufacture (2895)

manufacturer (0807)

manuscript (4210)

mar (4178)

margin (3065)

marginal (3264)

marine (3736)

maritime (1318)

marker (0168)

marketplace (0070)

marshal (1498)

marsupial (0404)

martial (4143)

marvel (4429)

marvelous (3285)

mash (4288)

masquerade (4308)

mass (1041)

massive (2461)

mast (4226)

mastery (1907)

match (2035)

matchmaker (3982)

mate (0648)

material (0918)

IELTS

雅思词汇大全

materialistic (1870)
materialize (4157)
maternal (1782)
mattress (1400)
mature (2556)
maturity (0970)
mausoleum (3980)
maximize/se (3298)
maximum (2266)
maze (3608)
meadow (3400)
meager/meagre (3283)
meander (4220)
meaningful (0483)
meantime (2752)
meanwhile (1519)
measly (3822)
measurement (4017)
mechanic (1009)
mechanical (0562)
mechanism (3097)
meddle (4326)
mediate (4346)
medical (2354)
Medicare (4576)
medicate (4434)
medication (0511)
medieval (2925)
mediocre (1701)
mediocrity (3765)
meditate (0053)
meditative (0185)
Mediterranean (1213)
medium (3033)
meek (4161)

megacity (0187)
melatonin (0195)
melodic (3753)
melt (3361)
membership (0802)
memorable (1068)
memorandum (1779)
memorize/se (3301)
menace (2830)
mental (1483)
mention (1103)
mentor (0143)
merchandise (0646)
mercury (3345)
mere (1753)
merely (0207)
merge (2252)
merrymaking (3672)
mess (1934)
metabolic (3939)
metaphor (3090)
metaphorical (0032)
meteorology (0329)
methane (1883)
methodology (4137)
metro (3165)
microbiology (0609)
microcosm (0754)
microprocessor (0183)
microscope (0078)
midst (1942)
mighty (3657)
migrant (1713)
migrate (2390)
migration (0456)

migratory (3311)
mild (2428)
milestone (1503)
militant (1435)
military (3244)
millennium (0789)
mime (2119)
mimic (4028)
mineral (1641)
mingle (3331)
minimal (1927)
minimize/se (0064)
minimum (2609)
minister (2519)
ministry (2938)
minority (1456)
miracle (2284)
miscellaneous (2548)
mischief (0066)
misconception (2236)
miserable (3474)
misgiving (4100)
misguided (4373)
mishandle (0596)
misjudge (0755)
missile (2879)
mission (1903)
misuse (3809)
mite (3067)
mixture (3470)
mobile (4332)
mobility (4103)
mobilize (3685)
mock (1613)
modem (0864)

moderate (3217)
moderately (0093)
moderation (0108)
modernism (0235)
modernize (0346)
modification (0257)
modify (1355)
modish (0220)
modulate (3819)
module (1913)
moist (2356)
molecule (3003)
molest (4296)
mollify (4222)
molten (1390)
momentum (1639)
monarchy (4388)
monetary (4565)
monitor (1281)
monoglot (3687)
monolingual (3647)
monolithic (4190)
monopoly (3237)
monotonous (1296)
monster (2230)
monumental (3438)
mood (2648)
moral (3553)
morale (0513)
morality (1023)
morbid (0216)
moribund (2255)
morphine (3650)
morsel (3653)
mortal (3914)

mortality (2757)
mortify (3760)
mosquito (1628)
moss (0979)
motion (1003)
motivate (3476)
motivational (0872)
motorist (3775)
motorway (3717)
motto (4279)
mountainous (3388)
muddle (3112)
muddy (3724)
mulberry (3572)
mule (3930)
multiple (1225)
multiplicity (4593)
multiply (3235)
multitude (3829)
mummy (3634)
mundane (1107)
municipal (2783)
murder (2613)
murky (2203)
muscle (2812)
muse (4579)
mushroom (2622)
muslim (3625)
muster (4615)
mutability (4534)
mutual (1461)
mysterious (1054)

N

nag (4591)
naive (3183)
naked (2129)
narrate (3779)
narration (3629)
narrative (4549)
narrator (0503)
narrowly (3759)
nasty (0718)
nationality (0618)
native (2200)

natural (3246)
naturally (0182)
navigability (3840)
navigable (3307)
navigate (4094)
navigation (2422)
Nazi (3898)
necessarily (1124)
necessity (2977)
negative (3375)
neglect (1936)

negotiate (3260)
neoclassical (0662)
neon (4374)
nerve (2144)
neurological (3616)
neurologist (3878)
neuron (3998)
neutral (0309)
nevertheless (3366)
newborn (3741)
newsletter (0278)

newsroom (3693)
nicety (3901)
nickel (3020)
nifty (3733)
niggle (0833)
nightmare (0335)
nip (4349)
nitrogen (3577)
nobility (3722)
nocturnal (3110)
nomad (4254)

nominal (2781)
Nordic (0318)
normal (2283)
nostalgic (4243)
notable (1133)
noteworthy (4320)
noticeable (1675)
notify (1534)
notion (2566)
notoriety (0572)
notorious (2887)

nourish (1222)   nuance (4156)   nursery (3203)   nutrition (2747)
novelty (4177)   nuclear (1555)   nurture (1749)   nutritional (1249)
novice (1259)   numerous (3461)   nutrient (2569)   nutritious (1454)

O

oak (2382)   odd (3556)   opportunity (1337)   originality (4044)   overcome (1986)
oasis (4458)   odor/odour (3276)   oppose (3240)   originate (1242)   overdraft (0330)
object (1315)   off-the-cuff (4049)   opposite (1582)   ornament (3063)   overdue (3422)
objection (2082)   offend (2027)   oppress (4299)   ornamental (1344)   overestimate (2217)
objective (1788)   offensive (2107)   opt (4006)   ornate (4484)   overexploit (0425)
objectivity (0224)   offset (2826)   optic (3134)   orthodox (4227)   overfill (0624)
obligation (1304)   offshore (4645)   optical (2463)   orthography (4535)   overgraze (0374)
oblige (4138)   offspring (1798)   optimism (1822)   oscillate (4153)   overhead (0077)
obscene (1571)   olive (4144)   optimistic (2842)   otherwise (1271)   overlap (1313)
obscurity (2055)   ominous (4465)   optimum (2942)   ounce (0704)   overlapping (0482)
observation (2865)   omniscient (4384)   option (0071)   outburst (4068)   overpopulation (3861)
observe (1284)   oncologist (3782)   optional (1892)   outcome (2864)   overrate (0779)
obsess (3886)   oncoming (4064)   optometrist (0680)   outcry (4074)   overseas (3529)
obsession (1197)   one-off (4066)   opulence (0283)   outdated (4418)   oversee (2431)
obsolete (4508)   ongoing (1904)   opulent (3409)   outdo (0785)   overshadow (1529)
obstacle (2917)   online (3702)   orbit (1482)   outlandish (4070)   overview (0427)
obstruct (3036)   onset (4404)   orchestra (1203)   outlaw (1280)   overweight (0386)
obstruction (3928)   onslaught (0732)   organ (0766)   outline (3061)   overwhelm (2452)
obtain (1215)   onwards (0087)   organic (1496)   outlook (0886)   overwhelming (3943)
occasion (3527)   ooze (4617)   organism (3393)   outpost (1218)   overwork (0417)
occasional (1380)   oozy (3574)   organize (0065)   output (1199)   owe (1886)
occasionally (0394)   opaque (3455)   orient (4172)   outsell (0145)   owl (0708)
occupation (1865)   operate (2310)   orientation (1310)   outward (0738)   oxide (2780)
occupy (1739)   operational (2853)   origin (2078)   outweigh (1901)   oxygen (1544)
occur (1819)   opponent (2041)   original (2734)   overall (1764)   ozone (3435)

P

pacify (4378)   parch (4546)   pastoral (4459)   peddle (3960)   perceive (2763)
pack (2803)   pardon (2862)   pasture (1546)   pedestrian (2881)   percentage (1642)
pad (0845)   parental (2052)   patent (1178)   pedigree (0271)   perception (1396)
painstaking (2500)   parliament (1229)   pathology (0605)   peek (4087)   perceptual (3815)
pamper (2662)   partial (1717)   pathway (0568)   peer[1] (3638)   perform (2064)
pamphlet (1372)   participant (0922)   patriarchal (3832)   peer[2] (3639)   performance (3248)
pancreatic (3588)   participate (1961)   patriotic (2547)   penalize (2506)   perimeter (0700)
panic (3188)   participation (3410)   patronage (2996)   penalty (1648)   periodical (3266)
parachute (4311)   participatory (3890)   pattern (3497)   pendulous (4435)   peripheral (1997)
paradox (3641)   particle (2513)   pavement (2228)   pendulum (4643)   peripherally (3676)
parallel (1027)   particular (1347)   payable (0672)   penetrate (0664)   periphery (2884)
paralysis (2469)   particularly (0951)   payment (2210)   penetration (0535)   permanent (2858)
paramount (0941)   particulate (3000)   payoff (4077)   penicillin (3813)   permeate (3220)
paraphrase (3654)   passionate (2823)   pearl (0243)   pension (2267)   permission (2712)
parcel (1848)   passport (3280)   pedal (0885)   pepper (0267)   perpetrate (3181)

psychological (3932)   pulverize (0578)   punctual (0727)   purify (0222)

publicity (2653)   pumice (0694)   puppet (3700)   purpose (1176)

pudding (2430)   pump (1338)   purchase (2421)   pursuit (1522)

pulley (0286)   punch (3197)   purge (4620)   pyramid (4400)

Q

quadruple (3699)   qualitative (2765)   quartz (0934)   quirk (3701)   quotation (3655)

quail (4476)   qualm (4609)   questionnaire (1137)   quiver (0963)   quote (2304)

qualification (1679)   quantity (2308)   queue (0218)   quota (2441)

R

racket (0546)   reciprocate (1771)   refresher (0058)   reliable (0908)   repel (2126)

radiate (0518)   reckless (4013)   refreshment (1175)   reliance (1237)   repertoire (1665)

radically (4011)   reckon (1789)   refrigerator (1993)   relief (1734)   replace (2593)

radius (1574)   reclaim (3099)   refund (1039)   relieve (2682)   replenish (2927)

rampant (2990)   recline (4377)   refundable (0276)   religion (1684)   replicate (3109)

ranch (4566)   recognition (3079)   refusal (0300)   relish (4492)   represent (2155)

random (1890)   recognize/se (3080)   refute (4495)   relocate (0522)   representation (3791)

range (2554)   recommend (3464)   regain (3850)   reluctant (1775)   representative (1157)

rank (3086)   recommendation (1949)   regarding (2403)   rely (2331)   reproduce (0777)

rapt (4175)   recompense (4292)   regardless (1272)   remain (4397)   reprographic (4032)

rarity (1966)   reconstruct (3215)   regent (0697)   remark (1058)   reptile (1946)

rating (4236)   recourse (1593)   regime (4253)   remarkable (2815)   reputable (0465)

ratio (2748)   recover (2610)   regimen (4023)   remedy (2877)   reputation (2449)

ration (0199)   recreate (0602)   region (1916)   remind (2874)   request (3450)

rational (3613)   recreation (1297)   regional (0265)   remnant (3868)   require (2961)

rattle (4327)   recreational (2630)   register (1306)   remote (2135)   requirement (3002)

rattlesnake (3643)   recruit (1056)   registration (0181)   removal (2357)   requisite (1688)

ravish (4276)   rectangle (2262)   regularity (2140)   remove (3257)   requisition (0233)

raze (3870)   rectangular (1576)   regulate (2198)   remunerate (4460)   rescue (1509)

readily (4281)   recycle (2275)   regurgitate (0577)   remuneration (0972)   resemble (2005)

ready-made (4558)   redevelopment (0363)   rehabilitate (2860)   renaissance (0974)   resent (0896)

realistic (1424)   redolent (4436)   reinforce (0157)   rend (4395)   reservation (3015)

realm (3148)   redress (4202)   reinforcement (0238)   render (0642)   reserve (2288)

rear (3163)   reduce (1388)   reinvigorate (0889)   rendition (0076)   reserved (0447)

reasonable (2383)   redundant (1088)   reiterate (1991)   renew (1450)   residence (2856)

rebound (4127)   reel (0339)   reject (1026)   renewable (1964)   resident (2418)

recalcitrant (2305)   refectory (0384)   rekindle (2535)   renewal (1524)   residential (1654)

recall (4379)   refer (2935)   relapse (4250)   renounce (4348)   residue (4422)

recapture (0096)   referee (2909)   relate (2742)   renowned (4007)   resign (2468)

receipt (0965)   reference (2294)   relation (3368)   rental (0877)   resilience (2705)

receiver (0474)   refinement (0161)   relative (1253)   reorient (2632)   resin (3900)

reception (1020)   reflection (4211)   relay (0268)   repack (0682)   resist (1542)

receptionist (0062)   refractive (3843)   release (2537)   repaint (0247)   resistance (1817)

recession (0627)   refrain[1] (2297)   relentless (2606)   repatriate (0135)   resistant (2859)

recipe (0569)   refrain[2] (2298)   relevance (2933)   repatriation (3875)   resit (0018)

recipient (3353)   refresh (0644)   relevant (1811)   repay (3459)   resolve (1233)

resort (1386)
resounding (3774)
resource (1507)
respect (2053)
respite (3894)
respond (1759)
respondent (2380)
response (1105)
responsibility (1235)
responsible (2258)
restless (4206)
restore (1115)
restrain (2940)
restrict (1159)
restriction (0056)
resume (2386)

retail (1912)
retailer (1180)
retailing (0226)
retain (2746)
retaliate (1999)
retard (4310)
retire (1048)
retreat (4653)
retrenchment (0507)
reunion (1369)
reunite (0880)
reveal (2348)
revegetate (0397)
revelation (2351)
revenue (2089)
revere (4611)

reverse (1773)
revert (3670)
review (2751)
revise (1031)
revival (2716)
revive (2256)
revolution (0557)
revolve (2951)
revulsion (4539)
reward (2427)
rhythmic(al) (4135)
rickety (3748)
ridiculous (3334)
rig (2667)
rigorous (2464)
rim (2993)

rinse (4269)
riot (4271)
ripe (1784)
ritual (1446)
rival (3531)
roadhog (3804)
roam (2447)
roast (0128)
robotic (0379)
robust (3070)
rodent (3772)
roller (0307)
romance (1279)
rotate (0459)
roughly (3645)
route (3364)

routine (0992)
rove (4325)
rude (3120)
rudimentary (2882)
rue (4229)
ruffle (4255)
rumble (4187)
rural (1600)
rustle (4439)
ruthless (2728)
rut[①] (4473)
rut[②] (4474)

S

sack (3189)
sacrifice (1303)
sag (4248)
saga (4075)
salient (4280)
saline (0938)
salinity (2720)
salvage (3666)
sample (1897)
sanction (2989)
sanctuary (2405)
sanitary (1112)
sanitation (2361)
sardine (3739)
saturate (2962)
sausage (3073)
savor (0063)
scaffolding (4160)
scale (3136)
scamper (0349)
scan (2336)
scandal (1690)
scapegoat (4061)
scarce (0997)
scare (2188)
scatter (3322)
scenery (1741)
scent (0413)
schedule (1931)
scheme (2143)

schism (4014)
scholar (3356)
scholarship (2595)
scoff (4181)
scope (1974)
scorching (1426)
score (2598)
scour (2490)
scout (0381)
scowl (4171)
scrape (0206)
scratch (2949)
scrawl (4411)
scream (2071)
screen (1710)
screw (1184)
scrub[①] (1186)
scrub[②] (1187)
scrupulous (1802)
scrutinize/se (4218)
scrutiny (1751)
scuffle (0733)
sculpture (1409)
seal (2268)
seam (3458)
seasonal (0778)
seclude (2437)
secondary (0415)
secrete (3908)
sector (2346)

secure (2426)
security (0331)
sedentary (0940)
sediment (1034)
seduce (2913)
seek (1457)
seep (3550)
segment (1939)
segregate (1490)
select (2014)
selective (3993)
self-esteem (0485)
self-reliance (3569)
semantic (0730)
semester (0282)
seminar (0432)
senile (4644)
senior (1958)
sensation (1101)
sensational (1451)
sensible (2365)
sensitive (1506)
sensory (3463)
sentient (0109)
separate (1928)
sequence (1716)
sequential (3927)
serial (2804)
series (1001)
sermon (4413)

service (2211)
session (3156)
setting (0508)
settle (1177)
severe (3543)
sexually (3915)
shade (1602)
shaft (2301)
shallow (2023)
shareholder (2758)
shark (2514)
sharpen (3126)
shatter (3167)
shave (2627)
shear (4564)
sheer (0765)
shell (2116)
shelter (2028)
shift (2199)
shilling (0875)
shimmer (3923)
shin (0440)
shipment (1839)
shoal (3999)
shore (0298)
shortage (0861)
shorthand (3216)
shortlist (3984)
shovel (4380)
showcase (3962)

shrewd (2530)
shrink (0983)
shrivel (3794)
shrub (1604)
shrug (2744)
shudder (4209)
shuffle (3696)
shutter (2544)
shuttle (1476)
sidewalk (3858)
siesta (0430)
sift (1134)
sigh (4543)
sighted (3596)
signal (1072)
signature (0628)
significance (2857)
significant (3077)
signify (4642)
signpost (2647)
silicon (2190)
silt (2639)
silver (0119)
similarly (0610)
simmer (4272)
simplicity (3013)
simplify (0683)
simplistic (2054)
simulation (2178)
simultaneous (2216)

simultaneously (1893)	sneer (4420)	speculation (0260)	stale (0067)	stocking (3610)
sincere (0493)	snobbish (1248)	spellbound (3911)	stall① (2220)	stockpile (1508)
sincerity (0820)	soak (1512)	sperm (3905)	stall② (2221)	stomp (3633)
sinew (0813)	sociable (1411)	spew (4639)	stamina (3623)	storey/story (0392)
sinister (2012)	socialize/se (3292)	sphere (0944)	stammer (1850)	storyline (0103)
situated (3024)	sociology (3515)	spice (3414)	stamp (3071)	stout (2911)
sizeable (0326)	soggy (3575)	spill (3209)	stance (2026)	stove (2642)
skeptical/sceptical (0317)	solar (2581)	spin (1429)	standard (2619)	stow (4052)
sketch (2947)	sole (2205)	spine (0421)	standardize (3903)	strain (3473)
skew (2672)	solemn (3064)	spiral (2616)	standpoint (0170)	strait (4117)
skim (3268)	solicitor (2458)	spiritual (2286)	standstill (3958)	strand (1988)
skip (2760)	solidarity (3493)	spit (0180)	starboard (4036)	strap (0166)
skull (1228)	solidify (1767)	spite (3236)	starch (4475)	strategist (0385)
skyscraper (3482)	soluble (3007)	splash (0884)	starchy (0023)	strategy (2281)
slacken (0399)	solution (2585)	splendid (1815)	stare (1747)	stratum (4505)
slash (0647)	solve (1352)	splint (0594)	stark (1626)	straw (0341)
slat (0244)	sonar (4057)	split (2634)	starve (3205)	stray (4646)
sledge (0010)	soothe (4315)	splutter (4557)	stash (2754)	stream (1971)
sleek (1786)	sophisticate (0622)	spoil (2398)	statement (0956)	streamline (3964)
slender (2880)	sophisticated (1621)	spoilage (0013)	static (2120)	strengthen (2183)
slice (2098)	sophistication (4058)	sponge (2565)	stationary (1996)	stress (2900)
slide (2795)	sore (0075)	spontaneous (4096)	stationery (1316)	stretch (2379)
slight (1880)	sorrow (2579)	sporadic (0116)	statistic (0619)	strew (4581)
slim (2588)	source (3261)	sporadically (0612)	statistically (0728)	stricture (4584)
slip (3498)	souvenir (2039)	spot (2772)	statuary (4303)	stride (3818)
slippery (2480)	spacecraft (2778)	spotlight (4323)	statue (3377)	strike (2323)
slogan (2254)	spacious (1954)	spouse (2158)	stature (4594)	striking (2770)
slope (1126)	spade (2223)	spout (4417)	status (2363)	string (2868)
slot (3783)	span (2848)	sprawl (3154)	stead (4086)	stringent (0172)
slothful (2371)	spare (2372)	spray (2568)	steady (0652)	strip (2762)
slouch (0264)	sparing (4034)	spring (1000)	steam (3489)	stripe (2577)
slowdown (3732)	spark (0203)	sprint (4361)	steep (1792)	stroke (1729)
slum (0315)	sparse (4278)	spur (2083)	steer (0827)	stroll (4122)
slumber (0241)	spasm (1908)	squabble (4357)	stem (2649)	structure (1693)
slump (1293)	spasmodic (0345)	squash (1212)	stenographer (4029)	strut (4519)
slur (4500)	spatial (4186)	squat (4600)	stereo (2132)	stubby (3627)
slurry (0677)	spatter (4598)	squeak (4334)	stereoscopic(al) (0868)	studio (0377)
slut (0353)	specialist (2542)	squeeze (3211)	sterile (4113)	studious (0491)
sluttish (0073)	speciality/specialty (2435)	squint (4233)	stick (1049)	stuff (2375)
smallpox (3642)	specialize/se (0584)	stab (0792)	sticky (0930)	stuffy (0395)
smart (1568)	species (3124)	stabilize/se (0129)	stiff (3486)	stun (4306)
smear (2607)	specific (3172)	stable (3491)	stifle (4275)	stunning (3602)
smell (2019)	specification (3509)	stack (0811)	stimulate (3060)	stunt (3913)
smother (2036)	specify (0693)	staff (2141)	stimulus (2788)	stylish (0383)
smudge (3869)	specimen (2756)	stage (1790)	sting (4115)	subconscious (3800)
smuggle (4602)	spectacular (3537)	stagnate (2931)	stint (0294)	subdue (4092)
snack (2995)	spectator (2696)	stain (0696)	stipulate (2160)	subject (2172)
snap (1346)	spectrum (1950)	stainless (0443)	stir (1200)	subjective (1130)
sneaker (4467)	speculate (2737)	stake (2214)	stitch (0155)	subliminal (0495)
		stakeholder (3871)	stock (0966)	submarine (2034)

T

transcript (0924)
transcription (1363)
transfer (2328)
transfigure (4183)
transform (3423)
transfusion (4097)
transient (2086)
transit (1149)
transition (2276)
transitory (2099)
translate (2273)
translucent (3906)
transmission (3708)
transmit (0935)
transmute (1288)
transparent (0030)

transplant (1552)
transport (1510)
transportation (3178)
trap (0751)
trapeze (0213)
traverse (3895)
treacherous (3825)
treadmill (0515)
treatise (3274)
treatment (0869)
trek (2373)
tremendous (0871)
tremulous (4507)
trench (3076)
trend (1603)
trespass (2455)

trial (0533)
triangle (3074)
tribal (2541)
tribute (2187)
trick (2813)
trickle (4419)
trigger (0969)
trigonometry (3604)
trim (0606)
trimester (0767)
trinket (0592)
triple (2282)
triumph (4169)
triumphant (0640)
trivial (3402)
trivialize (0144)

trolley (3845)
tropical (1431)
troposphere (0054)
tropospheric (0816)
trot (3626)
troupe (0060)
trove (4035)
truant (0865)
truce (0230)
trudge (4632)
trunk (0281)
trustworthy (1358)
tube (0502)
tug (2893)
tumble (4501)
tune (2467)

tunnel (0169)
turbid (0614)
turbine (2048)
turnover (3023)
turret (0589)
turtle (4214)
tutor (0637)
tutorial (2400)
twist (1356)
twofold (0566)
typhoon (0839)
typical (3084)
typically (3652)

U

ubiquitous (4015)
ulcer (4293)
ulterior (1791)
ultimate (1933)
ultimately (1274)
ultraclean (0608)
unanimous (1028)
unaware (3078)
unbiased (3213)
unblemished (0196)
uncanny (3976)
uncertainty (0084)
unconquerable (0400)
uncouth (4168)
undercover (4265)
underdeveloped (0758)

underestimate (2388)
undergraduate (3228)
underground (1951)
underline (2821)
underling (2191)
underlying (1722)
undermine (3198)
underneath (0538)
underpin (3583)
underprivileged (3758)
underscore (4050)
understandable (0004)
understanding (3016)
undertake (1625)
undetected (0163)
undisguised (0041)

undoubtedly (2520)
undue (3630)
undulate (4235)
unearth (3646)
uneasy (1299)
unemployment (0402)
uneven (3944)
unexpected (0236)
unfortunately (1709)
uniform (2800)
unilateralism (3799)
union (3171)
unique (1270)
universe (0638)
unobtrusive (1128)
unpalatable (3867)

unparalleled (2594)
unprecedented (3603)
unprejudiced (0321)
unpretentious (0471)
unquote (0272)
unravel (3889)
unrealistic (0526)
unregistered (0178)
unsanitary (0829)
unsatisfactory (0214)
unstreamed (4552)
untrustworthy (1007)
unveil (1132)
unwrap (0768)
unyielding (4416)
up-to-date (0773)

upbringing (4012)
upgrade (1714)
uphill (0194)
uplifting (3919)
upper (0188)
upset (0771)
urban (3475)
urbanization (3487)
urge (0649)
urgent (2740)
utilitarian (3581)
utility (2944)
utilization/sation (2945)
utilize/se (3278)
utter (4625)
utterance (0086)

V

vacancy (3462)
vacant (2970)
vacation (1466)
vaccinate (3673)
vacuum (3360)
vagrant (4136)
vague (3426)
valid (2850)
valuable (2015)
van (0760)
vanish (3428)

vanquish (4330)
vantage (3640)
variability (0127)
variant (2967)
variation (2614)
variety (2841)
various (2844)
vary (2907)
vast (2471)
vault (4463)
vaunt (3637)

vegetarian (0149)
vegetation (3517)
veil (2381)
velocity (1412)
vendor (4019)
venom (0850)
venomous (3567)
ventilate (0280)
ventilation (0438)
venture (2846)
venue (0654)

veracity (3770)
verbal (1067)
verdict (0284)
verification (2206)
verify (0990)
veritable (4336)
vernacular (0678)
versatile (0487)
version (2871)
versus (2397)
vertebrate (1854)

vertical (2534)
vessel (1158)
vest (0057)
vested (0472)
vet (0133)
veterinarian (0650)
veterinary (0690)
viable (2359)
vibrant (3053)
vibration (3667)
vicarious (4486)

W

Y

Z

词汇索引